KB202852

규봉 종밀과 법성교학

신규탁 지음

Guifeng-Zongmi and Dharmatā Philosophy

by

Shin, Gyoo-Tag
Professor, Yonsei Univ. in Seoul

●

圭峰宗密与法性教学

辛奎卓 著
延世大 教授

규봉 종밀과 법성교학

圭峰宗密与法性教学

Guifeng-Zongmi and Dharmatā Philosophy

신규탁 辛奎卓 지음

추천사

지적 순례의 길에 맺힌 향긋한 열매를 탐하면서

1.

며칠간 『규봉 종밀과 법성교학』이라는 7백 쪽이 넘는 방대한 분량의 저서를 탐독했다. 아직 출간되지 않은 필자용 교정본을 읽으면서 감탄과 찬사를 보내지 않을 수 없었다. 무수한 순간을 어떤 경우는 감탄하고, 어느 순간에는 절망했다. 험난한 여정을 무리 없이 여행하는 저자의 노고와 기개에 감탄했다면, 내가 갈 수 없는 길을 순례하는 신규탁 교수의 지적 여정에 대해선 절망했다.

이젠 너무 늦어서 갈 수 없는 길이라 생각하면 왠지 가슴이 아리기도 했다. 그러면서 마지막 장을 읽었다. 신규탁 교수의 지적 순례를 멀리서 바라보는 즐거움도 있었지만 그의 지적 탐구의 세계가 너무 치밀하고 방대하며, 자신의 정신세계를 여과 없이 보여주고 있는 학문적 태도에 대한, 동학으로서의 흠모와 질시의 감정이기도 했다.

이미 알고 있듯이 신 교수는 규봉 종밀을 연구해 박사학위를 취득했으며, 이후 연세대학교의 철학과에서 강의와 후학 양성에 매진해 왔다. 공부 이외에 할 수 있는 것이 또 무엇이 있을까 생각할 정도로 왕성한 연구 활동을 해 왔다.

전공인 규봉 종밀과 유관한 논문 이외에도 선학과 삼론, 계율, 정토,

의례 등 다방면에 걸친 논문을 발표하고 있다. 영역을 걸림없이 넘나드는 그의 지적 탐구열은 내게 동경의 대상이었다. 그런 점에서 신 교수는 동학의 관계를 넘어 내 학문의 길잡이로 생각해 왔다. 그런 점을 이번에 다시 한 번 확인하면서 새삼 그의 학문적 순례에 찬사를 보내지 않을 수 없게 되었다. 아마도 이후 그를 사모하는 마음이 더욱 깊어지리라 확신한다.

2.

이 책을 읽어보는 독자라면 누구나 공감할 것이지만 신 교수의 학문적 기초는 단단함을 넘어 새로운 지평을 개척하는 선두에 서 있다고 느끼게 된다. 특히 중국 불교, 그것도 그가 강조하는 '법성교학(法性敎學)'과 여타 불교를 연계해 연구하는 태도는 진지함을 넘어 불교라는 특정 학문의 전도사 내지는 순례자가 아닌가 하는 의구심 마저 느끼게 된다.

학문의 세계에 어물쩡거리면서 적당히 한 다리를 담고 있는 사람들은 그러한 자세를 배우는 것이 절대적으로 필요하다고 생각한다. 혹여 너무 당연한 이야기를 불필요하게 하는 것이 아닌가 하고 항변하는 사람들이 있다면, 비정상을 정상으로 느끼게 만드는 한국의 학계를 한 번쯤은 뒤돌아봄이 어떠냐고 대답할 것이다.

그동안 본인은 신 교수의 학문 세계에 대해 깊이 있는 이해가 부족했다는 점을 이번 기회를 빌려 정중하게 사과하고자 한다. 특히 『규봉 종밀과 법성교학』이라는 저서를 읽고 서문을 쓰게 된 영광 이상으로 본인의 시야를 넓히고, 중국불교사상에 대한 이해의 폭을 넓히는 계기가 되었음을 고백하지 않을 수 없다. 또한 불교라는 종교의 실용성에 대해 깊은 관심을 표명하고 있다는 점을 알게 되면서, 그가 불교라는 현실 종교에 대해 어떠한 감회를 지니고 있는지 분명하게 이해하는 계기가 되었다.

그의 눈은 매와 같이 날카롭고, 그의 가슴은 이미 용광로와 같은 열정으로 불타고 있다는 것을 이 책을 읽어보는 사람이라면 누구나 쉽게 알 수 있기 때문이다.

3.

신 교수가 서문에서 이미 밝히고 있듯이 이 책은 그의 지적 세계가 어디로 향하고 있는지, 어떤 세계를 희구하고 있는지를 알려준다. 그럼에도 구분하자면 크게 두 부분이라 느껴진다.

첫째는 인도에서 발생한 불교가 중국에 전래되어 토착화되는 과정을 거치면서, 소위 문화적인 충돌과 갈등 · 융합의 과정을 통해 중국화된 불교로 거듭나게 되는 사상적 추이를 밝히고 있다는 점이다.

한역 대장경의 출현과 유 · 불 · 도 삼교의 대립과 갈등, 그리고 융합은 새로운 형태의 불교, 말하자면 중국인의 심성에 필요한 불교의 출현을 예고하는 것이었다. 새로운 사상과 문화를 받아들이는 중국인의 태도 속에서 발생하는 문제점들을 치밀하게 분석하고, 그러한 점을 해결하고 승화시키는 과정 속에서 중국화된 불교가 출현하게 되었다고 본다. 그것은 불교의 중국화이며, 중국의 불교화는 아니었다.

중국불교사상의 발생과 전개는 그러한 과정을 이해하지 않으면 명확하게 인식할 수 없다는 점을 신 교수는 명철하게 밝히고 있다. 그것도 본인의 전공인 규봉 종밀을 중심으로 회통하고 있다는 점에서 돋보인다고 말하지 않을 수 없다.

종밀의 관심은 존재의 본질에 대한 깊은 천착에서 시작되며, 나아가 인간은 본질적으로 무한절대의 가치인 '본각진심(本覺眞心)'을 지니고 있다는 점에서 마무리되고 있다. 그런 점을 사상사적 관점에서 치밀하게 접근해 가는 그의 학문적 자세는 후배 학자들의 귀감이 되기에 충분하다고 본다. 특히 사상적으로 중국 불교의 영향이 강한 한국불교의 사상적 정체성을 규명하기 위해서도 반드시 읽지 않으면 안 되는 저서가 되리란 점에서 기대가 크다는 점을 숨길 수 없다.

둘째는 새로운 발견이라 말할 수 있는데, 이 책을 읽으면 불교에 대한 그의 애정을 곳곳에서 확인할 수 있다는 점이다. 일상 학자라는 분들, 특히 불교학과 유관한 학문을 전공하는 분들은 지적 탐구에 몰두할 뿐 현실적으로 불교에 대한 그의 내밀한 사랑을 확인할 수 없는 일도 있다. 심지어 불교학자는 분명하지만 불교신자는 아닌 경우도 종종 찾아볼 수 있다. 이에 반해 신 교수는 자신의 정신세계를 감추고 있지 못하다는 점이다. 그런데 그러한 그의 사랑은 맹목적이지 않으며, 매우 현실적이고 이성적이란 점에서 설득력을 잃지 않고 있다. 그런 점에서 본다면 불교에 대한 신 교수의 사랑은 매우 실용적이고 합리적이라 말할 수 있다.

몇 년 전부터의 일이지만 만날 경우 의례에 많은 관심을 표명하기에 특이하다고 생각했는데, 이 책을 읽으면서 그 이유를 분명하게 알게 되었다. 그는 의례가 지니고 있는 종교적 대중성 내지 그 속에 내포되어 있는 수행과 종교체험의 융합이란 점에 주목했던 것이다. 그의 이런 관심은 의식의 연원과 전개과정에 집중하게 만들었으며, 『원각경수증의』 등 화엄의례 중심의 논문을 발표하게 되었다. 그의 말처럼 이러한 작업은 한국불교의 정체성과 방향 모색이라는 현실적인 문제를 해결하는 데 기여하게 되리라 본다.

4.

한국불교의 정체성과 방향 모색이란 화두는 결국 오늘의 문제이며, 우리들이 불교를 연구하는 이유 중의 하나가 될 수 있다고 생각한다. 본인도 늘 그런 문제에 천착해 왔지만, 신 교수와 같이 심도 있는 고민과 사유의 결과물을 생산하지는 못했다.

그의 관심과 문제의식, 그리고 대안모색은 전공 영역을 구분하지 않고 지적인 탐구를 하지 않을 수 없게 만든 것 같다. 그런 점은 의식과 계율, 그리고 종교 환경의 변화 속에서 직면하고 있는 윤리 중에서도 예민한 문제인 트렌스젠더에 대한 연구로 확대되고 있음을 알 수 있다. 그가 이 책의 후반부에서 강조하고 있는, 현대 한국불교의 정체성에 대한 자각과 새로운 사회 환경에 적응해야 할 불교의 선택적 고민의 문제가 잘 나타나 있다.

본인은 신 교수의 학문적 순례가 지속적으로 발전하기를 고대한다. 그리고 많은 독서인들에게 이 책의 일독을 권유하고 싶다. 한국과 중국의 사상사에 관심이 있는 사람들, 내지는 한국불교에 애정을 조금이라도 지니고 있는 독자 제현들은 탐독의 기회를 지닐 수 있도록 희망한다.

결코 쉽지 않은 학문적 여정과 그의 열정, 그리고 수많은 정보를 통해 독자들의 정신적 지평을 열어주리라 확신한다. 재삼 신 교수의 노고에 찬사를 보내며, 더 크고 향기로운 학문적 열매를 기대하고자 한다.

2013년 7월

삼동(三東) 거사(居士) 차차석(동방대학원대학교 교수)

초판 1쇄 | 서문

1.

당나라의 규봉 종밀(圭峰宗密; 780-841) 선사는 일찍이 대승을 '3종(宗)'으로 구별하고 있다. '3종'이란 첫째 공종(空宗)이고, 둘째 상종(相宗)이고, 셋째 성종(性宗)이다. 성종은 법성종(法性宗)으로도 칭하는데, 성종 내의 교학을 핵심으로 하는 우리나라 재래의 전통 강원에서는 『대승기신론』을 근간으로 해서 특히 『대승기신론필삭기』로 그 이론적 체계를 단련하고 있다. 필자도 그랬다. 이 책에 나오는 '1심(心)', '2문(門)', '3대(大)', '4신(信)', '5행(行)'의 이론 체계는 필자가 '법성교학(法性敎學)'의 철학 체계를 구축하는 데에 절대적인 영향을 주었다.

'법성교학'의 마음 이론에 따르면 인간은 누구나 할 것 없이 부처님과 똑같은 '지혜'를 갖추고 있다고 한다. 다만 무시이래의 무명 '번뇌'로 인해서 그 지혜가 흔들린다는 것이다. 마음을 이렇게 이해하는 '법성교학'에서는 수행의 문제도 여기에서 출발한다. 내 자신에게 본래 '지혜'가 있음을 자각하고, 그런 다음에(또는 동시에) '번뇌'를 소멸시키는 것이다. 이것이 '법성교학'의 수행이론이다.

'번뇌'를 소멸시키는 방법에는 여러 방법이 있다. 화엄종에서는 '보살행의 실천'을 통한 번뇌의 소멸을 말하고, 남종선에서는 '무심 수행'을 통한 번뇌의 소멸을 말하고, 정토종에서는 '염불 삼매'를 통한 번뇌의 소멸을 말한다. 이상은 필자 평소의 지론으로, 필자는 '화엄'-'선'-'정토'를 '법성교학'이라는 범주 속에서 연구와 집필을 해오고 있다.

2.

필자가 화엄교학과 인연을 맺게 된 것은 1978년 봉선사 월운 강백을 뵙게 되면서 시작되었다. 당시 스님께서는 대승경론을 사이에 놓고 학인들과 자리를 함께 하셨다. 학인들이 너 댓 분 계셨는데 그분들 틈에 끼어 『능엄경계환해』, 『기신론필삭기』, 『금강경간정기』, 『원각경대소』, 『화엄경현담』, 『전등요초』 등을 읽을 기회가 있었다. 참으로 은혜로운 세월이었다.

그러던 어느 날, 해인사 선방에서 한 철 지낸 수좌 스님이 성철 선사의 『선문정로(禪門正路)』를 봉선사로 가져와 돌렸다. 그 책의 첫대목은 화엄종의 5조 스님이라 불리는 규봉 종밀 스님에 대한 비판을 시작으로, 돈오돈수의 수행이 선문(禪門)의 바른 길임을 논증하였다. 첫 장을 본 순간 "무슨 이런 무뢰한(無賴漢) 같은 소리가 다 있는가?"이렇게 생각했다. 그것이 책 제목처럼 '바른 길[正路]'인 줄을 알기까지는 한참의 세월이 걸렸다.

그때가 1988년 봄이었다. 해인사 백련암에서 간행하는 '선림고경총서'(총43권) 윤문작업에 참여하게 되었다. 이 총서 간행사업은 돈오돈수의 사상을 천명한 중국과 한국의 역대 고승들의 어록을 한글로 번역 출판하는 엄청난 사업이었다. 해인사 백련암 원택 스님의 배려로 그해 8월 일본으로 유학을 가서도 이 일을 계속 할 수 있었다.

당시 동경대학의 중국철학과 대학원 수업에는 『주자어류』를 강독하는 세미나가 있었는데, '어투'가 선어록의 그것과 매우 유사했다. 세미나를 주관하는 미소구찌 유우조우(溝口雄三) 교수는 어록의 문헌 연구에 관심을 기울였다. 이 세미나가 계기가 되어 당나라와 송나라의 어록에 나오는 구어(口語)와 속어(俗語)에 관한 일본과 중국의 연구 성과를 집중적으로 배울 수 있었다. 방학을 통해 경도(京都)에 계시는 이리야 요시다까(入矢義高) 교수 밑에서 두 주 동안 집중적으로 독회(讀會)를 할 수 있었던 것은 큰 행운이었다.

당시의 연구 경험을 최대한 살려서 『벽암록(전3책)』(장경각) 번역과 윤문에 공을 들였다. 그러면서 '문헌'으로서의 선어록을 해독해가며 어법과 논리를 탐구하기 시작했다. 그 결과 도달한 결론은, 선불교의 형이상학은 기본적으로 '자성청정심(自性淸淨心) 사상에 입각한 진여연기설(眞如緣起說)'이고, 또 수행 방법론으로는 '돈오무심(頓悟無心)'이라는 생각에 이르렀다. 이렇게 해서 필자가 제창하는 '법성교학(法性教學)'의 토대가 마련되기 시작했다.

유학 생활도 6년이 흘렀다. 1994년 봄에 동경대학 중국철학과에서 박사학위를 받고 그해 연세대 조교수로 부임하게 되었다. 대학 강의는 주로 중국의 화엄과 선에 관련된 고문헌을 강독하고 그 의미를 해설하는 것이 중심이 되었다. 그러는 동안에 각종 학회와 학술 대회에서 꾸준히 발표하며, 80여 편의 논문도 출간했다. 교수 생활을 시작하던 초창기부터 주로 중국의 화엄과 선에 관한 논문을 발표했고, 최근 5년 전부터는 정토와 의례 방면으로도 그 범위를 확장하게 되었다. 간간이 한국의 선과 화엄에 대한 학술논문도 발표했다.

3.

이 책은 모두 18편의 주제들로 구성되어 있다. 애초에 단행본을 구상했지만 대학에서 정교수가 되기 전 까지는 각종 평가에서 논문 편수를 요구했기 때문에, 부득이 그것을 분리해서 발표했다. 이제 그간 발표한 논문에 필삭(筆削)의 공을 보태 원래대로 단행본으로 묶는다.

이 책은 '머리말'을 시작으로 '맺음말'로 끝을 맺었다. 그 사이에 본론은 모두 4부(部)로 구성했다. '머리말'에서는 중국 불교를 연구하는 필자의 학문적 시각을 드러내었다. 그러기 위해서 기존의 한국 · 중국 · 일본 등지에서의 연구 상황을 검토했다. 그 결과 중국 불교를 연구함에 '중국'이라는 시좌(視座)의 필요성을 드러내었다. 마지막의 '맺음말'에서는 미래를 위한 제안을 했는데, 법성교학을 바탕으로 한국의 현실 속에서 새로운 신행 생활을 재조명해보았다.

4부로 구성된 본론 중, 제1부에서는 인도에서 들어온 외래 사상이 중국 고유 사상과 갈등하고 섞이는 양상을 다루었다. 유 · 불 · 도 3교의 각축을 시작으로 불교가 어떻게 중국 땅에 정착하는지를 확인할 수 있었다. 이 과정에서 불경의 번역과 해석, 그리고 목록의 제작과 대장경의 제작 등을 통해 중국적 불교의 시작을 알아볼 수 있었다.

제2부에서는 규봉 종밀의 교학 사상을 네 방면에서 검토했다. 첫째는 인간의 본질을 중심으로 한 교학 이론의 측면에서, 둘째는 선종관의 측면에서, 셋째는 수행 이론의 측면에서, 넷째는 의례의 양상 등을 각각 검토했

다. 이 과정에서 필자는 제3부에서 논의할 '법성교학'에 대한 실마리를 탐색하였다.

제3부에서는 필자가 구축한 '법성교학'의 제 양상에 대하여 다양한 측면에서 검토를 시도했다. 그리하여 종밀교학과 법성교학의 접점을 찾았고 그것이 화엄교학과 연결되는 양상 등을 상술하였다.

제4부에서는 '법성교학'의 적용을 모색해 보았다. '법성교학'의 입장에서 선과 정토 및 계율 등을 재해석해 보았다.

필자의 그간 불교 철학 연구를 돌아보면 봉선사 월운 강백을 통해 청량 스님과 규봉 스님의 화엄을 만났고, 백련암의 성철 선사를 통해 남종선의 소식을 알게 되었다. 이런 귀한 만남을 통해 화엄과 선이 서로 만나는 '지점' 내지는 '교집합' 부분을 나름대로 탐구하는 세월을 보내고 있다. 그 고민의 결과가 '법성교학(法性敎學)'이다.

4.

필자는 이런 학문적 편력을 거치면서 구축한 '법성교학' 관련 연구 성과들을 큰 주제별로 엮어서 독자들 앞에 내놓고 있다. 2012년에는 『한국 근현대 불교사상 탐구』(새문사)라는 제목으로 한국 근 · 현대 고승들의 불교사상을 정리하여 출간했다. 그 책이 주로 근 · 현대 한국 불교 사상에 관한 것이라면, 2009년에 출간한 『때 묻은 옷을 걸치면서』(정우서적)는 '법성교학'에 입각한 세상사 평론들을 모은 것이었다. 금년에는 이렇게 화엄 사상을 중심으로 『규봉 종밀과 법성교학』이라는 제목으로 책을 묶는다. 가까운 시일 내에 선불교 사상을 중심으로 『남종선의 철학사상』이라는 이름으로, 또 『고려말의 간화선 사상』으로 각각 책을 묶을 계획이다. 이렇게 하여 그간 교수 생활 20년 간의 연구를 정산할 마련이다.

그렇게 하면 '논객'으로서의 생활은 『때 묻은 옷을 걸치면서』로 마무리한 셈이 되니, 이 책을 포함하여 위에서 든 네 권의 책이 출간되면, 이제 '학술 논문' 집필은 한 단락을 지어 갈무리하게 되는 셈이다. 단행본으로 묶어 그간 필자에게 보내준 청중들과 독자들의 성원에 보답하려 한다. 앞으로 남은 10년간의 교수 생활은 '교과서적인 단행본' 집필과 출간으로 마치려 한다. 긴 호흡으로 그리고 멀리 보는 시선으로 나의 교직 생활을 마무리하려는 것이다. 그렇게 할 수 있는 부처님의 가피가 내게 있을 것이라 믿는다.

인문학 관련 저서 출판이 어려운 것이 현실인데, 이렇게 책을 출판해 주신 출판사 올리브그린의 오종욱 대표께는 무어라 감사해야 할 지 모르겠다. 그리고 중국을 시야에 넣고 연구하시는 사계의 중견학자 차차석 교수님의 애정 어린 서문에도 감사를 드린다.

이제 또 한 학기가 시작된다. 내 학문의 고향인 광릉내 봉선사 부처님께도 공양을 올리고, 다경실 월운 사부님께도 문안을 드려야겠다.

2013년 8월 15일

탈공(脫空) 거사(居士) 신규탁 쓰다

초판 2쇄 | 서문

지난해 9월 초판을 선보인 『규봉 종밀과 법성교학』이 불과 6개월만에 재판을 내게 되었다. 게다가 그 해 12월 이 책을 단초로 '불교평론사'의 '올해의 학술상'도 수상하게 되었다. 읽어주시고 비평해주신 여러분의 덕분에 분에 넘치는 복을 받았다.

이 책에서 필자는 '법성' 개념으로 불교학의 지난 역사를 정리하고, 나아가 미래에 대한 불교적 해석을 시도했다. '법성교학'이라는 사상 체계는 필자가 옛 전통을 살려 지금에 새롭게 철학화해가는 진행형 과제이다.

그런 점에서 이 책은 필자에게 학문 활동의 또 다른 출발점이다. 왜냐하면 필자의 사적인 사유였던 '법성교학'의 사상 체계가 이 책의 출판으로 학계의 공적인 세상으로 발을 내딛었기 때문이다.

그 동안 지난 세월을 돌아보니, 부지런하게 연구 활동을 했다. 많은 논문이며 책을 발표했다. 이 모두가 가능했던 것은 연세대학교 덕분이다. 받은 은혜만도 넘치는데, '공헌교수상'의 수상 영예도 안겨주었다. 필자의 이런 영광에는 아내의 보살핌이 늘 함께하고 있다.

2014년 2월 17일
탈공(脫空) 거사(居士) 신규탁 쓰다

차례

추천사 • 5
서문 • 11

머리말
새로운 연구 시각의 모색

제1장 중국 불교 연구와 그 반성

Ⅰ. 불교 연구의 반성 • 25
Ⅱ. 동아시아론 • 27
Ⅲ. 지적(知的) 제국주의 • 31
Ⅳ. 동북아시아의 불교 연구와 반성 • 38
Ⅴ. 문제점과 대안의 모색 • 54

제1부
중국적 불교의 시작

제2장 한역 대장경의 출현

Ⅰ. 중국적 불교의 시작 • 63
Ⅱ. 불전의 번역과 해석 • 67
Ⅲ. 목록 작업과 교리의 분류 • 73
Ⅳ. 한역 대장경 시대의 개막 • 86

제3장 불교와 유교의 충돌

Ⅰ. '효'의 나라 중국 • 89
Ⅱ. 불교와 유교 윤리와 충돌 • 92
Ⅲ. 불교 쪽의 반응 • 103
Ⅳ. 유 · 불 · 도 3교의 '효'이론 비교 • 115

제4장 불교와 도교의 충돌

Ⅰ. 도교와의 차별화 • 123
Ⅱ. 길장의 외도 비판; '유'와 '무'의 변증 • 127
Ⅲ. 당대 화엄교학가의 외도 비판 • 143
Ⅳ. 불교의 우위 확보 • 163

제5장 불교 우위론의 이론적 확립

Ⅰ. 『원인론』의 중국 사상사적 위상 • 171
Ⅱ. 인간의 본질에 대한 종밀의 분석 • 177
Ⅲ. '본각진심'의 의의 • 197

제2부

종밀
교학의
지평

제6장 규봉 종밀의 자아관

Ⅰ. 무상과 자아 • 207
Ⅱ. 자아론의 비판과 해체 • 210
Ⅲ. 중국화된 자아론 • 228
Ⅳ. 참 자아의 요청 • 233

제7장 규봉 종밀의 선종관

Ⅰ. 선종의 출현 • 239
Ⅱ. 종밀이 분류한 당시 선종 • 243
Ⅲ. 종밀의 선사상 이해와 그 특징 • 248
Ⅳ. 종밀의 선종 비판은 사실에 근거했는가 • 267
Ⅴ. 선종의 심성론 • 285

제8장 규봉 종밀의 수행관

Ⅰ. 남돈(南頓) 북점(北漸) • 291
Ⅱ. 수행 이론의 여러 양상 • 294
Ⅲ. 돈오점수의 현창 • 315

제9장 규봉 종밀의 의례관

Ⅰ. 불교 의식의 정의와 분류 • 319
Ⅱ. 종밀 선사에 의한 '교리'와 '의식'의 체계화 • 324
Ⅲ. 정원 법사에 의한 '교리'와 '의식'의 체계화 • 342
Ⅳ. 현행 예공의식과의 관계 모색 • 355

제3부

법성
교학의
정립

제10장 종밀의 교학과 법성교학의 만남

Ⅰ. 화엄 조사로서의 종밀 • 363
Ⅱ. 요간(料揀)과 회통(會通)을 통한 법성종의 현양 • 367
Ⅲ. 법성종 현양의 의의 • 384
Ⅳ. 인간의 본성에 대한 신뢰 • 399

차례

제4부
법성 교학의 응용

제11장 화엄의 법성교학

Ⅰ. 법성교학 • 403
Ⅱ. 법성의 믿음 • 408
Ⅲ. 부처님의 가르침 • 412
Ⅳ. 화엄의 수행법 • 419
Ⅴ. 보현행원의 실천 • 432

제12장 화엄의 법계관

Ⅰ. 법성교학의 실천 이론 • 439
Ⅱ. 『법계관문』의 구성 • 444
Ⅲ. 『법계관문』에 나오는 '관(觀)'의 성격 • 454
Ⅳ. 화엄 법계의 체험 • 468

제13장 화엄의 보현행원 의례

Ⅰ. 법성의 교학과 의례 • 473
Ⅱ. 「보현행원품」의 출현과 그 내용 • 476
Ⅲ. 『보현행원품』에 입각한 의례 • 482
Ⅳ. 〈삼보통청〉과의 비교 • 509

제14장 법성교학에서 본 선사상

Ⅰ. 당대 선종의 출현과 계보의 왜곡 • 521
Ⅱ. 선어록에 쓰이는 논법 • 534
Ⅲ. 『사가어록(四家語錄)』의 사례 분석 • 542
Ⅳ. 선정일치 • 557

제15장 법성교학에서 본 정토사상

Ⅰ. 선과 정토의 관계 • 565
Ⅱ. 희망의 나라로 향하는 동경 • 567
Ⅲ. 법성교학에서 본 정토 • 580

Ⅳ. 다양한 방편문의 제시 • 590

제16장 법성교학에서 본 계율사상

Ⅰ. 대승불교의 윤리 생활 • 595
Ⅱ. 『범망경』 독서 여정기 • 600
Ⅲ. 『범망경』 출현의 일대사 인연 • 606
Ⅳ. 보살계 '병행'의 철학적 의의 • 617
Ⅴ. 대승보살계로 돌아가자 • 623

제17장 법성교학에서 본 젠더

Ⅰ. 성별의 혼란 • 631
Ⅱ. 예비적 고찰 • 635
Ⅲ. 성별(gender)의 전환(trans)에 관한 근거 모색 • 646
Ⅳ. 법성교학에서 본 대안 • 661

맺음말

미래를 향한 제안

제18장 생활 속의 법성교학

Ⅰ. 이 땅의 법성교학 • 667
Ⅱ. 대승의 수행 공동체에 들어가기 • 681
Ⅲ. 신행생활로 돌입하기 • 696
Ⅳ. 법성교학의 법회 양식 모색 • 702

부록 1 참고문헌 • 716
부록 2 색인 • 732

머리말

새로운 연구 시각의 모색

제1장 중국 불교 연구와 그 반성

제1장 중국 불교 연구와 그 반성

Ⅰ. 불교 연구의 반성

불교라는 인류의 지적(知的) 문화유산에는 그것이 담고 있는 사유나 논리의 보편적인 영역이 있는가 하면, 또 그것이 전파된 지역에 따른 특수한 것도 있다. 그런데 보편자는 언제나 개별자의 특수성에 의해 규정된다는 필자 자신의 입장은 접어두더라도, 불교가 역사 속에 스스로를 전개시킨 모습은 매우 다양하다. 불교를 신봉하는 입장이 아닌 연구자의 입장에서 볼 때, 인류 문화유산으로서 불교는 인간이 인간과 세계를 어떻게 인식하고 살아왔는가를 살펴보는 데에 귀중한 재료가 된다.

필자는 이 책의 첫머리에서 먼저 지식인들이 불교를 어떻게 이해하고 연구했는가라는 이른바 불교를 대하는 시각을 반성적으로 검토해 보려고 한다. 지역적으로는 '동아시아'의 많은 부분을 차지하는 중국과 한국, 그리고 일본에서 진행된 불교 연구를 살펴보려고 한다.

그러기에 앞서 한 · 중 · 일을 그 내부에 포함하는, 이른바 '동아시아' 지역을 단위로 하는 기존 지역 문화에 대한 논의의 시야를 드러내 보려한다. '동아시아'를 단위로 하는 지역 문화 논의는 이 지역의 특성에 따라 '유교'라는 문화 개념이 일찍이 사용되었다. 그래서 이 글에서는 '유교'와 '동아시아'라는 두 축을 사이에 둔 '동아시아론'에 대한 필자의 분석에서 이야기를 시작하고자 한다. 이 과정에서 밝혀지겠지만, '동아시아론'의 저변에는 '지적(知的) 제국주의' 관점이 깔려있음을 알게 될 것이다. '동아시아'의 불교를 연구하는 기존의 시각도 이 범위에서 논의될 수 있을 것이다.

지난 20세기에는 지적(知的) 제국주의 시각에서 '동아시아'의 사상을 보았다면, 지금의 21세기는 이런 잘못된 시각을 비판 극복하는 것에서 그 출발점을 삼아야 할 것이다. 그래서 이 글의 끝에서는 그 대안을 모색해볼 것이다.

Ⅱ. 동아시아론

우리는 그동안 '유교와 20세기의 한국' 또는 '유교와 자본주의' 또는 '유교와 근대화'라는 제목으로 시작하는 이야기들을 들어왔다. 아시아의 네 마리 용(龍)으로 불렸던 대만, 싱가폴, 한국, 일본이 여타의 지역에 비해 상대적으로 높은 경제 성장을 보임에 따라, 이 나라들을 하나의 지역 단위로 묶어서 이 지역의 공통 기반을 추려보려고 했다. 그 과정에서 '유교'는 중요한 개념으로 부상되었고, 이런 논의들을 우리는 동아시아론의 하나로 볼 수 있다.

'유교'를 매개로 오늘날의 '동아시아'를 설명하려는 노력은 우리에게 납득할만한 방식으로든 아니면 그렇지 않은 방식으로든, 그리고 '유교'의 역할이 긍정적이든 부정적이든 간에, 지식인들의 입에 오르내리고 있다. 이런 동아시아론의 연장선에서, '유교'의 자리를 빼고 그 자리에 다른 어떤 사상이나 철학을 대치시켜 이 지역을 설명하기도 한다. 그런 와중에서 '유교' 대신 또는 그것을 보완하는 것으로 '불교'를 고려할지도 모른다. 그러나 이 글은 그런 맥락과는 길을 달리한다. 필자는 이른바 동아시아론이 이 지역의 사상이나 문화를 설명하는 데에 무의미하다고 생각하기 때문이다.

왜 동아시아론이 무의미하다고 생각하는가? 그렇게 말할 수 있는 근거가 어디에 있는가? 단도직입적으로 말하면 이런 논의가 시작되었던 역사의 이면에는 이데올로기적 '의도'가 있었기 때문이다. 뿐만 아니라 이 논의는 실제의 역사적 사실에도 근거하지 않았고, 그저 이념적인 필요성에 의해 구성된 허구이므로 무의미하다는 것이다.

여기에서 새삼스럽게 '아시아'의 어원과 그 말이 생기게 된 역사적인 배경이나 우여곡절을 자세하게 논의할 여유는 필자에게 없다. 다만 분명한 것은 '아시아'라는 말은 '동양'이라는 말과 같이 서양이 붙여준 용어이다. '아시아'라는 말에 의해서 포괄되는 지역에 사는 사람들은 자신들이 사는 지역을 '아시아'라고 부르지 않았다. 더구나 '시골' 내지는 '변두리'라는 의미가 들어있는 '오리엔트(Orient)'의 번역어인 '동양(東洋)'으로 자신들이 사는 지역을 불렀을 리도 없다. 뿐만 아니라 이 지역에 있는 여러 사회 집단 또는 나라들 사이에 '아시아(Asia)' 내지는 '동양'이라는 공감대를 역사적으로 공유한 적도 역시 없었다.

'아시아'나 '동양'이라는 말은 이 지역의 소속원이 아닌 타인들에 의해서 폄하된 것이다. 그 타인들이란 처음에는 당시 청나라를 괴롭혔던 유럽이었고, 그 후에는 한반도와 대만 그리고 중국 대륙을 괴롭혔던 일본이었다. 유럽에서는 이 지역의 낙후성을 지적하고 이 낙후성을 자기네가 계발시켜준다는 계몽주의적 개발 논리는 이미 헤겔과 막스 베버가 잘 보여주었다. 그들은 표현은 각각 달랐지만, 중국은 계속되는 왕조사의 변천만 있었지 그 속에서 개인의 인권 성장이 과연 존재했느냐고 따져 물었다. 이러한 추궁에는 유럽 역사를 보편사로 확정하고, 지구상에 있는 다양한 여러 역사를 하나의 자루 속에 처넣으려는 무지(無知)가 깔려있다. 때로 이 무지는 아시아 침략을 정당화하는 이데올로기로 둔갑하기도 했다.

그런가하면 일본의 경우는 서구 열강과 아시아 침략의 경쟁 과정에서 '대동아공영권'이라는 엄청난 이데올로기를 만들어내기도 하였다. 미국과 유럽의 제국주의자들이 당시에 이 지역을 침략해 오니, 이 지역 사람들이 일본을 중심으로 하나가 되어 저들을 물리치고 공동의 번영을 누리자는 말이었다. 이런 이데올로기 '만들기'와 '퍼트리기'에 많은 학자들이 동원되었다. 불교학자들도 예외는 아니었다. 경도학파의 한 인물인 니시다 기타로오(西田幾太郎)가 그랬고, 선불교 연구자 스즈키 다이세쯔(鈴木大拙)도 그랬다. 거기에는 당시 한국의 승려들도 힘을 보탰다. 선불교 학자로 서양에 알려진 스즈키는 「신종교론」에서 청일전쟁(일본에서는 일청전쟁)을 이렇게 쓰고 있다.

> "폭국(청나라)이 우리들의 상업을 계속 방해하고 우리들의 권리를 유린하여 인류 전체의 진보를 가로막고 있다. 우리는 종교의 이름으로 이들을 복종케 해야지 야수와 같은 그들을 어찌 자비심으로만 대응하리요. 이번 일청전쟁은 단지 정의를 위해서 부정을 징벌하기 위한 것일 뿐 어찌 우리가 따로 구하는 것이 있으리요. 이는 바로 종교적 거동일 뿐이다."

청일전쟁을 제국주의적 침략 전쟁이 아닌 종교적 성전(聖戰)으로 미화하는 것이다. 스즈키의 말에 따르면 이 전쟁은 인류의 진보를 위해 폭력의 나라 청나라를 응징하는 종교적 실천이라는 것이다. 당시의 많은 불교 학자들이 불교 사상을 제국주의 침략의 무기로 써먹었다. 그것은 불교의 정신에 위반됨은 두말할 나위도 없다.

이런 예를 들자면 끝이 없다. 선불교 학자 이시다 고꾸류(石田黒龍)는 『대승선』이라는 잡지에서 「대동아 전쟁과 선(禪)」이라는 글을 발표했다. 그곳에서 이렇게 말한다.

> "선(禪)과 전(戰)에 공통된 것은 '단(單)'이다. '단(單)'이라는 글자 모양은 한 겹, 하나, 오직이란 뜻이다. 어떤 경우에도 두 개의 무엇을 의미하지 않는다. 누구든지, 어떤 경우에도 오직 하나이다. '일억 일심(一億一心; 일 억 사람이 모두 한 마음)'이다. '일억 일심'으로 돌아가 인과 필연을 선용하는 선(禪)은 대동아 전쟁의 필승인 것이다."

이게 선불교의 정신이라고 하면 지금 사람들은 아무도 믿지 않을 것이다. 그러나 그 당시에는 이런 논리가 통용되었다. 웃을 수 없는 엄연한 현실이었다.

우리는 동아시아론의 불순성을 역사적으로 경험하고 그에 대한 대가를 피로 치렀다. 물론 그 피 흘림은 일본 사람들이라고 예외는 아니었다. 서구 열강과 일본의 침략 앞에 당시의 청나라도 많은 피를 흘렸다. 서양이 붙여준 '동아시아'지역 사람은 1800년대 후반부터 1900년대 중반까지 유사 이래 가장 큰 변화를 겪어야만 했다.

Ⅲ. 지적(知的) 제국주의

이상과 같은 맥락에서라면 1800년대 후반에서 1900년대 중반 사이에 전개되었던 동아시아론이 제국주의적 이데올로기의 연장선상에 서 있다는 필자의 주장을, 독자들께서는 어느 정도 동감하실 것으로 기대된다. 그러나 한편으로는 이런 문제를 제기하시는 분도 계실 것이다. 그 문제란 다름 아닌, 1970년대를 전후로 일었던 유교 문화를 매개로 한 동아시아 근대화론이 과연 제국주의적 이데올로기의 연장선상에 있다고 할 수 있겠느냐는 것이다.

여기에 대해서 필자는 감히 말한다. 그렇다고 말이다. 다만 다른 점이 있다면, 2차 세계대전 이전의 동아시아론이 군사력까지 동원된 제국주의 이데올로기의 연장선상에 있었다면, 2차 세계대전 이후의 동아시아론은 지적(知的) 제국주의 이데올로기 선상에 있다는 점이다.

아시아의 용(龍)으로 불리는 대만, 싱가폴, 한국, 일본의 네 나라가 2차 세계대전 이후 이룩한 눈부신 경제 성장의 배경에는 유교 문화라는 공동의 기반이 있었다는 주장을 우리는 쉽게 접할 수 있었다. 이런 주장을 하는 이들로 국내에 많이 알려진 사람은 일본 동경대학 중국철학과의 미소구찌 유우조(溝口雄三) 교수와 미국 하버드대학 옌칭 연구소의 중국계 학자

뚜웨이밍(杜維明) 교수를 들 수 있겠다. 이런 논의의 시발은 물론 대만에서 이른바 신유학을 연구하는 학자들 사이에서 일어났다.

이쯤 되면 문제는 심각해진다. 그러면 위에서 거론된 학자들을 포함하여 이 논의에 가담하여 그 내용을 풍부하게 했던 국내외의 학자들이 지적(知的) 제국주의를 옹호한 사람이란 말인가? 분명히 말하지만, 그것은 아니다.

오해의 틈을 없애기 위해 필자가 말하는 '지적(知的) 제국주의'란 의미를 먼저 분명하게 할 필요가 있다. 어느 한 지역의 지식이 여타의 지역에 일방적으로 침투되어 그 지역에서 압도적인 힘을 휘두를 때 필자는 이것을 '지적 제국주의'라고 부르고자 한다. 이것은 어느 한 국가의 힘이 주변의 다른 국가에게 일방적으로 들어가서 그곳에서 힘을 휘두르는 식민지주의와도 상통한다. 지적 제국주의는 부분적으로 해당 지역의 사상이나 문화 발전에 긍정적인 기여를 하는 경우도 있다. 마치 '식민지 근대화론'처럼 말이다. 그런데 여기서 필자가 그냥 '제국주의'가 아닌 '지적 제국주의'라고, '지(知)'라는 한정어를 앞에 쓴 이유는 '지식'을 매개로 제국주의가 행해지므로 그렇게 이름을 붙였다.

그렇다면 거기에 매개된 지식이란 과연 무엇을 두고 하는 말인가? 흔히 동아시아 지역의 사상을 말할 경우 유교 · 불교 · 도교라는 3교의 틀을 사용한다. 이 세 사상은 긴 세월 동안, 게다가 여러 분야에서 이 지역의 문화에 깊숙이 관계하였다. 이 세 사상이 어우러져 이룩된 이 지역의 문화는 다른 지역에서는 볼 수 없는 이 지역만의 독특한 것이다. 그래서 동아시아 지역을 말할 때면 이 세 사상을 빼놓을 수 없고, 그 중에서 동아시아 지역의 경제 번영을 특히 유교의 정신과 연결시켰던 것이다.

그러면 이 유 · 불 · 도 3교로 대표되는 지식을 매개로 동아시아 지역에서 누가 누구에게 지적(知的) 제국주의를 실시했다는 말인가? 그 대답은 중국이 주변 국가와 민족에게 그렇게 했다는 것이다. 중국의 지적 유산은 중국 주변의 국가나 민족에 대해 상대적으로 더 세련된 그리고 선진된 것으로 취급되었다. 그렇게 취급되는 데에는 중국 자체에서 개발된 사상인 '이하론(夷夏論)'이 밑바탕에 깔려있다. '이하론'이란 다시 말하면 중화와 오랑캐라는 차별적 시각으로 문화를 설명하는 '중화적 세계관'이다. 서양 세력이 동아시아 지역에 들어오기 이전까지 중국은 중화주의적 세계관으로 이 지역의 문화 읽기를 해 왔다. 서양과의 만남 속에서 이 중화주의적 세계관이 정면으로 도전 받기 시작했으나, 그렇다고 그것이 중국 대륙에서 사라진 것은 결코 아니다.

중국인이 자기네 이외의 문화나 사상을 보는 시각인 '이하론'은 그 뿌리가 깊다. 중국 지역에 처음으로 인도의 불교가 전래되면서 봉착했던 문제도 이것이었다. 그 당시의 상황을 삼국 중의 하나인 오(吳) 나라 때에 채록된 『모자이혹론(牟子理惑論)』에 이렇게 전한다.

> 공자께서 말씀하시기를 "오랑캐에 군자가 있더라도 군자가 없는 중국만 못하다."하셨다. 맹자는 진상(陳相)이 허행(許行)의 술법을 배우는 것을 꺼려하여 말하기를, "나는 중하(中夏)를 갖고 오랑캐를 교화시킨

> 다는 것을 들었어도, 오랑캐를 갖고 중하를 교화시킨다는 이야기는 아직 듣지 못했다."고 했다. 그런데 그대는 어려서부터 요 · 순 · 주공 · 공자의 도를 배웠는데, 이제 그것을 버리고 다시 오랑캐의 술수(여기서는 불교를 지칭)를 배운다면 이는 잘못된 게 아닌가."

중국에 공자와 맹자의 도가 있는데 이것을 두고 오랑캐가 들여온 불교를 배워서는 안 된다는 주장이다. 이런 식의 '이하론'은 위진 남북조시대에도 당나라에도 계속되었고 청나라 말기와 민국 초기에도 계속된다. '양이(洋夷)'라는 신조어도 이런 맥락에서 만들어진다.

중화주의적 세계관에 강하게 그리고 오래 세례를 받은 나라일수록 중국의 문화를 타자(他者)의 문화로 상대화시키지 못하고, 선진되고 세련된 그래서 따라야 할 그 무엇으로 보려는 경향이 강하다. 이런 나라들에게 있어서 중국은 상호 '교류의 대상'이 아니라 '배움의 대상'이었다. 그 배움도 어디까지나 그것을 수용하고 따르기 위한 일방적인 배움이었다.

동아시아 지역이 여타의 지역과 구별되는 문화적 특성으로 유 · 불 · 도 3교 사상을 꼽고 있지만, 이 지역에 속한 민족이나 국가가 상호간에 서로를 인정하는 문화적 특성은 결코 아니다. 무슨 말인가 하면, 한국이나 일본에서 진행되는 유 · 불 · 도 3교에 대해 중국은 관심을 두지 않았다. 한국과 일본 사이에서도 서로가 서로를 인식하기 위한 노력을 공유하지 못했다. 유 · 불 · 도 3교가 이 지역 문화를 특징 짓는 공통점으로 거론되지만, 중국 자체에서는 인식되지 않은 공통점이었다. 일본의 유교나 불교 그리고 한국의 유교나 불교에 대해 중국은 전혀 관심이 없었다. 사랑으로 비유를 들자면, 유 · 불 · 도 3교를 매개로 한 일방적인 짝사랑이었지, 서로를 확인하는 진정한 사랑은 아니었다.

그러면 위의 논의로 다시 돌아가서, 유교를 매개로 동아시아론을 주장하는 것이 지적 제국주의인가 하는 문제로 돌아가 보자. 중국인들이 문화를 바라보는 전통적인 시각으로 '이하론'이 있었음은 여러 문헌 사례들이 증명한다. 그러면 '이하론'적인 입장에서 문화를 평가하는 사유는 어디에서 비롯되었는가? 우리는 『춘추(春秋)』에서 그 유래를 찾을 수 있다. 중국 고대시대부터 유교의 핵심 경전 중의 하나로 자리매김한 이 책은 주(周)나라 황실을 중심으로 당시 여러 제후들의 역사를 기록한 것이다. 이 책에는 이른바 주나라의 봉건 제도를 이상으로 삼는 '유가의 명분론(名分論)'이 잘 표출되어 있다. 그것은 천자와 제후, 그리고 임금과 신하라는 엄격한 차별적 신분 질서에 의한 봉건제를 기본 정신으로 한다.

이런 기본 정신 때문에 중앙 집권적 봉건 통치를 강조하는 위정자는 『춘추』에서 그리는 이상 사회를 정치 모델로 삼는다. 『춘추』를 이상으로 삼는 유교의 사상가들은 일찍이 이 책의 정확한 뜻을 밝히기 위해 많은 주석서를 내었다. 그 중에서 「곡량전」, 「공양전」, 「좌씨전」은 역대 왕조의 과거 시험 과목이었고, 최고 교육 기관인 국자감이나 성균관의 커리큘럼에 언제나 들어갔다. 어떻게 보면 봉건통치를 위한 철저한 이데올로기 교육이다. 일본의 명치 임금이 유신 초기에 청나라의 통치 제도를 모델로 한 것도 이런 맥락에서 봐야한다. '교육칙어'를 통해 임금과 신하의 상하 질서를 잡으려했던 것도 이것이다. 박정희 대통령 당시에 '국민교육헌장'을 반대했던 배경도 그가 과거의 봉건 통치를 연상시켰기 때문에 그랬던 것이다.

이렇게 볼 때 유가의 정치 사상은 역사적으로 상하 차별적 계급질서를 기본 골격으로 했다. 임금을 정점으로 하는 일사불란한 통치 제도를 이상으로 한다. 동아시아 네 나라의 경제 성장을 유교사상과 결부시킨 것도 사장을 정점으로 사원들이 불사이군(不事二君)하는 정신으로 경제를 일으킨 것에 견주었다. 그런데 위에서 보았듯이 유교 사상 속에는 '이하론'이 들어있다. 중국은 문화 민족이고 나머지는 다 오랑캐이다. 이런 유교 사상을 매개로 하는 이른바 '유교의 세계화' 내지는 '유교 자본주의' 논의가 중화주의적 세계관과 별도로 논의될 수 있을까? 유교의 핵심에는 중화주의적 '중심-주변'의 세계관이 들어있고, 그 세계관에 서서 '중심에서 주변 쪽으로' 그리고, '중국에서 여타 동아시아지역 쪽으로'라는 일방적인 문화 읽기 방식을 비판 극복하지 못했다는 점에서, 1970년대 전후로 일기 시작했던 동아시아론은 지적 제국주의라고 말할 수 있다. 물론 이렇게 된 책임은 중국 쪽에만 있는 것은 아니다. 중국을 대상화하고, 방법으로 보고, 나아가 타자(他者)로 인식하지 못한 쪽의 책임도 크다.

우리의 과거는 『논어』나 『맹자』를 읽으면서 공자나 맹자라는 한 외국인의 생각이 어떠했는가, 나아가 그가 살았던 타(他) 문화가 우리와 어떻게 다른지를 알려고 하기 보다는, 그 속에서 '도(道)'를 찾으려했다. 이런 현상은 한자(漢字)를 쓰는 일본이나 우리나라에 공통이다. 더구나 유교의 영향을 절대적으로 받은 조선의 경우는 그 정도가 일본보다 심한 편이다. 도(道)라는 블랙홀 속으로 시간은 물론 지역적 차이도 빨려 들어가고 말았다. 우리의 과거 지식인들은 동(同) 시대의 중국을 파악하려는 노력을 너무도 느슨하게 했다고 말할 수 있다. 도(道)를 탐구하려는 열정에 비교해서 말이다. 고려 말의 불교 학승 지눌(知訥; 1158-1210) 선사는 당나라의 불교학자 규봉 종밀(圭峰宗密; 780-841) 선사를 생각했고, 조선의 유교학자 이황(李滉; 1501-1570)은 남송의 주희(朱熹; 1130-1200)를 사사했다. 모두 전(前) 시대의 중국 인식이다.

최근에 논의되는 한글과 한자를 함께 쓰자는 것도 우리의 중국인식과 무관할 수는 없다. 누가 뭐래도 한자는 외국의 문자이다. 마치 로마자나 또는 산스크리트어의 데바나가리처럼, 그것은 우리의 글자는 아니다. 물론 우리 문화 속에 긴 시간을 통해 깊숙하게 관계를 맺고 있기 때문에, 그것을 제대로 알기 위해선 한자를 알아야만 한다. 그러나 그것이 외국의 글자이고 문화라는 인식을 못한다면 한자 병용은 지적(知的) 제국주의 연장선만 더 길게 할 우려도 없지 않다.

Ⅳ. 동북아시아의 불교 연구와 반성

이야기를 좁혀서 불교 연구 쪽으로 들어가 보자. 동아시아의 불교는 전래 당시부터 이 지역의 전통 사상과 깊은 관계를 맺으면서 연구되어 왔다. 필자는 여기에서 그들이 불교를 어떤 시각에서 연구했는가를 기준으로 그 변천을 크게 세 시기로 나누어보려 한다.

제1기는 불교 자체를 '성인의 가르침'이라는 생각으로 수용하여 그 가르침의 내부에 관심을 두던 시기라고 할 수 있다. 이 시기는 중국에 불교가 전해진 이래 20세기 초, 근대적인 의미의 불교 연구가 시작되기 이전까지 계속된 시각으로 아주 고전적이고도 긴 역사를 갖는다. 이 시기에 나타난 연구 방법상의 특징으로 교종의 교판론(教判論)에 의한 연구와 선종의 조통설(祖統說)을 들 수 있다. 모든 주장은 이것을 근거로 비로소 그 근거를 갖게 된다. 이런 연구 시각은 '불교(佛教)', '석교(釋教)', '불법(佛法)'이라는 이름으로 신앙심을 기반으로 진행되어 왔다. 이런 시각에 서 있는 사람들은 '석존(釋尊)'께서 이 세상에 태어나신 이른바 '출세본회(出世本懷)'를 탐구하여 '해탈' 혹은 '깨달음을 여는' 문제를 가장 절실한 당면 과제로 삼았다.

'가르침'으로 접수된 불교 연구는 연구자의 신념 혹은 신앙과 자신이 연구하려고 한 대상과의 구별에 별 관심을 보이지 않는다. 경우에 따라서는 불교도 하나의 인류 문화가 만들어낸 산물이라는 인식이 소홀해지는 사례가 종종 있다. 그리하여 불교의 역사성이라든가 지역성 따위는 모두 사라지고, 모든 문제가 같은 시간과 공간 속에 녹아들고 만다. 이것은 불교가 전래된 지역이면 어디에서도 볼 수 있는 현상이다. 불교가 우리와는 다른 이국땅에서 생긴 외국 문화라는 생각보다는 '가르침'의 보편성, 곧 '도(道)'로 신앙되어진다.

물론 '이하론(夷夏論)'등의 논의가 있기는 했지만 불교를 통해서 인도를 알려고 하는 발상은 아예 없었다. 그것은 불교에서 주장하는 '가르침'이 중화가 아닌 변방이라는 점을 비난하는 것으로, '가르침' 자체의 내용에 중심 문제가 있었던 것은 아니다.

제2기는 이상과 같은 전통적인 의미로서의 '불교', '석교'가 갖고 있던 주관주의적인 요소를 극복하려는 노력 속에서, 20세기를 전후로 근대적인 의미의 '불교학', '불학'이 생긴 시기이다. 이 시기에는 '부처의 가르침'을 대상화 하고, 그것을 학문적으로 연구한다고 하는 의식이 들어있다고 말할 수 있다. 이 의식은 아시아의 근대화 과정 속에서 서구의 충격과 더불어 생긴 것으로, 겨우 '○○학(學)'이라는 이름을 쓰는 정도에 지나지 않는 이것은 어디까지나 서양 학문의 분류법을 따온 것이다. 즉 논리학, 기하학, 형이상학 등의 '학(學)'과는 애초부터 그 성격이 다르다. 이때의 '불교학'이 제1기의 '불학'과 서로 다른 점은 서구의 철학 용어 내지는 방법을 빌려 그 이전의 '불교'를 재해석하는 것이다. 이런 '불교학'은 '천태학', '선학', '화엄학', '정토학', '진언학' 등으로 나뉘기도 한다. 일본에서는 이른바 '종학

(宗學)', '종승(宗乘)'이라고 불리는 교파적인 입장에서 불교를 연구하는 형태가 나오기도 했다.

제3기는 이른바 지나학(Sinologie)이라는 입장에서 중국 불교를 연구하는 것이다. 지나학은 유럽에서 생긴 일종의 문화학의 한 분야로, 일본의 경우는 난조우 분유우(南條文雄), 다까구스 준지로오(高楠順次郎), 스즈키 다이세쯔(鈴木大拙) 등에 의하여 진행되었다[1]고 한다.

지나학이라는 측면에서의 불교 연구는 불교 그 자체를 연구 대상으로 하여 접근하는 시각으로, 근대 유럽의 선교사들에 의해 진행되었다. 그런데 그들의 태도는 크게 둘로 나누어진다. 하나는 일반 '문화학'으로 중립적인 입장을 견지하는 태도이고, 다른 하나는 기독교의 전파를 위한 수단으로써 불교를 연구하는 태도이다.[2] 그런 면에서 이런 부류의 연구는 이데올로기가 개입된 불교 연구이다. 이 점은 공산 혁명 직후부터 이제까지 대륙에서 진행되었던 불교연구와 비슷한 점이 많다. 그러나 이런 연구 방법은 점차로 수정되고 있다.

1. 중국의 경우

중국에서의 불교 연구가 어떻게 진행되었는가를 알려주는 자료로는

1) 鷹谷俊之,「佛教學の系譜」,『東西佛教學者傳』, 華林文庫, 1970, p.15.

2) 앞의 논문, p.16.

각주[3]에 소개한 자료들을 들 수 있다. 이제 이것들을 참조하여 중국에서의 불교 연구의 상황을 간단히 정리하면 다음과 같다.

수옌레이(蘇淵雷)는 각주의 자료에서 양원훼이(楊文會; 1837-1911)를 근대적 의미의 불교 연구자로 들고 있다. 이어서 그의 영향을 받았던 캉유웨이(康有爲), 량치차오(梁啓超), 딴스통(譚嗣同), 짱뻥린(章炳麟) 등과, 그 밖에 루청(呂澂)의 연구 태도를 소개하고, 그들은 주로 인식론, 우주론, 인생론 등의 시각을 갖고 연구를 했다고 정리한다. 이것은 서구 철학의 영향을 받아 동양 사상 특히 불교에도 이런 사상이 있다는 식의 연구이다.

이와 함께 당시 불교연구 시각을 살피는데 찡안(敬安; 1815-1912)과 그의 제자 타이슈(太虛; 1890-1949) 등의 움직임을 생각할 수 있다. 이것은 1898년 짱즈동(張之洞)이 당시의 조정에 제출한 '묘산흥학(廟産興學)'에 대항해서 나타난 것이다.[4] 이 시대의 불교 연구는 호법의식(護法意識)과 당시 중국 사회가 직면했던 '동서문화논쟁'과의 관계가 깊었다고 말할 수 있다. 이 시기의 불교 연구는 불교 그 자체를 진리라고 전제하고, 당시 중국 사회가 직면한 다양한 문제를 해결하기 위한 방법 혹은 대안을 찾는 과정에서 불교를 연구했다. 이런 연구 시각은 『해조음(海潮音)』(1920-1929)이라는

---

3) ①高振農 著, 小川隆 譯, 「中國における佛敎と中國文化の研究現況」, 『月間中國圖書』, 內山書店, 1992年. ; ②蘇淵雷, 「近代我國佛學研究的主要傾向其成就」, 『佛敎與傳統文化』, 湖南敎育出版社, 1988年. ; ③方立天, 「近十年來中國佛敎研究概述」, 『中國文化與中國哲學』, 三聯書局, 1987年.

4) 塚本善隆, 「淸末民國初期の廟産興學政策」, 『中國近世佛敎史の問題』, 大同出版社, 昭和50.

잡지에 발표되었던 기사를 보면 알 수 있다. 또 이 시기는 '과학과 인생관의 논쟁' 혹은 '과학과 현학의 논쟁'이라는 당시 사조의 흐름 속에서 불교의 교리를 해석한 것도 눈에 두드러지는 특징이다. 즉 유식 사상과 서양의 인식론 내지는 논리학과 비교하는 것이라든가, 타이슈(太虛) 법사의 진화론에 관한 논문이라든가, 불교와 교육 등이 중요한 관심이었다.

그러나 자신들의 과거의 불교 역사를 되돌아보는 중국불교사에 관한 저술은 나타나지 않는다. 불교사에 관한 연구가 나타나는 것은 1930년대 경부터인데 다음과 같은 책을 들 수 있다. 지앙웨이치아오(蔣維喬)의 『중국불교사(中國佛教史)』, 후쓰(胡適)의 『중국선종사(中國禪宗史)』와 그의 제자 탕용통(湯用彤)의 『한위양진수당남북조불교사(漢魏兩晉隋唐南北朝佛教史)』, 황찬후아(黃懺華)의 『중국불교사(中國佛教史)』 등이 출판된다. 이 중에서도 탕(湯) 씨의 연구는 후세 연구자에게 미친 영향이 자못 크다. 이 책은 모두 20장(章)으로 구성되어 있는데 시대 순으로, 인물을 중심으로 서술하고 있다. 특징을 하나 말하라면, 각 시대별로 진행된 역경(譯經)과 경전의 정리에 대해 기술하는 점이다. 그리고 역사적인 사실을 바탕으로 불교사를 이해하려는 노력은 이전의 연구서에서 보기 힘든 장점이다.

한편, 공산혁명 이후의 불교 연구 상황을 살펴보기 위해 참고가 되는 자료로 앞에서 든 까오쩐농(高振農)과 팡르티엔(方立天) 두 학자의 것이 있다. 까오쩐농(高振農)은 이 책에서 1950년대 말에서 1960년대 초에 이르는 사이에 진행된 불교와 중국 고대 철학과의 관계에 대해 구체적으로 인물과 저서를 들어가면서 정리한다. 그것을 소개하면 다음과 같다.

첫째 부류 : 초기의 불교 철학자들은 위진현학(魏晉玄學)에 의탁하여 연구했는데, 뒤에는 중국화 된 여러 종파가 많은 명제와 사상을 제기하여 중국 고대 철학을 발전시켰다. 다시 송명이학(宋明理學)에 흡수 되어 중국 고유 사상과 합류되어 고대 전통 철학의 일부가 되었다. 팡르티엔(方立天), 쑤위에레이(蘇淵雷), 차오푸추(趙樸初), 뚜지원(杜繼文) 등이 이 부류에 속한다.

둘째 부류 : 팡르티엔(方立天)이 『위진남북조불교논총(魏晉南北朝佛教論叢)』(中華書局, 1982)에서 언급한 것으로, 중국 철학사 위에서 유물주의와 유심주의와의 대전에 있어 불교 철학은 유심주의의 중요한 '방면군(方面軍)'이라고 하는 의견이다. 이런 입장은 그 뒤 런지위(任繼愈) 등에 계승되어 현재까지 주류를 이루고 있다.

셋째 부류 : 불교는 유물 변증주의 세계관과는 근본적으로 대립된다. 그러면서도 인간의 인식의 발전을 풍부하게 하는 등, 어느 정도 합리적인 요소를 포함하고 있다. 까오쩐농(高振農)은 이 부류에 속한다고 자처한다.

중국에서의 이런 상황은 런지위(任繼愈)의 불교 인식에 그대로 반영된다. 런지위(任繼愈)는 「중국에 있어서 불교 철학 사상의 전파와 발전(佛教哲學思想在中國的傳播與發展)」[5]에서 중국 불교를 이렇게 평가하고 있다.

> 첫째, 불교는 유심주의 종교 철학 체계이고 철학성이 풍부하다. 둘째, 중국 불교는 외국 것이라고 말할 수 없다. 이것은 중국 철학사의

5) 任繼愈, 『漢唐佛教思想論集』(人民出版社, 1974). 일본어 번역으로는 古賀英彦(外)譯, 『中國佛教思想論集』(東方書店, 1980).

중요한 부분이고 송명철학(宋明哲學)에 큰 영향을 주었다. 셋째, 불교에 대한 비판적인 관점을 분명히 하는 것에 의하여, 유물주의의 이해가 개발된다. 넷째, 불교의 연구와 이해는 유심주의 비판의 힘이 된다. 다섯째, 불교 연구에 선행하여 역사유물주의의 관점을 유지해야 한다.

런지위(任繼愈)의 이런 불교 인식은 대륙에서 출판되는 중국 불교 연구의 일반적인 관점이기도 하다. 그러면서도 1981년에 출판된 『중국불교사』(1권)의 「서(序)」에서 그는 이렇게 말하고 있다.

"마르크스주의의 사적(史的) 유물론은 원리로서는 몇 개의 간단한 조항이 있을 뿐이지만, 이것을 어떻게 적확하게 중국불교사의 연구에 사용하는가는 앞으로도 과학적인 실천을 통하여 해결해 가야만하는 어려운 문제이다."

그러나 이것은 유물사관의 포기를 의미한다기보다 오히려 런지위(任繼愈)가 자신의 관점을 보다 객관화하려는 노력이라고 생각하고 싶다.

또, 중국 불교를 중국 전통적인 사상 · 종교와의 관계에서 연구하려고 하는 노력은 런지위(任繼愈) 주편 『중국불교사』(전8권)에 잘 나타나 있다고 할 수 있다. 이 책의 특징으로 중국 불교를 중국 사상사와 고립하여 다루지 않고 항상 중국의 그 시대의 종교 사상과 시대사조와 관계지어 보려는 것을 꼽을 수 있다. 특히 불교 미술에 상당히 많은 지면을 할애하는 것도 이 책의 특징 가운데 하나이다. 중국에서 불교 연구가 어떻게 진행되었는가에 대한 검토를 이상으로 마치고, 이제부터는 일본에서의 불교 연구 경향을 보도록 한다.

2. 일본의 경우

일본에서 진행된 중국 불교 연구의 역사를 보기 위해서는 각주[6]의 다음과 같은 논문들을 이용할 수 있을 것이다. 이들 논문 중에서 먼저 총체적인 시야에서 과거의 연구사를 반성하는 오까베 가쯔오(岡部和雄)의 입장을 들어보자. 그는 1910년 『불교사림(佛教史林)』의 발간을 일본에서의 중국 불교 연구의 새로운 출발점으로 보고, 그 사이의 성과를 검토했는데 「맺음말; 반성과 전망」 부분을 요약하면 다음과 같다.

6) ①鷹谷俊之, 「佛教學の系譜」, 『東西佛教學者傳』, 山口縣: 華林文庫, 1970年. ; ②石井修道, 「中國禪宗史の研究動向」, 『佛教學研究會報』(13號), 東京: 駒澤大學院, 昭54年. ; ③平井俊榮, 「吉藏と三論 -日本における研究の回顧と前望-」, 『中國般若思想史研究』, 東京: 春秋社, 1976年. ; ④荒木見悟, 「宋元時代の佛教 · 道教に關する研究回顧」, 『比較文化研究所紀要』(第1輯), 九州: 久留米大學比較文化研究所, 昭62年. ; ⑤池田魯參, 「天台教學の最近の研究動向と前望」, 『佛教學研究會報』(12號), 東京: 駒澤大學, 1978年. ; ⑥木村清孝, 「中國佛教研究の現狀と課題-華嚴思想を中心として-」, 『中國-社會と文化-』(第3號), 東京: 東大中國學會, 1988年. ; ⑦岡部和雄, 「中國佛教の研究狀況と問題点」, 『駒澤大學佛教學部論集』(第20號), 東京: 駒澤大學, 平元年. ; ⑧田中良昭, 「敦煌禪籍の研究狀況とその問題点」, 『駒澤大學佛教學部論集』(第9號), 東京: 駒澤大學, 平元年. ; ⑨石井修道, 「中國唐宋代の禪宗史の研究狀況と問題点」, 『駒澤大學佛教學部論集』(第20號), 東京: 駒澤大學, 平元年. ; ⑩永井政之, 「元明代の禪宗史の研究狀況と問題点」, 『駒澤大學佛教學部論集』(第20號), 東京: 駒澤大學, 平元年.

1. 교리사 · 교학사에 편중되어 중국 사상사를 거의 시야에 넣지 않은 상황이다. 이것은 참된 역사 연구라 이름 할 수 없다.
2. 문헌지상주적 연구에 비중이 너무나 기울어져 있는 것이 아닌가?
3. 종파적인 관점에서 역사를 바라본다. 종조의 사상을 절대화한다. 이것은 객관적인 역사학이라고는 말할 수 없다.
4. "불교는 인도에서 씨 뿌리고, 중국에서 꽃 피고, 일본에서 열매를 맺었다"고 하는 3국 유전 사관에서 낙천적으로 해석한다. 이와 관련지어 일본 불교의 직접적인 원류가 없어진 불교, 예를 들면 원(元) · 명(明) · 청(淸) 시대의 불교에 관한 연구는 저조하다.
5. 전체의 연관에는 관심을 쏟지 않고 모두 말초적인 문제만을 다룬 논문이 적지 않다.

한편, 아라기 겐고(荒木見悟)의 논문에서는 그 제목이 말해주듯이, 당대 이후의 불교에 대한 연구 상황을 논평한다. 이 논문의 「1.송유와 불교」에서 그는 이렇게 말한다. "교파 의식을 전재로 하는 한 송유(宋儒)와 불교라는 테마는 애초부터 비학문적 · 몰논리적으로 처리될 운명에 처했다고 해도 좋다." 그는 누까리야 카이텐(忽滑谷快天)의 「선과 송유의 도학(禪と宋儒の道學)」·「송학의 기원과 선(宋學の起源と禪)」, 요코다 소지끼(橫田宗直)의 「송유의 선학 연구에 즈음하여(宋儒の禪學硏究について)」 등의 내용을 소개해가면서, 명치(明治) 이후의 연구가 너무도 '호교 의식'에 끌려간 연구라는 것을 지적하고, 이 시기의 연구 경향을 비판한다.

소화(昭和) 초기의 연구 상황에 대해서는 토끼와 다이죠(常盤大定)의 「지

나에 있어서 유교와 불교 · 도교(支那における儒教と佛教道教)」를 예로 들면서, 토끼와(常盤)는 '선(禪)을 중국 사상의 귀착점'으로 생각하는 의식이 있었다고 지적한다. 그리하여 이 시기의 학풍을 "송유의 학설에 불교와 비슷한 곳이 있으면 그대로 불교의 영향 · 번역이라고 규정하는 방법은 명치와 대정 시기의 종문학파(宗門學派)의 학자들의 학풍을 그대로 답습하는 것이다."라고 비판하고 있다.

또, 구보(久保)의 『지나 유도불 삼교사론(支那儒道佛三教史論)』에 대해서는, "송대의 특색이 어디에 있는가 하는 것은 거의 명시되어있지 않다."고 평한다. 또 유우키 레이분(結城令聞)이 「주자의 배불설에 있어서의 근본 동기(朱子の排佛說における根本動機)」라는 자신의 논문 속에서 "주자의 불교 비판은 반드시 학문적인 것은 아니고 '학리적(學理的)'으로 보아 양심적이지 않다."고 한 말에 대해, 아라기(荒木)는 "학리(學理) 불교와 실천(實踐) 불교를 어떻게 생각하고 계시는지요?"라고 반문하고, 유우키(結城)의 주자에 대한 지식이 부족하다는 점을 지적한다.

그밖에도 사토우 타쯔겐(佐藤達玄)의 「주회암과 불교(朱晦庵と佛教)」와 다케우찌 요시오(武內義雄)의 『중국사상사』에 대해서는 "주자학을 안이하게 화엄의 이사무애 법계로 규정하는 일은 위험하다."고 비판한다. 또 구스모토 분유우(久須本文雄)의 『송대 유학의 선학 사상 연구(宋代儒學の禪學思想研究)』에 대해서는 "구스모토(久須)의 방법론은 실증 고증에 있어서 조잡할 뿐만 아니라, 개개의 사상가의 독자성과 시대 사조의 추이를 전혀 무시하고 있다."고 맹렬하게 비판하고 있다. 그리하여 그는 송유(宋儒)와 불교(佛教)에 관한 연구에 대하여 이렇게 결론을 내리고 있다.

> 송대(宋代)에 선(禪)이 유행했다는 대략적인 사실에 편승하여 선의 위력을 과시하기 위한 소재로 송학(宋學)을 집어 들어, 송학(宋學) 내부에 새롭게 추구되었던 철학적 제 문제 해결의 열쇠를 선(禪), 그것이 앞서서 해결했다고 착각하게 하는 종파 의식이 사라지지 않는 한 사학의 진전은 아무래도 희망하기 어렵다.

또 아라기(荒木)가 위에서 지적한 방식과 마찬가지로, 중국 사상사라고 하는 시각을 견지하면 선종사 연구의 공적과 허물을 분석하고 있는 낭아이(永井)의 논문에 주목할 필요가 있다. 그의 시각의 특징 가운데 하나는 이른바 중국 사상사를 연구하는 사람들의 연구 성과를 적극적으로 자신의 논문에 수용하는 것이다. 예를 들면 니시 준죠(西順藏), 오키쿠보 타다시(窪德忠), 아라기 겐고(荒木見悟), 시마다 켄지(島田虔次), 미소구찌 유우조(溝口雄三) 등이 쓴 중국철학사상에 관한 연구를 주목하고 있다. 중국 선종 연구에 대한 나가이(永井)의 인식은 일본의 한학(漢學) 연구에 대한 미소구찌(溝口)의 인식과 그 시각을 같이 한다. 낭아이 마사유끼(永井政之)는 일본에서의 선종 연구에 대한 문제점을 이렇게 지적하고 있다.

> 미소구찌(溝口)는 먼저 이탁오(李卓吾)가 살았던 명(明)이라는 시대가 일본인에 있어서는 별로 친밀하지 않은 것과, 그리고 역사상의 인물, 사상계 무엇을 들어봐도 중국의 고전에 그 관심이 향하고 마는 것을 지

적하고, 이어서 다음과 같이 서술한다.

"일찍이 에도(江戶)시대부터 일본인은 동시대의 중국에서 배울 필요성을 느끼지 못했다고 하는 사실이 있는 것입니다. …, 일본인에게 많이 읽혔던 것은 '사서오경(四書五經)', 제자백가(諸子百家), 『사기(史記)』, 『한서(漢書)』, 『문선(文選)』, 『당시선(唐詩選)』, 혹은 『십팔사략(十八史略)』, 『당송팔가문(唐宋八家文)』이라고 하는 종류였고, 이것의 대부분은 당대(唐代) 이전에 치우쳐 있습니다.

…,

이것은 지식인으로서 일반교양을 몸에 지니기 위하여 배운 것으로, 중국적 세계를 배우기 위하여 고른 서적은 아닙니다.

그리하여 이러한 상황은 현대에도 그대로 계속되어, 앞에서 말했듯이 명(明) · 청(淸)에 대해서는 거의 아무 것도 모르는 채로 현대에 이르고 있습니다."

이상의 문장에서 몇 개의 단어를 '불교(佛敎)' 혹은 '선(禪)'이라는 단어로 바꾸면 그것은 일본 불교 내지는 선 연구에 대해서도 그대로 적용할 수 있을 것이다.

낭아이(永井)의 이러한 지적은 오까베(岡部)와 의견을 함께 하는 것으로, 이것은 '중국 문화의 한 날개로서의 불교'라고 하는 이해를 빼먹은 것이 아닌가 하는 의심을 내게 한다. 특히 송(宋) · 원(元)의 경우는 종래 사용해온 불교라고 하는 틀만으로는 해석할 수 없는 움직임을 중국의 당시 사상계가 보여주고 있다. 그러나 이것은 불교만의 지식으로서는 해결되지 않을 것이다. 여기에는 원 · 명 · 청 시대에 나타나는 복합적인 요소도 있고, 나아가 일본 불교와 직접 관련이 없는 이 시대의 불교에 대한 인식 부족 때문에 중국 불교사를 기술할 때 당대(唐代)를 정점으로 세워놓고, 그 이후 시대의 불교를 무시하는 경향도 있다. 지금 드는 것은 단순한 한 예에 지나지 않지만, 『중국불교사』(鎌田茂雄, 岩波文庫, 1978)를 보자. 이 책은 모두 14장으로 구성되었는데, 한대에서 송대(약 1,200년)까지는 무려 12장을 배당하면서도, 명 · 청대(약 550년)의 불교에 대해서는 겨우 1장만으로 끝내고 만다. 게다가 명 · 청의 불교를 '쇠퇴기'라고 기준도 제시하지 않고 무반성적으로 치부하고 만다.

중국 사상사라고 하는 틀을 시야에 넣지 않고서는 청말 · 민초의 불교 운동도 정당한 자리매김이 어려워진다. 사카모토 히로코(坂本ひろこ)가 그의 논문 「민국 초기에 있어서 양수밍 사상의 위치 지움에 대하여(民國初期おける梁漱溟思想の位置つけ)」(『中國-社會と文化』, 東大中國學會, 平成2年)에서 새롭게, 민초(民初)의 짱빙린(章炳麟), 시옹스리(熊十力), 양수밍(梁漱溟) 등을, '신유학(新儒學)'의 틀에서 '신불교(新佛敎)'의 틀로 이전시켜 보려는 시도 등을 생각할 때 중국 불교사 연구를 위한 새로운 시각이 필요해진다. 이와 함께 낭아이(永井)는 한 종단이나 한 교파라고 하는 '섹터주의'의 시각을 지적하고, 그 원인을 한 종파가 설립한 연구 기관이 그것이 속한 교단 교양을 중심으로 연구를 요구하는 외적 존재에서 들고 있다. 이 점 또한 일본에서 진행되는 불교 내지는 선불교 연구의 한계라고 하지 않을 수 없다.

끝으로 낭아이(永井)는 전망으로 『中國文化叢書 6 · 宗教』(西順藏 外, 大修館書店, 1967)의 편집 방침을 소개한다. 이 총서는 중국 불교사를 중국 종교사의 하나로 파악하여, '중국 종교의 파악이 중국 역사 사회의 파악과 서로 매개되어야만 하는 것이다.'고 말하고 있다.

3. 한국의 경우

근대적 의미에서의 한국 불교사 연구는 일제강점기부터 시작된다. 당시에는 비판적으로든 긍정적으로든 일본의 불교 연구 시각과 관계를 맺고 진행되었다. 일본인에 의한 불교 연구의 시각 중 대표적인 것으로 '종파별 연구'를 들 수 있다.

일본의 경우는 불교의 전래 당시부터 승려와 사원의 관리 차원에서 종파가 형성되었다. 이 점은 한국이나 중국의 불교가 중앙 전제 왕권의 비호 아래 수용 발전한 것과는 많이 다르다.

해방 후에 남북한이 갈렸다. 남한의 경우는 일제강점기의 연구 성과를 바탕으로, 또 일제강점기에 훈련을 받은 연구자들에 의해 지속적인 연구가 진행되었다. 그 결과 남한의 경우는 일본에서 불교를 연구하는 시각과 비교적 밀접하게 상호 교류하면서 진행되었다. 이런 점에서 일본인들에 의한 불교 연구 경향에 주목할 필요가 있다. 더구나 '승려 도성출입 금지'로 상징되는 조선시대의 불교 탄압은 일본 조동종 승려들이 조선총독부에 개입함으로써 변모되기 시작되었다는 점을 고려하면 더더욱 그렇다. 그러므로 일본에서 불교를 어떤 시각으로 연구해왔는가는 곧 남한에서의 불교 연구 시각을 알아보는 데에 중요한 단초를 제공한다. 아래의 각주[7]에 제시한 자료들을 통해 우리는 당시의 불교 연구 현황을 다음과 같이 정리할 수 있다.

당시 남한의 불교 연구의 특징을 보통 세 가지로 들고 있다. 첫째 시대적 편향 경향이다. 즉 신라시대에 연구가 집중되었다. 둘째로 인물 편향을 들고 있다. 즉 원효, 의상, 의천, 지눌, 서산 등 파퓰러(popular)한 스님들에 대한 연구가 집중되었다. 셋째로 연구 방법의 재정립에 관한 점이다. 인물이나 '불교적 사건'에 접근하려면 그 시대의 사회적, 경제적, 정치적 배경에 대한 연구는 필수적이다. 그럼에도 특정 인물의 삶을 '진공 상태'로 규정하고 서술하는 태도가 두드러진다.

그러면 해방 후 북한의 경우는 어떠한가? 북한에서는 불교를 봉건 통치 수단으로 보고, 부처의 힘을 신비주의로 본다. 불교에 대한 북한 학자들의 이런 시각은 북한만의 독자적인 견해는 아니다. 중국 대륙에서의 공산혁명 이후의 불교 인식과 그 맥을 같이 한다.

이것은 북한이 사회주의 노선을 채택하면서 중국 대륙과 밀접한 관

7) 이재형, 「불교학, 불교학자」, 〈법보신문〉, 1998년 6월 9일-2000년 3월 1일 ; 김영태, 「한국불교사 연구의 회고와 전망」, 『한국불교사의 재조명』 ; 길희성, 「한국불교사의 어제와 오늘」, 『한국종교연구』 제1집, 1999 ; 이봉춘, 「한국불교사 연구의 현황과 과제」, 『한국의 불교학 연구, 그 회고와 전망』, 1994 ; 장휘옥, 「한국불교학 연구의 회고와 전망」, 『한국의 불교학 연구, 그 회고와 전망』, 1994 ; 정병조, 「불교학 연구의 회고와 전망」, 『철학』, 제39호, 1993 ; 『조선철학사개요』, 평양: 사회과학출판사, 1986 ; 『조선철학사상사연구』, 평양: 사회과학출판사, 1975.

계를 맺고 상호 영향을 주고받은 것에서 기인한다고 할 수 있다. 그러므로 북한에서의 불교 연구 시각을 북한에만 한정시켜 검토해서는 안 된다. 오히려 중국 대륙에서 불교를 어떻게 연구했는가와 연관지어 북한의 불교 연구 시각을 검토하는 것이 합당하다.

북한에서는 동북아시아에 퍼져있는 불교를 당시 지식 계급 분자들이 봉건 통치 수단으로 이용한 것으로 보았다. 그래서 그들은 불교야말로 유심주의 철학의 대표로, 비판 극복의 대상으로 보고 있다. 불교가 비록 문화 영역에 많은 성과를 이루어 보호해야 할 만한 가치가 있는 불후의 작품을 남겼다고 하더라도, 그 예술성이 높으면 높을수록 인민의 판단력을 흐리게 하는 등의 해독이 컸다고 이해하였다. 나아가 역사상 종교를 믿는 무리들이 과학 문화의 발전에 큰 공헌을 했다 하더라도, 그것에 따른 종교의 반동적 본질을 부정할 수는 없다고 한다.

V. 문제점과 대안의 모색

이상에서 동아시아의 불교를 바라보는 한 · 중 · 일 삼국의 시각을 살펴보았는데, 앞으로의 연구 좌표 설정을 위한 과정에서 반드시 극복해야 할 기존의 문제점을 요약해본다.

1. 동아시아 사상사를 시야에 넣지 않고 불교만을 고립적으로 다루는 시각.
2. 자파의 우월성을 입증하기 위한 호교의식(護敎意識)이 매개된 불교 연구 시각.
3. 종파의 틀에 기초를 두고 불교를 분류하고 연구하는 시각.
4. 지적(知的) 제국주의의 연장선상에 서서 논의되는 동아시아론이나 역사유물주의 등 이데올로기에 의해 무리하게 불교를 해석하려는 시각.
5. 문헌 지상주의 관점에 입각한 연구 시각.
6. 불교는 인도에서 씨 뿌리고, 중국에서 꽃 피고, 일본에서 결실을 맺었다고 하는 자국 중심주의적 시각.
7. 불교의 특수한 신앙이나 교리 체계를 고려하지 않은 일반 역사의 범주 안에서 연구하는 시각.

그러면 우리는 이상의 문제점을 극복하기 위해 어떤 대안이 가능할지 모색해 보기로 한다. 많은 연구에서 밝혀졌듯이 불교는 전래 당시부터 중국의 전통 사상과 종교와 교류를 하면서 중국의 사상 · 문화 · 종교의 일익을 담당해 왔다. 그러므로 첫 번째의 문제점은 어떤 형태로라도 극복하지 않으면 안 된다. 그러기 위해서는 무엇보다 시대 사조라는 사상사적 흐름을 염두에 두고 전체상을 고려하면서 개별 연구를 진행해야 할 것이다.

그 중에서도 특히 제4의 시각은 불교 연구에만 국한하는 경향이 아니라는 점에서 반드시 극복되어야 할 것이다. 동아시아 문화권 밖에서 생성되어 유행하는 사상을 기준으로 불교를 거기에 짜맞추는 시각의 밑바닥에는 서양은 선진화되었고 더 합리적이라는 생각이 깔려 있다. 이것은 서양의 어떤 사상에 입각하여 불교를 분석하고, 불교에도 그런 요소가 있음을 논증하는 형식으로 나타난다. 예를 들면 양자역학의 이론으로 불교를 설명하여 불교의 과학성을 논변하는 것 등이다. 불교와 민주주의를 비교하는 연구도 이런 시각에서 나온 것이라고 볼 수 있다. 이런 시각은 중국과 북한의 경우는 역사유물주의 입장에서 불교를 분석하는 쪽으로 드러난다.

그런데 유물주의 대립이라든가, 변증법이라든가 하는 도식적인 대입은 이미 중국에서도 벗어나는 추세이다. 물론 그들이 이런 역사관을 완전히 포기했다고 단정하기에는 아직 이르다. 그러면서도 위의 첫째와 둘째의 문제점을 비교적 잘 극복하면서 "모색적인 실험을 시작한다."고 스스로를 평가하는 연구 성과로서 『중국불교사』(任繼愈 주편)를 하나의 대안으로 꼽을 수 있을 것이다.

두 번째의 문제점은 아주 뿌리 깊은 것으로, 불교가 전래된 초기의 상황을 엿보는 데 도움이 되는 『모자리혹론(牟子理惑論)』에서도 드러나는데 이는 오늘날도 여전히 기승을 부리고 있다. 단적으로 표현하면 이런 시각에 의한 불교연구는 '승학(僧學)'이지 엄밀한 '학(學)'으로서의 '불교학(佛敎學)'이 될 수는 없다. 이 문제점을 극복하는 과정에서 아라기 겐고(荒木見悟)가 제시한 중국 사상사 이해의 잣대인 '본래성과 현실성'은 또한 의의를 가질 수 있다. 그는 당대 화엄종의 대가인 종밀(宗密)과 송대의 주희(朱熹)를 동시에 설명하는 잣대로 위의 '본래성과 현실성'을 방법적으로 적용하고 있다. 다만 종밀에게 나타나는 본래성과 주희에게 나타나는 본래성을 동일시할 수 있는 근거에 대해서는 아직 더 해결해야할 문제를 남겨두고 있다.

세 번째의 문제점을 극복하기 위해서는 중국 불교에서 '종파'라는 것이 과연 지금처럼(특히 일본처럼) 확연하게 구별되었던 것인지를 되물어봐야 할 것이다. 결론을 미리 말하면 중국 불교에서의 '종(宗)' 개념의 유래는 교상판석(敎相判釋)의 과정에서 나온 것으로, 일본처럼 애초부터 폐쇄적 요소는 없었다. 중국 불교 내지는 중국 선종을 교파별로 나누어 이해하는 것은 오히려 일본 불교의 특징으로 들 수 있는 것으로, 중국이나 한국의 경우는 그와 전혀 다르다. 일본에서는 나라불교시대(奈良佛敎時代)부터 종파가 나뉘어져 단일 경전을 소의경전으로 하고, 국가에서 각 종파별로 출가 승려수를 제한 관리하는 '년분도자(年分度者)'가 시행되는 특수한 관행을 낳았다. 이런 일본의 습성을 일반화해 중국에 적용하여 『대정신수대장경』이나 『속장경』의 목록을 종파별 구분한 것은 많은 오해를 불러일으킬 소지가 있다.

이것은 일본 불교의 연장선에서 중국 불교를 이해하려 한 것으로 반드시 재고되어야 한다.

중국에서는 승려를 분류할 경우에도 결코 종파의 틀을 사용하지 않는다. 그 좋은 예로 남조의 양나라 때 편집된 『출삼장기집(出三藏記集)』(제4권) 「술열전(述列傳)」을 들 수 있다. 수대(隋代)에 있었던 '5중(衆)', '25중(衆)'도 각 개인의 승려가 어느 경전을 전공하는지에 대한 분류의 측면이 강하다. 비록 '화엄중(華嚴衆)', '선중(禪衆)', '두타중(頭陀衆)'이라는 집단이 있었지만 신분 상의 분류는 아니었다.

승려들의 전기 모임집의 일종인 혜교(慧皎; 497-554)의 『양고승전(梁高僧傳)』이나 찬영(贊寧; 912-1002)의 『송고승전(宋高僧傳)』를 보더라도, 한 승려의 일생 동안의 업적 내지는 전공을 중심으로 분류한 것이지 종파적인 분류는 어디에도 보이지 않는다. 물론 선종에서는 뒷날 '조통설(祖統說)'이나 '법통설(法統說)'을 만들어 종파 의식을 드러냈지만, 그들 사이에 자유로운 교류가 있었음을 간과해서는 안 된다. 특히 당대(唐代)의 선사들 사이에는 그 어느 때보다 활발한 교류가 있었음은 『조당집(祖堂集)』이나 『전등록(傳燈錄)』에 등장하는 많은 객승(客僧)들의 질문 공세로도 반증될 수 있을 것이다. 따라서 우리는 종파라는 분파주의에 의한 불교 연구를 하루빨리 청산해야 할 것이다.

이상에서 제시한 문제점과 해결을 위해선 허심탄회한 문헌연구가 선행되어야 한다고 필자는 생각한다. 먼저 역사적 사실에 의해 문헌의 진위를 가리고, 각 문헌이 어느 시대의 사상계에서 만들어진 것인지를 확정할 필요가 있다고 본다. 그러기 위해서는 개념 하나, 어휘 하나라도 소홀히 여기지 말고 엄밀하게 그 역사성과 사상적 배경을 밝혀야 불교학 연구가 바른 궤도에 오를 수 있다는 의견을 제시한다. 이 지점에서 필요한 것이 '공구서(工具書)'의 개발이다.

목수가 연장을 이용하여 원목을 깎고 가구를 만들듯이 인문학의 연구에도 그에 해당하는 도구가 필요하고 생각한다. 문헌의 나라 중국에서는 옛부터 이런 공구서에 대한 인식이 있었으니 이른바 '소학류(小學類)'가 여기에 해당한다. 이 '소학(小學)'의 연구는 '경학(經學)'연구와 서로 분리할 수 없는 중요한 영역으로, 도구서 사용을 평소 몸에 익히지 않으면 문헌 해독에 많은 어려움이 생길 것이다.

어떤 도구를 사용하는가는 만들려고 하는 제품과 직접 관계가 있기 때문에, 공구서의 선택은 이미 그 연구 결과에 직결된다. 그러므로 중국 문헌을 바라보는 주체성과 학문에 대한 우리의 경험에 깊은 애정을 바탕으로 새로운 공구서를 개발하지 않고서는 중국 불교 연구에 있어 독립된 시각을 이루어 나아간다는 것은 꽤나 어려울 것이다.

다음은 필자가 스스로에게 하는 말이지만, "사전에 나온 설명도 하나의 학설이니, 주체적으로 그리고 비판적으로 수용하자."는 생각을 공유하실 분이 있을 줄 믿는다. 사실 공구서의 개발과 운용은 문헌의 해독에 직접적으로 영향을 미치고, 나아가 그것은 결국 사상 연구에 직결되기 때문에 그 중요성을 누구보다도 절감하기 때문이다. 엄밀한 문헌의 해독이 결여된 사상 연구는 학문이라기보다는 신앙 고백이다. 물론 신앙 고백의 중요성과 그 의미를 부정할만한 체험이 내게는 아직 준비되어 있지 않다. 그러나 그것을 실제의 역사적 · 사상사적 사실과 동일시하는 것에는 동의할 수 없다는 점은 분명히 해두고 싶다.

끝으로 불교 자체를 '방법(方法)'으로 이해하는 시각을 제안하고자 한다. 즉 불교 자체가 목적이 아니고, 불교를 방법으로 삼아 동아시아 사람들이 외래 사상인 불교를 어떻게 이해했고 자기화했는지를 보자는 것이다. 그렇게 함으로써 불교를 바라보는 이 지역 사람들의 사유를 추출해보자는 것이다. 그렇게 되면 불교라는 보편성은 그것대로 유지되면서, 불교를 매개로 전개된 그 지역 사람들의 특수한 이해 방식을 정립할 수 있을 것이다. 그 특수성이 모여서, 서로의 특수성을 각각 확인하고 인정하는 데서 진정한 동아시아론이 시작될 수 있을 것이다.

제1부

중국적 불교의 시작

제2장 한역 대장경의 출현
제3장 불교와 유교의 충돌
제4장 불교와 도교의 충돌
제5장 불교 우위론의 이론적 확립

제2장 한역 대장경의 출현

Ⅰ. 중국적 불교의 시작

기원 전 5, 6세기 경 인도에서 생긴 하나의 종교 사상에 불과한 불교가 시간과 지역의 제한을 넘어 여러 지역에 전파될 수 있었던 이유로 우리는 무엇보다도 불교 사상 자체가 갖는 사유의 보편성을 꼽을 수 있다. 불교는 '사유'와 '언어'와 '행위'라는 인간이면 누구나에게 나타나는 보편 현상을 다룬다.

불교는 여러 지역으로 전파되는 과정에서 그 지역의 언어로 번역되었다. 그 중에서도 가장 긴 시간 속에서 그리고 가장 방대한 양의 불전(佛典)[1] 번역을 담당한 언어는 고대한어(古代漢語)이다. 동아시아의 불교는 한역불전(漢譯佛典)을 매개로 연구되고 전파되었다. 번역은 단순히 글자를 옮기는 것 이상으로, 번역을 담당한 지역 사람들의 사상이나 문화가 동참되어 독특한 '그 지역의 불교'를 형성한다. 중국인들은 인도의 경전을 번역하고 해석하고, 또 번역된 각 경전을 분류하여 목록을 만들었다. 그 과정에서 그들은 '중국 고유의 방법'을 매개로 중국적 불교를 창출했다.

---

1) 필자는 불경(佛經)과 불전(佛典)을 구별하여 사용하려 한다. 불경(佛經)이 경(經) 즉 sūtra만을 지칭한다면, 불전(佛典)은 경, 율, 논 3장(藏)을 포함한 승려들의 문집이나 전기(傳記)들을 총체적으로 지칭한다.

본 장에서는 중국인들이 인도의 불전을 번역하고 그 내용을 이해하는 과정에 '중국 고유의 방법'이 개입되어, 그 결과가 '불전목록(佛典目錄)'이라는 새로운 분야에 어떻게 영향을 주었는가를 밝혀보려 한다.

여기서 말하는 '중국 고유의 방법'은 '경학(經學)'과 '목록학(目錄學)'이다. 중국인들은 일찍부터 6경(經)에 대한 연구와 강의를 해오는 한편, 이와 더불어 옛부터 내려오는 전적들을 부류별로 나누어 정리하여 목록을 만들었다. 전자의 대표 인물이 공자(孔子)라면 후자의 대표 인물은 한대(漢代)의 유향(劉向)·유흠(劉歆) 부자(父子)일 것이다.

중국인들이 중국 고유의 '경학'과 '목록학'을 갖고 외래 사상인 불교를 자신들의 방식으로 재해석했음이 밝혀지면, 불전을 연구하고 강의하는 과정에서 교판이론(教判理論)이 생겼음도 알려질 것이다. 필자가 이 문제에 관심을 갖는 까닭은 현재 한국에서 진행되는 중국 불교의 연구 방법과 밀접한 관계가 있기 때문이다.

현재 한국에서 중국 불교를 연구하는 방법 중의 하나로 교판론을 방법적 출발로 삼는 경향이 짙다. 좀 더 구체적으로 말하면 교판론에 입각하여 각 불전을 연구한다. 이와 더불어 중국 불교의 종파를 먼저 구별하고 그 종파에서 제시하는 불전을 대상으로, 그리고 그 종파에서 사용하는 교판론을 방법으로 중국 불교를 연구한다. 필자가 보기에 이것은 본말의 뒤바뀜이다. 이런 방식으로는 인도 불교를 이해하는 중국인들의 방법이나 내용이 제대로 드러나지 않는다. 그렇게 하기 보다는 오히려 오늘 여기에 살고 있는 자신의 입장에서 경전 그 자체를 즉자적으로 연구하고, 거기에서 얻은 연구 결과를 중국인들의 그것과 비교할 때, 불전 연구에 나타난 중국적 요소도 분명해질 것이다.

불전 목록의 경우도 마찬가지이다. 현대를 살아가면서 그리고 한글을 사용하여 이 지역에서 불전을 번역하면서도, 불전을 분류하는 방법은 여전히 중국이라는 다른 지역[異地域]과 다른 문화[異文化]와 그리고 다른 세대[異世代]의 것을 답습하고 있다.

개별 불전을 부류 별로 정리하는 과정에는 당시 중국인들의 학술 분류 방법이 개입되었다. 중국인들의 불전 분류 방법도 여러 방법 중의 하나이다. 결코 절대적일 수는 없다. 현재 여기에서 우리가 개별 불전을 어떻게 이해하는가에 따라 오늘의 불전 분류 방법이 있을 수 있다. 그리하여 이것을 중국의 그것과 비교할 때 불전 분류 방법에 나타난 중국인들의 학술 분류 방법이 제대로 드러나고 평가되는 것이다. 이렇게 될 때 '다름[異]'이 '다름[異]'으로서 밝혀지고, '여기'가 '여기'로 밝혀질 것이다.

그러면 어떤 과정을 통해 대장경이 만들어지는가를 보자.

(1)먼저 인도 말로 쓰인 개별 불전을 한어로 번역한다. '번역'의 과정에는 '해석'이 동시에 진행된다. 여기서 말하는 번역은 '역경(譯經)'을 두고 한 말이고, 해석은 '의해(義解)'를 두고 한 말이다. '역경'과 '의해'는 『고승전(高僧傳)』에서 승려들의 전공을 분류할 때 사용한 개념이다.[2] (1)을 완료

2) 양나라의 혜교(慧皎)가 승려들의 전기집인 『고승전』을 편찬하면서 승려들의 특징을 譯經, 義解, 神異, 習禪, 明律, 亡身, 誦經, 興福, 經師, 唱導 등 열 종류로 분류 정리했다. (대정장50, pp.322-423. 참조).

하고 나서는, (2)내용이 비슷한 불전들끼리 모으는 분류 작업을 통하여 불전 목록을 만든다. 여기에서 필자는 (1)과 (2)를 나누었지만 그 속을 자세하게 들여다보면 (1)의 과정에서 이미 (2)의 단초가 마련된다. 경전을 해석하는 과정에서 그 경전의 핵심 취지를 밝히고, 그 취지는 전불교(全佛教) 사상 속에서 그 경전이 어디에 위치하는가를 설정하게 한다. 이런 과정이 이미 분류 작업의 시작이다.

이렇게 (1)과 (2)의 과정을 거치고 그것을 종합하여 대장경을 만든다. 처음에는 손으로 직접 천이나 종이에 베껴쓰다가 인쇄술의 발달과 더불어 목판에 새기기도 한다. 우리나라 해인사에 보관된 세칭 팔만대장경이 바로 그것이다.

그러면 이하에서는 (1)과 (2)가 어떤 과정을 거치면서 이루어지며, 그 속에서 '중국 고유의 방법'이 어떻게 개입되었는지를 검토하기로 한다. 먼저 불전의 번역과 해석을 보기로 한다.

Ⅱ. 불전의 번역과 해석

역경(譯經)의 역사를 분류할 경우 불교 학계에서는 흔히 세 시기로 나눈다. 구마라습(鳩摩羅什; 343-413) 이전을 고역시대(古譯時代), 구마라습에서부터 현장(玄奘; 600-664) 이전을 구역시대(舊譯時代), 현장 이후를 신역시대(新譯時代)라고 한다. 우여 곡절 끝에 서기 401년 장안에 도착한 구마라습은 74부 380여 권의 불전을 번역하였다. 구마라습 이전에 안세고와 지루가참 등의 번역이 있었지만 후세의 주석가들은 구마라습의 번역을 특히 좋아했다.

구마라습이 어떤 과정을 거쳐 경전을 번역했는지는 『주유마경(注維摩經)』(대정장 38권)을 통해서 엿볼 수 있다. 홍시(弘始) 8년(406)에 임금은 대장군 상산공(常山公)과 우장군 안성후(安成候) 및 의학(義學) 사문(沙門) 1,200명에게 명하여, 장안성 대사(大寺)에서 구마라습에게 『유마경』을 번역해 달라고 부탁하게 했다. 그 장면을 이렇게 서술하고 있다.

> 구마라습은 세상을 뛰어넘는 지식을 갖추고 마음은 참된 경지에 부합하여 이미 자유자재하였고 또 각 지방의 말을 잘하였다. 그때에 손에 범어 불경을 들고 입으로 알맞게 번역하니 승속이 경건히 한 말씀마다

세 번씩 반복했다. …. 나 (승조)는 어리석고 지식이 짧아 당시에 청중들 대열에 끼어서 비록 현모한 이치에 참여하기에는 부족하다고 생각하지만, 거칠게나마 문장의 뜻을 알게 되면 그때마다 들은 대로 주해를 붙였다. 간략하게 기록하여 말이 되기는 했지만 스승의 말씀을 옮겨 놓았을 뿐 내 멋대로 짓지는 않았다. 미래의 군자들이 훗날 함께 듣기를 바란다.[3)]

불전을 번역할 경우 구마라습의 경우는 범본(梵本)을 손에 쥐고 그것을 한어로 말한다. 그러면 거기에 모인 사람들이 세 번씩 반복하여 따라 읽는다. 이렇게 해 가면서 구마라습이 간간이 그 말뜻을 설명해 준다. 경전의 제목을 풀어 말하기도 하고, 이 경전이 어떻게 해서 내 손에 들어오게 되었는가도 말하고, 때로는 불교 전체의 경전 속에 이 경전의 위상은 어떠한지를 말해준다.

이런 번역 도량에는 '습문사철(什門四哲)'이라 불리는 도생, 승조, 도융, 승예 등이 있었다. 그 제자들이 그때의 상황을 고스란히 옮겨 적은[述而無作] 것이 바로 『주유마힐경(注維摩詰經)』이다. 구마라습 자신이 의미를 해석하기도 하고, 제자 승조가 의미를 해석하기도 하고, 때로는 도생이 하기도 한다. 이렇게 하여 제자들과 스승 사이에 인도의 불전을 번역하면서 논의했던 내용을 승조가 대표 집필한 것이다. 여기에서 필자는 '역경(譯經)'

3) 『注維摩詰經』(劵第一)(대정장38, p.327c), "什以高世之量, 冥心眞境, 旣盡環中, 又善方言. 時手執梵文, 口自宣譯, 道俗虔虔, 一言三復. …. 余以闇短, 時預聽次, 雖思乏參玄, 然麤得文意. 輒順所聞, 爲之注解. 略記成言, 述而無作. 庶將來君子異世同聞焉."

하는 과정에서 이미 경전 '주석'이 동시에 진행된 점을 주목하고 싶다. 물론 송나라의 찬영(贊寧)이 지은 『승사략(僧史略)』에서는 '주경(注經)', '승강(僧講)', '조소과경(造疏科經)' 등의 항목을 세워 그 각각의 대표 인물을 들고 있지만,[4] 그 기본적인 원형은 번역 도량에서 이미 갖추어졌다고 생각된다. 역경과 그에 관계된 문체의 문제, 그리고 번역에 관한 여러 논의들은 이미 학계에 보고되어서[5] 여기에서는 생략한다. 단 여기서 필자가 분명히 해두고 싶은 것은, '역경(譯經)', '강의(講經)', '주석(注釋)'은 상호 밀접한 관계를 갖고 있다는 점이다. 즉 경전을 번역하는 과정에서 이미 경전에 대한 주석을 동시에 하고 있다.

역경(譯經)에서 시작한 경전의 주석 작업이 역사적으로 어떻게 변천해 왔는가를 검토해 보면, 당시 사람들이 각각의 한역 불전을 어떻게 분류했는지를 알 수 있다. 한어로 된 가장 오래된 경전으로 『출삼장기집(出三藏記

---

4) 『大宋僧史略』(대정장54, p.239c), "康僧會吳赤烏年中, 注法鏡經. 此注經之始也."; 『大宋僧史略』(대정장54, p.239c), "朱士行潁川人也. 志業方正, 少懷遠悟, 脫落塵俗, 出家之後, 專務經典, 常講道行般若."; 『大宋僧史略』(대정장54, p.239b), "經教東流始則朱士行講說, 未形於文字. 分科注解其道安法師歟."

5) 橫超慧日, 「釋經史考」, 『支那佛教史學』1劵1, 昭和12年 ; 青木孝彰, 「六朝おける經疏分科法についての一考察」, 『印-佛-硏』 21-2」, 昭和48 ; 石橋眞誠, 「華嚴敎判の問題」, 『印-佛-硏』 30-2, 昭和57 ; 藤野立然, 「中國文學より眺めた漢譯經典の地位」, 『佛教文化硏究紀要』, 昭和41 ; 森野繁夫, 「六朝譯經の語法と語彙」, 『東洋學術硏究』 22-2, 昭和58 ; 常盤大定, 「入藏史の一般」, 『支那佛教の硏究』, 名著出版社, 昭和43 ; 常盤大定, 『後漢より宋齊に至る譯經總錄』, 國書刊行會, 昭和13年 ; 丘山 新, 「漢譯佛典の文體論と飜譯論」, 『東洋學術硏究』 22-2, 昭和58年 ; 丘山 新, 「漢譯佛典の再評價」, 『岩波講座 東洋思想12, アジアの佛教』, 1988 ; 石津照璽, 「敎判の問題 - その組織的意圖に沿つての解析」, 『印佛硏』6-2, 昭和33年.

集)』에서는 『사십이장경(四十二章經)』을 들고 있지만, 승우가 본 『종리중경목록(綜理衆經目錄)』에는 『사십이장경』이 없었다고 한다.[6] 그러니 우리는 최고 오래된 한역 경전으로 후한 항제(桓帝; 재위 기간; 146-167) 당시에 안세고가 번역한 『안반수의경(安般守意經)』과 『음지입경(陰持入經)』과 『인본욕생경(人本欲生經)』을 꼽아야 할 것이다.

먼저 『안반수의경』(대정장 15권)에 대해서는 '주경(注經)'의 시조로 알려진 강승회가 쓴 「경서(經序)」가 첨부되어있다. 그 「경서」에 따르면 강승회의 스승인 회계(會稽)의 진회(陳會)가 이 경에 주석을 했음을 알 수 있다. 그런데 현존하는 『안반수의경』(대정장 15권)을 잘 살펴보면 경의 본문과 진회의 주석이 섞였음을 알 수 있다. 따라서 대정장 15권에 실린 "불설대안반수의경(佛說大安般守意經) 후한 안식국 삼장 안세고 역(後漢安息國三藏安世高譯)"이라는 표기는 "불설대안반수의경주(佛說大安般守意經注) 진회 주(陳會注)"가 원래의 모습이었을 것으로 추정된다.

다음으로 『음지입경』(대정장 15권)에 대해서도 진회의 주석이 현존한다. 대정장 33권에 『음지입경』이 수록되었는데 그 앞 부분에 「음지입경서(陰持入經序)」가 붙어 있다. 대정장 33권에는 찬술자를 '후한 안식국 삼장 안세고 역(後漢安息國三藏安世高譯)'이라고 표기했는데 본래는 '진회 주(陳會注)'또는 '진씨 주(陳氏注)'라고 해야 마땅하다.

끝으로 『인본욕생경』에 대해서는 도안의 「경서(經序)」가 현존한다. 그

6) 『出三藏記錄』(上卷第二)(대정장55, p.5c), "舊錄云, 孝明皇帝四十二章, 安法師所撰錄, 闕此經."

는 거기에서 『인본욕생경』에는 '진어(晉言)'가 많이 들어있는 것으로 보아 안세고의 번역이 아닌 것 같다고 의심하면서도[7] 도안은 이 경에 대하여 주석을 냈다.

이상의 '석경(釋經)'에 나타난 특징은 '과목(科目)'을 치지 않은 점이다. 이런 특징은 후대 도생(道生)의 『법화경소(法華經疏)』(신찬속장 27권)가 '과목'을 나눈 점과는 아주 대조적이다. '석경(釋經)'의 역사가 '과목'을 붙이는 쪽으로 굳어진 것을 보면 혜관이나 도생의 석경방식(釋經方式)이 더 발전된 모습이라고 할 수 있다. 한편 「경서」는 이후에는 '현담(懸談)'으로 바뀌었다. '현담'에서는 그 경전의 지위를 불교 전체의 교리 체계 속에서 자리매기는 분석 작업을 한다. 이른바 '종요(宗要)'와 '교상판석(敎相判釋)'이 '현담' 속에서 이루어진다. '현담'과 '과목'의 유행은 이후에도 경전 해석에 절대적인 영향을 주어 빼놓을 수 없는 2대 요소가 되었다.

특히 현담은 『천태사교의(天台四敎儀)』나 『화엄오교장(華嚴五敎章)』처럼 독립된 책으로 유통되기도 했다. '현담'에는 '장교소섭(藏敎所攝)'(청량 징관 경우) 혹은 '권실대변(權實對辯)'(규봉 종밀의 경우)이라는 과목을 세워 불교 전체의 교리 체계에 층차를 세워 각 경전을 거기에 배대한다. 교리 체계의 층차(層差)를 세우는 데 경전을 해석하는 승려마다 약간의 차이는 있지만, 석가모니가 젊었을 때에는 쉬운 이야기로 중생들을 인도하기 시작하여 세월이 지나면서 차츰차츰 심오한 이야기를 중생들에게 들려주었다는 점에

7) 「人本欲生經序」, 『佛說人本欲生經』(대정장3, p.1a).

는 일치한다. 그래서 처음에 한 이야기는 다 방편이고 죽음에 임박하여 한 이야기가 진실이라는 이른바 권교(權敎) · 실교(實敎)의 구별이 생기게 되었다. 그리하여 천태종에서는 『법화경』이 최고의 경이고, 그것을 설하려고 여타의 경전을 말했다고 해석한다. 그런가 하면 화엄종에서는 석가모니가 깨닫고 그 체험의 세계를 설한 것이 『화엄경』인데, 중생들이 어리석어 알아듣지 못했기 때문에 석가모니가 교육방식을 바꾸어 쉬운 데서 어려운 데로 점차적으로 단계를 높여갔다고 한다. 그래서 『화엄경』의 내용이 석가모니의 본래의 의도라고 한다.

Ⅲ. 목록 작업과 교리의 분류

1. 목록의 출현

후한시대부터 번역되기 시작했던 경전들은 도안 스님에 의해 수집 정리되었다. 그 결과로 나온 것이 바로 『종리중경목록(綜理衆經目錄)』이다. 이 책은 제목이 말하듯이 여러 경전들을 '결에 따라 같은 것끼리 정리한 목록'이다. 이 책은 일찍이 산일되었지만 그 원형은 승우(僧祐)의 『출삼장기집(出三藏記集)』을 통해 간접적으로 알아볼 수 있다. 도안의 목록이 불전 목록의 효시가 되어, 양무제 당시에는 『화림원불교중경목록(華林園佛教衆經目錄)』, 수나라 때에는 비장방(費長房)의 『역대법보기(歷代法寶記)』, 법경(法經)의 『중경목록(衆經目錄)』 등등이 출현했고, 마침내 개원(開元) 18년(730)에는 지승(智昇)에 의해 『개원석교록(開元釋教錄)』(20권)이 편찬되었다.[8] 『개원석교록』은 그 후 『정원신정석교록(貞元新定釋教錄)』과 더불어 서사장경(書寫藏經)은 물론 목판 내지는 석경(石經)의 모범이 되었다.

그러러면 개별적으로 각 시대를 거치면서 여러 사람들에 의해 번역된

8) 大藏會編, 『大藏經』, 京都: 百華苑, 昭和39年, pp.21-24.

경전들의 목록을 만드는 아이디어는 어디에서 유래한 것일까? 우선 쉽게 그 연원을 인도(印度)라고 추정할 수 있을 것이다. 그러나 현재의 연구 보고에서는 그것을 확증할 수 없다. 물론 인도에서 불전을 경 · 율 · 론 3장(藏)으로 나눈 것은 매우 오래 되었다. 11세기 초 이슬람교도들에 의해 불교가 멸망되기까지 인도의 여러 지방에서 불전들은 계속 편찬되었다. 그런데 이 기간 중에 전(全) 불전(佛典)을 망라하는 목록이 나온 것은 없다. 목록을 만드는 아이디어는 중국에서 온 것이라고 추정할 수밖에 없다. 중국에서는 일찍부터 목록을 만들었는데, 현재 우리가 쓰는 '목록(目錄)'이라는 말뜻과 부합하는 형식의 목록이 만들어진 것은 일찍이 한대(漢代)부터이다. 이제부터 중국 목록학의 역사를 간단히 살펴보기로 한다.

중국의 야오밍따(姚名達)는 『중국목록학사(中國目錄學史)』(商務印書館, 民國 26年)의 첫머리에서 목록에는 한 책을 대상으로 한 것과 여러 책을 대상으로 한 것으로 크게 구별한다. 그리고 여러 책들의 이름을 전체적으로 조리있게 변별한 것을 '목(目)'이라 하고, 그것들의 요지를 정리한 것을 '록(錄)'이라 하고, 이 둘을 합쳐서 '목록(目錄)'이라고 각각 정의한다. 이런 정의에 합당한 목록의 용례로 『한서(漢書)』의 「서전(敍傳)」을 들고 있다.[9)]

---

9) 『漢書』(卷一百下) 「敍傳 第七十下」 "虙羲畫卦, 書契後作, 虞夏商周, 孔纂其業, 刪書刪詩, 綴禮定樂, 彖系大易, 因史立法. 六學既登, 遭世罔弘, 群言紛亂, 諸子相騰. 秦人是滅, 漢修其缺, 劉向司籍, 九流以別. 爰著目錄, 略敍洪烈. 述藝文志第十". 밑줄 부분을 우리말로 옮기면 이렇다. "유향은 서적을 관장함에 아홉 부류로 구별하였다. 그리하여 목록을 저술하여 (한나라가 경을 편수하는) 대업(大業)을 간략하게 서술하였다. (그리하여 나 반고는) 「예문지」를 열 번째의 지(志)로 삼는다."

그 뒤 다시 중국의 요지아시(余嘉錫)는 1929년 북경의 여러 대학에 목록학을 강의하면서 야오밍따(姚名達)가 인용한 반고(班固)의 기록을 다시 인용하고,[10] 그 후 동경대학의 쿠라이시 시부로(倉石武四郎) 교수가 다시 인용함으로써[11] 이 분야의 정설로 되어갔다.

그러니까 목록의 시작을 유향(劉向)에서 찾았던 것이다. 『한서』「예문지」는 당시 궁중에 있는 서적을 조목별로 분류하여 각 조목의 취지를 총체적으로 기록한 것이다. 이 「예문지」는 유향이 지은 「별록(別錄)」에 기초하여 만들어진 것이다. 「예문지」 첫머리를 보면 유향의 「별록」이 어떻게 해서 만들어졌는지 알 수 있다. 한 나라 성제(成帝)의 명에 따라 유향은 경전(經典)·제자(諸子)·시(詩)·부(賦)를 교감하고, 임굉(任宏)은 병법(兵法)에 관한 서적을 교감하고, 윤함(尹咸)은 술수(術數)에 관한 책을 교감하고, 이주국(李柱國)은 방술(方技)에 관한 서적을 교감했다. 그런 뒤에 다시 유향이 각 책마다 편목을 가지런히 하고 각 책의 요지를 기록하여 임금에게 올렸다. 물론 「별록」은 산일되어 그 온전한 모습을 볼 수는 없지만 부분적으로 그 원형이 남아있기는 하다. 예를 들면 『문선(文選)』「이선주(李善注)」에 인용된 「열자목록(列子目錄)」이 그 중의 하나이다.[12]

---

10) 姚名達, 『目錄學發微』, 成都: 巴蜀出書社, 1991, p.27.

11) 倉石武四郎, 『目錄學』, 東京: 汲古書院, 1979, p.2.

12) 『文選』(卷第22) 「反招隱詩一首」에 나오는 "推分得天和 矯性失至理"를 해석하는 부분에서 이선은 이렇게 주를 단다. "劉向列子目錄曰, 至於力命篇, 一推分命." 앞의 「力命篇」은 『열자』의 篇名이다. 우리는 유향이 「열자목록」에서 『열자』의 각 편을 정리하고, 그 속에 나오는 용어를 풀이하고 있음을 알 수 있다. 유향이 推分이라는 단어의 뜻을 命으로 풀이했고, 이것을 인용하여 당나라의

한편 「예문지」에 따르면 유향이 사망하자 애제(哀帝)가 그의 아들 유흠(劉歆)에게 명을 내려 아버지의 유업을 마치도록 했다. 이에 유흠이 「칠략(七略)」을 지어서 임금에게 바쳤다고 한다.[13] 물론 이 책도 사라지고 『문선(文選)』 주(注)에 일부가 인용되어 극히 제한된 부분만 전한다.[14] 「예문지」에는 「칠략」의 내용으로 「집략(輯略)」,[15] 「육예략(六藝略)」, 「제자략(諸子略)」, 「시부략(詩賦略)」, 「병서략(兵書略)」, 「술수략(術數略)」, 「방기략(方技略)」을 들고 있다. 「예문지」는 유향의 「별록」과 유흠의 「칠략」을 기본 자료로 삼아 그 요점만을 추려서 만든 것이라고 밝히고 있다.

『한서』 「예문지」가 세상에 나오고부터는 중국에서 서적을 정리하는 전범이 되었다. 『진서(晉書)』도 『한서』의 체제를 따랐고, 진(晉) 나라 『원제서목(元帝書目)』도 그렇고, 남조의 송(宋) 나라 원휘(元徽) 원년(元年)과 제(齊) 나라 영명(永明) 원년(元年)에 만들어진 『비서각 사부서목』도 그렇다. 그러다가 남북조시대 양나라의 완효서(阮孝緖)에 의해 이상의 목록(目錄)이 재정리되었다. 그것이 바로 『칠록(七錄)』이다. 그 전체는 남아있지 않지만 『수서(隋書)』 「경적지(經籍志)」와 『광홍명집(廣弘明集)』 등에 의해 그 개략을 엿볼 수 있다. 『광홍명집』에는 완효서(阮孝緖) 자신의 서문이 실려있어 『칠록』의 규모를 극명하게 보여준다.

李善이 王康琚의 五言詩를 해석하고 있음을 알 수 있다.

13) 『漢書』(卷三十六) 「楚元王傳」(六)의 곳곳에 이 기록이 보인다.

14) 『文選』(卷三十八) 「爲范始興作求立太宰碑表」.

15) 安師古는 『한서』 주에서 “輯은 集과 같은 뜻인데 각 책들의 총체적인 요점을 말한다”고 설명한다.

『칠록』은 당시의 도서를 모두 일곱 범주로 나누었다. 첫째는 '경전록(經典錄)'으로 9부로 나누어 591종의 책을 실었고, 둘째 '기전록(記傳錄)'에서는 12부로 나누어 1,020종의 책을 실었고, 셋째로 '자병록(子兵錄)'에서는 11부로 나누어 290종의 책을 실었고, 넷째로 '문집록(文集錄)'에서는 4부로 나누어 1,042종의 책을 실었고, 다섯째 '술기록(術技錄)'에서는 10부로 나누어 505종의 책을 실었고, 여섯째 '불법록(佛法錄)'에서는 5부로 나누어 2,410종의 책을 실었고, 일곱째 '선도록(仙道錄)'에서는 4부로 나누어 425종의 책을 실었다.[16)]

우리는 『칠록』에서 경(經) · 사(史) · 자(子) · 집(集)의 4부(部) 분류법이 모양새를 갖추어가고 있음을 알 수 있다. 그러다가 『수서』 「경적지」에 이르러서 4부 분류법이 정착되어 그 후 청대(淸代)의 『사고전서총목(四庫全書總目)』에 이르는 분류 체계가 형성되었다.

2. 불전의 목록과 분류 방식

이상 중국에서 목록이 만들어진 역사적 추이를 간단히 살펴보았다. 그러면 불전은 이 목록의 역사 속에서 어떤 위치를 차지하는가? 먼저 불전이 중국의 서적 목록에 나타나기 시작한 것은 언제부터인가를 보자. 사서(史書)에 불교가 본격적으로 기록되기 시작한 것은 『위서(魏書)』 「석노지(釋

16) 『廣弘明集』(卷第三) 「七錄序」(대정장52, pp.108-111).

老志)」일 것이다. 이 책 속에 『사십이장경(四十二章經)』을 비롯하여 도안(道安)이나 구마라습(鳩摩羅什)에 대한 기술은 있지만, 불전의 이름을 나열하여 목록화하는 작업은 소개되지 않는다. 나음으로 왕소(王劭)가 지은 『세서(齊書)』의 「불지(佛志)」[17]가 있으나 거기에도 역시 목록은 보이지 않는다. 다음으로 왕검(王儉)은 『칠지(七志)』를 지었는데, 『칠지』는 '경전지(經典志)', '제자지(諸子志)', '문한지(文翰志)', '군서지(軍書志)', '음양지(陰陽志)', '기예지(術藝志)', '도보지(圖譜志)'이다. 완효서(阮孝緖)는 『칠록서(七錄序)』에서 이렇게 일곱 '지(志)'를 서술하고, 그 뒤편에 '도경록(道經錄)'과 '불경록(佛經錄)'을 두었다고 말한다.[18] 그러나 『칠지』가 전하지 않는 지금에는 불전 목록이 어떤 원칙으로 배열되었는지 알 길이 없다. 오직 현존하는 것으로는 완효서의 「칠록」만이 있다.

『칠록』에 '불법록(佛法錄)'이 설정되어 있음은 위에서 거론한 바 있다. '불법록'은 다시 세분하여 '계율부(戒律部)'에 71종, '선정부(禪定部)'에 104종, '지혜부(智慧部)'에 2,707종, '의사부(疑似部)'에 46종, '논기부(論記部)'에 112종의 경전을 두었음을 알 수 있다.[19] 여기에서 '의사부'는 불전의 진위(眞僞)를 가리기 위해 설정한 것이므로 불전의 내용상의 분류와는 상관이 없다. 그렇다면 결국 완효서 당시에는 불전을 다섯 부류로 분류하고 있음을 알 수 있다. 이 분류법이 우리에게 주는 정보는 양나라 사람들이 당시

---

17) 『廣弘明集』(卷第三)(대정장52, pp.106b-c).

18) 『廣弘明集』(卷第三)(대정장52, p.109b).

19) 『廣弘明集』(卷第三)(대정장52, p.111a).

에 유통되던 불전을 다섯 부류로 정리했다는 것이다. 여기에서 우리는 남조의 양(梁) 나라 사람들은 불전을 경(經)과 논(論)으로 분류하고, 경은 다시 계 · 정 · 혜로 분류했음을 알 수 있다. 계 · 정 · 혜는 3학으로, 불교를 배워 도를 깨달으려는 이가 반드시 닦아야 할 세 가지 수행의 항목이다.

한편 같은 양나라 때의 승려 승우는 『출삼장기집』을 찬술했는데 여기에도 불전의 목록이 나온다. 이 책은 제목이 말해주듯이 경 · 율 · 론 3장의 번역에 관한 기록을 모은 것으로 '찬록기(撰緣記)', '전명록(銓名錄)', '총경서(總經序)', '술열전(述列傳)'으로 4분되었다. 그 중에서 '전명록'은 권 제2에서 권 제5까지인데 모두 4권이다. 권 제2의 '신집경론(新集經論)'에서는 경장(經藏)과 논장(論藏)을 번역된 시대 순으로 나열해 놓았다.[20] 그리고 권 제3 끝부분에서는 '신집율분위오부기록(新集律分爲五部記錄)'이라고 항목을 세워 율장(律藏)을 번역된 시대 순으로 나열했다.[21]

이상에서 보았듯이 양나라 때의 승려들은 불전을 분류할 때 약간의 차이는 있지만 일반적으로 경 · 율 · 론 3장(藏)의 분류법을 쓰고 있음을 알 수 있다. 완효서는 불전을 3장으로 분류하고 경장을 다시 세분하여 3학(學)으로 하였고, 승우도 역시 불전을 3장으로 분류하고 각 부분에 들어가서는 다시 그것을 시대 순으로 나열했다. 이렇게 3장을 근간으로 하는 분류 방법은 인도에서 기인한다.

그러나 이런 인도적인 분류법도 수 · 당을 거치면서 사라지고 새로운

20) 『出三藏記集』(卷第二)(대정장55, pp.5c-13c).

21) 『出三藏記集』(卷第二)(대정장55, pp.19c-21b).

분류법이 등장한다. 그 새로움은 수나라 개황(開皇) 17년(597)에 당시 번역학사(飜經學士)였던 비장방(費長方)에 의해 편집된 『역대삼보기(歷代三寶記)』(대정장 권49)에 보인다. 『역대삼보기』(권 제13)에서는 '대승록입상목(大乘錄入藏目)'이라는 부제를 달아 대승을 경 · 율 · 론으로 분류하여 그 각각의 목록을 지었다. 한편 『역대삼보기』(권 제14)에서는 '소승록입장목(小乘錄入藏目)'이라는 부제를 달아 소승을 경 · 율 · 론으로 분류하여 그 각각의 목록을 지었다. 현존하는 불전 목록 중에서 이렇게 대승과 소승을 나눈 것은 『역대삼보기』가 가장 오래되었다. 『역대삼보기』의 대승 · 소승 분류법은 『대당내전록(大唐內典錄)』에도 계승되었고, 또 당 현종 개원(開元) 18년(730)에 지승(智昇)이 지은 『개원석교록(開元釋敎錄)』에도 잘 반영되었다.[22]

그런데 『개원석교록』에는 이전에는 없었던 분류 방식이 등장한다. 그것은 대승경전을 다시 (1)반야부(般若部), (2)보적부(寶積部), (3)대집부(大集部), (4)화엄부(華嚴部), (5)열반부(涅槃部)의 5부로 세분하는 점이다.

논의 전개상 『개원석교록』의 구조 속에서 이 5부가 어디에 위치하는지를 간단히 살펴보기로 한다. 『개원석교록』은 1권에서 10권까지는 '총괄군경록(總括群經錄)'이고 11권에서 20권까지는 '별분장승록(別分藏乘錄)'이다. '별분장승록'은 다시 '유역유본록(有譯有本錄)', '유역무본록(有譯無本錄)', '지파분별록(支派分別錄)', '산략번중록(刪略繁重錄)', '보궐습유록(補闕拾遺錄)', '의혹재상록(疑惑再詳錄)', '위망란진록(僞妄亂眞錄)' 등의 7부분으로 나뉜다. 그

22) 梁啓超, 「佛家經錄在中國目錄學的位置」, 『佛學研究十八編』, 臺灣: 中華書局, 民國25年.

리고 '유역유본록(有譯有本錄)'은 다시 '보살삼장록(菩薩三藏錄)', '성문삼장록(聲聞三藏錄)', '성현전기록(聖賢傳記錄)'으로 나뉘고, '보살삼장록(菩薩三藏錄)'은 다시 '반야부(般若部)', '보적부(寶積部)', '대집부(大集部)', '화엄부(華嚴部)', '열반부(涅槃部)'의 5부로 나뉜다. 그러면 대승경을 5부로 나눈 것은 무엇에 근거한 것일까? 지승은 이렇게 말한다.

> 반야부를 처음에 둔 것은, 그것은 말하자면 모든 부처님의 어머니이기 때문이다. 과거의 목록에서는 이런 순서를 두지 않았는데 이제 『개원석교록』에서는 대승경과 소승경을 부류 별로 묶어서 차례를 매긴다.
>
> 소승의 모든 율장은 그것이 근본 율장인지, 지말 율장인지에 따라 차례를 매겼고, 대승의 논장은 경에 주석을 붙인 것을 앞에 두고 경의 의미만을 편집하여 풀어놓은 것은 뒤에 배열했다. 그런 다음에 소승의 여러 논장은 설일체유부에서 제시한 순서에 의거하여 『발지론』을 처음에 두고 『육족론』을 다음에 두고 『비파사론』 등의 자질구레한 것은 끝에 두었다.
>
> '성현전기록'은 인도와 중국, 둘로 나누었다. 중국과 인도, 동과 서는 서로 다르므로 갈래를 두어 성현을 구별하는 것이 알기 쉽다.[23)]

'보적부'에 대해서는 이렇다할 설명은 없고, '대집부'에 대해서는 "여

23) 『開元釋教錄』(卷第十一)(대정장55, p.582b), "般若建初者, 謂諸佛之母也. 舊錄之中, 篇比無次, 今此錄中, 大小乘經, 皆以部類, 篇爲次第. 小乘諸律, 據本末而爲倫次. 大乘諸論, 以釋經者爲先, 集解義者列之於後. 小乘諸論, 有部次第. 發智爲初, 六足居次, 毘婆沙等支派編末. 聖賢集傳, 內外兩分. 大夏神州東西有異, 欲使科條, 各別賢者易知."

러 쪽으로 갈라진 부류의 경전들을 대략 모아서 여기에 편집한다."[24]고 짧게 설명을 붙였다. 아마도 분류하기 애매한 경전을 여기에 모은 듯하다. '대집부'의 분류에 대해 지승이 고민한 흔적은 "여러 불경 목록을 검토했지만, 그 기준을 정할 수 없었다."[25]는 말에서도 엿볼 수 있다. 다음으로 '화엄부'에 대해서는 이렇게 말하고 있다. 이 부류에는 "화엄의 본부와 거기에 딸려있는 경들을 모두 여기에 편집한다."[26]고 설명을 덧붙였다. 끝으로 '열반부'에 대해서는 "『열반경』과 그 지파에 해당하는 경전들을 모두 여기에 편집한다."[27]고 했다.

이상을 종합해 보면 지승의 『개원석교록』 이전에는 경전을 부류별로 분류한 적이 없었고 부류별 분류는 지승이 처음 시도한 것이다. 분류하는 기준으로 가장 명확하게 드러낸 것은 '반야부'로써 이 경전이 모든 부처를 낳는 모체가 되기 때문에 첫머리에 둔다고 했다. 그리고 '화엄부'는 화엄 관계의 군소 경전들을 모은 것이다. '열반부'의 경우는 『열반경』 류를 첫머리에 편집하고, 『법화경』 류도 거기에 함께 편제시켰다. 그러나 『유마경』을 '열반부'에 편제한 것은 납득하기 어렵다. 이런 문제는 '대집부'와 '보적부'의 경우 더더욱 심하다.

불전의 목록을 작성하는 것이 중국 고유의 목록에서 영향 받은 것은

24) 『開元釋教錄』(卷第十一)(대정장55, p.588a), "但是大集流類, 皆編於此."
25) 『開元釋教錄』(卷第十一)(대정장55, p.588a), "審檢群錄, 此大集經卷無定准."
26) 『開元釋教錄』(卷第十一)(대정장55, p.589b), "華嚴本部及眷屬經, 皆纂於此."
27) 『開元釋教錄』(卷第十一)(대정장55, p.590c), "及支派經並纂於此."

위에서 논증한 대로이다. 그런데 불전 목록 내부로 들어가서 각 불전들을 분류하고 그것들을 배열하는 방법은 어디에서 연유한 것일까? 필자가 주목하려는 점은 바로 여기에 있다. 여기에서 우리는 중국의 불전 목록이 모두 대승을 우선적으로 취급한 점에 주목할 필요가 있다. 중국에서는 소승이라 폄칭되는 '아함부'의 경전이 높이 평가된 예는 없다. 이 점은 중국인들이 경전을 번역 해석하면서 대승에 가치를 두었기 때문에 나타난 현상이다.

한편, 현대의 불교 학자들은 인도 불교 사상을 분류할 경우 크게 넷으로 나눈다. 즉 '삼세실유(三世實有)' 및 '법체항존(法體恒存)'을 주장하는 설일체유부 계통, 반야의 공 사상을 중심으로 하는 중관 계통, 식(識) 이론을 중심으로 하는 유식계통, 끝으로 여래장 사상을 중심으로 하는 여래장 계통이다. 중국의 경우는 전통적으로 설일체유부 계통은 소승이라 하여 별도로 취급하고, 대승 부분을 공종(空宗), 상종(相宗), 성종(性宗)으로 분류한다. 중국에서의 이런 분류는 경전 발생을 '역사적 추이'에 따라 분류한 것이라기보다는 '경전의 내용'을 기준으로 분류한 것이다.

중국불교사는 남북조시대에는 삼론종을 중심으로 한 공종(空宗)이 발달하였고, 수나라와 당나라 때에는 천태종과 선종, 화엄종을 중심으로 하는 성종(性宗)이 발전하였다. 상종(相宗)은 당나라 현장법사 당시에는 약간 활기를 보였으나 결국은 성종(性宗; 일명 법성종)에 흡수되었다. 경학 연구의 이런 추세가 불전 목록에 그대로 반영된다. 불전 목록에서는 '반야부'가 깨달음의 모체가 된다고 보아 그것을 첫머리에 자리 매긴다. 이런 분류 방식은 공종(空宗)의 영향을 그대로 반영한 것이라고 볼 수 있다. 다음으로는 『화엄경』과 『열반경』 그리고 『법화경』을 중심으로 한 군(群)을 이루는 '화엄부'와 '열반부'를 배치시킨다. 경학을 연구한 의해승(義解僧)들은 『화엄경』, 『열반경』, 『법화경』을 통해서 불성(佛性)의 상주불멸(常住不滅)을 입증하려는 여러 논증을 벌린다. 이런 경학의 특징이 불전 목록을 만드는 데에도 그대로 영향을 주었다. 결론적으로 말하면 공종과 성종의 경학 이론이 불전 목록에 반영된 것이다.

그런데 성종(性宗) 즉 법성종(法性宗) 속에는 수나라 때 유행한 천태종과 당나라 때 유행한 화엄종이 있는데, 그 중에서 어느 종파의 경학(經學) 이론이 『개원석교록』에 강하게 영향을 주었는가도 검토해 볼 필요가 있다.

천태 지의(天台智顗; 538-597)가 주로 사용하는 경학 이론은 '5시(時) 8교(敎)'설이다. 그는 석가모니의 일대시교를 (1)'화엄부'를 설하던 시기, (2) 녹야원에서 '아함부'를 설하던 시기, (3)'방등부'를 설하던 시기, (4)'반야부'를 설하던 시기, (5)'법화부'와 '열반부'를 설하던 시기로 구분하였다. (2), (3), (4)의 경우가 설법하는 방식을 점차적으로 한 단계씩 깨달음으로 끌어간 것이라면, 앞의 (1)은 그런 점차성을 전혀 두지 않고 단박에 깨달음으로 끌어간 것이다. 다섯 시기 중에서 『열반경』의 경우는 일생을 돌아보면서 한 유언이기 때문에 특별한 것은 없고, 핵심은 『법화경』에서 절정에 달한다고 한다.

한편 현수 법장(賢首法藏; 643-712)이 주로 사용하는 경학 이론은 5교(敎) 10종(宗)이다. 그는 석가모니의 일대시교를 (1)소승교(小乘敎), (2)대승시교

(大乘始教), (3)대승종교(大乘終教), (4)돈교(頓教), (5)원교(圓教)로 나누었다. 여기에서 (1), (2), (3)은 세월의 추이에 따라 교리의 내용이 점점 심오해져 갔음을 나타낸다. 그리고 (4)와 (5)는 각각 『화엄경』의 설법 형식과 내용을 말한다. 즉 『화엄경』의 설법 형식은 모든 중생들을 단박에 깨달음으로 인도하는 방식을 취하고, 그 경의 교리 내용은 원만 구족하다는 것이다.

그러면 후세의 대장경 편제의 모범이 된 『개원석교록』은 어느 쪽의 경학 이론으로부터 영향을 받은 것인가? 이 문제를 밝히기에 앞서, 천태의 5시(時) 교판에서나 화엄의 5교(教) 교판에서나 모두 『화엄경』을 별도로 취급하고 있음을 상기할 필요가 있다. 따라서 『개원석교록』이 어느 교판에 영향을 받았는가를 판별하는 기준으로 『화엄경』을 들 수는 없다.

『개원석교록』에서는 반야부 뒤에 보적부와 대집부를 편제시킨다. 그런데 대집부와 보적부에 들어있는 경은 천태의 분류에 따르면 방등부를 설하던 시기에 해당한다. 따라서 『개원석교록』과 천태의 경학 이론은 서로 맞지 않는다.

다음으로 현수의 5교판(教判)에서 말하는 (2)대승시교(大乘始教)는 그 특징으로 여기에 해당하는 경전들은 '법상(法相)'을 주로 말하고 '법성(法性)'을 별로 말하지 않는다고 한다. 반면 (3)대승종교(大乘終教)에 속하는 경전들에서는 '법상'을 조금 말하고 '법성'을 많이 말한다. 그런데 『개원석교록』의 경우는 뒤로 가면 갈수록 '법성'의 상주불멸을 강조하는 경전들을 편제시킨다. 이렇게 볼 때 『개원석교록』의 경전 배열은 현수 법장의 경학 이론 즉 법성교학(法性教學)의 이론에 가깝다고 할 수 있다.

Ⅳ. 한역 대장경 시대의 개막

중국에서는 옛부터, 그저 공자(孔子) 시대까지만 거슬러 올라간다고 하더라도, 경전을 사이에 놓고 스승과 제자가 강론(講論)하는 전통이 있었다. 여기서 말하는 경전이란 이른바 6경을 말하는데, 『장자(莊子)』「천운편(天運篇)」·『회남자(淮南子)』·『순자(荀子)』「권학편(勸學篇)」 등에서는 『시(詩)』·『서(書)』·『예(禮)』·『악(樂)』·『역(易)』·『춘추(春秋)』 등을 꼽고 있다. 단, 『순자』에는 『역(易)』이 보이지 않는다. 아무튼 이들은 성인의 작품이라고 믿고 있는 경전에 숨겨진 뜻을 탐구하기 위해 많은 노력을 했다. 그 노력가의 대표적인 사람으로는 공자(孔子)가 단연 으뜸이다. 한대(漢代)의 경학자 허신(許愼)이 『설문해자(說文解字)』를 만든 것도 그런 노력의 일환이다. 그런가하면 정현(鄭玄)이 가능한 동일한 경전 내에 있는 구절을 이용하여 자구(字句)를 해석하려 했던 것도 그렇다.

이런 경전해석의 전통 속에 인도의 불전이 번역되면서 그에 따르는 의미해석 내용이 주소(注疏)로 정착되었다고 볼 수 있다. 역경 도량에서는 항상 '석경(釋經)' 작업이 동시에 진행되었던 것이다. 성도참동향청강파삼호묘(成都站東鄕青杠坡三號墓)에서 출토된 한대의 '강학화상전(講學畵象磚)'도 당시 중국인의 강경(講經) 풍속을 잘 보여준다.

그런가하면 흩어져 있는 서적을 모아서 분류하고, 나아가서는 '유서(類書)'를 만드는 중국인의 정신은 불전 목록을 만들기까지에 이르렀다. 목록의 분류는 개별 경전의 이름을 단순하게 모으는 것만이 아니라, 거기에는 분류하는 사람의 학문관이나 가치관이 개입된다. 그리고 그 학문관이나 가치관은 경전의 해석에까지 영향을 미친다. 그리고 일찍이 정현이 그랬듯이, 동일한 경전 내에서는 동일한 의미를 주려고 하는 정신이 석가모니의 이야기를 일관되고 통일적으로 보려는 시각으로 나타나고, 그 과정에서 생긴 결과의 하나가 '교판론(敎判論)'이다.

이상의 논의를 통해 우리는 중국인들이 인도의 불전을 고대 한어로 번역하면서 자기네 고유의 경학과 목록학을 바탕으로 불전 목록을 만들었음을 알 수 있다. 우리에게 남겨진 과제 중의 하나로, 한국에서 한글 대장경을 번역할 때 중국인들의 이러한 노력과 성과를 응용할 필요가 있다. 이 지역과 이 시대에 부합하는 불교학의 분류법에 의해 새로운 한글 대장경 목록의 제작도 생각해 볼 수 있다. 그렇게 하기 위해서는 한국에서 진행되고 개발된 경전을 바라보는 안목을 재확인하는 일이 선행되어야 할 것이다.

제3장 불교와 유교의 충돌

Ⅰ. '효'의 나라 중국

한자 문화권에서 '효(孝)'를 중시했던 것은 오늘날 우리의 경험 속에서도 확인할 수 있고, 이 문화권을 구축한 중요한 사상 중의 하나로 유가(儒家)를 꼽을 수 있다. 그리고 유가의 중요한 윤리 덕목으로 '효'를 들 수 있다. 바로 이런 중국의 풍토에 인도의 불교(佛敎)가 전래된 것이다. 결국 두 문화권의 충돌은 피할 수 없게 되었다.

중국 철학을 연구하는 이라면 『논어(論語)』「학이편(學而篇)」의 "군자무본(君子務本), 본립이도생(本立而道生), 효제야자(孝弟也者), 기위인지본여(其爲仁之本與)."라는 구절을 둘러싼 논의를 한번쯤 생각해 보았을 것이다. 즉 위의 문장을 읽는 데에는 크게 두 입장이 있다.

(1)효와 제는 인의 근본이다.

(2)효와 제는 인을 행하는 근본이다.

위의 문장에서 '효(孝)'는 부모와 자식 사이의 윤리 덕목을 지칭하고, '제(弟)'는 가정 밖에서 지켜야 할 윤리 덕목을 지칭한다. 이 점에서는 (1)과 (2)가 동일하다. 문제는 '본말(本末)'이론에 비추어 '인(仁)'이 근본인가,

아니면 '효'가 근본인가이다. (1)의 입장을 지지하는 필자로서는 "위인(爲仁)"에서의 '위(爲)'자를 '계사(繫辭)'로 처리한다. 그리고 『논어』 전편에 흐르는 논조는 '인(仁)'보다는 구체적인 부자 사이의 윤리 덕목인 '효(孝)'가 중심이라고 생각했기 때문이다. 게다가 '위(爲)' 자가 없는 대본이 있다는 것도 이런 필자의 생각에 근거를 보태준다. 그런데 남송시대의 주희(朱熹)는 자신이 처한 철학적인 입장에서 (2)로 재해석한다.

그러니까 공자는 (1)의 뜻으로 "효제야자(孝弟也者), 기위인지본(其爲仁之本)."이라 말했는데, 후세에 주희는 (2)의 뜻으로 재해석했다는 것이다. (1)에서 (2)로 변해 간 데에는 이른바 주희 자신의 철학 체계 속에 '인(仁)'을 근본으로 설정하려는 의도가 들어있다고 볼 수 있다. 공자에게서는 '효(孝)'가 근본이었는데, 주희에 와서는 '인'이 근본이고, '효'는 지말로써 '인(仁)'을 실천하는 여러 덕목 중에서 으뜸일 뿐이다. 즉, 이 문장에는 '인(仁)', '이(理)', '성(性)' 등의 형이상학적 개념들을 중심으로 하여 고대 유가를 새롭게 해석 정리하려는 당시의 시대사조가 주희를 통해 표출된 것이다. 결국 공자는 '인'보다 '효'를 근본으로 했다는 것이 필자의 견해이다.

본 장의 첫머리에 필자가 『논어』의 한 구절을 들먹여 장황하게 늘어놓은 것은, 이만큼 '효'의 문제가 중국 철학에서 중요한 몫이라는 것이다. 공자의 윤리 사상에는 가족 사이의 윤리 덕목인 '효'와, 타인과의 사이에서 지켜야 할 윤리 덕목인 '제', '충(忠)'[1]이 있다. 그 뒤 전제 왕권이 강화됨에

1) 『논어』에 나타나는 '충(忠)'의 의미는 '정성스러움'의 뜻으로 쓰인다. 그러다가 『순자』에서 처음으로 군신 사이의 상하 윤리를 규정하는 덕목으로 쓰이고, 이것

따라 '충'은 군신 간의 윤리 덕목으로 변질되고, 가족이 전제 왕권의 최소 통치 단위로 됨에 따라 '효' 윤리도 정치적으로 이용되어 갔던 것이다.

이 장에서는 '효'의 뿌리가 이처럼 깊은 중국 땅에서, 외래 사상인 불교가 그것을 어떻게 접촉 수용했는지 살펴보려 한다. 알려진 것처럼 불교는 세속의 모든 것을 버리고 출세간에서 진리를 찾으려는 가르침이다. 불교는 마을의 진리를 버리고 숲 속의 진리를 찾는다. 그리하여 세속의 윤리인 '효'는 당연히 관심 밖이다. 게다가 독신으로 가족을 버리고 생산에도 종사하지 않는 '방외(方外)의 객(客)'으로 살아간다. 이런 불교의 출가는, 첫째 통치자의 입장에서 보면 조세원의 상실이며 신하의 상실이고, 둘째 가장의 입장에서 보면 후사를 단절하고 부모에 효를 거역하는 행위인 셈이다. 그러나 불교가 출가 제도를 고수했기 때문에, 중국에 정착되는 과정 속에서 이 두 문제는 항상 충돌되었다.

이 사회 정치적으로 정착된 것은 송대(宋代)이다.

Ⅱ. 불교와 유교 윤리와 충돌

불교가 중국에 들어온 것은 서력 기원 전후이지만 불교의 윤리 사상이 중국인의 의식 위에 문제가 된 것은 이보다 뒤이다. 전래 당초에는 특히 불교와 효(孝) 윤리 사이의 마찰은 없었던 듯하다. 이렇게 기존의 신앙이나 사상과 충돌 없이 불교가 자연스럽게 중국에 들어간 것은 당시 중국의 정치적 상황과 불교 전래의 방법과 깊은 관계가 있다. 그러나 이것만은 아니다. 중국 기존의 것과 불교 사이에 중국인이 어떤 의미에서 동질성을 찾았기 때문일 것이다. 아니면 불교가 중국인에게 매력을 주는 그 무엇이 있었을 것이다. 그러면 그것이 무엇일까?

초기의 중국 불교 상황을 알려주는 자료 중의 하나인 『후한서(後漢書)』「초영왕전(楚英王傳)」[2]의 기술이다. 여기에서 보듯이 황노(黃老)와 부도(浮屠)를 동일하게 취급하고, 부도(浮屠)를 '제사(祭祀)' 지내는 것으로 기술하고 있다. 여기에서 불교가 중국에 처음 전해진 실제 상황을 엿볼 수 있다. 곧

2) 『후한서』(72권). "초왕 유영은 만년에는 황노(黃老)를 좋아하고, 부도(浮屠=불교)를 배워 익히고, 재계를 했었다."는 기록이 있다. 그리고 또 그가 도참을 좋아하고 방사들과 교유했던 일들을 기록하고 있다. 이 기록에서 우리는 당시 황노 내지는 방사들의 한 무리 정도로 중국인들이 불교를 생각했던 것을 알 수 있다.

중국인들은 불상에 예배하는 것을 제사 양식의 하나로 여겼던 듯하다. 이와 더불어 승려들의 신이(神異)에 대한 이야기가 많았던 것도 당시 중국 사람들이 불교를 어떻게 바라보았는가를 보여주는 한 일면이 될 것이다. 당시 사람들은 외국의 불교를 자기네의 황노 사상이나 노장 내지는 신선 방술의 틀 내에서 이해했다.

그리고 당시의 정치적인 혼란과 사회 질서의 변동과 더불어, 신선 방술 사상이 강하게 매력을 끌었던 것도 사실이었던 듯하다. 그리하여 불교의 이런 방면이 주로 부각되고, 그것이 계기가 되어 중국에 전래의 발판을 굳혔을 것이라 생각해 볼 수 있다.

이렇게 당시 중국인의 고유 정서에 부합하여 불교가 차츰 전파되는 과정에서, 불교 본래의 교리와 중국의 그것과 서로 양보할 수 없는 것들도 표면에 노출되기 시작하였다. 그 중의 하나가 가족을 버리고 출가하는 것이었다. 이것은 효를 중시하는 당시의 윤리 체계에서는 큰 문제가 아닐 수 없었다. 그리고 불교가 점차 세력을 얻고, 중국인과의 교섭이 깊어감에 따라 중국인 측에서도 불교를 단순히 감각적인 면에서만 받아들이지 않게 되었다. 기존의 관념을 매개로 불교의 핵심으로 한 발자국씩 들어가게 되었다. 여기에서 비로소 불교의 윤리적인 측면이, 그리고 '불(佛)'의 개념과 기본 사상이 문제시되었다.

초기의 불교 자료를 종합적으로 수록하고 있는 것으로 승우의 『홍명집(弘明集)』을 꼽을 수 있다. 이 책의 첫머리에 실렸고 중국인의 손에 의한 초기의 불교 논문인 「모자리혹론(牟子理惑論)」이 있다. 이 한 편의 글에는 많은 의혹이 남아있다. 그러나 「모자리혹론」이 중국인의 손에 의한 아주 오래된 것임에는 틀림없다.[3] 이 「모자리혹론」에 일찍이 불교와 중국의 효 윤리와의 충돌을 예상한 기술이 나타나 있다. 여기서 질문자는 두 가지 점에서 불교의 불효를 논하고 있다. 첫째는 『효경』을 인용하여 사문의 삭발이 성인의 말씀에 맞지 않고 효자의 도에 맞지 않는다고 논박하고,[4] 또 하나는 사문이 후손을 계승하지 않는 것 즉 처자를 버리고, 재화를 손상시키고, 종신토록 장가들지 않는 것은 더 할 나위 없는 불효라고 비난한다.[5] 이는 『맹자』의 효론을 연상시키는 비난이다. 「모자리혹론」에는 중국인의 현세 우선의 생각과 효 윤리의 깊은 정취가 물씬 풍긴다.

초기의 자료로서 「모자리혹론」과 함께 동진(東晉) 시대 손작의 「유도론(喩道論)」에 보이는 질문자의 내용에도 주의할 필요가 있다. 질문자는 효는 백행(百行)의 근본인데 출가자는 이것을 소홀히 하고, 또 삭발하여 하늘이 내려준 모습을 손상시키는 것에 대해, 이는 도리를 배반하고 인정을 상하게 하는 것이라고 단정하여, 출가 승려의 생활에 대하여 중국인의 기본적인 의문이 던져지고 있다.[6]

3) 이 책의 찬술 연대에 대해서는 많은 논의가 있는데, 현재로서는 삼국의 오(吳)나라 시대 초기에 성립된 것으로 통하고 있다. (任繼愈, 『중국불교사』(제1권), 북경: 중국사회과학출판사, 1981. p.201)

4) 「모자리혹론」, 『홍명집』(대정장52, pp.2c-3a), “問曰, 孝經言, 身體髮膚受之父母, 不敢毁傷. 曾子任沒, 啓予手, 啓予足. 今沙門剃頭, 何其違聖人之語, 不合孝子之道.”

5) 「모자리혹론」, 『홍명집』(대정장52, p.3a), “問曰, 福莫踰於繼嗣, 不孝莫過於無後, 沙門棄妻子捐財貨. 或終身不娶,何其偉福孝之行也. 自苦而無奇, 自極而無異矣.”

6) 「유도론」, 『광홍명집』(대정장52, p.17a), “周孔之敎, 以孝爲首, 孝德之至, 百行之

효 윤리에 의한 불교의 탄핵은 불교가 문제시 될 때면 언제나 고개를 들고 나온다. 도선(道宣)의 「변혹편(辯惑篇)」에 소개된 이창(李瑒)의 상소[7], 북주(北周) 무제(武帝)의 「소(召)」[8], 당(唐) 부혁(傅奕)의 「상표(上表)」[9], 법림(法琳)의 「변정론(辯正論)」에 인용된 도사(道士) 이중경(李仲卿)의 「십이구미론(十異九迷論)」의 내용[10], 당나라 고조의 칙서[11], 한유의 배불론[12] 등에 그것이 명확하게 드러난다.

그러면 이들 자료를 통해서 유교 측에서 불교를 비판하는 내용과 그 근거들을 정리해 보도록 한다.

첫째, 불교는 오랑캐의 가르침이다.

중화와 오랑캐를 나누는 것을 보통 '이하론(夷夏論)'이라 한다. 이것은 간단하게 말하면 중심과 변방의 이론으로써 중국을 중심으로 보고 나머지

本, 本立道生, 通于神明.…. 生廢色養, 終絶血食, 骨肉之親等行路, 背理傷情, 莫此之甚."

7) 「변혹편」, 『광홍명집』(대정장52, p.128a), "瑒上言曰, 禮以教世法導將來, 迹用旣雖區流亦別, 故三千之罪, 莫大於不孝, 不孝之大, 無過於絶祠, 然則絶祠之罪, 大莫甚焉."

8) 「변혹편」, 『광홍명집』(대정장52, p.153b), "周祖平齊召僧敍廢立抗拒事"; "故凡是經像皆滅之, 父母恩重沙門不敬,悖逆之甚, 國法不容, 并退還家, 用崇孝治, 朕意如此, 諸大德爲理如何."

9) 『舊唐書』권79 「傅奕傳」, "七年, 奕上疏請除去釋教曰, 佛在西域, 言夭路遠, 漢譯胡書, 恣其假託. 故使不忠不孝, 削髮而捨君親, 遊手遊食, 易服以逃租賦."

10) 「十喩九箴篇」, 『광홍명집』(대정장52, p.183c).

11) 『集古今佛道論衡』(대정장52, p.380a).

12) 「原道」, (『韓昌黎全集』제2책, 11권, 新文豊出版公社, 民國66, pp.55-56) 및 「論佛骨表」(『韓昌黎全集』제4책, 39권, 新文豊出版公社, 民國66, pp.32-35).

를 변방이라는 것이다. 그리하여 중심에 모든 가치를 두는 사고이다. 이런 발상의 연장선에서 불교는 서쪽 오랑캐의 사상이니 중국의 사상만 못하다는 것이나. '이하론'은 유교는 물론 도교 쪽에서 불교를 비판할 때도 곧 잘 이용되는 논리이다.

예를 들면 「모자리혹론」에 이런 말이 있다.

> 공자께서 말씀하시기를, "오랑캐에 군장이 있더라도 군장이 없는 중국만 못하다"하셨다. 맹자는 진상(陣相)이 허행(許行)의 술법을 배우는 것을 꺼려하여 말하기를, "나는 중하(中夏)를 갖고 오랑캐를 교화시킨다는 것은 들었어도, 오랑캐를 갖고 중화를 교화시킨다는 이야기는 아직 듣지 못했다"고 했다. 그런데 그대는 어려서부터 요 · 순 · 주공 · 공자의 도를 배웠데, 이제 그것을 버리고 다시 이적의 술수를 배운다면 이는 잘못된 게 아닌가?[13)]

중화에 이미 공자의 도가 있으니 이것을 버려두고 이적의 가르침인 불교를 배울 필요가 없다는 것이다. 또 5호 16국 시대 후조(後趙)에서 중서저작랑(中書著作郎) 벼슬을 했던 왕도(王度)는 이렇게 말하고 있다.

> 중서저작랑 왕도는 아뢰었다. "대저 왕이 천지(天地)에 제사 지내고 백신(百神)을 제사 지내는 것은 제사에 관한 책에 실려 있다. 제사에는

13) 「모자리혹론」, 『홍명집』(대정장52, p.3c), "問曰, 孔子曰, 夷狄之有君, 不如諸夏之亡也. 孟子譏陳相更學許行之術. 曰, 吾聞用夏變夷, 未聞用夷變夏者也. 吾子弱冠學堯舜周孔之道, 而今捨之, 更學夷狄之術, 不已惑乎."

반드시 흠향함이 있는데, 부처는 서쪽에서 난 외국의 신이다. 그래서 그 효험이 백성에 미치지 못하니 천자가 그것을 제사 지낼 필요는 없다."[14)]

그런데 이 주장은 다시 당시의 군주 석호(石虎)에게 불교 신앙의 근거로 역이용되는 결과를 낳았다. 석호는 한족이 아니었다. 그래서 자신은 전통적인 유교의 가르침을 버리고 이적의 가르침인 불교를 받든다는 것이다.

또 한유(韓愈)는 그의 『원도(原道)』[15)]에서 이 '이하론'을 내세워 배불론을 전개하고 있다. 불교는 이적의 가르침인데, 요즘 사람들은 옛 성인의 가르침을 버리고 이적의 가르침을 믿고 있다고 개탄한다. 이런 입장은 송대(宋代)의 구양수의 배불론에도 그대로 이어진다.

둘째, 머리를 깎는 것은 불효이다.

『효경』의 첫머리에 나오는 "몸과 머리털과 살은 모두 부모에게 받은 것이니 훼손하지 않는 것이 효의 시작이다."는 말은 널리 알려진 이야기다. 이런 입장에서 승려의 삭발을 불효(不孝)로 간주한다. 「모자리혹론」에서도 이 부분을 인용하고 있다.[16)] 또 위에서 본 손작의 「유도론(喩道論)」에서

---

14) 『고승전』(대정장50, p.385c), "中書著作郎王度秦曰, 夫王者郊祀天地, 祭奉百神, 戴在祀典, 禮有常饗, 佛出西域, 外國之神, 功不施民, 非天子諸華所應祠奉."

15) 「原道」, (『韓昌黎全集』제2책, 11권, 新文豊出版公社, 民國66, pp.55-59).

16) 「모자리혹론」, 『홍명집』(대정장52, pp.2c-3a). "問曰, 孝經言, 身體髮膚受之父母, 不敢毁傷. 曾子任沒, 啓予手, 啓予足. 今沙門剃頭, 何其違聖人之語, 不合孝子

도 같은 이야기를 하고 있다.

또 남조의 승순(僧順)의 「석삼파론(析三破論)」에도 삭발을 불효라고 하며,[17] 「삼파론(三破論)」에서도 『효경』의 문구를 들어 삭발은 불효라고 논박한다.[18] 또 당나라의 부혁(傅奕)도 상표(上表)에서 사문의 삭발을 비난한다.

셋째, 후사를 끊는 것은 불효이다.

유가에서는 가족 제도를 유지하기 위하여 자손을 대대로 계승하는 것을 중요시한다. 그러므로 출가하여 결혼하지 않는 것은 불효 중의 가장 큰 불효라는 것이다. 「모자리혹론」에는 이렇게 말하고 있다.

> 대저 복은 후사를 잇는 것 이상의 복이 없다. 또 불효는 후사가 없는 것보다 더한 게 없다. 그런데 출가자는 처자를 버리고 재물을 버리고, 혹은 평생 결혼하지 않으니 그 어찌 복과 효를 모두 저버리는 것이 아니겠는가?[19]

또 동진의 손작은 「유도론」에서 이렇게 말하고 있다.

> 주공과 공자의 가르침은 효를 으뜸으로 한다. 효는 백행의 근본이다.

之道."

17) 「析三破論」, 『홍명집』(대정장52, p.48a)

18) 劉勰, 「滅惑論」, 『홍명집』(대정장52, p.49c)에 「三破論」의 내용을 인용하고 있다.

19) 「모자리혹론」, 『홍명집』(대정장52, p.3a).

…. 그러므로 자식이 부모를 모심에 살아계실 때에는 봉양하고, 돌아가신 뒤에는 제사 지낸다. 3,000 가지의 잘못 중 후사가 없는 것보다 더 한 죄는 없다. 그런데 사문은 부모를 버려 소홀히 하고, 머리를 깎고, 원래의 모습을 거슬려 부모에게 받은 몸에 상처를 낸다. 살아서는 몸뚱이와 봉양하는 것을 폐하고, 마침내는 혈통을 끊는다. 더 할 나위 없는 불효이다.[20]

불교에서 후사를 없애는 점에 대하여 당나라 부혁(傅奕)의 상소에서도 이 점을 비난하고 있는데, 이 비난에 대해 불교 측에서는 법림(法琳)이 「파사론(破邪論)」을 지어 반박하고, 그의 제자 이사정(李師政)도 「내덕론(內德論)」을 지어 스승에 동조한다. 그러자 도사 측에서는 다시 이중경(李仲卿)이 「십이구미론(十異九迷論)」을 짓고, 유진희(劉進喜)는 「현정론(顯正論)」을 써서 부혁(傅奕)에 동조한다. 그러나 법림은 다시 「변정론(辯正論)」을 지어 도사들을 반박한다. 불교 쪽의 입장은 사람마다 다소 차이가 있기는 하지만, 정신적인 '차원 높은' 효를 주장한다. 이것을 '대효론(大孝論)'이라 한다. 이것은 북주(北周)의 임금 광명(廣明)이 처음 내세웠다.

넷째, 부모를 버리고 봉양하지 않는 것은 불효이다.

이 점은 위의 손작의 「유도론」에서도 보이는 비판이다. 이에 대해 불교 쪽에서는 나의 지금 부모만이 부모가 아니라 남의 부모도 전생의 내 부모였다는 이른바 윤회 사상에 입각하여, 도를 깨달아 그것을 남에게 전하

20) 「유도론」, 『홍명집』(대정장52, p.17a)

는 것이 더 '큰 효도[大孝]'라는 입장에서 맞선다.

다섯째, 임금에게 절하지 않는 것은 불효이다.

「모자리혹론」에서 임금에게 예를 올리지 않는 것을 비난하고 있다. 왕에 대한 출가 사문이 예를 올리지 않는 문제는 동진(東晉)의 성제(成帝) 함강(咸康) 6년(340)에 천자의 조카인 유빙(庾氷)이 출가 사문을 천자에게 예를 올리게 하려다 반대를 이기지 못하고 그만둔 일이 있다. 그 후 다시 안제(安帝) 원흥(元興) 2년(403)에 태위(太尉) 환위(桓尉)가 출가 사문을 천자에 예를 올리게 하려 했으나, 조정에서는 찬반이 엇갈려 결정을 내리지 못하였다. 그러자 당시 여산(廬山)에 있던 혜원(慧遠; 334-416)에게 이 문제를 풀어 줄 것을 요청했는데, 이 요청에 따른 보고서가 이른바 「사문불경왕자론(沙門不敬王者論)」[21]으로 오늘에 전한다. 그는 출가자는 '방외(方外)의 손님'이라는 입장에서, 세속적인 윤리로 출가자를 구속할 수 없다는 입장에 서 있었다. 그러나 혜원마저도 '효(孝)'와 '경(敬)' 그 자체를 부정한 것은 아니었다. 출가는 '효'에도 '경'에도 어긋나는 것이 아니고, 출가는 '다른 차원'에서 '효' 내지는 '경'을 행하고 있다고 항변하는 정도에 불과하다. 이것은 결국 혜원 자신의 사상적 근저에 중국인으로서의 감각, 곧 진리는 하나라는[22] 견해가 깔려 있기 때문이다.

부분적으로 사회적인 요인 등에 의해 불교 측에서 '방외의 손님'이라

21) 「사문불경왕자론」, 『홍명집』(대정장52, pp.29c-32b).

22) 「沙門不敬王者論」, 「遠法師答」, 『홍명집』(대정장52, pp.32c-33a). "常以爲道訓之與名教, 釋迦之與周孔, 發致雖殊, 而潛相影響, 出處誠異, 終期則同."

는 입장을 내세우기는 했지만 그것은 어디까지나 잠시 동안이고, 전체적인 흐름은 효 윤리를 수용하는 쪽으로 흘렀다. 북주(北周) 도안(道安)의 '유교는 외교(外敎)이고 불교는 내교(內敎)라는 유 · 불의 안팎 이론'[23]과, 당(唐) 명개(明槪)의 '출가해도 충효할 수 있다는 이론'[24]은 어느 정도 혜원의 입장을 제대로 계승했지만 당(唐)의 법림(法琳)의 '대효론(大孝論)'[25]에 와서는 효를 단계적으로 역할을 나누는 측면이 부각되어, 오히려 세속 윤리 속에 출가자의 윤리를 자리 매기는 결과를 초래하기도 했다.

이 문제는 출가 사문이 부모에게 예를 올려야 하는가 하는 문제와도 결부되어 논란이 일었는데, 당대(唐代)에 이르러서는 한때 부모에게는 예를 올리되 천자에게는 예를 올리지 않아도 된다는 절충안이 나오기도 했다. 그러나 정관(貞觀) 7년(633)에는 승려들의 반대로 부모에게 예를 올리는 것조차 철회되었다.[26]

그러나 이상과 같은 우여곡절을 거치면서 끝내 불교는 효 윤리에 굴

---

23) 「二敎論」, 『광홍명집』(대정장52, p.136c), "聚雖一體而形神兩異, 散雖質別,而心數弗亡. 故救形之敎, 敎稱爲外, 濟神之典, 典號爲內. 是以智度有內外兩經. 仁王辯內外二論, 方等內外兩律, 百論言內外二道, 若通論內外二道, 則該彼華夷. 若局命此方, 則可云儒釋."

24) 「辯惑篇 ; 對決傅奕廢佛法僧事幷表」, 『광홍명집』(대정장52, p.175a-b). "若言欲求忠臣孝子, 佐世治民, 唯讀孝經一卷老子二篇, 不須廣讀佛經者, 尋此經但明世間忠孝, 未及出世忠孝."

25) 〈十喩九箴篇〉「辯正論」, 『광홍명집』,(대정장52, p.183c), "且愛敬之禮異容不出於二理. 賢愚之性雖品, 無越於三階, 故生則孝養無違, 死則葬祭以禮, 此禮制之異也. 小孝用力, 中孝用勞, 大孝不匱, 此性分之殊也."

26) 『佛祖統記』「貞觀七年條」(대정장49, p.364b), "勅僧道停致敬父母."

복하는, 혹은 포섭되는 과정을 겪게 된다. 이것은 '사문불경왕자'에서 '신승(臣僧)'[27] 으로의 변형과 병행한다. 물론 이런 변형의 이면에는 사회적 경제석 문제가 놓여 있으므로, 과연 그들이 얼마나 효 윤리를 자기 문제화했는지 전혀 의심의 여지가 없는 것은 아니다.

그러면 이상과 같은 유가 쪽의 공격에 대하여 불교 쪽에서는 어떻게 반응을 보였는지 보기로 한다.

27) '신승(臣僧)'이라는 표현은 남종선(南宗禪)에서 먼저 사용하기 시작했다. 이렇게 된 배경에는 선종의 종통 문제를 사이에 두고 왕권을 빌어 자기네의 정통성을 확보하는 배경에서 생긴 것이다.

Ⅲ. 불교 쪽의 반응

유가가 제기한 효에 대한 이런 비판을 불교 쪽에서는 결과적으로는 수용하고 말았는데, 그 형태는 크게 셋으로 나누어 볼 수 있다. 첫째는 효 사상을 담은 경전을 번역하는 형태이고, 둘째는 격의(格義)를 통해 교리를 재해석하는 형태이고, 셋째는 가짜 경전을 만들어 적극적으로 효를 주장하는 형태이다. 먼저 효 사상을 담은 경전의 번역을 보기로 한다.

1. '효' 사상을 담은 경전의 번역

불교에는 효 윤리가 없다는 비판에 대한 불교 측이 취한 반응 중의 하나가 효에 관한 경전을 번역하는 것이었다. 이렇게 필요에 따라 불경을 번역한 예는 중국 역경사(譯經史)에서 특이한 것은 아니다. 효에 관한 경전을 번역 소개하는 저변에는 유가로부터 불교에는 효가 없다는 정면 공격을 피해보자는 의도가 있었다고 말할 수 있다. 물론 효라는 문자가 유교 경전과 불교 경전에 동일하게 쓰여도 그 의미는 차이가 있을 수밖에 없지만, 부모를 대하는 자식의 정과 행위가 효의 내용이라는 점에서는 모두 같다는 변명이다.

그러면 효를 설하는 경전으로 어떤 게 있는지 보도록 한다. 이 중에는 일반적인 세산의 도덕을 설하여 유교의 도덕과 조화를 이루려는 경전이 많았다. 그 대표적인 것이 『옥야경(玉耶經)』이다. 부인으로서 남편에게 해야 하는 덕목을 설하는 내용인 이 경은 유교의 부도(婦道)와 서로 상통하는 면이 있다. 『우바색계경(優婆塞戒經)』, 『십선업도경(十善業道經)』, 『사십이장경(四十二章經)』 등은 모두 이른바 도덕 경전으로 널리 알려졌다. 이 경들은 다음에 볼 효 관계 경전과 더불어 불교의 도덕 경전으로 유명하다.

그럼, 먼저 『불승도리천위모설법경(佛昇忉利天爲母說法經)』[28]을 보자. 이 경은 서진의 축법호가 한역한 것으로 『불승도리천품경』이라고도 불리는데 모두 3권으로 구성되었다. 이 책의 내용은 제목에서 알 수 있듯이, 부처가 도를 깨닫고 도리천에 계시는 어머니 마야 부인에게 설법하는 내용이다. 석가는 생후 어머니를 잃고 이모의 손에서 자랐다. 평소 어머니를 그리워 했었는데 도를 깨치자 제일 먼저 어머니께 효도할 생각을 내었다. 그래서 곧 바로 도리천으로 올라가 3개월간 어머니에게 설법을 하니 어머니도 성불하였다는 것이다.

이 설화는 인도에 널리 퍼져 그림이나 조각의 소재로 많이 쓰인다. 그리고 이 이야기는 훗날 승려들이 불교의 효를 논할 때는 언제나 인용되는 부분이 되었다. 예를 들면 도세(道世)의 『법원주림(法苑珠林)』의 「보은편」이

28) 대정장17, pp.787b-799c.

그렇고, 종밀(宗密)의 『우란분경소(盂蘭盆經疏)』가 그렇고, 계숭(契崇)의 『효론(孝論)』이 그렇다.

다음, 『불설시가라월육방례경(佛說尸迦羅越六方禮經)』[29]을 보자. 이 경은 일찍이 후한 안세고(安世高)에 의해 한역된 것으로 아주 짧은 경전이다. 이 경도 역시 불교의 가족 윤리를 설하는 대표적인 경전 중의 하나이다. 이 경전의 이런 특징 때문에 안세고 이후에도 여러 번 번역되기도 했다. '시가라월(尸迦羅越)'은 범어를 음사한 것이니 한어로는 '선생(善生)'이 된다. 『중아함경』(제33권)에는 이 경을 『선생경(善生經)』 또는 『선생자경(善生子經)』이라고 부른다. '시가라월'이 부모의 유언을 받들어 매일 아침 동 · 서 · 남 · 북 · 상 · 하의 여섯 방향에 절을 올렸는데 부처에 의해서 6방례(方禮)의 참 의미를 배웠다고 하는 이야기이다.

이 육방 예배는 부모 · 자식 · 스승 · 제자 · 부부 · 친구 사이, 주인과 종, 출가인과 속인 등 여섯의 관계에 대한 불교적인 입장이 들어 있다. 이 경에 의하면, 동쪽을 보고 절하는 것은 자식이 부모를 모시는 데 다음의 다섯 가지를 지킨다는 맹세를 의미한다고 한다. 첫째는 정성껏 생업을 이어간다. 둘째는 아침 일찍 식사를 준비한다. 셋째는 부모에게 걱정을 끼치지 않는다. 넷째는 부모의 은혜를 잊지 않는다. 다섯째는 부모가 병이 나면 의사를 모셔 간호한다는 것이다.

물론 이 경에서 위의 다섯 가지 일을 자식이 부모에게 일방적으로 하

---

29) 대정장1, pp.250c-252b.

는 것만은 아니다. 이것은 역으로 부모가 자식에게도 해야 하는 일이라고 하는 점이 유가의 '상-하', '존-비'의 윤리와는 다른 점이라 할 수 있다.

셋째, 『불설부모은난보경(佛說父母恩難報經)』[30]이다. 이 경은 『출삼장기집』에는 '실역(失譯)'이라 되어 있는데, 『개원석교록(開元釋敎錄)』에는 후한의 안세고의 번역이라 되어 있어 중국찬술경이 아닐까 하는 의심을 받고 있다. 이 경은 출가는 불효라고 하는 사람들에게, 불교에도 효가 있다는 내용을 다음과 같이 설한다.

> 오른쪽 어깨에 아버지를 메고 왼쪽 어깨에 어머니를 메고 천 년 동안 봉양하고, 부모님이 등에서 똥오줌을 싸더라도 조금도 싫어하지 않는다 해도, 부모의 은혜는 다 갚지 못한다. 그러나 만약 부모가 부처를 믿지 않으면 믿도록 하여 성불하도록 하고, 계를 받지 않았거든 받게 하고, …. 이렇게 하면 부모에게 효행을 하는 것이다.[31]

즉 부모를 깨닫게 하여 윤회에 영원히 들지 않도록 하는 것이 큰 효라고 하여, 깨달음에 기초한 효 윤리를 전개한다.

넷째, 『불설효자경(佛說孝子經)』[32]을 보자. 이 경도 남북조시대에 만들어진 위경이라는 의심을 받고 있다. 이 경은 유교의 『효경』을 연상하게 한다. 그 내용은 불교도 유교와 마찬가지로 효를 강조하며, 또 인 · 의 · 예 ·

30) 대정장16, pp.778c-779a.

31) 『佛說父母恩難報經』(대정장16, p.779a).

32) 이 경은 「失譯人名今, 附西晉錄」이라고 되었다. (대정장16, pp.780b-781a).

지 · 신의 5륜(倫) · 5상(常)이 있다고 한다.[33] 그리고 부모로 하여금 5계(戒)를 지키게 하여 성불하도록 하는 것이 참된 효도라고 강조하는 점은 이전의 불교 효론과 동일하다. 5계와 유가의 5상을 일치시키는 이야기는 불교와 유교를 일치시켜 하나로 보려는 중요한 실마리가 되었다. 뒷날 찬술되는 불교의 5계와 유교의 5상을 일치시키려는 많은 논문들은 이 『불설효자경』을 많이 인용하곤 한다.

다섯째로 『관무량수경(觀無量壽經)』[34]을 들 수 있다. 이 경은 남북조시대에 송나라의 강량야사(畺良耶舍)가 한역한 것으로 16관법을 설하고, 또 보살의 명호를 염불하면 극락왕생한다고 설한다. 그리고 서방 극락국에 태어나려면 세 가지 복을 닦아야 한다고 한다. 첫째는 부모에게 효도하고, 스승을 잘 모시고, 자비심을 내어 열 가지 좋은 업을 닦아야 한다고 한다. 둘째는 불법승 3보에 귀의하고, 여러 계를 받들고, 위의를 범하지 말아야 한다고 한다. 셋째는 보리심을 내어 인과를 깊이 믿고 대승 경전을 독송해야 한다고 한다. 이 경에서 앞의 경전과 마찬가지로 궁극적으로는 깨달음을 강조하고, 효는 그 깨달음에 의한 제2차적인 것으로 여기고 있다.

이상에서 예로 든 경전 외에도 『대방편불보은경(大方便佛報恩經)』, 『대승본생심지관경(大乘本生心地觀經)』 등등이 있는데, 모두 부모에게 효도할 것을 강조하고, 그 효 중에서 가장 큰 효는 부모로 하여금 3보를 믿어 깨달음에

33) 『불설효자경』(대정장16, pp.780b-c), "若親遷志奉佛五戒, 仁惻不殺, 淸讓不盜, 貞潔不淫, 守信不欺, 孝順不醉者."

34) 대정장12, pp.340c-346b.

나아가게 하는 것이 으뜸이라고 한다. 이 경도 역시 깨달음을 바탕으로 효 윤리를 수용하려는 입장이다.

이상의 경들에 나타난 특징을 이렇게 정리할 수 있다. 첫째, 깨달음을 매개로 한 효의 실천을 들 수 있다. 곧 불도를 깨치게 하여 어머니에게 효도를 하려는 셈이다. 둘째, 유가의 효 윤리를 설하는 『효경』이 아버지가 중심임에 반해, 이 경에서는 어머니가 등장하는 점이다. 셋째, 유가의 효 윤리가, 『의례』의 "아버지는 아들의 천(天)이다."는 말에 잘 드러나듯이, 절대적인 복종[35]을 매개로 한 것임에 비해, 불경은 은혜의 보답이라는 측면이 강한 면이 그 특징이라 할 수 있다. 즉 '보본(報本)'과 '보은(報恩)'의 차이다.

2. 격의(格義)를 이용한 교리의 재해석

격의(格義)란 중국에 있는 고유한 개념이나 이론을 빌려서 인도의 불교를 해석하는 방식을 말한다. 이렇게 격의의 방식으로 불교를 이해하려 한 것은 불교의 전래 당시부터 나타났던 현상이었다. 그 대표적인 것이 노장의 '무(無)' 개념으로 불교의 '공(空)'을 이해하려 했던 것이다. 불교의 '5

35) 『논어』에 '직(直)'에 대한 입장을 놓고, 아버지가 양을 훔쳤을 때 고발할까 말까를 논한 부분이 있다. 아버지를 고발해야 한다는 입장에 대해, 공자는 숨겨주는 입장을 택한다. 이것을 두고 예(禮)의 형식성을 말하는 연구자들이 있지만, 『논어』에서는 아버지에 대한 절대적인 복종을 말하는 것이라 보아야 할 것이다.

계(戒)'를 '5상(常)'이나 '5행(行)'에 견주어 설명하는 것도 이런 일종이라 볼 수 있다.

북위(北魏) 때에 만들어진 위경으로 『제위파리경(提謂波利經)』이 있는데 지금은 전하지 않고 다른 저작들 속에 인용되어 단편이 전한다. 이 경을 만든 목적은 5계를 5상에 일치시키려는 것이 아니라, 오히려 당시의 도교적인 민속 신앙을 흡수하려는 '도교적인 불경'으로 보아야 할 것이다. 이 경은 유교의 5상과 음양오행 사상에다 불교의 5계를 배합시켜 일치시키려는 의도에서 만들어졌다 할 수 있다.

이렇게 5계를 음양오행 사상으로 설명하는 것은 수나라 천태 지의의 『금광명문구(金光明文句)』에도 보인다. 그는 『제위경』을 인용하여 '불살생'은 '인(仁)', '불투도'는 '의(義)', '불사음'은 '예(禮)', '불음주'는 '지(智)', '불망언'은 '신(信)'에 각각 배치시키고 있다. 또 그는 『인왕경소』에서는 이렇게 설명하고 있다.

> 불살생은 동방에 속하고, 동방은 목(木)이고, 목(木)은 인(仁)을 주로 하고, 인(仁)은 양생을 뜻한다. 불투도는 북방에 속하고, 북방은 수(水)이고, 수(水)는 지(智)를 주로 하고, 지(智)는 도적질하지 않는 것을 뜻한다. …. 불망어는 중앙에 속하고, 중앙은 토(土)이고, 토(土)는 신(信)을 주로 하고, 허망한 말을 하는 이는 중정(中正)에 계합하지 못하고, 중정(中正)은 치우침이 없다는 뜻이다.[36]

36) 『인왕호국반야경』(대정장33, pp.260c-261a).

이렇게 '5계(戒)'를 '5행(行)' 사상에 의해 '5방(方)', '5덕(德)', '5색(色)'에 배치시키고, 이어서 '5상(常)'에 배치시켰던 것이다. 그리하여 불교의 '5계'를 잘 시키는 것이 바로 유가의 윤리를 지키는 것이라는 논법을 취했던 것이다.

그리고 당나라 법림의 경우도 『변정론(辨正論)』에서 『제위경』을 인용한다.

> 불살생은 인(仁)이다. 인(仁)은 간장을 주로 하고, 목(木)에 자리하며, 춘양(春陽)에는 만물이 모두 생하고, 여러 생물을 양육하여 생을 좋아하고 죽음을 미워한다. 죽음에는 인(仁)이 없다. …. 불망어는 신(信)이다. 신(信)은 비장을 주로 하고, 상(上)에 자리하며, 욕설은 사람을 상하게 하고, 화는 입에 있어, 말을 하면 재앙이 닥친다. 그러므로 혀를 조심해야 하니 혀에는 신(信)이 없다.[37]

여기서도 마찬가지이다. 불교의 '5계'를 잘 지키는 것이 '5장(臟)'을 잘 다스리는 것이고 이것은 또 '5상(常)'을 잘 지키는 것이라고 하여, '5계'로 고유의 음양오행 사상이나 5상의 윤리 덕목을 설명한다. 그리고 이런 『제위경』의 사상은 남북조시대의 안지추(安之推)의 저작에도 나타나고,[38] 침약

37) 『변정론』(대정장52, p.494c)

38) 「家訓歸心篇」, 『광홍명집』(대정장52, p.107b). "내외의 양교는 모두 한 몸이다. 內典 첫 관문에 오계를 시설하여 外書의 인 · 의 · 예 · 지 · 신 五常에 부합시킨다. 仁은 불살생이고, 義는 불투도이고, 禮는 불사음이고, 智는 불음주이고, 信은 불망어이다."

(沈約)의 작품에도 나타난다.[39] 이런 사상은 후대로 내려오면서 더욱 확산되어서 당대 이사정(李師政)에 이르러서는 효는 물론 충의 윤리 덕목을 불교의 입장에서 설명하게 되었다.

> 생각컨대 부처의 가르침은 신하에게 충(忠)하도록 가르치고, 자식에게 효(孝)하도록 가르치고, 나라를 제대로 되게 하고, 가족을 화목하게 한다.[40]

그러나 이렇게 격의의 방법으로 불교에도 유가에서 중시하는 윤리가 있음을 설하여 서로 일치함을 말했지만, 소극적이라는 인상을 지울 수는 없다. 그래서 급기야는 가짜 경전[僞經]을 만들어 적극적으로 효 윤리를 주장하기에까지 이른다.

3. 위경의 제작

효에 관한 한역 경전이 있었음에도 불구하고 뒤늦게 새로이 『불설부모은중경』[41]이 중국에서 만들어진 것은 언뜻 보면 이상한 감이 든다. 그렇

---

39) 「均聖論」, 『광홍명집』(대정장52, p.121b). 주공의 가르침과 불교의 가르침을 동일하다고 말하고, 불교의 5계와 유교의 5상을 연관짓고 있다.

40) 『內德論』, 『광홍명집』(대정장52, p.132a), "惟佛之爲敎也, 勸臣以忠, 勸子以孝, 勸國以治, 勸家以和."

41) 『불설부모은중경』은 여러 종의 異本이 있다. 『丁蘭本』, 『古本』, 『增益本』, 『高麗

다면 이 『불설부모은중경』이 만들어지게[42] 된 배경에는 무언가 새로운 요청에 부응하기 위함이리라 짐작해 볼 수 있다. 분명히 기존 불교의 효 경전과 이 『불설부모은중경』 사이에는 기본적으로 서로 다름이 있다고 생각된다.

여기에서 먼저 다음과 같은 점을 생각해 볼 수 있다. 인도에서 찬술된 불경에서는 불교적 내지는 인도적인 윤리관이 중심이 되어 해탈을 제1차적인 것으로 하고, 효도는 2차적인 것으로 본다. 반면에, 중국에서 만들어진 『불설부모은중경』은 전적으로 유교적 혹은 세속적인 효도의 실천을 중점에 두고 있다.

『불설부모은중경』에서는 경문의 대부분이 자식을 기르는 부모의 깊은 애정과 고생 및 그것을 저버리는 불효한 자식의 행장을 자세하게 묘사하는 데 할애된다. 돌아가신 부모를 위해 재를 올리고 경을 읽고 하는 식의 보은의 공양을 비롯하여, 이 경의 수지 독송과 서사를 통하여 효도를 행하는 종교적인 이야기는 오히려 2차적인 것이 되고 만다. 1차적인 것은 유교적인 효도를 권장하는 데 있다고 볼 수 있다.

비록 한 발 양보하여 이 경전을 만든 의도가 종교적인 구제 내지는 보

本』, 『大報本』, 『省略本』 등이 있고 그밖에도 돈황출토본들도 있다. 이런 이본에 대한 연구는 新井慧譽, 「敦煌本 『父母恩重經』 校異」, 『二松學舍大學論集』, 昭和53)가 과거의 연구 성과를 면밀히 검토하고 새로운 자료를 흡수하여 요령있게 정리하였다. 여기서는 그 연구 성과를 수용한다.

42) 『불설부모은중경』을 중국 찬술이라고 하는 근거는 많이 있는데, 그 중에서 중국의 24효자 중의 한 사람인 한나라 때의 정란(丁蘭) 이야기가 이 경에 들어있는 것이 가장 강력한 이유이다.

은을 말하려는 데 있다고 하더라도, 세속적인 효도의 실천을 중시하는 자세가 강하게 보이는 것은 분명한 사실이다. 아무튼 앞서 인도 찬술 경전이 현세의 부모에 대한 종교적인 구제를 참된 효도라고 하는 입장과는 대조적이고, 이 점에 불교의 효 경전들 속에서 『불설부모은중경』이 갖는 가장 큰 특색이 있다고 하겠다. 그리고 『부모은중경』에서 양친 중에서도 어머니를 소재로 한 여러 이야기는 아버지를 중심으로 전개되는 유교의 『효경』과는 또 다른 면이 있다.

『불설부모은중경』의 다음 특징으로는 설법 대상의 사회적 계층을 들 수 있다. 이 경전의 설법 대상은 귀족 사회를 배경으로 한 사대부도 지식인도 아니다. 오로지 서민 내지는 하층민을 대상으로 삼고 있다. 다음과 같은 구절들이 이것을 잘 말해 준다.

> 어머니가 동쪽이나 서쪽의 인근 마을로 다니면서 물을 긷거나 부엌일을 하거나 절구질을 하거나 디딜방아를 찧느라, 제 때 집에 돌아오지 못하면 우리집 애가 집에서 울면서 나를 생각할 텐데 하고는 급히 돌아온다. 그러면 애는 멀리서 엄마가 오는 것을 보고 요람 속에서 머리를 뒤흔든다. 혹은 배를 끌고 기어서 따라온다. …. 부모가 다니다가 다른 좌석에서 누가 떡이나 고기를 내놔도 감히 먹지 못하고 갖고 돌아와 자식에게 준다.[43)]

이처럼 『부모은중경』은 등장 인물 뿐만 아니라, 지은이가 접한 교화

---

43) 『불설부모은중경』(대정장85, p.1404c).

의 대상이 옆 마을에 품 팔러 가서는 집에 두고 온 어린애가 우는 것을 생각하여 발길을 재촉하는 어려운 생활을 그리고 있다. 우리 동요의 "엄마가 섬 그늘에 굴 따러 가면 아가는 혼자 남아 집을 보다가 …. "에서 느끼는 애잔함이 깔려 있다. 이런 특색을 가진 『불설부모은중경』이야말로 참으로 이 경이 성립하게 된 배경에 깔린 교리적 사회적 요청이라고 생각된다.

Ⅳ. 유 · 불 · 도 3교의 '효'이론 비교

이상에서 중국에서 불교가 당시의 고유한 효 사상을 어떻게 수용해갔는지를 살펴보았다. 그리고 거기에서 나타난 효 사상의 특징도 알아보았다. 이제부터는 유교 및 도교의 효 사상의 특징을 검토하여 불교의 그것과 대비시키는 것으로 본 단락을 맺고자 한다.

효 사상을 담은 불경들이 만들어지던 당대(唐代)에는 현종(玄宗)에 의한 『어주효경(御注孝經)』이 천보(天寶) 3년(744년)에 전국에 배포되기도 했다. 『효경』의 찬술에 대해서는 많은 이론들이 있지만,[44] 이 책이 널리 확산된 것은 당대 이후라고 할 수 있다. 이 점은 중국의 전제 왕권이 강해지는 것과 무관하지 않다. 『효경』에 나타난 효의 특징을 간추리면 다음과 같다.

첫째, 효는 천지(天地)의 불변의 법칙이다.

> 대저 효(孝)는 하늘의 법칙[經]이며, 땅의 질서이며, 백성들이 행해야 하는 바이다. 천지의 법칙이기 때문에 백성들은 이것을 따라야 한다.[45]

---

44) 박일봉, 『효경』, 서울: 육문사, 1992, pp.14-20. 참조.

45) 『효경』, "夫孝天之經, 地之誼也, 民之行也. 天地之經, 而民是則之." 이하 『효경』의 우리말 해석은 『효경』(박일봉 역, 육문사, 1992)을 따른다.

『효경』「제1 개종명의장(第一開宗明義章)」에서 "효는 덕의 근본이고, 가르침에 의해서 생기는 것이다."고 하듯이 모든 가르침은 효로부터 나오는 것이다. 부모를 섬기는 실천적 행위인 효가 『효경』에서는 '천지의 이법(理法)'으로 형이상학화된다. 즉 효는 영구불변의 이법이 되는 셈이다. 『예기(禮記)』「제의편(祭義篇)」에서 "나무 한 그루를 베도, 짐승 한 마리를 죽여도 그 알맞은 때를 얻지 못하면 효라 할 수 없다."고 하듯이, 효는 천지의 이법(理法)으로까지 되어, 모든 것의 근원이 되는 것이다.

둘째, 효는 신분 질서에 따른 '상-하', '존-비'의 윤리이다.

『효경』은 천자의 효와 더불어 제후 · 경대부 · 사인 · 서인의 효를 설한다. 그런데 효는 단순히 부모를 섬기고 봉양하는 것만이 아니고, 신분에 따라, 그 직분에 따라 이상적으로 몸소 노력 정진하는 것이다. 그리고 자식과 부모의 관계는 절대자와 복종자의 관계, 또는 존비의 상하 윤리적 관계이다. 『의례(儀禮)』「상복전(喪服傳)」에 "아버지는 아들의 천자(天子)이다."고 한 것은 아버지를 절대적인 전제군주와 동일시한 것으로 볼 수 있다. 아비와 자식의 관계는 천자와 신하와의 관계와 동일시하여 자식은 아비에 대하여 무조건적인 복종이 강조된다. 이런 무조건적인 관계 속에서 『효경』의 효 윤리도 논의되는 것이다.

셋째, 효는 통치 윤리이다.

『효경』「제9 효치장(第九孝治章)」에 나오는 "덕이 있는 임금이 효(孝)로써 천하를 다스리다."는 말에서 알 수 있듯이 효(孝)는 천하(天下)를 다스리는 통치자가 갖출 덕목의 하나이다. 즉 『효경』에서는 효를 하나의 통치 윤리로 활용한다고 할 수 있다. 이 점은 유가의 효는 국가의 존재, 사회의 안녕, 가족의 평화, 문화의 유지에 기초를 이루는 것으로 이해할 수 있다. 이런 맥락에서 불효가 5형(刑)보다도 더 큰 죄라고 하게 되고, 『당률(唐律)』 이래로 형법에 불효의 문제가 조문에 나타나게 되었다고 말할 수 있다.

넷째, 효는 일반 백성의 윤리를 넘어선다.

『효경』에서 말하는 효의 내용은 오직 사대부 이상에 중점을 두고 있다. 물론 『효경』에 「서인장(庶人章)」이 있지만 일반 백성들이 어떻게 효를 실천할까에 대해서는 구체적인 언급이 없다. 다음 귀절을 보자.

> 하늘의 때에 따르고 땅의 이점을 살려 농사에 부지런하고 물건을 아껴 부모를 봉양한다. 이것이 서인(庶人)의 효이다.[46]

천자나 대부 등에게는 구체적인 효의 내용이 있는데, 서인에게는 그게 없다. 그저 생산에 열심히 종사하라는 게 고작이다. 여기에는 어떤 것이 효인가에 대해서는 분명히 하지 않고, 오히려 효는 서인이 행할 수 없는 것으로 보는 태도가 저류에 흐르고 있다고 말할 수 있을 것이다. 효를 인간의 도리로 설명하고 있기 때문에 서인(庶人)에게도 서인의 효가 있어야 할 텐데, '효'란 역시 사대부 이상에 속하는 사람의 전유물처럼 여겨진다.

---

46) 『효경』, "因天之時, 就地之利, 謹身節用, 以養父母, 此庶人之孝也."(박석일, 『효경』, p.92)

이상을 종합하면, 『효경』에서의 효는 공자가 말하는 도둑질한 아버지를 감춰 주는 온정의 측면보다는, 천지의 원리 내지는 천자의 통치 덕목 등의 이념적인 살벌함이 감돈다. 그리하여 인간의 도리를 설명함에 유교의 효만으로는 감싸지 못하는 부분이 있었고, 이 부족한 부분을 중국에서 만들어진 효 관련 불경이 채웠던 것이 아닌가. 즉 불교의 효 윤리가 파고들 여지가 여기에 있었던 것이라고 말이다.

끝으로 도교에서는 효를 어떻게 설명하는가에 대해 간단히 살펴보자. 도교의 대장경인 『도장(道藏)』 중에도 효를 소재로 한 경전으로 『태상노군설부모은중경(太上老君說父母恩重經)』, 『태상진일부모은중경(太上眞一父母恩重經)』, 『현천상제설부모은중경(玄天上帝說父母恩重經)』이 있다. 부모의 은혜를 소재로 한 경은 이 셋 말고도 몇 종류 있다.[47] 이 중에서도 『노군부모은중경』이 제일 먼저 만들어진 것이다.

먼저 『현천상제설부모은중경』에서는 인간은 '건곤(乾坤)'에서 '자시(資始)'를 받고, '부상(父相)'과 '모상(母相)'을 '아상(我相)'의 기반으로 해서 태어난다고 보고 있다. 그 뒤에 '아상'이 강해짐에 따라 '시상(始相)'이 침몰하고, 이 때문에 부모와 함께 윤회의 세계에 떨어진다고 한다. 그리고 이 '아상'으로부터 탐내고 성내고 험준한 것을 모두 부수고 평등한 마음을 가져 '시상(始相)'에 보답하고, 완전히 쾌락을 얻게 되면 인간은 모든 고통을 없앨 수 있다고 한다. 더 나아가 아상과 시상마저도 없애면 '무상(無相)'으로

47) 「元始洞眞慈善孝子報恩成道經」(『道藏』 「洞眞部, 宿下」) ; 「堪與完孝錄」(『大明續道藏』, pp.1089-1091冊, 封字).

되어 '상(相)'에 나타나는 게 없으면 고해에서 벗어난다고 한다. 이렇게 말하고는 부모의 은혜를 갚는 길은 이렇게 종교적 절대적인 깨달음을 얻는 것이라고 말한다.

여기에서 알 수 있듯이 『현천상제설부모은중경(玄天上帝說父母恩重經)』에서는 자신이 해탈을 얻어야 완전한 효도가 된다고 한다. 이 점은 인도 찬술 불경에서 제시하는 부모에게 은혜 갚는 발상과 일치한다.

다음, 『태상진일부모은중경(太上眞一父母恩重經)』에서는 먼저 어머니가 아기를 수태하고 양육한 은혜의 중요성을 말하고 이 은혜를 갚기 위해 현생의 부모를 오래 살도록 하고, 즐겁게 해야 하고, 질병을 고쳐 드리고, 갖은 재앙을 없애기 위해 재를 베풀고, 경전을 읽고, 도량을 세워야 한다고 가르치고 있다. 돌아가신 부모에 대해서는 '혼식(魂識)'이 하늘나라에 태어나고 '옥경(玉京)'에 가게 하기 위하여 49일간 재를 지낼 것을 권한다.

이 경은 재앙을 물리치고 복을 부르는 재(齋) 의식이 매우 강조되고 있다. 이것은 이 경이 천사도(天師道) 계통, 특히 신주경(神呪經)의 영향을 강하게 받고 있음을 알 수 있다. 아무튼 이 경에서는 주문이나 재(齋) 의식을 통해서 효를 실천할 것을 주장하는 것이 특징이라 할 수 있다.

또, 『태상노군설부모은중경(太上老君說父母恩重經)』은 비교적 정리된 경전으로 서분 · 정종분 · 유통분으로 구분된다. 정종분에는 '태상노군'과 '공해 진인(空海 眞人)'이 부모의 은혜에 대하여 문답하는 형식으로 되어 있다. 이 경에서는 불효에 대하여 3세(世)의 응보를 말하여 청중을 경책하고 있다. 이 경에서는 효도의 실천적인 근거를 자식을 낳아서 기르는 데 쏟는 부모의 깊은 애정과 고생에 대한 보은에서 마련한다. 부모가 자식을 낳아서 기르는 과정을 자세하게 기술하는 것이 특징이다. 이 점은 중국에서 만들어진 효도 경선과 일치한다.

알려진 것처럼 불교는 세속의 모든 것을 버리고 출세간에서 진리를 찾으려는 가르침이다. 불교는 마을의 진리를 버리고 숲 속의 진리를 찾는다. 그리하여 세속의 윤리인 '효'는 당연히 관심 밖이다. 게다가 독신으로 가족을 버리고 생산에도 종사하지 않는 '방외(方外)의 객(客)'으로 살아간다. 이런 불교의 출가는, 첫째 통치자의 입장에서 보면 조세원의 상실이며 신하의 상실이고, 둘째 가장의 입장에서 보면 후사를 단절하고 부모에 효를 거역하는 행위인 셈이다. 그러나 불교가 출가 제도를 고수했기 때문에, 중국에 정착되는 과정 속에서 이 두 문제는 항상 충돌되었다.(p.91)

제4장 불교와 도교의 충돌

Ⅰ. 도교와의 차별화

인도에서 중국으로 전래된 불교가 중국 지성계에 정착하면서 '격의(格義)'내지는 '연류(連類)'의 과정을 거쳤음은 이 분야의 연구자들이 공인하는 바이다. 『고승전(高僧傳)』에 의하면 축법아(竺法雅; 370-380년 경 道安에서 수학)는 '격의(格義)'의 방법으로 불경을 해석했고[1], 혜원(慧遠; 335-417)은 '연류(連類)'의 방법으로 불경을 해석했음을 알 수 있다.[2] '격의'와 '연류'는 중국의 고유 사상 즉 『노자』, 『장자』, 『주역』 등을 활용하여 불교 용어 내지는 학설을 설명하는 것이다. 이런 작업은 남북조(南北朝) 시대에 유행했는데, 이런 유행에 착안하여 당시의 불교사를 해명하려 한 것은 민국(民國) 27년(1938) 발표된 탕용통(湯用彤)의 저술에서 시작되었고[3], 이것은 다시 펑요우란(馮友蘭)에 이어져[4] 현재 한국의 학계에도 널리 퍼졌다.

이런 격의 풍조는 그 후 도안(道安; 314-385)을 거쳐 그의 제자들에게도

---

1) 『高僧傳』(卷第4), (대정장50, p.347a).

2) 『高僧傳』(卷第6), (대정장50, p.358a).

3) 湯用彤, 『漢魏兩晉南北朝佛教史』(上), 臺灣: 臺灣商務印書館, 民國27年, pp.171-172.

4) 馮友蘭, 박성규 옮김, 『완역판 중국철학사(하)』, 서울: 까치, 2005년 제7쇄, p.235.

이어졌으나, 승조(僧肇; 384-414)를 거치면서는 그 풍모가 일변하였다.[5] 비록 그렇기는 하지만 후쿠나가 미쯔지(福永光司)의 말대로 "승조에게 있어서 노장 사상은 그것을 불교 사상과 비교해서, 이것 또는 저것의 선택을 강요하는 양자택일의 문제는 아니었다. 아니 오히려 그에게 있어서 불교란, 해탈에 대한 중국적인 사색의 일환으로 노장 사상이 새롭게 전개된 것이기조차 했다."[6] 그런데 '유별나게도' 수 · 당대의 화엄의 교학가들은 노장 사상과 불교 사상의 관계를 대립 내지는 우열의 관계로 보고 있다. 그런데 이런 입장도 송 · 명 · 청 시대를 거치면서 물론 남북조시대와는 논리가 다르지만 조화 내지는 통일의 관계로 해석하는 경향이 다시 살아나기도 한다. 그러면 이렇게 노장 사상과 불교 사상의 관계에 대해 화엄교학가가 보여준 '유별난' 태도의 원인이 어디에 있는가? 위의 문제를 분명하게 하기 위해서는 우선적으로 화엄의 교학가들이 서 있는 지식 기반, 다시 말하면 그들 자신들이 '불교 사상'을 어떻게 정립하고 있는지를, 그것도 그들 자신의 글을 통해서 드러내어야만 할 것이다. 그런 다음에 다시 그들이 이해한 '노장 사상'을 분명하게 드러내고, 더 나아가 이 양자 사이의 '동이(同異)'와 '우열(優劣)'을 주장하는 근거에 내재(또는 관통)하는 논리를 추출해내야 한다. 이런 일련의 작업이 성공적으로 수행되고, 이런 연장선에서 그와 같은

5) 『高僧傳』(卷第6) (대정장50, p.365a). "釋僧肇京兆人. 家貧以傭書爲業, 遂因繕寫, 乃歷觀經史, 備盡墳籍, 愛好玄微, 每以莊老爲心要. 嘗讀老子德章, 乃歎曰; '美則美矣, 然期神冥累之方, 猶未盡善也.' 後見舊『維摩經』, 歡喜頂受, 披尋翫味. 乃言; '始知所歸矣'. 因此出家, 學善方等, 兼通三藏."

6) 福永光司, 「僧肇と老莊思想-郭象と僧肇-」, 『肇論研究』, 京都: 法藏館, 昭和30年, p.252.

방법으로 후대 즉 송 · 명 · 청 시대에서는 어떤 입장에서 노장 사상과 불교 사상의 관계를 설명했는지를 해명해야 할 것이다. 이런 종합적인 분석 결과를 통하여 우리는 노장사상과 불교사상의 관계에 대해 화엄의 교학가에게 나타나는 '유별스러움'의 원인이 해명될 수 있을 것이다.

이상과 같은 사상사적 안목을 갖고, 본 장에서는 화엄의 교학가들, 그 중에서도 특히 청량 징관(淸凉澄觀; 738-839)과 규봉 종밀(圭峯宗密; 780-841)이 노장사상과 불교사상의 관계를 어떻게 이해했는지를 해명해 보려고 한다. 이 해명을 위하여 필자는 노장사상과 불교사상에 관한 이해의 역사를 간단하게나마 살펴 볼 것이다. 그런데 왜 이런 선행된 지성사의 흐름을 검토하려고 하는가? 이제 그 대답을 아래에서 간략하게 해보기로 한다.

징관은 그의 저서 『대방광불화엄경소연의초현담(大方廣佛華嚴經疏演義鈔玄談)』(卷第八)에서 그리고 종밀은 그의 저서 『원인론(原人論)』(혹은 『화엄원인론(華嚴原人論)』으로도 표기)에서 삼현학(三玄學)을 포함한 당시의 유 · 도 사상을 비판적으로 분석하고 있다. 물론 거기에 사용하는 분석의 구조는 기본적으로 화엄의 교판이론에 입각하고 있는데, 이러한 그의 교판이론은 앞 시대의 교판을 종합적으로 수용한다. 그런데 그들이 교판이론을 건립하는 방식은 앞 시대와 비교하여 특별한 점이 있으니, 그것은 중국의 외도(外道)까지 포함해서 교판을 짜는 것이다. 인도의 외도와 중국의 외도를 싸잡아서 비평하는 방식은 길장(吉藏; 549-623)에게서 처음 나타난다. 징관은 이러한 길장의 외도 비평 방식을 수용하고 있는데, 물론 길장과는 비평의 방식을 달리하고 있다. 그런데 3론(論)의 교학가인 길장의 외도 비평도 역시 앞

시대의 사조와 관계를 맺고 등장한다. 구체적으로 말하면 남제(南齊)의 영명(永明) 년간(483-493)에 활약하던 삼론학자(三論學者)인 주옹(周顒; 440-494경)의 영향을 받는다.[7] 주옹은 당시에 '도불조화'론을 주상하는 도교 학자인 장융(張融; 444-497)과도 교분이 있었다.

이런 일련의 사상사적인 축적이 징관의 작품 속에 종합적으로 융해되어 드러나기 때문에, 징관과 종밀의 외도 비판을 정확하게 이해하기 위해서는 사상사적 검토가 중요하다. 그 중에서도 남북조시대와 뒤의 당대와의 교량 역할을 하는 길장의 외도 비판을 해명하는 일은 화엄교학가들이 당시의 외도 사상을 어떻게 이해하고 있는지를 분석하는 작업의 관건이 된다. 이상의 작업은 본 장의 제Ⅱ장에서, 특히 길장을 중심으로 전후 시대의 사상가들이 도 · 불의 관계를 어떻게 이해하고 있는지를 검토할 것이다. 그리고 제Ⅲ장에서는 징관과 그의 제자 종밀을 중심으로 당시의 화엄교학가들이 외도 비판을 어떤 근거에서 시도했는지를 검토할 것이다. 이런 일련의 검토를 통해서 우리는 당시의 화엄학자들은 형이상학적 본체의 측면에서 도 · 불의 관계를 분석하고 있음을 알 수 있을 것이다. 마지막으로 제Ⅳ장 불교의 우위 확보 부분에서는 이상의 검토를 바탕으로 불교 측에서 제기한 '도 · 불의 동이(同異)'에 관한 논의의 이행 과정에 나타난 특징과 그 의의를 모색하고 평가해 볼 것이다.

7) 湯用彤, 『漢魏兩晉南北朝佛教史』(下), 臺灣: 臺灣商務印書館, 民國27年, pp.232-236

Ⅱ. 길장의 외도 비판; '유'와 '무'의 변증

1. 도 · 불 논쟁의 전사(前史)

불교가 중국에 들어온 이후에 당시의 유교나 도교와 비교하여 그 동이(同異)를 논쟁한 것 중 역사적으로 남아있는 문헌 가운데 가장 오래 된 것은 삼국(三國)의 오(吳) 나라 초기에 편찬된 「모자리혹론(牟子理惑論)」이다.[8] 이 책에 관한 국내의 연구는 박찬영에 의해서 종합적으로 정리되었는데,[9] 결론 부분에서 이렇게 정리하고 있다. "그러나 재미있게도 모자는 도교에 대한 비판과는 별개로 노자의 글을 적극적으로 인용하며 불교 수용의 논거로 삼기도 하고, 때로는 불교에 대한 비판을 막아내는 도구로 삼는다."[10] 매우 적절한 평가라고 생각되는데, 이렇게 도 · 불의 관계는 시작에서부터 비판하면서도 수용하고, 수용하면서도 비판하는 소위 '교섭(交涉)'의 형태

---

8) 신규탁, 「중국불교의 孝 사상 형성」, 『동양고전연구』 제8집, 동양고전학회, 서울: 1997, p.337.

9) 박찬영, 「『理惑論』에서 모자의 불교수용에 대한 해석학적 성찰」, 『대동철학』 제35집, 부산: 대동철학회, 2006, p.5.

10) 위의 논문, p.20.

로 진행되었다.

한편, 위진시대 이른바 '정시지음(正始之音)'의 사조를 거쳐 삼현학이 유행하면서부터는 우주 본체나 만물의 본질을 따지는 형이상학적 논의들이 심화되어갔다. 물론 여전히 불로장생 등을 포함하는 신비적 논의도 계속되었다. 형이상학적 논의 과정에서 대두되는 핵심 문제는 '자연(自然)'과 '명교(名敎)'와의 관계, '유(有)'와 '무(無)'의 관계, 인간의 사후 영혼의 존재 유무 등을 대표적으로 꼽을 수 있다. 이런 논의를 통해서 당시의 지식인들은 형이상학적인 문제에 대하여 저마다 자신들의 입장을 드러내고 있다. 이하에서는 그들이 당시의 이런 문제를 어떻게 해명해 갔는지를 보기로 한다. 그리하여 다음에 오는 남북조시대에 제기되는 도 · 불 논쟁에 대한 논의의 배경을 분명하게 하기로 한다.

당시 지식인들, 그 중에서도 특히 왕필(王弼; 226-249)은 '자연(自然)'과 '무(無)'가 보다 근원적인 것이고, '명교(名敎)'와 '유(有)'는 그것에서 파생한 것으로 이해하였다. 물론 이때의 '자연(自然)'은 고려대의 오상무 교수도 말하고 있듯이, "사물들이 각기 고유하게 지니고 있는 본래의 상태"를 의미하는 것으로, nature는 아니다. "왕필(王弼)이 말하는 자연 개념은 '존재' 개념이 아니라 '속성' 개념이라는 것은 27장주(章注)의 '만물지자연(萬物之自然)', 49장주(章注)의 '만물실기자연(萬物失其自然), 백성상기수족(百姓喪其手足)' 등에서도 분명히 나타난다."[11) '자연'의 의미를 각 사물들이 갖고 있는 본

11) 오상무, 「왕필 저작의 '自然'과 '名敎'의 관계에 대한 재고」, 『철학』 제60집, 서울: 한국철학회, 1999, p.57.

래의 상태로서 다시 말하면 본성으로 이해한 셈이다. 그러고 보면 치국(治國)의 방법인 '명교(名教)'도 결국은 각 사물의 본성에 근거해야 한다는 것이다. 그런데 왕필은 물론 오상무도 본성이 무엇인지에 대해서는 구체적으로 언급하지는 않는다. 그러면 노장 사상에서 말하는 '자연'이란 무엇인가? 연세대의 임채우 박사는 "도법자연(道法自然)"(『노자』, 25장)의 '자연'을 때로는 "저절로 그렇게 되는 것"이라고 번역하기도 하고, 때로는 "스스로 그러함"이라고 번역하기도 한다.[12] 전자대로라면 원인 없이 저절로 그렇게 되는 것이고, 후자대로라면 그 원인이 자기 내부에만 있다는 것이 된다. 전자의 경우는 화엄교학자들이 제기하는 '무인설(無因說)' 비판의 표적이 되고, 후자의 경우는 '유아설(有我說)'을 주장하는 것으로 발무인과(撥無因果)라는 비난을 피할 수 없게 된다.

그러면 '유(有)'와 '무(無)'에 대한 형이상학적 해석은 어떠한가? '유'와 '무'에 대한 논의는 『노자(老子)』와 『회남자(淮南子)』에 집중적으로 등장한다. 거기에서 보이는 "유생어무(有生於無)"의 구절을 어떻게 해석하는가는 학자들마다 상당한 차이를 보이는 것으로 여기서 간단하게 설명할 수 있는 주제는 아니다. 그러나 분명한 것은 당시의 사상가들이, 고려대 원정근 박사의 용어를 빌면, "온갖 사물들의 궁극적 존재 근거"[13], "무형의 통일성", 내

12) 임채우 역주, 『왕필의 노자주』, 서울: 한길사, 2005년, p.132.

13) 원정근, 「위진철학에서 '무無'와 '유有'의 논쟁」, 『논쟁으로 보는 중국철학』, 서울: 예문서원, 2004, 초판7쇄, p.177.

지는 "종극(宗極)"[14] 등에 관심을 많이 갖고 있었던 것은 분명하다. 이런 표현들은 결국은 형이상학적 제일원인자(第一原因者)와 관련이 있다. 궁극의 형이상학적 존재를 '무(無)'라고 주장한 왕필이나, 아니면 '유(有)' 내지는 '뭇 사물 그 자체[群本]'가 궁극의 형이상학적 존재라고 하는 소위 '숭유론자(崇有論者)'로 알려진 배위(裵頠)나, 모두 현상 세계를 그것이 되게 하는 궁극적 존재를 염두에 두고 있었다는 점에서는 동일하다. 배위의 말대로 "무릇 지극한 무[至無]는 (아무 것도) 생겨나게 할 수 없다. 그러나 비록 처음으로 생겨나는 것은 스스로 생겨난다."[15]고 하여 '지무(至無)'에서 만물이 생성된다는 설을 부정했다 하더라도, 그가 생성의 궁극적인 원인에 대한 철학적 반성이 있었던 것은 분명하다. 그 반성의 결과로 그는 '자생(自生)'이라는 생성의 자기 원인을 해명했던 것이다. 뿐만 아니라 『장자(莊子)』를 주석한 곽상(郭象; 252-312)이 '독화론(獨化論)'을 주장한 것이나, 『열자(列子)』를 주석 한 장담(張湛)이 '자생자화(自生自化)'를 주장한 것도 역시 이런 맥락에서 이해할 수 있다. 원정근의 다음 문장은 위진시대의 '유'와 '무'에 대한 당시 사상가들의 입장을 종합적으로 요약하고 있다.

> 곽상의 '독화론'과 장잠의 '지허론'은 각기 왕필의 '귀무론'과 배위의 '숭유론'의 장점과 단점을 종합 지양하여 사물 현상의 유형의 독자성과 우주 본체의 무형의 통일성을 하나로 융합하고자 하는 관점에서

---

14) 위의 논문, pp.179-180.

15) 위의 논문, p.179에서 재인용.

는 동일하다. 그러나 곽상의 '독화론'이 개별 사물의 유형의 독자성에 그 중점을 두고 있는 반면에, 장잠의 '지허론'은 거꾸로 우주 본체의 무형의 통일성에 그 초점을 두고 있다는 측면에서 구별된다. 따라서 왕필의 '귀무론'은 우주 본체의 무형의 통일성에 중점을 두었고, 배위의 '숭유론'은 우주 본체의 유형의 통일성에 중점을 두었으며, 곽상의 '독화론'은 우주 본체의 무형의 통일성을 전제로 한 개별 사물의 유형의 독자성에 그 주안점을 두었고, 장잠의 '지허론'은 사물 현상의 유형의 독자적 가능 근거로 우주 만물의 무형의 통일성에 그 중점을 두었다고 할 수 있다.[16)]

이상에서 인용한 원정근의 주장에서 우리가 주목해야 할 것은, 당시 위진의 현학가들이 '유형의 독자성'과 '무형의 통일성'에 주목하고 있고, 이것은 앞 시대의 사상과 구별되는 당시 현학(玄學)의 특징으로 볼 수 있다는 것이다.

필자가 이 부분에서 당시 현학가들의 본체에 대한 입장을 소개한 이유는, 본 장의 중심 주제인 화엄교가들이 현학 사상을 어떻게 비판하고 있는지를 밝힘에 있어서, 도 · 불 논쟁의 쟁점을 분명하게 하기 위해서이다. 노 · 장을 둘러 싼 그들의 이러한 형이상학적 존재에 대한 해석은 뒷날 화엄교학가들의 비판의 표적이 되었다. 이런 점에서 위진 현학에서 진행된 형이상학적 근원에 대한 논의를 필자 자신이 직접 재구성할 필요가 있지만, 지면상의 문제도 있고 또 본 장의 논점이 흐려질 염려도 있기 때문에

16) 위의 논문 p.181.

여기서는 이 정도로 그친다. 더구나 위진시대에 진행된 형이상학적 주제에 관한 논의는 현재 한국의 학계에도 한글로 많이 소개되어 있기 때문에[17], 일반적인 시식은 이미 우리 학계가 공유하고 있다고 볼 수 있다.

이상과 같이 위진 현학가들에 의해 제기된 형이상학적 문제는 당시 불교도들의 주목을 끌기에 충분했고 나아가 그들 중에는 불교사상과 노장 내지는 현학사상과의 구별에 주목하는 이들도 생겨났다. 구별을 들고 나온 상징적인 인물은 서론에서 거론한 승조였다. 그런데 거기서도 언급했다시피, 승조의 경우는 노장과 불교의 '동이론의(同異論議)'가 어떻게 진행되었는지는 구체적으로 알려지지 않는다. 오히려 후쿠낭아(福永)도 지적하듯이, 승조는 노장사상 특히 장자사상을 수용하여 자신의 반야사상을 해명하는 경향이 두드러진다.[18]

---

17) 한국어로 되어 있는 남북조시대의 현학에 대해서는 박성규 씨의 면밀하고도 고증적 번역으로 이루어진 「제5장 남북조의 현학(상),(하)」, 『완역판 중국철학사(하)』, 서울: 까치, 2005, 제6쇄, pp.145-229를 들 수 있다. 그리고 원정근의 「郭象 天人調和觀의 硏究」, 서울: 고려대 박사학위 논문, 1992. ; 「張湛의 우주관」, 『동양철학』 제4집, 서울: 동양철학회, 1993. ; 「위진 현학에서 '자연'과 '명교'의 논쟁-자연 질서와 도덕 질서의 관계를 중심으로」, 『철학』 제40집, 서울: 한국철학회, 1993. ; 「위진 철학에서 '무無'와 '유有'의 논쟁」, 『논쟁으로 보는 중국철학』, 서울: 예문서원, 2004, 초판7쇄. 등이 있다. 또 오상무의 「왕필 저작의 '自然'과 '名敎'의 관계에 대한 재고」, 『철학』 제60집, 한국철학회, 1999. ; 「夷夏論爭 考」, 『철학』 제77집, 한국철학회, 2003. ; 「『老子』의 有, 無, 道의 관계 재론」, 『동서철학연구』 제36집, 한국동서철학회, 2005. 그리고 이효걸의 「남북조시대 불교의 유 · 도 사상에 대한 대응」, 『논쟁으로 보는 불교철학』, 서울: 예문서원, 1998. ; 그리고 정세근 엮음, 『위진 현학』, 서울: 예문서원, 2001. 등이 있다.

18) 福永光司, 「僧肇と老莊思想-郭象と僧肇-」, 『肇論硏究』, 京都: 法藏館, 昭和30年, pp.261-268.

이렇게 볼 때 위진시대에는 불교도들이, 대표적으로 승조가, 도 · 불의 상이(相異)를 표면적으로는 운운했지만 내면적으로는 '교섭(交涉)'하고 있었음을 알 수 있다. 그리고 이런 태도는 이후의 지성계에도 영향을 미쳤고 남북조시대도 예외는 아니었다. 그리하여 남조의 경우는 예컨대 고환(顧歡; 420-483)은 「이하론(夷夏論)」를 통하여, 그리고 장융(張融; 444-497)은 「문률(門律)」을 통하여 서로 다른 입장에서 '도 · 불조화론'을 펴기도 했다. 그런가 하면 북조의 경우는, 물론 정치 · 경제적인 이유에서 시작되기는 했지만, 특히 북주에서는 임금[武帝; 재위 560-578] 자신이 유 · 불 · 도 3교 통합을 시도하기도 했다. 물론 당시의 이러한 도 · 불의 일치론 내지 조화론은 불교 쪽의 반발을 불러일으켰다. 그 반발 인물로는 남조의 경우는 주옹(周顒)을 그 대표로 들 수 있고, 북조의 경우는 견란(甄鸞)과 도안(道安)을 들 수 있다. 견란은 「소도론(笑道論)」을 지어서 노자의 신격화를 둘러싼 주장을 논파했고, 도안은 「이교론(二教論)」을 지어 도가(도교)는 '자연(自然)'을 주장하지만 불교는 '인과(因果)'를 주장한다는 입장에서 도 · 불의 차이를 분명하게 하려고 하였다.[19] 한편 주옹의 경우는 '비유비무설(非有非無說)'을 갖고 도가의 '유'와 '무'에 관한 주장을 논파해간다.[20] 남북조시대의 도 · 불 논쟁에 대한 전체적인 개론은 런지위(任繼愈)가 주편한 『중국불교사(中國佛教

19) 나우권, 「張融의 도불조화론-亦有亦無論-」, 『철학연구』 제32집, 서울: 고려대학교철학연구소, 2007.

20) 나우권, 「남북조 말기의 도불논쟁과 그 영향-『소도론(笑道論)』과 『이교론(二教論)』을 중심으로-」, 『철학연구』 제100집, 대한철학회, 2006.

史)』(제3권)에 문헌 자료를 제시하면서 소개되었고,[21] 국내의 경우는 나우권에 의하여 속속 보고되고 있다.

남북조시대에 일어났던 이상과 같은 도·불에 관한 구별 의식은 길장의 사상에서도 그대로 수용된다. '비유비무(非有非無)'를 주장하는 주옹의 사상은 바로 길장의 『대승현론(大乘玄論)』을 통해서 현재에 알려진다. 길장의 3종 이제설이 주옹에게서 온 것은 이런 사상사적 이행의 맥락에서 이해할 수 있다.[22] 길장이 『삼론현의(三論玄義)』의 '외도' 비판에서 보여준 노자의 '인물 비평'[23]은 남북조시대 청담의 유습이다. 이하에서는 절을 바꾸어 도·불의 관계에 대해 길장은 어떻게 이해하고 있는지를 보기로 한다.

2. 길장의 노장 비판과 특징

구마라습의 번역에 의해서 촉발되고 그 후 여러 논사들을 거쳐 위진 남북조시대에 논의되었던 반야에 관한 논의는 삼론종 교학가에 의해 깊이

21) 任繼愈 主編, 『中國佛敎史』(제3권), 北京: 中國社會科學出版社, 1988, pp.93-116.

22) 平井俊榮, 『中國般若思想史硏究-吉藏と三論學派』, 東京: 春秋社, 1976, pp.200-216.

23) 불교 학승 가운데 상대방의 논지를 비평하는 과정에 그것을 주장하는 상대방의 인물됨에 대하여 비평하는 것은 인도에는 물론 중국에도 없는 방식이다. 그런데 유독 길장에게는 '핵인(覈人)'이라는 科目을 세워서 논의를 전개하고 있다.

논의되었고, 길장(吉藏; 549-623)이 그것을 집대성한다. 뿐만 아니라 길장은 남북조시대에 진행되었던 도 · 불의 상이(相異)에 관한 논쟁의 결과를 정확하게 파악하고 있었다. 이렇게 앞 사상의 이행 과정을 파악한 길장은 자신의 견해를 『삼론현의』 속에 정착시킨다. 이하에서는 『삼론현의』를 중심으로[24] 길장이 특히 도 · 불 논쟁에 대하여 어떻게 정리하고 종합적으로 비평했는지를 분석해보기로 한다.

도교(도가)에 대한 길장의 비판은 기본적으로 불교도들이 갖고 있는 '외도' 비판의 발상에 기초하고 있다. 그는 중국의 '외도'를 비판함에 있어 그 학파가 주장하는 이론 비판과 그 학파에서 받드는 핵심 인물에 대한 비평으로 크게 둘로 나누어 진행하고 있다. 그러면 이하에서는 외도의 주장과 인물에 대한 길장의 비판을 보기로 한다. 먼저, 길장은 노장의 이론 비평을 시도함에 있어 여섯 가지 측면에서 불교와 대비하고 있다.

(1) 첫째 차이 : 외도들 사상은 인간의 생명을 단 1회적인 것으로 보는데, 불교는 삼세(三世) 윤회를 설한다.

(2) 둘째 차이 : 외도들의 사상은 다섯 감각기관(안, 이, 비, 설, 신)의 한계를 넘어서지 못하는데, 불교는 여섯 종류의 신통을 설한다.

(3) 셋째 차이 : 외도들의 사상은 (현실의 차별적 현상인) 만물에 상즉(相

24) 『三論玄義』에 대한 현대 번역으로는 한국에는 한명숙의 번역(「譯註 三論玄義(1),(2)」, 『伽山學報』11,12호, 서울: 가산불교문화연구원, 2003, 2004)이 있고 중국에는 韓廷傑의 (『三論玄義校釋』, 北京: 中華書局, 1987年)校釋이 있고, 일본에는 사이구사 미츠요시의 (『佛典講座 27 三論玄義』, 東京: 大藏出版株式會社, 昭和46年) 등이 있다. 본 장에서는 이 번역서들의 연구 결과를 참조했다.

卽)하면서 (동시에 궁극의 바탕인) 태허(太虛)가 되는 이치를 밝히지 못하는데, 불교는 관념적이며 추상적인 개념[假名]을 훼손시키지 않으면서도 (동시에 궁극의 본질인) 실상(實相)을 설한다.

(4) 넷째 차이 : 외도들의 사상은 (인위적인 작위가 없는) 무위(無爲)에 상즉하면서 (동시에 현실의 차별적인) 만물에 자유자재하지는 못하는데, 불교에서는 (궁극적인 본질인) 진제(眞際)를 떠나지 않고 (동시에 현실의 차별적) 사태들을 설한다.

(5) 다섯째 차이 : 외도들의 사상은 '진'과 '속'의 2제를 설명함에 있어 시비득실의 구별을 두는데, 불교에서는 (4句 100非 등의 일체의) 언구를 초월한 이치에 입각하여 '진'과 '속'의 2제의 차별을 없앤다.

(6) 여섯째 차이 : 외도들의 사상은 주관과 대상을 실체화하여 '유'로 보는데, 불교는 주 · 객의 실체성을 모두 초월한다.[25]

다음, 길장은 노장의 인물 비평을 시도함에 있어 노자와 석가모니의 출신 성분을 대비하고 있다. 여기에서 길장은 2종의 문답을 시설하여 도 · 불의 차이를 드러내고 있다.[26] 그것을 요점만 추리면 다음과 같다.

(가) 첫째 문답 : 석가와 노자는 둘 다 성인이니 이 둘을 차별해서는 안 된다. 이에 대한 답변으로 석가는 황궁에서 태어난 왕자로서 황위

25) 『三論玄義』, 「略陳六義, 明其優劣. 外但辨乎一形, 內則朗鑒三世; 外則五情未達, 內則說六通微; 外未卽萬有而爲太虛, 內說不壞假名而演實相; 外未能卽無爲而遊萬有, 內說不動眞際建立諸法; 外存得失之門, 內冥二際於絶句之理; 外未境智兩泯, 內則緣觀倶寂.」 (대정장45, p.2a).

26) 『三論玄義』, (대정장45, pp.2a-b).

를 계승할 신분이었지만 출가하여 도를 깨달아 3계의 '진리의 임금'이 된 존재인데 비해, 노자는 주(周)나라 조정의 주사(柱史)에 속하는 관리 신분으로 제자백가의 한 명에 불과하다. 따라서 이 둘을 비교하는 것은 반딧불을 해와 달에 비교하는 것처럼 차이가 난다.

(나) 둘째 문답 : 노자가 세상에 '자취[迹]'를 보인 것은 비록 하급 관리이지만 '본실(本實)'은 천존(天尊)이므로 그의 신명함은 석가에 못지않다. 이에 대한 답변은 『한서』에서도 노자를 성인이라고 하지 않고 현인이라고 한 것과,[27] 현학가 자신들 즉, 하안과 왕필도 "노자는 성인의 경지에는 미치지 못한다."고 평가한 전거를[28] 제시하고 있다. 그리고 더불어 공자와 노자는 모두 석가모니가 파견한 제자이다. 그들이 비록 성인이 보낸 메시아[聖迹]라고는 하지만 현실 속에서 발휘하는 능력에는 현격한 차이가 있다고 한다.

이상의 노장 비판에 나타나는 길장의 사상이 남북조시대의 '도 · 불상이설'의 연장에 있음은 쉽게 알 수 있다. 위에서 인용한 (1)첫째 차이와 (2)둘째 차이, 그리고 (가)첫째 문답과 (나)둘째 문답은 모두 노자의 신격화 내지는 불로장생과 그것을 비판하는 불교 측의 반론에 관한 것인데, 이것은 도 · 불 양쪽 모두 설화에 근거해서 벌인 논쟁이다. 길장은 이 문제를 본적(本迹)의 논리로 비평하고 있다. 이런 양상은 이미 북조의 견란의 「소

27) 이 내용은 『前漢書』에서 온 것으로, 이 책에 주목하여 처음 문제를 제기한 것은 『廣弘明集』(八卷) 「辨惑篇」이다.

28) 왕필의 이 말은 『三國志』, 「鍾會傳」에 붙어있는 「王弼傳」에 보인다.

도론(笑道論)」에서도 집약적으로 나타나며, 역시 도안의 「이교론(二敎論)」에도 상세하게 나온다. 길장이 이 부분에서 보여준 비판에는 앞 시대와 다른 양상이 보이지는 않는다.

그리고 (3)셋째 차이, (4)넷째 차이, (5)다섯째 차이, (6)여섯째 차이의 경우는 도 · 불의 사상에 담긴 논리적 문제 내지는 형이상학적 문제와 직결되는데, 이런 점에서 설화를 근거로 하는 논쟁보다 더 설득력을 가질 수 있다. 이제 이 문제를 이하에서 분석해 보기로 한다.

먼저 (3)셋째의 차이는 '차별적 현상'과 그리고 그 차별적 현상 배후 또는 내면에서 그 현상들을 가능하게 해 주는 '근원적 본질'에 관한 동이(同異) 문제이다. 길장이 보기에 당시의 노장 사상에서는 근원적 본질로서의 '도(道)'를 '태허(太虛)'라고 언급하기는 하지만, '도'인 '태허'가 개별적 사물들과 '상즉(相卽)'하면서도 그 개별적 사물들의 본질적 근거 역할을 하는 '관계'에 대하여 논리적으로 해명하지 못했다는 것이다.

다음은 (4)넷째의 차이를 보자. 앞에서는 형이상학적 본질 내지는 존재에 관한 입장에서 바라본 도 · 불의 상이(相異)라면, 여기서는 그런 형이상학적 본질 내지는 존재를 우리의 삶 속에 어떻게 활용 내지는 실현하는가의 문제로 볼 수 있다. 노장 사상에서 그것(=형이상학적 본질 내지는 존재)의 활용 내지는 실현의 방법으로 '무위(無爲)'의 방법을 제시하기는 하지만, 그러나 그들은 실체가 없고 관념적 명칭만[假名] 있는 세속 속에서 그것(=형이상학적 본질 내지는 존재)의 활용을 제대로 해명하지 못했다는 것이다. 그러나 불교는 진제에 상즉하면서 속제의 각종 사태들을 활용한다는 것이다.

다음으로 (5)다섯째 차이는 형이상학적 본질 내지는 존재를 설명하는 과정에서 제시된 '진'과 '속'의 2제에 관한 동이 문제이다. 즉, 외도들은 '진제'로서의 '무'와 '속제'로서의 '유'에 대하여 시비득실을 구별하지만, 불교는 '유 · 무'의 변증적 지양을 통해 그 구별을 초월한다는 것이다.

마지막으로 (6)여섯째 차이는 형이상학적 본질 내지는 존재를 드러내는 방법에 있다. 불교에서는 주관과 객관을 '유'로 보는 실체론적 사유를 변증적 부정을 통하여 지양한다. 그리하여 현실 세계에 살아가면서도 대상에 얽매이지 않고[忘物], 동시에 그 속에서 살아가는 자신의 주체마저도 잊어서[忘我], 그리하여 주 · 객이 하나되는 경지를 말한다. 그러나 도교에서는 그렇지 못하다는 것이다.

이상의 (3)-(6)에서 길장이 대비한 네 가지 상이점은 결국은 '유 · 무'의 '관계 문제'로 귀결시킬 수 있다. 즉, (3)에서의 '만유(萬有)'는 '유'이고 '태허'는 '무'이며, (4)에서의 '제법(諸法)'은 '유'이고 '진제'는 '무' 또는 '공'이고,[29] (5)에서의 '이제'는[30] 진실 세계[眞際]로서의 '공(혹은 무)'과 세속 세계[俗際]로서의 '유'인데, 이 둘의 '관계'는 독립적으로 존재하는 것이 아니며, (6)의 '지경양민(智境兩泯)'[31]은 주 · 객을 모두 '유'로 보지 않고 변증

29) "不動眞際, 建立諸法"에 대하여 길장은 자신의 저서 『淨名玄論』에서, "眞故無有, 雖無而有, 卽是不動眞際, 建立諸法."이라고 설명을 붙이고 있다. 이것을 근거로 필자는 이 문제도 역시 '유'와 '무'의 문제로 재해석한 것이다.

30) '二際'는 '空'으로서의 열반과 '有'로서의 세간을 지칭한다. 이 용어는 『中論』 「觀涅槃品」의 제20偈에서 유래한다. 즉, "涅槃之實際, 及與世間際, 如是二際者, 無毫釐差別."(대정장30, p.36a).

31) "智境兩泯"에서의 '智'는 인식의 주체이고, '境'은 감각소여이다. "緣觀俱寂"에

적으로 '무화(無化)'시키는 방법을 활용하여 주 · 객 합일을 설명하려는 것으로, 이는 주 · 객을 각각 '실유(實有)'로 보거나 양자를 대립적으로 보려는 오류를 해소하려는 것이나. 그러면 이렇게 '유 · 무'의 '관계 문제'로 귀결되는 당시 도 · 불의 상이(相異)에서 길장이 주장하려는 핵심은 무엇인가? 그것은 한마디로 말하면 외도들은 '유 · 무'를 논함에 있어 그 '관계'를 제대로 설명하지 못했다는 것이다. 그러면 어떻게 하는 것이 '유 · 무'의 '관계'를 제대로 설명하는 것인가? 그 대답을 길장은 『이제의(二諦義)』의 '진속이제(眞俗二諦)'를 논하는 부분에서[32] 집중적으로 논증하고 있는데, 그것이 바로 3종(혹은 4종) 이제설(二諦說)이다. 그런데 여기서 우리가 상기해야 할 것은 그의 이제(二諦) 사상은 남조시대에 도불(道佛) 조화를 주장한 장융에 대해서 비판을 제기했던 주옹으로부터 시작되었다는 것이다. 이 상황을 길장은 『대승현론』에서 이렇게 전하고 있다.

> 다음으로 주옹은 3종(種, 宗)의 2제설을 밝혔다. 첫째, (일체의 有는) 완전히 공(空)하여 거짓된 것[空假]이 아니다. (즉 '유'이다.) 둘째 (일체의 '유'는) 공하여 거짓된[空假] 것이다. (즉 '무'이다.) 셋째 (일체의 有는) '가(假)'이기도 하고 '공'이기도 하다. (즉 '유'이기도 하고 '무'이기도 하다.) 완전히 공하여 거짓된 것[空假]은 사물을 생성하고 길러주는 등의 작용이 있다. '가공(假空)'이란 내가(=길장)가 말하는 4종 2제설 중

서의 '緣'은 역시 감각소여이고 '觀'은 인식주체이다.

32) '二諦'에 대해서는 여러 곳에서 보이는데, 기본적으로는 그의 『二諦義』에서 주장된다. 핵심적인 부분으로 『二諦義』(대정장45, p.90c)의 본문을 들 수 있다.

첫째의 2제설에 해당하는데, 즉 공(空)하면서도 완연하게 가(假)이고, 가(假)이면서도 완연하게 공(空)하여 공(空)과 유(有)가 서로 원융하여 무애한 것을 말한다.[33)]

이상의 인용문에서는 '유'와 '무(또는 공)'의 문제를 공종(空宗)의 입장에서 제기한 것인데, 이는 반야의 지혜, 진제(眞諦), 내지는 공성(空性; śūnyatā)의 불생불멸을 설명하려는 인도 중관론자들의 사상을 중국적으로 논증한 것이다.[34)] 이상에서 볼 수 있듯이 길장은 남조시대에 전개되었던 '유'와 '무'의 관계에 대한 논의를 수용하여 자신의 2제설을 새롭게 구축하고 있음을 알 수 있다.

그러면 주옹의 2제설은 누구에게서 유래하는 것인가? 길장에 의하면 주옹은 2제 사상을 섭산(攝山)에 있는 고구려의 승려인 승랑(僧朗; 450-530경)[35)]에게 배웠다고 한다. 승랑은 본래 요동에 살았는데 구마라습의 학문을 흠모하여 남쪽으로 내려와 종산의 초당사에 살게 되었다. 그런데 그 당시에 은사로 있던 주옹(周顒; 440-494 경)이 승랑을 찾아뵙고 3종의 2제설을 배웠다는 것이다.[36)]

---

33) 『大乘玄論』(卷第1)(대정장45, p.25a), "次周顒明三宗二諦, 一不空假, 二空假, 三假空. 空假者, 開善等用. 假空者, 四重二諦中初重二諦. 雖空而宛然假, 雖假而宛然空, 空有無礙."

34) 『大乘玄論』(卷第1)(대정장45, p.25a).

35) 승랑 및 주옹의 생몰 연대는 김성철의 설(김성철, 「승랑의 생애에 대한 재검토 Ⅱ」, 『보조사상』제23집, 서울: 보조사상연구원, 2005.)을 따랐다.

36) 『大乘玄論』(卷第1)(대정장45, p.19b), "攝山高麗朗大師, 本是遼東城人. 從北土, 遠習羅什師義, 來入南土, 住鍾山草堂寺, 值隱士周顒. 周顒因就師學."

그렇다면 이렇게 '유'와 '무'의 관계에 대하여 노장 사상은 불교만 못하다고 길장이 비판하는 근거 내지 이유는 어디에 있는가? 그것은 역시 형이상학의 고유한 문제 중의 하나로서 우리가 일상에서 경험하는 현실세의 차별적 현상과, 그것을 초월하는 궁극적 존재와의 관계 문제로 귀결된다. 많은 설명이 필요한 용어이지만 아주 간단하게 말하면 "현상계와 초월계의 문제"[37]이다. 길장은 이 둘의 관계를 변증적이며 매우 역동적으로 설명하고 있다. 길장을 비롯한 중국의 반야론자들은 불생불멸하는 실체로의 '유'의 집착을 논파하기 위하여, 세상의 모든 존재는 연기에 의한 개념적 존재[假有]로서 '공'하다는 측면에서 '무'를 논한다. 그런데 다시 '유'와 '무'에 집착하는 것을 논파하려고 다시 한 번 더 변증적 지양을 통하여 '유'와 '무' 모두를 부정한다. 여기에서 한 걸음 더 나아가 '유'와 '무'를 부정하는 것에 집착하는 오류를 부정하기 위하여 또 다시 변증적 부정을 시도한다. 그리하여 제3단계에서는 '유'와 '무'를 부정하는 것을 다시 한 번 더 부정한다. 제4종 2제설은 이런 변증을 한 번 더 시도한 것이다. 그런데 이런 논리를 길장이 보기에 노장 사상에서는 제대로 드러내지 못했다는 것이다. 바로 이 점에 주목하여 그는 도 · 불의 상이를 논하고 있는 것이다.

37) "현상계와 초월계의 문제"는 박해당 씨의 용어이다. 그는 「중국 초기 불교의 공에 대한 이해」『논쟁으로 보는 불교철학』, 이효걸 외, 예문서원, 서울: 1998, 제1쇄, p.140에서 승조의 사상을 논하면서 이런 용어를 활용하고 있다. 또 박씨가 이 장에서 '有'와 '無'의 관계를 "변증법적이다."(p.139)고 한 것 등은, 이 분야의 연구자들에게 중요한 가이드라인을 제시한다고 볼 수 있다. 필자가 본 장에서 길장의 이제설을 해석함에 있어 '辨證'라는 용어를 사용하는 것은 박씨의 논문에서 차용한 것이다.

Ⅲ. 당대 화엄교학가의 외도 비판

이상에서 우리는 위 · 진 · 남북조시대를 거쳐 길장에게까지 전수된 도 · 불 논쟁에 관한 사상적 이행과정을 살펴보아왔다. 이 작업은 다음 시대에 오는 당대 화엄 교가들의 도 · 불 동이 논쟁을 이해하는 데에도 매우 중요하다. 왜냐하면 화엄의 교학사상은 기본적으로 반야의 중관사상과 유가행파의 유식사상에 대한 비판적 수용을 통해 성립되기 때문이다. 이런 비판적 수용 양상은 그들의 교판이론에서 선명하게 드러난다. 교판이론을 통한 타 학파의 사상을 비판적으로 수용하는 작업은 종밀의 경우는 『원인론』에서 진행하는데,[38] 종밀의 이런 교판 작업은 기본적으로는 징관에서, 그리고 징관의 그것은 법장에서 기인되고 있음은 이 분야 연구자들 사이에 공감되는 바이다.

필자가 여기에서 교판에 관한 논의를 제기하는 까닭은 다음의 이유 때문이다. 즉, 도 · 불의 동이론을 전개하는 과정에서 길장 이전의 불교 측

---

38) 종밀은 『原人論』에서 5敎의 교판을 선보이는데, 이는 人天敎, 小乘敎, 大乘法相敎, 大乘破相敎, 一乘顯性敎가 그것이다. 이 중에서 大乘法相敎와 大乘破相敎는 각각 유식사상과 중관사상에 상응한다. 그는 이 책에서 一乘顯性敎 속으로 나머지 여타의 교학을 비판적으로 수용하고 있다. 이 부분에 관해서는 이 책의 제5장 참조.

사상가 가운데 교상(教相)의 판석(判釋)을 통하여 이 문제에 접근하는 이가 없기 때문이다. 인도의 교판 이론에 입각하여 중국의 도 · 불의 동이 논쟁을 전개한 최초의 인물은 길장이다. 그런데 길장의 경우는 교판을 시행함에 있어, 자종의 입장을 표전(表詮)의 논법으로 드러내기 보다는 차전(遮詮)의 논법으로 일관하는 공종(空宗)의 특성 때문에, 부정을 통한 무한 소급적 변증 과정만을 드러냈다. 그 결과 인간의 궁극적 본질과 그 본질의 실현에 관한 논의에는 소극적이다. 이 점에서 그들은 '대승의 시작에 불과한 가르침[大乘始敎]'이라는 화엄 쪽의 비판을 받기도 한다. 이에 비하여 화엄의 교학자들은 표전(表詮)의 방식으로 인간의 본원(本源)을 제시했기 때문에, 그들의 교판 이론은 공종의 교판 이론보다 실천에 필요한 이론적 준거를 명시적으로 제시한다.

화엄의 교학가들은 교판이론을 세움에 있어, 당시에 유행하던 중국사상에 대하여 형태는 다르더라도 언급은 하고 있다. 구체적으로 말하면 징관은 교판론에서는 외도인 유교와 도교를 제외시키지만,[39] 대신 『화엄경』의 교리상의 위치를 판석(判釋)하는 『화엄경소초현담(華嚴經疏鈔玄談)』(권제7)의 「종취통국(宗趣通局)」에서 일체의 교법을 10종(宗)으로 분류하고, 그 중에서 제2의 '법유무아종(法有無我宗)' 부분에 당시 중국의 도가 사상을 위치시켜 비평하고 있다. 반면에 종밀의 경우는 『원인론』에서 아예 '인천교(人天教)'라는 항목을 따로 두어 교판을 짜고 있다.

39) 징관이 이렇게 한 데에는 법장의 제자인 慧苑에 대한 대결 의식 때문이었다.

1. 징관의 삼현학 비판; '일심' 연기설

징관은 노장 사상이 불교 사상만 못하다고 폄하하고 있다. 그러면 무엇을 기준으로 그러한 평가를 내리는가? 그도 기본적으로 불교도였기 때문에, 그런 평가의 준거 틀을 인도의 불교 사상에서 차용해온다. 인도의 불교도들은 자종(自宗)인 불교의 이론과 타종(他宗)인 외도의 이론을 엄격하게 구별한다. 여기에서 우리는 불교가 인도 사상의 일부임을 상기할 필요가 있다.

인도 사상은 베다(Veda), 창조신(Īsvara), 영혼(Paraloka)의 권위와 존재를 인정하는가, 하지 않는가에 따라 크게 유파(有派)와 무파(無派)로 구별할 수 있다.[40] 이 구별에 따르면 불교는 분명 무파인데, 첫째, 불교는 브라만교도들이 진리 논증의 근거로서 『베다』에 나오는 성언량(聖言量)을 채용하는데 반해 오직 경험지와 추론지인 현량(現量)과 비량(比量)만을 논증의 근거로 사용한다. 둘째, 불교는 브라만에 의한 세계 창조설을 부정하고 연기설로 세계를 설명한다. 셋째, 불교는 브라만교도들이 '5화 2도설(五火二道說)'에서 보여주듯이 영원한 윤회를 인정한 것에 반해 그것으로부터의 해탈을 주장한다. 따라서 연기설과, 현량 및 비량에 의한 진리 논증 방식과, 해탈을 부정하는 가르침은 모두 외도인 셈이다. 이렇게 외도를 구분하는 기준에 의해 불교가 배척한 외도는 6종, 혹은 94종, 혹은 96종으로 추려지는데, 이것

---

40) 원의범, 『인도철학사상』, 서울: 집문당, 1977, pp.30-33.

이 그대로 중국에도 소개된다.

길장은 인도에서 유행하는 외도를 모두 96종이었던 것으로 알고 있었는데, 그는 이것을 불교의 연기설을 바탕으로 다시 넷으로 나눈다. (1)계사인사과설(計邪因邪果說), (2)집무인유과설(執無因有果說), (3)입유인무과설(立有因無果說), (4)변무인무과설(辨無因無果說)이 그것이다.[41] 징관도 이런 인도불교도들의 입장을 잘 알고 있었고 그것을 수용하여 '인연설(因緣說)'에 입각하여 '무인설(無因說)'과 '사인설(邪因說)'을 주장하는 인도의 외도를 논파한다.[42] 뿐만 아니라 징관은 '인연설'에 입각하여 중국의 노장사상에 대해서 비평을 가하고 있다. 그런데 징관의 이런 논증, 즉 도가(도교)사상에 나타나는 '무인(無因)'과 '사인(邪因)'을 비판하는 논증이 길장에게서는 인도의 외도를 비판하면서 부수적으로 진행된다. 즉, 길장은 (2)집무인유과설(執無因有果說)을 설명하는 과정에서 『장자』「제물론」에 나오는 '망량(魍魎)'이 '영(影)'에게 질문하는 내용을 들어 '영(影)'은 '형(形)'에서 기인하고, '형(形)'은 '조화(造化)'에서 기인하는데, '조화'는 기인하는 바가 없다는 내용을 예시한다. 그리고는 이 경우는 (2)의 오류를 범한다고[43] 하는 정도이다. 그리고 (3)입유인무과설(立有因無果說)을 설명하는 과정에서 혜원의 「형진신불멸론

---

41) 『三論玄義』(대정장45, p.1b).

42) 『大方廣佛華嚴經疏演義鈔』(卷第八)(신찬속장5, p.814b), "又於有爲之中, 立正因緣, 以破外道邪因無因. 然西域邪見雖九十五種, 或計二十五諦, 從冥生等; 或計六句和合生等; 或謂自在梵天等生; 或謂時方微塵虛空宿作等, 而爲世間及涅槃本."

43) 『三論玄義』(대정장45, p.1b), "例如莊周魍魎問影, 影由形有, 形因造化, 造化則無所由. 本旣自有, 卽末不因他, 是故無因而有果也."

(形盡神不滅論)」의 내용을 인용하여, '영혼[神]'이 있으면 금생의 일생이 끝난 뒤에 반드시 '후신(後身)'이 있는 법인데, 주공이나 공자도 이를 알지 못했다고[44] 하면서 이들은 (3)의 오류를 범했다고 한다. 이렇게 길장은 인도에서 외도를 비판하는 이유를 설명하는 과정에서 부가적으로 중국의 사례를 제시하는 정도이지, 징관처럼 삼현학자들이 사용하는 '자연(自然)', '태극(太極)', '무(無)', '도(道)' 개념을 명시적으로 비판하지는 않는다.

그러나 징관의 경우는 다르다. 이제부터는 징관이 구체적으로 중국의 외도들을 구체적으로 어떻게, 또 무슨 근거로 비판하는 지를 검토하기로 한다. 먼저 그는 중국의 외도의 범위를 3현(玄)으로 명시하고 있다. 그리하여 『노자』와 『장자』와 『주역』을 공히 비판의 표적으로 삼고 있다.[45]

먼저, 노장의 '자연설'에 대한 징관의 비판을 보기로 한다.

> 예컨대 노장에서 '자연(自然)'을 의론하는 것과 같은 것이다. 이를테면 "사람은 땅을 본받고, 땅은 하늘을 본받고, 하늘은 도를 본받고, 도는 자연을 본받는다."는 것이다. 만약 자연이 원인이 되어서 만물을 능히 생성한다고 하면 이는 곧 '사인(邪因)'을 주장하는 것이다. 만약 만물이 자연히 생기는 것이 예를 들어 학은 희고, 까마귀는 검은 것과 마찬가지라고 하면 이는 곧 '무인(無因)'을 주장하는 것이다.[46]

---

44) 『三論玄義』(대정장45, p.1c).

45) 『大方廣佛華嚴經疏演義鈔』(卷第八)(신찬속장5, p.818c), "此方儒道下, 第二敘此方. 疏文分二. 初指同二因. 後如此下, 略出諸計. 然此方儒道, 玄妙不越三玄. 『周易』爲真玄; 『老子』爲虛玄; 『莊子』爲談玄."

46) 『大方廣佛華嚴經疏演義鈔』(卷第八)(신찬속장5, pp.818c-819b), "如此莊老, 皆

여기서 징관은 '자연'이라는 용어를 문제 삼고 있다. 구체적으로 『노자』 「유물혼성장(有物混成章)」(25장)의 원문을 비판 대상으로 명시하고, 『장자』의 경우는 그 책에서 산발적으로 사용되는 '자연', 즉 그렇게 되는 까닭을 모르는, 즉 '저절로'라는 의미로서의 '자연'을 비판 대상으로 명시하고 있다. 징관은 현상계의 다양한 만물이 생기게 된 제일 원인을 지목함에 있어서 오류를 범하면 '사인설'이라고 이름 붙인다. 이런 입장에서 『노자』(42장)의 "道生一, 一生二, 二生三, 三生萬物, 萬物負陰而抱陽, 沖氣以爲和."에 대해서 비판하고 있다. 징관은 성현영(成玄英)의 주(注)를 인용하여 "위에서 인용한 『노자』의 본문은 모두 만물은 저절로[自然] 생긴다는 것을 밝힌 것"이라고[47] 해석하고 있다. 이 경우의 '자연(自然)'은 결국 '무인(無因)'을 주장한 설이라는 비판을 면하기 어렵다고 한다.

한편, 징관이 보기에, 『장자』 「대종사」에서 나오는 "夫道有情有信,～黃帝得之以登雲天."의 본문과, 그리고 이 본문에 붙은 곽상(郭象)의 주(注)에서는 모든 만물은 그렇게 움직이는 원인 없이 저절로[自然] 또는 이유 없이 제 스스로[自得] 그렇게 된다고 주장하는 무인설(無因說)의 오류를 범한다고 비

計自然. 謂 '人法地, 地法天, 天法道, 道法自然.' 若以自然爲因, 能生萬物, 即是邪因; 若謂萬物自然而生, 如鶴之白, 如烏之黑, 即是無因."

47) 『大方廣佛華嚴經疏演義鈔』(卷第八)」(신찬속장5, p.819a), "『德經』又云: '道生一, 一生二, 二生三, 三生萬物.' 前即逆推, 此則順辨. 『注』云: '一者沖氣也.' 言道動出沖和妙氣, 於生物之理, 未足. 又生陽氣, 陽氣不能獨生. 又生陰氣, 積沖氣之一, 故云: '一生二'. 積陽氣之二, 故云: '二生三'. 陰陽合孕, 沖氣調和, 然後萬物阜成, 故云: '三生萬物'. 次下又云: '萬物負陰而抱陽, 沖氣以爲和.'上來皆明萬物自然生也. 即『老子』之言."

판하고 있다.[48]

다음으로, 『주역』「계사전」에 나오는 '태극(太極)'에 대한 징관의 비판을 보기로 하자.

> 『주역』에서 말한다. "(그러므로) 역(易)에 태극이 있으니, 태극이 (음양의) 양의를 내고, 양의는 (金, 木, 水, 火의) 4상(象)을 내고, 4상은 8괘를 내니, 8괘가 길과 흉을 정하고, 길흉이 대업을 낳느니라."[49] (이 문장에서 만약) 태극을 인(因)으로 보면 이는 사인설(邪因說)이 된다. 만약 한 번은 음이 되고 한 번은 양이 되는 것을 도(道)로 보아 음양이 변화하여 만물을 생성한다고 보면 이것 역시 사인설(邪因說)이 된다. 만약 '일(一)'을 '허무(虛無)인 자연(自然)'으로 생각하면 이것 다시 무인설(無因說)이 된다.[50]

『주역』「계사전」을 해석함에 있어 청량 징관은 기본적으로 공영달의 소를[51] 활용하여 그 내용을 자기 방식대로 소화하여 "태극은 천지가 나뉘기 이전에 (기운이) 뒤섞여 전일(全一)한 것을 말하는 것으로 이것은 태초(太

48) 『大方廣佛華嚴經疏演義鈔』(卷第八)(신찬속장5, pp.819a-b).

49) 이 번역은 『주역 왕필주』(임채우 역주, 서울: 길, 1998, pp.529-530)를 따랐다.

50) 『大方廣佛華嚴經疏演義鈔』(卷第八)(신찬속장5, p.819b), "『周易』云: '易有大極, 是生兩儀, 兩儀生四象, 四象生八卦, 八卦定吉凶, 吉凶生大業者.' 太極爲因, 即是邪因; 若謂一陰一陽之爲道, 即計陰陽變易能生萬物, 亦是邪因; 若計一爲虛無自然, 則亦無因."

51) 징관은 「계사전」 注를 孔穎達의 작품으로 알고 있으나, 실은 韓康伯(322-380)의 작품이다. 그리고 한강백과 왕필(226-249)은 살았던 시기가 멀리 떨어져 있다. 자세한 것은 임채우 역주, 『주역 왕필주』, 서울: 길, 1998, p.487 참조.

初) 또는 태일(太一)이다."라고 이해하고 있다. 징관이 원문을 이렇게 자의적으로 재해석했더라도 왕필 내지는 한강백이 그리고 공영달이 '유'는 '무'에서 유래한다고 이해했음은 제대로 파악했다고 할 수 있다.[52)]

뿐만 아니라, 『열자』의 '태역(太易), 태초(太初), 태시(太始), 태소(太素)'의 설과 장담주(張湛注)를 인용하여, 『주역』에서 말하는 '태극'은 『열자』에서 말하는 '태역(太易)'에 해당한다고 이해하고 있다. 또 징관은 『역구명결(易鉤命訣)』의 다섯 운수(運數; 太易, 太初, 太始, 太素, 太極)를 인용하여 위에서 인용한 『주역』「계사전」의 '태극(太極)'의 뜻에 대하여 각종 서적을 들어서 설명하면서 결론적으로는, "이것들은 모두 원기(元氣)가 천지 만물을 만든다."[53)]는 것임을 설하는 주장이라고 평한다.

그러면 징관이 보기에 현학에서는 왜 이런 오류를 범하고 있다고 생각하는가? 이 물음에 대하여 그는 단적으로 이렇게 대답하고 있다. 즉, "(1)삼계가 생성되게 된 결과는 나의 마음이 원인 노릇을 하고, 무명이 (그 나의 마음에) 의지하여 애욕을 생하고, 이것이 점점 끝없이 유전(流轉)하여 마침내는 정인(正因; '一心')을 미혹하기 때문이다. (2)그리하여 잘못된 원인 대기가 분분하게 일어난다. 그래서야 인연(因緣)은 본성이 공하고 진여(眞

52) 이 원문 부분의 왕필 주 즉 한강백 주를 보면 "夫有必始於無, 故太極生兩儀也. 太極者, 無稱之稱, 不可得而名, 取有之所極, 況之太極也. ; 저 유는 반드시 무에서 비롯하므로 태극이 양의를 낳는다. 태극이란 것은 일컬음 없는 호칭이니 이름 부칠 수 없고, 그 유가 극으로 삼는 바를 갖고 태극이라고 한 것이다."임채우 역주, 『주역 왕필주』, 서울: 길, 1998, p.530.

53) 『大方廣佛華嚴經疏演義鈔』(卷第八)(신찬속장5, p.819c.)

如)야말로 오묘하게 있는[妙有] 줄을 어찌 알 수 있겠느냐?"[54]는 것이다. 이 인용문의 첫 문장인 (1)은 『화엄경』「십지품」〈제6 현전지(現前地)〉에 나오는 원문을 징관이 의취(義取)한 것인데, 원문의 구의(具義)는 이렇다. 즉, "삼계(三界)에 있는 것은 오직 '한마음' 뿐인 데, 여래가 이것을 분별하여 12가지[有支]라 말하였으니, 다 '한마음'을 의지하여 이렇게 세운 것이로다."[55] 이 구절에 대해서는 많은 화엄주석가들이 자신들의 입장을 저마다 밝혀 주석하고 있는데, 위의 인용은 실차난타(實叉難陀)의 한역을 따른 것이다. 구마라습은 "三界虛妄, 但是心作."이라고 번역했다. 범어 텍스트에 의하면[56] 실차난타의 번역이 원문에 가깝다.

요약해서 말하면, 징관은 『화엄경』의 이러한 '일심(一心) 연기' 사상에 입각해서 현학사상을 비판하고 있다. 즉 『화엄경』에서 말하는 '일심'만이 정인(正因)이고, 삼현학에서 말하는 '자연'이나 '태극'이나 '도' 등은 '사인(邪因)' 또는 '무인(無因)'에 해당한다는 것이다. 그러면서 징관은 '일심'이야말로 불생불멸하는 것이고, 이렇게 불생불멸하는 '일심' 위에 12지(支) 연기가 중첩적으로 펼쳐진다는 것이다. 화엄교학가들의 이런 입장에서 보면 다양한 현상계를 생성시킨 궁극의 제일 원인자는 '일심'이다. 이 '일심' 위

54) 『大方廣佛華嚴經疏演義鈔』(卷第八)(신찬속장5, pp.820a-b), "以不知三界由乎我心, 從癡有愛, 流轉無極, 迷正因緣故, 異計紛然. 安知因緣性空; 眞如妙有."

55) 이운허 역, 『한글대장경 42 화엄부 三』, 서울: 동국역경원, 1966, p.733. 이 부분은 많은 논의가 있는 곳으로 원문을 소개하면, 『大方廣佛華嚴經』(卷第37)(대정장10, p.94a), "三界所有, 唯是一心. 如來於此, 分別十二有支. 皆依一心, 如是而立."

56) R. Kondo ed., 梵文『大方廣佛華嚴經十地品』, Tokyo, 1936.

에 생성소멸의 연기 현상을 일으키는 일체의 심리적 요소들은 실체가 없는 공(空)한 것이다.

이러한 결론에 다다른 그의 사상을 들여다보면, 저 멀리 남북조시대에 승조가 「물불천론(物不遷論)」을 통해서 '공업(功業)'의 불멸성을 논증한 것을[57] 비롯하여, 그의 「부진공론(不眞空論)」을 통해서 "사물은 인연이 모여야 생기고 인연이 모이지 않으면 멸하기 때문에 모두 환화인과 같다."고 하여 사물은 "참되지 않으므로 공이다는 이론(不眞空義)"을 수용 · 발전시켰다. 또한 혜원이 「형진신불멸론(形盡神不滅論)」에서 '신(神)'은 멸하지 않고 '후신(後身)'에 유전(流轉)된다는 설, 주옹과 길장이 2제설을 통하여 불변하는 궁극의 진리와 현상계의 다양한 차별성과의 '상즉(相卽) 관계'를 설명한 것 등, 징관의 "因緣性空, 真如妙有."라는 두 구절에 종합된다고 할 수 있다.

화엄의 교학가들은 『대승기신론』에서 나오는 '심생멸문'과 '심진여문'의 관계에 주목하고, 또 위에서 인용한 바 있는 『화엄경』「십지품」의 '일심' 위에서 12지 연기를 설명하는 사상을 종합하여 화엄종의 '일심 연기설'을 완성하였다. 『대승기신론』에서는 변증적 부정의 논리를 활용하여 궁극적 실상인 '진여(眞如)'를 설명하고 있는데, 이 논서에서 특히 주목할 만한 것은 이 논서가 화엄교학자들에 의해 중첩적 주석을 받으면서, 진여(眞如), 진제(眞諦), 제일의제(第一義諦), 실상(實相) 등 궁극적 실재는 문자에 의한 기호화도 불가능하고, 언어적인 설명도 불가능하고, 사유에 의한 접근

57) 馮友蘭 저, 박성규 역주, 『완역판 중국철학사(하)』, 서울: 까치, 2005, 제6쇄, p.260.

도 불가능한 그 무엇으로 이해되고 있는 것이다.[58] 그러면서도 그들은 궁극적 진리인 진제(眞諦)와 그것을 설명하는 속제(俗諦)와의 관계를 해명하려 하였고, 또 근원적 존재와 현상적 다양성 사이의 인과 관계를 해명하려 하였다. 그 해명의 방법이 주58)에 보이는 '유 · 무'의 변증이다.

2. 종밀의 외도 비판; '본각진심설(本覺眞心說)'

이상에서 필자는 징관은 자신이 추종하는 불교 사상과 당시까지 전래되어오던 현학 사상과의 차이를 분별하는 방법으로 불교의 인과설을 이용하고 있음을 보았다. 그리하여 당시 3현(玄) 사상에서는 '무인(無因)' 혹은 '사인(邪因)'의 설을 주장하는 오류를 범하고 있다고 비판하고 있음도 검토했다. 그리고 그가 한걸음 더 나아가 『화엄경』의 '일심'을 바탕으로, 앞 시대의 도 · 불 논쟁에서 생산된 지적 산물을 종합적으로 체계화하는 것도 검토하였다. 이렇게 체계화된 징관의 사상은 그의 제자 종밀에게도 전수

58) 『大乘起信論』(대정장44, pp.253c-254a)의 본문에서 "當知, 眞如自性, 非有相; 非無相; 非非有相, 非非無相; 非有無俱相."이라고 한 부분과, 또 그 논서의 본문에서 "是故, 一切法從本以來, 離言說相, 離名子相, 離心緣相."(대정장44, p.252b)이라고 한 부분 참조. 인용한 부분은 『대승기신론』 본문이다. 이 본문에 대하여 法藏은 매우 상세한 주석을 붙였기 때문에 열람의 편의를 위해 法藏의 『大乘起信論義記』(卷中本)로 출전을 표기했다. 『대승기신론』의 이런 입장은 법장-징관-종밀로 이어졌고, 송대의 長水子璿의 『大乘起信論筆削記』(대정장44)를 통하여 송대 이후도 계속되었다. 조선의 경우는 性聰(1631-1700)의 의해 이 주석서들이 會編 改版된 이래 현재까지도 한국 전통강원의 교재로 쓰이고 있다.

되었고, 종밀은 다시 그의 '본각진심(本覺眞心)' 사상에 입각하여 앞 시대의 사상을 통일적으로 재편성하는 작업을[59] 하였다.

종밀의 이러한 재편성 작업은 한 마디로 요약하면 『대승기신론』에서 제시되었던 '진여심'과 '생멸심'의 연기 관계에 입각한 '본각진심' 사상이라고 할 수 있다. 이 사상은 그의 말년 작품인 『원인론』에서도 드러나는데, 물론 여기에서도 인간의 본질적 근원을 '본각진심'이라고 한다. 이런 그의 발상은 일종의 형이상학으로써 경험적 논증이 가능한 것은 아니다. 비록 검증 불가능성이라는 한계는 있지만 그렇더라도 그의 '본각진심' 사상은 선종과 교종, 불교사상과 도 · 유 사상, 교종 내에서의 중관과 유식, 그리고 선종 내의 각종 계통에 대하여 총체적 해석을 시도한 점과, 또 그것의 완성도 면에서는 한 시대를 총결하는 성과를 이루었다 할 수 있다. 이하에서는 종밀이 『원인론』에서 도 · 유 사상을 어떻게 비평하여 앞 시대의 도 · 불 논쟁을 총결하는지를 검토하기로 한다. 그는 인간의 본질적 근원에[60] 대하여 이렇게 정의하고 있다.

---

59) 선종과 교종의 관계를 재설정하는 작업은 『禪源諸詮集都序』에서, 선종의 각종 이론과 사승관계를 정리하는 작업은 『中華傳心地禪門師資承襲圖』에서, 도 · 불의 이론과 불교 중 교종의 이론을 회통하는 작업은 『原人論』에서, 그리고 불교의 각종 참회의식을 정리하는 작업은 『圓覺經道場修證儀』에서, 각각 진행되었다. 이 문제는 이 책의 제7장에서 자세하게 분석하기로 한다.

60) 필자가 이 장에서 사용하는 '인간의 본질적 근원'이라는 용어는 종밀의 『原人論』에서 차용한 것이다. '原'의 의미에 대해서 장수 정원은 『原人論發微錄』에서 '考'또는 '窮'으로 해석하고 있다. 『原人論』에서는 '人'에 대하여 따져보고 추궁하는 작업을 진행한다. 그러면 '人'의 무엇을 따지고 추궁하는가? 이 책의 내용 전반을 보면 알 수 있듯이 그것은 결국 인간의 '본질'내지는 '근원'을 따지고 추궁하는 것이다.

> 처음에는 '참되고 신령스러운 성품'[眞靈性]만이 하나 있다. 이것은 생기지도 않고 멸하지도 않으며, 늘지도 않고 줄지도 않으며, 변하지도 않고 바뀌지도 않는다. 그러나 중생들이 끝없는 옛적부터 번뇌에 잠들어 그것의 존재를 자각하지 못한다. '참되고 신령스러운 성품'이 가려져 숨겨졌기 때문에 (이것과 번뇌를 합하여) 여래장(如來藏)이라고 한다. 이 여래장 때문에 생멸하는 갖가지 마음의 표상이 일어나 전개된다.[61]

이상에서 우리는 종밀이 『대승기신론』의 '1심(心)'과 '2문(門)'설의 기본 구조를 차용하여, 인간의 본질을 탐구하는 자신의 철학 작업의 기초로 삼고 있음을 알 수 있다. 인간의 사유 작용 속에는 '진여'의 기능과, 인연의 화합에 의하여 생 · 주 · 이 · 멸하는 요소 즉 '생멸'의 기능이 서로 역동적이며 유기적으로 상응하고 있다. '진여'의 기능과 '생멸'의 기능과의 관계는, 이 둘이 하나는 '진(眞)'이고 하나는 '망(妄)'이라는 측면에서는 '상이(相異)'하고, 이 둘이 서로 상응하고 있는 점에서는 '불이(不二)'의 관계이다. 이런 관계에 있는 마음을 '아뢰야식'이라고 하는데, 앞 절에서 보았듯이 이런 아뢰야식의 속성을 징관은 "인연성공(因緣性空), 진여묘유(眞如妙有)."라고 표현했던 것이다. 승조가 「부진공론(不眞空論)」에서 각종 분석을 통하여 설명해내려고 한 진리를 징관 식으로 표현하면 "因緣性空"이고, 종밀 식으로 표현하면 "(참되고 신령스러운 성품[眞靈性]을 가리는) 번뇌"인 셈이다. 반면 승조가 "物不遷論; 즉 공업(功業[=物])의 효력이 사라지지 않음"을 주장

---

61) 『原人論』」(대정장45, p.710b), "謂初唯一眞靈性, 不生不滅, 不增不減, 不變不易. 衆生無始迷睡, 不自覺知. 由隱覆故, 名如來藏. 依如來藏故, 有生滅心相."

하려는 '속내'를 징관 식으로 말하면 '진여묘유(眞如妙有)'이고, 종밀 식으로 말하면 '참되고 신령스러운 성품[眞靈性]'이다. 이런 방식으로 화엄의 교학가들은 중국의 반야론자 즉 삼론의 교학을 자종의 세계 속에 수용한다. 필자가 여기에서 '속내'라고 한정어를 사용한 이유는 다음과 같다.

「물불천론」에서는 표전(表詮)의 어법으로 '진여(眞如)'를 드러내지는 않는다. 그러나 법성교학에서는 『대승기신론』의 교설에 입각하여 '진여'의 속성 속에는 '지혜롭고 청정한 기능[智淨相]'이 있다는 설을 수용하고, 다시 그 '지정상'에 의지하여 '불가사의 한 업의 기능[不思議業相]'이 있다고 하는 설을 수용한다. 필자는 승조가 말하는 '공업(功業)'을 『대승기신론』의 '부사의업상'으로 해석하여 그들의 '속내'를 펼쳐본 것이다.

그러면 화엄의 교학가들이 유식은 어떻게 수용하는가? 그들의 입장에서 간단하게 말하면, '진여묘유(真如妙有)' 또는 '진령성(眞靈性)'을 자각하지 못하는 기능[不覺義]이 있는데(이 기능은 아뢰야식 속에 들어 있다), 이 기능이 감각소여와 접촉하면, 감각소여 쪽으로 쏠리는 움직임[志向性]이 생기면서 우리들의 사유의 기능이 인식하는 주관과 인식되는 재료로 즉 '능(能)-소(所)'가 쪼개져 분화된다. 이런 분화가 점점 진행되어 주관과 재료에 각각 실체성을 부여하면서 잘못된 지식을 생산하게 된다. 이런 과정(process)을 종밀은 다음과 같이 말하고 있다.

> 이 식(識; 阿賴耶識)에는 '참마음[眞心]'을 자각하는 '각(覺)'의 기능과, 그것을 자각하지 못하는 '불각(不覺)'의 기능이 있다. '불각'이 분열하

여 망념이 움직이기 시작하는 것을 '미세한 망념[業相]'이라고 한다. 이렇게 해서 업의 기능은 자신이 본래 실체가 없다는 것을 깨닫지 못하기 때문에, (하나인 阿賴耶識이 둘로 나뉘어져서) 인식하는 주관[能見之識]과 인식되어지는 객관[所見境界相]으로 현현(顯現)하는 분화가 점점 진행[轉成]된다. 그러나 인식의 대상[境界相=現相]이 자기 마음에서 생겨난 허망한 존재인 줄 깨닫지 못하고 정말로 실체가 있다고 집착하는데, 이 것을 법집(法執)이라고 한다.[62)]

유식에서 말하는 유식(唯識; vijṅāpti-mātaratā), 삼성(三性; trayaḥsvabhāvāḥ) 등의 개념을 화엄교학가의 방식대로 해석하고 있다. 그리고 더 나아가 '법집(法執)'이 심해지면 결국 설일체유부처럼 '아공법유(我空法有)'를 주장하는 오류에 빠지고, 그것이 더 심해지면 내가 영원하다는 '아집(我執)'에 빠지고, 이것이 더 심해져서는 6도에 윤회하게 되는데 그 중에서도 업(業)의 질이 괜찮으면 인간으로 태어난다는 것이다.

이상을 화엄교학의 입장에서 정리하면, '일심' 속에 있는 두 기능인 '진여'와 '생멸'이 서로 호응하면서 생명체의 윤회가 펼쳐진다는 것이다. 그럼에도 불구하고 노장사상이나 유가사상에서는 이런 형이상학적인 본질과, 또 그것이 분화하여 차별적 현상으로 전변하는 과정과, 또 궁극적 본질과 차별적 현상의 관계 등을 제대로 모르고, 저절로 그런 것[自然]이라고

62) 『原人論』(대정장45, p.710b), "此識有覺不覺二義. 依不覺故, 最初動念, 名爲業相. 又不覺此念本無故, 轉成能見之識, 及所見境界相現. 又不覺此境, 從自心妄現, 執爲定有, 名爲法執."

오인한다는 것이다. 그런가하면 때로는 인간의 본질적 근원이 허무인 대도(大道)에서 유래했다느니, 때로는 천기(元氣)에서 유래했다느니, 때로는 천명(天命)으로 인간사에 나타나는 각종 현상을 설명하려 든다는 것이다. 당시의 유 · 도의 학자들이 이해한 인간의 본질에 대한 잘못된 이해를 종밀은 다음과 같이 요약하고 있다.

> 유교와 도교에서는 인간에 대하여 이렇게 말한다. 사람과 동물 따위는 모두 아무런 형태도 없는[虛無] 위대한 도(道)[63]가 낳아주고 길러준다. 곧 그들은 이렇게 말한다. 이 도는 자연(自然)을 본받아서 이루어진 것인데,[64] 이 위대한 도에서 원기(元氣)가 생겨나고 이 원기가 (나뉘어져) 하늘과 땅이 생겨나고 이 하늘과 땅 사이에서 만물이 만들어진다고 한다. 그러므로 어떤 한 인간의 어리석음 · 지혜로움, 귀함 · 천함, 가난 · 윤택함, 괴로움 · 즐거움 따위는 모두 하늘로부터 받은 것이며, 때와 천명[時命][65]에 달린 것이다. 그러므로 죽은 뒤에는 다시 하늘과 땅으로 돌아가고,[66] 형태도 없는 위대한 도로 되돌아간다고 한다.[67]

---

63) '虛無'의 용례는 『莊子』「刻意」의 "虛無無爲, 此天地之平, 而道德之質."에 보인다. '大道'의 용례는 『老子』 제25장의 "有物混成, 先天地生, 寂兮寥兮, 獨立不改, 周行而不殆, 可以爲天下母. 吾不知其名. 字之曰: '道', 强爲之名曰: '大'."에 보인다.

64) '自然'의 용례는 『老子』 제25장 "人法地, 地法天, 天法道, 道法自然."에 보인다.

65) '時命'의 용례는 당나라의 岑參의 『岑嘉州集』「陪狄員外早秋登府西樓詩」에 "時命難自知, 功業旣暫忘."라는 구절이 보임. 『原人論發微錄』에서는 '時'와 '命'을 나누어 "存亡者命, 進退者時."라 했다.

66) 이런 사례는 『禮記』,「郊特牲」에 "魂氣歸于天, 形魄歸于地."가 있다.

67) 『原人論』(대정장45, p.708a), "儒道二敎說, 人畜等類, 皆是虛無大道生成養育. 謂道法自然, 生於元氣, 元氣生天地, 天地生萬物. 故愚智貴賤貧富苦樂, 皆稟於天,

종밀이 보기에 외도들의 이런 주장은 모두가 인간의 근원을 제대로 파악하지 못했다는 것이다. 무슨 근거에서 그는 그렇게 말하는가? 종밀의 입장에서 대답을 해보면, 당시의 외도들이 '참되고 신령스러운 성품[眞靈性]' 즉 '본각진심(本覺眞心)'이 인간의 본질적 근원임을 알지 못했기 때문에 이런 오류를 범했다는 것이다. "참되고 신령스러운 성품[眞靈性]"이 '정인(正因)'이 되고, 그 '정인'에 의지하여 생성하고 소멸하는 각종 인연이 '소연(所緣)'이 되어주어서 다양한 차별적 현상들이 일어나는 것인데, 외도들은 이 이치를 몰랐다는 비판이다.

돌이켜 보면 길장의 경우는 '유 · 무'의 변증 논리 즉 3종의 2제설을 논리적 전거로 외도의 사상에는 '유'와 '무'의 관계에 대한 각 단계별로 고양되는 변증이 없음을 비판했고,[68] 징관의 경우는 '인과(因果)'설을 논리적 준거로 하여 외도 사상의 '무인(無因)'설과 '사인(邪因)'설을 비판했다.[69] 그런데 길장이나 징관의 경우는 노장사상 등의 외도 사상을 비판하여 배척하기만 하는데, 종밀은 그 스스로 『중화전심지선문사자승습도』와 『도서』 등에서 술회하듯이 자신의 회통적(會通的) 성품을 발휘하여 외도들의 사상

由於時命. 故死後, 卻歸天地, 復其虛無."

68) 老莊에는 제3단계의 변증이 없다는 불교 측의 비판을 적극적으로 수용한 唐代의 도가 철학자가 있었으니 그가 바로 成玄英이다. 그는 重玄의 논리를 수립했다. 그러나 이 역시 징관의 비판의 표적이 되었다. 징관은 成玄英이 "因緣性空, 真如妙有"의 원리를 제대로 몰랐다고 비판한다. 즉, 『大方廣佛華嚴經疏演義鈔』(卷第八)(신찬속장5, p.820c.)에서는 이렇게 말한다. "現如今時, 成英尊師, 作莊老疏, 廣引釋教, 以參彼典, 但見言有小同, 豈知義有大異, 後來淺識彌復惑焉."

69) 불교의 이런 비판에 촉발되어 송대 신유학에서 전개된 '本然之氣' 내지는 '本然之性'에 관한 지성사적 논의를 특히 그 사유방식에 주목하여 논할 수 있다.

에 대하여 하급의 단계에서나마 소정의 역할을 부여하여 포용한다. 이하에서는 종밀이 외도 사상을 어떻게 포용하는지를 보기로 한다.

(1)생명체가 6도 윤회 중에서 인간으로 태어나게 되는 것은 그가 지은 '업의 힘[業力]' 때문인데, 이러한 '업의 힘'은 일종의 기운으로 이 기(氣)를 받아서 몸과 마음이 만들어진다고 한다. 이렇게 해서 인간으로 태어나게 되더라도 사람마다 개별적인 업[滿業]이 서로 다르다.[70] (2)또 전생의 개별적인 업이 이미 결정되었기 때문에 금생에 저지른 일이 없어도 전생의 과보를 받는 것이지 저절로 그렇게 되는 것은 아니다. 외도들이 저절로 그렇다[自然]고 주장하는 것은 이 이치를 모르기 때문이다.[71] (3)또 사람이 지은 업을 받는 시기는 사람마다 천차만별이다. 외도들은 이를 모르고 그저 운이 좋은가 나쁜가[否泰]만을 집착한다.[72] (4)또 인간이 천지의 기운을 받아서 이 몸을 받는데 그 기운의 근원은 바로 원기(元氣)이고, 그런데 이 원기는 "참되고 신령스러운 성품[眞靈性]"이 변해서 나온 것이다.[73]

---

70) 『原人論』(대정장45, p.710b), "性善者, 行施戒等, 心神乘此善業, 運於中陰, 入母胎中. 禀氣受質, 〈會彼所說, 以氣爲本.〉"

71) 『原人論』(대정장45, p.710c), "是以, 此身或有無惡自禍, 無善自福, 不仁而壽, 不殺而夭等者, 皆是前生滿業已定. 故今世不因所作, 自然如然, 外學者不知前世, 但據目睹, 唯執自然. 〈會彼所說自然爲本.〉"

72) 『原人論』(대정장45, p.710c), "復有前生, 少者修善, 老而造惡, 或少惡老善. 故今世少小富貴而樂, 老大貧賤而苦, 或少貧苦, 老富貴等. 故外學者, 不知唯執否泰, 由於時運. 〈會彼所說皆由天命.〉"

73) 『原人論』」(대정장45, p.710c), "然所禀之氣, 展轉推本, 卽混一之元氣也. 所起之心, 展轉窮源, 卽眞一之靈心也. 究實言之, 心外的無別法. 元氣亦從心之所變, 屬前轉識所現之境, 是阿賴耶相分所攝. 從初一念業相, 分爲心境之二. 心旣從細至麤, 展轉妄計, 乃至造業. 〈前敘列〉 境亦從微至著, 展轉變起, 乃至天地."

이상에서 (1)은 '기품(氣稟)'의 설을, (2)는 '자연(自然)'의 설을, (3)은 '천명(天命)'의 설을, 그리고 (4)는 '원기(元氣)'의 설을 각각 비판적으로 수용하여 불교사상으로 포용한 것이다. 여기에서 우리는 종밀이 인간의 본원에 대해 외도들의 학설을 수집하고, 그것들은 결국은 '본각진심'에서 수직적으로 유출되어 나온 것임을 설명하고, 그 각각을 단계 별로 비판적으로 포용하고 있음을 알 수 있다. 물론 징관처럼 '무인(無因)'이니 '사인(邪因)'이니 하는 용어를 사용하지는 않았다. 인간의 본원(本源)을 '본각진심'으로 상정한 종밀로서는 징관과 같은 방식으로 외도 비판의 논리를 세울 필요는 없었기 때문이다. 그러면 '본각진심'이 인간의 본원임을 종밀은 어떤 방법으로 논증하는가?

이 문제에 대해서는 그의 저서 속에서는 전혀 해명하지 않는다. 그는 다만 『대승기신론』의 '1심(心)'과 '2문(門)'설을 성언량(聖言量)으로 수용하고 있을 뿐이다. 이렇게 '1심(心)'과 '2문(門)'설을 아무런 비판 없이 수용하는 태도는 현수 법장에게도 동일하게 나타난다. 법장의 작품으로 알려지고 있는 『화엄망진환원관(華嚴妄眞還源觀)』에서도 『대승기신론』의 논리와 구조를 그대로 채용하고 있는데,[74] 이런 현상 등으로 보아 화엄의 교학가들에게 있어서 이 논서에서 제기한 '일심' 사상은 더 이상 넘어설 수 없는 한계인 동시에 각종 형이상학적 논의의 출발점이기도 했다. 게다가 『화엄경』을 석가모니의 금구친설로 여겼던 그들에게 있어 그 경의 「십지품」에 나오는

74) 신규탁, 「古代 韓中 交流의 一考察 - 高麗의 義天과 浙江의 淨源」, 『동양철학』 제27집, 서울: 한국동양철학회, 2007.

"三界所有, 唯是一心(색계, 욕계, 무색계의 모든 존재는 일심의 지평 위에서 펼쳐진다)"의 명제는 더욱 그 논서에 나오는 '법계(法界)', '일심(一心)', '삼계허망(三界虛妄)' 등의 사상을 비롯하여 '진여본정(眞如本淨)'의 설 등을 의심 없이 추종하게 하였다.

그러나 대승불교의 일체의 경전과 논서들이 불멸 후 4~5백 년이 지나서 인도의 불교 학승들에 의해서 저술된 것이 밝혀진 오늘날, 이 분야의 연구자들은 인도 불교 사상사 속에서 이 문제를 해명해야 할 것이다. 이 문제는 이 책의 제10장과 제11장에서 전격적으로 검토할 것이다.

Ⅳ. 불교의 우위 확보

이상에서 필자는 불교 측에서 제기한 도 · 불 동이(同異)에 관한 논의의 이행 과정을 분석 검토하였다. 이제 이 검토에서 드러난 결과들을 토대로 이 논쟁의 특징을 드러내 보고, 그런 다음에 그런 특징이 중국의 지성사에 미친 영향 내지는 의의에 대하여 평을 해보고자 한다.

불교 측에서 제기한 도교 비판은 크게 세 부분으로 모아진다. 첫째는 노자의 신격화에 대한 비판이고, 둘째는 '업상(業相)'은 사후에도 불멸하는데 도교에서는 '일생(一生)'에만 한정하여 인생살이를 논한다는 비판이고, 셋째는 '자연', '무', '태극', '원기', '태허' 등의 개념으로 현실의 다양한 사태의 궁극적 근원을 설정하려는 현학(玄學)의 형이상학에 대한 비판이다. 이에 대한 불교 쪽에서의 문제 제기는 남북조시대의 도안(道安), 견란(甄鸞), 주옹(周顒) 등에서 시발되는데 후세로 갈수록 세 번째 문제에 대한 논의가 집중되어간다. 그리하여 길장을 거쳐 당대(唐代)의 화엄교학가 징관이나 종밀에 이르면 세 번째 문제가 도불(道佛) 동이(同異)의 핵심으로 등장한다.

그런데 세 번째 문제에 대해서도 그 내면을 들여다보면 길장과 징관과 종밀 사이에는 적잖은 차이가 있음을 알 수 있다. 길장의 경우는 주옹이 제기한 3종 2제설을 수용하여 '유 · 무'의 관계에 관한 논리를 발전시켜, '유'와 '무'는 서로 '상즉(相卽)'하며 또한 어느 한 쪽을 부정하지 않으면서 다른 한 쪽을 긍정할 수 있는 논리를 전개한다.

'연기(緣起)'와 '성공(性空)'을 궁극의 실상으로 이해했던 삼론 교학가의 입장에 서서 일체 '유'의 공성(空性)을 논증한 것이다. 그런데 공성(空性)은 '유'를 떠나서 있는 것이 아니라, '유'에 상즉(相卽)해 있다는 것이다. 삼론 교학에 의하면 이런 공성은 없는 곳이 없고, 없는 적이 없다. 그런데 이것을 언어나 문자나 사유로 접근하려하다 보면 또 그것에 실체성을 부여하는 집착이 생기기 때문에 실체적 발상을 해소시키기 위하여 다시 부정을 통한 변증적 지양을 거듭한다.

이런 이론적 특성 때문에, 길장의 경우는 인과설(因果說)에 입각하여 노장을 비판하는 방식은 덜 사용되고, 상대적으로 '유'와 '무'의 중층적 변증으로서 2제설에 입각한 노장 비판이 중심을 이룬다. 더불어 '유 · 무'를 비롯한 각종 대립항의 '상즉(相卽)' 관계를 근거로 노장을 비판한다.

이 점에서 '일심'을 '정인(正因)'으로 상정하고 무명 번뇌를 '소연(所緣)'으로 삼아 이 양자의 연기(緣起)를 수용하는 화엄의 교학가들과는 상당한 차이를 보이고 있다. 공종의 입장에서는 독립된 '정인(正因)'에 대해서는 언급하지 않는다.

반면 징관이나 종밀의 경우는 인간은 물론 3계(界)의 근본인 '일심(一心)'을 '정인(正因)'으로 상정하고, 그것이 번뇌 무명 등의 '소연(所緣)'을 만나 '일심'이 현실 속에 연기하는 세계에 대한 설명의 형이상학을 세웠다. 그리하여 그들은 일심 연기, 혹은 아뢰야 연기, 혹은 진여 연기, 혹은 법계

연기 등으로도 호칭되는 일종의 '일심'의 형이상학에 입각하여 외도를 비판한다. 외도들이 제시하는 근원적 존재들은 논리적으로 잘못된 원인 대기를 하거나[邪因], 아니면 또 그들의 주장에는 원인을 부정하는[無因] 오류가 있다고 비판한다.

이런 점에서 징관이나 종밀은 동일한 형이상학적 기반 위에 서 있다고 할 수 있다. 그렇기 때문에 그들은 더 이상 '유' · '무'의 변증 논리를 갖고 외도를 비판하지는 않는다. 여기서 우리는 외도 비판에 있어 논리의 전환이 생기는 것을 알 수 있다. 즉 그들은 궁극적 실상(실재)을 상정하고, 그 입장에서 외도를 비판한다. 그렇다고 징관과 종밀이 전혀 차이가 없는 것은 아니다.

징관의 경우는 법계의 총체성에 주목하는 하는 반면, 종밀은 인간의 궁극적 본질, 즉 '본각진심'에 주목한다. 그 결과 종밀은 '본각진심'이 점점 번뇌와 결합되어 물들어가는 과정을 일직선적으로 보여주면서, 외도들이 말하는 '원기'나 '태허'를 일정 단계의 한 과정으로 간주하여, 제한적으로 도 · 불의 입장을 수용한다. 그의 이런 태도는 로마시대의 철학자 플로티노스(Plotinos)의 유출설과 유사하다. 반면에 징관의 경우는 종밀처럼 일직선적인 방향의 연기설이 아닌 법계총상(法界總相)의 총체적 중중무진(重重無盡)의 입체적 연기에 주목했기 때문에 도 · 불의 차이를 비교적 총체적으로 대비한다.[75]

75) 그는 『大方廣佛華嚴經疏演義鈔』(卷第八)(신찬속장5, pp.821c-822b)에서 釋敎와 道敎의 차이점을 열 가지로 나열하여 양자의 차이를 분명하게 하고 있다.

한편, 도가를 비판하는 승조, 길장, 징관, 종밀에게 나타나는 공통적 요소는 이들 모두 궁극적 사태인 '진여묘유(眞如妙有)'가 언어나 상징이나 사유를 매개로 해서 파악할 수 없다는 것이다. 그러나 승조나 길장의 경우는 자성(自性)의 공성(空性)을 논증하는 데 치우쳐 인간 본유의 능력에 대한 논의는 소홀하였다. 이런 점에서 그들은 노장과의 차별을 선언하면서도 내적으로는 그들 저서의 여러 곳에서 노장적 불교 혹은 불교적 노장이라는 소위 교섭(交涉) 현상이 나타난다. 이에 반하여 화엄의 교학가들은 '일심' 속에 본래적으로 충만한 본래성을 상정하기 때문에, '태허(太虛)', '무(無)', '기(氣)', '천(天)' 등이 궁극적 실재라고 주장하는 노장사상과는 확실하게 거리두기를 한다. 그들의 이런 본래성에 대한 사상은 기본적으로는 『화엄경』「십지품」과 『대승기신론』에서 차용해 온 것이었다.

노장 비판에서 나타나는 이런 특징들 때문에, 그들이 중국 지성사에 미친 영향도 다르게 평가될 수 있다. 길장의 경우는 3종의 2제설을 통한 '유 · 무' 관계의 세 단계의 중층적 변증 논리를 전개하여 당시 현학가들에게 이중 부정의 묘미를 보여줄 수 있었다. 그리하여 차별적 현실 세계의 근거로서 무형의 현묘한 그 무엇에 대한 사유의 폭을 넓힐 수 있게 했고, 거기에서 한 단계 더 나아가 부정적 변증을 통하여 그 현묘함을 다시 현묘하게 하는 그 무엇에 대한 사유에로까지 확장할 수 있게 하였다. 당대 성

이것이 바로 '十條之異'인데 그 제목만을 열거하면 다음과 같다. 1. 始無始別, 2. 氣非氣異, 3. 三世無三世異, 4. 習非習別, 5. 稟緣稟氣別, 6. 內非內別, 7. 緣非緣別, 8. 天非天別, 9. 染非染別, 10, 歸非歸別.

현영의 '중현(重玄)' 사상의 출현도 이런 사상사적인 맥락에서 이해할 수 있다.

그러나 이 역시 화엄교학가에게는 못마땅하게 보였다. 징관은 성현영의 저서를 평가하기를, 그가 비록 불교의 설을 채용하여 노장을 주석하여 '말이나 문장[言詞]'은 불교와 약간 비슷하지만 '주장하는 내용[義]'의 측면에서는 상당히 다르다고 한 것이 그것이다. 징관의 이런 비평은 "인(因)과 연(緣)에 의해서 생성소멸하는 모든 현상들의 본성은 공하지만[因緣性空], (그런 현상은) 현묘하게 존재하는 진여의 바탕 위에서 전개된다[眞如妙有]."는 법성교학의 형이상학을 전제로 할 경우에 가능한 것이다.

그런데 '진여묘유(眞如妙有)'를 거론하는 징관이나 '본각진심(本覺眞心)'을 운운하는 종밀의 사상은 모든 인간에게 본래 갖추어져 있는 본래성에 주목하여 나온 것인데, 그들의 이런 사상은 한편으로는 현학가와 삼론 교학가들이 부정으로 일관했던 논리를 수용하면서도 인간에게 본래적으로 구비되어 있는 내면적 가치와 원초적 판단 능력에 주목하게 되었다. 그리하여 그들은 다양한 불교 경전 속에서 단편적으로 그리고 산발적으로 언급되어 있는 인간 본유의 가치와 능력에 관한 문구들을 수집하여, 한편으로는 실천에 관한 이론을 다른 한편으로 관찰에 관한 이론을 제시하기 시작하였다. 전자는 보현(普賢)의 행원(行願) 사상으로 표출시켰고, 후자는 법계(法界)에 대한 관법(觀法)으로 발전시켰다.[76)]

76) 신규탁, 「古代 韓中 交流의 一考察-高麗의 義天과 浙江의 淨源」, 『동양철학』 제27집, 서울: 한국동양철학회, 2007.

그러나 그들이 말하는 궁극적 실재를 어떻게 인식할 수 있고, 그것의 존재를 무슨 논리를 갖고 입증할 수 있는가 하는 문제는 여전히 남는다. 이 문제는 사상사적인 해명의 작업을 넘어서는 것으로, 철학적 비평을 통해서만 해결될 수 있을 것이다. 이 문제는 이 책의 제10장에서 자세하게 변증할 것이다.

불교 측에서 제기한 도교 비판은 크게 세 부분으로 모아진다. 첫째는 노자의 신격화에 대한 비판이고, 둘째는 '업상(業相)'은 사후에도 불멸하는데 도교에서는 '일생(一生)'에만 한정하여 인생살이를 논한다는 비판이고, 셋째는 '자연', '무', '태극', '원기', '태허' 등의 개념으로 현실의 다양한 사태의 궁극적 근원을 설정하려는 현학(玄學)의 형이상학에 대한 비판이다. 이에 대한 불교 쪽에서의 문제 제기는 남북조시대의 도안(道安), 견란(甄鸞), 주옹(周顒) 등에서 시발되는데 후세로 갈수록 세 번째 문제에 대한 논의가 집중되어간다. 그리하여 길장을 거쳐 당대(唐代)의 화엄교학가 징관이나 종밀에 이르면 세 번째 문제가 도불(道佛) 동이(同異)의 핵심으로 등장한다.(p.163)

제5장 불교 우위론의 이론적 확립

Ⅰ. 『원인론』의 중국 사상사적 위상

『원인론(原人論)』은 규봉 종밀(圭峰宗密; 780-841)의 사상을 알아보는 데에 중요한 자료 중의 하나이다. 이렇게 말할 수 있는 이유는, 『원인론』은 어떤 한 특정한 경전에 구애되지 않고 독립적인 형식으로 이루어진 논(論)이어서 종밀의 사상이 비교적 선명하게 나타나 있기 때문이다. 중국에서 의학승(義學僧)들이 논을 찬술하듯이 어떤 일정한 경(經)이 있고 그 경에 주석을 다는 전통적인 의미의 논과 비교할 때 『원인론』은 그 훈고적인 양식이 다르다. 이와 함께 『원인론』은 종밀의 만년의 작품이기 때문에 그의 생각이 종합적으로 나타나 있다. 물론 이 『원인론』이 언제 쓰였는지는 여러 가지 설이 있다. 그 중 하나는 그가 젊었을 때의 작품이라는 설이다. 그리고 이것을 주장하는 이들은 그 근거로는 『원인론』에 선(禪)에 대한 논의가 들어 있지 않은 점을 들고 있다. 사실, 그의 만년 작품인 『선원제전집도서(禪源諸全集都序)』(이하 『도서(都序)』로 약칭함), 『중화선문사자승습도(中華禪門師資承襲圖)』 및 『원각경대소초(圓覺經大疏鈔)』 등에는 선에 대한 언급이 들어있는데 『원인론』에서는 전혀 언급이 없다.

그러나 필자는 위의 입장과는 달리한다. 종밀은 54세 이후 『선원제전집』(100권)의 채집에 착수했는데, 바로 이 시기에 『원인론』도 쓰여졌다고 추측하는 설[1])을 따르려 한다. 그러나 이 만년설을 주장하는 가지(加地)의 근거를 대기에는 매우 모호하다. 그런데 필자가 『원인론』을 종밀의 만년 작품으로 보는 근거는 다른 곳에 있다. 즉 『중화선문사자승습도』나 『도서』 등에서 자세하게 설명된 부분이, 『원인론』에서 간략하게 요약되는 경우가 있는 것 등[2])을 근거로 필자는 『원인론』의 찬술 연대를 만년으로 보고자 한다.

50대 후반의 종밀은 출가 이전의 유학 연구, 그리고 선종사에 대한 연구, 그 후의 『원각경(圓覺經)』에 대한 연구, 유식 사상의 연구, 반야 사상의 연구, 청량 징관(淸凉澄觀; 738-839) 회하에서의 화엄 관계 문헌의 연구, 그리고 선종사에 대한 정리 등이 이미 끝난 상태이다. 『원인론』은 이런 시기에 쓰인 작품이다.

한편 『원인론』은 종밀의 사상 연구에는 물론 중국 사상사의 연구에도 귀중한 자료가 된다. 위에서 잠깐 언급했지만 이 『원인론』은 어떤 특정한 경전에 구애되지 않고 자유롭게 자신의 사상을 펼쳐가고 있다. 게다가 이 책에서 그는 당시의 유학이나 도교의 인간론까지 다루고 있다. 물론 이런 점은 종밀 이전의 불교학자들에게도 보이기는 하지만, 교상판석(敎相判釋)의 체계 속에 도교나 유학을 적극적으로 수용 이해한 것은 종밀에게서 처음 나타나는 요소로 종밀 사상의 특징 중 하나이다. 종밀의 이 점에 주

1) 加地哲定, 「宗密の原人論について」, 『密敎文化』13號, 1950.

2) 辛奎卓, 「圭峰宗密の '本覺眞心'思想硏究」, 東京大學大學院 人文科學硏究科 博士學位請求論文, 1994年, 第2章 2節 注7.

목한 불교학자로는 송대(宋代)의 진수 정원(眞水淨源; 1011-1088)을 들 수 있다. 송대 화엄종의 부흥자로 불리우는 정원은 『원인론』의 주석서인 『원인론발미록(原人論發微錄)』에서, 종밀을 '3교 비교의 '할아버지'라고 평하고 있다. 정원이 이렇게 종밀을 평가하는 데에는 그럴 만한 이유가 있다. 왜냐하면 이 『원인론』에는 종밀 특유의 교판이론이 들어 있기 때문이다. 종밀 이전에는 불교 이외의 사상, 그 중에서도 특히 유학을 포괄하는 교판이론은 없었다고 할 수 있다. 그럼에도 불구하고 종밀은 유학과 도교를 자기 자신의 논리 체계 안으로 수용하여, 거기에 정당한 의미를 부여하여 불교에 수용하고 있다. 이런 면에서 그는 3교(敎)의 사상을 체계화하여 자신의 사상을 만들었다고 할 수 있다.

종밀이 제시한 교판이론은 불교 내부에서는 물론 중국 사상사적인 측면에서도 매우 중요한 위치를 차지한다고 할 수 있다. 교판이론이란 그것을 짜낸 당사자의 철학적인 견해가 반영되어 있다.[3] 즉, 교판이란 그것이 생기게 된 원점에서 보더라도, 경전 내지는 교리를 주체적이면서도 객관적으로 정리하려는 의도에서 출발한 철학 활동의 하나이기 때문이다. 이것은 무작위 내지는 무질서하게 주어져 있는 경전이나 사상 등을 소재로 하여 교판을 짜는 당사자가 전 불교 체계를 주체적으로 조직 · 통일하는 일종의 분류학이다. 그러므로 거기에는 경전을 해석하고 분류하는 당시 사람들의 사상적인 체계가 드러나게 마련이다.

---

3) 石津照璽, 「教判の問題」, 『印 · 佛 · 硏』 第6-2, 昭和33.

비록 현대에 들어서 경전 성립사에 대한 연구와 새로운 문헌의 발견 등으로 인하여 교판이론의 철학적 요소가 비판을 받고 있기는 하지만, 사상사 연구에 있어서는 대단히 중요한 소재이다. 특히 중국 불교를 중국 사상사라는 커다란 흐름 속에서 이해하고 그 의의를 연구하고자 할 때는 이 교판이론이 우리에게 주는 정보는 대단히 크다. 게다가 불교 내부만이 아닌 불교 이외의 사상(예를 들면 유교나 도교)을 포함하여 교판의 재료로 삼고 있는 경우는 더 없이 귀중한 자료이다. 필자가 『원인론』에 주목하는 점도 바로 이런 맥락에서이다. 더구나 『원인론』의 주제가 유 · 불 · 도의 인간론을 비교하여 논술하고 있으며, 이것은 송나라 이후 오늘에 이르기까지 중국은 물론 조선의 사상계에서 3교를 논하는 기본적인 사고 틀로 이용되고 있기 때문이다. 그러면 여기에서 간단히 중국 불교의 교판이론의 흐름을 살펴보고, 그 속에서 종밀의 교판이론이 갖는 특징을 규정해 보기로 한다. '교판'이라고 하면 천태교학(天台教學)에서 말하는 '5시(時) 8교(教)'와 화엄교학(華嚴教學)에서 말하는 '5교(教) 10종(宗)'이 일반화되어 있다. 그러나 이런 일반화된 속에서도 비록 같은 교학의 계통에 속하는 사람이라도 그것을 수용하는 각도가 서로 조금씩 다르다. 그 원인은 교판을 할 당시의 사상계의 흐름에 변수가 있다. 다시 말하면 당시에 유행하던 사상이 교판의 구조 속으로 암암리에 들어온다는 뜻이다.

편의상 화엄교학의 예를 보더라도, 현수 법장의 경우는 불교의 사상 내지는 경전만을 대상으로 하여 교판을 짜고 있지만, 그의 제자인 혜원(惠苑; 673-743)의 경우는 '미진이집교(迷眞異執教)'라는 과목(科目)을 세워 이른바

인도의 외도(外道)는 물론, 중국의 『주역』과 노 · 장까지도 포함하여 해석하고 있다.[4)]

그러나 징관은 혜원의 이러한 태도와 입장을 달리하여 순수한 불교 내에 외도를 섞어서 교판을 짰다는 점을 비판하는 동시에, 이른바 외도 사상을 빼고 그 대신에 선을 넣어서 교판을 세우기에 이르렀다.[5)] 그런가 하면 종밀은 징관과는 달리 『원인론』 속에서 징관이 외도라고 삭제했던 도교와 유교를 함께 넣어 불교의 체계 속에서 교판을 정리하고 있다.

혜원은 '돈교(頓教)'는 '언망려절(言亡慮絶)'이기 때문에 무엇인가를 설명하는 이른바 '능전(能詮)의 교(教)'로는 될 수 없다는 입장에 서서 법장의 5교판을 비판하고 있다. 한편, 징관은 '돈교'도 다른 교와 마찬가지로 '능전'으로써의 기능이 있다는 입장에서 혜원을 역으로 비판하고 있다. 즉, '돈교'를 선종의 '이심전심(以心傳心)'에 배당시키는 것은 현수 법장에게서는 볼 수 없었던 새로운 해석이라고 할 수 있다.[6)]

그런데 종밀의 경우에는 이상과 같은 징관의 사상을 전승하면서도 한편으로는 혜원에 의해서 시도되었던 새로운 교판, 즉 불교 이외의 사상을 불교의 교판 속으로 끌어들여 체계화하는 태도가 다시 생겨나게 되었다. 그는 『원인론』에서 '인천교(人天教)'라는 과목 밑에 유교와 도교를 설명하고 그것에 대한 나름대로의 의미를 부여하고 있다. 바로 이러한 종밀의 생각

---

4) 吉津宜英, 「華嚴と禪」, 『講座大乘佛教』3, 昭58, p.294.

5) 鎌田茂雄, 『中國華嚴思想史の硏究』, 東京: 東大出版會, 1965, pp.273-284.

6) 鎌田茂雄, 앞의 책, pp.475-484.

이, 그를 중국 사상사의 흐름 속에서 취급할 수 있게 하는 요소의 하나이다. 뿐만 아니라, 『원인론』을 발판으로 하여 종밀의 전 사상 체계를 설명할 수 있는 근거도 여기에 있다고 할 수 있다.

Ⅱ. 인간의 본질에 대한 종밀의 분석

그러면 『원인론』에서 중심이 되는 문제는 무엇인가? 이에 대한 대답은 이미 그 논의 제목이 말해주고 있다. 제목을 풀어보면 "인간(의 본질)을 캐는 논문"이 된다. 여기서 '원(原)'자는 "따지다", "캐묻다"는 의미이다. 이 점은 정원이 『원인론발미록』의 서문에서 "원(原), 고야(考也), 궁야(窮也)."(신찬속장48, p.719a)라고 한 것에서도 입증된다. 또 이것은 한유(韓愈; 768~824)의 「원도(原道)」, 「원생(原生)」, 「원인(原人)」에서 보이는 '원(原)' 자와 그 맥락을 같이 한다. 종밀은 인간의 본질에 대한 자신의 입장을 밝히기 위해 당시의 이론을 분석 비판한다. 이 과정에 유학이나 도교, 그리고 불교의 각 파의 인간론을 정리 · 비판 · 수용한다. 그리하여 후세에 유 · 불 · 도 3교의 조화 내지는 동이의 문제가 제기되면, 종밀의 『원인론』이 많이 거론된다.

그러면 이 『원인론』에서는 구체적으로 인간의 본질에 대한 논의를 어떻게 거론하고 있는가를 다음과 같은 단계를 거쳐 분석하여 향후의 논의의 밑받침을 삼기로 한다. 먼저, '(1)비판의 대상' 부분에서는, 종밀이 비판하고 있는 대상을 불교의 내부와 외부로 구별하여 검토할 예정이다. 그리고 '(2)비판의 근거와 그 관계' 부분에서는, 그가 어떠한 관점에서 당시의 인간론을 비판하고 있는가, 즉 비판하는 논리와 그 근거를 밝혀 볼 예정이다. 그리고 그 근거 사이의 관계는 어떻게 되어 있는지도 알아 볼 예정이다.

그런데 여기에서 한 가지 밝혀둘 것은 '(1)비판의 대상'과 '(2)비판의 근거와 그 관계'에서 필자가 전개한 일련의 작업은 종밀이 암암리에 사용하고 있는 사고 유형을 추출해내기 위한 하나의 방법적인 수단이라고 하는 점이다. 그래서 유교와 도교에 대한 종밀의 해석이 타당한가 아닌가에 문제를 삼지 않을 것이며, 또 유교와 도교를 비판하는 근거가 과연 타당한가도 논의의 밖으로 한다. 무엇보다도 종밀의 사상 자체에 대한 이해를 선행해야 한다고 생각하기 때문이다. 이런 뒤에 다시 종밀의 사상이 갖고 있는 의미를 평가하는 작업을 해야 할 것이다.

1. 비판의 대상

종밀은 인간을 포함한 모든 존재에는 '본원(本源)'이 있다고 한다. 『원인론』의 서문에서 그는 "영혼이 있는 모든 존재는 모두 '본원'이 있다. …. 하물며 천 · 지 · 인(天 · 地 · 人) 3재(才) 중에 가장 신령스런 사람에게 어찌 '본원'이 없겠는가?"[7]라고 말하고 있다. 여기에서 말하는 '본원'을 필자는 '근본' 또는 '본질적인 근원'의 의미로 해석한다. '본원'에 대한 설명은 뒤

7) 『原人論』(대정장45, p.707c), "萬靈蠢蠢, 皆有其本, 萬物芸芸, 各歸其根, 未有無根本而有技者也. 況三才之中唯人最靈, 而豈無本源乎."

에서 보다 구체적으로 하겠지만, '본원'이 존재한다는 가설을 기반으로 하여 그의 사상은 구축되어 있다고 볼 수 있다. 만물에는 '본원'이 있다고 하는 대전제로부터, 인간은 과연 어떠한 존재인가를 규명하자는 것이 『원인론』의 기본적인 의도이다. 이처럼 존재의 근원에 대한 물음은 당시의 지식인 사이에 중요시되던 문제 중의 하나이다.

원화 년간(元和年間; 806-820)에 '천(天)'의 해석을 둘러싸고 한유(韓愈) · 유우석(劉禹錫) · 유종원(柳宗元) 사이에 오고갔던 논쟁 중의 하나가 바로 이런 근원에 대한 철학적인 물음이다. 이것은 물음의 내용 그 자체만의 문제가 아니라, 문제를 바라보는 내지는 문제를 해결하는 시각의 변화까지도 포함한다고 할 수 있다. 바로 이러한 시대의 풍조를 경험한 뒤에 쓰인 것이 『원인론』이다.

인간의 '본원'은 무엇인가라고 하는 물음에 대하여, 종밀은 유 · 도 2교의 입장에서 해명해 본 것도 있고, 또 불교의 입장에서 해명한 것도 있다.

먼저 유 · 도 2교에서는 존재 일반을 어떻게 설명하고 있는가를 설명하기로 한다. 종밀에 의하면, 유 · 도 2교에서는 인간 존재의 본원을 다음과 같이 설명한다고 한다.

> 유 · 도 2교에서는 인간 축생 등의 부류들은 모두 허무(虛無) · 대도(大道)가 낳아서 길러주는 존재라고 한다. 즉 저네들이 말하는 이른바 '도(道)는 자연(自然)을 본받고, 자연은 원기(元氣)에서 생겨난다. 원기

가 천지를 낳고 천지가 만물을 낳는다.' 그러므로 어리석거나 지혜롭거나, 귀하거나 천하거나, 즐겁거나 괴롭거나 하는 것들이 모두 천(天)으로부터 받고 시운과 천명[時命]으로 말미암는 것이다. 그러므로 죽으면 다시 천지로 돌아가 허무로 돌아간다.[8]

이 문장에서 우리는 종밀이 유 · 도에서 말하는 인간관을 어떻게 이해하고 있는지를 알 수 있다. 그것을 요약해 보면 다음과 같다. 허무(虛無)인 대도(大道)가 만물과 인간사를 낳았다[①]. 만물과 인간사는 저절로 그렇게 되는 것[自然]이지, 결코 자체의 의지나 노력에 의해서 그렇게 되는 것이 아니다[②]. 만물은 모두 '원기(元氣)'의 흩어지고 모임에 의해서 생기기도 하고 없어지기도 하는 것이다[③]. 빈부 · 선악 · 길흉 · 화복 등은 모두 '천명'에서 나오는 것이다[④]. 이상의 네 가지 중에서 ①과 ③은 내용적으로는 같은 것이다.

한편 기존의 불교에 대하여 종밀은 어떻게 이해하고 있는가를 보기로 하자. 종밀은 당시의 불교를 모두 4종류로 분류하고 있다. 그것은 1. 인천교(人天教), 2. 소승교(小乘教), 3. 대승법상교(大乘法相教), 4. 대승파상교(大乘破相教)이다. 그리고 이상의 부류에 속한 이들의 주장을 비판하고, 5. 일승현성교(一乘顯性教)의 교의를 밝히고 있다. 그러면 위의 네 부류에서 인간의 본원을 무엇이라고 하는지 요점만 살펴보기로 한자.

8) 『原人論』(대정장45, p.708a), "儒道二教說, 人畜等類, 皆是虛無大道生成養育, 謂道法自然, 生於元氣, 元氣生天地, 天地生萬物. 故愚智貴賤貧富苦樂皆稟於天, 曰由於時命. 故死後却歸天地, 復歸虛無."

먼저 인천교에서는 '업(業)'이 몸의 근본이라 했고[⑤], 소승교에서는 인간 존재의 근원은 무시이래의 인연력(因緣力)에 의해서 지속되는 '심(心)'과 '색(色)'이라고 했으며[⑥], 대승법상교에서는 제8 아리야식(阿梨耶識)이 인간의 본원이라고 했고[⑦], 대승파상교에서는 인간의 본원이 공적하다고 한다[⑧]. 이것을 도표로 그려보면 다음과 같다.

교명		인간의 본원에 대한 이론
유교·도교		허무설, 자연설, 원기설, 천명설
불교	인천교 소승교 대승법상교 대승파상교 일승현성교	업설(業說) 색심설(色心說) 아리야 심식설(阿賴耶 心識說) 일체개공설(一切皆空說) 본각진심(本覺眞心)

이상의 ①~⑧에서 말하는 8종류의 인간론이 종밀이 비판하고 있는 대상이다. 그러면 이러한 당시의 주장들에 대하여 그는 어떻게 비판하고 있는가를 검토하고, 그 비판 속에 드러나 있는 근거를 검토해 보기로 한다.

2. 비판의 근거와 그 관계

본론에 들어가기 전에 한 가지 밝혀둘 것이 있다. 그것은 종밀은 무엇을 근거로 해서, 유 · 도에서는 인간의 '본원'에 대하여 ①, ②, ③, ④를 주장한다고 했는가하는 물음을 제기할 수 있다. 그러나 안타깝게도 종밀 자신은 『원인론』에서는 그 전거를 일일이 밝히지는 않았다. 그러므로 이 물음에 완전한 대답을 구한다는 것은 불가능할지도 모른다. 단지 차선의 방법으로 정원이 쓴 『원인론발미록』과, 종밀 자신의 『원각경대소초』와 『원각경대소』에 의하여 간접적으로 검토할 수는 있다.

먼저 정원은 『원인론발미록』에서 ①과 ②의 전거로써 『노자』의 "道生一, 一生二, 二生三, 三生萬物."을 들고 있다. 그리고 ③의 전거로써는 『예기』의 "魂氣歸于天, 骨肉歸于地."와 『장자』의 "人之生, 氣之聚, 聚則爲生, 散則爲死."와 『문중자(文中子)』의 "天氣爲魂, 地氣爲魄." 그리고 『주역』의 "精氣爲魂, 游魂爲變." 등을 들고 있다. ④의 전거로는 『논어』의 "生死有命, 富貴在天"과 『예기』의 "天命之謂性, 率性之爲道, 修道之謂敎" 등을 들고 있다.[9]

그런가 하면 종밀 자신은 『원각경대소』에서 그 예문으로 『노자』의 '자연'·'도', 『장자』의 '허무', 『열자』의 '무형', 『문중자』의 '허', 『논어』의 '명' 등을 들고 있다.[10]

당시의 유·도에 속한 사람들이 인간의 '본원'을 어떻게 보고 있는가에 대한 대답을 찾기 위해서, 이상의 자료를 사용한 것은 매우 타당하다고 볼 수 있다. 그리고 그 내용의 요약 또한 매우 적절하다고 할 수 있다.

그러면 ①~④의 주장을 비판하는 종밀의 근거를 찾아보기로 하자.

(가) 첫 번째로 ①의 '허무대도설'을 비판하는 근거를 검토하기로 한다. 종밀은 두 가지 측면에서 이 '허무대도설'을 비판하고 있다. 첫 번째는,

---

9) 『原人論發微錄』(신찬속장58, p.721c).

10) 『圓覺經大疏』, (신찬속장9, pp.378a-379a).

유 · 도에 속하는 이들은 만물의 본원으로 '대도'를 말하고 있는데, 그러나 그들은 '대도'에서 어떠한 과정을 거쳐서 만물이 생성되고, 다시 만물에서 어떻게 '대도'로 복귀하는가를 명확하게 말하고 있지 않는다고 한다.[11)]

두 번째는 유 · 도에서 말하듯이 만약 '대도'에서 만물이 생겼다고 한다면, 길흉 · 화복 · 생사 등이 모두 '대도'에서 생기게 될 것이다. 그런데 '대도'란 그네들의 말에 의하면 항상 존재하는, 불변하는 존재이다. 이런 불변하는 존재에서 나온 선악 내지는 길흉 등을 비롯하여 모든 현상[萬事]은 불변적인 것이어야 할 것이다.

그러나 세상사는 그렇지 않다. 끊임없이 변하고 있다. 그리고 또 '대도'가 역사상 포악한 지도자의 대표로 거론되는 걸 · 주(桀 · 紂)를 이 세상에 내보내기도 하고, 어진 사람의 표본으로 전해지는 안연을 일찍 죽게 한 셈이다. 게다가 이것은 『주역』에서 말하고 있는 "천지지대덕왈생(天地之大德曰生)"이라는 말과 모순되는 점을 들고 있다.[12)] 나아가 모두가 '대도(大道)'에 의해서 결정되는 것이라면, 유 · 도 너희들이 말하는 교화 따위는 무슨 필요가 있겠는가?[13)] 이런 등등의 이유에서 종밀은 유 · 도의 '대도'를 비판하고 있다.

이상에 의하면 종밀이 ①을 비판하는 과정에서 다음과 같은 생각을

---

11) 『原人論』(대정장45, p.708b), "雖指大道爲本, 而不備明順逆起滅染淨因緣故."

12) 『圓覺經大疏』"(신찬속장9, p.378b), "易曰天地之大德曰生, 生者爲大德則, 死爲大賊, 今旣不問賢愚罪孝, 皆賊之以死, 何用生之乎.

13) 『原人論』(대정장45, p.708b), "基本旣其常存, 則禍亂凶愚, 不可除也, 福慶賢善, 不可益也. 何用莊老之教耶."

갖고 있음을 알 수 있다.

즉, "만물의 본원이 되기 위해서는, 그 '본원'이 되는 것에서부터 만물이 생기는 과정을 설명하지 않으면 안 된다. 그리고 현실적으로 엄연하게 존재하는 '악'의 존재를 밝혀내지 않으면 안 된다."(다음부터는 이 주장을 기호 [1]로 표시하기로 함.)

(나) 두 번째로, ②의 '자연설'을 어떠한 근거로 비판하고 있는지를 검토하기로 한다. 현상계 속에 만물이 생기기까지, 만약 거기에 인과 관계가 없으면 풀에서 사람이 생겨나고, 사람에서 동물이 생기는 등 극단적인 주장도 가능하게 된다고 한다.[14] 그런가 하면 모든 것이 저절로 그런 것[自然]이라 한다면, 노 · 장 · 주공(老 · 莊 · 周孔) 등의 가르침이 무슨 필요가 있겠느냐고 종밀은 반문한다.[15] 종밀의 이러한 질문을 통해서 우리는 이 질문의 저변에는 다음과 같은 종밀의 생각이 뒷받침되어 있다는 것을 알 수 있다.

즉, "인간과 인간을 둘러싸고 있는 세계 중에서 그것을 움직이게 하는 혹은 그 속에 움직이고 있는 원인이 반드시 존재한다."(다음부터는 이 주장을 기호 [2]로 표시하기로 함.)

그래서 도가의 '자연설'을 비판하는 종밀의 이론적인 근거를 다음과 같이 정리할 수 있을 것이다. 즉, 모든 존재의 현상 내부에는 그것을 움직

---

14) 『原人論』(대정장45, p.708b), "一切無因緣處, 悉應生化, 謂石應生草, 草或生人, 人生畜等."

15) 『原人論』(대정장45, p.708b), "應生無前後, 起無早晚, 神仙不藉丹藥, 太平不藉賢良, 仁義不藉教習, 老莊周孔, 何必立教, 爲軌則乎."

이고 변화하게 하는 원리가 있고, 그 원리는 인과율을 갖고 있다.

(다) 세 번째로, ③의 '원기설'을 어떠한 근거에서 비판하는가를 검토하기로 한다. 그는 『장자』의 기의 '취산(聚散)'에 대한 주장과 『주역』의 "精氣爲魂, 游魂爲變." 등의 문구를 인용하여, 기(氣)에 대한 이론을 비판하고 있다.[16)]

만물의 근원인 기에서 인간이 생겨난 것이라면, 어린 아이에게는 인식하는 작용이 없어야 할 것이다. 왜냐하면 '원기'는 처음부터 인식 능력이 없는 존재이기 때문이라고 한다. 그러나 방금 태어난 아기라 할지라도 좋아하고 싫어하는 지각작용이 있다[17)]고 종밀은 반박하고 있다. 그리고 만물이 흩어져 '원기'로 돌아간다면, 세간에서 말하고 있는 귀신의 존재를 어떻게 설명하겠느냐[18)]는 면에서도 반박하고 있다. 물론 여기에는 귀신의 존재를 전제하는 당시의 사상이 깔려있지만 이런 비판을 통하여 종밀이 본원의 속성에 관한 태도를 다음과 같이 정리할 수 있을 것이다.

즉, "만물의 근원이 되기 위해서는 그 존재 자체는 상주불변하면서도 지각작용을 겸비해야 한다."(다음부터는 이 주장을 기호 [3]으로 표시하기로 함.)

(라) 네 번째로, ④의 '천명설'을 비판하는 근거를 찾아보도록 하자.

---

16) 『圓覺經大疏』(신찬속장9, p.378c), "莊曰, 人之生, 氣之聚則爲生, 散則爲死, …. 易曰. 精氣爲物, 遊魂爲變. 非之曰, 若云氣成人等則欻生之神未曾習慮. 豈得嬰孩, 便能愛惡憍恣焉."

17) 『原人論』(대정장45, p.708b), "又言皆從元氣而生成者, 則欻生之神, 未曾習慮. 豈得嬰孩, 便能愛惡驕恣焉."

18) 『原人論』(대정장45, p.708b), "又若生是稟氣而忽有. 死而氣散, 而忽無則, 誰爲鬼神乎."

종밀은 『장자』·『열자』·『논어』 등을 중심 자료로 해서 당시의 '천명설'을 정리하고 비판하고 있다.[19] 이 책들에서 말하고 있듯이 인간의 모든 일이 전부 '천명'에 의해서 좌우된다면, 우리들이 살고 있는 현상계를 합리적으로 설명하기가 어렵다는 것이다.

즉 모든 일이 '천명'에 의한다면, 요즈음 세상을 살펴보면 덕행이 없어도 부귀를 누리고, 혹은 덕행을 해도 비천하게 되는 실례를 얼마든지 볼 수 있다. 이것은 대단히 불공평한 것인데, 이런 현상을 어떻게 합리적으로 설명할 수 있겠느냐는 것이다.[20]

모두가 '천명'에 의하여 결정되는 것이라면, 인간의 수행이라든가 성인의 교화도 필요가 없게 되는 것이 아닌가[21]라고 반론을 제기하고 있다. 이렇게 '천명설'을 반박하는 종밀의 생각의 저변에는 다음과 같은 전제가 깔려 있음을 알 수 있다.

즉, "현상계 속에는 정연한 '원리'가 있어서, 인간은 그 '원리'를 익히고 배움에 의해서 보다 좋은 상태로 나아갈 수 있다. "(다음부터는 이 주장을 기호 [4]로 표시하기로 함.)

이상에서 유·도 2교의 비판에 대한 종밀의 입장을 다음과 같이 요약

19) 『圓覺經大疏』(신찬속장9, p.378b), "莊云, 天地萬物之父母合則成體, 散則成始. 又曰才之殊者, 受之於天. 列子曰, 精氣者所受於天, 骸骨者所稟於地. 語曰, 死生有命富貴在天等. 非之曰, 若爾則天之賦命, 奚爲貧多富少, 賤多貴少."

20) 『原人論』(대정장45, pp.708b-c), "又言, 貧富貴賤賢愚善惡吉凶禍福, 皆由天命者, 則天之賦命, 奚有貧多富少, 賤多貴少, 乃至禍多福少."

21) 『原人論』(대정장45, p.708c), "既禍亂反逆, 皆由天命, 則聖人設教, 責人不責天, 罪物不罪命, 是不當也."

하는 것이 가능하다.

첫째, 종밀에 의하면 유 · 도를 배우는 사람들이 ①'태허원기설', ②'자연생성설', ③'기의 취산설', ④'천명설' 등을 주장하고 있다는 것이다. 둘째, 이상의 설명으로는 만물의 근본을 해명하지 못 한다고 종밀은 생각하고 있다. 셋째, 종밀이 이상의 유 · 도의 주장을 비판하는 과정에서, 종밀의 주장의 저변에는 [1], [2], [3], [4] 등이 전제되어 있다는 것을 알 수 있다.

(마) 다섯 번째로, ⑤의 '업설'에 대한 비판을 검토하기로 하자. 종밀에 의하면, '인천교'에서는 '업(業)'에 의해서 인간 내지는 만물이 생명을 받는다고 하는데, 그렇다면 그 '업'은 누가 만들며 나아가 그 '업'을 받는 주체는 무엇이냐고 반문한다. 이 질문에 대한 그들의 입장을 대변하여 종밀은 '육체'가 '업'의 주체라고 대답한다. 그러나 종밀에 의하면, 인간의 육체는 '업'을 만들 수 없다고 한다. 왜냐하면 심장[肉團心] 내지는 육체가 '업'을 만드는 주체라면, 육체를 갖고 있는 시체도 '업'을 지을 수 있어야 할 것이다. 그러나 금방 죽은 사람의 육신은 멀쩡하지만 '업'을 짓지 못하는 사례를 들어 반증한다.[22)]

한편, 종밀에 의하면 희노애락 등의 감정도 '업(業)'을 지을 수 없다고 한다. 그 이유는 감정이라는 것은 상황에 따라 변화하기 때문에 '업'의 주체가 될 수 없다고 한다.[23)]

---

22) 『原人論』(대정장45, p.708c), "據此教中, 業爲身本, 今詰之曰, 既由造業, 受五道身, 未審, 誰人造業, 誰人受報. 若此眼耳手足, 能造業者, 初死之人, 眼耳手足宛然, 何不見聞造作."

23) 『原人論』(대정장45, p.709a), "喜怒等情, 乍起乍滅, 自無其體, 將何爲主, 而作業

이상의 논의를 통하여 주장⑤를 비판하는 근거를 다음과 같이 요약할 수 있다.

즉, "만물의 본원이 되기 위해서는 '불변의 실체'를 갖고 있지 않으면 안 된다."(다음부터는 이 주장을 기호 [5]로 표시하기로 함.)

(바) 여섯 번째로, ⑥소승교의 '아법유설(我法有說)'을 비판하는 종밀의 이론을 검토하기로 한다. 종밀에 의하면 소승교에서는 '아(我)'는 없다고 하지만, '아'를 이루고 있는 요소에 해당하는 '색(色)'과 '심(心)' 등은 실재로서 존재한다고 한다. 그리고 이 '색'과 '심'이 바로 만물의 본원이라고 한다. 그런데 이에 대해 종밀은 만물의 본원이 되는 존재는 그것이 중단되어서는 안 된다고 한다.

그러나 '색'은 말할 것도 없고, '심'의 경우도 때로는 그 존재의 지속이 끊어진다.[24] 예를 들어보면 전(前) 5식에 해당하는 안식 · 이식 · 비식 · 설식 · 신식의 의식 작용은 인식의 대상(색 · 성 · 향 · 미 · 촉)이라든가 인식 기관(안 · 이 · 비 · 설 · 신)이 없으면, 그것의 작용이 중단된다고 한다. 제6식의 인식 작용마저도 잠잘 때에는 중단된다고 한다. 그렇기 때문에 결국 '심'도 그 존재가 중단되는 때가 있다고 한다. 여기서 우리는 주장 ⑥을 비판하는 종밀의 이론적인 근거를 다음과 같이 정리할 수 있다.

즉, "만물의 본원이 되려면 그것은 중단됨이 없이 자기 동일성을 유지

耶."

24) 『原人論』(대정장45, p.708c), "今詰之曰, 夫經生累生, 爲身體者, 自體須無間斷, 今五識, 闕緣不起, 意識有時不行."

해야만 한다."(이하에는 이 주장을 기호 [6]으로 표시하기로 함.)

(사) 일곱 번째로, ⑦법상교의 '아리야식설'을 비판하는 이론적 근거를 검토하기로 하자. 종밀에 의하면, 법상교에서는 제8식인 '아리야식'이 스스로 움직여서[轉生] 인식의 대상[相分] · 인식 기관[見分] · 선악의 종자 · 제7식을 생성한다고 한다. 그리고 또 그는 법상교에서는 '아리야식'에서 생긴 것은 모두 실체가 없는 허망한 존재라고 한다.[25]

다시 말하면 '아리야식'이 이른바 허망한 현상계를 만들었다고 한다. 종밀이 비판하고 있는 것은, 바로 이 점인 것이다. 종밀에 의하면 '아리야식'에서 생긴 존재가 허망한 것이라면, 이런 허망한 존재를 낳은 '아리야식'도 결국은 참은 아니라는 것이다.[26] 이 점을 종밀이 비판하는 것이다. 이 문제를 종밀은 '환몽비유설(幻夢比喩說)'에 의해서 다음과 같이 논증하고 있다. 이것은 바로 『장자』의 '호접몽(胡蝶夢)'에 대한 존재론적 비판이기도 하다.[27]

꿈의 작용[아리야식]에 의하여 꿈속에 나비[모든 존재]가 생긴다. 그러나 꿈에서 깨어나면 나비는 물론 꿈 그 자체마저도 없어진다. 그리하여 결국은 꿈을 꾼 본인[本覺眞心]만이 존재하게 된다. 따라서 아리야식은 물론 그것에서 생겨난 만물은 모두가 본래부터 자성이 없다고 종밀은 비판하고

---

25) 『原人論』(대정장45, p.709b), "第八阿賴耶識, 是其根本, 頓變根身, 器界, 種子, 轉生七識, 皆能變現自分所緣, 都無實法."

26) 『原人論』(대정장45, 709c), "將欲破之, 先詰之曰, 所變之境既妄, 能變之識豈眞."

27) 『原人論發微錄』(신찬속장58, p.732a), "所變之境, 旣妄者, 則胡蝶之相, 豈獨是有乎, 如莊周睡時, 夢見身爲胡蝶, 在花園中."

있는 것이다.

그는 자신의 이런 주장을 『중관론』·『대승기신론』·『금강경』[28] 등의 내용을 빌려서 밝히고 있다. 이런 등등의 이유로 해서 유식종 즉 중국 법상종에서는 만물의 '본원'으로서 '아리야식'을 주장하지만, 그 식의 본체가 자성이 없는 공한 존재이기 때문에 참된 '본원'은 될 수 없다고 한다.

당시 중국의 법상종에 대한 종밀의 비판을 통해 근원에 대한 그의 전제를 다음과 같이 요약할 수 있다. 즉, "만물의 본원이 되기 위해서는 자성을 가져야만 한다."(이하에는 이 주장을 기호 [7]로 표시하기로 함.)

(아) 여덟 번째로, ⑧파상교의 '일체개공설'에 대한 비판을 분석하기로 한다. 종밀에 의하면 공사상의 형성에 중대한 공헌을 한 용수는, 소승학자의 법집(法執)을 논파하기 위해 '공반야(共般若)'를 말했다고 한다.[29]

그러나 용수를 중심으로 하는 파상교(破相教)에서는 소승의 법집을 논파하는 데에는 성공했지만, '신령한 성품'의 존재를 적극적으로 드러내는 데까지는 가지 못했다고 한다.[30] 또 종밀은 주관[心]과 대상물[境]이 실체가 없는 존재라면, 그 '없다'는 사실을 판단하는 주체는 무엇이냐고 반문하고

---

28) 『原人論』(대정장45, p.709c), "中觀論云, 未曾有一法, 不從因緣生, 是故一切法無不是空者. 又云因緣所生法, 我說旣是空. 起信論云, 一切諸法, 唯依妄念, 而有差別, 若離心念, 卽無一切境界之相. 經云, 凡所有相, 皆是虛妄, 離一切相, 卽名諸佛."

29) 『原人論』(대정장45, p.709c), "龍樹立二種般若, 一共, 二不共. 共者二乘同聞信解, 破二乘法執故, 不共者, 唯菩薩, 解密顯佛性故."

30) 『原人論』(대정장45, p.710a), "今旣心境, 皆空, 未審, 依何妄現, 故知此教, 但破執情, 亦未明顯眞靈之性."

있다.[31]

이상과 같은 종밀의 논증을 통해서 우리는 그의 논증에 깔려 있는 전제를 다음과 같이 요약할 수 있다. 즉, "모든 존재가 실체는 없다 할지라도, 그 없다는 것을 파악하는 인식의 주체는 항상 존재하고, 그 인식의 주체는 '신령한 성품'을 간직하고 있다."(이하에는 이 장을 기호 [8]로 표시하기로 함.)

이상의 검토를 통해서 '본원(本源)'의 정의에 대한 종밀의 주장을 다음과 같이 정리할 수 있을 것이다. 유교와 도교를 비판할 때 종밀은 다음과 같은 전제를 깔고 있다는 것을 알 수 있다. 즉, 모든 존재에는 그것을 뒷받침 해주는 '본원'이 있고, 그 '본원'은 다음과 같은 성질을 갖추지 않으면 안 된다. 즉, 만물의 '본원'이라면, 그 '본원'에서부터 우리가 살고 있는 현상이 어떠한 과정을 거쳐서 생겨나는지 그 과정을 인과적으로 설명하지 않으면 안 된다. 그리고 '본원'은 항상 존재하는 것이어야 하고, 그것은 지성(智性)과 인식 능력을 갖추고 있다.

한편, 기존의 불교를 비판할 때에 종밀이 사용하고 있는 전제는 다음과 같다. 만물의 본원이 되기 위해서는, 그 존재는 실체로써 자기 존재의 연속성을 갖추지 않으면 안 된다. 또, 그 '본원'은 인식 능력을 갖추고 있다. 나아가 본원이 되기 위해서는 '신령한 성품'을 자기 속에 갖추고 있어야 한다.

그렇다면 종밀 자신은 '본원'을 어떠한 입장에서 논하고 있는가? 이

31) 『原人論』(대정장45, p.709c), "若約此原信, 身元是空, 空即是本, 今復詰此教曰, 若心境皆無, 知無者誰."

문제는 종밀 사상의 핵심적인 이론 체계이다. 그것은 천지 만물의 가장 근본 되는 원리를 도출해 내려는 그의 사고 체계와 관련되어 있다. 그러면 종밀에 있어서 그 근원이란 도대체 무엇인가?

종밀의 말을 빌리면 그것은 '본각진심'이라고 한다. 이것에 대한 정의를 종밀은 다음과 같이 내리고 있다.

> 일체의 유정은 모두 '본각진심'이 있다. 이것은 한없는 오래 전부터 상주하고 청정하며, 소소(昭昭)하여 어둡지 않으며, 뚜렷하여 항상 지혜를 갖추고 있는데, 이를 불성(佛性)이라고도 하고 때로는 여래장(如來藏)이라고 한다.[32]

이것은 인간 본성의 존재론적인 정의로서, '본각진심'의 속성을 다음과 같이 정리할 수 있다.

① 인간이라면 누구나 '본각진심'을 갖추고 있다. 이것은 인간 본성에 대한 재해석으로서 중국 인성론사의 새로운 국면을 열어 놓은 것이다. 운명론으로부터 인간을 해방시키는 것으로서, 당대(當代)의 '성삼품설(性三品說)'에 대한 도전이라고 생각된다.

② '본각진심'은 무시이래 항상 존재하는 것으로서, 시간의 제약을 벗어난 것이다. 이것은 '본각진심'을 시공을 초월한 원리로써 설정하

32) 『原人論』(대정장45, p.710a), "一切有情皆有本覺眞心, 無始以來, 常住清淨, 昭昭不昧, 了了常知, 亦名佛性, 亦名如來藏."

려고 하는 형이상학적 요청이라고 생각할 수 있다.

③ '본각진심'은 소소령령한 성질을 갖추고 있는 것으로 '절대 선'이다.

④ 이것은 완벽한 인식 능력을 갖고 있다.

이상에서 '본각진심'의 속성을 살펴보았는데, 여기에서 한 가지 분명히 해야 할 것이 있다. 그것은 '본원'을 외물에서 구한 것이 아니라 인간의 내부에서 구한 점이다.[33] 이것은 '본원'에 접근하는 방법론의 위에서 보더라도 새로운 사고 모형의 출현이다.

이상과 같이 종밀은 인간의 본원을 '본각진심' 사상에 의해서 정의하고 있음을 보았다. 그는 '본각진심(本覺眞心)'이 지닌 이러한 성질을 단도직입적으로 '일진영성(一眞靈性)'이라고 하고 있다. 즉, 그것은 절대적이고, 그리고 신령하고 묘한 본성이라고 한다. 그러나 현실 속에서의 인간은 전혀 그렇지 않다. 보편으로서의 '본각진심'과 특수로서의 개별 인간을 어떻게 해명하면 좋을까 하는 문제라고 할 수 있다.

그래서 위의 문제를 해명하기 위해 등장하는 개념이 '미혹'이다. 종밀은 '미혹' 개념과 연기론을 여래장 사상과 결부시켜, 현실적인 인간의 악의 문제를 해명하고 있다. 종밀은 『대승기신론』의 심식설에 근거하여, 인성의 문제를 체계화하고 있다. 즉, 불생불멸하는 '본각진심'을 생 · 주 · 이 · 멸

33) 『原人論』(대정장45, p.710a), "評曰, 我等多劫, 未遇真宗, 不解反自原身, 但執虛妄之相, 甘認凡下, 或畜或人."

하는 '미혹'이 가리고 있기 때문에, 인간이면 누구나 간직하고 있는 '본각진심'이 숨겨져 있는 상태를 공간 개념으로는 '여래장(如來藏)'이라고 이름 붙이고, 존재론적인 개념으로는 '아뢰야식'이라고 이름 붙이고 있다.[34)]

그러므로 '아뢰야식' 속에는 진여를 '깨닫는 기능'도 있고, '깨닫지 못하는 기능'도 있다고 한다. 그리하여 '깨닫지 못하는 기능'에 의하여 '무명'이 생기고, 이 '무명'에 의하여 사고분별하는 인식 주관[轉相]과 인식 대상[境界相]이 생긴다고 한다. 이렇게 번뇌에 물들어가는 연기 과정을 '염연기(染緣起)'라고 하는데, 이런 과정 속에서, 인식의 대상은 불변의 실체라고 집착하여 법집(法執)을 낳게 되고, 그것을 향하고 있는 주관으로서의 '아(我)'는 실체가 있는 것이라고 여겨 아집(我執)이 생기게 된다. 이렇게 주관과 객관이 양립하여, 이 둘의 상호작용에 의해 '업'을 짓게 된다고 한다. 그 뒤에는 '업(業)'의 기운에 의하여 인간사의 선악 · 고락 · 귀천 · 빈부 등등 여러 가지 행위가 나오게 된다고 한다.[35)]

이상과 같이 '본각진심'이 '미혹'과 화합하여 현상계에서 자신의 존재를 드러내가는 과정을 위에서 '염연기'라고 했다. 반면에 '본각진심'이 '미혹'에 덮여있는 현상계에서 이런 '미혹'을 제거해가는 과정을 '정연기(淨

34) 『原人論』(대정장45, p.710b), "謂初唯一眞靈性, 不生不滅, 不增不不減, 不變不易, 眾生無始, 迷睡不自覺之. 由隱覆故名如來藏, 依如來藏故. 有生滅心相, 所謂不生滅眞心, 與生滅妄想和合, 非一非異, 名爲阿賴耶識."

35) 『原人論』(대정장45, p.710b), "此識(阿賴耶識) 有覺不覺二義, 依不覺故, 最初動念, 名爲業相. 又不覺此念, 本無故, 轉成能見之識, 及所見境界相現, 又不覺此境, 從自心妄現, 執爲定有, 名爲法執, 執此等故, 遂見自他之殊, 便成我執, 執我相故, 貪愛順情諸境, 欲以潤我, 瞋嫌違諸境, 恐相損惱, 愚癡之情, 展轉增長."

緣起)'라고 한다. 인간이 수양을 통하여 주체적으로 자신의 삶을 개발할 수 있는 이론적인 근거도 이상과 같은 논리에 의해서 성립할 수 있는 것이다. 이것이 바로 수양론이 성립할 수 있는 논리적인 근거이며, 한편으로는 '천명설(天命說)'의 폐쇄성으로부터 인간을 해방시키는 논리이기도 하다.

그러면 유 · 불 · 도에서 주장하는 인간의 근원에 대하여 비판하는 과정에서 종밀이 사용했던 각각의 근거 사이에는 어떠한 관계가 있는가를 살펴보기로 하자.

그에 의하면 이상과 같은 '본각진심'을 '미혹'이 뒤덮고 있을 경우, 이 '미혹'과 '본각진심'을 합하여 그것을 '여래장'이라고 했다. 다시 말하면 그것은 '여래', 즉 '본각진심'이 간직되어 있는 창고[藏]를 의미하는 것이다.

인간은 누구나 이 '본각진심'을 갖고 있다는 것을 근거로 하여 비로소 공종(空宗)의 '공사상'도, 상종(相宗)의 '아리야식설'도 각각 그 정당한 자기 역할을 간직할 수 있게 되는 것이다. 나아가서는 '아리야식'의 존재에 의하여 인식 주체는 물론 인식의 대상으로서의 세계도, 각각 그 나름대로의 존재의 의미를 확보할 수 있게 되는 것이라고 한다. 뿐만 아니라, '본각진심'이 있어야 비로소 소승교의 '심식설'과 인천교의 '업설' 등도 각각 그 정당성을 확립할 수 있게 된다는 것이다.

그러면 유 · 도의 경우는 어떻게 되는 것인가? 이에 대하여 종밀은, '업의 힘'을 받아 만물이 생성되게 되는데, 이 기운의 근원이 바로 '원기(元

氣)'이며 이 '원기'의 근본은 신령한 마음[眞一靈心]이라고 한다.[36)]

그러므로 업 사상도 '본각진심'에 의해, 존재의 당위성을 확보할 수 있게 된 셈이다. 그리하여 이 '업'에 의하여 만불도 생기게 된 것이고, 인간도 이 '업'에 의하여 생긴 것이라고 한다. 그렇기 때문에 만물의 운행에는 절도 있는 원리가 있다고 할 수 있다. 겉에서 보면 저절로 그렇게 되는 것처럼 보이지만, 실은 '업'의 기운에 의하여 그렇게 되는 것이라고 종밀은 해석하고 있다. 그에 의하면 인간의 문제는 결코 운명에 의한 것이 아니라고 한다.

이상은 '본각진심'을 핵심으로 하는 '일승현성교(一乘顯性敎)'의 입장에서 당시의 불교를 포함한 여러 사상을 비판 체계화한 것이라고 할 수 있다. 그는 이 사상에 의하여 주술적인 사고를 비판하고 있는 것이다.

일체의 모든 존재가 '본각진심'을 자기 속에 간하고 있기 때문에, 본래적인 측면에서 말하면 인간의 본성은 동일하다는 결론을 낼 수 있다. 인성에 대한 문제는 '인간이란 도대체 어떤 존재인가?' 하는 인간 이해의 중요한 열쇠이다. 이런 점에서 '본각진심' 사상의 등장은 중국 인성론사에 있어서도 중요한 의미를 던져주는 개념의 하나라고 할 수 있다.

---

36) 『原人論』(대정장45, p.710c), "所稟之氣, 展轉推本, 即混一之元氣也, 所起之心, 展轉窮源, 即眞一之靈心也. 究實言之, 心外的無別法, 元氣亦從心之所變, 屬前轉識所見之境, 是阿賴耶相分所攝."

Ⅲ. '본각진심'의 의의

필자는 이상의 논의를 통해서 종밀 사상의 대전제를 찾아내었다. 즉, "천지의 만물에는 반드시 그것을 있게 한 '근원'이 있는데, 그것은 바로 '본각진심'이다."라는 것이다. 우리는 이 명제를 종밀이 당시의 사상을 비판하는 과정에서 암암리에 쓰고 있다는 것도 동시에 보았다. 그러면 이 명제가 의미하는 사상사적인 의미를 해명해 보기로 하자.

첫째, 이상의 명제가 가지는 의의는 먼저 철학적 문제 의식의 전환이라는 점에서 주목할 필요가 있다. 종밀은 유 · 도의 천명설과 자연설, 원기설 등을 비판하는 과정에서 '본원'에 대한 자신의 사상을 잘 드러내고 있다. 즉 인간과 세계를 일반화하여, 그 속에 내재하는 '근원'이 무엇인가를 해명하려고 하였던 것이다.

이러한 그의 태도가 갖는 사상사적인 의미는, 우리를 둘러싸고 있는 자연에 대하여 무지에 의한 공포 내지는 운명론에 의한 자기 존재의 위축 등으로부터의 해방을 이론적으로 체계화한 것이라고 생각할 수 있다. 뿐만 아니라, 천명론적인 사고의 부정적인 요소인 주술적 행위에 대한 근본적인 도전이기도 하다. 종밀은 주술에 의한 폐쇄가 아니고, 오히려 원리의 탐구와 그것에 바탕을 둔 수양을 통해서 인간에 대한 새로운 해석의 길을 제시한 것이라고 할 수 있다.

둘째, 원리에 대한 인식이라 할 수 있다. 이 세계 속에서 움직이고 있는 원리에 눈을 돌려서, 그 원리는 무엇인가, 그것을 어떻게 하면 인식할 수 있을까 하는 것들을 생각하게 했다. 이러한 발상은 인간 본질에 대한 탐구를 시작하게 하고, 인간을 둘러싼 세계의 존재 원리에 대한 탐구를 낳게 하였다. 그 결과, 인간의 본성에 대한 재검토가 제기되었다. 이것은 당대(唐代)의 말기에 일게 된 '생득(生得)'을 중시한 인성론에 대한 새로운 반성을 일게 하였다.

인간의 본질에 대한 탐구에 의하여, 인간 그 자체에 대한 인위적인 개발과 관리가 될 수 있게 되었다. 나아가 세계에 대한 인식에 의하여 자연에 대한 공포로부터 벗어날 수 있게 되었고, 세계에 대한 적극적인 해석이 가능하게 되었다. 그리하여 이른바 원리적 사고의 한 장을 확립하게 되었다. 그러므로 이제부터의 철학의 관심은 현상계를 꿰뚫는 원리는 무엇인가 하는 문제에 집중되기 시작했다.

당말(唐末)에 '천(天)'을 원리자의 측면에서 이해하려 했던 유종원(柳宗元)과 유우석(劉禹錫) 사이에 오고 갔던 논쟁도 이러한 선상에서 그 자리매김을 할 수 있다. 종밀이 주장하는 '본각진심'이 갖고 있는 사상사적인 의미도 바로 이런 점에 있다고 할 수 있다.

셋째, 수양의 문제를 존재론적으로 해명한 점에서 그 의의를 찾을 수 있다. 인간의 본성에 대한 문제를 원리론적으로 해명함에 의하여 수양이라고 하는 인간 행위가 적극적으로 부상하게 되었다. 즉, 수양론의 정당성이 이론적으로 체계화되게 되었다. 그것은 수양의 문제를 형이상학적 원리와 결합시키는 형태로서, 당위의 문제를 존재의 문제에서 끌어내는 것이라고 할 수 있다. 이렇게 당위의 문제를 형이상학적인 원리에서 도출해내는 것은, 당말 이후의 현저하게 나타나기 시작한 중국 사상의 특징 가운데 하나이다.

형이상학적 원리는 주술로부터 인간을 해방시키는 기능을 갖고 있다. 그러나 반면에 형이상학적 원리 그 자체를 실체로서 고정화하는 경향은 종파적인 사명 의식이라든가 주자와 그의 제자들에 의한 중화 의식 내지는 중앙집권적 통치 이념과 결합되어 역사적으로 강한 위협 세력으로 군림하기도 했다. 종밀에게 있어서 '본각진심' 사상에 의한 인간 존재의 당위성과 보편성이 이론적으로 확립되게 되었다. 그리하여 인간과 모든 존재를 형이상학적 원리에 의한 설명을 통하여 원리적 사고의 한 예를 보여 주게 되었다.

넷째, 보편과 특수에 관한 문제를 제기한 점에서 의의가 있다. 그는 '미혹'이라는 개념에 의한 인간 성품의 다양성을 해명하고 있다. 즉, '본각진심'을 갖추고 있는 인간에게 왜 악이 존재하는가를, '미혹'이라는 개념을 빌려 그 특수성을 해명하고 있다. 이렇게 본래성으로서의 보편과 현실성으로서의 특수라는 틀은 당대 이후에도 계속 이어지고 있다. 이 점에서 종밀의 문제 제기는 중국 인성론사의 흐름 속에서 평가될 수 있다.

다섯째, 구조론의 틀을 제공했다. 종밀의 사상이 지닌 사상사적인 의미를 보다 확실히 하기 위해서는, 발생론과 구조론의 개념을 분명하게 해

둘 필요가 있다. 이 둘은 '능생자(能生者)'와 '소생자(所生者)'가 서로 분리되어 있다는 점에서는 동일하다. 그러나 구조론의 경우, '소생자'의 구조 속에 '능생자'가 이미 내재적으로 존재한다는 점에서 발생론과 다른 특징이다. 이런 점에서 종밀의 사고유형은 구조론이라고 할 수 있다. 이런 점은 그가 『원인론』에서 법상교를 비판하는 중요한 근거의 하나로 잘 드러나 있다.

종밀은 중국 법상종 학자들이 '아리야식'의 전변(轉變)에 의해서 천지만물이 생긴다고 하는 발생론을 비판하고, 그 대신에 『대승기신론』의 중생심 개념을 도입하고 있다. 나아가 그는 여래장이라고 하는 논리 공간을 이용하고 있다.

불생불멸하는 '본각진심'이 '망심'과 화합하여 만물을 생한다고 한다. 그러므로 만물 속에는 언제나 '능생자'가 작용을 하고 있는 셈이다. 다만 '미혹'에 의하여 '능생자'인 '본각진심'의 기능이 숨겨질 뿐이다. 발생론적인 사고 유형에서는 모든 가치가 '능생자'에게 부여되어 있다. 그렇기 때문에 '소생자'는 가치없는 존재로 취급된다.

이런 사고가 통용되는 사회에서는 탈세속적인 행위가 성행하게 된다. 그러나, 구조론적 사고에서는 개념상으로는 '능(能)-소(所)'를 나누고 있지만, '소생자'가 움직이고 있는 현상계 속에 '능생자'의 존재 의미가 되살아나게 된다. 이러한 특징이 잘 들어나 있는 것이 남종선(南宗禪)에서 말하는 현실 세계이다. 따라서 구체적인 개별자를 떠나서 독립된 보편자는 무의미한 것이고, 사실상 그런 존재는 실재하지 않는다고 종밀은 말한다.

종밀의 이런 구조론 사고는 '아리야식'의 내용을 정의하는 곳에서도 잘 나타나 있다. 즉 법상종에서는 '아리야식'을 '망식(妄識)'이라고 간주하는 반면에, 법성교학(法性教學)을 현창하는 종밀은 '아리야식'을 '진망화합식(眞妄和合識)'이라고 규정하고 있다. 중생심 내지는 여래장심을 근간으로 하는 일련의 경전들, 예컨대 『능엄경』·『원각경』·『대승기신론』 등의 사상으로, 인도불교의 분류법과는 달리 '법성종'이라는 분류 속에 넣어서 '일승현성교(一乘顯性教)'라고 하는 이유도 바로 여기에서 찾을 수 있다.

그러면 이하에서는 '본각진심'의 한계를 밝혀 보기로 한다.

종밀에게 있어서는 인간의 '본원'에 대한 문제 의식과 그에 따르는 탐구가 있었음은 위에서 보아온 대로이다. 그러나 그에게는 인간을 둘러싸고 있는 세계 자체를 대상화하여 그것을 연구하는, 이른바 자연학은 문제영역의 밖이었다. 오히려 종밀은 세계에 대한 인식이 있었던 것은 분명하지만, 그것은 어디까지나 마음에 환원되어진, 즉 향심적(向心的)으로 투사된 것에 지나지 않는다.

만물의 존재 설명을 인간의 존재를 설명하는 틀 속에서 행하고 있다고 할 수 있다. 이른바 초월적 환원의 연장선에서 외물의 존재를 논한다고 할 수 있다. 그의 말을 빌면 "'심식(心識)'이 변화하여서 생긴 대상세계[境]는 (크게) 둘로 나누어지는 데, 한 쪽은 '심식'과 합하여 사람이 되고, 한 쪽은 '심식'과 화합하지 않아 천(天)·지(地)·산(山)·하(河)·국(國)·읍(邑)이 되었다."[37]고 한다. 결국 종밀에게 있어서는 자연물의 존재도 '심식'의 변

37) 『原人論』(대정장45, p.710c), "心識所變之境, 乃成二分, 一分即與心識, 和合成人, 一分不與心合, 即是天地山河國邑."

화에 의하여 설명되고 만다.

이것은 그가 원리론적인 사고를 갖고 있었으면서도, 다만 소위 형이상학적인 방면에만 국한되어 있고, 경험적인 세계를 마음의 문제로 환원시켰다고 지적할 수 있을 것이다. 이것은 종밀이 주장하는 '본각진심'에 의한 '본원'의 설명이 갖는 한계이며, 나아가서는 형이상적인 원리 사상의 단점으로 지적될 수도 있다. 이 문제는 고대 중국인의 자연 이해와도 관련되어 있는 것으로서 앞으로의 연구 과제로 본다.

다음은 형이상학적 원리사상이 품고 있는 한계이다. 종밀은 인간과 자연을 일반화하여, 그 속에서 움직이고 있는 근원적인 원리를 밝혀 보려고 하였다. 그러한 과정 속에서 '본각진심'의 존재를 초경험적인 논증을 통하여 규명하고 있다.

즉, "만물의 존재의 근원적 원리인 '본각진심'이 상주하고 있다."는 대전제는 경험적으로 추론할 수 있는 명제도 아니고, 비판적인 인식을 통하여 얻어진 것도 아니다. 그것은 이른바 종밀 자신의 형이상학적인 요청으로 밖에 볼 수 없다. 아니면 여러 경전의 말씀을 '성언량(聖言量)'으로 받아들인 것일 것이다. 특히 『대승기신론』을 말이다. 그러므로 그것은 결국은 '본각진심'의 존재를 밝히기 위한 형이상학적 가설인 것이다. 물론 이런 작업 속에는 종밀 나름의 의도가 들어있다. 이 점은 이 책의 제10장에 나오는 「Ⅲ. 법성종 현양의 의의」 부분에서 자세하게 논증할 것이다.

일체의 모든 존재가 '본각진심'을 자기 속에 간하고 있기 때문에, 본래적인 측면에서 말하면 인간의 본성은 동일하다는 결론을 낼 수 있다. 인성에 대한 문제는 '인간이란 도대체 어떤 존재인가?' 하는 인간 이해의 중요한 열쇠이다. 이런 점에서 '본각진심' 사상의 등장은 중국 인성론사에 있어서도 중요한 의미를 던져주는 개념의 하나라고 할 수 있다.(p.196)

제2부 종밀 교학의 지평

제6장 규봉 종밀의 자아관

제7장 규봉 종밀의 선종관

제8장 규봉 종밀의 수행관

제9장 규봉 종밀의 의례관

제6장 규봉 종밀의 자아관

Ⅰ. 무상과 자아

무상이라는 말만큼 불교적인 말도 드물다. 불교가 그만큼 '무상'을 강조해 왔기 때문이다. 주위에서 가까운 친구나 아는 사람의 갑작스런 죽음을 접하면 말할 수 없는 슬픔을 느낀다. 그런 슬픔의 밑에는 무상함이 들어 있다. 무상하다는 말은 항상성(恒常性)이 없다는 말이다. '무엇'이라고 하는 그것의 자기 동일성에 단절이 올 때 우리는 그것이 무상하다고 한다.

그러면 대체 무엇이 무상하다는 것인가? 불교에서는 '모든 행이 무상하다'고 하는데 이 말은 한역 경전의 '제행무상(諸行無常)'을 번역한 것이다. 이때 '행(行)'이란 산스크리트어의 'saṃskāra'를 옮긴 것으로 '함께'라는 뜻의 'sam'과 '만들다'라는 뜻의 'kṛ'가 합성되었다. '행(行)'이란 '함께 만들다'라는 뜻이다. 따라서 함께 모여서 만들어진 것 또는 함께 모여서 만들어지는 것은 무상하다는 말이다.

전통적으로 불교에서는 인간을 크게 두 측면에서 이해하려 했다. 하나는 물질적인 요소[色]이고 다른 하나는 심리적인 요소[受 · 想 · 行 · 識]이다. 이것을 불교에서는 '다섯 가지 덩어리[五蘊]'라 이름 한다. 그런데 이 5온의 각각을 들여다보면 모두가 모여서 만들어졌기 때문에 5온의 집합체인 인간을 무상하다고 설명하는 것은 당연한 귀결이다. 그러나 아무리 인간이 무상하더라도 거기에는 우리의 인생을 이끌어 가는 주체가 있을 것이다. 다시 말하면 우리는 흔히 '내가 마음을 내서 그렇게 한 것이다'라고 한다. 근본불교에서도 행위의 당사자인 자기의 작용성을 부정하지는 않는다.

근본불교에서는 '만들어진 모든 것'이 무상하다고 하면서도, 행위 당사자인 자기의 작용성을 인정한다. 이 점은 불교 철학자들을 긴장시키는 동시에 다양한 논의의 출발점이 된다. 이런 긴장된 양상은 무아설을 주장하면서 윤회를 설명하는 경우에도 생긴다.

이런 긴장된 양상은 불교 교리에서 얼마든지 볼 수 있다. 이른바 '칠불통계게(七佛通戒偈)'가 있다. "모든 악을 짓지 말고 모든 선을 행하라. 스스로 마음을 깨끗이 하라. 이것이 여러 부처의 가르침이다." 그러면 여기서 '스스로 마음을 깨끗이 하라'는 말을 잘 들여다보자. 자기의 마음을 깨끗하게 한다고 했는데, 깨끗이 해야 할 마음은 무엇이며 깨끗이 하는 마음은 무엇인가?

이런 의문은 『원각경』에서도 제기된다.

> "세존이시여! 중생들이 무명이 허망한 것임을 알기만하면 무명에서 벗어난다고 하셨는데, 실은 허망함을 아는 제 자신의 몸과 마음도 허망한데 어떻게 허망한 주체가 허망한 대상을 닦아 없앨 수 있습니까? 또, 만일 허망한 성품이 다 없어졌다면 곧 마음이라고 할 것도 없을 것입니다. 그렇다면 수행의 주체는 누구이기에 도리어 '일체를 허망하다고 알

아차리는 수행'을 하라고 하십니까?"[1]

이것은 중생은 무명에 싸인 허망한 존재여서 진실을 못 본다고 한 부처의 말을 이어서 보현보살이 제기한 질문이다. 그렇다면 허망한 마음을 갖고 있는 중생이 어떻게 진실을 알 수 있을까? 허망한 마음을 갖고 어떻게 허망한 마음을 치료할 수 있을까? 몸과 마음이 허망하면 닦을 주체는 누구인가?

위의 두 가지 사례를 일반화하면 무상과 무아를 골격으로 하는 불교가 행위의 주체인 자기 또는 자아를 어떻게 설정할 수 있을까? 이 문제는 불교 철학을 이해하는 중요한 열쇠라고 필자는 생각해 왔다. 그래서 이 장에서는 당나라의 화엄학승 규봉 종밀 선사가 이 문제를 어떻게 풀어갔는지, 그리고 그 풀이에 어떤 변화가 보이는지, 그 변화가 보여주는 의미는 무엇인지 등을 검토해 보고자 한다. 인도 불교와는 다르게 중국의 규봉 종밀에서는 분명한 변화가 일어난다. 필자는 이 변화를 불교의 중국화(sinification)[2]라는 개념으로 정리하고자 한다. 필자는 이 정리를 통하여 중국 불교에서는 인도 불교에는 없었던 실재론적인 자아관이 새롭게 만들어졌음을 논증할 것이다.

---

1) 규봉 종밀 현담, 신규탁 역, 『원각경 · 현담』, 정우서적, 2013, p.36.

2) 이 개념은 피터 그레고리에 의해서 소개된 바 있다. Peter N. Gregory, *Tsung-mi and the Sinification of Buddhism*, Princeton Uni. Press, 1991.

Ⅱ. 자아론의 비판과 해체

불교의 출현은 당시 인도의 철학사조와 무관하지 않다. 당시의 철학이라면 베다 사상을 들 수 있다.[3] 그 중에서도 『리그베다』의 「Nāsadāsīya sūkha Ⅹ 129, 1-6」을 통해 당시 고대인들의 원질에 대한 생각을 엿볼 수 있다. 거기에서는 '유일자'로서의 '일자(一者; Tad Ekam)'를 노래하고 그것의 애욕(Kāma) 때문에 식(識; Manas)이 생겼다고 한다. 이렇게 다양한 현실의 개별자를 만들어 내는 근원자가 설정되어 있다. 이런 면은 원인(原人; Puruṣa)을 노래하는 곳에서도 드러난다.[4]

그런데 근본불교에서는 '유일자' 내지는 '원인'의 실재성을 정면으로 부정한다. 그 부정의 과정에서 등장한 불타의 체험이 바로 연기설(緣起說)이다. 연기설의 초기적인 모습은 아함의 전승에서 알 수 있다. 모든 현상은 관계성 속에서만 그것의 일시적인 기능이 용인된다.[5] 우리가 흔히 말하는 의식이니 자아니 하는 것도 결국은 감각기관[根]과 감각소여[境]와의 상

3) 현존하는 문헌에 의하면 석가모니 생존 당시에는 우파니샤드 철학과의 교섭은 없다. 그래서 전거를 우파니샤드 철학 이전의 문헌인 『베다』에서 찾으려 한다.

4) 『리그베다』Ⅹ, 1-8.

5) 『잡아함경』(권12)(대정장2, p.85a), "云何緣起法法說, 謂此有故彼有. 此起故彼起. 謂緣無名行, 乃至純大苦聚集. 是名緣起法說."

호 관계에서 연기적으로 만들어진 것이다. 그런데 감각소여도 자기동일성이 없고, 감각기관도 자기동일성은 없다. 이렇게 자기동일성이 없는 두 관계 속에서 만들어진 자아도 결국은 자기동일성이 없다. 이런 입장에서 불교의 무아설(無我說)이 자리잡게 된다. 여기어서 말하는 '아(我)'는 '자기 동일성이 있고[常]', '둘로 쪼개지지 않으며[一]' 자기는 타자에 의해 움직이지 않으면서 타자를 주재(主宰)하는 실체를 뜻한다. 이렇게 '아(我)'가 없는 근(根)과 경(境)이 화합해서 식(識)이 생긴다고 한다. 이런 이야기는 아함부 곳곳에서 설해진다. 눈과 색이 작용하여 '안식(眼識)'이 생기고, 귀와 소리가 작용하여 '이식(耳識)'이 생기고, 코와 냄새가 작용하여 '비식(鼻識)'이 생기고, 혀와 맛이 작용하여 '설식(舌識)'이 생기고, 피부와 감촉이 작용하여 '신식(身識)'이 생기고, '의'라는 감각기관과 법이 작용하여 '의식(意識)'이 생긴다고 한다.

이렇게 '의근'의 대상인 '법'과 '의'라는 감각기관이 화합하여 '의식(意識)'이 형성된다고 한다. 따라서 '의식'은 유동적이며 무상하므로 고정적이지 않다. 즉 상 · 일(常 · 一)하지 않다. 그러면서도 그것이 우리의 인식주관이 된다.

식(識; vijńāna)의 말뜻은 나누어 안다는 의미이니 한자의 '판단(判斷)'이 여기에 딱 맞는다. 근본불교에서 말하는 무아설은 '상(常)' · '일(一)' · '주재(主宰)'하는 자아의 실체성을 부정한다. 그런데 이 자아에는 자아의 집착이라는 버려야 하는 부정적 요소도 있지만, 동시에 인격 주체로서의 양심과 이성이라는 긍정적인 요소도 있다. 문제는 자아를 실체로 인정하는 아집이다. 불교에서는 우리의 경험을 벗어난 실체로서 고정적인 자아는 없다고 한다. 그러나 경험의 범위 내에서 시간적으로 변해가면서 연속하는 자아, 즉 인격이나 주관의식은 인정한다. 이것이 근본불교의 자아관이다.

1. 설일체유부의 자아론

1) 자기의식이 자기 자신을 지각할 수 있을까

『잡아함경』 등 초기 경전에서는 식(識)을 실재적 존재를 일으키는 근본 요인으로 상정하기도 한다.[6] 이때의 식은 물론 실체가 없는 공한 존재이다. 그것은 연기에 의해서 만들어진 것이므로. 그리고 이와 같은 의식주관은 감각기관인 의근에 깃들어 있다.

그러면 이런 의식주관이 자기 자신을 인식할 수 있을까? 말하자면 자기의식이 가능한가? 이 물음에 대하여 설일체유부에서는 감각기관은 자기 자신을 지각할 수 없다고 한다. 의근도 감각기관이기 때문에 자신을 지각할 수 없다. 마치 눈이 눈을 보지 못하고, 코가 코를 냄새 맡지 못하듯이.

그렇기 때문에 의식이 자기 자신을 안다고 하는 것을 부정하였다. 『대비바사론』에서는 의식이 왜 그 자신을 알 수 없는가에 대하여 다음과 같이 설명하고 있다.

---

6) 강명희, 「『雜阿含經』에 나타난 識에 관한 연구」, 『백련불교논집』 5 · 6합집, 경남: 장경각, 1996 p.140.

눈이 눈을 볼 수 없다. 손가락은 스스로의 감촉을 느낄 수 없다. 칼은 칼 자신을 끊지 못한다.[7] 근이 근을 지각하지 못하듯이 의근이 의근을 지각할 수 없다. 그렇지 않고 의근이 만약 의근 자체를 지각한다면 세간의 모든 주체와 객체의 구별이 없어질 것이다.

2) 주관 의식은 무엇을 대상으로 하는가

여기에서 우리는 좀 더 세밀하게 인식기관으로서의 '의'를 살펴볼 필요가 있다. 여섯 종의 식(識) 중에서 앞의 다섯은 감각적 인식으로서 '직접지각'이다. 이 점은 여섯 번째 식인 '의식'과 구별된다. 중부경전 43 『마하베달라경』에서는 안근, 이근, 비근, 설근, 신근은 각각 다른 대상(viṣya)과 활동 영역(gocara)을 갖는다고 한다. 그래서 서로 간에 남의 대상이나 영역을 인식할 수 없다. 그러면 '의라는 감각기관[意根]'은 무엇을 대상으로 하는가? 일반적으로 의근의 대상으로 법(法; dharma)[8]과 전5식(識)에 의하여 파악된 '직접지각'을 들고 있다.

그러니까 '의'는 '법'이라는 대상세계와 접촉하여 '의식'을 형성한다.

7) 『아비달마대비바사론』(권제9)(대정장27, pp.43a-b), "有說, 世間現見, 指端不自觸, 刀刃不自割, 瞳子不自見, 壯士不自負, 是故自性不知自性. 尊者世友曰, 何故自性不知自性. 答非境界故. 復次, 若自性知自性者, 世尊不應安立二緣生於六識. 謂眼及色爲緣生眼識. 乃至意及法爲緣生意識."위의 인용문에 나오는 '自性'을 필자는 '의식'이라고 옮겼다. 이렇게 번역한 근거는 이 부분의 대화가 '我'와 '我見'을 주제로 논의되고 있기 때문이다. 즉 '我'의 '自'性을 논한다고 해석하였다.

8) 법 개념을 정의하면 이렇다. "자성을 갖고 있으면서, 그것을 대하는 우리에게 일정한 견해를 일으킬 때 우리는 그것을 법이라 부른다〔任持自性, 軌生物解〕."

이 경우에 의근은 의식의 근거일 뿐만 아니라 전(前) 5식의 근거가 된다.[9)] 그러나 실제로 '6식'과 '의'는 동일한 것이기 때문에 설일체유부에서는 '한 찰나 이전의 식'을 '의근'이라 한다. 왜냐하면 한 찰나 이전의 식이 원인이 되어 6식이 형성되기 때문이다. 마치 뿌리에서 꽃과 열매가 맺히듯이. '식'은 다음 찰나의 식에 대해서는 '의'가 되어 주어서 그것이 생기는 의지처가 된다.

'의근'이라는 감각기관의 설명을 둘러싸고 적잖은 문제가 생긴다. 첫째, 의근의 대상인 표상[法]은 눈에 대한 색깔이나 형태와 마찬가지로, 외적 존재이므로 그것은 의식과는 서로 다른 양상에 놓여 있다. 둘째, 의식(=제6식)은 의근과 그것의 대상인 관념과의 접촉에서 일어나는 일종의 지각(pratyakṣa; 現量)인 동시에 추리(svārthānumāna; 爲自比量)를 통해서 성립된다. 그러므로 의근을 감각기관의 일종으로 설정한 유부에서는 지각과 추리 사이의 본질적인 구별을 간과하기 쉽다.

전 5식을 대상으로 하는 의근에 의하여 생긴 '의식'은 반성되어진 의식이다. 반성된 의식은 판단하거나 추리하는 '사유 작용'이 있다. 이 점이 전 5식의 '지각 작용'과 다른 점이다. 그러면서도 우리는 이런 두 양상을 모두 마음의 작용으로 본다. 하나는 지각의 영역이라면, 하나는 사유의 영역이다.

그러나 설일체유부에서는 이 둘을 구별하지 않았다. 그들은 개념적인

9) 전 5식과 함께 작용하는 것을 五俱意識, 법경을 대상으로 작용하는 의식을 獨頭意識이라 한다.

것도 지각의 대상이라고 주장하며, 사유(판단 및 추리)도 감각과 본질적으로 다르지 않다고 주장한다. 그리하여 사유의 대상도 지각의 대상처럼 실재한다고 주장한다. 지각과 사유를 본질적으로 동일한 인식이라고 보고, 이 인식의 대상은 외계에 실재한다고 한다.[10] 이러한 사유 방식이 '법체항존(法體恒存)'을 주장하는 원리가 되었고, 이 점은 뒷날 유식학파에 의해 비판을 받게 되었다. 경량부와 그 인식론을 계승한 유식학파에서는 감각과 사유는 서로 다른 성질을 갖는다고 주장한다.

설일체유부에서는 의식의 대상은 그것이 법이라는 관념이든 아니면 색 · 성 · 향 · 미 · 촉의 물질적인 것이든 의식 그 자체와는 구별된다고 주장한다. 그들은 이렇게 의식, 의식의 대상, 감각기관을 엄격하게 갈라놓는다. 그리하여 의식이란 대상을 총체적으로 파악하는 인식으로 규정하고 이것을 다시 쪼개서 여섯 종류로 나눈다.[11] 이 여섯 종류의 식의 집합으로서의 의식을 말할 뿐 의식을 독립시켜서 생각하지는 않는다.

---

10) 유부에서는 일체법을 5위 75법으로 분류한다. 5위란 색(11종), 심(1종), 심소(46종), 심불상응행(14종), 무위(3)이다. 심불상응행은 물질적이지도 심리적이지도 않은 것으로 이른바 제법의 종합이나 이산(得, 非得) 종개념(衆同分), 존재의 본성(생, 주, 이, 멸) 등의 논리적 개념이나 언어(명, 구, 문), 생성의 원리(무상과, 무상정, 멸진정, 명근)을 지칭한다. 그리고 무위는 허공, 이식에 참여하지 않고 영원히 잠세태로 머무는 것(비택멸), 번뇌의 끊어 버린 열반(택멸) 등을 지칭한다. 그런데 유부에서는 이 모든 것을 우리의 인식 밖에 따로 존재하는 것으로 본다. 가지야마 유이치, 권오민 역, 『인도불교학』, 민족사, 1994, p.24.

11) 『아비달마구사론』(권제1)(대정장29, p.4a), "論曰, 各各了別彼彼境界, 總取境相故名識蘊. 此復差別有六識身, 謂眼識身, 至意識身. 應知如是所說識蘊. 於處門中, 立爲意處. 於界門中, 立爲七界. 謂眼識界, 至意識界. 卽此六識, 轉爲意界."

유부의 중요한 경전인 『구사론』에서는 여러 가지 범주 체계를 동원하여 동일한 여러 현상을 분류하고, 이것을 다시 만들어진 것과 만들어지지 않은 것으로 나눈다.[12] 그리고는 만들어진 것은 각 순간에 생멸하고 자아를 갖지 않으며, 만들어지지 않은 것은 상주한다고 한다. 그리고 이들은 이런 법의 분류 방식에 입각하여 모든 현상의 본질은 실재한다고 한다. 그네들이 이런 입장을 갖고 있었던 것은 『타르카바샤; Tarka-bhāṣā, 논리학개설』을 통해서도 반증된다.[13]

3) 종밀은 유부의 자아설을 어떻게 이해했는가

인도불교에서 발생한 설일체유부의 자아설을 중국적 토양에서 철학활동을 한 규봉 종밀은 어떻게 이해했는가 알아보자. 종밀은 유부의 사상을 '소승'이라 폄칭하고 이렇게 정리한다.

> 소승교에서는 이렇게 말한다; 살과 뼈를 이루고 있는 물질적인 요소[色]와 사고 판단 작용을 하는 마음[心]이 끝없는 옛적부터 인연의 힘 때문에 찰나찰나 마다 생겼다가는 사라지면서도 끊어지지 않고 이어진다. … 인간의 몸과 마음도 (인연의 힘 때문과) 임시적으로 화합하여 흡사 한결같고[一] 변함없는 듯[常]할 뿐인데 범부들은 이 사실을 모르고

12) 주 10) 참조.

13) 『Tarka-bhāṣā』(S. R. IYER, chaukhambha orientalia, 1979), p. 128.

그것을 자아라고 착각한다.[14)]

이렇게 종밀은 유부철학자들이 자아의 실재성을 인정했다고 이해한다. 이 마음과 육체는 인연의 힘 때문에 자기 동일성이 유지되는 듯 보이지만 실제는 그렇지 않다는 것이다. 그리고 "찰나찰나마다 생겼다가는 사라지곤 하여 끊어지지 않고 이어진다."는 말은 설일체유부의 '삼세실유론(三世實有論)'과 관련지어 이해해야 한다. 이 학파에서는 자아의 동일성을 논증하기 위하여 '삼세실유론'이라는 이론 체계를 구축했다. 마음을 포함한 일체의 존재[法]는 현상으로서는 무상한 듯이 보이지만 그 내면을 들여다보면 과거 · 현재 · 미래를 통하여 자기 동일성이 계속된다는 것이다. 유부에서는 과거 · 현재 · 미래라고 하는 3세는 다만 일체 존재의 '상태(avasthā)'의 차이에 불과하다는 것이다. 현재에는 일체의 존재가 작용력에 의하여 드러나고, 일체의 존재는 그 작용력이 모두 소멸되면 과거 시간으로 들어간다. 일체의 존재가 과거에는 잠세태로 실재한다. 그래서 현재만을 한정하여 보면 일체의 존재가 생멸 변화하는 듯이 보이지만 과거 · 현재 · 미래를 통틀어 보면 일체의 존재는 자기 동일성을 유지한다는 것이다.

그러면 설일체유부의 자아설을 종밀은 어떻게 비판하는가? 설일체유부에서는 6식을 자아로 보는데, 종밀이 보기에 그것이 자아가 되기 위해서는 자기 동일성이 단절되지 않아야 한다고 한다. 그러나 설일체유부에서 말하는 자아 즉 6식은 감각기관과 감각소여의 연기적 화합에 의하여 생긴

14) 『原人論』(대정장45, p.709a)

것이다. 그러므로 감각기관이나 감각소여 어느 하나만 결여되어도 자아의 자기 동일성이 끊어진다. 그런 실례로 종밀은 기절했을 때, 잠 잘 때, 멸진정(滅盡定)에 들었을 때, 무상천(無想天)의 세계를 든다. 또 무색계(無色界)에서는 감각기관은 있어도 감각소여가 없기 때문에 6식 즉 자아의 자기 동일성이 단절된다고 한다. 이렇게 하여 종밀은 설일체유부의 자아이론에 동조하지 않고 새로운 자아론의 정립을 위해 새로운 논증을 계속한다.

2. 법상종의 자아론

1) 유식학파의 설일체유부 비판과 새로운 자아론

경량부나 유식에서는 설일체유부에서 의식에 내용이 없다는 주장에 비판의 표적을 둔다. 경량부에서는 감각기관과 대상은 지나가 버린 비실재이며 그것에 의해서 생겨난 현재 일찰나의 인식만이 실재한다고 주장한다. 이것은 하나의 인식 속에 인식하는 주체, 인식의 대상, 인식 작용은 모두 동일한 한 인식의 다른 측면이라는 해석이다. 다른 말로하면, 동일한 인식 안에서 주관과 객관을 나누어 본다고 할 수 있다. 대상은 인식작용 밖에 따로 존재하는 것이 아니라, 인식작용을 하는데 하나의 계기에 불과하고, 의식이 그 의식의 표상을 인식한다는 '유표상의식론(有表象意識論)'을 주장하게 되었다.

외계의 대상은 자신의 표상을 의식에 투사한다. 우리가 지각하고 있는 것은 이러한 의식 속에 투사된 외적 대상의 표상이지 외계의 사물 자체는 아니라는 것이다. 『타르카바샤』에서 목샤카라굽다는 말한다. "의식은 반드시 그 대상의 표상을 지닌다. 만약 의식에 표상이 있다는 사실을 인정하지 않는다면, 즉 무표상의 의식은 어떠한 것을 인식하고 있을 때에도 동일한 무표상의 상태로 머물러 있기 때문에 우리는 개개의 의식의 대상을 각기 식별할 수 없게 된다."[15]

의식에 있어서 아는 것과 알려지는 것의 관계는, 작용에 있어서 작용하는 것과 작용되는 것의 관계와는 다른 것으로, 확인하는 것과 확인되는 것과 같은 관계이다. 확인이라는 것은 어디까지나 논리적 관계일 뿐이며, 그러한 관계를 성립시키고 있는 주체와 객체 등은 인간의 지성 활동에 의해서 논리적으로 구성된 것이지 실체는 아니다. 자기의식이란 의식이 자기 자신을 인식하는 것이어서 거기에는 근(根) · 경(境) · 식(識)이 분리된 상태로 있다고 볼 수 없다.

그러면 이렇게 외계의 실재를 비판적으로 극복한 유식학파에서는 인식의 문제를 어떻게 해결하는가? 비유하면 이렇다. 마치 우리가 꿈을 꿀 때처럼, 꿈속에서 인식 작용을 촉발시키는 외계의 사물이 실재하지 않더라도 인식 작용은 가능하다. 이처럼, 무시이래로 마음에 축적되어 온 잠재인상(vāsanā)이 성숙하여 그것이 현세태로 작동하면 그 경우 의식에 표상이 생긴다고 한다. 유식에서는 우리가 외계의 대상이라고 생각하는 것은 실

15) 『타르카바샤』 23, pp.7-9.

은 의식 속에 있는 표상에 지나지 않는다고 한다. 그들은 경량부처럼 지각되지 않는 외계를 가정하지 않는 대신, '선행하는 순간의 마음[法塵]'을 대상으로 해서 우리의 의식이 그것을 인식한다고 한다.

이렇게 유식학파에서는 최고의 실재를 인간의 내부에 존재하는 근원적인 의식에서 찾는다. 이를 아라야식(ālayavijāńa)이라고 한다. 식이란 인식 대상을 자기 속에 간직하는 것으로 정의된다. 이것은 매 순간마다 생멸변화하면서 상속하는 흐름이기 때문에 영원 불변의 자아는 아니다. 이렇게 하여 유식에서는 자아의 실체를 설정하지 않으면서 인식의 문제를 풀어갔다. 우리의 일상적인 인식이나 신체 환경 세계 등은 모두 이 아라야식에서 생겨났다는 것이다. 따라서 아라야식은 미혹한 세계의 근원이기도 하며 수행에 의해 아라야식을 전환시킴으로써 미혹한 세계를 해탈의 세계로 되돌리는 근거이기도 하다.

2) 종밀이 이해한 중국 법상종의 자아론

규봉 종밀은 설일체유부의 자아론을 비판하면서 그 대안으로 등장한 것이 유식학파의 자아론이라고 인도 불교 철학사를 이해하였다. 그러면 종밀이 유부를 어떻게 비판하며, 그 비판의 근거를 그 자신이 어떻게 설정하고 있는지를 검토해 보자. 이 과정에서 우리는 자아가 자아 노릇을 하기 위한 조건으로 규봉 종밀이 무엇을 내세우는지도 알 수 있다. 그가 내세우는 조건은 인도 불교의 자아론을 어떻게 중국적으로 수용 변화시키는가와 밀접한 관계를 맺고 있다. 먼저 설일체유부의 자아론을 비판하는 구절을 인용해보자.

> 인식할 대상이나 그것을 받아들이는 인식기관이 없어지면, 거기에 해당하는 인식작용도 중지된다. 그런가 하면, 제6식인 의식도 어느 때에는 작용이 중단된다. 예를 들면 기절하거나 잠자거나 번뇌가 사라진 선정에 들 때, …. 이런 때에는 제6식이 작용하지 못한다. 또 무색계에는 인식작용이 있어도 인식할 대상인 물질을 구성하는 네 가지 요소가 없다.[16)]

여기에서 종밀은 마음도 때로는 그 작용이 중단될 수 있으며, 색도 어느 경우에는 실재하지 않는다는 것이다. 대상이 없는 무색계를 논증에 끌어들인 것은 인도 사상의 특징 중의 하나이다. 이것은 요가의 명상을 통해서 수행자에게 경험되는 세계를 인정한 것이다. 종밀이 이렇게 색과 심이 모두 우리 몸의 근본이 될 수 없다는 주장은 '근본이 되려면 그 존재 자체가 중단되어서는 안 된다'는 그의 기본 입장과도 관련되어 있다.

이렇게 규봉 종밀은 자아의 항상성과 자기 동일성[常一性]을 근거로 하여 유부의 자아론을 비판하면서 새로운 대안으로 그는 유식학파의 자아설이 탄생하였다고 인도 불교사를 이해한다. 그는 유식학파의 주장을 법상교(法相敎)라는 이름으로 다음과 같이 정리한다.

---

16) 『원인론』(대정장45, p.709b).

> 대승 법상교에서는 생명이 있는 모든 존재는 오래 전부터 원래 여덟 종의 식(識)이 있다고 한다. 그 중에서도 제8이뢰야식이 근본이 된다. 이 식이 주관과 객관으로 분화되어 감각기관과 중생이 사는 자연 환경을 만든다. 또 이 아뢰야식은 잠재적인 씨앗[種子]에 싹을 틔워, 전 7식(前七識)을 만든다. 이 아뢰야식이 스스로 변해서 자신의 인식대상을 만들어 내니, 거기에서 나온 모든 존재는 참된 존재는 아니고 있는 것처럼 보일 뿐이다.[17)]

인간의 몸과 마음도 이렇게 아뢰야식이 변하여 만들어낸 것이라고 한다. 그렇지만 어리석게도 사람들은 온갖 대상과 그것을 마주하는 자아가 실재한다고 착각한다는 것이다. 이로 인해 온갖 미혹과 업을 지어 생사에 윤회한다고 한다. 종밀이 법상의 교학을 이렇게 정리 이해한 것은 적절하지만, 법상교학을 총체적으로 논증한 그 자료가 남아 있지 않아서[18)] 아쉽게도 더 세밀한 부분을 볼 수 없다. 그렇더라도 『원인론』이라는 작은 논문을 통해 그가 중국의 법상교학을 어떻게 이해했는지 그 골격을 아는 데 큰 무리는 없다.

17) 『원인론』(대정장45, pp.709b-c).

18) 819년(종밀 40세) 겨울에서 이듬해 봄까지 흥복사와 보복사에서 『유식소』(유식 30송에 대한 주석) 2권을 저술했고 종밀 자신이 『원각경대소초』 서문에서 밝혔지만, 지금은 전하지 않는다.

3) 마음속에 있는 표상은 실재하는가

이렇게 외계의 실재성을 의식의 표상으로 대체한 유식학파는 의식이 전변한 표상을 실재하는 것으로 보는가? 아니면 실재하지 않는 것으로 보는가? 하는 문제를 둘러싸고 유상유식론자와 무상유식론자로 나뉜다. 유상유식론자[19]는 표상이 완전한 비실재라면 그런 표상은 생겨날 수 없다는 입장을 고수한다. 이런 입장에서 표상도 의식의 본질과 마찬가지로 실재이며 진실이라고 주장한다. 한편 무상유식론자[20]들은 식을 본질적인 부분과 종속적인 부분으로 구별하여, 실재하는 것은 의식의 본질인 관조 작용, 즉 자기 인식뿐이라고 주장한다. 그러나 의식에 의하여 관조되어진 표상은 허위의 가설이며 바른 인식이 생기면 사라진다고 한다. 이렇게 관조되어진 표상이 사라지더라도 관조 작용은 항상 유지된다고 한다.

한편 종밀은 유상유식과 무상유식 중에서는 무상유식의 입장을 지지하면서도,[21] 그들의 문제점을 지적한다. 그는 『원인론』에서 법상의 아뢰야식설을 이렇게 비판한다.

> 아뢰야식이 변해서 만들어진 인식 대상이 실체가 없는 허망한 것이라 한다면, 그 인식의 대상을 만드는 주체인 아뢰야식인들 어찌 참되다

19) 陳那, 護法, 戒賢, 玄奘 등이 이 부류에 속한다.
20) 提婆와 淸辨, 智光 등이 이 부류에 속한다.
21) 『원인론』(대정장45, p.709c).

고 할 수 있겠는가?[22)]

이 말에서 알 수 있듯이, 규봉 종밀은 불완전을 만들어낸 주체도 결국은 불완전한 것이라는 논거를 갖고 아뢰야식이 자아가 될 수 없음을 주장한다. 그는 이 논증을 꿈을 비유로 들어서 보충 설명한다. 우리가 꿈을 꿀 때 '꿈꾸는 행위'와 '꿈속에서 본 내용'은 서로 다른 사태이다. 그런데 법상교학의 논리대로라면 '꿈꾸는 행위' 자체는 실체가 있고, 그 '꿈속에서 본 내용'은 꿈이므로 허망하다는 주장인 셈이다. 그러나 꿈에서 깨어나면 '꿈꾸는 행위'는 사라지지만 '꿈속에서 본 내용'은 남아 있다. 여기에서 만약 '꿈속에서 본 내용'이 실체가 있다면 그것은 엄연하게 물건이고, 만약에 그것이 실체가 없다면 현실에 존재하는 것은 아니다. 그렇다면 꿈을 꿀 경우에 '꿈꾸는 행위'와 '꿈의 내용'이 모두 꿈이라는 사실이다.[23)] 이렇게 볼 때 "법상교에서 말하는 여러 식도 이와 동일하여 실은 허망하다. 이 식들은 모두 여러 인연이 모여서 된 것이기 때문에 고유한 자성이 없다."[24)]고 종밀은 주장한다. 자기 동일성이 없는 공한 존재임을 방증하기 위하여 그는 『중관론』의 "인연에서 생기지 않은 존재는 하나도 없다. 그러므로 모든 존재는 공하다."[25)]는 게송을 인용하기도 하고, 『대승기신론』에서 "일체의 모

22) 『원인론』(대정장45, p.709c).

23) 『원인론』(대정장45, p.709c).

24) 『원인론』(대정장45, p.709c).

25) 『中觀論』「觀四諦品」(대정장30, p.33b).

든 법은 허망한 마음 때문에 여러 가지 생각이 일어나는 것이다. 만약 분별하는 마음이 없으면 모든 법은 실체가 없는 공한 것인 줄 알게 된다."[26]는 구절을 인용하기도 하고, 『금강경』의 "모든 형상은 허망하니 일체의 형상을 떠나면 바로 깨달은 이라고 할 수 있다."[27]는 구절을 인용한다.

그러나 이렇게 종밀처럼 생각한다면, 즉 모든 표상이 식의 본질적인 것이고 순수한 관조 작용처럼 진실해야 한다면, 실재하는 현상을 인식하는 모든 사람들은 깨달은 자가 될 것이다. 그렇게 되면 깨달은 자와 미혹한 자 사이의 구별이 사라진다.[28] 그러나 현실적으로 보면 미혹한 중생과 깨달은 중생의 구별이 있다. 따라서 종밀의 비판은 적절하지 못하다 할 수 있다. 물론 위와 같은 문제 제기에 대한 반론을[29] 고려하더라도 종밀이 말하듯이 허망한 표상을 내었다고 해서 그것을 비추어 내는 식이 허망하다는 비판은 성립되지 않는다.

---

26) 『大乘起信論』(대정장32, p.476a).

27) 『金剛般若波羅密經』(대정장8, p.749a).

28) 이런 문제는 무상유식파에 속하는 라트나카라산띠에 의해 논의된 바 있다. Kajiyama, *Introduction to Buddhist Philosophy*, *Memories of the Faculty of Letters*, Kyoto Uni. No.10, pp.157-158.

29) 이 문제에 대해 유상유식자는 이렇게 말한다. 미혹한 사람은 형상을 개념적 사유로서 해석하는데 반하여 깨달은 사람은 오류지의 원인이 되는 개념적 사유를 일으키지 않는다. 그렇기 때문에 깨달은 사람과 범부는 동일한 형상을 갖으면서도 구별될 수 있다. Kajiyama, *Introduction to Buddhist Philosophy* §32. 1; note.

3. 공종의 자아론

중국 법상종의 자아설을 비판하는 종밀의 입장에 오류가 있음은 위에서 보았다. 그러나 그런 오류가 있지만 그가 주장하려 했던 내용은 불교의 중국화라는 측면을 규명하기 위해서는 보다 적극적으로 검토할 필요가 있다.

종밀의 설명에 따르면 법상종에서는 아뢰야식이 근원이 되어 그것이 비추어 내는 작용을 통해 자신의 인식 대상인 표상[相分]을 내었다고 한다. 그런데 그 표상이 허망하니, 그런 허망한 표상을 낸 아뢰야식도 허망하다고 비판했다. 이 비판을 위해 그는 『중관론』의 공 사상과, 『대승기신론』의 표상은 허망한 마음 때문에 생겼다는 설명과, 『금강경』의 모든 표상은 허망하다는 주장을 자기의 논증에 인용했음은 위에서 본 대로이다. 그리하여 인식의 주관과 인식의 대상인 표상이 모두 실체가 없는 공임을 알아야 비로소 대승의 참된 진리라 할 수 있다고 한다.

종밀은 이렇게 중관학파의 입장을 정리하고는, 여기에서 한 걸음 더 나아가 중관학파의 미비한 점을 비판한다. 그 비판의 골격은 다음과 같다. 곧 이렇게 공인 줄 아는 존재는 있어야 한다.[30] 즉 오류를 오류인 줄 아는 마음은 오류가 아닌 참이라는 논리인 셈이다. 진실한 존재가 있기 때문에 그것의 상대가 되는 허망한 세계가 있을 수 있다는 논법이다. 종밀은 그

30) 『원인론』(대정장45, p.709c).

진실을 바닷물의 축축한 성질과 거울이 만물을 비추는 작용에 비유한다. 바람 때문에 파도가 일어나지만 물의 축축한 성질은 변함이 없고, 거울에 온갖 사물이 비치지만 거울이 사물을 비추는 작용은 변함이 없다는 것이다. 그러면 그 진실이란 무엇인가? 종밀은 '본래부터 깨달은 참 마음[本覺眞心]'이라 불렀다.[31] '본각(本覺)'이란 『대승기신론』에서 나오는 개념으로 '시각(始覺)'에 상대해서 붙인 명칭이다. 이것은 본래부터 있는 깨달음을 뜻한다. 만들어진 것이 아니다. 그러므로 무상하지 않고 자기 동일성이 항상 유지되며 완전한 실재이다. 그러므로 생 · 주 · 이 · 멸이라는 이른바 4상(相)의 영향을 받지 않는다. 중국의 화엄종장인 현수 법장(賢首法藏; 643-712)이 『대승기신론의기』에서 '본각'을 설명하기를 "법신부처가 얻은 깨달음은 새롭게 만들어진 것은 아니라."[32]고 한 것도 이런 맥락에서 한 말이다. 이 본각에는 허망함이나 무명이 없는 참 마음이라는 뜻에서 '진심(眞心)'이라 한 것이다.

31) 『원인론』(대정장45, p.710a). 그밖에도 '本覺眞心', '靈知', '佛性', '常知', '如來藏', '靈覺眞心'등으로도 명칭은 달리했지만 그것이 지시하는 내용은 동일하다. 본 장에서는 '本覺眞心'으로 통일한다.

32) 대정장44, p.256b.

Ⅲ. 중국화된 자아론

'본각진심'에 대하여 종밀은 『원인론』에서 이렇게 설명한다.

> 일체 중생은 모두 '본래부터 깨달은 참 마음[本覺眞心]'을 지니고 있다. 이것은 끝없는 옛적부터 지금에 이르기까지 늘 존재하고 청정하고 밝고 밝아 어둡지 않고, (거울처럼 사물을) 있는 그대로 비추는 항상 있는 앎이다.[33]

종밀은 '본각진심'을 참 자아로 본다. 이 '본각진심'은 무엇에 의하여 만들어진 것이 아니므로 공하지 않고 소멸하지도 않는다고 할 수 있다. 만들어진 모든 것은 무상하고 공하지만 '본각진심'은 인연에 의하여 만들어진 것이 아니므로 항상(恒常)한다. 그러면서도 그것은 대상을 비추어 볼 수 있는 작용성을 갖고 있다. 그는 이것의 성질을 '항상하여 (무엇인가를) 아는 작용[常知]'으로 규정했다.

그러면 이렇게 모든 중생에게 '본각진심'이 있는 줄을 어떻게 알 수

33) 대정장44, p.285.

있을까? 종밀은 경전을 근거로 그 실재성을 주장한다.[34] 한편 『중화전심지선문사자승습도(中華傳心地禪門師資承襲圖)』에서도 표현은 달리하지만 지시하는 내용은 마찬가지이다. 즉 어리석은 이나 선한 이나 할 것 없이, 그리고 금수나 축생이나 가릴 것 없이 날 때부터 갖고 있는 신령스러우면서도 텅 비고 고요한 마음[空寂之心 ; 靈知不昧]이 본래의 자아라고 한다.

그러면 이 '본각진심'을 자아로 하는 인간이 왜 잘못된 인식이나 잘못된 추론을 하게 되는가? 이 점을 종밀은 무시이래의 번뇌가 '본각진심'의 관조 작용을 장애하기 때문이라고 한다. 번뇌에 잠겨 있는 '본각진심'을 그는 '여래장(如來藏)'이라고도 하고, 아뢰야식이라고도 한다.[35] 그러니까 아뢰야식은 참과 거짓이 함께 섞인 마음이다. 그런데 『대승기신론』에서는 이 아뢰야식에는 일체의 허망한 생각이 전혀 없는 상태와, 온전한 진여를 자각하지 못하는 상태를 모두 간직하고 있다고 한다.[36] 전자를 '각(覺)'이라 하고 후자를 '불각(不覺)'이라 하는데, 종밀도 『대승기신론』의 '불각' 개념을 차용하여 본각진심을 자각하는 '각'과 자각하지 못하는 '불각'으로 구별한다. 그 중에서 '불각'은 자성이 없는 공한 존재이다. 규봉 종밀의 해석에 따르면 공을 주장하는 여러 경전이나 논서에서는 바로 이 '불각'이 자성이 없어 공하다는 면만을 드러내어 설명했다고 한다. 이와 동시에 종밀

---

34) 종밀은 『화엄경』 「여래출현품」을 들고 있다.

35) 『원인론』(대정장45, p.710a).

36) 『大乘起信論義記』(卷中本)(대정장44, pp.255c-256b), "此識有二種義, 能攝一切法, 生一切法. 云何爲二, 一者覺義, 二者不覺義."

은 그네들은 '각'이 실재한다는 사실을 간과했다고 비판한다. 여기서 말하는 '각'이란 참 자아인 '본각진심'을 두고 하는 말이다. 이런 입장은 공 사상을 주상한 경선이나 논서에서는 참 자아의 실재를 적극적으로 드러내지 못했다고 설명하는 종밀의 자아관과 일치한다.

그리고 이 허망한 '불각'이 움직이는 처음의 상태를 '무명업상'이라고 하는데 이것은 의식의 지평에서 움직이는 허망한 인식작용[識 ; vijñāna]일 뿐이다. 그러나 이 허망성을 자각하지 못하고 그 작용성 속에 그것을 주재하는 자아가 실재한다고 오인하고, 나아가 그 자아에 상응하는 인식 대상이 실재한다고 착각한다. 그러나 인식 대상도 결국은 허망한 자아가 만들어낸 것인 줄 깨닫지 못하고 대상이 실체로서 상주불변한다고 집착하는데 이것을 법집(法執)[37]이라고 한다.

우리들이 대상으로 삼는 세계는 우리들의 마음이 구성한 것이지 진실 그 자체는 아니다. 이 점을 들어서 유식설에서는 '표상으로서만 있다'고 한다. 이 표상 즉 의식 내용이 바로 '유식(唯識)'이라는 글자에서 '식(識 ; vijñāpti)'이다.[38]

다음에는 이 법집이 점점 강해져서 법집을 대상으로 하는 의식이 바로 자아라고 착각한다는 것이다. 이것을 그는 아집(我執)이라고 불렀다. 이 '아집' 때문에 자기의 감정에 맞는 것은 좋아하고, 그렇지 않으면 싫어하는 갖가지 어리석음이 생긴다고 한다.

37) 『원인론』(대정장45, p.710b).

38) 高崎直道, 『佛教入門』, 東京: 東京大學出版會, 1991, p.182.

이렇게 하여 종밀은 유식에서 말하는 아뢰야식의 자아설을 부정하고, 아뢰야식의 근원에 있는 완전하고 본래부터 존재하는 참 마음이 상정하여 그것이 우리들의 참 자아라고 했던 것이다. 종밀의 이러한 생각은 중국에서 찬술된 경전으로 알려진[39) 『원각경』에 그 원형이 마련되었다.

> 모든 중생들의 갖가지 허망한 것이 모두 여래의 원각묘심(圓覺妙心)에서 나오는데, 그것은 마치 허공 꽃이 허공에서 생기는 것과 비슷하다. 허공 꽃은 사라지더라도 '허공 자체'는 사라지지 않는다. 중생의 허망[虛幻]한 마음도 허망한 마음에 의해 사라지나 모든 허망함이 사라지더라도 본각(本覺)의 마음은 변동이 없다. 허망한 마음을 갖고 깨달음[覺]을 말하는 것도 역시 허망한 것이며, 만일 깨달음이 있다고 말하더라도 그것은 아직 허망함을 떨치지 못한 것이다. 그렇다고 깨달음이 없다고 말하는 것도 역시 마찬가지이다. 그러므로 허망이 사라지는 것을 두고 '본각의 마음은 변동이 없다'고 말한다.[40)

여기에서 우리는 외계의 실재성이 식의 활동 내부로 환원되는 변화를 볼 수 있다. 완전한 자아인 '원각묘심'이 무명과 결합하여 5온, 12처, 18계를 만든다는 것이다. 여기에서의 '원각묘심'은 '본각진심'의 다른 표현이다. 개별적이고 규정적인 각각의 현상 속에 '원각묘심'이 들어 있다. 그래서 이 '원각묘심'의 작용을 통해 다시 허망한 표상을 걷어내고 본래성을

39) 柳田聖山, 『中國撰述經典一 ; 圓覺經』, 築摩書房, 昭和62年, pp.268-272.

40) 신규탁 번역, 『원각경 · 현담』, 서울: 정우서적, 2013, pp.40-41.

회복할 수 있다. 이 과정 중에서 전자를 염연기(染緣起)라 하고, 후자를 정연기(淨緣起)라 한다.

여기서 우리는 근본불교의 무아론에 중대한 도전이 일고 있음을 알 수 있다. '제행무상'과 '제법무아'를 표방하면서 모든 현상을 연기론으로 해석하는 것이 당시의 불교였다. 이런 철학에서 영원불변하는 브라마니즘의 아트만론을 비판하던 불교의 본 모습에 '변질'이 온 것이다. 모든 현상은 연기에 의해서 임시적으로 있는 것인데, 그 연기의 작용 속에 있는 실재를 상정한 셈이다. 종밀이 '성기(性起)'[41]라는 개념을 쓰는 것도 그 사례 중의 하나이다. 연기론(緣起論)이 성기론(性起論)으로 '변질'된 것이다.

성기론에서의 '성(性)'은 규봉 종밀이 즐겨 쓰는 개념인 '본각진심'이며 『원각경』에서 나오는 '원각묘심'이다. '본각진심' 자체를 유출시켜 인식대상을 만들고, 그리하여 보여지는 대상과 보는 주체가 갈라진다. 그러면서도 보여지는 대상은 '본각진심'을 자기 속에 간직한다. 본각진심과 훈습하여 인식대상을 만드는 작용의 원동력은 무명인데 이것은 무시이래로 이어져 온 생명력이라고 한다. 『원각경』에서는 이 힘을 음욕(淫欲)[42]이라고 규정한다. 이것은 곧 무명을 말한다.

---

41) 『원각경대소』(신찬속장9, pp.323c-324a), "萬法虛僞, 緣會而生, 生法本無, 一切唯識. 識如幻夢, 但是一心. 心寂而知, 目之圓覺. 彌滿淸淨, 中不容他. 故德用無邊, 皆同一性. 性起爲相, 境智歷然. 相得性融, 心身廓爾."

42) 신규탁 역, 『원각경 · 현담』(정우서적, 2013, p.85), "모든 세계의 일체 종성인 난생 · 태생 · 습생 · 화생이 다 음욕(淫慾)으로 말미암아 성품과 목숨을 부여받는다. 분명히 알아라. 윤회의 근본은 애욕이다."

Ⅳ. 참 자아의 요청

종밀은 '본각진심'과 무명의 관계를 성기론으로 풀어나갔다. 그는 중국 법상종에서 말하는 아뢰야식을 참 마음과 거짓 마음이 혼재한 것으로 이해하여, 참과 거짓이 구분되기 이전의 본래 마음의 선재(先在)를 논리적으로 도출하였다. 이것은 마치 '타향'이라는 말 속에는 '고향'이 설정되어 있는 것과 비슷하다 할 수 있다. 본래의 마음은 생겨난 게 아닌 무생(無生)이다. 그것 자체는 연기에 의하여 생긴 것이 아니다. 그러면서도 그것은 생겨난 모든 것에 들어 있다. 왜냐하면 생겨난 모든 것이 그것에서 유출하였기 때문이다.

마음의 문제를 이렇게 해석하는 학파를 법성종(法性宗)이라 칭하는데 중국에서는 천태종과 화엄종 그리고 선종이 이에 해당한다. 그래서 법성종에서는 본마음을 회복하는 실천 이론을 주장하게 된다. 선종에서 '부모가 낳아주기 이전의 자기'를 찾으라는 것도 이런 맥락에서 이해할 수 있다.

돌이켜보면 만들어진 것은 무상하다는 입장에서 불타의 교설은 시작되었다. 무자성임을 연기론에 입각하여 증명하였던 것이다. 따라서 인간도 결국은 물질적인 현상과 정신적인 현상이 모여서 만들어진 것으로서 무상하고 공한 존재라고 하였다. 근본불교에서는 이렇게 하여 자아의 실체성을 부정하고 아집을 경계하였다. 우리의 의식이라는 것도 결국은 6근과 6경과의 상호 작용 속에서 생성되는 것이라 하여 그 실체성을 제거하였다.

그런데 불타의 입멸 후 설일체유부에서는 의근의 대상인 표상도, 5근의 대상인 5경이 외계에 실재하듯이, 실재한다는 주장을 내었다. 그리하여 안근이 안식을 보지 못하듯이 의근도 의식을 인식하지 못한다 하였다.

그러나 유식학파에서는 의근은 앞의 5식이 파악한 표상을 대상으로 삼기 때문에, 의근과 전(前) 5식의 근거가 될 뿐만 아니라 의식의 근거가 된다고 했다. 그러면서 전 5식에는 판단 작용이나 추리 작용이 없다고 논증했다. 그러면 전 5식이 만든 표상은 실재하는가, 아닌가? 이 점에 대하여 표상은 실재가 아닌 허망한 것이고, 의식의 본질인 관조 작용(즉 자기의식)만이 실재라고 유식학파는 결론을 내린다.

그런데 종밀이 보기에 의식의 본질인 관조 작용에서 허망한 표상이 만들어졌다면, 그 허망한 표상을 만들어 낸 의식의 관조 작용도 허망할 수밖에 없다고 비판한다. 이렇게 하여 종밀은 관조 작용을 갖고 있는 의식, 곧 아뢰야식은 참과 거짓이 혼재한 의식이어서 참 자아가 될 수 없다고 한다.

그리하여 참 자아의 속성으로 무상하지 않고 순수한 참이어야 함을 내세웠다. 이런 모든 속성을 만족하는 것으로 '본각진심'을 내세웠던 것이다. 종밀은 이것을 참 자아라 했던 것이다.

결국 종밀은 자아가 갖추어야 할 속성인 '상일(常一)'성을 내세웠기 때문에, 불교의 근본교설인 연기론을 '부분적'으로 수정하는 입장을 취하게 되었다. 그것은 곧 성기설이다. '본각진심'이 무명에 의해 표상을 만들고 한편으로는 자신이 만든 표상을 대상으로 자아의식을 발동하여 오류를 일으킨다고 한다.

무아론에서 출발한 불교가 이제는 참 자아를 인정하는 변화가 종밀에서 일고 있음을 우리는 발견할 수 있다. 그러면 종밀은 왜 이렇게 참 자아의 실재를 상정하기에 이르렀을까? 여기에 대한 대답은 여러 각도에서 가능하지만, 무엇보다 '실천의 근거'를 만들기 위해 순순한 자아를 '요청'한 것이라고 생각된다. 자아의 실체가 부정될 경우 실천의 주체와 인격의 책임 등의 문제가 불분명해지리라는 염려가 그에게 있었던 것은 아닌가?

필자가 이렇게 추측하는 근거는 『중국에서 마음을 전한 선문의 스승과 제자 간의 내력; 中華傳心地禪門師資承襲圖』에서 홍주종의 일상성을 비판하는 부분과, '일체개공(一切皆空)'의 이론에 근거하여 '본래무사(本來無事)'를 강조하는 우두종을 비판하는 부분 등이다. 그리고 『원인론』에서 도가의 자연설을 비판하는 것도 역시 이런 맥락에서 이해할 수 있다.

그리고 『선원제전집도서』에서 돈(頓) · 점(漸) · 오(悟) · 수(修)의 네 개념을 조합하여 당시에 유행하던 수행론을 하나하나 정리 비판하면서 보다 완벽한 수행이론을 만들어 내려던 점 등도 그가 수행론에 관심이 많았음을 보여준다. 그는 '돈오점수(頓悟漸修)'를 수행 이론의 가장 완벽한 체계라고 한다. 물론 이 수행이론에는 '본각진심'을 참 자아로 보는 그의 교학적 이론이 들어 있다. 이렇게 '본각진심'을, 인간의 본질을 이해한 그의 인간

이해 방식이 갖는 의의와 한계에 대해서는 이미 이 책의 「제5장. 불교 우위론의 이론적 확립」에서 설명했기 때문에 이곳에서는 다시 거론하지는 않는다.

종밀은 '본각진심'을 참 자아로 본다. 이 '본각진심'은 무엇에 의하여 만들어진 것이 아니므로 공하지 않고 소멸하지도 않는다고 할 수 있다. 만들어진 모든 것은 무상하고 공하지만 '본각진심'은 인연에 의하여 만들어진 것이 아니므로 항상(恒常)한다. 그러면서도 그것은 대상을 비추어 볼 수 있는 작용성을 갖고 있다. 그는 이것의 성질을 '항상하여 (무엇인가를) 아는 작용[常知]'으로 규정했다.(p.228)

제7장 규봉 종밀의 선종관

Ⅰ. 선종의 출현

당나라 선의 계보를 나누고 그 각각에 대한 논평을 한 대표적인 인물의 하나로 규봉 종밀을 꼽을 수 있을 것이다. 선에 대한 종밀의 분류와 평가는 뒷날 중국불교사에 많은 파랑을 일으키기에 충분했다. 그 이유는 무엇보다도 당시 선종에 대한 종밀의 평가는 사실의 기록을 넘어 그의 '철학적 평가'가 반영되었기 때문이다. 여기서 말하는 '철학적 평가'란 규봉 종밀이 자신의 철학적 기준을 갖고, 당시 선사상을 자신의 철학체계 속으로 수용했다는 의미인데, 구체적으로 말하면 그의 '법성철학'이다. 즉 당시에 논의되고 유행하는 선(禪)을 있는 그대로 기록하기 보다는 평가적인 언어와 체계로 재해석했다.

그런데, 여기서 우리가 기록자의 주관적인 해석 없는 기록이 과연 가능한가 하는 문제를 감안하더라도, 선에 대한 종밀의 평가에는 그만의 독특한 '철학적 해석'이 개입되어 있다. 그 중의 하나가 바로 마음[心]의 이해를 둘러싼 종밀의 해석이다. 구체적으로 말하면, 종밀은 달마로부터 역대의 선사들이 스승과 제자 사이에 전수했다고 하는 "이심전심(以心傳心)"에서의 '심(心)'을 '청정본각(清淨本覺)'으로 재해석한다.[1] 즉 청정하고 본래부터 깨달은 마음을 역대 선사들이 전했다는 것이다. 그리고 마음은 항상 고요하면서 무엇을 인식하는 작용이 있는데, 이 마음이 작동하여 대상 세계를 그 마음속에 표상시켜 형상을 만든다고 한다.[2] 그러나 마음을 이렇게 해석하는 것은 연기법의 적용 범위를 넘어선 근원적인 그 무엇을 상정하는 것으로, 초기불교의 본래 입장에도 어긋날 뿐만 아니라 선종의 본래 취지인 '무심(無心)' 사상과도 거리가 멀다.

종밀은 '청정본각심'을 인정하는 입장에 서서 당시 선종의 무심 사상을 비판한다. 종밀이 사용하는 '무심'의 말뜻은 '마음이 없다'가 아니고, '마음에 번뇌가 없다' 또는 '마음의 번뇌를 없애다'이다. 마음에 번뇌가 있으면 그 결과, 번뇌 작용의 힘이 '업(業)'을 유발시켜 결국 인간을 괴로움에 빠지게 한다. 이런 입장은 불교의 본래적인 입장으로 교학에서는 물론, 선

1) 『中華傳心地禪門師資承襲圖』(신찬속장63, p.33a), "然達摩西來, 唯傳心法. 故自云, 我法以心傳心, 不立文字. 此心是一切衆生清淨本覺, .亦名佛性, .或云靈覺."

2) 『圓覺經大疏』(신찬속장9, pp.323c-324a), "萬法虛僞, 緣會而生. 生法本無, 一切唯識. 識如幻夢, 但是一心. 心寂而知, 目之圓覺. 彌滿清淨, 中不容他, 故德用無邊, 皆同一性. 性起爲相, 境智歷然. 相得性融, 心身廓爾 ; 모든 존재는 모두 실체가 없는 헛된 것이다. 그것은 인연이 모여서 생긴 것으로, 인연에 의해서 생긴 것은 본래 실체가 없다. 그것은 오직 識의 작용으로 생겼는데, 이 識도 허깨비나 꿈처럼 실체가 없다. 다만 一心만이 허망하지 않다. 마음의 작용은 고요하면서도 무엇을 인식하는데 이것을 일러 원각이라 한다. 마음은 깨끗함이 가득하여 그 속에 다른 것이 없다. 그래서 덕의 작용이 끝이 없는데, 이는 一性과 완전히 동일하다. 이 一性이 작동하여 대상세계를 마음속에 표상시켜 형상[相]을 만든다. 이리하여 대상 세계[境]와 그 대상세계를 바라보는 인식주체[智]가 분명하게 드러난다. 이렇게 相을 얻고 性이 융합되어 몸과 마음이 뚜렷해진다."

학에서도 마찬가지이다. 선의 남종(南宗)이나 북종(北宗)을 막론하고 모두 '무심'할 것을 요청한다.

그런데 종밀이 보기에 선종에서는 그저 '무심'만을 말할 뿐, '무심'이 된 뒤에 나타나는 '청정본각심'의 작용을 제대로 제시하지 못했다는 것이다. 종밀의 비판은 여기에 겨냥되어 있다.

본 장에서는 선종에서 남종 북종을 막론하고 모두 '무심'을 주장한다는 점을 먼저 밝혀보고, 다음으로 '청정본각'의 성질을 가진 심(心)의 실재성을 인정하여 이것을 기준으로 선을 분류하고 평가한 종밀의 철학적 태도를 밝히려 한다. 그 태도는 종밀 자신의 '철학적 해석'에서 기인한 것이다. 여기서 말하는 '철학적 해석'이란 이 책의 중심 주제가 되고 있는 소위 '법성교학'이다. 종밀은 '법성교학'의 입장에서 당시의 선종 사상을 자신의 철학으로 재해석하고 있는 것이다.

필자의 이런 주장을 논증하기 위해, 본 장에서는 해당 문헌의 내면에 흐르는 주장 내지는 그 근거를 추출해보는 방법을 택했다. 즉 어떤 철학적 개념이나 주장이 그 문장의 표면에 드러났는가 아닌가를 따지는 방법을 포함하여, 그 문장의 내면에 흐르는 보다 근원적인 논리에 주목하는 방법에 주안점을 두겠다. 물론 이 경우에, 어느 자료를 방증의 자료로 삼는가는 이미 필자의 결론이 관여될 수밖에 없지만, 그렇다고 종래처럼 자의적이거나 종교적 신념으로 논증하는 방법을 사용하지는 않을 것이다. 구체적으로 말하면, 종밀이 논증의 근거로 삼기 위해 인용한 원 자료의 본래 사상과, 종밀의 철학 체계 속에서 이해되고 녹아들어 해석된 사상과의 사이에 서로 불일치함이 있음을 논증하려 했다.

모든 존재를 연기로 파악하는 불교의 본래 정신을 위반하면서, 실재하는 근원으로서 '청정(淸淨)하고 본래부터 깨달은 상태[本覺]인 참 마음[眞心]'의 실재를 상정한 종밀의 철학은, 자신의 철학적 입장인 법성의 철학에 입각해 재해석한 것임을 알 수 있게 될 것이다. 더불어 연기의 작용 속에 실재하는 근원으로써 '심(心)'을 상정하고, 그 '심'을 이론적으로 깨치고[돈오(頓悟) 중에 해오(解悟)를 말함], 그 다음에 그것을 향하여 점차적으로 수행하여, 마침내 '진심'을 깨달아야 한다는 소위 '돈오점수'는 선불교에서는 수용되기 어려운 교설임을 알 수 있게 될 것이다.

이상의 주장을 논증하기 위해 필자는 종밀 당시의 선사상을 그 특성에 따라 분류하고 조목조목 검토할 것이다. 알려진 것처럼 선종의 분류 방식에는 5가(家) 7종(宗)[3]이 있지만 그것은 종밀 사후 당말 송나라 초에 구체화 된 것으로, 본 장에서 문제 삼는 시기와는 거리가 있다. 그래서 종밀이 제시한 분류 방식을 채용하여 그 양상을 살펴보려고 한다.

---

3) 5가 7종 : 5가는 위앙종, 임제종, 조동종, 운문종, 법안종을 말함. 송대에 임제종파에서 갈라진 황룡파와 양기파를 합해서 7종이라 한다. 종밀의 『선원제전집도서』에 의하면, 중당의 선종을 우두종, 북종, 남종(하택종, 홍주종) 등 많은 종파로 나누고 있지만, 당 말에는 남종의 남악 마조계(馬祖系, 洪州宗)와 청원(青原) 석두계(石頭系) 뿐이었다. 5가는 이 두 계통에서 나왔다. (이철교 · 일지 · 신규탁 공저, 『선학사전』, 서울: 불지사, 1995, pp.469-470. 참조.)

Ⅱ. 종밀이 분류한 당시 선종

종밀에게는 선종을 분류하고 그 우열을 평가한 문헌들이 꽤 많이 남아 있다.

첫째, 뒷날 정승이 된 배휴(裵休; 791-864)[4]는 종밀에게 당시 선종의 여러 분파를 정리하고 그리고 각각의 장단점을 논해 줄 것을 요청했는데, 이 요청에 대답하여 기록한 것이 바로 『중화전심지선문사자승습도(中華傳心地禪門師資承襲圖)』(이하에서는 때로는 『승습도』로 약칭하기도 함)이다. 이 책은 오래 전에 일본 코마자와(駒澤) 대학 이시이 슈도(石井修道) 교수의 연구에 의해 『배휴습유문(裵休拾遺問)』이 원래의 제목이고 『중화전심지선문사자승습도』는 이 책 속에 들어 있는 '선종혈맥도'를 지칭하는 것이라고 보고되기도 했다.[5] 한편, 필자는 『원인론』과 『중화전심지선문사자승습도』 등을 교감하고 번역하여 『화엄과 선』이라는 제목으로 편역한 바 있다. 이 과정에서 이 책의 원래 제목이 『법집(法集)』임을 다시 논증했다.[6] 따라서 필자의 이 책에서

4) 배휴의 생몰 연대는 종래에는 790-870, 797-870 등으로 알고 있었는데, 吉川忠夫 씨의 「裵休傳-唐代の一士大夫と佛教-」, 『東方學報』 第64冊, 1992에 의해 새로 고증되었다. 裵休의 전기에 대해서는 위의 논문이 믿을만하다.

5) 石井修道, 「眞福寺文庫所藏の『裵休拾遺問』の飜刻」, 『禪學硏究』 第60號, 1981.

6) 규봉 종밀 원저, 신규탁 편역, 「해제」, 『화엄과 선』, 서울: 정우서적, 2010,

도 『법집(法集)』으로 표기하는 것이 온당하겠지만, 그간 학계에 『중화전심지선문사자승습도』로 쓰여왔기 때문에 관례에 따라 기존의 서명을 그대로 사용하기로 한다.

둘째, 『선원제전집도서(禪源諸詮集都序)』(이하 『도서』로 약칭)가 있는데, 이 책은 배휴의 서문에도 나타나듯이, 여래의 세 종류 교의를 이용하여, 선종의 세 종류 법문(法門)을 '확인'하는 것을 내용으로 한다. 다시 말하면 교종의 교학을 기준으로 선사상을 정리하려는 의도에서 집필되었다.

세째, 『원각경대소초』(이하 『대소초』로 약칭)의 「현담(懸談)」(卷三之下)에서 수행론을 정리하는 부분이 있는데, 이곳에서 종밀은 당시에 유행하던 선풍을 7종으로 나누어 논평을 하고 있다.

이하에서는 이 세 자료를 중심으로 종밀이 당시의 선사상을 어떻게 분류했는가 알아보기로 한다. 그런데 검토에 들어가기에 앞서, 『대소초』, 『승습도』, 『도서』의 찬술 순서를 결론만 적어본다. 『원각경대소』가 그의 나이 44세(823년)에 완성된 것, 50세(829년) 때 배휴와 궁중에서 서로 만난 것, 그리고 54세 부터 『도서』의 저술에 착수한 것 등등을 고려하고, 『승습도』에서는 간략하게 논의된 것이 『대소초』에서 자세한 것이 있는 점들을 미루어 볼 때 『대소초』 보다 『승습도』 쪽이 좀 더 먼저 저술된 듯하다. 그리고 『도서』는 그가 말년에 교와 선을 통일적으로 설명하기 위해 집필을 시작한 작업의 서문임을 고려하면 『대소초』 보다 늦게 집필된 것 같다. 곧 『승습

---

pp.308-312.

도』, 『대소초』, 『도서』 순으로 찬술 연대를 추정할 수 있다.

먼저, 『승습도』의 분류법을 보자. 『승습도』에서 배휴는 종밀한테 남종과 북종의 차이 및, 남종 중에서도 하택종 · 홍주종 · 우두종 사이의 우열, 돈(頓)과 점(漸), 그리고 각 종의 장단점을 간결하게 적어달라고 한다. 이 부탁이 발단이 되어 종밀은 달마선의 핵심은 하택 신회로 전수되었음을 주장하며, 그 과정에서 당시 선종의 사상을 정리하고 논평한다. 『승습도』에서 남종, (1)북종(北宗), 그리고 남북이 갈라지기 이전의 (2)우두종(牛頭宗)으로 나누고, 남종을 다시 (3)홍주종(洪州宗), (4)하택종(荷澤宗)으로 나눈다. 물론 할주(割注)에 정중종(淨衆宗) 및 보당종(保唐宗)의 명칭은 보이나 그 종지의 설명은 생략하고 자세한 것은 후일을 기약한다고 한다. 이 후일이란 『대소초』의 저술 작업을 염두에 두고 하는 말이다.

다음, 『대소초』에서의 분류법을 보자. 종밀은 『원각경대소』의 「현담」에서 '수증계차문(修證階差門)'이라는 과목(科目)을 세워 『원각경』이 그 중 어디에 해당하는가를 논한다. 이렇게 과목을 세운 데는 이미 그 나름대로의 의도가 숨어 있다. 그 숨은 의도는 다름 아닌 『원각경』의 수행법이 가장 뛰어남을 논증하기 위함이다. 종밀은 당시에 유행하던 선사상을 '정-혜(定-慧)' · '오-수(悟-修)' · '돈-점(頓-漸)'의 틀로 나누어 요약하고[7], 『원각경』이야말로 이 세 가지 요소 곧 '정-혜(定-慧)' · '오-수(悟-修)' · '돈-점(頓-漸)'을 모두 갖추었다고 한다.[8]

---

7) 『원각경대소』(신찬속장9, p.334c).

8) 『원각경대소』(신찬속장9, p.334c).

그러면 『대소초』에서 당시 선종의 선사상을 어떻게 분류했는가를 보기로 한다. 그는 먼저 『원각경대소』에서 당시의 선사상을 "혹은 마음에 있는 번뇌를 털어 깨끗함을 보며, 방편으로 경전을 융통하는 무리도 있고, 혹은 계 · 정 · 혜의 3구(句)로 마음을 쓰는 부류도 있고, 혹은 교학이나 수행에 구애됨이 없이 알음알이를 없애는 부류도 있고, 혹은 부딪히는 것마다 모두 도라고 하여 마음에 내맡기는 부류도 있고, 혹은 본래 일삼을 게 없으니 감정을 잊으라고 하는 부류도 있고, 혹은 향을 전하는 의식을 거행하여 부처를 모시는 부류도 있고, 혹은 고요함과 아는 작용이 바탕이라고 여겨 무념(無念)을 으뜸으로 여기는 부류도 있다."[9]고 소개한다. 그리고 『대소초』(신찬속장9, pp.523b-535b)에서는 이상의 내용을 자세하게 복주(復注)하여 '7가(家)'로 명명하고 하나하나 논평한다. '7가'란 차례대로 (1)북종(北宗), (2)정중종(淨衆宗), (3)보당종(保唐宗), (4)홍주종(洪州宗), (5)우두종(牛頭宗), (6)남산염불종(南山念佛宗), (7)하택종(荷澤宗)이다.

끝으로 『도서』에서는 종지의 깊고 낮음에 따라 (1)외도선, (2)범부선, (3)소승선, (4)대승선, (5)최상승선으로 분류한다. 그 중에서 달마 이하의 선종을 최상승선이라고 한다. 한편 인물을 중심으로 하여 10실(室)로 나누기도 한다. 10실이란 (1)강서(江西), (2)하택(荷澤), (3)북수(北秀), (4)남선(南銑), (5)우두(牛頭), (6)석두(石頭), (7)보당(保唐), (8)선습(宣什), (9)조나(稠那),

9) 『원각경대소』(신찬속장9, p.334c), "有拂塵看淨, 方便通經, 有三句用心, 謂戒定慧. 有教行不拘, 而滅識. 有觸類是道, 而任心. 本無事, 而忘情, 有籍傳香, 而存佛. 有寂知指體, 無念爲宗."

(10)천태(天台)이다. 이 외에도 교종(敎宗)과의 관계 속에서 선사상을 (1)식망수심종(息妄修心宗), (2)민절무기종(泯絶無寄宗), (3)직심현성종(直心顯性宗) 등 3종(宗)으로 나누기도 한다.

이상의 분류를 도표로 그려보면 다음과 같다.

승습도	원각경대소초	선원제전집도서		
		10室	5種	3宗
(2)北宗	(1)北宗	(3)北秀	(5)최상승선	(1)息妄修心宗
	(2)淨衆宗	(4)南銑	"	
	(3)保唐宗	(7)保唐	"	
(4)洪州宗	(4)洪州宗	(1)江西	"	(3)直顯心性宗
(1)牛頭宗	(5)牛頭宗	(5)牛頭	"	(2)泯絶無寄宗
	(6)南山念佛禪宗	(8)宣什	"	
(3)荷澤宗	(7)荷澤宗	(2)荷澤	"	(3)直顯心性宗
		(6)石頭	"	
		(9)稠那	"	
		(10)天台	(4)대승선	
			"	
			(3)소승선	
			(2)범부선	
			(1)외도선	

Ⅲ. 종밀의 선사상 이해와 그 특징

위에서 우리는 종밀이 당시 선사상을 어떻게 분류했는가를 정리해보았다. 이제부터는 그가 선사상을 어떻게 이해하고 평가했는지 검토하여 그 속에 나타나는 종밀의 입장을 밝혀보기로 한다. 그 결론을 간단하게 미리 말해보면, 종밀은 하택종의 주장이 여타의 선사상보다 더 우수하다고 주장하며, 그렇게 주장하는 이유는 하택종에서만 '본래부터 깨달은 참 마음[本覺眞心]'을 제대로 파악했기 때문이라는 것이다. 그러면 『승습도』의 분류 방식을 중심으로 위의 문제에 접근해보기로 한다. 앞에서도 간단히 언급했다시피 『승습도』는 배휴의 청에 의해 당시 선사상의 갈래를 나누고 그 우열을 논한 것이므로, 종밀이 당시의 선사상을 어떻게 소화하고 이해했는지를 잘 보여준다. 이하에서 『승습도』의 분류 방식을 택하여 논의를 진행하는 이유도 바로 여기에 있다.

1. 우두종

종밀은 우두종의 유래와 그 선사상을 『승습도』에서 이렇게 설명하고 있다.

우두종은 4조 도신(道信)의 밑에서 방출한 것이다. (이 종의) 근본은 혜융 선사에게 갖추어 있다. 본성은 고결하고 신령스런 지혜는 총기 있고 예리했다. 처음에는 오래 동안 반야부의 여러 경전을 연구하여, 모든 존재가 본질이 없고 미혹한 마음은 잘못된 집착에서 생긴 것임을 깨달았다. 그러고 나서는 4조 도신 선사를 만나서 모든 존재가 본질이 없다는 깨달음을 인가받았다. 그러니까 모든 존재는 본질이 없으면서도 본질이 없지 않은 오묘한 본성을 드러내기 때문이다. 그다지 배우지 않았는데도 깨달음과 견해가 뚜렷했다. 4조 도신 선사가 말했다. "이 가르침은 옛부터 이제까지 단지 한 사람에게만 전수해왔는데, 나는 이미 제자 홍인(5조를 말함)에게 법통을 전했으니 그대는 따로 한 파를 스스로 세워라." 뒤에 마침내 우두산에 따로 한 종파를 세워 제1조가 되었다. 차츰 전해 내려와 6대 (뒤에 5조인 지위(智威)에게 마소(馬素)라는 제가가 있었고, 마소의 제자에 도흠(道欽)이 있었으니 경산(徑山)이 그 사람이다.)에 이르렀다. 이 종파는 남종이나 북종과 전혀 관계가 없다. 남종과 북종의 두 계통은 5조 홍인의 문하에서 나왔다. 5조 이전에는 남종이니 북종이니 하는 이름이 전혀 없었다.[10]

---

10) 『승습도』(신찬속장63, pp.31a-b), "牛頭宗者, 從四祖下傍出. 根本有慧融禪師者, 道性高簡, 神慧聰利, 先因多年窮究諸部般若之敎. 已悟諸法本空, 迷情妄執. 後遇四祖, 印其所解空理. 然於空處, 顯示不空妙性. 故不待久學, 而悟解洞明. 四祖語曰, 此法從上只委一人. 吾已付囑弟子弘仁訖〈卽五祖也〉. 汝可別自建立. 後遂於牛頭山, 別建一宗, 當第一祖, 展轉乃至六代. 此一宗都不關南北二宗. 其南北二宗, 自出於五祖門下. 五祖已前, 都未有南北之稱."

이 인용문에서 우리가 알 수 있는 것은 5조 홍인 이전에는 남종과 북종의 구별이 없었다는 것과, 우두산에서 개종한 법융 선사는 4조 도신의 직계가 아닌 방계라고 종밀이 이해한 점이다. 그리고 우두종의 주장은 반야 계통과 맥을 같이 하는 것으로 이른바 "모든 존재는 본질이 없으면서도, 본질이 없지 않은 오묘한 본성을 드러낸다."는 것이다.

그리하여 종밀은 우두종의 선사상을 위와 같이 인식하고, 그들의 수행 방법을 『승습도』에서는 '상기망정(喪己忘情)'으로 정리하고,[11] 『원각경대소』에서는 '본무사이망정(本無事而忘情)'으로 정리하고,[12] 『도서』에서는 '민절무기(泯絶無寄)'[13]로 정리하고 있다. 여기에서 『승습도』와 『대소초』가 그

---

11) 『승습도』(신찬속장63, p.33c), "旣達本來無事, 理宜喪己忘情. 情忘卽絶苦因, 方度一切苦厄. 此以忘情爲修也. ; "본래부터 일삼을 것이 없음을 알았으니, 이치적으로 볼 때 반드시 자기를 없애고 감정을 잊어야 한다. 감정을 잊으면 곧 괴로움의 원인이 끊어져 마침내 모든 괴로움과 재앙을 건널 수 있다. 이 종파에서는 감정을 잊는 것을 수행으로 여긴다."
상기망정(喪己忘情) : 여기에서의 '己'는 실체로서 실재한다고 믿는 자기의식을 말하고, '정(情)'은 그 자기의식이 발동하여 선악시비를 가리는 의식 활동을 말한다. 따라서 이 귀절을 우리말로 번역하면, '자기 자신의 본질이 있다는 생각을 없애고, 좋아하거나 싫어하는 감정을 없애라'는 뜻이다. 이 말의 전후 문장을 인용하면 위와 같다.

12) 『원각경대소』(신찬속장9, p.334c). 종밀은 이 '本無事而忘情'을 『대소초』(신찬속장9, p. 534c)에서 자세하게 주석을 하는데, "'본래무사(本來無事); 전혀 일삼지 않음'이란 깨달은 이치로서, 말하자면 마음과 대상이 본래 실체가 없으므로 공들여 노력해서 없어지는 게 아니다. 미혹해서 그것이 실체로서 존재한다고 생각할 뿐이다."고 한다. 그리고 '망정(忘情); 번뇌를 쉼'에 대해서는 "번뇌를 쉬면 괴로움과 재앙을 건넌다."고 한다. 그리하여 종밀은 "'본래무사'는 깨달음의 영역에 속하고, '번뇌를 쉼'은 수행의 영역에 속한다."고 한다.

13) 『도서』(대정장48, p.408a). '민절무기(泯絶無寄)'란 모두를 부정하고 어디에도 의지하지 않는다는 뜻이다. 『도서』의 한글 번역으로는 『선의 근원』(空緣 無得

내용은 물론 사용하는 어휘마저도 일치하는데, 『대소초』 쪽이 보다 더 체계화되었음을 알 수 있다. 이것은 『대소초』가 『승습도』보다 뒤에 정리된 것임을 말해준다. 그리고 『도서』에서는 다만 석두(石頭)나 우두(牛頭)의 문하생인 경산(徑山) 선사가 이 '민절무기'에 해당한다고만 지적했을 뿐 직접적으로 언급하지는 않았다. 물론 선종을 3등급으로 나누어 거기에 배치함으로써 간접으로 평가하기는 한다.

그러면 이 우두종의 선사상을 종밀이 어떻게 평가하는지를 보도록 하자. 『승습도』에서 그는 마니구슬을 비유로 들어 설명한다. 그 비유는 이러하다.

> 마니구슬에 비치는 갖가지의 색깔은 모두 실체가 없는 것으로 철두철미하게 모두 공(空)하다는 말을 듣고는, (1)이 한 알의 밝은 구슬도 모두 공하다고 이해한다. 그리고서는 대뜸 말하기를, "모두가 실체가 없다고 알아야 비로소 통달한 사람이다. 그러니 (2)한 법이라도 있다고 인정하면 이는 제대로 깨친 것이 아니다."라고 한다. (그러나 이것은) 물질이나 형상이 모두 사라진 그곳이야말로 바로 공하지 않은 구슬임을 모른 것이다.[14)]

위의 비유에 종밀은 몸소 할주(割注)를 달고 있는데, 이것을 보면 우두

註釋, 서울: 우리출판사, 1991)이 있으니, 그 책의 p.125. 참조.

14) 『승습도』(신찬속장63, p.34b), "聞說珠中種種色, 皆是虛妄, 徹體全空, 卽計此一顆明珠, 都是其空. 便云, 都無所得, 方是達人. 認有一法, 便是未了, 不悟色相, 皆空之處, 乃是不空之珠."

종의 선사상에 대한 그의 평가가 명확하게 드러난다. 먼저, (1)의 의미는, "본각(本覺)의 본성도 역시 공하여 인식할 대상이 없다는 것이다.[15)]"고 한다. 그리고 (2)의 의미는, "모든 존재가 실체가 없는 공적한 상태에서 (무언가를) 분명히 아는 것이 본각진심(本覺眞心)이라는 말을 듣고서도, 도리어 마음의 본체는 공하지 않음을 모른다고 말하는 것이다.[16)]"고 한다.

이것을 정리하면 이렇다. 만약 어떤 사람이 밝은 구슬에 비친 그림자는 실로 실체가 없는 줄 알기는 알았는데, 그런데 한 걸음 더 나아가 구슬도 실체가 없다고 주장한다면, 이 사람은 실체가 없는 그림자를 투영시킨 구슬 자체는 실재하는 것임을 모른 꼴이 되고 만다는 것이다. 구슬, 즉 마음은 공하지 않다는 것이다. 그러니까 마음의 지평에 떠오른 모든 현상은 실체가 없는 공한 것이지만, 마음은 본바탕으로 공하지 않다는 것이 종밀이 주장하는 바이다. 그러나 종밀이 보기에 우두종의 선사상은 이 점을 제대로 몰랐다는 것이다. 이리하여 우두종에서 수행 방법으로 제시하는 '본래무사(本來事)'와 '망정(忘情)'은 잘못이라고 종밀은 주장하기에 이른다.

우두종의 이런 점을 종밀은 『대소초』에서도 지적한다. 『원각경』에서는 '작(作)', '지(止)', '임(任)', '멸(滅)' 네 가지를 선병(禪病)으로 들고 있는데, 종밀은 이것을 인용하여 우두종은 '지병(止病)'[17)]을 범했다고 비판한다.

---

15) 『승습도』(신찬속장63, p.34b), "本覺性亦空, 無有所認."

16) 『승습도』(신찬속장63, p.34b), "聞說, 諸法空寂之處, 了了能知, 是本覺眞心. 却云不了不知心體不空."

17) 『원각경대소초』(신찬속장9, p.534c), "又三是滅病, 四是任病, 五是止病."여기서 말하는 '三'이란 (1)북종, (2)정중종, (3)보당종을 말하며, '四'는 홍주종을 말

2. 북종

먼저 북종의 유래와 그 사상을 종밀이 어떻게 정리했는지를 보도록 한다. 『승습도』에 이렇게 적고 있다.

> 북종은 5조 홍인의 문하에서 방출했다. 신수(神秀) 등 10명이 모두 5조 홍인 대사의 제자였다고 한다. …. 신수의 제자 중에 보적(普寂)은 교화 활동이 왕성하여 두 수도의 법주(法主)가 되었고 세 임금의 스승이 되었다. 이때까지는 그저 달마종(達磨宗)이라고 불렸을 뿐 남종이니 북종이니 하는 칭호는 생기지 않았다.[18]

여기에서 우리는 신수 당시에는 북종이라는 칭호는 없었고, 달마종으로 불렸음을 알 수 있다. 사실 북종이라고 폄칭하게 된 것은 하택 신회 선사가 자신을 제7조로 칭하려는 법통 싸움의 과정에서 혜능을 6조로 삼아 '남종'이라 칭하고, 신수를 '북종'이라고 몰아세운 것이다.[19] 신회에게 법

하며, '五'는 우두종을 말한다. 그리고 '지병(止病)'이란 모든 망념을 영원히 쉬면 자연히 뚜렷한 깨달음을 얻을 수 있다는 그릇된 견해를 말한다. 자세한 설명은 『원각경 · 현담』(신규탁 번역, 정우서적, 2013), pp.167-168. 참조.

18) 『승습도』(신찬속장63, p.31b), "北宗者, 從五祖下傍出. 謂有神秀等一十人, 同是五祖印大師弟子. …. 就中秀弟子普寂, 化緣轉盛, 爲二京法主三帝門師. 但稱達磨之宗, 亦不出南北之號."

19) 이를 위해 지은 작품이 『보리달마남종정시비론』이다. 이 책은 돈황에서 출토되었는데, 호적의 『신회화상유집』(美亞書版公社, 民國59, pp.258-318)에 점교본으로 실렸다.

계를 대는 종밀로서는 이 사실을 익히 알고 있던 바였다. 남에 의해서, 그것도 폄하되어 붙여진 이름이므로 학술 용어로 쓰는 것은 문제가 없지는 않지만, 관용적으로 '북종'이라고 칭하므로 본 장에서도 그것을 따른다.

그러면 이 북종의 선사상을 종밀은 어떻게 이해했는가를 살펴보기로 한다. 종밀은 북종의 선사상을 『승습도』(신찬속장63, p.33a)에서는 '마불혼진(磨拂昏塵; 마음의 때를 닦고 텀)'으로 이해하고, 『대소초』(신찬속장9, p.532c)에서는 '불진간정, 방편통경(拂塵看淨, 方便通經; 마음의 때를 털어 깨끗한 마음을 보고, 방편으로 경전을 독파함)'으로 이해하고, 『도서』(대정장48, p.402c)에서는 '식망수심(息忘修心; 번뇌를 쉬고 마음을 닦음)'으로 각각 이해하고 있다. 각 그 표현은 다르지만 내용은 동일하다.

『승습도』에서는 이렇게 말한다.

> 북종의 주장은 중생이 본래부터 간직하고 있는 깨달은 본성은 마치 거울에 밝은 성질이 있는 것과 같다. 그런데 번뇌가 그 본성을 덮으면 마치 거울에 뿌연 먼지가 낀 것과 같다. 만일 스승의 말씀과 가르침을 따라 허망한 생각을 없애면 그 허망한 마음이 사라져서 심성이 밝아져 모르는 게 없게 된다. 이것은 마치 먼지를 닦고 털어서 모두 사라지면 거울의 본 모습이 밝고 깨끗해 모든 사물이 거기에 비치는 것과 같다.[20]

---

20) 『승습도』(신찬속장63, p.33a), "北宗意者, 衆生本有覺性, 如鏡明性. 煩惱覆之不見, 如鏡有塵闇. 若依師言教, 息滅忘念, 念盡則心性覺悟, 無所不知. 如磨拂昏塵, 塵盡則, 鏡體明淨, 無所不照."

이렇게 북종의 선사상을 정리하고는, 종밀은 북종의 입장을 다음과 같이 비판한다.

> 이 주장은 단지 염연기(染緣起)나 또는 정연기(淨緣起)의 겉모양만을 본 것으로서, 깨끗한 데서 더러운 곳으로 흘러가는 것을 되돌리며, 번뇌에서 벗어나는 측면만을 말한 것이다. 그리하여 허망한 마음이란 본래 실체가 없는 공이며 심성은 본래부터 깨끗하다는 사실을 모르고 말았다. 깨달음이 철저하지 못했으니, 수행이 어찌 참될 수 있으리오.[21)]

종밀의 소개에 따르면, 북종에서는 망념을 씻는 수행을 말하는데, 망념이란 본래 실체가 없어 공하다고 한다. 그런데 이 망념은 '염연기'와 '정연기'의 작용 때문에 일시적으로 나타나는 겉모습에 지나지 않는다. 그러나 그들은 연기(緣起)의 근저에 '심성(心性)', 또는 '일성(一性)'[22)]이 있다는 사실을 깨닫지 못했으므로 그 수행법이 제대로 될 리가 없다고 할 수 있다. 여기에서도 명확하게 드러나듯이 종밀은 청정한 심성의 실재를 인정한다.

한편, 여기에 종밀 저서의 찬술 시기를 확정하는 데 실마리가 될 만한

---

21) 『승습도』(신찬속장63, p.33a), "此但是染淨緣起之相, 反流背習之門, 而不覺忘念本空, 心性本淨. 悟旣未徹, 修豈稱眞.」 원문의 '染淨緣起'는 '염연기'와 '정연기'를 병칭한 것이다. '염연기'는 본래의 깨끗한 심성이 더러운 세계로 연기하여 물들어 가는 연기를 말하고, '정연기'는 그 반대를 말한다. 또 원문 '반류배습지문(反流背習之門)'에서 '유(流)'는 '유전문(流轉門)'을 말하고, '습(習)'은 습기(習氣) 즉 번뇌를 말한다.

22) 『승습도』에서는 '본성(本性)'이라 표기하고, 『대소초』에서는 '일성(一性)'이라 표기했지만 내용은 동일하다.

부분이 있어 첨가해 둔다. 종밀은 위의 비판에 이어, '정중종'의 선사상은 북종과 완전히 같고, '보당종'의 견해는 북종과 일치하지만 수행은 전혀 다르다고 할주(割注)를 첨가하면서, 번거로운 설명은 생략하지만, 뒷날 이 부분에 대해서는 직접 만나서 자세하게 (배휴에게) 설명하겠다고 한다. 아마도 이것이 말의 씨가 되어 뒷날 『대소초』를 지을 때 자세하게 설명한 듯하다.

다음은 북종의 선사상으로 종밀이 말하는 '방편통경(方便通經)'을 알아보도록 한다. 이 말은 『승습도』에는 보이지 않고, 오직 『대소초』[23]에만 보인다. 여기서 말하는 '방편(方便)'이란 다섯 가지 방편을 말하는 것으로, 구체적으로 말하면 (1)부처의 본체를 총체적으로 드러냄, (2)지혜의 문을 엶, (3)부사의한 해탈을 드러냄, (4)모든 법의 바른 성품을 밝힘, (5)자연스러워 걸림이 없는 해탈과 상이함이 없음을 요달하는 것 등이다. 종밀에 의하면 북종에서는 (1)을 위하여 『대승기신론』에 의지하고, (2)를 위해 『법화경』에 의지하고, (3)을 위하여 『유마경』에 의지하고, (4)를 위하여 『사익경』에 의지하고, (5)를 위하여 『화엄경』에 의지한다고 한다. 여기에서 우리는 북종에서는 경전을 소홀히 하지 않았음을 간접적으로 알 수 있다. 돈황 지방에서 북종에 관한 자료가 발굴되기 전까지는 종밀이 인용한 이 자료가 북종의 선사상을 엿보는 데 중요한 역할을 했다. 그리고 돈황 문서의 발굴로 드러나게 되었지만 북종선에 대한 종밀의 이 인용 부분은 매우 충실했음을 알 수 있다.

---

23) 『대소초』(신찬속장9, p.532c).

3. 홍주종

앞에서와 마찬가지로 홍주종의 유래를 종밀이 어떻게 정리했는가를 보기로 한다. 『승습도』에서는 이렇게 적고 있다.

> 홍주종은 6조 문하에서 방계로 나왔다. 속성은 마(馬)이고 이름은 도일(道一)이라는 선사가 있었다. 원래는 검남(劒南) 지방에 있던 김 화상(金和尙)의 제자였다. 도일은 최고의 도에 이르려고 높은 이상을 품고 여러 지방으로 다니면서 고행을 하며 가는 곳마다 좌선을 했다. 남양 지방에 이르러 회양 선사를 만나 근본이 되는 진리를 논쟁했는데 이론이 남양 회양 선사에 미치지 못했다. 이리하여 비로소 달마의 가르침의 계통은 6조 혜능이 적손임을 알았다. 마음을 돌려 회양의 법통을 계승한 뒤 강남성의 건주(虔州)와 강서성의 홍주(洪州)에 머물렀다. 혹은 산에서 혹은 도시에서 널리 설법하여 수행자를 인도했다. 뒤에는 홍주의 개원사(開元寺)에서 남악 회양의 가르침을 널리 전하였다. 그래서 당시 사람들이 도일의 집단을 '홍주종'이라 부르게 되었다.[24]

여기서 알 수 있듯이 홍주종의 마조 도일은 육조의 제자인 남악 회양을 만나기 전에 이미 김 화상에게 가르침을 받았고, 또 남악 회양도 사실

24) 『승습도』(신찬속장63, pp.31c-32a), "洪州宗者, 先卽六祖下傍出. 謂有禪師,姓馬名道一. 先是劒南金和尙弟子〈金之宗源卽智詵也. 亦非南北〉. 高節至道, 遊方頭陀, 隨處坐禪, 乃至南嶽, 遇讓禪師, 論量宗敎, 理不及讓.方 知傳衣付法, 曹溪爲嫡, 乃迴心尊稟. 便住虔州洪州, 或山或郭, 廣開供養, 接引道類. 後於開元寺, 弘傳讓之言旨. 故時人號爲洪州宗也."

은 육조의 방계임을 알 수 있다. 이 점은 『원각경대소초』에서도 마찬가지이다. 그런데 마조의 문손들이 번성해짐에 따라 남악 회양을 육조의 적손으로 족보를 바꾸고, 또 마조가 남악 회양을 만나기 전에 정중종 계통의 김 화상의 제자였다는 점을 숨기고 있다. 『조당집』(952년 찬술)과 『경덕전등록』(1004년 찬술)이 바로 그렇다. 그러나 종밀로서는 그 법계를 조작할 아무런 이유가 없었다.

다음은 이 홍주종의 선사상을 종밀이 어떻게 이해했는가를 보기로 한다. 종밀은 『습유문』과 『원각경대소초』 등에서 홍주종의 선사상을 '임심(任心; 마음에 내맡김)', '임운자재(任運自在; 마음내키는 대로 자유자재함)' 그리고 '천진자연(天眞自然; 있는 그대로 함)' 등으로 파악하고, 다음과 같이 말한다.

> 깨달음을 설명하는 원리가 모두 있는 그대로이므로 수행도 그 원리에 따르는 것이 마땅하다. 즉 마음을 움직이지 않고서 악을 끊고, 마음을 움직이지 않고서 도를 닦는다. 도란 바로 마음일 뿐이니 마음을 써서 일부러 마음을 닦을 필요가 없다. 악 조차도 역시 마음이니 마음을 써서 일부러 마음을 끊을 필요가 없다. 악을 끊지도 않고, 선을 짓지도 말고, 마음 내키는 대로 자유자재한 것을 해탈이라 한다. 우리를 구속할 법도 없고, 그렇다고 완성해야 할 부처도 없다. (마음이란) 마치 허공과 같아서 늘지도 줄지도 않으니 무슨 보태거나 채울 필요가 있으리오? 왜냐하면, 심성 밖에 결코 그 어떤 법도 없기 때문이다. 그러므로 단지 마음에 내맡기는 것 그대로가 수행이다.[25]

25) 『승습도』(신찬속장63, p.33b), "旣悟解之理, 一切天眞自然. 故所修行, 理宜順此.

종밀이 홍주종의 선사상을 위와 같이 정리하면서, 한편으로 홍주종의 주장을 『능가경』과 대비시킨 점은 주목할 필요가 있다. 왜냐하면 홍주종이 자신들의 심론을 『능가경』을 근거로 증명한 것은 종밀이 자의적으로 끌어들인 게 아니라, 홍주종 사람들이 『능가경』을 깊이 연구하고 또 전수했음을 간접적으로 말하기 때문이다.

『능가경』에 "혹은 불국토가 있다고 하고, 혹은 눈썹을 치켜들기도 하고, 혹은 눈동자를 굴리기도 하고, 혹은 웃음소리를 내고, 혹은 기침을 하고, 혹은 몸뚱이를 움직이는 것이 모두 모두 불사(佛事)이다.[26]"라는 문구가 있다. 그런데 홍주종도 역시 이런 입장에 선다고 종밀은 이해했다.

> 홍주종의 주장은 마음을 통제하고 사념을 움직이며, 손가락을 튕기고 눈동자를 움직이는 등 모든 행위가 불성(佛性) 그 자체의 작용일 뿐 다른 게 아니다. 탐내고 성내고 어리석은 짓 모두가, 혹은 좋은 일을 하거나 나쁜 일을 하거나, 혹은 즐거움을 받거나 괴로움을 받거나 이 모두가 불성 그 자체이다.[27]

이상의 기술에 따르면, 홍주종에서는 우리들의 일상적인 생활 그대로

而乃不起心斷惡, 亦不起心修道. 道卽是心, 不可將心還修於心. 不斷不造, 任運自在, 名爲解脫人. 無法可拘, 無不可作. 猶如虛空, 不增不減, 何假添補. 何以故.心性之外, 更無一法可得故. 故但任心卽爲修也."

26) 『楞伽經』「一切佛語心品」(대징장16, p.493a).

27) 『승습도』(신찬속장63, p.33a), "洪州意者, 起心動念, 彈指動目, 所作所爲, 皆是佛性全體之用, 更無別用. 全體貪嗔癡, 造善造惡, 受樂受苦, 此皆是佛性."

가 모두 불성(佛性)의 작용이라는 것이다. 그리고 모든 현상은 불성에서 나온 것으로, 선악 시비로 그것을 규정할 수 없다는 입장이다. 이런 연장선 속에서, 달리 수행할 필요도 없고 그저 있는 그대로에게 내맡기는 것이 참된 수행이라고 주장했다는 것이다. 홍주종이 정말 그러했는지의 사실 여부는 다시 검토해봐야겠지만, 아무튼 종밀의 눈에는 그렇게 보였던 것이다. 그러나 참된 본성의 실체를 인정하는 종밀로서는 홍주종의 그런 입장을 간과할 수는 없었던 것 같다. 그리하여 여러 측면에서 비판하는데 그것을 요약하면 다음과 같다.

그네들은 '천진자연(天眞自然)'만을 믿고 수행을 부정한다[28]고 한다. 행주좌와 어묵동정이 모두 불성이라고 보는 홍주종에서는 특별히 수행 방법을 두지 않는다. 종밀이 홍주종을 비판하는 것은 바로 이 점이다. 종밀에 따르면 '청정하고 본래부터 깨달은 참 마음[淸淨本覺眞心]'이 사람마다 모두 있는 점에서는 평등하지만, 번뇌의 많고 적음에 따라 그 참마음의 드러남에 차이가 있다고 한다. 그러므로 수행을 통해 번뇌를 제거해야 한다는 것이다. 이러한 심성론에 대한 입장의 차이가 종밀로 하여금 홍주종의 '천진자연'을 비판하게 한 것이라고 볼 수 있다.

물론, 홍주종에서도 비록 '영각(靈覺; 신령한 깨달음)'이 사람의 마음에 있다고 말은 하지만 정확하게 그것이 무엇인지 드러내지는 못했다는 것이 종밀의 불만이다. 비록 그들이 '언어동작(言語動作)' 그대로가 '불성(佛性)'이

28) 『대소초』(신찬속장9, p.534b).

라고 말하지만, 그것은 단지 '수연응용(隨緣應用; 인연에 따르는 작용)'일 뿐 결코 '자성본용(自性本用; 자성 본래의 작용)'은 아니라고 종밀은 비판한다.[29] 그런가 하면 홍주종에서는 부정하는 논법으로 일관하여 '진공(眞空)'을 겨우 드러내기는 했으나 '묘유(妙有)'를 적극적으로 드러내지 못했다고 비판한다. 그러나 홍주종에서는 일상성을 떠난 배후의 실체를 인정하지 않는다. 그들의 이런 입장은 작용하는 것이 바로 불성(佛性=作用是性)이라는 마조 선사의 말에 잘 드러난다. 그러나 종밀이 보기에 이들이 말하는 작용에는 '자성본용(自性本用)'이 없다는 비판이다. 연기의 저편에 있는 본질적인 근원으로서의 '본각진심'을 상정하는 종밀로서는 당연한 비판일 수밖에 없다고 생각된다.

4. 하택종

하택종의 유래에 대해서는 『승습도』와 『원각경대소초』에 모두 기록되었는데, 차이라면 『대소초』 쪽이 좀 더 자세한 정도이다. 먼저 남종 북종의 구별이 생기게 된 유래를 보고 다음에 하택종의 유래를 보기로 하자. 종밀은 남종(南宗)의 근원을 혜능 선사에 둔다. 그에 따르면 남종은 혜가 스님이 달마 선사의 가르침을 전수받아 대대로 의발을 전해 내려온 선종의 '본가'라고 한다. 그런데 훗날 5조 홍인의 제자인 신수 대사(神秀大師)가 북쪽 지

29) 『승습도』(신찬속장63, pp.35a-b).

방에서 점교(漸敎)를 폈기 때문에 이것과 구별하느라고 신수를 '북종'이라 하고, 5조의 같은 제자인 혜능 계통을 '남종'이라고 구별하게 되었다는 것이 종밀의 해석이다. 그런데 북종은 방계이고 남종의 종소인 혜능이 5조 홍인의 법통을 전수받아 6조가 되었다는 것이다. 그리고 혜능의 법통을 정통으로 전수 받은 사람이 바로 하택 신회 선사로서 그가 선종의 제7조라는 것이다. 하택은 그가 머물던 사찰 이름이다.

여기서 우리는 남종 북종의 대립 구도를 세우고, 5조의 법통이 혜능에게 갔다는 설화를 만들어낸 것은 어디까지나 하택 신회가 지어낸 이야기이지 역사적 사실이 아님을 알아야 한다. 이 점은 『남양화상돈교해탈선문직료성단어(南陽和尙頓敎解脫禪門直了性壇語)』(이하 『단어』로 약칭)가 돈황에서 발견됨에 따라 분명해졌다. 즉 『단어』를 보고 마조 계통의 선사들이 『육조단경』을 편찬했던 것이다. 그러니까 제자의 문집을 보고 스승의 문집을 만든 셈이다.

한편, 하택 신회는 활대(滑臺)에서 신수의 제자들과 논쟁을 벌여 자기의 스승인 혜능이 5조의 법통을 계승했음을 밝혔고, 이 논쟁[30]을 당시의 왕권을 빌어서 인정받았던 것이다. 그리하여 임금이 『칠대조사찬문(七代祖師讚文)』을 지어 세상에 유포했다는 것이다.[31] 하택 신회가 이렇게 왕권을

30) 이 논쟁의 내용은 돈황에서 발견된 『보리달마남종정시비론』으로 정리된다.

31) 『승습도』(신찬속장63, p.31c)에는 『칠대조사찬문』이 종밀 당시에 현존했다고 하는데, 지금은 전하지 않는다. 그리고 이런 사건이 있었던 때는 덕종황제(德宗皇帝) 정원(貞元) 12년(796)으로 이때 종밀의 나이는 17세였다. 물론 이 때 종밀은 출가 이전으로 성도에서 유학을 공부했었다.

이용할 수 있었던 것은 당시 전란의 피해로 문란해진 국가재정을 '향수전(香水錢)'[32]을 팔아 재건하려는 그의 정치적인 역할에서 기인한다. 혜능이 6조임을 논증하려는 의도 속에는 신회 자신이 7조라는 자부심이 들어있다.

이상에서 하택종의 유래를 알아보았다. 종밀이 하택종의 선사상을 어떻게 이해했는지를 보기로 한다. 종밀은 자신을 하택종의 범주에 넣고, 이 종만이 '달마의 정통'이고 중생들을 깨달음으로 바르게 인도해가는 유일한 길이라고 한다.

> 하택종의 주장은 참으로 말로 표현하기 어렵다. 이것은 석가모니가 이 세상에 나온 본래의 목적이며, 달마가 멀리 인도에서 온 본래의 의도이다. …. 지금 억지로 말해보자면, 모든 (의식에 표상된) 현상은 꿈처럼 실체가 없다는 말은 모든 성인이 말하는 바이다. 그러므로 허망한 마음도 본래 실체가 없고, 번뇌도 실체가 없다. 그렇지만 실체가 없는 마음에는 신령스런 앎의 작용이 있어 어둡지 않다. 이 실체가 없으면서도 신령스런 앎의 작용이 달마가 전한 바인 '공적심(空寂心)'이다. 미혹에 물들거나 깨치거나 이 마음에 본래부터 스스로 아는 작용이 있어 연(緣)이 없어도 생기고, 인(因)이 없어도 생긴다. 미혹한 때에 번뇌가 있더라도 이 신령스런 앎의 작용은 번뇌가 아니며, 깨달았을 때 신통 변화하더라도 이 신령스런 앎의 작용은 신통 변화하지 않는다. 그러므로 '앎'이라는 이 한 글자는 모든 불가사의한 작용의 샘이다.[33]

32) 山崎 宏, 『隋唐佛教史の研究』, 京都: 法藏館, 昭和42, pp.211-218 참조.

33) 『승습도』(신찬속장63, p.33c), "荷澤宗者尤難言述. 是釋迦降出, 達磨遠來之意也. ……. 今强言之, 謂諸法如夢, 諸聖同說. 故妄念本寂, 塵境本空. 空寂之心, 靈知不

여기서 우리는 종밀이 하택종을 극찬하는 까닭이 이 종에서 '공적지심(空寂之心)', '영지(靈知)', '적지(寂知)', '영지지심(靈知之心)' 등을 긍정의 논법으로 정확하게 밝혀주기 때문임을 알 수 있다. 종밀에 의하면 이 마음은 상주불변하는 실재로서, 인연법에 의해서 생겨나는 것도 아니고, 그렇다고 대상 세계를 반연해서 생기는 것도 아니라고 한다.

여기에서 우리는 불교의 근간이 되는 연기설이 종밀에 이르러 부분적으로 무너져가는 점에 주목할 필요가 있다. 근본불교에서는 모든 존재는 연기(緣起)에 의해서 생겨난다고 한다. 이것은 석가모니의 깨달음의 핵심이고, 불교의 근본 사상이다. 그런데 종밀은 '마음'을 실재하는 것으로 보고, 그것을 '본래의 근원'으로 여겨, 이것은 연기에 의해서 생긴 게 아니라고 한다. 왜냐하면 연기에 의해서 생긴 법은 모두 실체가 없고, 실체가 없는 존재라면 인간의 본질적인 근원이 될 수 없기 때문이라는 것이다.

이런 입장에서 종밀은 '식(識)'도 허깨비나 꿈처럼 실재가 아니고 '마음'만이 실재라고 한다. 이것은 유식설을 비판하는 것이다. 그는 '마음'의 본래적 속성으로 '적(寂)'과 '지(知)'를 들고 있다. 이런 속성을 지닌 '마음'은 '본각진심(本覺眞心)', '영각(靈覺)', '일심(一心)', '여래장심(如來藏心)', '청정본각(淸淨本覺)' 등등으로 이름은 다르게 불리지만 그 바탕[性]은 같다고 한다. 이 바탕이 일어나서[性起] 대상세계[相]가 만들어지고 나아가 몸과 마음

昧. 卽此空寂寂知, 是前達磨所傳空寂之心也. 任迷任悟, 心本自知, 不藉緣生, 不因境起. 迷時煩惱, 亦知非煩惱. 悟時神變, 亦知知非神變. 然知之一字, 衆妙之源."

이 분명하게 된다[34]고 한다.

이것은 '연기(緣起)'에서 '성기(性起)'로 이행하는 중국 불교의 전환이다. 마음의 작용에 의해서 생기는 일체 모든 법(法)을 연기론으로 설명하는 인도의 초기불교의 입장을 받아들이면서도, 한편으로는 그 연기의 현상 너머에 또는 그 이면에 실재하는 그 무엇을 상정하는 것이다. 그 실재란 바로 위에서 말한 '본각진심'임은 두말할 나위도 없다. 이것은 불교의 중국적 수용이라는 점에서는 그 의미가 자못 크다고 할 수 있다. 이것은 중국의 실재론적인 사유와 인도불교의 연기론적 사유가 융합하여 만들어낸 성기론적 사유라고 이름할 수 있다.

이렇게 '영지지심(靈知之心; 신령스럽게 앎의 작용이 있는 마음)'의 실재를 인정한 그는 『대승기신론』의 '불변(不變)-수연(隨緣)의 논리'를 빌려와 이 '영지지심'을 자신의 본질로 하는 인간이 왜 번뇌에 휩싸이는지를 설명한다. 즉 '영지지심'에는 불변하는 본바탕이 있고, 한편으로는 인연에 상응하여 변하는 측면이 있다고 하는데, 이것이 '불변-수연의 논리'이다.

이상의 검토를 통하여 종밀이 표방하는 하택종의 심성론을 이렇게 정리할 수 있다. 달마 스님이 중국에 오직 '일심(一心)'만을 전했는데, 이 '일심'은 '청정본각진심'이다. 그런데 이 '청정본각진심'은 '인연에 따르는[隨緣]' 요소도 있고, 한편 '인연에 따르지 않는[不變]' 요소도 있다. 이 두 요소 때문에 '청정본각심'이 갖가지로 현실에 자기 자신의 모습을 드러낸다. 그

34) 본장의 주2) 참조.

러나 번뇌 속에 휩싸여 있어도 이 마음은 사라지지 않고, 깨달았다고 해서 없었던 것이 생겨나는 것도 아니다.

이런 심성론에 입각하여 종밀은 북종(北宗)에서는 우리의 마음이 본래 청정하다는 사실을 모르고, 또 그런 진리관에 입각한 수행이어서 잘못이라고 비판하는 것이다. 한편, 우두종에서 비록 모든 존재는 다 공하여 실체가 없다는 입장에서 '청정한 마음'의 실재를 부정하지만 그것은 '진공(眞空)'만 알았지 '묘유(妙有)'는 몰랐다는 것이다. 이렇게 저들을 비판할 수 있는 근거는 모든 존재는 실재가 없는 공인 줄 아는 인식 주체는 실재한다는 종밀의 심성론에 기초한다. 이런 심성론은 '영지지심(靈知之心)'의 실재를 인정하고, 그 마음의 작용으로 '적(寂)'과 '지(知)'를 인정하는 종밀로서는 당연한 귀결이다. 마지막으로, 홍주종에서는 '영지지심(靈知之心)'의 실재를 직접적으로 말하지 못하고, 사람이 그저 말하거나 움직이는 행위를 미루어 불성의 존재를 추론적으로 드러낸다[35]고 비판한다.

35) 『승습도』(신찬속장63, p.35b), "洪州云, 心體不可指示, 但以能語言等驗之, 知有佛性, 是比量現."

Ⅳ. 종밀의 선종 비판은 사실에 근거했는가

위에서 검토했듯이 종밀은 하택종을 제외하고는, 모든 선종이 '청정본각진심(淸淨本覺眞心)'의 실재를 모르거나 정확하게 드러내지 못했기 때문에 달마 선종의 정통이 아니라는 것이다.

여기에서 중대한 문제가 발생한다. 과연 '본각진심' 등의 실재를 인정하는 것이 선종의 본래 입장인가? 나아가 이것이 과연 석가모니 본래의 생각인가? 종밀 말대로라면 하택종을 제외하고는, 모든 선종이 '청정본각진심'의 실재를 알지 못했거나 인정하지 않았다고 한다.

그런데 유독 종밀만이 '청정본각진심'의 실재를 인정했다면, 그런 실재를 인정하는 종밀의 생각이 옳은가? 그리고 하택 신회가 정말 마음을 그렇게 실재론적으로 이해했는가?

이 두 문제를 해결하기 위해서는 종밀의 말만을 믿을 수는 없고, 종밀이 비판하는 북종 · 우두종 · 홍주종 사람들의 말을 들어보아야 한다. 그리고 선종의 종조가 되는 달마의 입장에도 주시해야 한다. 이하에서 그 작업을 해 보자.

1. 달마의 심론

달마 선사가 자신의 선사상 속에서 '마음'이 어떤 의미로 쓰이고 있는지 알아보기 위해서는 무엇보다도 달마 자신의 말을 전하는 자료에 의존해야 한다. 필자는 여러 자료 중에서 돈황에서 출토되어 지금은 대영박물관에 소장되어있는 『무심론(無心論)』(Stein 5619)을 택하고자 한다. 이 자료는 일찍이 『명사여운(鳴沙餘韻)』(矢吹慶輝, 東京: 岩波書店, 1933)에 그 사본이 사진판으로 소개되었고, 『대정신수대장경』(제85권)으로 활자화되었다. 우리나라에서는 성철 선사가 해석판을 낸 적이 있다.[36]

『무심론』의 핵심 내용은 그 제목이 말해 주듯이 무심(無心)을 근간으로 한다. 이 글은 스승과 제자 사이의 대화 형식으로 되었다. 그러면 『무심론』에서 무심을 어떻게 주장하는지 보기로 한다.

> 제자가 스승에게 물었다.
> "마음이 있습니까?"
> "마음이 없다."
> "마음이 없다고 하신다면 무엇을 보고 느끼고 알며, 무엇이 무심(無心)인 줄 압니까?"
> "(1)도리어 이는 무심이다. 이미 보고 듣고 느끼고 알지만 도리어

36) 『무심론』은 『백련불교논집』(제2집, 백련불교문화재단, 1992년)에 원문 대역을 냈고, 뒤에 다시 이것은 『고경』(장경각, 1993)에 재수록했다. 본 장의 한글 번역은 이것을 따랐다.

이 무심이 무심임을 능히 안다."*

"무심하면 지금 보고 듣고 느끼고 아는 것이 없어야 할텐데, 어째서 보고 듣고 느끼고 아는 것이 있게 됩니까?"

"나는 무심하나, 볼 수 있고 들을 수 있고 느낄 수 있다."

"보고 듣고 느끼고 알 수 있다면 마음이 있는 것인데, 어찌 무심하다 할 수 있습니까?"

"(2)그저 보고 듣고 느끼고 아는 그대로가 무심이니, 보고 듣고 느끼고 아는 것 말고 어디 따로 무심이 있겠느냐? 그대가 이해하지 못할까 하여, 내 낱낱이 설명하여 진리를 깨닫게 하겠다."[37)]

….

* 원문의 '旣'를 '能'으로 보는 견해도 있다. "무심이 도리어 보고 듣고 느끼고 알며 무심이 무심인 줄을 안다."

(1)의 원문 중 '환시(還是)'의 '환(還)'은 강조를 나타내는 부사어이다. 이 문장을 필자는 이렇게 고쳐 읽으려 한다. 즉, "무심일 뿐이다. 보고 듣고 느끼고 아는 작용이 있더라도, 그것은 그저 무심일 뿐이다. (따라서) 무심임이 분명하다." 이를테면 일상적인 모든 행위 하나하나의 마음 씀씀이가 그대로 무심일 뿐이라는 것이다.

이런 무심의 입장은 다음에 이어지는 (2)에서 더욱 분명하게 드러난다. 곧 '보고 듣고 느끼고 알고'하는 행위 그대로가 무심이므로 이 '보고 듣

37) 『무심론』(『고경』, p.727), "弟子問和尙曰, 有心無心. 答曰, 無心. 問曰, 旣云無心, 誰能見聞覺知, 誰知無心. 答曰, 還是無心. 旣見聞覺知, 還是無心能知無心. 問曰, 旣若無心, 卽今無有見聞覺知, 云何得見聞覺知. 答曰, 我雖無心, 能見能聞能覺能知. 問曰, 旣能見聞覺知, 卽是有心, 那得稱無心. 答曰, 只是見聞覺知, 卽是無心, 何處更離見聞覺知, 別有無心. 我今恐汝不解, 一一爲汝解說, 今汝得悟眞理."

고 느끼고 알고'하는 행위를 떠나 달리 무심하려 해서는 안 된다는 말이다.

이렇게 볼 때 선종의 할아버지에 해당하는 달마의 기본 입장은 무심(無心)임을 알 수 있다. 이때의 무심은 보통의 일상생활에서 무심하라는 것이지 이 일상성을 떠난 어떤 실재 내지는 근원으로써 '마음'을 상정하는 것은 아니다. 따라서 종밀이 달마 선종의 심법을 '청정본각진심(淸淨本覺眞心)'으로 해석한 것은[38], 어디까지나 종밀이 그렇게 '해석'하여 '이해'한 것으로 볼 수밖에 없다. 심(心)에 대한 종밀의 이런 이해는 달마의 의도와는 현격한 차이가 있다.

달마 선사는 무심할 것을 주장한다. 『무심론』의 다음 대화가 이 점을 분명하게 말해준다.

> "그렇지만 현실적으로 마음속에 짓는 것이 있으니, 어찌 수행해야합니까?"
>
> "무엇에서든지 무심을 깨닫기만 하면 그것이 바로 수행이지 따로 수행할게 없다. 그러므로 무심하면 일체가 적멸하여 그대로가 무심이다."
>
> 제자가 여기에서 홀연히 크게 깨쳐, 마음 밖에 물건이 없고 마음 밖에 마음 없음을 비로소 알았다.[39]

38) 『승습도』(신찬속장63, p.33a), "達摩西來, 唯傳心法, 故自云, 我法以心傳心, 不立文字. 此心是一切衆生淸淨本覺."

39) 『무심론』(『고경』, pp.733-734), "問曰, 今於心中作, 若爲修行. 答曰但於一切事上, 覺了無心, 卽是修行. 更不別有修行. 故知無心, 一切寂滅, 卽無心也. 弟子於時,

위의 대화는 수행의 방법을 묻는 제자에게 스승 달마가 대답하는 형식으로 이루어져 있다. 여기서도 분명하지만 달마 선사는 수행 방법으로 일체의 사량분별을 쉬고 그저 무심할 것을 강조한다. 무심이란 『무심론』 후반에서 다시 강조하듯이, 사량분별 없는 마음을 두고 하는 말이다.[40)]

이 달마의 무심 사상에 대해 해인사 백련암의 성철 선사는 이렇게 평석한다.

> "『무심론』의 무심은 미세한 번뇌까지 없는 여래 지위의 진심으로 불지(佛地)이다. 『단경』에서 '이 법을 깨친 이는 곧 무념(無念)이다'라고 하였는 바, 무념은 무심이다. 또 거기에서 '안팎으로 사무쳐 밝아 자기의 본래 마음을 알면 곧 무념이다'고 하였으니, 달마의 무심은 불지(佛地)임이 한층 더 명백하다. 그러므로 '무심할 수만 있으면 곧 구경(究竟)이다'라고 황벽(黃檗) 선사는 말한 것이다."[41)]

그러나 무심(無心)에 대한 종밀의 해석은 위와 다르다. 그는 말하기를, "(마음이 없다[無心]에서) '없다'라고 말한 이유는 마음속에 분별하거나 탐내고 성내는 등의 상념이 없을 경우, 이를 두고 마음이 공하다한 것이지, '마음'이 없다는 것은 아니다. 없다는 것은 다만 마음속에 있는 번뇌를 없앴

忽然大悟, 始知心外無物, 物外無心."

40) 『무심론』(『고경』, p.736), "無心者, 卽無妄想心也."

41) 퇴옹 성철, 「무심론 평석」, 『고경』, p.739.

다는 뜻이다.[42]"고 한다. 이 문장에서도 알 수 있듯이 종밀은 마음속에 있는 '신령스러운 지각작용[靈知]'을 부정하지는 않는다. 다만 이 '영지'를 가로막는 번뇌를 없애라는 것이다. 결코 이 '영지'마저 없애라는 것은 아니다. 그러나 달마의 경우는 '영지'의 유무에 아예 관심을 두지 않는다. 그저 사무치도록 무심해야만 어디에도 매이지 않는 자유로움을 얻을 수 있다는 것이다. 달마와 종밀 사이에 이런 '무심'에 대한 이해의 차이가 있음에도 불구하고, 종밀이 달마 선에서 스승 제자가 서로 전한 심법(心法)이 '청정본각(淸淨本覺)'이라한 것은 '법성교학'에 입각한 종밀의 '해석'인 것이다.

2. 북종의 심론

북종의 사상을 전하는 자료는 많이 유실되기는 했지만 『대승무방편문(大乘無方便門)』(혹은 『大乘五方便門』), 『대승북종론(大乘北宗論)』 등이 돈황에서 발견되고 학자들의 연구[43]에 의해 오늘날 읽을 수 있게 되었다. 그러나 이런 자료가 소개되기 이전부터 조선에서는 이른바 북종의 선어록을 가까이 두고 읽었던 것이다. 바로 『관심론(觀心論)』이 그것이다. 물론 이 작품은 달마

---

42) 『승습도』(신찬속장63, p.34b), "言無者, 心之中無分別貪嗔等念, 名爲心空. 非謂無心. 言無者, 但爲遣却心中煩惱也."

43) 宇井伯壽, 『禪宗史硏究』, 東京: 岩波書店, 1935 ; 鈴木大拙, 『鈴木大拙全集』, 岩波書店, 1968 ; 田中良昭, 『敦煌禪宗資料分類目錄初稿 2』, 駒澤大學佛敎學部硏究紀要 제32호, 1974.

의 것임을 믿어 의심치 않고 있었다. 그러나 이 작품은 달마의 저술이 아니고, 북종이라고 폄칭하던 대통 신수(大通神秀)의 작품임은 해인사판본 『일체경음의』에서 분명해졌다.[44] 그러나 이 작품이 달마의 것으로 오인된 조선에서는 『선문촬요』, 『법해보벌』 등에 실려 남종선의 여러 선사의 작품과 어깨를 나란히 하여 전해졌다. "광서 계미 맹추 우란회일 감로사지(光緖癸未孟秋盂蘭會日甘露社識)"라는 간기가 있는 『법해보벌』(이하 '조선본 『법해보벌』'이라 칭한다)에서도 "관심론 초조달마대사설(觀心論 初祖達摩大師說)"이라 쓰고 있다. 한편, 대정신수대장경 제85책(pp.1270-1273)에 『관심론』이 실려 있는데 이 대본은 스타인 2395본인데, 제목과 본문의 약 436자(字)가 파손되었다. 그래서 이 부분은 '조선본 『법해보벌』'을 이용하여 그 내용을 살펴보기로 한다.

혜가가 달마에게 여쭈었다.

"만일 어떤 사람이 있어 그가 불도를 구하려한다면 어떤 법을 수행해야 힘도 안 들이고 핵심에 이를 수 있습니까?"

선생께서 대답했다.

"관심(觀心)하는 오직 이 한 방법만이 모든 수행을 포괄할 수 있으므로 힘 안들이고 핵심에 이를 수 있다고 하겠다."

물었다.

"어떻게 그 한 가지 방법(관심법)이 모든 수행을 전부 포섭합니까?"

44) 『일체경음의』(권제100)(대정장44, p.931c), "觀心論, 大通神秀作."이라고 분명하게 기록하고 있다.

선생께서 대답했다.

"(1)마음은 모든 '법(法)'의 뿌리이다. 모든 법(法)은 마음이 만들어 낸 것이다. 만일 마음을 분명하게 알게 되면 모든 수행이 다 그 속에 포섭된다. …. 만약 마음을 분명하게 깨쳐 수도하면 (쓸데없이) 애쓰지 않아도 쉽게 (도가) 완성된다. 마음을 깨치지 못하고 수도하면 힘만 들일 뿐 이익이 없다. 그러므로 다음의 사실을 분명하게 알아야 한다. 모든 선악이 마음에서 일어나는 것이다. 마음 밖에서 달리 구하면 결코 옳지 않다."[45]

(1)의 말뜻을 분명히 해 보자. 여기에서 나오는 '법(法)'은 '임지자성, 궤생물해(任持自性, 軌生物解)'라고 정의되는데, 우리말로 풀이하면 '그것' 자체로서 일정한 자성을 갖고 있으면서, '그것'을 대하는 우리들로 하여금 '그것'이 무엇이라고 하는 일정한 견해를 낳도록 한다면 이 경우 '그것'을 '법(法)'이라고 한다. 그런데 이런 '법'은 마음의 작용에 의해서 생긴다는 것이다. 따라서 이런 마음의 작용을 관(觀)하는 것이 바른 수행법이라는 것이다. 『관심론』에서는 마음을 어떤 실재로 보지 않고 대상 세계를 구성하는 작용 내지는 기능의 측면을 말한다. 그래서 『관심론』에서는 이러한 마음의 작용을 멈추라고 가르친다. 다시 말하면 북종의 신수도 『관심론』에서

45) 『관심론』(조선본 『법해보벌』, 1丈右葉), "惠可問曰, 若有人, 志求佛道, 當修何法, 最爲省要. 師答曰, 唯觀心一法, 總攝諸行, 名爲省要. 問曰, 云何一法總攝諸行. 師答曰, 心者萬法之根本也. 一切諸法唯心所生. 若能了心, 萬行俱備. …….. 若了心修道則, 省功而易成. 若不了心, 而修道乃, 費功而無益.故知, 一切善惡, 皆由自心.心外別求, 終無是處."

무심할 것을 주장한다. 다음의 대화를 보자.

> 다시 물었다.
> "3계(界) 6취(趣)가 넓고도 커서 끝이 없는데, 만약 그저 심(心)을 관조하라고만 한다면 어떻게 저 괴로움을 면하리오?"
> 대답했다.
> "3계의 업보는 모두 마음에서 생겨난 것이다. 만약 무심하기만 하면 곧 3계도 없다."[46)]

3계는 색계, 욕계, 무색계를 말하는 것으로 이곳에서 일어나는 모든 괴로움이 마음의 작용에서 생기는 것이므로, 마음만 쉬면 이 괴로움이 싹 사라진다는 것이다.

여기서 우리는 종밀이 북종의 수행법을 '마불혼진(磨拂昏塵)'이라고 폄하하여 비유한 것을 상기할 필요가 있다. 종밀은 북종에서는 마음을 실재하는 그 무엇으로 보고 거기에 붙은 번뇌를 제거하는 수행을 한다고 주장했다. 그러나 이것은 어디까지나 종밀이 '법성교학'의 입장에서 해석한 것

---

46) 이 부분의 원문은 돈황본(Stein 2395)을 대본으로 한 대정장85, p.1270에서는 "又問, 三界六趣廣大無邊, 若唯觀心, 云何免彼之苦. 答曰, 三界業報惟心所生, 本若無心, 則無三界."로 되어있다. 이 대본에는 무심할 것을 주장하는 신수의 입장이 명확하게 드러나 있다. 다만 밑줄 친 부분의 '본(本)' 자는 그 의미를 알 수 없다. 한편, '조선본 『법해보벌』'에는 밑줄 친 부분이 "若能了心於三界之中, 則出三界."라고 되어 있다. 즉 3계 속에서 만약 마음을 깨치면, 3계를 벗어난다."이다. 따라서 '조선본 『법해보벌』'에서는 무심사상(無心思想)이 제대로 드러나지 않음을 알 수 있다.

임을 알아야 한다. 그러나 북종의 입장은 모든 현상은 마음이 작용하여 구성한 것으로 본래 실체가 없다는 사실을 관하라는 것이다. 그리하여 그 허상인 마음을 없애면, 즉 무심하기만 하면 자유로울 수 있다는 것이다. 북종의 신수는 결코 마음을 실재하는 그 무엇으로 보지 않는다. 무심(無心)을 주장한다.

3. 우두종의 심론

우두종의 사상을 나타내는 책으로 『절관론(絶觀論)』을 들 수 있다. 돈황에서 문서가 발견되기 전에도 우리는 종밀의 『대소초』를 통해 그 내용을 부분적으로 알 수 있었고, 『도서』(대정장48, p.402b)의 '민절무기종(泯絶無寄宗)'을 설명하는 곳에서 그 사상의 얼개를 간접적으로 알 수 있다. 그리고 야나기다 세이잔(柳田聖山)의 「절관론의 본문연구(絶觀論の本文研究)」(『禪學研究』 제58호, 1970)가 발표되어 우두종에 대한 종밀의 해석이 적중함을 반증할 수 있었다. 종밀이 말하듯이 '무사(無事)'(『대소초』), '망정위수(忘情爲修)'(『승습도』) 등의 문구가 그들 사상을 여실히 보여준다. 이들은 반야사상에 입각해 일체의 실체를 부정하는 입장을 견지하고 있다. 따라서 이 우두종은 상주불멸하는 '마음'의 실재를 인정하지 않는다. 그들은 '마음'을 실체 내지는 실재로 이해하기 보다는 '마음의 작용'에 주목하면서, 철저하게 '무사(無事; 일삼지 마라)' 할 것을 주장한다. 무사(無事)는 무심(無心)과 같은 의미이다. 이 점은 이미 종밀 자신도 동의하고 있으므로 필자가 더 이상 논증할 필요가 없다. 분명한 것은 우두종의 심론(心論)도 무사(無事), 무심(無心)이라는 점이다.

4. 홍주종의 심론

종밀이 말하는 홍주종이란 마조 도일의 무리를 지칭함은 이미 앞에서 검토한 대로이다. 마조 스님의 사상은 그의 제자 백장 스님, 황벽 스님, 임제 스님 등을 거쳐 뒷날 임제종을 형성한다. 그런데 이 홍주종에서는 종밀도 말하듯이 '언어동작' 그대로가 '심성'이라고 한다. 일상적인 활동을 떠나거나 혹은 그 속에 내재된 '심성'을 인정하지 않는다. 이런 정신은 마조의 '평상심시도(平常心是道; 일상의 마음이 그대로가 도이다)'란 말로 잘 대변된다. 이 말이 나오게 된 전후를 그의 어록을 통해 살펴보자.

마조에 관한 이야기는 여러 선 문헌에 나오지만,[47] 문헌마다 그 내용에 많은 차이가 있어 편람에 불편하다. 이런 저런 사정상 여기서는 『고경(古鏡)』(퇴옹성철 편역, 장경각, 1993)에 실린 『마조록』(pp.235-292)을 대본으로 마조의 선사상을 살피도록 한다. 주지하다시피 『고경』은 성철 선사가 돈오무

47) 마조 선사에 대한 이야기는 『조당집』(952), 『종경록』(960), 『송고승전』(988), 『경덕전등록』(1004), 『천성광등록』(1029), 『사가어록』(송초), 『고존숙어록』(1267), 『오등회원』(1252) 등등에 나온다.

심의 잣대를 갖고 작품을 엄선한 것이어서, 홍주종의 선사상이 무심임을 증명하려는 필자에게 좋은 자료이다.

> (1)도란 닦아서 되는 게 아니다. 다만 물들지만 말라. 무엇을 물듦이라하는가? 생사심으로 무엇인가를 하려고 하면 모두 물듦이다. 그 도를 당장 알려고 하는가? 평상심이 도이다. (2)무엇을 평상심이라 하는가? 조작이 없고, 시비가 없고, 취사(取捨)가 없고, 단상(斷常)이 없으며, 범부니 성인이니 하는 차별이 없는 것이다.[48]

(1)의 주장은 "깨달음[悟]은 '닦음[修]'의 범주에 속하는 게 아니다.[49]"는 말과 일맥상통한다. 마조의 이런 주장 저변에는 "여러분들은 자신의 마음이 바로 부처라는 사실을 확신하시오. 이 마음이 바로 부처입니다.[50]"라는 심성 이론이 놓여 있다. 보통 사람의 마음이나 부처의 마음은 그 바탕은 같다는 사실을 확신해야 한다는 것이다. 따라서 번뇌에 물들지 않으면 되는 것이지 달리 참 마음이 따로 실재한다고 여겨, 그 마음을 닦으려고 해서는 안 된다는 것이다. 이런 입장에서 '평상심'이 도라는 주장도 가능하다. '평상심'이란 (2)에서도 말하듯이, 인위적으로 조작 시비 판단 취사 선택하는 등등의 마음을 멈추면 된다는 것이다. 다른 말로 바꾸면 '무심(無

48) 『마조록』(『고경』, p.252), "道不用脩,但莫汚染. 何爲汚染. 但有生死心, 造作趨向, 皆是汚染. 若欲直會其道, 平常心是道. 何爲平常心. 無造作, 無是非, 無取捨, 無斷常, 無凡無聖."

49) 『마조록』(『고경』, p.249), "僧問, 如何是修道. 曰, 道不屬修."

50) 『마조록』(『고경』, p.247), "示衆云, 汝等諸人, 各信自心是佛, 此心卽佛."

心)'하라는 것이다. 이 '무심' 사상은, 자기의 마음이 부처의 마음이라는 사실을 자각하라는 '돈오(頓悟)' 사상과 짝이 되어 임제종의 '돈오무심(頓悟無心)' 사상으로 그 진면목을 드러낸다.

마조 스님의 이런 '무심(無心)' 사상은 백장 스님을 거쳐 황벽 스님에 이르면 더 선명하게 드러난다. 예를 들면 『전심법요』의 "시방의 여러 부처님에게 공양하는 것도, 한 무심 도인에게 공양하는 것보다 그 공덕이 못하다.[51]"라는 말에서도 마조의 문하에서 '무심'을 얼마나 강조하는지 알 수 있다. 또, 『전심법요』에서 말하듯이, "만일 여러 부처님이 나를 반기는 듯한 여러 상서로운 현상이나 갖가지의 경계가 눈앞에 나타나더라도 무심(無心)하게 거기에 응해야 한다. 그런가 하면 험악한 일이 눈앞에 보여도 두려워해서는 안 된다. 다만 '마음을 쉬면[忘心]' 법계와 하나가 되어 자유자재하게 된다. 이것이 바로 핵심이다."[52]

이렇게 '무심(無心)'을 강조하는 홍주종의 정신은 다음의 대화에서도 아주 잘 드러난다. 이 『전심법요』는 당시 최고의 지식 관료 배휴가 정리한 것으로, 그는 질문자로서의 예리함은 물론 기록자로서의 섬세한 필체도 겸비했다. 당시 최대의 관심사였던 '점차적으로 수행을 쌓아서 깨달을 수 있는가?'에 대한 문제를 놓고 주고받은 대화를 보자. 상공 배휴가 질문하고 황벽 선사가 대답한다.

51) 『전심법요』(『고경』, p.421), "供養十方諸佛, 不如供養一個無心道人."

52) 『전심법요』(『고경』, p.434).

"스님, 도란 무엇이며 어떻게 수행해야 합니까?"

"상공께서는 도가 무엇이라 생각하시기에 수행하려 하십니까?"

"여러 지방의 큰스님들께서 모두들 참선하여 도를 배운다고 말씀하시는 것은 왜입니까?"

"그것은 근기가 낮은 사람을 지도하느라고 그런 겁니다. 그 말에 의지해서는 안 됩니다."

"참선해서 도를 배우는 것이 모두 근기가 낮은 사람을 지도하느라고 한 말이라면, 근기가 뛰어난 사람을 위해서는 도대체 어떤 가르침[法]을 말합니까?"

"(1)근기가 뛰어난 사람이라면 어찌 남에게 그것(=法)을 구하겠습니까? 자기 자신도 (실체가) 없다고 생각하는데, 어찌 자기 자신의 인식의 대상이 되는 가르침[法]이 별도로 있다고 인정하겠습니까? 경전에서도 말하고 있지 않습니까? '가르침이라고 하는 그 가르침이 어찌 모양이 있겠느냐?'라고 말입니다."

"그러시면 구하지 말라는 말씀입니까?"

"(2)구하려 하지 않으면 마음의 수고가 줄어들지요."

"그렇다면 모두 부정하는 것이니 (결국 도(道)가) 없다는 말씀인가요?"

"누가 그것(=道)이 없다고 했습니까? 그것이 무엇이길래 상공께서는 구하려 하십니까?"

"선사께서는 조금 전에 그것을 구하려하지 말라고 하시고서, 왜 이제와서는 그것(=道)이 없다고 해서는 안 된다고 하십니까?"

"(3)만약 (道를) 구하려 하지 않으면 그것으로 됐습니다.[53]

이 부분은 간결하면서도 밀도 있게 대화가 진행되었기 때문에 한 자 한 자 세심히 그 뉘앙스마저 살려서 읽어야 한다. 그래서 먼저 논쟁점이 되는 부분의 어법 구조를 검토하기로 한다. (1)의 원문은 "若是上根人, 何處更就人覓他, 自己尙不可得, 何況更別有法當情."이다. 여기서의 '타(他)'는 앞에 나온 '도(道)'를 지칭하는 지시대명사이다. 또 '별유법당정(別有法當情)'에서의 '정(情)'은 마음의 작용으로 넓은 의미의 인식활동이다. 직역하면 '인식작용의 대상이 되는 법이 별도로 있다'이다.

(2)의 원문은 "若與麽則, 省心力"이다. '여마(與麽)'는 문어체의 '여차(如此)'와 같은 뜻으로, 당대의 속어이다. 즉 앞에서 말한 구하려하지 말라는 내용을 받은 것이다. 다시 말하면 무심(無心)하라는 것이다. '성심력(省心力)'은 '성력(省力)'으로도 쓰는 말로 '비력(費力; 수고하다)'의 상대어이다.[54]

(3)의 원문은 "若不覓, 便休."이다. '변휴(便休)'는 '족하다', '됐다'이다. 무심하면 됐지 그밖에 다른 수행 따위는 첨가할 필요 없다는 것이다.

황벽 스님의 대답은 마음 밖에서 도를 구하지 말고 그저 무심하라는 말로 일관된다. 이 무심 사상은 마음에 대한 홍주종의 입장을 단적으로 드러낸 것이다.

53) 『전심법요』(『고경』, p.441).

54) 신규탁, 「중국선사의 번역을 위한 문헌학적 접근(2)」, 『백련불교논집』 제2집, 백련불교문화재단, 1992, p.183 참조.

5. 하택종의 심론

하택 신회는 어쩌면 우리나라 선종사에서는 억울하게 푸대접을 받았다고 할 수 있다. 왜 억울하냐 하면 『단어』가 돈황에서 발견되기 전에는 종밀의 말만 듣고 신회가 '지(知)'를 중시한다고 소개했기 때문이다. 그러나 『단어』를 보면 신회 자신의 생각과 종밀이 이해한 신회의 생각에는 차이가 있음을 알게 된다. 신회가 말한 '공적지심(空寂之心)', '영지불매(靈知不昧)', '적지(寂知)', '영지지심(靈知之心)' 등에 대해, 종밀은 자기의 말로 바꾸어 그것들이 모두 '본원청정심(本源淸淨心)'의 다른 이름이라고 했다는 것은 앞에서 살펴본 대로이다.

그러나 『단어』에서 하택 선사가 비록 '적(寂)', '지(知)' 등을 말하지만 그것은 어디까지나 '마음의 작용'을 설명하는 말이지, 결코 종밀처럼 근원적인 실재로서의 '마음'을 절대시한 것은 아니다. 『단어』의 한 귀절을 보자.

> 여러분, 모든 선도 악도 생각하지 말라. 그렇다고 마음을 어딘가에 집중하거나[凝心] 마음을 집착해도[住心] 안 된다. 또한 마음을 내어 마음을 직시해도 안 된다. 그렇게 하면 마음을 직시하는 집착[直視住]에 빠져 활용을 할 수 없다. 시선을 밑으로 해서도 안 된다. 그렇게 하면 시선을 밑으로 하는 집착에 떨어져 활용할 수 없다. 그렇다고 마음을 추스르려 해

도 안 된다. 멀리 보아도 가까이 보아도 모두 활용할 수 없다.[55)]

이처럼 하택 신회는 인위적으로 마음을 내어서 무엇인가를 하려는 태도를 경계하고 있다. 그가 '무념(無念)'이 진여의 몸체라고 보아 '무념'을 으뜸으로 여기는 것[56)]도 이런 맥락에서 이해할 수 있다. 그러면 하택 신회가 '무념'을 어떻게 설명하고 있는지 보기로 한다.

> 다만 (무엇인가) 하려는 생각을 하지 않으면 마음이 생기지 않는다. 이것이 진짜 무념(無念)이다. 결코 보는 작용은 아는 작용과 분리되지 않고, 아는 작용은 보는 작용과 분리되지 않는다. 모든 중생은 본래 형상[相]이 없다. 지금 형상이 있다고 한다면 이는 모두 망녕된 마음이다. 만약 마음에 형상이 없으면 이는 곧 부처의 마음이다. 만약 마음을 일으키지 않으면 이것이 바로 '식(識)의 선정'이며 또한 '법견심자성(法見心自性)의 선정'이라고도 이름한다.[57)]

이렇게 무념을 주장하는 신회의 선사상에서는 결코 마음을 가다듬어 선정에 들거나, 마음을 한 곳에 집중시켜 깨끗함을 관찰하거나, 마음을 일

55) 『단어』(胡適, 『神會和尙遺集』, 美亞書版公司, 民國59, pp.236-237), "知識, 一切善惡, 總莫思量. 不得凝心住[心]. 亦不得將心直視心, 墮(底本作隨,下同)直視住, 不中用. 不得垂(平本作睡)眼向下, 便墮眼住, 不中用. 不得作意攝心, 亦不得(二本皆作復)遠看近看, 皆不中用."

56) 『단어』(『神會和尙遺集』, pp.240-241), "眞如是無念之體. 以是義故, 立無念爲宗."

57) 『단어』(『신회화상유집』, pp.246-247), "但不作意, 心無有起, 是眞無念. 畢竟[見]不離知, 知不離見. 一切衆生本來無相. 今言相者, 幷是妄心. 心若無相, 卽是佛心. 若作心不起, 是識定, 亦名法見心自性定."

으켜 대상을 비춰보거나, 또 마음을 모아들여 안으로 깨치려는 짓 따위는 모두 깨달음에 이르지 못하게 하는 장애라고 한다. 이런 입장에서 신회는 '좌선'에 대하여 이렇게 정의를 내리고 있다.

> 지금 좌(坐)의 의미를 말하면 생각이 일지 않는 것을 좌(坐)라 하고, 지금 선(禪)의 의미를 말하자면 본성을 보는 것을 선(禪)이라고 한다.[58]

이것은 즉 무심히 견성하라는 말이다. 이렇게 보면 하택종에서도 무심(無心)을 강조하고 있음을 알 수 있다. 그러므로 하택 신회를 '지해종도(知解宗徒)'라고 낙인찍어 "지해종도는 이 문에 들어오지 마라."고 내 건 팻말은 철회되어야 할 것이다.

58) 『보리달마남종정시비론』(『신회화상유집』, p.288), "今言坐者, 念不起爲坐. 今言禪者, 見本性爲禪."

V. 선종의 심성론

이상의 검토에서 알 수 있듯이, 달마 이후의 선종에서는 남종 북종 구별할 것 없이 모두 '무심(無心)'할 것을 강조한다. 달마의 심론(心論)은 『무심론』에서 나타나듯 무심이었고, 북종의 신수도 역시 『관심론』에서 무심하면 3계의 업보도 모두 사라진다고 했고, 우두 법융은 '무사(無事)'라는 용어를 쓰지만 역시 그 내용은 무심이었고, 홍주종의 마조, 황벽, 임제가 모두 무심할 것을 강조했으며, 이 점은 하택 신회도 예외는 아니었다. 이것이 선종의 심(心)에 대한 입장이다.

그러나 달마가 전하고 역대 조사가 상승한 선종의 심(心)을 '청정본각심(清淨本覺心)'으로 해석한 종밀은 심(心)을 실재로 이해했다. 그가 불교의 핵심 사상인 연기설(緣起說)을 성기설(性起說)로 변질시킨 것도, 그 이면에는 위와 같은 그의 심론(心論)이 전제되어 있다고 할 수 있다. 이런 입장에서 그는 자신의 견해와 맞지 않는 심론을 주장하는 선사상을 비판했던 것이다. 따라서 이 비판은 어디까지나 종밀 자신의 철학적 전제가 내재되어 있다.

선종에서는 마음을 실재하는 실체로서 이해하기 보다는 일상생활에서 드러나는 작용의 측면에 주목한다. 그들은 일상생활에서 작용하는 마음을 자각할 것을 주장한다. 결코 현상 배후에 또는 그 이면에 있는 근원자로서의 마음을 용납하지 않는다. 따라서 깨달음 자체를 내면적으로 실재화시키거나, 자신의 일상적인 마음을 떠나 부처가 실재한다는 집착들을 선종에서는 정면으로 부수고 나온다. 홍주종의 후예인 임제의 선사상을 그 대표적인 예로 들 수 있다. 임제 선사의 다음과 같은 말들이 바로 그것이다.

> 그대들이 부처를 알고자 하는가? (1)바로 그대. 내 앞에서 설법을 듣고 있는 그대이다. 학인들이 이 사실을 믿지 못하고 다른 데서 구하는구나.[59]

> 수행자들이여. 바로 그대. 내 앞에서 움직이는 그 자체는 우리의 조상인 부처와 다를 게 없지만 그대는 믿지 못하고 밖에서 부처를 찾는구나. 아서라. 말아라.[60]

첫 번째의 인용문 중 (1)은 해석에 잘못을 많이 저지르는 부분이다. 흔히 "그대의 앞에서 설법을 듣는 이가 부처"라고 해석하고는, 이것을 곧장 '그대의 주인공'에 끌어 붙인다. 그러나 이는 잘못된 해석이다. 중국어

---

59) 『임제록』(대정장47, p.497b), "爾欲得識佛祖麼. 祇爾面前聽法底是. 學人信不及, 便向外馳求."

60) 『임제록』(대정장47, p.500c), "道流, 是爾目前用底, 與祖佛不別. 祇爾不信, 便向外求, 莫錯."

의 어법으로 봐도 이렇게 해석할 수는 없다.[61] 선에서는 내면화된 주체를 상정시키지 않는다. "일삼지 않는 이가 귀한 사람이다. 조작하지 마라. 그저 평상대로 하라."[62]는 임제가 일상의 자신은 제쳐두고 내면화된 주인공을 인정할리가 없다. 이렇게 임제는 '무사(無事)'할 것을 『임제록』의 곳곳[63]에서 강조한다.

그러나 이런 기상도 송나라 시대로 내려오면서 사라지고, 깨달음을 내면화시키며 마음을 실체로서 떠받드는 경향이 대두된다. 심지어는 무심(無心)하라는 것이 또 하나의 지상 명제로 내면화 된다. 즉 무심의 상태에 안주하게 된다. 그래서 이 '무심(無心)'을 또 실재론적으로 오해할까 염려하여 성철 선사의 경우는 '무심' 대신 '돈수(頓修)'라는 말을 사용하기도 한다. '무심'이 지상 명제로 변하여 실재화되고 내면화되면 이것은 또 다시 우리를 속박하게 된다. 철저한 무심을 요구하는 선종에서는 어디에도 안주하지 않고 끝없이 무심할 것을 주장한다. 이런 선종의 심론(心論)을 잘 표현한 말이 '향상일로(向上一路; 끝없이 위로 향하는 외가닥 길)'이다. 이 말은 『선문염송』 제249번째의 반산 보적 선사의 시중(示衆)에서도 보이는데, 끝없이 위로 향하는 외가닥 길은 천명의 성현도 전하기 어렵다고 한다.

그러므로 '마음'을 실재하는 실체로 파악하면서 이것이 선종의 종지

61) 신규탁, 『선사들이 가려는 세상』, 장경각, 1998, p.213.

62) 『임제록』(대성상47, p.497c), "無事是貴人, 但莫造作, 祇是平常."

63) '無事'의 용례가 보이는 곳은 『臨濟錄 一字索引』(花園大學國際禪學硏究所, 1993)에 따르면 20군데나 나온다.

라고 한다면 이것은 우리 어머니는 처녀라는 주장처럼 모순이다. 종밀이 '청정본각진심'을 연기의 법칙에서도 제외되는 궁극적인 실재로 인정하여, 이것을 기준으로 당시 선종의 우열을 논한 것은 어디까지나 종밀의 '철학적 해석'의 산물로 보아야 한다. 이렇게 볼 때 종밀의 이런 생각을 무비판적으로 수용하여 '진심(眞心)'의 초월적 상주불멸을 주장하는 고려의 보조 지눌(普照知訥)[64]의 견해는 선종의 입장에서 보면 모순이다. 이러 모순성에 대해 필자는 보조학회에서 '통시적(通時的) 현재성(現在性)'이라는 개념으로 분석 발표한 바 있다.[65] 따라서 '청정본각심(淸淨本覺眞心)'이나 '진심(眞心)'을 궁극적 실재로 파악한 철학적 해석에 대해서는, 중국이면 중국, 한국이면 한국, 그 각각의 사상사적 맥락에서 그 의의를 평가해주어야 한다.

종밀은 심(心)을 '청정본각(淸淨本覺)'으로 해석하고, 그것을 바탕으로 당시의 유 · 불 · 도의 사상을 자기 철학 속에 체계화한다. 이 점은 중국의 사상사적인 맥락에서 그 의의를 부여해야 한다. 그 구체적인 내용과 분석 과정에 대해서 이 책의 「제5장. 불교 우위론의 이론적 확립」에서 상술한

64) "진심의 본체는 인과(因果)를 초월하고 있고 고금에 일관되어 있으며, 범부와 성현을 차별하지 않고 온갖 상대적인 대립 관계를 넘어서 있어, 마치 허공이 어디에서나 두루한 것 같다. …. 그러므로 옛날의 '주인옹'이라고도 하며, '위음나반인(威音那畔人)'이라고도 하며, 또 '공겁이전의 자기'라고도 한다." (이기영 역주, 『현대불교신서 9 · 眞心直說』, 동국대학교 부설 역경원, 1978년, p.57). 이 부분은 '진심묘체(眞心妙體)'를 설하는 부분으로 보조 국사가 『대승기신론』, 『방광반야경』, 『원각경』 등의 경문을 인용하고, 나아가 규봉 종밀의 마음에 대한 해석을 수용한다. 자세한 것은 위의 책 pp.55-60 참조.

65) 신규탁, 「보조 지눌 사상의 통시적 현재성」, 『보조사상』 제35집, 보조사상연구원, 2011.

바 있다. 자세한 논증은 그곳으로 미루고 여기서는 그 결론만을 적어 본다.

종밀의 '청정본각진심(淸淨本覺眞心)' 사상은 모든 문제를 인간의 마음에 환원시킴으로써, 인간의 길흉화복을 천명에 돌렸던 이전 중국 사상사의 물길을 바꾸어 놓았다. 그 결과, 기도 또는 주술이 아닌 인간의 수양으로 자신의 삶을 적극적으로 개선할 수 있는 근거를 마련해 주었다. 이런 등등의 측면에서 그의 심론(心論)의 기능적인 역할을 평가할 수 있다.

제8장 규봉 종밀의 수행관

Ⅰ. 남돈(南頓) 북점(北漸)

규봉 종밀이 '돈(頓)' · '점(漸)' · '오(悟)' · '수(修)'의 네 개념을 세워서 수행에 관한 이론을 정리한 것은 직접적으로는 혜능이나 신회의 돈오사상에 연원한다. 그런데 이 문제는 더 거슬러 올라가면 그 기원은 도생(道生; ?-434)에까지 올라간다. 『양고승전』의 「축도생전」에 의하면 도생은 '돈오성불(頓悟成佛)'을 설했다[1]고 전한다. 이 '돈오성불'의 이론은 진(晉) · 송(宋) 당시에도 격심한 논쟁을 불러일으켰던 것은 이미 탕용통(湯用彤) 교수에 의해[2] 보고된 바 있다. 이런 의미에서 도생의 돈오 사상이 뒷날 혜능이나 신회에게 영향을 미쳤음을 생각할 수 있지만, 양자가 사용하는 돈오의 의미에 대해서는 보다 면밀한 검토가 필요하다. 그런데 분명한 것은 종밀의 돈(頓) · 점(漸) 사상은 혜능과 신회의 그것과 밀접한 관계가 있다는 것이다.

『역대법보기』에 의하면, 신회는 돈오사상을 유포하기 위하여 2회에

1) 『宋高僧傳』(卷第七)(대정장50, p.366c), "生旣潛思日久, 徹悟言外. 迺喟然歎曰, 夫象以盡意, 得意則象忘. 言以詮理, 入理則言息. 自經典東流, 譯人重阻, 多守滯文, 鮮見圓義. 若忘筌取魚, 始可與言道矣. 於是校閱眞俗, 硏思因果, 迺立善不受報, 頓悟成佛."

2) 湯用彤, 「16章, 竺道生」, 『漢魏兩晋南北朝佛敎史』(下), 臺灣: 商務印書館, pp.151-154. 참조.

걸쳐 무차대회를 열어, 남(南) · 북(北)과 돈(頓) · 점(漸)의 시시비비를 판정하려 했다. 신회의 법계임을 자임하는 종밀은 신회의 활동을 『승습도』에서 이렇게 기록하고 있다.

> 그런데 혜능 화상께서 멸도하신 이후로부터 북종의 점교가 크게 유행했습니다. 그리하여 돈교를 널리 펴는 데에 장애가 되었고, …. 천보 년간(742-756) 초에 하택 스님께서 낙양으로 들어가셔서 혜능의 돈교를 크게 퍼뜨리자, 마침내 신수 문하의 사승 계통은 방계이고 그들의 교법은 점교임이 비로소 드러났습니다. 그러나 이미 두 종파는 모두 나란히 유행하게 되어, 당시 사람들이 그 다름을 구별하려고 '남종'이니 '북종'이니 하는 이름을 표방했습니다. '남종'이니 '북종'이니 하는 말은 이때부터 시작되었습니다.[3]

이 문장에서 보면 돈(頓) · 점(漸)을 하나의 짝으로 해서 논의가 이루어진 것은 하택사의 신회 이후에 성행했음을 알 수 있다. 신회에 의해 새로운 양상으로 제기된 돈 · 점의 문제는 징관을 거쳐,[4] 종밀의 대에 와서 보

3) 『승습도』(신찬속장63, p.31c), "然能和尙滅度後, 北宗漸敎大行, 因成頓門弘傳之障, …. 天寶初, 荷澤入洛, 大播斯門. 方顯秀門下, 師承是傍, 法門是漸. 旣二宗双行, 時人欲揀其異, 故標南北之名, 自此而始."

4) 『大方廣佛華嚴經隨疏演義鈔』(대정장36, p.164c), "頓復有多義. 一頓悟漸修, 如見九層之臺, 則可頓見, 要須躡階, 而後得昇. 今亦如是, 頓了心性, 卽心卽佛, 無法不具, 而須積功, 遍修萬行. 此約解悟. 二者頓修漸悟. 卽如磨鏡, 一時遍磨, 明淨有漸, 萬行頓修, 悟則漸勝. 此約證悟. 三頓修頓悟. 如利劍斬絲, 千莖齊斬, 一時齊斷. 亦如染千絲, 一時齊染, 一時成色. 故萬行齊修, 一時朗悟. 四漸修漸悟. 猶如斬竹節, 節不同. 此今非用."

다 조직적으로 정리되었다. 그런데 신회와 징관 · 종밀과의 차이점은, 신회의 경우는 선종만을 취급하고 있는데, 징관과 종밀의 경우는 선(禪) · 교(敎)를 한데 모아 돈 · 점설에 적용하고 있다.

Ⅱ. 수행 이론의 여러 양상

그러면 종밀은 돈(頓)·점(漸)·오(悟)·수(修)의 네 개념을 어떻게 사용하여 수행론을 정리했는가를 보도록 한다. 수행론에 관한 종밀의 생각을 조사할 경우 기본적으로 쓰이는 자료는 『원각경대소』와 『원각경대소초』의 각 「현담」, 『중화전선문사자승습도』, 『선원제전집도서』(이하 『도서』로 약칭) 등을 생각할 수 있다.

『원각경대소』 「현담」(신찬속장9, p.334b)에 나오는 「수증계차(修證階差)」 부분에서 종밀은 위에서 든 네 개의 개념을 조합하여 아홉 경우로 짝짓기를 한다. 이것을 흔히 '9대돈점(九對頓漸)'이라 부른다. 이 책에 소개되어 있는 순서에 따라 각 조별로 살펴보기로 한다.

① 돈오점수(여기서의 悟는 解悟)

② 점수돈오(여기서의 悟는 證悟)

③ 돈수돈오(여기서의 悟는 證悟)

④ 점수점오(여기서의 悟는 證悟)

⑤ 돈오돈수(先悟後修의 경우는 解悟)

⑥ 돈오돈수(先修後悟의 경우는 證悟)

⑦ 돈오돈수(悟와 修를 동시에 하면 解悟·證悟 모두에 해당)

⑧ 오수일체(悟와 修를 동시에 하면 解悟·證悟 모두에 해당)

⑨ 능가경의 4돈 4점(여기서의 悟는 證悟)

이 아홉 짝의 대(對) 중에서 ⑧과 ⑨는 이전의 일곱 종의 대(對)와 그 성질을 달리한다. 아라기 겐고(荒木見悟)의 지적처럼[5], ⑧과 ⑨는 특정 경전의 설을 인용하여 첨부한 것이다. 한편 『원각경대소』와 『원각경대소초』를 간결하게 요약한 『원각경약소』와 『원각경약소초』에서는 ⑨가 생략되어 있다. 또 『도서』에서는 ⑧과 ⑨가 모두 생략되어 있다.

이렇게 볼 때 ⑧과 ⑨는 별도로 취급해야 할 것이다. 그러면 『원각경대소』의 9대 돈점 중 ⑧과 ⑨를 제외한 나머지 일곱 대(對) 돈점의 의미를 검토하자. 그런데 더 생각해 보면 ⑤, ⑥, ⑦은 오(悟)와 수(修)의 순서에 의해 셋으로 나눈 것이기 때문에 실제는 하나로 간주되므로, 결과적으로는 5개의 조합이 되는 셈이다. 즉 (1)돈오점수, (2)점수돈오, (3)돈수점오, (4)점수점오, (5)돈오돈수가 되는 셈이다.

1. 돈오점수

돈오점수는 먼저 돈오하고 그런 뒤에 점수한다는 의미로, 종밀은 이

5) 荒木見悟, 『佛教と儒教』, 平樂寺書店, 昭和47年, p.111.

것을 하택종의 수행론으로 보고 있다.[6] 여기서 말하는 돈오란 『승습도』(신찬속장63, p.35b)의 표현을 빌면 "신령하고 신령한[靈靈; 眞福寺本에서는 '靈明'] '지견(知見)'을 단박에 깨치는 것"이다. 그러나 이 '지견'이 있다는 것을 아무리 깨치더라도 번뇌가 완전히 사라진 것은 아니다. 이 경우의 오(悟)는 어디까지나 '해오(解悟)'로서, 수행을 통하여 체험한 오(悟)는 아니다. 이것은 어디까지나 지적인 인식에 지나지 않는다. 수행에 의해 번뇌를 다스리는 절차가 필요하다.

이것을 『도서』에서는 다음과 같은 비유로 설명한다.

> 단장설(斷障說)을 기준으로 하면, 비유하면 태양이 쑥 올라오면 서리와 이슬이 점차로 마르는 것과 같다. 성덕설(成德說)을 기준으로 비유하면, 어린아이가 태어나면 4지와 6근을 단박에 모두 구비하고 있지만, 자라면서 점차로 뜻과 기상 등의 작용이 이루어지는 것과 같다.[7]

이 비유는 돈오점수의 의미를 두 가지 측면에서 해석하는 것이다. 첫째는 번뇌를 끊어가는 측면에서 말하자면 아침에 해가 쑥 떠오르는 것은 돈오를 비유한 것이고, 그 해에 의해서 서리나 아침 이슬이 점점 녹아 가는 것은 점수를 비유한 것이다. 둘째로 공덕을 완성해가는 측면에서 말하자면, 어린이가 태어나는 순간 사지를 모두 갖춘 것은 돈오를 비유하고, 그

6) 『승습도』(신찬속장63, p.35c), "荷澤則, 必先頓悟, 依悟而修."
7) 『선원제전집도서』(대정장48, p.407c) "約斷障說, 如日頓出, 霜露漸消. 約成德說, 如孩子生, 卽頓具四肢六根, 長卽漸成志氣功用也."

어린이가 성장하여 가는 것은 점수에 비유한 것이다. 『원각경대소』에서는 이 두 측면에 주목하여 '이과(離過)'와 '성덕(成德)'이라고 각각 과목(科目)을 달고 있다.[8)]

종밀이 말하고 있는 돈오점수의 의미를 분명히 하기 위해서는 경전을 해석할 경우에, 그가 이 '돈오점수'설을 어떻게 운용하고 있는가를 살필 필요가 있다. 실제로 종밀은 『원각경』의 「위덕장」에 나오는 3종 관행(觀行)을 설명하는 곳에서, 자신의 돈점 이론을 사용하고 있다. 「위덕장」에는 「미륵장」에서 규명한 두 가지의 장애를 퇴치하기 위한 구체적인 방법을 제시하고 있다. 이것이 바로 3종 관행이다. 3종 관행은 사마타, 삼마발제, 선나로서 각각 범어 'śamatha', 'samāpatti', 'jhāna'의 음사어인데, 종밀은 그것의 의미를 '민상징신관(泯相澄神觀)', '기환소진관(起幻銷塵觀)', '절대영심관(絶待靈心觀)'으로 해석하고 있다.[9)] 『원각경』의 본문을 인용해보면 다음과 같다.

> 선남자여, 보살들이 먼저 청정한 원각을 깨닫는다. 그런 다음에, 그 청정한 원각의 마음을 사용해서 고요함을 취하는 수행을 하면, 모든 망념이 맑아지기 때문에 마음이 번거롭게 흔들렸음을 자각한다. 그 결과 고요한 지혜가 생겨나서 몸과 마음의 번뇌가 이로부터 영원히 소멸하게

---

8) 『圓覺經大疏鈔』(신찬속장9, p.590b), "此(필자주; 漸修를 지칭)復有二. 一離過, 二成德. 言離過者, 躡前展轉枝末三障也. 旣自識眞淨法身靈鑒眞心, 卽不妄認四大緣慮之軀. 本因煩惱, 只爲此身. 旣不認此身, 卽貪嗔癡自息. …. 言成德者, 頓悟本無障惱, 則一向稱性修行, 顯發性上塵沙功德妙用. 然非謂先離過然後成德. 卽心心境境, 離過之時卽稱性."참조.

9) 『圓覺經略疏』(신찬속장39, p.557c).

되어 문득 마음이 편안하고 안정되고 거뜬해짐이 생긴다. 편안하고 안정되어서 시방 세계의 모든 여래의 마음이 그 속에 나타나는데 마치 거울에 영상이 맺히는 것과 같다. 이런 방편을 사마타(śamatha)라고 한다.

선남자여, 보살들이 먼저 청정한 원각을 깨닫는다. 그런 다음에, 그 청정한 원각의 마음을 사용해서, 마음[心性]과 감각기관[根]과 감각대상[境]이 모두 '자성이 없는 결합체임[幻化]'을 지각(知覺)하고는, '모든 것이 허망하여 자성이 없다고 관찰하는 지혜[幻智]'를 곧 바로 발휘하여, (자기 자신의) 근본무명[幻者]을 제거하고, (각 중생의 취향에 걸맞도록 다양하게) '모든 것이 허망하여 자성이 없다고 관찰하는 지혜[幻智]'들을 발휘하여 무수한 자성 없는 중생들[幻衆]을 깨우쳐 교화한다. 자성 없다고 관찰하는 지혜들을 발휘하는 까닭에, 마음속에는 남의 일을 내 일처럼 생각하는 대비심과 편안함이 생긴다. 모든 보살들이 이런 상태에서 수행을 점차로 해 간다. 자성 없음[幻]을 관찰하는 그 주체[者]는 자성이 없지 않기 때문에, 또 그렇다고 관찰하는 행위도 역시 자성이 없기 때문이다. 그리하여 자성이 없는 것들의 기능이 완전히 사라진다. 이것이 보살이 완결시킨 오묘한 수행이니, 비유하면 마치 흙이 싹을 자라게 하는 것과 같다. 이런 방편을 삼마발제(samāpatti)라 한다.

선남자여, 보살들이 청정한 원각을 깨닫는다. 그런 다음에, 그 청정한 원각의 마음을 사용해서, (삼마발제 수행에 의해서 체험한) 자성이 없음과 (사마타 수행에 의해서 체험한) 각종 고요한 작용, 이 모두를 취하지 않고, 몸과 마음이 다 걸림이 되는 줄 분명히 알며; '지각작용과 인지작용이 없는 밝음[無知覺明]'은 온갖 장애에도 걸리지 않아서 장애와 장애 없는 경계를 완전히 초월하는 줄을 알며; 자신이 살아가는 세계와 그 속에 사는 자신의 몸과 마음이 번뇌에 물든 세상에 처해 있으면서도, 마치 그릇 속의 종소리가 밖으로 울려 나가는 것처럼, 번뇌에도 열반에도 어디에도 걸림이 없는 줄을 안다.

이렇게 되면 마음이 고요해지는 거뜬해짐을 느끼는데, 이렇게 묘각과 하나가 된 적멸의 경지는, (오직 스스로만이 명료하게 알 수 있는 체험이지) 본래 타인은 알 수 없는 체험이며, 그렇다고 자기의 감각기관이나 알음알이로도 절대로 도달할 수 없으며, 나아가 중생(衆生)이니 수명(壽命)이니 하는 것 등은 (모두 실체가 없는 것으로) 부질없는 생각의 산물이다. 이런 방편을 선나(jhāna)라 한다.[10)]

이상의 경문은 3종 관행이 설해지고 있는 부분이다. 종밀은 각각의 관행이 설해지고 있는 본문을 세 과목(科目; '標本', '正釋 〈起行〉·〈功成〉·〈感應〉', '結名')을 세워서 설명한다. 이것을 〈표〉로 표시하면 다음과 같다.

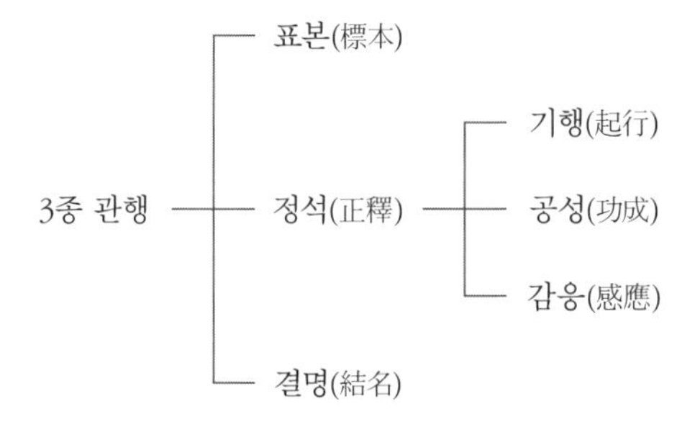

종밀은 위와 같이 경문(經文)을 분류하고 그 각각에 과목을 달았다. 그

10) 신규탁 역주, 『원각경 · 현담』, 서울: 정우서적, 2013, pp.114-119.

리하여 각 관행의 최초의 '표본(標本)' 부분은 돈오, 다음의 '기행(起行)' 부분은 점수에 해당한다고 한다.[11] 여기에서는 3종 관행 중에서 사마타 부분만 뽑아서 종밀의 돈점관을 검토하기로 한다.

'표본'에 해당하는 경문은 "선남자여, 보살들이 청정한 원각을 깨닫는다."이다. 원문에도 분명히 나타나지만, 돈오의 대상은 원각(圓覺)인데, 이 원각은 어떤 더러움도 없는 청정한 것이다. 즉 중생이면 누구나 간직한 것으로 이것이 내게 있음을 자각하는 것이 돈오이다. 그러나 이 경우의 오(悟)는 수행의 경험을 거쳐서 얻은 결과가 아니라 지식으로 납득된 오(悟)로서, 해오(解悟)임을 알 수 있다.[12]

다음으로는 점수를 설명하는 부분을 보도록 하자. 점수에 해당하는 경문(經文)은 '기행(起行)'이라는 과목으로 지칭되는 부분으로, "그런 다음에, 그 청정한 원각의 마음을 사용해서 고요함을 취하는 수행을 하면, 모든 망념이 맑아지기 때문에 마음이 번거롭게 흔들렸음을 자각한다."이다.

이 대목은 원각을 깨친[悟] 뒤에 행해야 할 수행의 내용을 서술하는 부분이다. 사마타관에서는 주로 '정(靜)'을 닦아서 2장(障) 중에서 번뇌장(煩惱障)을 끊을 수 있다고 한다.[13] 이어서 이 점수에 필요한 방편을 천태의 지관

11) 『圓覺經大疏』(신찬속장9, p.334c), "三觀一一, 首標淨圓覺, 次明行相, 後顯成功. 初中爲對, 是頓悟漸修."

12) 『圓覺經大疏』(신찬속장9, p.390c), "解曰. 發心修行, 欲趣佛果, 須了悟身中淨圓覺, 以爲行本. 本卽解也. 依解以修, 方爲妙行."참조.

13) 『圓覺經大疏』(신찬속장9, p.390c), "依解以修, 方爲妙行. 膏明相賴, 目足更資. 此金剛觀, 割煩惱障."

(止觀) 수행법에 기초하여 열 부분으로 나누어서 설명한다.[14)]

2. 점수돈오

여기서 말하는 점수돈오는 먼저 점수하고 다음에 돈오하는 순서로 조합되었다. 「1. 돈오점수」의 돈오는 '해오'였지만, 「2. 점수돈오」에서의 돈오는 '증오'이다. 왜냐하면 이 경우의 오(悟)는 수행의 결과로 획득된 것이기 때문이다. 『원각경대소초』에서는 「2. 점수돈오」에 대하여 다음과 같이 서술하고 있다.

> 첫째에서 말한 '점수돈오'에는 두 가지 의미가 있다. 첫째는 먼저 해오를 한 다음에 점수를 하는 것이다. 점수가 궁극에 이르렀기 때문에 (이때의 오는) 증오이다. 둘째는 처음부터 점수하는 것이니. 예를 들면 여러 성문승들이 40년 점수를 했으니 미리 3승의 수행을 했기 때문에 영산회상에서 『법화경』을 듣고 의심의 그물이 단박에 끊어지고 마음이 바다처럼 편안해져서 성불의 수기를 받는 것과 같다.[15)]

---

14) 『圓覺經大疏』(신찬속장9, p.390c).

15) 『원각경대소초』(신찬속장9, p.535c), "初言漸修頓悟者, 此有二意. 一者, 卽前解悟之漸修, 修極故證. 二卽從初便漸, 如諸聲聞因四十年漸. 前修三乘修行故, 靈山會中, 聞法華經, 疑網頓斷, 心安如海, 授記成佛."

이 인용문에서 보여주듯이 종밀은 (2)점수돈오를 다음과 같이 두 종류로 나누어서 논하고 있다.

제1; 돈오(이때의 '오'는 해오임) → 점수 → 돈오

제2; 점수 ──────────────────→ 돈오

제1의 경우는 해오로서의 돈오가 전제된 점수돈오이다. 즉 앞에서 검토한 돈오점수 중에서 원각(圓覺)을 지식적으로 '오(悟)'하는 수행을 선행조건으로 한다. 그런 뒤에, 이 '오(悟)'에 근거하여 점차적으로 수행을 더해가는 것이 제1의 점수에 해당하고, 그 수행의 결과로 얻은 것이 마지막의 돈오이다. 그러므로 이 경우의 돈오는 해오가 아니고 증오이다.

'점수돈오'설을 앞에서 서술한 사마타의 경문에서 종밀이 분류한 과목에 맞추어 보면, '기행(起行)' 과목에 속하는 "그 청정한 원각의 마음을 사용해서 고요함을 취하는 수행을 하면, 모든 망념이 맑아지기 때문에 마음이 번거롭게 흔들렸음을 자각한다."라고 한 문장은 점수에 해당하고, '공성(功成)' 과목에 속하는 "그 결과 고요한 지혜가 생겨나서 몸과 마음의 번뇌가 이로부터 영원히 소멸하게 되어 문득 마음이 편안하고 안정되고 거뜬해짐이 생긴다."는 경문(經文)은 돈오에 해당한다.

제2의 경우는 돈오의 경험이 없이 40여 년간의 설법을 직접 들은 성문들처럼 오랫동안 수행하고, 뒷날 영산회상에서 부처님의 수기를 받고, 그 순간 깨달음을 얻는 것이다. 종밀은 이 수행법을 『도서』에서는 '별목

(伐木)'이라든가 '멀리 떨어진 성을 향해 걸어가는 것' 등의 비유를 들고 있다.[16] 또 이 수행법의 사례로서 종밀은 천태 대사의 100일 가행(百日加行)을 들고 있다.[17]

앞의 (1)돈오점수의 돈오는 해오인데 비해, 이곳 (2)점수돈오에서의 돈오는 증오이다. 종밀이 이렇게 '오(悟)'의 의미를 둘로 나눈 이유는 수행을 강조하기 위함이라고 필자는 생각한다. 이 점은 종밀의 수행관을 살피는 데에 간과해서는 안 될 중요한 요소이다.

마지막으로 종밀이 점수돈오를 위와 같이 둘로 나누어 설명하는 이유는, 점수돈오를 둘로 나누는 것에 의해 점수의 내용에 가치적인 우열을 매기기 위함이라고 생각한다. 즉 인간이면 누구나 간직하고 있다고 믿는 '본각진심'을 인식한 위에 실천한 점수만이 오로지 참된 점수라는 것이다. 이런 인식이 선행되지 않은 상태에서의 점수는 허망한 수행이라는 것이 종밀이 하고 싶은 말이다. 이렇게 필자가 주장할 수 있는 근거는, 위에서 인용한 『원각경』 본문 "청정한 원각의 마음을 사용해서; 이정각심(以淨覺心)"의 해석문[釋文]에 해당하는 『원각경대소』의 다음과 같은 문구를 들 수 있다.

해석하여 말한다. '청정한 원각의 마음을 사용해서'라는 것은 그 깨

16) 『禪源諸詮集都序』(대정장48, p.407c), "如伐木, 片片漸斫, 一時頓倒. 亦如遠詣都城, 步步漸行, 一日頓到也."

17) 『圓覺經大疏鈔』(신찬속장9, p.535c), "天台數年修練, 百日加功用行, 忽然證得法華三昧, 旋陀羅尼門, 於一切法, 悉皆通達, 卽其事也.

달음에 입각해서 수행을 하는 것을 두고 한 말이다. ('이전각심(以淨覺心)'에서의) '이(以)'자의 의미는 '용(用)' 자의 의미이다. 범부들은 '망(妄)'을 사용하지만 보살은 '각(覺)'을 사용한다. 그 이유는 범부들은 미혹했고 보살들은 깨달았기 때문이다.[18)]

이 석문(釋文)은 '본각진심'의 존재를 돈오하고, 그 '오(悟)'에 기초하여 진행된 점수를 설명하는 부분으로, 범부의 점수와 보살의 점수의 차이를 밝히는 부분이다. 이 석문(釋文) 중에 "범부용망, 보살용각(凡夫用妄, 菩薩用覺)."이란 범부의 경우는 망심에 기초하여 점수를 하지만, 보살의 경우는 본각진심을 '오(悟)'하여, 그 '오(悟)'에 기초하여 점수한다는 것을 분명하게 밝히는 부분이다. 이 문구에 의하면 종밀은 돈오가 선행된 점수를 보다 높이 평가하고 있음을 알 수 있다. 나아가 '선돈오(先頓悟)', '후점수(後漸修)' 즉 돈오점수설을 선양하려고 하는 것이 그의 수행론이며, 이 수행론은 '본각진심'에 기초하고 있음을 알 수 있다.

3. 돈수점오

이 수행법은 '선돈수(先頓修)', '후점오(後漸悟)'이다. 이 부분에서 종밀이 사용하고 있는 '돈수(頓修)'라는 말은 오해의 소지가 많다. 종밀은 '돈(頓)'이

18) 『원각경대소』(신찬속장9, p.391b), "解曰, 以淨覺心者, 約其所悟, 而起行也. 以者用也. 凡夫用妄, 菩薩用覺, 迷悟異故."

라는 어휘를 보통 '점차적인 단계를 거치지 않고 순간적으로'라는 의미로 사용한다. 한편 '수(修)'의 의미 중에는 시간적인 개념이 들어있다. 그런데 이 두 개념의 조합으로 이루어진 '돈수(頓修)'라는 말은 아무래도 모순인 듯 보인다.

이런 모순을 종밀은 어떻게 느끼고 해결했는가를 앞질러서 말해보면 이렇다. 이 대목에서 말하는 '돈수(頓修)'는 실제의 수행이라기보다는 수행에 임하는 '마음가짐'이나 강력한 집중력을 말하는 것이지, 수행이 완성되었다는 의미는 아니다. 이런 주장을 뒷받침할 수 있는 근거로 종밀 자신이 들고 있는 『원각경대소초』의 다음과 같은 활쏘기의 비유가 있다.

> 또한 활쏘기를 배우는 것과도 같다. 처음에는 활시위를 잡아당기고 과녁의 중심을 맞추려고 마음을 집중하지, 일부러 점차적으로 과녁의 끝자락부터 맞추어가려고 마음먹지는 않는다. (먼저 10신의 단계를 발심하지 않고 10주의 지위를 택하는 것과 같다.) 그런데 무수한 날 하염없는 화살을 쏘다보면 마침내는 점차적으로 과녁의 중심에 가까워지게 되어 마침내는 백발백중하게 된다. (앞의 비유는 단증(斷證)을 밝히 것이고, 뒤의 비유는 증성(證成)만을 비유한 것이다.)[19]

즉 과녁을 향해서 화살을 쏠 적에 화살을 과녁의 정중앙에 적중시키

19) 『원각경대소초』(신찬속장9, pp.355c-356a), "又如學射, 初把弓矢, 便注意在的〈脚註; 喩發無上菩提也〉. 從不故作親疏節級〈脚註; 不先發十信, 擇十住等〉. 然千百日射億萬箭, 方漸漸親近, 乃至百發百中〈脚註; 前喩已其斷證, 後喩唯證成〉."

려고 하는 '마음가짐'을 돈수에 비유한다. 그러나 이 경우의 돈수는 어디까지나 처음 보리심을 일으킨 것에 지나지 않는다. 결코 반드시 해야만 할 실천 행위를 모두 완수했다는 의미는 아니다. 이것을 『도서』에서는 "此說運心頓修, 不言功行頓畢也. ; 이것은 마음먹기를 단박에 닦는다는 뜻이지 공행을 모두 마쳤다는 말은 아니다."라고 분명하게 밝히고 있다. 바꾸어 말하면 높은 이상을 갖고 크게 발심하는 것이다. 이것은 화엄의 10지설을 의식하면서 서술한 것으로, 10신, 10주, 10행, 10회향, 10지, 등각, 묘각, 불의 순서를 따라가면서 수행하는 '항포단혹설(行布斷惑說)'이 화엄교가의 입장이지만, 종밀이 말하고 있는 이 돈수(頓修)의 경우는 절차나 등급 등을 밟지 않고 최상의 '원교(圓敎)'를 '듣고', '원교'를 '믿는' 것이다.

한편 점오에 대하여 종밀은 『대소초』에서 이렇게 말하고 있다.

> 점오란 이를테면 비록 원교를 듣고 원교의 가르침을 믿지만 근성이 둔해 아직 돈오하지 못한다. 비록 돈오를 하지 못했더라도 마음에 근면함을 좋아하고 돈오를 깊이 숭상하고 큰마음을 단박에 내고 뭇 반연을 단박에 끊고 번뇌를 단박에 굴복시켜, 이렇게 '수행을 더해가면[加行]' 점점 깨달음을 얻게 되니 이 경우의 깨달음은 '증오(證悟)'이지 '해오(解悟)'는 아니다.[20]

20) 『원각경대소초』(신찬속장9, p.536a), "漸悟者, 謂雖聞圓敎, 信圓法, 而根性遲鈍, 不得頓悟. 雖不得頓悟, 而樂欲情殷, 深宗頓悟, 頓發大心, 頓切諸緣, 頓伏煩惱. 由此加行, 漸漸得悟. 悟卽是證, 不唯會解."

이 내용은 앞에서도 서술했다. 다만 여기서 의심스러운 점은 '유차가행(由此加行)'이라는 구절이다. 여기에서 말하는 '가행(加行)'이란 천태의 100일 가행처럼 수행을 더하여 가는 것으로 점수를 의미한다. 만약 종밀이 말한 대로라면, 돈수한 뒤에 다시 '가행' 즉 점수를 더하는 것이 된다. 그러니 돈수 → 점수 → 점오의 순서가 되는 셈이다. 여기에서 우리는 점수를 매우 중요하게 여기는 종밀의 수행관을 엿볼 수 있다. 점수의 필요성을 강조하는 종밀의 생각은 '마경(磨鏡; 거울 닦기)'의 이야기에서도 잘 나타난다.

> 비유하면 사람이 거울을 닦는데 한쪽 면을 쉬지 않고 한결같이 모두 다 닦아 마치는 것과 같이 조금씩 부분적으로 공을 들이는 것은 아니다. // 그런데 먼지가 점차적으로 사라지면(점차로 깨끗해짐), 밝음이 점차로 드러난다.(점차로 밝음이 드러남)[21]

위의 문장은 // 부호를 전후로 둘로 나뉘는데, 종밀의 의도는 전반부를 돈수(頓修)의 예로 들고, 후반부를 점오(漸悟)의 예로 들고 있다고 볼 수 있다. 후반부의 "塵埃則微微而盡, 明相漸漸而著. ; 먼지가 조금씩 사라지면 밝음은 점점 드러난다."의 의미는 거울의 표면에 붙어있는 때가 조금씩 얇아짐에 따라 거울이 본래부터 갖추고 있는 '무엇을 비추는 능력[明相]'이 차츰 드러난다는 것이다. 여기에서 주목해야 할 점은 '미미이진(微微而盡)'과

21) 『원각경대소초』(신찬속장9, p.535c), "如人磨鏡, 一時遍磨一面終, 不從一分一寸致功. // 塵埃則微微而盡〈脚註; 漸淨〉, 明相漸漸而著〈脚註; 漸照〉."

'점점이저(漸漸而著)'라는 점진적인 표현방식이다.

또 전반부의 "一時遍磨一面終, 不從一分一寸致功.; 일시에 모두 닦겠다고 마음먹는 것이지, 조금씩 닦아가겠다고 마음먹지 않는다."라는 문구가 의미하는 바는, 즉 쌓여있는 때[垢]를 시간적인 사이를 두고 닦아내는 것이 아니고, 일괄하여 한 번에 최후까지 말끔히 없애겠다고 '마음먹는' 것이다. 여기에서는 닦겠다는 '마음가짐'에 초점이 놓여있다.

그러나 이 비유 중에서 거울이 본래부터 갖추고 있는 사물이 비치는 성질을 점차적으로 회복할 수 있게 된 동기는 쌓인 때를 닦아내는 행위이다. 즉 거울을 닦는 행위는 점수이다. 이것은 대통 신수의 점수설을 비판하는 목적에서 만들어 낸 『육조단경』의 전법게 중에 나오는 '마경(磨鏡)'의 이야기가 들어있는 것에서도 추측할 수 있다. 그러므로 위에서 인용한 '일시(一時)'는 그렇게 하겠다는 '마음가짐'이지, 실제로 '한번에' 즉 '당장에' 닦는다는 뜻은 아니다. 이렇게 보면 종밀이 말하는 '돈수(頓修)'의 뜻이 분명해질 것이다.

4. 점수점오

점수돈오에 대해서는 『도서』에서 이렇게 기술하고 있다.

예를 들면 9층의 누각을 오르는 것처럼 점점 높이 오를수록 점점 멀리 보인다. 옛 사람의 시에 이런 말이 있다. "천 리를 볼 수 있는 안목을 갖추기 위해서는 다시 한 층 더 높은 데로 올라가라."[22)]

9층 누각에 오를 때 높이 올라감에 따라 점점 멀리 보이듯이 점진적으로 수행을 더해감에 따라 그 결과로 얻는 깨달음의 깊이도 더해간다는 것이다. '족리점고(足履漸高)'는 수행을 비유한 것이고, '소견점원(所見漸遠)'은 증오(證悟)를 비유한 것이다.[23)] 종밀은 신수와 그의 문하생 보적 등의 수행법을 점수점오로 규정하고 비판했다. 종밀이 비판한 표적은 그들의 '불진(拂塵; 번뇌를 닦아 지움)' 사상이다. 즉 『육조단경』의 "시시수불식(時時須拂拭; 때때로 닦아서), 막견유진애(莫遣有塵埃; 먼지를 남겨두지 않는다)."의 입장을 비판하는 것이다. 이 수행법을 추종하는 사람들은 중생이라면 누구나 갖추고 있는 본성이 본래 청정하다는 것을 알지 못하고 있다고 종밀은 비판한다. 만약 중생에게 본래 '본각진심'이 갖추어져 있다는 자각 없이 어떠한 수행을 더하더라도 그런 수행에 의해서는 깨달음의 체험이 불가능하다고 한다.[24)] 인간의 근원인 '본각진심'을 깨칠 것을 강조하는 것은 『원각경』「위덕장」의 3종 관행에 붙인 석문(釋文)에서도 명확하게 드러난다. 즉 성불하기 위한 선행조건으로, 종밀은 사람마다 각자 제 속에 갖추어져 있는 '본각

22) 『선원제전집도서』(대정장48, p.407c), "如登九層之臺, 足履漸高, 所見漸遠. 故有人詩云, 欲窮千里目, 更上一層樓也."

23) 『圓覺經大疏鈔』(신찬속장9, p.532c).

24) 『圓覺經大疏鈔』(신찬속장9, pp.532c-533a), "未見妄念本無, 一性本淨, 悟旣未徹, 修豈稱眞. 修不稱眞, 多劫何證." '一性'이 『승습도』에는 '本性'으로 되어있다. '證'자는 '解悟'가 아니라는 뜻.

진심'을 오(悟)할 것을 강조하고 있다.[25)]

그러나 종밀이 이 점수점오 자체의 무용성을 주장하는 것은 아니다. 그가 비판하고자 하는 것은 '본각진심'의 실재를 믿지 않는 것이다. 종밀은 '본각진심'의 실재에 대한 신뢰에 기초한 점수점오는 수용하고 있다. 그는 『원각경』 원각장의 3기(期) 도량을 점수점오의 방법으로 규정하고 있는데[26)], 이것은 『원각경』 본문에 다음의 문구가 있기 때문이었다고 생각된다.

> 선남자여, 일체 중생이 부처님 살아계실 때나 열반에 드신 뒤에나 말법 시대에 대승의 성품을 갖춘 이가 부처님의 비밀한 대원각의 마음을 믿어 수행하려면, ….[27)]

종밀은 이 경문에 〈결전(結前)〉이라는 과목을 붙이고,[28)] 도량가행의 전제로 말하고 있다. 이런 '본각진심'에 대한 확신을 강조하는 종밀의 생각은 『원각경대소초』(신찬속장9, p.536a)의 "疏漸悟者, 謂信本性圓滿, 而猶計有業惑障覆, 故勤拂鏡塵, 漸悟心性. ; 『대소』에서 '점오'라고 한 것은 이를테면 본성에 모든 것이 다 갖추어졌음을 믿지만 그래도 업과 미혹 등의 장애에 가

---

25) 『圓覺經大疏』(신찬속장9, p.390c), "解曰. 發心修行, 欲趣佛果, 須了悟身中淨圓覺, 以爲行本. 本卽解也. 依解以修, 方爲妙行."

26) 『圓覺經大疏』(신찬속장9, p.325c), "三期道場漸修漸悟."

27) 신규탁 번역, 『원각경 · 현담』, 서울: 정우서적, 2013, p.176, ; 『원각경』「원각장」(대정장39, p.571b), "善男子, 一切衆生, 若佛住世, 若佛滅後, 若法末時, 有諸衆生, 具大乘性, 信佛秘密圓覺心, 欲修行者, …."

28) 『圓覺經大疏』(신찬속장9, p.410b).

려있기 때문에, 거울의 때를 열심히 닦아서 심성을 점차적으로 깨치는 것이다."라는 석문(釋文)에서도 엿볼 수 있다. 여기서 '소점오자(疏漸悟者)'는 『원각경대소』(신찬속장9, p.334c)의 '점수점오(漸修漸悟)'를 지칭한다.

점수점오의 수행 방법을 한정적으로 수용하는 것은 그의 법사인 징관이 『화엄경수소연의초』(권21)에서 돈오점수를 논외로 한 것과[29]는 다른 점이다. 이것은 중생의 본원으로 '본각진심'을 전제한 종밀 자신의 사상과, 그 사상에 기초한 기존의 여러 사상을 재해석하려는 그의 감회사상(勘會思想)의 산물이라고 생각된다.

5. 돈오돈수

먼저 종밀이 사용하고 있는 돈오(頓悟)의 의미를 살펴보기로 한다. 그는 이 돈오를 '참사(斬絲)'에 비유하고 있다. 즉 한 타래의 실을 칼로 한 번 내려치면 낱낱의 실오라기는 하나도 남기지 않고 끊어지듯이, 번뇌는 본래 실체가 없다고 하는 사실을 한 순간에 깨치는 행위가 돈오라고 한다.[30]

---

29) 『大方廣佛華嚴經隨疏演義鈔』(대정장36, p164c), "頓復有多義. 一頓悟漸修, 如見九層之臺, 則可頓見, 要須躡階, 而後得昇. 今亦如是, 頓了心性, 卽心卽佛, 無法不具, 而須積功, 遍修萬行. 此約解悟. 二者頓修漸悟. 卽如磨鏡, 一時遍磨, 明淨有漸, 萬行頓修, 悟則漸勝. 此約證悟. 三頓修頓悟. 如利劍斬絲, 千莖齊斬, 一時齊斷. 亦如染千絲, 一時齊染, 一時成色. 故萬行齊修, 一時朗悟. 四漸修漸悟. 猶如斬竹節, 節不同. 此今非用."

30) 『圓覺經大疏鈔』(신찬속장9, p.536a), "斬如頓悟. 頓悟煩惱本無, 卽名爲斷. 如一綟之絲, 不勝一劍頓斷故."

한편, 종밀은 '염사(染絲)'의 비유를 들어서 돈수(頓修)의 개념을 설명한다. 즉 한 타래의 실을 한 번 물들이면 낱낱의 실이 모두 염색되는 것 같다. 이렇게 자기 자신의 본성에는 본래 갖추어 있고 이루 셀 수 없는 공덕에 '단번에 부합하여[頓稱]', 쉼 없이 수행하는 것이 돈수라고 한다.[31] 이 돈오와 돈수의 관계에 대하여 종밀은 『도서』에서는 돈오(頓悟)를 '단장(斷障)'에, 돈수(頓修)를 '수덕(修德)'에 각각 배대하여 설명한다. 즉 돈오는 '번뇌장(煩惱障)'과 '소지장(所知障)'(종밀 식으로는 사장(事障)과 이장(理障))이라는 두 가지 장애를 끊는 측면에서 말한 것이고, 돈수는 공덕을 완수하는 측면에서 말한 것이다.[32]

종밀은 이 돈오돈수를 '오(悟)'와 '수(修)'의 전후에 의해 셋(제Ⅱ절에 나오는 ⑤, ⑥, ⑦ 참조)으로 나누고 있다.

제1은, '선오후수(先悟後修)'이다. 이 경우의 오(悟)는 해오(解悟)이다. 즉 심신(心身)과 그것을 둘러싼 대상 세계가 모두 실체가 없는 공(空)이라는 것을 돈오한 뒤에, 그 깨달음에 기초하여 수행하는 것이다.

제2는, 먼저 돈수하고 뒤에 돈오하는 것으로, 이 경우의 돈오는 증오이다. 이것을 종밀은 약을 복용하는 것으로 예를 들고 있다. 이것과 앞서 말한 돈수점오와의 차이점에 대해, 종밀은 '근(根)'과 '욕(欲)'의 우열로 나

31) 『圓覺經大疏鈔』(신찬속장9, p.536a), "染如頓修. 頓稱性上恒沙功德, 念念無間而修. 如染一絲, 千條萬條一時成色故."

32) 『禪源諸詮集都序』(대정장48, p.407c), "斷障, 如一綟之絲, 萬條頓斷. 修德如染一絲, 萬條頓色."

누고 있다.[33] '근(根)'과 '욕(欲)'이 뛰어난 경우는 돈수돈오에 해당하는데, 하열한 경우는 돈수점오에 해당한다고 한다. '근(根)'과 '욕(欲)'은 근성(根性)과 낙욕(樂欲)으로, 『도서』(대정장45, p.407c)에서는 "有云頓悟頓修者, 此說上上智根性〈脚註; 根勝故悟〉, 樂欲〈脚註; 欲勝故修〉 俱勝."이라고 서술하고 있다.

제3은, 돈오와 돈수를 동시에 행하는 것으로, 종밀은 돈오에 '무심망조(無心忘照)'를, 돈수에 '임운적지(任運寂知)'를 각각 배대하는데[34], 이것은 징관의 『답순종심요법문』의 내용을 인용한 것이다[35]. 여기에서 말하는 '무심'과 '적지'는 하택 신회 선사상의 중심적인 개념으로서 종밀의 선사상에도 영향을 미치고 있음을 알 수 있다.

종밀이 '사(絲)'의 비유를 들어 돈오돈수를 설명하는 것은 그의 법사인 징관의 『화엄경수소연의초』(대정장36, p.164c)의 설명을 수용한 것이다. 또 종밀이 돈수의 의미를 설명할 때에 징관의 『심부주(신찬속찬63, p.95b)의 "心心作佛, 無一心而非佛心〈종밀 脚註; 念念全眞〉. 處處證眞, 無一塵而非佛國〈종밀 脚註; 卽染而淨〉."을 인용하고 있는 것을 보더라도,[36] 징관으로부터의 영향이 있

---

33) 『圓覺經大疏鈔』(신찬속장9, p.536a), "以根欲俱勝故, 不同前頓修漸悟也."

34) 『圓覺經大疏』(신찬속장9, p.334c), "修[間注:無心忘照]悟[間注:任運寂知]一時卽通解證."

35) 『心賦注』(신찬속찬63, p.95b), "若無心忘照, 則萬累都捐. 〈宗密割注; 旣忘心照, 煩惱自空.〉 若任運寂知, 則衆行圓起. 〈宗密割注; 起卽體之用, 用而無用, 何假因耶.〉"위의 다음 문구로 "言止則雙忘智寂 〈宗密割註; 止 · 觀俱泯.〉. 論觀, 則雙照寂智. 〈宗密割註; 止觀齊彰.〉」 이것은 '止' · '觀'과 '智' · '寂'과의 同時性을 드러내는 문장이다.

36) 『圓覺經大疏鈔』(신찬속장9, p.536a).

었음을 알 수 있다. 그러나 지금 현재 증득한 돈오돈수의 이면에는 점수의 노력이 잠재되어 있다는 점을 인정하는 것은, 종밀이 그의 스승 징관과 다른 점이다. 『도서』의 다음 문구는 종밀의 이런 생각을 잘 드러낸다.

> 그런데 위에서 논의한 것은 모두 금생만을 기준으로 잡아서 논한 것이다. 그런데 숙세를 멀리까지 염두에 둔다면 점(漸)만 있지 돈(頓)은 있을 수 없다. 이미 여러 생의 무수한 겁 동안에 점차로 훈습되어 지금에 발현되는 것이다.[37]

종밀은 완전한 돈오돈수에 대해서는 비판적인 입장에 서 있다. 그는 언제나 점수의 중요성을 강조하고 있다. 돈오돈수를 주장하는 수행 집단으로 종밀은 우두종을 들고 있다. 종밀에 의하면 우두종에 속하는 사람들은 그저 있는 그대로가 진실이라고 믿고 '점(漸)'을 부정하는 집단이라고 단정하여 그들을 비판한다. 종밀의 이런 비판의 이면에는 절대적인 '돈(頓)'을 부정하는 그의 철학 사상이 숨어있다. 영원한 시간의 흐름에서 보면 오직 '점(漸)'만이 있을 뿐이고 '돈(頓)'은 절대 있을 수 없다는 것이 종밀의 수행관이다.

---

37) 『선원제전집도서』(대정장48, p.408a), "然上皆只祇今生而論, 若遠推宿世, 則唯漸無頓, 今頓見者, 已是多生漸熏而發現也."

Ⅲ. 돈오점수의 현창

종밀은 당시의 수행론을 9대 돈점으로 정리 요약했는데, 이상에서 살펴본 대로 이 9대는 다시 다섯으로 요약할 수 있다. 이 다섯 종의 수행론 중에서 종밀이 주장하려고 하는 설은 말할 것도 없이 돈오점수(頓悟漸修)이다. 실로 종밀이 돈오점수 이외에 네 종류의 수행론을 소개하고 있기는 하지만, 그 속에는 가치적인 평가가 이미 들어있다. 즉 「2. 점수돈오」의 부분에서도 그 종류를 둘로 나누어 돈오 → 점수 → 돈오의 프로세스를 설정하여, 결과적으로 이것을 다시 돈오점수설에 흡수시키고 있다. 또 「3. 돈수점오」의 경우에도 '가행(加行)'의 필요성을 강조함에 의해 점수를 요청하는 결과가 되었다. 또 「4. 점수돈오」의 경우에도 '본각묘심'에 대한 자각 없이는 어떠한 점수도 쓸모없음을 주장한다. 즉 돈오(이 때의 '오'는 해오)를 주장한다. 그리고 「5. 돈수돈오」의 경우에도, 금생에 한정지어보면 돈수돈오가 가능할지 모르지만 그러나 그것도 결국은 다생의 점수의 결과가 금생에 드러난 것일 뿐이라고 해석하여 다시 점수설을 끌어들인다.

이상의 검토를 통하여 수행에 대한 종밀의 입장을 다음과 같이 도표화할 수 있다. 이와 함께 화엄의 지위설을 들어본다. 종밀은 결국 화엄교학자이다.

종밀의 수행론; 돈오(해오) ——→ 점수 ————→ 돈오(증오)

화엄의 지위설; 견도위(見道位) → 수도위(修道位) → 증도위(證道位)

종밀이 돈오의 의미를 둘로 나눈 것은 징관의 『화엄경수소연의초』(대정장36, p.164c)에서 유래한다. 종밀은 『도서』(대정장45, p.408a)에서 "若因悟而修, 卽是解悟. 若因修而悟, 卽是證悟."라고 서술하고 있다. 여기에서 해오로서의 돈오는, 중생이라면 누구나 간직하고 있는 '본각진심'이 실재한다는 것을 오(悟)하는 것이다. 한편 증오로서의 돈오는 점차적인 수행에 의해서 얻어진 결과로서의 오(悟)의 체험이다. 종밀의 이러한 생각은 역시 화엄교학 사상의 흐름에 서 있는 것이다. 징관이 『대방광불화엄경수소연의초』에서 말한 다음과 같은 구절이 그것이다.

> 첫째 돈오점수. 9층의 누각을 멀리서 바라보는 것 같은 경우는 단박에 볼 수 있다. 그런데 요컨대 반드시 계단을 밟아야 올라갈 수 있다. 지금의 경우도 그와 같아서, 심성을 단박에 깨달으면 마음 그대로가 부처이어서 모든 법을 다 갖추게 되지만, 그런데 반드시 공덕을 쌓고 드넓은 만행을 닦아야 하니, 이는 해오를 기준으로 한 것이다.[38)]

징관의 이 서술에서도 분명해지듯이 오(悟)의 대상은 '심성(心性)'이다.

38) 『大方廣佛華嚴經隨疏演義鈔』(대정장36, 164c), "一頓悟漸修. 如見九層之臺, 則可頓見. 要須躡階, 以後得昇. 今亦如是, 頓了心性, 卽心卽佛, 無法不具, 而須積功, 遍修萬行. 此約解悟."

종밀은 이 '심성'을 '본각진심(本覺眞心)'이라고 용어를 바꾸어 표현한 것이다.

종밀이 말하고 있는 돈오의 대상이 '본각진심'이라는 점은 『도서』에서 깨달음의 10중(重)을 설명하는 곳[39]에 더욱 분명해진다.

불과(佛果)를 얻기 위해서는 먼저 '본각진심'이 우리의 본래성이라는 것을 자각하는 일이 급선무이다. 이런 자각을 그는 해오라고 한다. 이런 해오를 거친 뒤에 수행을 거듭하여, 최후에 불과(佛果)에 다다른다. 아래의 주 39)에 나오는 (1)은 돈오(頓悟; 이 경우는 해오)에 해당하고, (2)-(9)는 점수(漸修)에 해당한다. 그리고 마지막의 (10)은 돈오(頓悟; 이 경우는 증오)에 해당한다.

이상의 10중(重) 차제(次第)에서도 분명해지듯이 종밀이 수행이론으로서 돈오점수를 주장하는 근저에는, 중생이라면 누구나 '본각진심'을 갖추고 있다는 그 자신의 불교관 내지는 인간관에 기초한다. 종밀은 이 '본각진심'을 인간의 근원으로 인정하고, 이런 입장에서 그가 살던 당시 유교나 도교의 인간론을 비판 회통한다.

39) 『선원제전집도서』(대정장48, pp.409c-410a), "(1)一謂有衆生, 遇善知識開示, 上說本覺眞心, 宿世曾聞, 今得解悟, …, 信自眞如及三寶德. (2)二發悲智願, 誓證菩提. (3)三隨分修習施戒忍進及觀門, 增長信根. (4)四大菩提心, 從此顯發. (5)五以知法性, 無慳貪心. (6)六隨順修行六婆羅密, …, 常空常幻. (7)七於色自在, 一切融通. (8)八於心自在, 無所不照. (9)九滿足方便, 一念相應, 覺心初起, …, 名究竟. (10)十心旣無念, 則無別始覺之殊, 本來平等, 同一覺故, 冥於根本眞淨心源, 應用塵沙, 盡未來際, 常住法界, 感而卽通, 名大覺尊."

제9장 규봉 종밀의 의례관

Ⅰ. 불교 의식의 정의와 분류

봉선사 월운 스님의 『일용의식수문기(日用儀式隨聞記)』(중앙승가대학 출판국, 1991)는 한국 불교의 현장에서 실행되는 일상 불교 의례에 관한 최초의 연구서이다. 이 책의 「머리말」에서 강백께서는 "내가 얼마만치 모르고 있는가를 정리한 메모이어서 남에게 보일 거리는 애초에 아니었다."라고 겸손의 말씀을 하시지만, 현행 '일상의례'에 대한 선구적 연구임에는 분명하다. 향후 이 분야 연구를 하려는 사람은 이 책을 먼저 탐독하고 그 연구 성과에서부터 시작을 해야 할 것이다. "잘 모르겠다."는 표현이 도처에 나오지만, "모르겠다."는 이 말씀은 천금 만금보다 귀한 말씀이다.

이 책의 「서언」[1]에서 월운 강백은 의식(儀式)에 대하여 이렇게 정의한다. "일용의식이란 어떤 것인가? 이 물음에 답을 하기 위하여 의식 전반의 형태, 시기, 유래, 내용 등을 살핌으로써 그 답에 대신하고자 한다. 먼저 의식의 형태를 중심으로 살피건대, 넓게 말하면 불교교리(佛敎教理) 전체가 하나의 의식이라고 할 수 있겠고, 좁게 말하면 불제자(佛弟子)가 불전(佛前) 또는 이에 준하는 상설(像設) 앞에서 드리는 모든 의례를 이르는 말이다."이렇

1) 김월운, 『日用儀式隨聞記』, 김포시: 중앙승가대학 출판국, 1991, p.9.

게 의식을 정의하고는, 이것을 다음과 같이 〈표1〉로 표기했다.

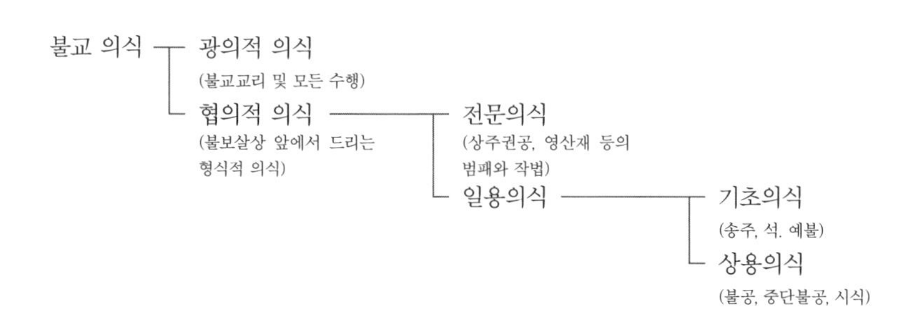

〈표1〉에서 보다시피 '불교교리' 및 '모든 수행'을 '불교의식'의 범주 속에 넣었다. 참으로 지당하신 말씀이다. 부처님께서 깨치신 '내자증(內自證)'의 진리 그 자체, 즉 부처님께서 몸소 체험하신 진리 그 자체가 먼저 있다. 이것을 중생 특히 인간들에게 드러내어 설해주신 것이 '가르침(sāsana)'이다. 그 '가르침'을 한자어로는 '교(敎)'로 표기한다. 이 점에 대하여 필자는 『원각경 · 현담』 「필자 서문」에서 이렇게 정리했다. "형태로 드러나는 것은 '가르침(sāsana)'의 차림새를 띠고 있으면서도, 그 '가르침'을 통해 드러내고자 하는 것은 '이치[法; dharma]'와 '이치'의 내용인 '의미[義; artha]'이다."[2] 여기서 말하는 '이치'와 '의미'는 부처님께서 몸소 체험하신 진리 그 자체를 지칭한다.

불교 교리를 불교의식의 범주에 넣는 월운 강백의 설을 여기에 인용

2) 규봉 종밀 현담, 신규탁 번역, 『원각경 · 현담』, 서울: 정우서적, 2013, p.110.

하여 소개하는 이유는, 광의적 의식인 '불교교리'와 협의적 의식인 불보살상 앞에서 시행하는 소위 '불전의식(佛前儀式)'과는 아주 밀접한 관계가 있다는 것을 보여주기 위함이다. 즉 '교리'와 '의식'은 불가분의 관계라는 점을 강조하고 싶은 것이다. 그리고 그 '교리'는 '부처된 자의 깨달음 그 자체'와 밀접한 관계가 있다. 이것을 〈표2〉로 정리하면 다음과 같다.

<표2>

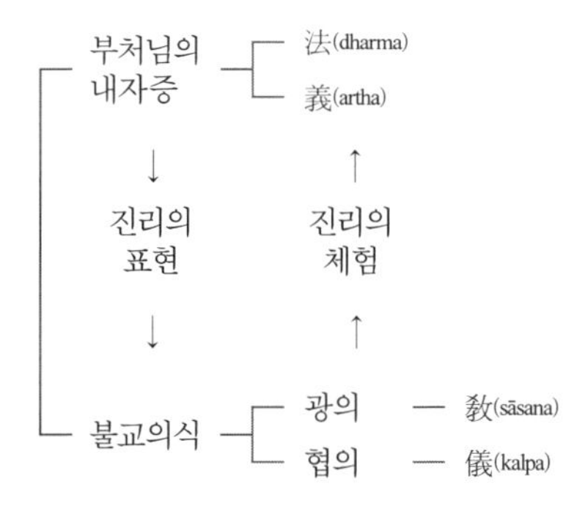

필자가 그린 위의 도식에서 보다시피, 우리 인간들에게 알려진 것은 '광의의 불교의식'인 교(敎; sāsana)와 '협의의 불교의식'인 의(儀; kalpa)이다. 그런데 이 둘은 밀접한 관계가 있다. 또 '부처님의 내자증'과 '불교의식'은 밀접한 관계를 갖고 있다. '부처님의 내자증'은 '유불여불 내능구진(唯佛與佛 乃能具盡)'이기 때문에 중생들이 이것을 알기에는 한계가 있다. 지전(地前) 보살들조차도 알기 어려운 것이다. 이것은 부처님의 '일대사인연'의 원력에 의해서 교(敎; sāsana)로 드러나야만 비로소 우리 중생들이 알 수 있다. 그

런가하면, 중생들의 눈높이에 맞추어 교(敎; sāsana)를 드러내기 위한 방법이 의(儀; kalpa)이다. '내자증'을 겉으로 '표현'한 것이 '불교의식'이라면, 중생들은 '불교의식'을 통해서 우리는 '내자증'을 '체험'할 수 있다. 이 둘은 쌍방향적인 관계이다. 〈표2〉의 화살표가 그것을 뜻한다.

교(敎; sāsana)의 양상, 즉 '교상(敎相)'에 대해서는 예부터 화엄종의 5종교판(敎判)이 있다. 당나라 규봉 종밀(圭峰宗密; 780-841) 선사의 설에 따르면, (1)인천교, (2)소승교, (3)대승법상교, (4)대승파상교, (5)일승현성교가 되겠고, 현수 법장(賢首 法藏; 643~ 712) 국사의 설에 따르면, (1)소승교, (2)대승시교, (3)대승종교, (4)돈교, (5)원교가 되겠다.

그러나 의(儀; kalpa)에 대해서는 중국이나 한국에서 이렇다할만한 행상(行相)의 분석이 없었다. 그런데 필자가 보기에 위의 〈도식 1〉이야말로, 의(儀; kalpa)의 양상 즉 '의상(儀相)'을 판석(判釋)한 것으로 높이 평가할만하다 하겠다.

월운 강백의 '의상(儀相)에 대한 판석(判釋)' 덕분에, 이제 우리는 '(협의의) 불교의식'을 비로소 '교리'의 반열 속에서 동등하게 평가할 수 있는 근거가 마련되었다. '교리'를 연구하여 실천하는 승려들의 반열과 동등한 위상에서, 의식을 집전하고 수행하는 승려들도 설 수 있게 되었다. 이제는 더 이상 '재받이 중'으로 스스로를 비하하는 퇴굴심을 낼 필요도 없고, 게다가 자신이 수도승이라고 저들을 비하할 수도 없게 되었다. 의식이나 의례는 그 자체가 '부처님 내자증의 체험'을 인간의 신 · 구 · 의(身口意) 3업으로 표현한 진리이다. 염불은 도이며, 염불 의식이 행해지는 결계 도량은 세속 속에 있는 불국토이다.

이하에서는 '사례'를 중심으로 '교리'와 '의식'이 얼마나 밀접하게 연관되어 있는지를 살펴보기로 한다.

Ⅱ. 종밀 선사에 의한 '교리'와 '의식'의 체계화

위에서 필자는 '부처님의 내자증'과 '불교의식'이 밀접한 관련이 있고, 다시 불교의식 중에는 '광의적 의식'인 불교교리(佛敎敎理)와 '협의적 의식'인 불전의식(佛前儀式)이 상호 밀접한 관련이 있다고 주장했다. 이하에서는 역사적으로 그 사례를 검토하여 위 주장의 타당성을 논증해 보려고 한다.

이하에 보여주는 논증의 사례들을 통해, 우리는 다음과 같은 사실을 알게 될 것이다. 불교 의식은 경전에 담긴 부처님의 내자증의 체험을 우리 불제자들에게 체험시키기 위해 만들어진 것이라는 사실 말이다. 즉 '불교의식'은 부처님의 내자증의 체험을 언어 문자로 엮은 '불경(佛經)'과 밀접하게 관계되어 있음을 알 게 될 것이다.

중국 땅에서도 많은 사례들이 있지만, 이 책에서는 『원각경도량수증의(圓覺經道場修證儀)』(신찬속장 제74권, 이하 『광본수증의』로 약칭함)와, 『원각경도량약본수증의(圓覺經道場略本修證儀)』(신찬본속장 제74권, 이하 『약본수증의』로 약칭함), 이 두 문헌 자료를 사례로 들어서 '의식'과 '교리'가 밀접한 관계가 있음을 드러내 보일 것이다.

『약본수증의』는 『광본수증의』를 축약해서 만든 것이다. 『광본수증의』는 당(唐)의 규봉 종밀(圭峰宗密; 780~841) 선사가, 『약본수증의』는 북송(北宋)의 진수 정원(晉水淨源; 1010~1088) 법사가, 각각 지은 것이다. 규봉 종밀 선사가 『원각경』에 대해 남다른 관심을 갖고, 이 『경』에 대한 수많은 주석서를 썼음은 잘 알려져 있기 때문에 자세한 설명은 생략하기로 한다. 『원각경』에 대한 종밀 선사의 주석서로 필자가 번역한 것 중에 『원각경 · 현담』(정우서적, 2013)이 있으니, 필요한 분은 참조하시기 바란다.

이하에서는 『광본수증의』의 내용을 간략하게 소개하여 향후의 논의를 위한 자료로 삼고자 한다. 이 책은 모두 18권으로 이루어졌고, 내용상으로는 (1)도량 법사(제1권), (2)참회 법문(2~16권), (3)좌선법(17~18권), 이렇게 크게 세 대목으로 나누어 서술되어 있다. 순서에 따라 간단하게 그 내용을 소개하기로 한다. 먼저 도식으로 표시하면 다음과 같다.

<표3>

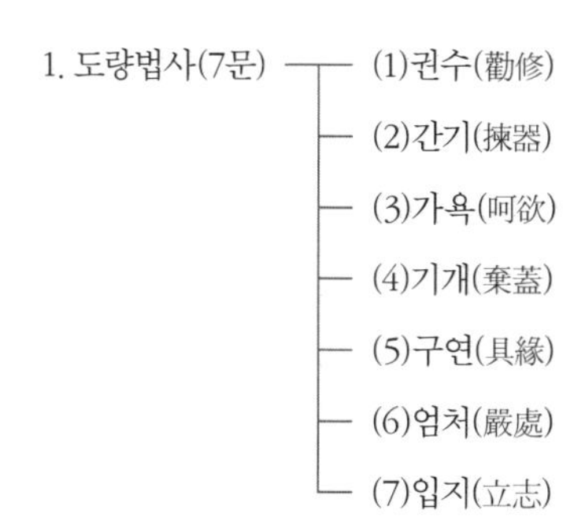

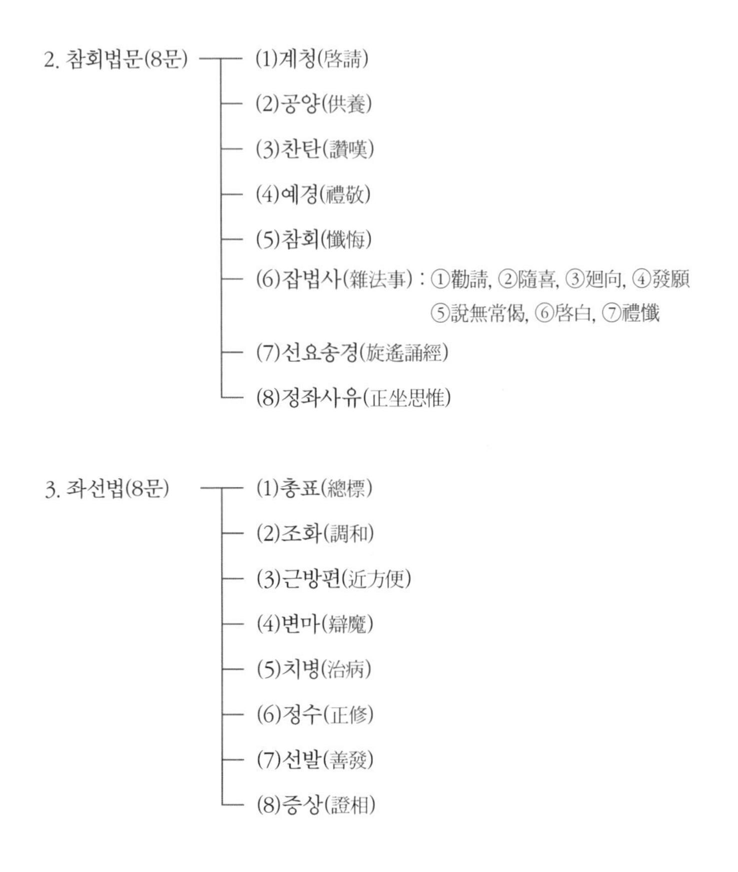

1. 도량법사(7문)

이 대목에는 의식을 실행하기 위한 예비 단계로서 도량을 꾸미는 것과 수행 도량에 임하는 자세에 대해 서술되어 있다. 모두 일곱 조목으로 이루어져 있다.

1) 권수(勸修): 수행하기를 권함

이 조목에서는 『원각경』에 의지해서 수행할 수 있는 사람의 자격을 모두 여덟 경우로 소개하고 있다. 이 여덟 경우에 속하는 사람은 『원각경』에 의지해서 조용한 공간에서 120일 또는 100일 또는 80일 동안 일심으로 정진하여 '보안관문'을 비롯한 '3관 수행'을 닦아야 한다. 그러기 위해서는 먼저 21일 동안 비로자나불과 문수보살 등의 형상을 모셔놓고 지성으로 예배하고, 간절하게 참회하고, 깊이 발원해야 한다. 이렇게 해서 21일이 지나면 반드시 이익을 얻을 것이라고 한다. 자세한 내용은 『원각경』「원각장」[3]에 나온다.

2) 간기(簡器): 수행할 수 있는 자격 검토

수행 도량에 들 때에 비구와 우바새는 자리를 함께할 수 있고, 비구니와 우바이는 자리를 함께할 수 있다. 그러나 재가자들은 단(壇) 밖에 있어야 한다. 수도장에 들어가 예참할 수 있는 세 부류는 다음과 같다.

① 첫째, 수행을 해서 체험에 들어갈 수 있는 부류[4] : 이런 사람들은

3) 규봉 종밀 현담, 신규탁 역, 『원각경 · 현담』, 서울: 정우서적, 2013, pp.176-185. 참조.

4) 규봉 종밀 현담, 신규탁 역, 『원각경 · 현담』, 서울: 정우서적, 2013, pp.388-389. 참조.

먼저 '진정한 선지식'을 만나야 한다. 예를 들어 달마의 선종에 속한 수행자라면 대대로 법을 물려받은 선지식을 만나야 하고, 천태종에 속한 수행자라면 3제(諦)와 3관(觀) 수행에 정통한 선지식이어야 한다. 이런 사람을 만나 '제 마음'을 깨친 뒤에야 비로소 『원각경』 법문을 들을 수 있다. 사부대중은 각자가 수지한 '본계(本戒)'에 의지하여 청정하게 계를 수지한 뒤에야 도량에 들어갈 수 있다.

② 둘째, 업장을 소멸하여 믿음을 성취할 수 있는 부류[5] : '제 마음'을 깨닫지 못했거나 『원각경』 법문을 듣지 못한 부류는 도량 내에서만이라도 계품(戒品)을 범하지 않으려고 서원을 세워야 한다. '진정한 선지식'이 시종 지도해야 한다. 『원각경』에서 말한 대로 체험하지는 못할지라도, 신근(信根)이 성취되고, 죄업이 소멸되고, 물러서지 않는 마음을 내게 된다.

③ 셋째, 깨달음의 종자를 훈습시켜 뒷날 수행할 인연을 맺는 부류[6] : 『원각경』의 가르침에 의하여 발심하지 못하고, 일반적인 삼보는 믿지만 어떤 방법이 제일이고 어떤 법이 최고인지 모르는 사람이 여기에 속한다. 이런 사람은 훗날 깨달음을 얻을 종자를 훈습하는 정도의 공덕은 누린다.

3) 가욕(呵欲): 외적인 욕망의 제거

〈가욕〉, 〈기개〉, 〈구연〉 등의 3문(門)과, 다음의 '좌선법'에 나오는 〈조화〉 등 7문(門) 모두는 천태의 '지관법(止觀法)'에서 설한 내용을 인용해 가

5) 규봉 종밀 현담, 신규탁 역, 『원각경 · 현담』, 정우서적, 2013, pp.387-389. 참조.
6) 규봉 종밀 현담, 신규탁 역, 『원각경 · 현담』, 정우서적, 2013, p.392.

져와서 도량 예참법과 겸하여 만든 것이다.[7] 다만 '수문(數門)'의 범위를 확장한 것이 천태의 그것과 좀 다르다. 즉 '선나'를 닦을 때에 자신의 호흡을 세는 방식을 포함하여, 나아가 자신의 몸속에서 일어나는 일체의 변화를 세는 것까지를 '수문(數門)'의 행법으로 간주하였다.

한편 천태의 『소지관』에서는 〈구연〉을 먼저 설하고 다음에 〈가욕〉과 〈기개〉를 설명했고, 『광본수증의』에서는 〈가욕〉과 〈기개〉로써 마음을 세척하여 청정하게 하고 도량에 들어갈 만한 자격에 대한 위의를 갖추게 하고, 다음에 〈간기〉를 시설했다. 그래서 〈구연〉 앞에 두었다. 〈가욕〉은 색, 성, 향, 미, 촉 등의 5욕(慾)을 멀리하는 것이 핵심을 이룬다.

4) 기개(棄蓋): 내면적 욕망의 제거

앞의 5욕(欲)은 외경인 데 비해, 이곳의 5개(蓋)는 다생겁 동안 훈습되어 '종자(種子)'가 된 것들이다. 따라서 5개(탐욕, 진애, 수면, 도거, 의심)를 버려야 한다.

5) 구연(具緣): 수행에 필요한 조건 구비

5욕(欲)과 5개(蓋)를 단속했으면, 다음에는 한결같이 경전에 의지해 업

7) 천태 지의 술, 김무득 역, 『지관좌선법; 천태소지관』, 경서원, 1990, 제3판, pp.21-84

장을 참회하고 '관행(觀行)'을 닦아야 한다. 그러기 위해서는 우선적으로 수행에 필요한 조건을 갖추어야 한다.

그 조건은 다음의 다섯 조목으로 이루어져 있다. 첫째는 계율을 청정하게 지켜야 하고, 둘째는 의식주를 알맞게 갖추어야 하고, 셋째는 조용한 장소를 마련해야 하고, 넷째는 모든 반연을 쉬어야 하고, 다섯째는 지도해 줄 선지식을 만나야 한다.

6) 엄처(嚴處): 도량의 장엄

이 부분에서는 수행 도량을 장엄하게 정비하고 몸과 마음을 깨끗이 하는 것을 다루고 있다. 첫째는 도량을 장엄해야 하고, 둘째는 의복을 깨끗이 해야 하고, 셋째는 몸을 깨끗이 해야 하고, 넷째는 마음을 정갈하게 해야 한다.

7) 입지(立志): 뜻을 세우기

반드시 도를 이루겠다는 굳은 맹세를 해야 한다. 처음의 21일간은 성스런 경계에만 마음을 집중하고, 21일이 지난 이후에는 '실상(實相)'과 '보리도(菩提道)'에 마음을 집중해야 한다.

2. 참회법문(8문)

이 대목은 본격적으로 수행을 하는 단계로서 소위 종교적 의례 행위가 중심을 이룬다. 즉, '참회법'이 중심이다. 여기에서 우리는 '참회법'이야말로 '경전'과 밀접하게 관계되어 있음을 알 수 있다.

『원각경도량수증의』라는 책의 제목이 보여주듯이, 여기서는 『원각경』에 입각한 참회법이 소개되고 있다. 참회 법문은 모두 여덟 조목으로 이루어져 있다.

1) 계청(啓請): 삼보를 청해 모심

처음에는 "향화청(香花請)"이라고 두 번 창(唱)하고, 다음에는 『원각경』에 등장하는 3보를 청해 모신다. 너무나도 장황하기 때문에, 첫대목만을 소개하기로 한다. 다음과 같다.

> 至心奉請 大方廣圓覺經中 入大光明藏 徧滿十方 於凡聖本源 現諸淨土 理智無二 法報真身 本尊毗盧遮那佛.[8)]

이처럼 비로자나불을 청해 모시는 것을 시작으로 해서, 『원각경』에 등장하는 일체의 불보살과 호법 성중을 증명으로 불러 모신다. 마지막에는

8) 『원각경도량수증의』(권제2)(신찬속장74, p.379c).

호궤하고 다시 "향화청(香花請)"을 두 번 창하고 지금의 이 도량에 삼보를 불러 모시는 '이유'를 아뢴다.

생각해 보면 이것은 현행 불공 의식의 〈삼보통청〉 가운데 '유치(由致)'에 해당함을 알 수 있다. 그리고 앞의 '계청'은 '거불'에 해당한다고 할 수 있다.

2) 공양(供養): 향과 꽃 등으로 공양

이상에서 불보살님을 증명 공덕으로 청해 모셨으니, 이하에서는 그 앞에서 각종 법사(法事)를 행하는 것이다. 규봉 종밀 선사에 의하면 이 조목은 모두 여덟 항목으로 이루어진다고 한다. 여덟 조항은 공양, 칭찬, 예경, 참회, 권청, 수희, 회향, 발원을 말한다.[9] 이는 수행인의 본분으로 『이구혜보살소문경(離垢慧菩薩所問經)』에 나오는 내용으로, 종밀 선사 자신이 임의로 만든 것은 아니다. 꽃과 향 등 각종 공양구를 불전에 올리면서 다음과 같이 창(唱)한다.

> 是諸衆等人各胡跪 嚴持香花 如法供養 願此香花雲 徧滿十方界 供養一切佛 化佛并菩薩 緣覺聲聞衆 受此香花雲 以爲光明臺 廣於無邊界 無量作佛事.[10]

9) 『원각경도량수증의』(권제2)(신찬속장74, p.381c).

10) 『원각경도량수증의』(권제2)(신찬속장74, p.381c.)

3) 찬탄(讚歎): 여래와 여래의 공덕을 칭찬

이 조목은 두 부분으로 이루어진다. 첫째는 '범찬(梵讚)'에 속하는 부분이고, 둘째는 '직찬(直讚)'에 해당하는 부분이다. '범찬(梵讚)'은 『승만경』에 나오는 내용인데, 종밀 선사 당시 세상 사람들은 이것을 범음(梵音)으로 불렀던 모양이다. 그래서 '범(梵)' 자(字)를 덧붙였다. 내용은 다음과 같다.

> 如來妙色身 世間無與等 無比不思議 是故今敬禮
> 如來色無盡 智慧亦復然 一切法常住 是故我歸依.[11]

이렇게 '범찬(梵讚)'을 마친 뒤에는 상주삼보(常住三寶)님께 오체 투지하여 정례(頂禮)를 올린다. 이때에 '직찬(直讚)'을 한다. 입으로는 다음과 같이 창한다.

> 眞法性是其身 究竟覺爲其智 踞蓮華臺藏 號毗盧遮那 於百千億釋迦 獨爲其主 恒河沙國土 統世居尊 然乃合真如而不大 全在一一毛端處微塵而不小 即徧恢恢法界 盡十方作大神變 微三放大光明 攝凡聖十身相作 應地位六根互用 十刹微塵數菩薩稽首常隨 百萬阿祇諸天虔心圍遶.[12]

11) 『원각경도량수증의』(권제2)(신찬속장74, p.382a).

12) 『원각경도량수증의』(권제2)(신찬속장74, p.382a).

이상은 '불(佛)'의 공덕을 찬탄한 것이다. 이어서 '법(法)'의 공덕을, 그 다음에는 '승(僧)'의 공덕을 찬탄하는 순서로 진행되는데, 분량이 많은 관계로 여기에서는 생략하기로 한다.

4) 예경(禮敬): 불 · 법 · 승 3보 예경

매우 장황하지만 줄이면 3보께 예경하는 것으로 그 자세한 내용은 다음과 같다. 『원각경』의 설주(說主)이신 비로자나불께 먼저 예를 올리는 점에 주목하기 바란다. 소례(所禮)의 으뜸이 누구인지를 표방하는 대목이다.

南無 大慈大悲 入神通大光明藏 現諸淨土 以應圓機 我本尊 毗盧遮那佛.

南無 大方廣圓覺經中 大光明藏 於諸衆生覺地 光嚴住持 一切諸佛.

南無 身相融通 言音無礙 同說圓覺經者 百千萬億 恒河沙諸佛.

南無 具大慈悲 有大誓願 盡於未來 守護圓覺者 三世諸佛.

南無 大慈大悲 娑婆世界 隨機赴感 全體應現 千百億化身 釋迦牟尼佛.

南無 妙法蓮華經中 過去久遠滅度 多寶如來.

南無 東方滿月世界 十二上願 藥師瑠璃光佛.

南無 西方極樂世界 四十八願 阿彌陀佛.

南無 覩史多天 當來下生 彌勒尊佛.

南無 毗婆尸如來 七祖佛等 一切諸佛.

南無 善德如來 十方佛等 一切諸佛.

南無 寶集如來 二十五佛等 一切諸佛.

南無 釋迦牟尼如來 三十五佛等 一切諸佛.

南無 普光如來 五十三佛 一切諸佛.

南無 拘那提如來 賢劫千佛等 一切諸佛.

南無 阿閦如來 一萬五千佛等 一切諸佛.

南無 徧十方盡虛空界 微塵剎土中 徹三世 長短劫內 廣大智願 主伴互融 不可說佛剎微塵數 一切諸佛.

南無 徧十方盡虛空界 微塵剎土中 盡過際 一切佛身 諸般涅槃者 分身舍利 及諸靈像 浮圖寶塔.

南無 大方廣圓覺修多羅了義經 亦名秘密王三昧 如來決定境界 如來藏自性差別 頓教大乘甚深法藏.

南無 徧十方盡虛空界 微塵剎土中 徹三世 長短劫內 大方廣佛華嚴修多羅無盡教海 及彼世界 一切頓漸大乘 十二部經 深廣法藏.

南無 大方廣圓覺經中 大光明藏 本尊所現 淨土平等會中 主於信解證智 文殊師利菩薩.

南無 大方廣圓覺經中 大光明藏 本尊所現 淨土平等會中 主於行願真理 普賢菩薩.

南無 大光明藏 淨土會中 悉見諸法清淨 普眼菩薩.

南無 大光明藏 淨土會中 通決甚深疑念 金剛藏菩薩.

南無 大光明藏 淨土會中 深究輪迴根本 彌勒菩薩.

南無 大光明藏 淨土會中 洞明修證位地 清淨慧菩薩.

南無 大光明藏 淨土會中 發明三種妙觀 威德自在菩薩.

南無 大光明藏 淨土會中 顯性二十五輪 辨音菩薩.

南無 大光明藏 淨土會中 徵起覺心因除四相 淨諸業障菩薩.

南無 大光明藏 淨土會中 請問求師去病去離四般 普覺菩薩.

南無 大光明藏 淨土會中 發道場加行 證入真理 圓覺菩薩.

南無 大光明藏 淨土會中 流通經文 傳於末世 賢善首菩薩.

南無 大光明藏 本尊所現 淨土平等會中 十方菩薩.

南無 大慈大悲 千手千眼 種種應現 救苦衆生 觀世音菩薩.

南無 大慈大悲 常處談摩羅界 隨緣方便 救拔其途 地藏菩薩.

南無 三世十方 盡虛空界 微塵刹土中 等覺菩薩.

南無 三世十方 盡虛空界 微塵刹土中 十地菩薩.

南無 三世十方 盡虛空界 微塵刹土中 十迴向菩薩.

南無 三世十方 盡虛空界 微塵刹土中 十行菩薩.

南無 三世十方 盡虛空界 微塵刹土中 十住菩薩.

南無 三世十方 盡虛空界 微塵刹土中 十信菩薩.

南無 大方廣佛華嚴末會中 圓器上根 百城求法 一生之內 菩薩行圓 爲末世頓門 修證軌範 善財菩薩.

南無 三世十方 盡虛空界 微塵刹土中 有學無學 四向三果 及阿羅漢 辟支迦佛 一切賢聖僧.[13)]

이렇게 예경을 하고, 끝 부분에는 이렇게 '예경을 하는 이유'를 낱낱이 아뢴다. 즉 누구누구를 위하여 이렇게 삼보에게 예경하는지 그 까닭을 아뢰는데, 그 대상은 다음과 같다. 28천의 제석 및 범왕 등을 위하여, 4대천왕과 천룡팔부 등을 위하여, 황제 폐하와 태후 그리고 태자 등을 위하여, 문무백관을 위하여, 스승과 부모 형제와 선지식을 위하여, 국경이 편안하고 온 나라에 법륜이 항상 굴려지게 하기 위하여, 『원각경』 수호를 발원한

13) 『원각경도량수증의』(권제2)(신찬속장74, p.383b).

일체의 도량신들을 위하여, 종남산 규봉(圭峰)에 상주하는 일체 산신들을 위하여, 마지막으로 시주자 일체가 해탈도를 얻게 하기 위하여, 상주하시는 삼보님께 이렇게 예경을 올린다고 아뢴다. '예경하는 이유'를 대는 점은 현행 〈삼보통청〉의 '유치(由致)'의 후반부와도 상통한다고 할 수 있겠다.

5) 참회(懺悔): 지난 업장 참회

예경을 마치고 나서는 법좌 앞에 몸을 바르게 하고 경건한 마음으로 호궤하여 무릎을 꿇고, 향을 사루고 산화(散華)를 하고 마음으로는 삼보님을 '염상(念想)'한다. 참회하는 말이나 문장은 『대불경(大佛經)』, 『보현관경(普賢觀經)』, 『화엄금천고광명금고게(華嚴金天鼓光明金鼓偈) 등 가운데에서 의미만을 원용해 왔다고 하는데, 그 내용은 다음과 같다.

我等自後無始劫　不知自體本真常
由此無明根本迷　熏此真心成妄識
變起根身便質礙　認爲我相共安危
根識相資見六塵　塵牽我愛生三毒
三毒發於身口意　造諸惡業廣塵沙
偷盜婬欲殺衆生　倚語妄言惡罵詈
慳貪兩舌食葷茹　飮酒食肉斷慈悲
輕慢三寶厭尊卑　違逆二親欺眷屬
不守六根常放逸　唯壞三毒嫉賢良
情疑因果畜耶心　公然造作無慙愧

於佛常住招提物　或借妄用不酬還
受人信施不持齋　動靜威儀多犯戒
汚穢伽藍常隱僻　因官傍勢取人財
不淨說法縱貪瞋　對佛僧前無義語
今我輪迴墮地獄　千生萬死苦難當
皮骨相連餓鬼身　渴遇水漿成猛火
畜生力盡償他債　飛走忙忙怕殺傷
鎭劫不聞三寶名　何時得證菩提果
我今懺悔塵沙罪　披肝露膽不包藏
願佛不捨大慈悲　爲作證明懺衆罪[14]

이렇게 하여 참회를 마치고 나서는, 본존이신 비로자나 부처님께 지극한 마음으로 예경을 다시 올린다.

6) 잡법사(雜法事): 다양한 법요 의식

이 대목은 모두 ①권청, ②수희, ③회향, ④발원, ⑤무상게를 설하는 부분, ⑥계백(啓白), ⑦예참, 이렇게 일곱 항목으로 구성되어 있다. 각 항목마다 그에 상응하는 예문(禮文)이 있다. 이상의 내용은 대단히 방대해기 때문에 ①에서 ⑥까지는 생략하고, 마지막 ⑦ 예참에 해당하는 예문(禮文)만을 소개하기로 한다.

---

14) 『원각경도량수증의』(권제2)(신찬속장74, p.385a).

所生功德 總用莊嚴 三界衆生 當願天仙 不墮悟著
樂而非常 國主清平 識真乘而 是勝羣寮 常居祿位.[15]

이렇게 '예참'을 마치고, 다음에는 '잡법사'를 모두 마쳐 마무리하는 '발원'을 한다. 그 의례문은 다음과 같다.

皆忻圓頓教門, 人民永保安寧, 咸修覺照之道. 師僧父母福慶洋洋, 信施檀那萬行圓滿. 三塗俱時離苦, 八難並悉消除. 鑊湯變爲清淨池, 鐵牀變作蓮華座. 息悲痛之響, 同念佛之音. 人人有返本之心, 各各習還源之照. 常發今願當願, 俱不退心, 觀行令成, 同平等會.[16]

이렇게 창을 마친 다음에는 '비로자나불'과 '『화엄경』 경문'을 '염(念)'하되, 이를 모두 마치면 자리에서 일어난다. 그런 다음에는 이하의 의례문을 송한다. 이 대목은 우리나라 현행 〈중단권공〉 '축원'의 뒷부분과 유사함을 알 수 있다.

處世界如虛空　如蓮華不著水
心清淨超於彼　稽首禮無上尊[17]

15) 『원각경도량수증의』(권제2)(신찬속장74, p.386b).
16) 『원각경도량수증의』(권제2)(신찬속장74, p.386b).
17) 『원각경도량수증의』(권제2)(신찬속장74, p.386b).

이렇게 창(唱)하면서 모든 '잡법사'의 끝을 맺는다.

7) 선요송경(旋繞誦經): 법좌를 돌면서 독경

삼보의 명호를 부르며 법좌를 돌며 향을 사루고 꽃을 바친다. 그런 다음에 경문을 읽는다. 삼보의 명호는 『원각경』에 등장하는 불보살이 중심을 이룬다. 명호를 염한 다음에 『원각경』의 경문을 읽어간다. 마지막에 가서는 다음과 같이 창(唱)한다.

> 自歸依佛 當願衆生 體解大道 發無上意
> 自歸依法 當願衆生 深入經藏 智慧如海
> 自歸依僧 當願衆生 統理大衆 一切無礙[18]

8) 정좌사유: 바르게 앉아 지관 수행

구체적인 내용은 『원각경』「위덕장」에 나오는 '사마타', '삼마발제', '선나'의 3관 수행을 몸소 실천하는 것으로 이루어져 있다. 경전을 읽을 때는 언어나 문자에 얽매이지 말고 속뜻을 깊이 생각할 것을 당부하고 있다.[19]

---

18) 『원각경도량수증의』(권제2)(신찬속장74, p.386c).
19) 『원각경도량수증의』(권제2)(신찬속장74, p.387a).

3. 좌선법(8문)

'도량 법사'와 '참회 법문'에 이어 다음으로 '좌선법'을 나열하고 있다. 이 대목은 모두 여덟 조목으로 이루어져있는데 기본적으로는 천태『소지관』을 차용한 것이다. 각 조목의 명칭을 나열하면 다음과 같다. ①총표, ②조화, ③근방편, ④변마, ⑤치병, ⑥정수, ⑦선근발, ⑧증상이다.

①총표(總標) 부분에서는 선정과 지혜의 균형 있는 수행을 강조하면서, 선정(禪定)이 얼마나 중요한지를 밝힌다. ②조화(調和)에서는 음식을 조절하고, 수면을 조절하고, 그런 다음에는 몸을 조절하고 호흡을 조절하고, 마음을 조절하는 방법에 대해서 설명한다. ③근방편(近方便)에서는 모두 다섯 가지 방법을 제시하는데 첫째는 수행을 하려는 의욕을 낼 것을 당부하고, 둘째는 단절 없는 정진을 당부하고, 셋째는 세상일이란 속절없다 여기고 출세간의 도를 닦겠다는 굳은 마음을 먹으라 하고, 넷째는 세상의 즐거움을 속절없이 볼 줄 아는 지혜를 내라 하고, 다섯째는 지관 수행을 닦겠다는 일념을 내라고 한다. ④변마(辨魔)에서는 지관 수행 과정에서 나올 수 있는 다양한 마군의 일에 대해서 설명한다. ⑤치병(治病)에서는 수행에서 생길 수 있는 여러 병고에 대해서 설명하고, ⑥정수(正修)에서는 지관 수행에 대해서 자세하게 설명한다. ⑦선근발(善根發)에서는 바른 지관 수행을 할 경우에 얻게 되는 각종 선근에 대해 설명하고, ⑧증상(證相)에서는 이상과 같이 지관 수행을 하면 그 효험을 몸소 체험하게 되는데, 이 조목에서는 이런 증세에 대해서 설명하고 있다.

Ⅲ. 정원 법사에 의한 '교리'와 '의식'의 체계화

이상에서 규봉 종밀의 『원각경도량수증의』(약칭 『광본수증의』)의 내용을 간추려 소개했다. 이 과정에서 알 수 있었겠지만, 매우 방만함을 알 수 있다. 이런 방만함 탓인지, 널리 유행되지는 못했다. '『법화경』 참법'이 널리 퍼진 것에 비해, '『원각경』 참법'은 전혀 그렇지 못했다. 북송시대에 화엄종을 부흥시킨 진수 정원 법사는 이 점을 항상 안타까워했다. 이에 정원 법사는 『약본수증의』를 만들기로 결심하였다. 『광본수증의』가 『卍신찬대일본속장경』으로 약 138쪽에 달하는 데 비하여, 『약본수증의』는 약 4쪽으로 축약되었으니, 가히 짐작할 수 있을 것이다. 사실, 의례는 복잡하면 유통되기 어렵다. 이 점은 오늘날 한국에서 의례를 정비하려는 사람들이 필히 염두에 두어야 할 점이기도 하다.

정원 법사의 『약본수증의』에는 『원각경』에 의한 참회법을 다음과 같은 단계로 축약하여 설명하고 있다. 『약본수증의』에는 '1)총서연기(總敘緣起)'와 '10)경책권수(警策勸修)'항목이 설정돼 있지만 실행 의궤가 아니라고 보고 실제 의궤만 제시하면) 즉, 1)엄정도량(嚴淨道場), 2)계청성현(啓請聖賢), 3)공양관문(供養觀門), 4)정좌사유(正坐思惟), 5)칭찬여래(稱讚如來), 6)예경삼보(禮敬三寶), 7)수행오회(修行五悔), 8)선요염불(旋繞念佛)이다. 정원 법사에 의하여 비로소 의궤로서의 형식이 갖추어졌다고 할 수 있다. 이하에서는 의례문(儀禮文)을 중심으로 『약본수증의』에 나타난 참회 행법을 살펴보기로 한다.

1. 엄정도량(嚴淨道場)

참법을 수행할 도량을 장엄하게 꾸미는 대목이다. 시끄럽고 지저분한 곳에서 멀리 떨어진 조용한 곳이어야 한다. 심산유곡이 제일 좋은 장소이지만, 만약 형편이 여의치 못해 인가가 있는 근처에 도량을 꾸밀 경우이면, 바닥을 1 내지 2자[尺] 가량 파내고 그 위에 향을 혼합한 진흙을 메워 터를 다진다. 그런 다음에는 불보살의 명호가 쓰인 각종 번을 달고, 정 중앙에는 비로자나 부처님 상을 모시고 좌우에는 각각 문수보살과 보현보살 상을 모신다. 그리고 부처님 앞에는 『원각경』 1질을 함에 모셔 안치한다. 연화등을 달고 백화향을 피워 장엄을 마친다. 중요한 것은 정결하게 하는 것이지 사치하는 것은 좋지 않다.

이렇게 도량이 정비되면 깨끗한 의복을 차려 입고, 다음에는 목욕하여 몸을 깨끗이 하여 신 · 구 · 의 3업(業)을 정결하게 한다.

2. 계청성현(啓請聖賢)

이렇게 해서 도량을 차리고 나서는 시방의 성현을 모셔와 증명을 받아야 한다. 비록 불보살님은 시방과 삼세에 상주하시지만, 청해 모시지 않으면 내 앞에 나타나시지 않기 때문에 이런 법요식이 필요하다.

수행자가 도량에 들어가서는 제일 먼저 "비로자나불"이라고 소리 내어 염불하면서 좌대를 오른쪽으로 한번 돌고 법좌 앞으로 나아가 방석을 깔고 몸을 바르게 한 다음 합장하고 선채로 다음과 같이 '소임자'가 창(唱)한다. 이렇게 시작을 알리는 소임자를 '엄덕(嚴德)'이라고 칭한다.

一切恭敬 一心頂禮 十方常住三寶.[20)]

이렇게 창(唱)을 하는데, 절은 한 번만 올린다. 호궤하고 향로를 붙들고 각종 향을 살라 성현들께 공경하게 올린다. 다만 매일 아침에만 3청하고 다른 때에는 이 부분은 생략한다. 그런 다음에 다음과 같이 창한다.

一心奉請 南無 大光明藏 凡聖本源 現諸淨土 法報圓融 盧舍那佛.
(절)

이렇게 창하기를 세 번 하되 절은 한 번만 한다. 이하도 역시 동일하다.

---

20) 『원각경도량약본수증의』(권제2)(신찬속장74, p.513b).

一心奉請 南無 娑婆世界 釋迦文佛 及彼淨土 同說圓覺 百千萬億 河沙諸佛. (절)

一心奉請 南無 清淨覺地 光嚴住持 盡未來際 守護圓覺 十方三世 一切諸佛. (절)

一心奉請 南無 大方廣圓覺 修多羅了義 十二部經 清淨眼目 頓教大乘 甚深法藏. (절)

一心奉請 南無 大光明藏 淨土會中 大智文殊師利菩薩 大行普賢菩薩摩訶薩. (절)

一心奉請 南無 淨土會中 通明觀行 普眼菩薩 金剛藏菩薩 彌勒菩薩 清淨慧菩薩摩訶薩. (절)

一心奉請 南無 淨土會中 別明觀行 威德自在菩薩 辨音菩薩 淨諸業障菩薩 普覺菩薩摩訶薩. (절)

一心奉請 南無 淨土會中 道場加行 圓覺菩薩 流通教法 賢善首菩薩 并諸眷屬 十萬菩薩摩訶薩. (절)

一心奉請 南無 大悲觀世音菩薩 馬鳴龍樹諸祖菩薩 及十方三世 一切菩薩 聲聞緣覺聖僧. (절)

一心奉請 南無 淨土會中 守護人法 梵釋四王 天龍八部 乃至火首金剛 大力鬼王 并諸眷屬. 及此國內 名山大川 當州分野 境內鬼神. 此所住處 護伽藍神 守正法者 一切賢聖. (절)[21]

단 마지막 대목의 "일심봉청(一心奉請)"에서 "일체성현(一切賢聖)"까지는 '출가자'는 3청만 하고 절은 하지 않는다. 그러나 '재가자'는 절을 해도 무방하다. 이렇게 하는 까닭은 한국의 경우도 출가자들이 신중단에 절하지

21) 『원각경도량약본수증의』(권제2)(신찬속장74, p.513b).

않는 이유와도 상통한다. 출가 수행자의 위상을 고려한 것으로 해석할 수 있겠다.

3. 공양관문(供養觀門)

이상으로 성현을 증명 공덕으로 청해 모셨으니, 실제로 이 도량에 여러 성현께서 임하셨다고 '관상(觀想)'한다. 이런 생각으로 이제부터는 그 분들에게 각종 향을 올리면서 다음과 같이 창한다. 이하의 구절은 『관불삼매해경(觀佛三昧海經)』에 나온다고 한다.

> 願此香華雲 徧滿十方界 供養一切佛
> 尊法諸菩薩 聲聞緣覺衆 受此香華雲
> 以爲光明臺 廣於無邊界 無量作佛事[22]

이렇게 공양을 마치고 나서는 예참 근행을 한다. 자세한 내용은 앞에서 본 『광본수증의』에 나온다.

22) 『원각경도량약본수증의』(권제2)(신찬속장74, p.513c).

4. 정좌사유(正坐思惟)

다음으로는 부처님이 앉아 계시는 법좌를 향하여 몸을 단정하게 하고, 바르게 앉아 처음에는 '자신의 호흡을 세는 관찰 수행'을 시작한다. 그러다가 정신 집중이 잘 되면, 이어서 자신의 마음 위에 생성하고 소멸하는 각종 생각을 알아차려 그것이 무상하다고 관찰하는 수행을 한다. 좀 더 구체적으로 말하면 『원각경』「위덕장」에 나오는 '사마타', '삼마발제', '선나' 등 3관 수행 중에서, '선나' 수행을 하는 것이다.

이렇게 '선나' 수행을 하는 이유는 '공(空)', '가(假)', '중(中)'의 3관(觀)으로 말하면 '중'관을 성취하기 위함이고, 나아가 일체의 사량 분별을 쉬게 하기 위함이다. 『원각경』「위덕장」의 3관 수행으로 말하면 '사마타'를 통해 '지(止)'를 닦고, '삼마발제'를 통해 '관(觀)'을 닦고, 그런 뒤에는 이 둘을 모두 털어없애는 '선나' 수행을 하는 것이다. 자세한 것은 『원각경』「위덕장」의 본문과 그 부분에 해당하는 종밀 선사의 해석에 나온다.[23]

5. 칭찬여래(稱讚如來)

다음에서는 일어서서 자세를 바르게 하여 부처님의 미묘 공덕을 찬송

23) 규봉 종밀 현담, 신규탁 역, 『원각경 · 현담』, 서울: 정우서적, 2013, pp.114-119.

한다. 그 예문은 다음과 같다. 이 부분은 현행 〈삼보통청〉의 '탄백'과도 그 기능이 유사하다 하겠다.

身色金光淨無垢 目如清淨紺琉璃
吉祥威德稱普聞 大悲慧日除衆闇
牟尼月照極清凉 能除衆生煩惱熱
功德難思無與等 猶如剎塵不可數
我佛智慧亦如是 一切有情不能知
於無量劫諦思惟 無能測度福智海[24)]

6. 예경삼보(禮敬三寶)

부처님의 진신(眞身)은 마치 허공과 같으니 사물에 따라 그 모습을 드러내듯이 이 자리에 나타나셔서, 마치 나의 눈앞에서 예배를 받으시는 것과 같이 한다. 또 나의 몸과 마음은 공적하여 '티 없는 것'이지만 청정한 인연 때문에 법계(法界) 속에 그림자처럼 드러내어, 일체 하염없는 부처님 앞에 내 몸이 일일이 나아가 절을 올린다는 생각을 갖고 다음과 같이 창(唱)한다.

一心頂禮 大光明藏 凡聖本源 現諸淨土 以應圓機 盧舍那佛. (절)

---

24) 『원각경도량약본수증의』(권제2)(신찬속장74, p.514b).

一心頂禮 娑婆世界 隨機感應 千百化身 本師釋迦牟尼佛. (절)

一心頂禮 大光明藏 於諸衆生 清淨覺地 光嚴住持 一切諸佛. (절)

一心頂禮 身相融通 言音無礙 同說圓覺 百千萬億 河沙諸佛. (절)

一心頂禮 大慈大悲 有大誓願 盡未來際 守護圓覺 三世諸佛. (절)

一心頂禮 大方廣圓覺 修多羅了義 十二部經 清淨眼目 頓教大乘 甚深法藏. (절)

一心頂禮 大光明藏 淨土會中 開發因地 表信解證智 文殊師利菩薩摩訶薩. (절)

一心頂禮 大光明藏 淨土會中 彰明幻法 表悲願理行 普賢菩薩摩訶薩. (절)

一心頂禮 大光明藏 淨土會中 悉見諸法清淨 普眼菩薩摩訶薩. (절)

一心頂禮 大光明藏 淨土會中 通決甚深疑念 金剛藏菩薩摩訶薩. (절)

一心頂禮 大光明藏 淨土會中 深究輪迴根本 彌勒菩薩摩訶薩. (절)

一心頂禮 大光明藏 淨土會中 洞明修證地位 清淨慧菩薩摩訶薩. (절)

一心頂禮 大光明藏 淨土會中 發明三種妙觀 威德自在菩薩摩訶薩. (절)

一心頂禮 大光明藏 淨土會中 顯彰二十五輪 辨音菩薩摩訶薩. (절)

一心頂禮 大光明藏 淨土會中 徵起覺心 因除四相 淨諸業障菩薩摩訶薩. (절)

一心頂禮 大光明藏 淨土會中 請問求師 去除四病 普覺菩薩摩訶薩. (절)

一心頂禮 大光明藏 淨土會中 發起道場 加行證理 圓覺菩薩摩訶薩. (절)

一心頂禮 大光明藏 淨土會中 流通教法 廣濟未來 賢善首菩薩摩訶薩. (절)

一心頂禮 大光明藏 淨土會中 與諸眷屬 十萬菩薩摩訶薩. (절)

一心頂禮 大悲觀世音菩薩 馬鳴龍樹 諸祖菩薩 及十方三世 一切菩薩摩訶薩. (절)

一心頂禮 十方三世 盡虛空界 微塵刹中 有學無學 一切聲聞緣覺賢聖僧. (절)[25)]

7. 수행오회(修行五悔)

이 대목은 모두 다섯 항목으로 이루어져 있다. 첫째는 참회, 둘째는 권청, 셋째는 수희, 넷째는 회향, 다섯째는 발원이다.

1) 첫째로 참회를 한다.

普爲四恩三有 及法界衆生. 悉願斷除諸障, 歸命懺悔. (절)[26)]

이렇게 창을 하고 나서는 다음의 '청량게'를 송한다.

25) 『원각경도량약본수증의』(권제2)(신찬속장74, p.513b).

26) 『원각경도량약본수증의』(권제2)(신찬속장74, p.515b).

自從無垢起無明　亦值惡友增我情[27]
無隨喜心善永滅　縱自語意惡漸生
心心偏布觸所染　念念相續日夜營
不欲人知藏過失　不畏惡道任縱橫
無慚無愧魔羅網　撥因撥果闡提坑
如是順流背本已　生死苦海浩然盈
幸識由來長者子　今欲逆流捨貧里
正信因果破闡提　慚愧人天破無知
恐怖惡道破不畏　發露罪業破覆玼
斷相續心破常念　發菩提心破徧起
修功補過破縱恣　守護正法破無喜
念十方佛破惡友　觀罪性空破結使[28]

이렇게 '청량게'를 읊고 나서는 다시 묵상(默想)으로 '참회문'을 읽는데, 그 양이 많아 이 책에서는 생략한다. 내용은 대개 이렇다. "저 비구 아무개는 시방 삼세의 무수하신 삼보님 전에 지심으로 참회하옵고 귀의하며 절을 올리나이다. 저와 일체 중생들을 보호하고 염려해주소서. 저희들은 긴 세월 동안 무명이 마음을 덮어 자신의 불지혜(佛知慧)를 미혹하여 잘못된 생각으로 생사에 윤회하는 업을 지어 불법승 삼보를 등졌습니다. 이제 지극한 마음으로 참회하오니 …."[29]

27) 『원각경도량약본수증의』(권제2)(신찬속장74, p.514b).
28) 『원각경도량약본수증의』(권제2)(신찬속장74, p.514b).
29) 『원각경도량약본수증의』(권제2)(신찬속장74, p.514b).

이렇게 묵상을 마치고 난 다음에는 비로자나불과 일체의 삼보님께 '귀명례'를 올린다. 이하의 넷도 마찬가지인데 다만 묵상하는 내용은 다르다. 눈여겨 볼 대목은 '귀명례'를 올리는 점이다.

2) 둘째로 권청을 한다.

내용은 기본적으로 각종 장애가 사라져서 나는 세상마다 다문변재가 될 수 있도록 불보살님께 권청하는 것이다. 내용은 대개 이렇다. "저 비구 아무개는 지극한 마음으로 권청하나이다. 시방에 계시는 여러 부처님들께서 처음 도를 이루신 이래, 자비심을 버리지 마시고 법륜을 굴려주실 것을 청하나이다. 혹 여래께서 열반에 들려 하시더라도 원컨대 중생들을 생각하셔서 영원토록 세상에 머물러 주십시오."[30]

3) 셋째로 부처님의 공덕을 수희한다.

묵상하는 내용은 다음과 같다. "저 비구 아무개는 지극한 마음으로 수희하나이다. 항하강의 모래알 수처럼 많은 여러 불보살님과 그리고 벽지불 아라한 더 나아가서는 일체 범부들이 수행해서 성취한 각종 선근에 대하여 저도 그렇게 하려고 노력함은 물론 또 한 그 공덕을 저도 함께 기뻐하나이다."[31]

---

30) 『원각경도량약본수증의』(권제2)(신찬속장74, p.515c).

31) 『원각경도량약본수증의』(권제2)(신찬속장74, p.515c).

4) 넷째는 공덕을 회향한다.

그동안 수행한 일체의 공덕은 무엇보다 보리도를 깨치는 노력으로 돌린다. “저 비구 아무개는 지극한 마음으로 회향하나이다. 저희들은 성불할 것을 발원한 이래 그동안 닦은 일체의 공덕과 인연을 모두 깨달음에로 회향하오니, 두루 일체 중생이 모두 참 진리를 체험하게 해 주소서.”[32]

5) 다섯째는 발원을 한다.

불보살께 발원으로 하는 것으로 내용은 이렇다. “저 비구 아무개는 지극한 마음으로 발원하나이다. 바라옵건대 저는 일체의 업장을 참회하와, 마음이 열리고 녹아져서 진리를 보게 되었습니다. 이제 6식이 움직일 때마다 바른 지혜가 드러나고, 6진이 드러나는 곳마다 참된 공의 이치가 드러나게 하소서.”[33]

8. 선요염불(旋繞念佛)

이상으로 다섯 항목의 참회 수행이 끝나면 이어서, 불상이 모셔져 있는 법좌를 오른쪽으로 돌면서 각종 향을 올리면서 조용하게 염불을 한다.

32) 『원각경도량약본수증의』(권제2)(신찬속장74, p.515a).
33) 『원각경도량약본수증의』(권제2)(신찬속장74, p.514b).

이렇게 하기를 세 번 또는 여러 번 한다. 그런 다음에 『원각경』「원각장」을 독송한다. '송경(誦經)'을 어느 순서에서 하는지를 보여주는 중요한 사례이다. 이렇게 '송경의식(誦經儀式)'이 끝나면 불상 앞으로 나아가서 마음을 가다듬고 삼귀의를 창하고 오른쪽으로 돌아 나온다. '염불문'은 다음과 같다.

南無十方佛.
南無十方法.
南無十方僧.
南無圓融教主盧舍那佛.
南無隨機感應釋迦文佛.
南無光嚴住持一切諸佛.
南無同說圓覺河沙諸佛.
南無守護圓覺三世諸佛.
南無大方廣圓覺經.
南無文殊師利菩薩.
南無普賢菩薩.
南無普眼等十萬菩薩.
南無十方一切菩薩摩訶薩.[34)]

34) 『원각경도량약본수증의』(권제2)(신찬속장74, p.516a).

Ⅳ. 현행 예공의식과의 관계 모색

이상에서 필자는 『원각경도량수증의』의 『광본』과 『약본』을 비교분석했고, 이 과정에서 '불교교리'를 비롯한 '수행'과 '의식'은 서로 밀접하게 관련이 있음을 확인했다. 그리고 '교리' 및 수행도 넓은 의미의 '의식'에 포함된다는 점도 확인했다. '교리' 및 '수행'을 비롯하여 '의식'은 모두 부처님의 '내자증'이 외형적으로 드러난 것인 점에서는 동일하다.

그런데 이상을 논증하는 과정에서 필자는 몇 가지 의문점이 생겼다.

첫째는 〈삼보통청〉은 어떤 '교리'나 '수행'에 근거해서 만들어진 의례문인가 하는 점이다. 이 궁금함을 해결하기 위해서는 〈삼보통청〉 예문(禮文) 전체를 검토해야겠지만, 예경의 대상만 살펴보아도 그 예문이 어느 경전에 근거한 예참법인지를 알 수 있다. 예를 들면, 『염미타도량참법』은 『아미타경』을, 『화엄경해인도량참의』는 『화엄경』을, 『화엄보현행원수증의』는 『화엄경』「보현행원품」을, 『수능엄단장수증의』는 『능엄경』을, 『천수천안대비심주행법』은 『천수대비주』를, 『준제삼매행법』은 『준제주』를, 『약사삼매행법』은 『약사경』에 각각 근거했음을 알 수 있다. 즉, 해당 경전에 등장하는 설주(說主)가 '소례(所禮)'의 대상으로 의례화된다.

이런 측면에서 보면, 현행 〈삼보통청〉은 '소례(所禮)'의 대상은 3신불을 중심으로 하여 그와 관련된 불보살, 그리고 선종의 역대조사 등임을 알 수 있다. '청사(請辭)' 부분에 이 점이 분명하게 드러난다. 한국(조선시대)불교가 '통불교'라는 점이 이런 사례들을 통해서도 반증된다. 조선시대에 제종(諸宗)이 강제적으로 통폐합되면서, 종파에 따른 독자적인 참회법은 사라졌다. 그러나 강제적으로 통폐합되었다고는 하지만, 그렇다고 마구잡이로 예문을 정비한 것은 아니다. 그곳에는 일정한 원칙이 있었다고 생각된다. 그 원칙이 무엇인가 하면, 그것은 『화엄경』을 근간으로 하는 법성사상(法性思想)을 '교리'적 바탕으로 하여, 그 위에 남종선의 법맥을 첨가한 것이다. 불신관(佛身觀)으로는 '삼불원융(三佛圓融)'과 '십신무애(十身無碍)', '교리'를 갖고 있었고, 법보관(法寶觀)으로는 일승원교 『대방광불화엄경』과 '3처전심'선(禪) 사상을 갖고 있었고, 승보관(僧寶觀)으로는 남종선의 법맥을 계승하고 있다고 할 수 있다.

둘째의 의문은 이런 것이다. 즉, 〈삼보통청〉에는 어찌하여 '송경규식(誦經規式)'이 없느냐는 것이다. 『원각경도량수증의』에 보면, 그것이 『광본』이든 『약본』이든 부처님을 돌면서 경전을 읽거나, 또는 명상을 하는 수행의례가 들어 있다. 그렇다면 현행 〈삼보통청〉에는 이 부분이 없는 것인가? 이 점에 대하여 필자는 이렇게 생각한다. 『4대주』를 염송하는 것이 '송경(誦經)'에 해당한다고 말이다. 즉 『능엄주』, 『정본 관자재보살 여의륜주』, 『모다라니주』, 『불설소재길상다라니』 독경이 그것이라고 말이다. 이런 관점에서 필자는 '보회향진언'과 '원성취진언' 사이에 강경의식(講經儀式)을 행할 것을 제안했던 것이다.

오늘날 한국 사원에서 재가자들을 대상으로 하는 법회의 순서를 보면, 소위에 1부에서는 〈삼보통청〉에 의한 '불공'을 드리고, 물론 중단 예경과 하단 시식을 간단하게 마치고, 이어서 소위 법사를 모셔 제2부 '법회'에 들어간다. 이런 방식의 불합리성에 대해서 필자는 여러 지면에서 토로해왔다.[35)] 동시에 그 대안으로 위에서 제시한 대로 〈삼보통청〉의 '보회향진언'과 '원성취진언'사이에 '설법'할 것을 제안해왔다. 그것도 경전을 독송한 후에, 그 경에 대한 법사의 해설을 붙이는 방식으로 말이다.

셋째의 의문은 이런 것이다. 〈삼보통청〉에 왜 '배송' 부분이 없냐는 것이다. '초청'을 했으면, 마지막에는 '배송'이 있어야 할 것이다. 이 점에 대하여 선구적인 고민을 하고, 또 그 대안을 제시한 연구자는 이성운 박사이다. 이성운 박사는 자신이 편집한 『신행요집』 〈상단불공〉 부분에서 이 점을 이렇게 보충하고 있다. 즉, 축원 끝 부분에 "나무석가모니불"을 3창(唱)하여 회향가지(廻向加持)를 하고 나서, 다음과 같이 배송(拜送)을 하자는 제안이다. 필자가 보기에 일리 있는 제안이라고 생각한다.

讚歎供養利益竟 請佛賢聖歸眞界
찬탄공양이익경 청불현성귀진계

我於他日建道場 不違本誓還來赴
아어타일건도량 불위본서환래부

35) 신규탁 편저, 『불천강경법회요람』, 경기: 도서출판 깃발, 2009, pp.127-139.

찬탄하고 공양하며 이익을 받으셨으니
부처님과 성현님은 진정계로 돌아가소서.
제가 다시 중생 구제 도량 건립하면
본래 서원 잊지 마시고 다시 오소서.[36]

돌이켜보면 한국 불교 의례는 그 동안 연구의 사각지대에 놓여있었다. 조선시대, 긴 무종산승(無宗山僧) 시대를 거치는 동안, 제종(諸宗)이 통폐합되는 과정에서 '교리'와 '의식' 사이에 큰 단절이 생겼다. 그 후 일제강점기에 일본 불교의 영향과 더불어 혼란을 겪었고, 다시 현대에 들와서는 '비구-대처'의 다툼으로 간화선만을 일변도로 추켜세우는 과정에서 '교학'도 망가졌고, 또 '의식'은 천시되어 왔다.

그러나 이제는 세월이 달라졌다. 의식문은 점점 더 한글화되어가고 있고, 재가 불자의 법회가 늘어가는 추세이다. 이런 새시대의 기운을 맞이하여, 의식에 대하여 학문적 연찬을 더해가고, 또 한 시대를 살다간 어장(魚丈)들의 발자취를 재건하는 일은 더 없이 중요한 '불사(佛事)'이다. 이런 불사에 즈음하여 필자는 이상에서 '의식'과 '교리'가 밀접함을 중국의 자료를 근거로 논증해 보았다.

36) 이성운 편, 『신행요집』, 서울: 정우서적, 2010, 제10판, p.92.

'교리'를 연구하여 실천하는 승려들의 반열과 동등한 위상에서, 의식을 집전하고 수행하는 승려들도 설 수 있게 되었다. 이제는 더 이상 '재받이 중'으로 스스로를 비하하는 퇴굴심을 낼 필요도 없고, 게다가 자신이 수도승이라고 저들을 비하할 수도 없게 되었다. 의식이나 의례는 그 자체가 '부처님 내자증의 체험'을 인간의 신 · 구 · 의(身口意) 3업으로 표현한 진리이다. 염불은 도이며, 염불 의식이 행해지는 결계 도량은 세속 속에 있는 불국토이다.(p.322)

제3부

법성교학의 정립

제10장 종밀의 교학과 법성교학의 만남

제11장 화엄의 법성교학

제12장 화엄의 법계관

제13장 화엄의 보현행원 의례

제10장 종밀의 교학과 법성교학의 만남

Ⅰ. 화엄 조사로서의 종밀

현대의 많은 불교학자들은 규봉 종밀의 사상을 분석하고 평가하는 과정에서 '회통(會通)'이라는 개념을 사용하고 있다. 종밀이 유 · 불 · 도 3교(敎)를 '회통'했다느니, 또는 종밀이 선(禪)의 3종(宗)을 끌어다 3교(敎) 속으로 '회통'했다느니 하는 그런 말들 말이다. 종밀의 교학에는 분명 이런 '회통(會通)'의 정신이 있다. 그런데 이와 더불어 잊지 말아야 종밀의 정신이 또 하나 있다. 그것은 바로 '요간(料揀)'의 정신이다. 그래서 필자는 '요간'과 '회통' 둘 다를 염두에 두면서, 종밀의 철학 사상을 '체계화'라는 지평에서 분석 · 정리한 바 있다.[1] 필자의 입장에서 말하면, 종밀은 자신의 학문을 '체계화'하는 방법으로, '요간적(料揀的) 태도'와 '회통적(會通的) 태도'를 병행하고 있다는 것이다.

종밀은 '회통(會通)'이라는 용어 대신 '화회(和會)'라는 용어도 사용하는

1) 종밀은 '본각진심(本覺眞心)' 개념을 핵심 용어로 사용하면서, 선 · 교를 '체계화'했고, 또 당시의 유 · 도 · 불 사상을 '체계화'하는 작업을 했다. 종밀의 이런 작업을 필자는 "'本覺眞心' 思想"이라는 용어로 재구성했고, 그 사상의 중국 사상사적 위상을 규명한 바 있다. 이때에 규명한 연구 결과를 필자는 지금도 견지하고 있다. 이런 내용은 다음의 박사학위 청구 논문이다. 辛奎卓, 「圭峰宗密の'本覺眞心'思想研究」, 東京大學大學院 人文科學研究科 中國哲學專攻, 文學博士學位請求論文, 1994學年度.

데, 이것은 '사실 자체는 잘못이 없는데' 그 사실을 대하는 '당사자가 잘못 이해했을 경우', 원래의 사실을 기준으로 오해를 해소시키는 행위이다. 한편, '요간'이란, 이치로 감별하며 시시비비를 갈라놓고 옳지 못한 것은 골라내는 행위이다. 이런 '요간'과 '회통'은 종밀의 모든 저술을 통해 일관되게 드러난다. 그 중에서도 『원인론(原人論)』 속에 종밀의 이런 태도가 선명하게 드러나고 있다. 종밀은 이 작은 논(論) 속에서, '불(佛)의 모든 교(敎)'에 대한 행상(行相)을 다섯으로 분류하고 있다. 즉, 인천교, 소승교, 대승법상교, 대승파상교, 일승현성교이다. 이런 분류와 더불어, 종밀은 일승현성교의 입장에서, '여타 교(敎)의 옳지 못한 점을 골라내며', 동시에 '여타 교의 옳은 점을 수용하여', 즉 '요간'과 '회통'의 두 방법을 통해 당시의 사상을 '체계화'한다.

종밀의 이런 태도는 스님 스스로도 인정하는 바였다. 선종의 계보와 사상을 '요간'하여 '회통'한 저서인 『중화전심지선문사자승습도(中和傳心地禪門師資承襲圖)』에서 이렇게 고백하고 있다. "(나는) 성격이 감별하여 회통하는 것을 좋아한다.[性好勘會.]"고[2] 말이다. 여기서 말하는 '감(勘)'은 '요간(料揀)'이고, '회(會)'는 '회통(會通)'이다. 이런 '요간'과 '회통'의 태도는 『원각경(圓覺經)』을 해석하는 일생의 작업 속에서도 항상 나타난다.[3] 물론 교와 선을 체계화한 『선원제전집도서』에서도 이런 정신은 여전히 발휘되고 있다.

---

2) 신규탁, 『화엄과 선』, 정우서적, 서울: 2010, p.156.

3) 종밀은 『圓覺經大疏』 「懸談」의 第三門, '勸實對辨門'에서 인도와 중국의 3종(種) 교판을 분석하는데, 이 과정에서도 스님은 회통(會通)의 태도와 또 요간(料揀)의 태도를 잘 보여주고 있다.

본 장에서 필자는, 이상의 자료들을 중심으로 종밀은 과연 '요간'과 '회통'의 태도를 사용하여 어떤 방식으로 법성종(法性宗)을 현양하고 있는지에 대해 검토하고, 더 나아가 그 현양이 가지는 철학적 의의를 풀어보려 한다.

'법성종'이란, 그 이름에 비록 '종(宗)'이란 명칭을 띠고 있지만, 사회 · 종교 조직으로서의 '종단' 또는 '교단'과는 여러 면에서 거리가 멀다. '법성종'에서의 '종'은 교상(敎相)의 판별이나 해석상에서 나온 것이다. 종밀은 '종(宗)'의 의미를 이렇게 규정하고 있다. "종(宗)이란 각 부파가 숭상하는 핵심적 주장"이다.[4] 그러니 오늘날 한국에서 '교단(敎團)'의 명칭에 사용하는 소위 조계종이니 진각종이니 천태종이니 하는 그런 의미의 '종(宗)'과는 차이가 있음을 알 수 있다.

좁은 의미로 한정시켜서 말하면, '법성종'은 『화엄경』을 중심으로 연구하던 당대(唐代)의 두순(杜順; 557-640)-지엄(智儼; 600-668)-법장(法藏; 643-712)-징관(澄觀; 737-839)-종밀(宗密; 780-841)과 송대(宋代)의 자선(子璇; 965-1038)-정원(淨源; 1011-1088) 등으로 이어지는 교학자들의 근본적 행상(行相)을 지칭한다. 조선에는 이런 전통이 영 · 정조 시대 전라도 일대에서 부흥하여, 그 맥은 일제말기의 석전 영호(石顚映湖; 1870-1848) 스님과 해방 후의 운허 용하(耘虛龍夏; 1892-1980) 스님으로 내려와 오늘에 전하고 있다.

이들 성종 내에 속하는 스님들 사이에 근본이 되는 경전은 『화엄경』,

4) 『圓覺經大疏』(卷上之一)(신찬속장9, p.333c), "當部所崇曰宗, 宗之所歸曰趣."

『능엄경』, 『원각경』, 『금강경』 등이고, 논서로는 『대승기신론』 등이다. 그리고 율장으로는 『범망경(梵網經)』이다. 이 중에서도 『대승기신론』은 법성교학의 체계 수립에 결정적인 정초(定礎)가 된다.

Ⅱ. 요간(料揀)과 회통(會通)을 통한 법성종의 현양

『원각경』의 주석에 바친 종밀의 열정은 대단했다. 종밀은 이 경을 주석하면서, 전대의 의학승(義學僧)들처럼, 「현담(懸談)」을 시설하는데, 「현담」 속에는 불교를 바라보는 종밀의 총체적 교학관이 잘 드러난다. 거두절미하고 본 장의 주제와 직접 관련이 있는 종밀의 3종에 대한 분류와 그 평가로 들어가기로 한다.

> "그런데 대승의 교법은 모두 3종(宗)이 있다. 이를테면 법상종(法相宗), 파상종(破相宗), 법성종(法性宗)이다. (아래의 종취론 부분에서 설한 것과 같다.) 호법과 청변은 각각 학설을 세워 서로서로 논파했으나 다만 앞의 법상종과 파상종 두 종이다. 그러나 전해 익힌 것은 둘 다 모두 법성종의 경전을 받아들여 자기네 종의 주장을 세웠다. 그래서 이제부터 법성종을 갖고 법상종과 파상종 두 종을 '쪼개어 가려내[料揀]'리라. (문단이) 두 부문으로 나누어지는데, (1)처음은 법상종과 대비하고, (2)다음은 파상종과 대비한다."[5]

5) 『圓覺經大疏』(卷上之一)(신찬속장9, p.329b), "然大乘教, 總有三宗, 謂法相, 破相, 法性, (如下宗趣中說.) 護法清辨, 各立互破, 但是前二, 而傳襲者, 皆認法性之經, 成

종밀은 3종 중에서 법상종과 파상종은 초학자 및 근기가 약한 사람을 위한 것이고, 법성종은 오래 공부했거나 상근기를 위한 것이라고 한다.[6] 뿐만 아니라 위에 인용문에서도 말하고 있듯이, "파상종과 법상종은 법성종의 경전을 받아들여 자기네 종의 주장을 세웠다."는 것이다. 아주 짧은 인용문이지만, 전(全) 불교의 교학을 분류하는 종밀의 입장이 잘 드러나 있고, 또 대승 중에서 법성종을 기준으로 여타의 2종이 갖고 있는 잘못을 '쪼개어 가려내는[料揀]' 근거도 분명하게 제시하고 있다.

이하에서 3종의 차이에 대해 종밀이 어떻게 정리하고 있는지 검토하기로 한다. 먼저 '요간'을 살펴보고, 다음에 '화회'를 살펴보기로 하는데, 본 장에서 사용하는 자료는 『원각경대소』(신찬속장9, pp.329b-330b)와 『원각경대소초』(신찬속장9, pp.502c-519b)의 「현담」을 주로 사용하고, 『선원제전집도서』(대정장48, pp.406a-407a)에서 소개한 법성종과 공종의 비교도 겸하여서 사용하기로 한다. 그리고 '체계화'의 논리로는 『원인론』에 인간의 '본원'을 논증하는 방식을 채용한다. '체계화'의 논리와 그 논증에 대해서 본 필자는 이하의 「제5장. 불교 우위론의 이론적 확립」에서 논술했기 때문에 본 장에서는 다시 논증을 반복하지는 않기로 한다. 먼저 '요간'의 양상을 보기로 한다.

立自宗之義. 今將法性, 對二宗, 料揀. 即為二門, 一對法相, 二對破相."

6) 『禪源諸詮集都序』(下)(대정장48, p.406c), "空宗相宗, 為對初學及淺機, 恐隨言生執. 故但標名, 而遮其非, 唯廣以義用, 而引其意. 性宗對久學, 及上根, 令忘言認體, 故一言直示."

1. 3종(宗)의 요간(料揀)

1) 1승과 3승의 차별을 기준으로

법상종 : 이들은 『해심밀경』의 3시설(三時說)을 받아들여, 1시기인 아함시에는 석가 외에는 아무도 성불하지 못한다고 주장하고, 2시기인 반야시에는 모두 성불한다고 주장하고, 3시기인 『해심밀경』을 설하는 때가 되어 비로소 『능가경』의 5성(性) 차별설을 근거로 불성이 있는 존재는 성불하고, 그렇지 못한 존재는 성불하지 못한다고 가르친다. 그리하여 1승을 권교(權教)라고 하고, 3승을 실교(實教)라고 한다.

파상종 : '교(敎)'란 뗏목과 같은 것으로 모두가 방편이다. 따라서 1승(乘)이니 3승이니를 막론하고, 승(乘) 자체를 부정하는 것을 요의(了義)라 한다. 그러니 자연 승(乘)을 나누는 것은 불요의(不了義)가 된다.

법성종 : 『법화경』의 '회삼귀일(會三歸一)'설을 근거로 3승은 권교이고, 1승만이 실교라고 한다.

2) 1성(性)과 5성(性)의 차별을 기준으로

법상종 : 1성을 주장하는 동일성설(同一性說)은 불요의(不了義)이고, 5성을 주장하는 차별성설(差別性說)이 요의(了義)이다.

파상종 : 중생의 성품이 공(空)하기 때문에 1성이니 5성이니 하는 것 자체가 있을 수 없다.

법성종 : '정성(定性)'과 '무성(無性)'을 주장하는 설을 반대하고, '모든 중생은 불성이 있다'는 설을 주장한다.

3) 유심(唯心)과 진(眞心) · 망심(妄心)의 차별을 기준으로

법상종 : 아뢰야식은 업(業)과 혹(惑)이 원인이 되어서 생기며, 일생 갚아야 할 업보가 다하면 사라진다.

파상종 : 모든 경계는 망념(妄念)이다. '염(念)' 자체가 본래 없는데 어찌 경계만 공(空)이라고 할 수 있겠는가? 일체가 다 공이다.

법성종 : '진여(眞如)'라는 '철저한 진실성[唯眞]'을 상정하고, 이것의 수연성(隨緣性)으로 인하여 여래장이 설립된다. 즉 모든 중생이 여래장을 간직하고 있는데, 그 여래장은 '진여'와 '수연'의 기능을 복합적으로 간직한 '진 · 망 화합식'이다.

4) 진여의 수연성(隨緣性)과 응연성(凝然性)에 대한 차별을 기준으로

법상종 : 진여는 불변이다.

파상종 : 미혹하면 그것이 망념인데, 망념은 언젠가는 변질되어 바뀐

다[變易]. 깨침과 망념도 모두가 공(空)하다. 오직 공(空) 그 자체만이 변질되어 바뀌지[變易] 않는다.

법성종 : 진여에는 불변(不變)과 수연(隨緣)의 기능이 복합적으로 간직되었다.

5) 3성의 공(空) · 유(有)의 즉(卽)과 이(離)의 차별을 기준으로

법상종 : 의타기성은 '유(有)'이지 '진공(眞空)'이 아니다.

파상종 : 3성 모두 무자성이다. 유(有)는 의타기성(依他起性)이라 하고, 공(空)은 원성실성(圓成實性)이라고 한다.

법성종 : 변계소집성(遍計所執性)은 '미혹[情]'에서 보면 유(有)이지만 이치로 보면 무(無)이며, 의타기성(依他起性)은 상(相)은 유(有)이지만 성(性)은 무(無)이며, 원성실성(圓成實性)은 '미혹[情]'에서는 무(無)이지만 '깨침[理]'에는 유(有)이고, 상(相)은 무(無)이지만 성(性)은 유(有)이다.

6) 중생과 부처의 부증불멸의 차별을 기준으로

법상종 : 성불하지 못하는 중생이 있기 때문에 중생계가 소멸되는 경우는 없다.

파상종 : 중생과 부처가 모두 공하다. 그러므로 중생계와 불계(佛界)는 증멸(增滅)이 없다.

법성종 : 중생은 본래 성불했었다는 설에 입각하여 중생과 부처의 차별을 원천적으로 인정하지 않기 때문에, 중생계와 불계는 증멸(增滅)이 없다.

7) 2제(諦) 공(空) · 유(有)의 즉(卽)과 이(離)의 차별을 기준으로

법상종 : 진제(眞諦)와 속제(俗諦)를 분리한다. 변계소집성은 속제인데 이 속제는 공하다. 의타기성은 속제인데 이 속제는 불공(不空)이다. 원성실성은 진제인데 항상 불공(不空)이다. 공(空)과 유(有)가 다르므로 진제와 속제의 체성이 다르다.

파상종 : 언어에 의해 드러나는 '법(法; dharma)'과 '의(義; artha)'는 2제를 벗어나지 않는다. '법'은 속제이고 '의'는 진제이다.

법성종 : 언어에 의해 드러나는 '법'과 '의'는 '성(性)', '상(相)', '자체(自體)'를 총괄하여 3제로 삼는다. 진제와 속제의 차별성을 부정한다. 제1의(第一義) 공은 진제와 속제에 통한다. 일진(一眞)의 성품을 '법(法; dharma)'이라 하고 공(空) · 유(有)의 온갖 차별을 '의(義; artha)'라고 한다.

8) 4상(相) 일시의 전후의 차별을 기준으로

법상종 : '생' · '주' · '이'의 3상은 동시(同時)로서 한 찰나 이전이고, 그리고 한 찰나 후에 '멸'이 있다.

파상종 : 시간의 실체가 없지만 '법(法)'을 기준으로 해서 시간을 말한 것일 뿐이다. 또 법이란 원래 실체가 없기 때문에 시간 역시 실체가 없다.

법성종 : '생' · '주' · '이' · '멸'의 4상(相)은 동시(同時)이다.

9) 능소(能 · 所)와 단증(斷 · 證)의 즉(卽)과 이(離)의 차별을 기준으로

법상종 : 유위(有爲)의 지(智)를 활용하여 무위(無爲)의 이(理)를 체험하려 하기 때문에 경(境)에 의지하여 혹(惑)을 제거하고, 번뇌의 무상함을 관찰하고 따로 다시 지혜를 관찰한다.

파상종 : 법성종과 표현은 같지만 의미하는 바는 다르다.[7)]

법성종 : 미혹이란 무상한 것임을 관찰하는 것 그 자체가 바로 지(智)의 바탕이며, 망상이란 본체가 없음을 관찰하는 그 자체가 바로 진여를 체험하는 것이다.

10) 불신(佛身) 유위 · 무위의 차별을 기준으로

법상종 : 법신(法身)만이 무위(無爲)이고 보신(報身)과 화신(化身)은 유위

7) 예를 들면, 법성종에서 말하는 '무본(無本)'은 그 스스로 '무본(無本)'이기 때문에 다만 '무주(無住)'를 근본으로 한다. 이런 '무주'의 바탕 위에 스스로 본래 지(智)가 있어 능히 지(知)하는 기능이 있다. 이것이 바로 번뇌를 끊는 지혜의 본체이다.

(有爲)라고 한다.

파상종 : 유위이건 무위이건 3신(身)이 모두 공하다. 비록 불신(佛身)을 말하기는 하지만 다섯 가지 이유로 얻을 수 없다. 불신을 얻으면 허망한 것이고, 얻지 못해야 진실하다고 한다. 모든 상에서 떠난 것을 부처의 공덕이라 한다.

법성종 : 부처님의 화신 그대로가 상주신이라고 한다. 즉 3신 원융설을 주장한다. 여래는 상 · 락 · 아 · 정의 네 가지 '덕상(德相; 공덕의 작용)'을 구비하고 10신(身), 10지(智), 18불공법(不共法) 등 중중무진(重重無盡)한 '덕상'을 갖추신다.

이상을 도표로 정리하여 이해를 돕고자 한다.

<성 · 상 · 공 대조표>

	법상종	법성종	파상종(공종)	기준
1	一乘為權 三乘為實	唯有一乘	教如筏喻應捨	1승과 3승의 차별을 기준으로
2	有五種種性	一切眾生 皆有佛性	一體衆生性空	1성(性)과 5성(性)의 차별을 기준으로
3	諸法唯妄心	諸法唯眞心	一切境界唯是妄心	유심(唯心)과 진망심(眞妄心)의 차별을 기준으로
4	眞如唯不變	眞如具二義	悟妄皆空, 空不變易	진여의 수연성(隨緣性)과 응연성(凝然性)에 대한 차별을 기준으로
5	三性空有離	三性空有卽	三性無自性	3성의 공(空) · 유(有)의 즉(卽)과 리(離)의 차별을 기준으로
6	生佛不增減	生佛元平等	生佛皆空	중생과 부처의 부증불멸의 차별을 기준으로

7	二諦空有	二諦空有卽	所詮法義不出二諦	2제(諦) 공(空)·유(有)의 즉(卽)과 리(離)의 차별을 기준으로
8	四相有前後	四相一時	時無別體	4상(相) 일시의 전후의 차별을 기준으로
9	能所斷證難	能所斷證卽	與性宗文同義異	능소(能所)와 단증(斷證)의 즉(卽)과 이(離)의 차별을 기준으로
10	佛報化唯有爲	報化皆無爲	有爲無爲俱空	불신(佛身) 유위 무위의 차별을 기준으로

<참조>

1. 법상과 법성의 대조는 『대소』(신찬속장9, pp.329b-330b)를 기준으로 했음.
2. 법성과 파상의 대조는 『대소초』(신찬속장9, p.513a)를 기준으로 했음.
3. 참고로 『선원제전집도서』(대정장48, p.406a)에서는 성종과 공종을 다음과 같이 10조(條)로 대별하였음을 첨부한다. (1)法義真俗異, (2)心性二名異, (3)性字二體異, (4)真智真知異, (5)有我無我異, (6)遮詮表詮異, (7)認名認體異, (8)二諦三諦異, (9)三性空有異, (10)佛德空有異.

2. 3종의 회통(會通)

본 장의 제 I 절에서도 약간 언급했지만, 법성종 현양에 대한 종밀의 입장을 선명하게 드러내는 문헌 자료로 필자는 『원인론』을[8] 들었다. 비록 이 문헌이 '인간의 본원(本源)이 무엇인가?'라는 주제에 집중하여 논술한 것이기 때문에, 이 자료만 갖고 교법을 바라보는 종밀의 입장 전체를 대변하기에는 문제가 없는 것은 아니다. 그럼에도 불구하고, 이 자료는 법성종

8) 신규탁, 『화엄과 선』, 서울: 정우서적, 2010, pp.101-105 참조. 이 책에서 필자는 『법집서』, 『원인론』, 『中華傳心地禪門師資承襲圖』, 『경덕전등록』「규봉종밀조」, 『규봉정혜선사비』의 원문을 교감하고 한글로 주석 번역하였다.

의 입장에서 파상종(=공종)과 법상종을 비판적으로 수용하는 주장을 '논증적으로 제시했기' 때문에 여타의 문헌보다 종밀 자신의 입장이 극명하게 드러나고 있다.

『원인론』에서 종밀은 '부처의 가르침[佛教]'를 다섯 층차로 나누고, 그 다섯 중에서 '일승현성교'가 인간의 본원을 궁극적으로 해명해 냈다고 한다. 이 '일승현성교'의 주장이 바로 법성종이다. 그러면 『원인론』에서 말하는 '일승현성교'에서 해명해 낸 '본원'이란 무엇인가? 그것은 '일심(一心)'[9] 이다. 『원인론』에 따르면 '일심'이 '망상(妄想)'[10]과 화합하는데, 이렇게 화합된 것을 '아뢰야식'이라고 한다. 이 '아뢰야식'에는 '진심을 자각하는 속성[覺義]'과 '진심을 자각하지 못하는 속성[不覺義]'이 공존한다. 그 중 '진심을 자각하지 못하는 속성[不覺義]'이 분열하여 '미세한 망념[業相]'[11]이 일어난다. 그런데도 이것이 실체가 없는 무상한 것인 줄을 모르는 상태 속에서, '인식하는 주관'과 '인식되는 대상'이 동시적으로 생성된다.

이렇게 보면 결국 파상종에서는 '망상이 공(空)한 것'을 본원이라 했던 것이고, 법상종에서는 '미세한 망념'을 오인(誤認)해서 그것을 본원이라 했던 것이다. 이로써 우리는 종밀이 『대승기신론』의 '일심'사상으로, 파상종

9) 이에 대한 명칭은 다양하다. 『圓覺經大疏』의 「裵休序」(신찬속장9, p.323a)에서는 '본원', '심지', '보리', '법계', '열반', '청정', '진여', '불성', '총지', '여래장', '밀엄국', '원각'등 다양한 명칭들의 용례를 보여주고 있다.

10) 종밀에 의하면 파상종에서는 '망상'이 공(空)하다는 이야기만 집중적으로 할 뿐, '진심'의 존재에 대해서는 거의 언급하지 못했다.

11) 종밀에 의하면 법상종에서는 '미세한 망념[業相]'을 아뢰야식이라고 한다. 그러면서 저들은 이것이 근본이라고 주장한다는 것이다.

의 공사상과 법상종의 아뢰야식 사상을 '회통'한 것임을 알 수 있다. 이러한 종밀의 교학은 『원각경대소』 「현담」의 〈분제유심〉 대목[12]에 극명하게 드러난다. 그 내용은 다음과 같다.

첫째, 오직 '일심(一心)'이 본원(本源)이다.

『기신론』에서 "'이 마음[是心]'[13]은 세간법과 출세간법을 '즉섭(卽攝)'[14] 한다."[15]는 등등이 있는데, 이것(='이 마음')이 바로 (『원각경』에서 말하는) '원각묘심(圓覺妙心)'이다. 『원각경』에서 '원각'을 으뜸 되는 근본으로 표방하시기[16] 때문이며, 또 『원각경』에서는 "오염과 정화가 모두 '각심(覺心)'에서 발현되어 생긴 것이다."[17]라고 설하시기 때문이다. 『화엄경』의 경우는 '일진법계(一眞法界)'가 일체 모든 법과 더불어서 '바탕 성품[體性]'이 되기 때문이다.

---

12) 규봉 종밀 현담, 신규탁 역, 『원각경 · 현담』, 서울: 정우서적, 2013, pp.368-383.

13) 이 마음[是心]: 『대승기신론』에서는 '중생심'을 지칭하고, 『원각경』에서는 '원각묘심'을 지칭.

14) 즉섭(卽攝): '상즉해서 포섭한다'는 뜻. 『기신론』의 설에 따르면 '중생심'은 세간법은 물론 출세간법을 서로 '상즉하면서 포섭한다'고 한다. 『기신론』에는 이상에서 나온 '즉섭(卽攝)' 외에도 '각섭(各攝)'과 '공섭(共攝)'이라는 표현을 구별하여 사용하고 있다. 문맥 속에서 이 의미를 정확하게 갈라서 보아야 한다. 자세한 것은 『한국 근현대 불교 사상 탐색』(신규탁, 서울: 새문사, 2012, pp.446-447) 참조.

15) 『대승기신론』(대정장32, p.575C), "摩訶衍者, 總說有二種. 云何爲二. 一者法, 二者義. 所言法者, 謂衆生心, 是心卽攝一切世間法出世間法. 依於此心, 顯示摩訶衍義."

16) 『원각경 · 현담』 「문수장」의 「1) 핵심을 대답하심」(pp.26-27) 참조.

17) 『원각경 · 현담』 「보현장」의 「1) 무명도 결국은 원각에서 생기는 것임」(pp.39-40) 참조.

둘째, 일심(一心)에 의지해서 두 문(門)을 연다.

(1) 첫째 문(門)은 심진여문(心眞如門)이다. 즉 이것은 '일법계의 대총상 법문의 바탕[一法界大總相法門體]'이니,[18] 소위 심성은 불생불멸이나 일체 모든 법은 오직 망념에 의지하여서 차별이 있게 된다. 만약 마음에 망념이 사라지면 즉 모든 경계의 형상이 없어진다. 나아가 오직 일심(一心)이기 때문에 진여라고 한다.

(2) 둘째 문(門)은 심생멸문(心生滅門)이다. 즉 여래장에 의지하는 까닭에 생멸하는 마음이 있게 된다. 이를테면 불생불멸하는 (진여가) 생멸하는 현상과 화합하니, (이 둘의 관계는) 같은 것도 아니고 그렇다고 다른 것도 아닌데, 이를 두고 '아리야식(阿梨耶識)'이라 부른다.

셋째, '심생멸문'에 의지하여 2가지 '기능[義]'을 밝힌다.

(1) 첫째는 '(진여를) 자각하는 기능[覺義]'이다. 이를테면 마음의 바탕에 망념을 떨쳐버리는 것이다. (마음의 바탕에) 망념이 사라진 모양은 마치 허공계와 같아 두루하지 않음이 없어 온 법계가 한결같은 모양인데, 이는 즉 여래의 평등한 법신(法身)이다. 이 법신에 의지하여 '본각(本覺)'이라고 말로써 이름을 붙인다. 이렇게 하여 '시각(始覺)'에까지 이른다.

---

18) '일법계의 대총상법문의 본바탕[一法界大總相法門體]': '眞心'은 쪼개지지 않는 총체적인 존재이기 때문에 '一法界'라고 한 것이고, 생멸과 진여의 2문 가운데 별상(別相)을 취하지 않고 총상(總相)을 취하면서 그 속에 별상을 포섭하기 때문에 '大總相法門'이라 했고, '一法界'의 '본바탕[體]'이 생멸문과 진여문을 완전하게 '지탱하기[作]'때문에 '본바탕(體)'이라고 한 것이다. '法門'에 대해 규봉 종밀은 다음과 같이 전통적인 해석을 수용하고 있다. "(任持自性)軌生物解曰法, 聖智通遊曰門."『대소초』(신찬속장9, p.519c).

(2) 둘째는 '(진여를) 자각하지 못하는 기능[不覺義]'이다. 이를테면 진여의 법이 한결같은 지를 여실하게 알지 못하기 때문에 '(진여를) 자각하지 못하는 마음'이 생겨서 '망념'이 있게 된다. 이것은 마치 어리석은 사람이 방향에 홀려 방위를 잘못 아는 것과 같다. '망념'은 자기 고유의 형상이 없을 뿐더러 '본각(本覺)'과 분리되어 존재하는 것도 아니다.

여기까지가 바로 이 『원각경』의 종지의 시작과 끝이며 이 경전에서 말씀하시고자 하는 내용의 '범위[分齊]'이다.

넷째, '(진여를) 자각하지 못하는 기능[不覺義]'에 의지하여
'세 종류의 미세한 번뇌[三細]'가 생긴다.

(1) 첫째는 '업상(業相)'[19]이다. '(진여를) 자각하지 못하기[不覺] 때문에 (번뇌의) 마음이 움직이니 이를 업(業)이라고 한다. 자각하면 움직이지 않는다.

(2) 둘째는 '능견상(能見相)'[20]인데 (마음이) 움직였기 때문에 지식 작용이 생긴다. (마음이) 움직이지 않으면 보는 작용이 없다.

(3) 셋째는 '경계상(境界相)'[21]인데, '능견상'에 의지하기 때문에 경계가 허망하게 드러난다. 만약 '능견상'이 없으면 '경계상'도 없다.

법상종의 '가르침[教]'은 오직 이 부분에 '위치[齊]'하니, (그들에 의하면)

19) 업상(業相): 업을 일으키는 작용.

20) 능견상(能見相): 능동적으로 대상으로 향하는 작용. 전상(轉相).

21) 경계상(境界相): 대상으로 향하는 작용에 의해서, 그 대상에 대한 이미지를 내 속에 구성하는 기능. 또는 그 이미지 자체. 현상(現相).

이것(=3細)이 제법이 생기하는 근본이라고 한다. 왜냐하면 이 셋이 바로 아리야식의 '본바탕[體]'이기 때문이다. 〈첫째(='업상')는 '자체분(自體分)'[22]이고 둘째(=능견상)는 '견분(見分)'이고 셋째(=경계상)는 '상분(相分)'이다.〉[23] 그러므로 『유식론』에서 아비달마의 『경』과 게송을 인용하여 "시작이 없는 예부터, 계(界: 제8 아뢰야식)가[24] 일체의 법들의 의지처가 되며, 이로 인해서 여러 중생의 갈래가 있고 나아가 열반과 열반의 증득이 있다."[25]고 한다. 왜냐하면 유식종에서는 아뢰야식이 진여와 함께 똑같이 '일심'을 근원으로 한다는 것을 밝히지 못했기 때문이다. 또 여래장에 의지하여 아뢰야식을 설명하지 않기 때문이다. 그러므로 교리 내용의 범위[分齊]가 앞의 셋(=1心, 2門, 2義)에 미치지 못한다.

다섯째, 3세의 마지막인 '경계상'에 의지하여 6추(麤)가 생긴다.

(1) 말하자면 첫째는 '지상(智相)'인데, '경계상'에 의지하여 마음이 일어나서 좋음과 싫음을 분별하기 때문이다. (법집이 함께 생긴다.)

(2) 둘째는 '상속상(相續相)'인데 '지상'에 의지하기 때문에 즐거움과

22) 자체분(自體分): '자증분(自證分)'을 지칭.

23) 아뢰야식이 스스로 변하는 데, 이때에 능변(能變)은 '자증분(自證分)'이 되고, 이것이 변하여 생긴 결과 즉 소변(所變)은 '견분(見分)'과 '상분(相分)'이 된다. 자세한 것은 『성유식론』(대정장31, pp.7b-19a) 참조.

24) 계(界): 여기서는 '원인'의 뜻으로 사용. 『대소초』 "言無始時來界者, 界是因義, 指第八識. 無始已來, 爲諸法之因故. ('界'는 '因'의 의미로 제8식을 지칭. 무시이래로 모든 법의 원인이 되기 때문이다.)"(신찬속장9, p.0521C).

25) 『성유식론』(대정장31, p.14a), "無始時來界, 一切法等依, 由此有諸趣, 及涅槃證得."

괴로움을 자각하는 마음을 내어 망념을 일으켜 그것과 관계함이 계속되기 때문이다. (법집 분별이다.)

(3) 셋째는 '집취상(執取相)'인데 '상속상'에 의지하여 (대상 노릇하는) 경계를 반연하며 따져서 괴로움이나 즐거움에 안주하여 마음을 (거기에) 집착하기 때문이다. (아견이 함께 생긴다.)

(4) 넷째는 '계명자상(計名字相)'이니 허망한 집착에 의지하여 자상(自相)이 없는 명칭과 언설을 분별하기 때문이다. (아견의 분별이다. 위의 넷은 모두 미혹[惑]이고, 다섯째는 업(業)이고, 여섯째는 고(苦)이니 즉 3악도이다.)

(5) 다섯째는 '기업상(起業相)'이니 앞의 '계명사상'에 의지하여 '개념[名]'을 따라가면서 (그 이름에 상응하는 실체가 있다고) 집착하여 여러 가지 업을 짓기 때문이다.

(6) 여섯째는 '업계고상(業繫苦相)'이니 업에 의해서 과보를 받아 자유자재하지 못하기 때문이다.

이상의 문제를 공종 · 법상종 · 법성종 3종의 '회통' 측면에서 다시 집중해서 살펴보기로 한다. 먼저 파상종과 법성종의 '회통'을 보자. 『원각경대소』의 해당 부분을 인용하면 다음과 같다.

> 다음에 파상종과 법성종을 회통(會通)한다는 것은 이를테면 일체 법이 진심의 연기에서 생긴 것이다. 연이 모인 것은 자성이 없어 그것은 도리어 그대로가 진심(眞心)이다. 시각은 본래 본각과 다르지 않고 지

(知) 밖에 따로 지(智)가 있는 게 아니다. 그밖에 제(諦)와 성(性) 등은 예를 들어보면 가히 밝힐 수 있다. 다만 교(敎)에는 처음과 끝의 다름이 있지만 법(法)에는 깊고 얕은 차이가 없다.[26]

'진심' 위에서 일체의 연기 현상이 일어나는 것이다. '진심' 위에서 일어나는 일체 연기 현상은 공(空)하고, 또 이런 일체의 연기 현상은 '진심'과 독립된 개별적이 것이 아니다.

다음은 법상종을 자종(自宗)인 법성종 속으로 어떻게 '회통'시키는가를 살펴보기로 하자. 『원각경대소』의 해당 부분을 인용하면 다음과 같다.

(법상종과 법성종) 두 종파가 각각 의거하는 바를 집착하면 서로 부서지고 어그러진다. 그러나 만약 그의 의미를 얻어 모아서 풀이하면 역시 서로 모순되지 않는다. 이를테면 '근기'에 따르면 3시교가 되지만 '법(法)'을 기준으로 하면 동일하다.

(1)새롭게 '훈습(熏習)'하는 입장에서 보면 5성의 차별이 있지만 '본유(本有)'의 입장에서 보면 동일하게 불성을 갖추고 있다.

(2)만약 이치의 세계에 들어가 양쪽을 모두 털어버리면 3승과 1승의 구별이 모두 사라진다.

(3)지금은 부처님이 교화에 사용한 설법 형식을 기준하여 교판했다. 그러므로 3승도 되고, 1승도 된다.

(4)그래서 그들은 옳고 그름을 다투어 집착한다. 통달하면 모순도

---

26) 『圓覺經大疏』(卷上之二)(신찬속장9, p.330b), "後會通者. 謂一切法, 既皆真心緣起, 會緣無性, 還即真心. 始不異本, 知外無智. 餘諦性等, 例之可明. 但教有終始之殊. 法無淺深之異."

다툼도 없다.[27)]

(1)만을 부연해 설명하면, 어떤 스승을 만나는가에 따라 차별이 있는 것이다. 성문승 출신의 스승을 만나면 성문성을 이루고, 연각승 출신의 스승을 만나면 연각성을 이룬다. 이 점은 『원각경』「미륵장」의 말씀[28)]과도 같다. 불성은 모든 중생이 다 간직하고 있지만, 어떤 조건을 만나느냐에 따라 현상적으로 5성의 차별이 드러난다는 것이다. 이런 법성종의 성설(性說)에 따르면, 법상의 5종 성설도 무모순적으로 법성의 교학 속에서 '회통'이 된다는 것이다. 이것이 종밀의 입장이다.

27) 『圓覺經大疏』(卷上之二)(신찬속장9, pp.330a-b) "後會無違者. 然二宗各執所據, 則互相乖反. 若得意會釋, 亦不相違. 謂就機則三, (三草) 約法則一. (一雨) 新熏則五, 本有無二. 若入理雙拂, 則三一俱亡. 今約佛化儀判教, 故能三能一. 是故競執是非, 達無違諍."

28) 『원각경』「미륵장」, "선남자여. 일체 중생들이 모두 원각을 깨닫는다. 선지식을 만나서 그가 닦은 근본적인 수행의 방법[因地法行]에 의지하라. 이 경우 닦아 익힘에는 단박에 하는 방법도 있고 점차로 하는 방법도 있지만, 만약 여래의 최고가는 보리의 바른 수행의 길을 만나면 근기에 상관없이 모두 부처가 된다. 만약 중생들이 비록 착한 벗을 구하려고 하지만 삿된 가르침을 만나면 바른 깨달음을 얻지 못한다. 이를 두고 외도의 종성이라고 한다. 이런 경우는 삿된 스승의 잘못이지 중생의 잘못은 아니다. 이상을 중생의 5성 차별이라고 한다.; 善男子야 一切衆生이 皆證圓覺하노니 逢善知識하야 依彼所作인 因地法行할새 爾時修習에 便有頓漸커니와 若遇如來無上菩提正修行路하면 根無大少히 皆成佛果하리라 若諸衆生이 雖求善友하나 遇邪見者는 未得正悟하리니 是則名爲外道種性이니라 邪師過謬이언정 非衆生咎이라 是名衆生의 五性差別이라"(신규탁 역, 『원각경 · 현담』, 서울: 정우서적, 2013, pp.89-90.)

Ⅲ. 법성종 현양의 의의

종밀은 법성종의 입장에서 파상종과 법상종을 '회통'하고 있다. 물론 이렇게 '회통'하기까지는 '요간'의 절차를 거친다. 이런 과정을 거쳐 법성종을 현양한다. 이하에서는 이런 법성종의 현양이 '철학적'으로 무슨 의의가 있는지를 평론해 보고자 한다.

우선 '철학적'이란 말뜻이 무엇인가를 규정해야겠는데, 이 또한 만만한 이야기는 아니다. 다만 여기서 본 필자가 사용하는 '철학적'이란 의미를, 전통적 서양 철학사에서 철학이라는 범주 내에서 다루어왔던 형이상학(혹은 존재론), 인식론(혹은 지식론), 윤리학(혹은 가치론)을 포함하는 학적(學的) 활동에 한정해 보려고 한다.

1. 형이상학적 측면

인간의 본질을 어떻게 볼 것인가? 이 문제는 전통적인 형이상학의 중요한 논제였다. 법성종에서는 인간의 본질을 '일심(一心)' 또는 '진여(眞如)' 또는 '자성청정심(自性淸淨心)'이라는 용어로 표기하기도 한다. 이 본질은 불생불멸(不生不滅)하는 것으로, '지각'이라는 방법을 통해서 당사자가 체험할 수 있다.

'지각'에는 '감관지', '마음의 지각', '자증(自證)', '직관' 등 네 종류가 있다. 이 네 종류 중에서 '자성청정심'을 지각하는 것은 세 번째와 네 번째의 방법이다. 인식 방법에 대해서는 본 장의 다음에 나오는 「2. 지식론적 측면」에서 자세하게 살펴보기로 한다.

그런데 '본원(本源)'에는 '지혜롭고 (스스로를) 정화하는 기능[智淨相]'과 '불가사의한 업의 기능[不可思議業相]'이 있다. 바로 이와 같은 '본원(本源)'을 법성교학에서는 '법성(法性)'이라고도 부른다. 신앙적으로 그것을 법신불(法身佛), 줄여서 '부처' 또는 '부처님'이라고도 한다. 이 '법성(法性)'이라는 용어는 다양한 문맥 속에서 사용되는데, 생명체[衆生]들이 사는 공간을 설명하는 문맥에서는 '법계(法界)'로 표기하고, 생명체[衆生] 그 자체를 개별적으로 설명하는 문맥에서는 '진여(眞如)'로 표기하고, 생명체[衆生] 중에서도 특별히 인간을 설명하는 문맥에서는 '일심(一心)'으로 표기하며, 한편 구어체(口語體) 속에서는 '주인공' 또는 '부모가 낳아주기 이전의 본 면목' 등으로 말해지기도 한다. 긴 불교의 역사 속에서 다양하게 표현되지만, 지시하는 내용은 동일하다. 비록 이렇게 언어적 명칭은 붙이지만, 그 언어에 상응하는 '실체성[實]'이나 '형상[相]'이 있는 것은 아니다.

한 예로, 그것을 『화엄경』에서는 '일심(一心)'이라 표현하는데, '일심' 위에서 소위 12지(支) 연기(緣起)가 펼쳐진다. 12연기의 각 지(支) 하나하나는 모두 공(空)하고 무상(無常)하지만, '일심'은 본바탕이므로 상주불변한다. 『원각경』에서는 그것을 '원각(圓覺)'으로 표기한다. 이것이 다양한 갖가지 중생들의 근본이며, 또 중생들이 사는 온갖 세계의 근본이며, 깨달음의 근본이다. 소위 3종(種) 세간(世間)이 모두 '일심' 또는 '원각' 위에서 펼쳐진다. 『대승기신론』에서는 이것을 중생들의 마음속에서 작동하는 '진여(眞如)'라고 했다. 이 '진여의 마음[眞如心]'에 '생성소멸하는 마음[生滅心]'이 수반(隨伴)되어, 인간들의 다양한 생각을 지어내고, 또 우리에게 행동하고 말하게 한다.

법성종의 학승들은 『대승기신론』의 교설을 수용하여, '일심' 속에는 '불생불멸하는 진여의 속성'[心眞如門]과, '진여에 의존하여 생 · 주 · 이 · 멸하는 속성'[心生滅門]이 있어서, 이 두 속성이 '각각 모든 법(法)을 포섭한다[各攝]'고 한다. '불생불멸(不生不滅)하는 진여(眞如)적 속성'[心眞如門]에는 윤회의 인과에 저촉을 받지 않는 소위 '무루(無漏)의 공덕'이 갖추어져 있는데, 이것은 당사자가 체험해야 비로소 그것 자체와 하나될 수 있다.

2. 지식론적 측면

그러면 인간의 본질인 '일심' 또는 '진여' 또는 '자성청정심'을 어떤 '방법'으로 인식할 수 있을까? 이 문제는 지식론 내지는 인식론의 영역이다. 법성종에서 말하는 진망화합식인 아뢰야식의 작용 속에는 천부적으로 '깨닫는 속성[覺義]'이 있다고 한다. 이런 입장은 『기신론』 사상에 기초한 것임은 두 말할 것 없다. 천부적으로 부여받은 '깨닫는 속성[覺義]'이란 '일심' 위에 있는 또는 '일심'의 본바탕에서 생 · 주 · 이 · 멸의 4상으로 연기(緣起)하는 그런 마음을 떨쳐버리는(=소멸시키는) 속성을 말한다. 이것은 '일심'에 본래적으로 소속되어 있는 기능이다. 이 기능을 발동시켜 '연기에 의해 만들어진 즉 실체가 없는 허망한 마음[妄心]'을 떨쳐버리기만 하면 '법계일상(法界一相)'이 드러난다. 이것은 곧 여래의 평등한 법신이다.

그러면 어떻게 그 기능을 발동시킬 수 있을까? 법성종의 형이상학에서 '법계일상(法界一相)'은 본래적으로 갖추어져 있는 것이므로 구해서 찾아지는 것이 아니다. 오직 위에서 말한 '망심(妄心)'만 떨쳐버리면 된다. 어떻게 '망심'을 떨치는가? 『기신론』의 다음 구절을 보자.

(1)범부들은 한 순간이 이전의 마음[前念]에 악을 일으켰음을 알아차리기 때문에 그 뒤를 이어서 일어나는 마음[後念]을 그쳐서 악이 일어나지 않게 한다. 비록 '깨달음'이라고 이름을 붙이기는 하지만 이는 아직 깨친 게 아니어서 (범부의 깨달음이라고 한다).

(2)성문승단이나 연각에 해당하는 승려들이 수행하는 '관(觀)하는 지혜'와, 보살승단에는 소속했지만 이제 막 발심한 보살들은 '마음이 변질되어 달라지는 것'을 자각하여 변질되어 달라지는 마음이 공한 줄 아는 것, 이런 깨달음은 분별함이 심하고 거기에 집착하는 기능은 사라졌기 때문에 유사한 깨달음이라고 한다.

(3)법신(法身) 보살 등은 생주이멸하는 마음이 생성되어 일정하게 유지되는 것 (이를테면 전식(轉識)과 현식(現識), 지상(智相)과 상속상(相續相))을 자각한다. 그러나 생 · 주 · 이 · 멸하는 마음에는 일정하게 유

지되는 기능이 없다. 그 까닭은 거칠게 분별하는 마음의 기능이 사라졌기 때문에 각자 수행의 분수에 따르는 깨달음이라고 한다.

(4)보살의 수행단계를 다 마친 10지(地) 보살은 모든 방편을 잘 활용하여 단박에 자기 전체의 법신을 돈오한다. 생 · 주 · 이 · 멸하는 마음이 일어나는 첫 순간을 분명하게 알아차리면서도 알아차렸다는 마음조차 없다. 왜 그렇게 되는가하면 미세한 망념조차 전혀 없기 때문에 심성(心性)을 보게 되어 심성이 상주불변하기 때문이다. 이를 궁극의 깨달음이라고 한다.[29]

이상은 (1)범부각, (2)상사각, (3)수분각, (4)구경각을 설명하는 부분이다. 이중 (4)구경각을 설명하는 부분에 나오는 다음의 구절, 즉 "생 · 주 · 이 · 멸하는 마음 일어나는 첫 순간을 분명하게 알아차리면서도 알아차렸다는 마음조차 없다."를 주목하자. 법성종에서는 '사상동시(四相同時)'설을 취하고 있음은 위에서 보았다. 따라서 법성종에는 '한 법[一法]'이 생(生)하는 순간, 그것의 무상성을 관(觀)하는 방법으로 즉 '지각(知覺; pratyakśa)'이라는 방법을 통해 '일심'을 '체험[見得]'할 수 있다고 한다.

그러면 이렇게 체험된 '일심'의 진위(眞僞) 판별은 어떻게 할 수 있는가? 이 문제는 지식의 진위 판단과 관련된 지식론의 중요한 주제 중의 하

29) 眞諦 譯, 『大乘起信論』(대정장32, p.576b.), "此義云何. 如凡夫人. 覺知前念起惡故. 能止後念. 令其不起. 雖復名覺. 卽是不覺故. 如二乘觀智. 初發意菩薩等. 覺於念異. 念無異相. 以捨麤分別執著相故. 名相似覺. 如法身菩薩等. 覺於念住. 念無住相. 以離分別麤念相故. 名隨分覺. 如菩薩地盡. 滿足方便. 一念相應. 覺心初起. 心無初相. 以遠離微細念故. 得見心性. 心卽常住. 名究竟覺."

나이다. 인도의 전통적인 철학가들에 의해 흔히 말해지듯이, '지각'에는, '바른 지각'과 '그른 지각'이 있다. 그렇다면 '무엇을' 기준으로 바름과 그름을 나누는가? 또, 지각의 진위를 '어떻게' 판정할 수 있겠는가? 이 두 문제는 결국 '체험[見得]'의 타당성(또는 정당성)의 문제와 연관된다. '체험[見得]한 내용'의 '효과성(effectiveness) 여부'로 '체험[見得]한 내용'의 진위(眞僞)를 판별할 수 있다고 필자는 새롭게 주장한다.

이하에서는 '효과성(effectiveness)'이라는 개념을 도입하는 필자의 의도에 대해서 좀 더 상세하게 언급해 보기로 한다. 불교 인식론에서는 전통적으로, 바른 지식을 가져다주는 '원천[量]'으로는 두 가지만을 인정한다. 하나는 '지각[現量]'이고, 둘째는 '추리[比量]'이다. 이렇게 둘로 한정하는 이유는 지식이 대상[所量]으로 삼는 것은 (1)'독자상[獨自相 ; 개체 그 자체 또는 自相]'이거나, 아니면 (2)'개념[共相]'이기 때문이다. '독자상'에 대해서는 직접적인 지각뿐이며, 개념 일반에 대해서는 추리뿐이라는 말이다.

우리가 '무엇'을 인식한다고 할 때에, 그 '무엇'은 당사자의 감각기관과 호응하고 있거나 그렇지 않거나 둘 중의 하나이다. 제3의 경우는 없다. 호응하는 대상에 대해서는 '지각'을 통해서, 그렇지 않은 대상에 대해서는 '추리'를 통해서 지식을 형성한다.

이 중에서 필자가 문제 삼는 것은 '지각'이다. 거기에 한정해서 말해보기로 한다. 논의의 전개를 위해서 '지각'에 대해서 좀 더 설명하기로 한다.

'지각'이라는 결과가 성립되기 위해서는 네 가지 원인이 결합되어야 한다. 상식적인 것으로 우선 셋을 들 수 있다. (1)인식하는 주체, (2)파악되는 대상, (3)인식하는 행위이다. 그런데 대승불교에서는, 이상의 셋만 갖고는 지각이 생성될 수 없다고 한다. '지각'이 형성되기 위해서는 앞의 셋과 더불어, (4)대상에 대한 이미지[相]가 있어야 한다고 한다. '지각'의 구성 요소인 네 번째의 이미지를 지각을 일으키기 위한 '결정적 원인'이라 한다. 이렇게 네 번째 거론한 원인을 '결정적'이라고 단서를 붙이는 것에 불교(대승)의 특성이 잘 드러난다. 이 네 조건이 원인 노릇을 해야만 '지각'이라는 결과가 성립한다.

이렇게 해서 만들어진 '지각'에는 몇 가지 특성이 있는데, 그 중 둘을 들어보면 다음과 같다.

첫째, '지각'은 분별[分別, kalpanā, 개념적 지(知)]을 떠나있다. '개념'이란 '언어표상과 결합할 가능성'이 있는 표상을 가진 지(知)를 말하는데, '지각'에는 그런 가능성이 없다는 것이다. 어떻게 그런 줄을 아는가? 그것은 '지각' 자신에 의해서 증명된다. 이것은 마음의 산란을 경험한 사람에게는 자명하게 드러난다. 그러나 그렇지 못한 사람을 위해서는 비량을 통해 이론적으로 증명해야 할 것이다.

둘째, 지각에는 착란이 없어야 한다. 착란에는 감각기관의 질환에 의한 경우도 있고, 또 하나는 외적 조건에 의한 경우도 있다. 착란에 의해서 생긴 지각은 '사이비 지각[似現量]'이다.

위의 두 가지 특성을 만족하는 지각에는 4 종류가 있다.

① 감관지, 즉 감각기관에 의한 지각이다.

② 마음의 지각. 이것은 의식(意識)에 의한 지각(知覺)으로서, 자신(=감관지)의 대상과, 공동으로 작용하는 감관지를 직전의 원인으로 하고 그로부터 생기는 의식이다.

③ 자증(自證), 즉 스스로 아는 지(知)이다.

④ 직관, 즉 요가 수행자의 자명하게 '경험되는 직관'이 있다.

그런데 인도의 전통적인 철학가들에 의해 흔히 말해지는 이런 '지각'에는, '바른 지각'과 '그른 지각'이 있다. 그렇다면 '무엇을'기준으로 바름과 그름을 나누는가? 또, 지각의 진위를 '어떻게'판정할 수 있겠는가? 이 두 문제는 결국 지각의 타당성(또는 정당성)의 문제이다.

먼저 '지각'에 대한 타당성의 '성립' 문제를 보자. '바른 지각[正現量]'이기 위해서는 지각을 생기시키는 '결함 없는 원인들'이 모두 갖추어져야 한다. 그 요인이란 예를 들면 감각기관의 건전성, 대상과의 접근성, 햇빛의 밝기, 감각소여와 감각기관과의 충분한 결합 등등 말이다.

그런데 무엇에 대한 지각이 생겼는데, 시간적으로 뒤에 이상에서 말한 것 중의 어느 하나 또는 다수의 '원인에 결함이 있음'을 알아차리는 순간, 이전에 생긴 그 지각의 타당성은 부정된다. 예를 들면 어둠 속에서 발에 밟히는 길고 물렁한 그 무엇을 뱀으로 지각했다가, 날이 밝아 다시 보니 짧은 새끼줄임을 알았다. 또는 어둠 속에 흔들리는 어떤 물체를 귀신으로 알았다.

여기에 두 가지 문제가 생긴다. 하나는 타당성의 '성립 근거'에 관한 문제이고, 다른 하나는 타당성의 '판단 근거'의 문제이다.

먼저 (1) '지각'의 타당성이, '지각' 자체가 아닌, 외적인 '결함 없는 원인'에 의해서 그 '성립 근거'가 마련된다면, '결함 없음'에 대한 판단은 매우 주관적일 수밖에 없어서, 그 결과 '지각'의 타당성은 항상 의심받을 수밖에 없다는 점이다.

둘째는 (2) 타당하다는 '판단 근거'가 어떻게 확보될 수 있을까? 예를 들어보자. 나의 눈에 보이는 흰 가루가 있다. 그것을 보고 내가 소금이라는 지각이 생겼다. 이 지각의 진위를 어떻게 판단할 수 있을까? 먹어보면 된다. 즉 체험해보면 된다. 소박한 경험주의자들의 답일 것이다.

이렇게 주장하는 사람들의 말대로라면, 결국 타당성의 '성립'이든, 아니면 '판단'이든 둘 다 외적인 실재에 의존할 수밖에 없다면, 이를 '타립타당성설(他立妥當性說)'이라 하는데, 이렇게 되면 결국 타당성의 문제는 '끝없는 타자(他者) 의존성의 미궁'으로 빠져든다. 무슨 말이냐 하면, 내 눈에 보인 저 흰 것이 소금인 줄 알았지만, 먹어보니 '달더라' 그러니 소금이라는 지식은 잘못된 지식이라는 판단을 했을 때 이렇게 지식의 타당성에 대한 판단을 타자(他者)에서 구한다면, 그 '달더라'라는 지식의 타당성도 또 다른 타자(他者)에 의해서 판단될 수밖에 없다. 이런 의미에서 '끝없는 미궁'이라고 한 것이다.

이런 문제를 극복하기 위해서, 후기 대승 논사의 한 사람이었던 다르마키르티는 '바른 지각[正現量]'은 두 가지 요건을 충족해야 한다고 정의(定

義)한다.[30] 첫째는 당착(撞着)하지 않아야 한다. 둘째는 미지(未知)의 실재를 밝혀내야 한다고 말이다. 이 정의에 관한 설명은 '지각'과 '추론' 두 측면에서 모두 가능하지만, 위에서 말했듯이 본 장의 논의에서는 '지각'에 한정하기 때문에 지각만 말하기로 한다.

첫째, '지각'의 무당착성(無撞着性)에 대해 보자. 이 말을 좀 더 분명하게 주어와 술부를 갖추어서 말하면, '지각'의 내용이 실재(實在)와 당착하지 않아야 된다. '지각'의 내용이 '실재(實在)'와 '당착하지 않는다'는 것이다. 여기에서 필자는 먼저 '실재(實在)'라는 용어의 의미에 대해서, 다음에는 '당착하지 않는다'는 말의 의미에 좀 더 설명을 보태기로 한다.

먼저, '실재(實在)'라는 말을 보자. 즉 지각의 당착 여부의 기준이 무엇인가? 그 기준은 '실재(實在)'라는 것이다. 불의 지각은 불이라는 실재(實在)에 의해서 생긴다. 그렇다면 (외계)실재론을 지지한다는 말인가? 그럴 수는 없다. 찰나멸론(刹那滅論)의 입장을 견지한다.[31] 때문에 '지각'의 타당성이 나중의 '지각'에 의해서 확정된다고 할 경우, 현 찰나의 의식에 소여(所與)되고 있는 현 찰나의 대상이, 다음 찰나에도 '거의 차이가 없다'는 '현실적 너그러움'이 있어야 한다. '현실적 너그러움'이란 그런 정도의 섬세한 차이는 현실적 실제 생활에 큰 문제되지 않는다는 그런 의미에서의 현실을 말한다.

30) 가지야마 유이치, 권오민 역, 『인도불교철학』, 서울: 민족사, 1994, pp.143-145.

31) 찰나멸론 대신, 유식론을 취하더라도 결과는 동일하다. 즉 인연설과 무상 사상에 위배되지 않는다.

다음으로, '당착하지 않음'이란 무엇인가? 그것은 당사자 본인이 기대하고 있는 효과성(effectiveness)의 실현이다. 예를 들면 지금 무엇을 '태우려'고 했던 사람의 눈에 불이 '지각'되었을 때, 그 불에 대한 '지각'이 과연 타당한가? 이 물음에 대해, 그 사람에게 '지각'된 지식의 내용은 그 사람이 '태운다'라는 유효한 작용을 경험하는 것에 의해서 확인된다. 때문에 '지각'의 무당착성은 '지각'의 생김과 동시에 그 자신에게 갖추어지는 것이다. 이런 의미에서 타립(他立)의 미궁에 빠지지 않는다. 결국 지각의 정당성은 (현재적인 것은 물론 가능성으로서의) 효과성(effectiveness)에서 확인된다.

둘째, 지각의 내용이 아직 나에게 전혀 알려지지 않았던 것이어야 한다는 점에 대해서 알아보자. 이미 알려진 대상에 대한 지식은 당착이 없는 참이라 할지라도, '지식의 원천'[量]은 아니다. 그것은 기억에 속하는 것이다. 따라서 '체험[見得]한 내용'의 정당성은 (현재적인 것은 물론 가능성으로서의) '효과성'에서 확인 할 수 있다는 것이다.

그러면 법성종의 교학에서 보면, 결국 '체험[見得]한 내용'이란 '일심'인데, 그렇다면 '일심'의 '효과성'이란 무엇인가? 이 문제는 위에서 '요간'했던 "(10)불신(佛身) 유위 무위의 차별을 기준으로"에서 논한 내용에서 답을 찾을 수 있다. 법성종에서는 부처님의 화신 그대로가 상주신이라고 한다. 그리고 그 상주(常住) 법신(法身)은 상 · 락 · 아 · 정의 네 가지 덕상(德相)을 구비하고, 10신(身), 10지(智), 18불공법(不共法) 등 중중무진한 덕상(德相)을 갖추신다고 했다.

만약 어떤 사람이 '일심'을 '체험[見得]'했다고 말하면, 그 사람이 한 체험 내용의 진위 판별은 그 사람에게서 법신에 구비된 무량한 덕상의 '효과성'이 발휘되느냐 아니냐를 갖고 결정할 수 있다. 부처님과 같은 행동이 나오는가를 갖고 그 사람의 수행 정도를 판별할 수 있다는 것이다. 법성종의 이런 지식이론은 소위 '한 소식했다'는 사람들의 진실성을 '요간(料揀)'하는 검증 방법으로도 사용될 수 있다.

3. 윤리학적 측면

법성종의 형이상학에 의하면 '일심'이 있고, 그 '일심' 위에서 다양한 '업(業) 현상'이 인연 조화에 따라 생겼다가는 사라지고, 사라졌다가는 또 생기는 일이 쉼 없이 계속된다. 법성종의 교학에서는 바로 이런 연기의 소산인 '업 현상'에 휘둘리지 말고, '일심'을 몸소 체험하여, 그 '일심'에 갖추어진 '불가사의한 기능'과 '지혜롭고 정화하는 기능'을 꾸밈없이 사용하면서, 태어나는 세상마다 형편 껏 자신의 '업 현상'을 소멸시키고, 더 나아가 '긴 생명의 길' 속에서 마침내는 한 점의 '업 현상' 조차도 소멸시켜, 마침내 '일심' 그 자체와 하나가 되라고 한다. 이렇게 되면 더이상 윤회에 들지 않고, 완전한 열반에 든다는 것이다. 법성종에서는 이런 형이상학적 근거를 기반으로, 인간 행위의 당위성을 추론한다.

화엄의 초조로 추앙되는 두순 법사가 종교적인 실천을 매우 중요하게 여겼음은 여러 연구들에 의해서 밝혀졌다.[32] 『법계관문(法界觀門)』을 두순 법사가 직접 저술한 것으로 알았던 당나라의 화엄조사들은 『법계관문』에 각종 주석을 내어 '수행의 방법'과 '교상(敎相)의 해석(解釋)'에 관한 이론을 정비했고, 다른 한편으로 40 『화엄경』의 끝부분에 붙어있는 「보현행원품」의 주석 및 그에 따르는 수행법을 개발하기에 이르렀다.[33] 두순 법사가 제시한 화엄의 '관행(觀行)'과 '보현행(普賢行)'은 역대의 화엄조사들 누구 하나 빼놓지 않고 그들의 교학과 수행의 근간으로 받아들이고 있다. 이런 역대 화엄조사들의 수행은 그후 각종 법요의식(法要儀式)과 결합되어 구체적인 수행법으로 정착한다.[34]

그렇게 한 대표적인 화엄 조사 중의 한 분이 진수 사문(晉水 沙門) 정원(淨源; 1011-1088년) 법사이다. 고려의 대각 국사 의천 법사가 스승으로 섬긴 분이 바로 이 분이다. 정원 법사는 『화엄보현행원수증의(華嚴普賢行願修證儀)(No.1472本)』(1권)에서 '단좌사유(端坐思惟)' 개념을 빌어 법성철학의 수행론을 둘로 제시하고 있다. 첫째는 '오비로법계(悟毘盧法界; 비로법계를 깨닫는 것)'이고, 둘째는 '수보현행해(修普賢行海; 보현보살의 행원을 실천하는 것)'이다. 이제 순서대로 2종의 수행법을 살펴보기로 한다.

---

32) 이 책의 제12장 참조.

33) 『法界觀門』의 주석서로 법장의 『華嚴法界義海』, 징관의 『華嚴法界玄鏡』, 종밀의 『注華嚴法界觀門』 등이 있다. 두순(杜順)은 제자 번현지(樊玄智)에게 '普賢行'을 닦기를 권했고, 이후 징관은 『華嚴行願品疏』를 냈고 종밀은 『華嚴行願品疏鈔』를 낸 것 등이 그것이다.

34) 이 책의 제13장 참조.

정원 법사에 의하면, '비로법계'란 『화엄경』에서 설하고 있는 '일진무애법계(一眞無碍法界)' 혹은 '일심(一心)'이라고 한다. 이 '일심'은 성인과 범부를 관통하는 근본적인 '진심(眞心)'이다. 그리고 위에서 보았듯이 '진심'은 각 경전마다 다른 용어나 다른 방식으로 표현되어 있지만, 그 내용에는 전혀 차별이 없다. 그러면 "비로법계(毘盧法界)를 깨닫다."는 말에서 '깨닫다'의 말뜻은 무엇인가? 그것은 '수순(隨順)한다' 또는 '하나가 된다'는 뜻이다. 어떤 방법으로 그렇게 될 수 있는가? '무심(無心)'해야 한다. '무심'해야 '일심'과 하나가 될 수 있다.

모든 생명체[衆生]가 항상 '일심'을 갖고 있으면서도, 무상한 '업 현상'에 휘둘리는 이유는 인간 지식의 원초적인 순환 구조에 기인한다. 이런 원초적인 구조를 자각하지 못하고, 또 그런 원초적인 구조에 휘말리는 현상을 '무명(無明)'이라 한다. 법성종에서는, 사람들에게 저마다 시간을 한정하지 말고 쉼 없이 무명을 제거할 것을 요구한다. 설사 금생에 안 되면 내생에, 그렇게 하기를 세세생생에 하라는 것이다. 이런 입장에서, 이 책의 제11장에 논증했듯이, 종밀은 '돈오점수' 설을 주장했던 것이다.

위의 말대로 '비로법계(毘盧法界)'를 깨치기만 하면, 그 속에 무수한 지혜와 공덕이 들어있다. 그러나 문제는 무시이래로 윤회하면서 쌓아온 어리석음에 물들어 사람마다 갖고 있는 능력을 사용할 줄 모른다는 데에 있다. 그러면 어떻게 해야 본래부터 갖고 있었던 이런 능력을 발휘할 수 있을까? 저들은 이렇게 답한다. 자기에게 본래 간직되어 있는 '비로법계'와 하나가 되어[稱合], 자기 속에 본래부터 바다처럼 무량하게 구비되어 있는 보현보살의 행원을 실천하라고[35] 말이다.

그러면 어떻게 보현의 행원을 실천하는가? 정원 법사에 따르면 '관행(觀行)'을 하라고 한다. '관행'이란 '관(觀)을 행하는 수행'을 말하는데, 그 구체적인 조목으로 정원 법사는 '제망무진관(帝網無盡觀)'과 '무장애법계관(無障碍法界觀)'을 수행법으로 제안하고 있다.

'제망무진관(帝網無盡觀)'의 수행 방법으로 정원 법사는 「보현행원품」의 열 가지 행원(行願)을 들고 있다. 즉, (1)첫째는 부처님께 예배하고 공경하라. (2)둘째는 부처님을 찬탄하라. (3)셋째는 부처님께 공양하라. (4)넷째는 자신의 업장을 참회하라. (5)다섯째는 남의 공덕을 덩달아 기뻐하라. (6)여섯째는 부처님께 설법을 청하라. (7)일곱째는 부처님이 오래 계시기를 간청하라. (8)여덟째는 부처님을 기준삼아 배워라. (9)아홉째는 중생을 섬겨라. (10)열째는 중생에게 되돌려줘라.

이 10종의 행원을 정원 법사는 다섯 영역으로 요약하여 제시하고 있다. 다섯이란 첫째 예경문(禮敬門), 둘째 공양문(供養門), 셋째 참회문(懺悔門), 넷째 발원문(發願門), 다섯째 지송문(持誦門)이다. 이것이 법성종의 윤리학적 행위의 준칙이다.

35) 『華嚴普賢行願修證儀』(신찬속장74, p.369a).

Ⅳ. 인간의 본성에 대한 신뢰

이상에서 필자는 종밀의 법성종 현양에 대하여, 종밀 스스로가 사용한 '요간'과 '회통'의 방법으로 구분해서 검토해보았다. 종밀은 성현의 교(敎)를 3종(宗)으로 분류하고, 3종 중에서 법성종을 현양하고 있다.

종밀이 현양한 법성종에는 다양한 교리가 포함되어 있는데, 그 중에서 필자는 인간의 본원(本源)을 논의한 형이상학적 측면과, 또 인간의 본원인 '일심'을 체험하는 '지각(知覺)'이라는 지식 방법론과, 또 형이상학적 근거에 입각한 실천적 가치 즉 윤리적인 측면에서, 그 의의를 평론해 보았다.

과연 인간을 어떻게 규정짓고 설명할 것인가? 이 문제는 동서고금을 막론하고 철학의 중요한 논제였다. 법성종에는 중중무진(重重無盡)한 덕상(德相)을 본래적으로 구비한 '일심'을 인간의 본원으로 '해석'함으로 해서, 인간에 대한 희망적이고 긍정적인 가치를 부여할 수 있게 되었다. 인간이 인간으로서 타인을 대접하고, 각자 저마다 인격적으로 존중받을 수 있는 이유를, 법성종에서는 인간 속에서 제시할 수 있었다. 또 보현의 행원으로 상징되어지는 보살행을 해야 하는 실천적 가치의 당위성도 해결할 수 있었다. 게다가, '일심' 속에 갖추어진 진여의 훈습(熏習) 기능으로 말미암아, 인간이 스스로 자기 정화를 할 수 있는 존재임도 알 수 있었다. 그리고 그런 정화를 통해서 체험된 내용이 진실한 것인지 허망한 것인지를 판별할 수 있는 기준을 분명히 할 수 있게 되었다. 그 기준은 보살의 행원(行願)이었다.

작금 한국 불교계 현실을 돌아보면, 왕성한 포교 활동과 또 다양한 종단의 출현을 볼 수 있다. 그리고 과거에는 상상조차 할 수 없었던 다양한 현대적 문명과 문화 현상을 맞이하고 있다. 환경의 문제, 생명의 문제, 죽음의 문제, 공동체의 문제, 이웃 종교와의 관계, 빈부의 문제, 이념적 갈등의 문제 등 이루 다 매거할 수 없는 문제들이 생기고 있다. 려사(驢事)도 아직 미거(未去)인데 마사(馬事)가 벌써 도래(到來)했다는 말이 이런 현상을 두고 하는 말일 것이다.

이런 가운데 불교는 과연 이와 같은 문제들을 어떻게 이해하고, 그에 대한 대안을 어떻게 제시해야 하는가? 또 불교의 지난 역사와 전통을 어떻게 현대에 전승해야 하는가? 또 어떻게 미래를 준비해야 하는가? 이런 다양한 문제들을 논함에 있어, 방법과 기준이 마련되어야 할 것이다. 종단마다 자기정체성을 바로 세우고, 현실적으로 정비해야 할 일이 한 둘이 아닐 것이다.

승려의 교육만 해도 그렇다. 교육의 목표가 무엇이고, 그 목표 달성을 위한 방법은 무엇이고, 어떤 교육 프로그램을 갖고 무엇을 교재로 할 것인가? 쉬운 일이 하나도 없다. 의식(儀式)의 한글화 문제도 그렇다. 일상적으로 사용하는 예불을 비롯하여, 봉건시대에는 없었던 '재가법회'의 의식은 어떻게 만들고, 무엇을 교재로 할 것이며, 더 나아가서는 재가와 출가의 관계는 어떻게 정립해야 할까?

이렇게 문제가 복잡하고 다양할수록, 원칙이 있어야 한다고 생각한다. 그리고 그 원칙은 전통에 뿌리를 내리면서 동시에 미래 지향적인 대안이 열려있어야 할 것이다. 그래야 '효과성(effectiveness)'이 있다. 이런 복합적인 생각 속에서, 필자는 하나의 모델로 법성종에 대한 철학적 탐구를 시도해 본 것이다.

제11장 화엄의 법성교학

Ⅰ. 법성교학

법성교학의 핵심 개념은 두말할 것 없이 '법성'이다. 중생의 심신작용에는 불생불멸하며 본래적으로 존재하는 본바탕이 있는데, 이 본바탕을 법성(法性, dharmatā)이라 한다. 중생의 본바탕인 법성에는 불가사의한 영험과 청정한 지혜의 기능이 있다. 이런 본바탕이 펼쳐지는 세계를 화엄교학자들은 '법계(法界)' 또는 '진계(眞界)'라 한다. 한편 남종선의 선사들은 그 법성을 '주인공' 또는 '부모가 낳아주기 이전의 나의 본 면목' 또는 '당체'라 이름 하기도 한다.

『화엄경』에서는 '한마음[一心]'이라 한다. 본바탕인 '한마음' 위에서 소위 12지(支) 연기가 펼쳐진다. 12연기의 각 지(支) 하나하나는 모두 공하고 무상하지만, '한마음'은 본래의 바탕이므로 영원하다. 연기의 소산인 '현상'에 휘둘리지 말고, 본바탕인 '한마음'을 각자가 저마다 몸소 체험하여, 그 본바탕에 갖추어진 불가사의한 능력을 꾸밈없이 사용하면서 세상살이 하자는 것이 법성교학의 윤리관이다.

그러면 본바탕을 어떻게 하면 체험할 수 있을까? 그것은 '무심'해야 한다. '무심'해야만 본바탕과 하나가 될 수 있다. 우리는 '선행된 인상'을 갖고 사물을 인식한다. 이런 인식 방법으로 인해 생긴 지식에는 대상 즉 경계가 있다. 이 대상인 경계는 선행된 인상과 매개되어 우리들의 의식 활동 속에 표상된다. 이런 원초적인 순환 구조 때문에 본바탕은 '인식'이라는 방식으로는 알 수 없다. 그럼에도 불구하고 인간들은 그 본바탕을 개별적 '존재자' 내지는 '존재 현상'의 일종으로 간주하여 대상화하는 동시에, 선행된 인상의 구성체인 '이성'을 매개로 하여 본바탕을 인식하려고 한다. 잘못은 여기에서 시작된다.

본바탕은 '존재' 그 자체이지 개별적 경계 즉 '존재자'는 아니다. 오히려 개별적 경계를 경계이게 해주는 그 무엇이다. 이것은 우리가 '무심'할 때 무매개적으로 우리 앞에 드러난다. 체험하는 게 아니라, 체험되어지는 것이다. 이것이 '완전한 깨침' 즉 '돈오(頓悟)'이다. 이런 체험 위에서 각종 연기 현상이 무상한 줄을 알아, 거기에 휘둘리지 말아야 한다.

본래 청정하건만 무상한 현상에 휘둘리는 원인은 '어리석음' 때문인데, 시간을 한정하지 말고 쉼 없이 '어리석음'을 제거해야 한다. 설사 금생에 안 되면 내생에, 그렇게 하기를 세세생생에 하는 것이다.

그러면 어떻게 해야 '어리석음'이 제거되는가? 바로 이 지점에서 화엄과 남종선이 갈라진다. 남종선의 전통에 있는 당나라 선사들은 '관조(觀照)하라' 하고 송나라 선사들은 '화두(話頭)에 집중하여 일체의 사량분별을 쉬라'고 한다. 반면 화엄에서는 '관법(觀法)을 바탕으로 연기 현상을 통찰하고 그러면서 동시에 보살도를 실천하라'고 한다. 즉 6바라밀 내지는 10바라밀 더 나아가서는 『화엄경』에 펼쳐지는 보현의 보살행을 실천하라고 한다.

이상이 법성교학의 얼개이다. 법성교학에서는 이 법성을 의인화 하여

'비로자나 부처님'이라고 한다. 그러나 이 부처님은 모양이나 색깔이나 음성으로 경험할 수 있는 존재는 아니다. 법(法, dharma)을 몸으로 하는 법신(法身)이기 때문이다. 인간의 역사 속에서 드러나는 부처는 모두 화신(化身)이다. 그 대표적인 사람이 석가모니이다.

법신을 믿는 불제자(佛弟子)에는 두 종류가 있다. 하나는 재가 보살이고, 또 하나는 출가 보살이다. 법신 부처인 비로자나불을 본존(本尊)으로 하는 동아시아의 불교에서는 역사적인 석가모니와, 그의 말씀과, 그의 제자들만을 3보라고 고집하는 남방 상좌부의 전통은 아무래도 단순하게 느껴진다. 그들의 존재를 역사적으로 인정하지 않는 것은 아니지만, 동아시아의 불교에서는 법신 부처와 대승을 이어가는 보살 승단에 귀의한다.

법성교학을 실천하는 점에서는 두 보살 모두 같지만, 절에 살면서 보살행을 하느냐, 가족과 함께 살면서 보살행을 하느냐의 차이가 있다. 그러나 이 차이는 인간들 각자 저마다 갖고 있는 '생명 운동의 긴 역사' 속에 놓인 과정상의 차이이지 본질적인 차이는 아니다. '생명 운동의 긴 역사' 속에서 중생은 누구나 할 것 없이 언젠가는 반드시 부처님 즉 '법성'과 하나가 된다. 이 일은 '서원'과 '실천', 즉 보현보살로 대표되는 수행과 원력[行願]에 의하지 않고는 불가능하다.

그러면 부처가 된다는 게 도대체 무슨 의미가 있는가? 그 대답은 이렇다. 이제까지 우리는 '생명 운동의 긴 역사' 속에서 '업(業)'이 원동력이 되어 수동적으로 세상을 살아왔다. 그런데 이제는 그런 '업'을 정지시켜서 수동적이고 자연적인 삶으로부터 방향을 돌려야 한다. 인생의 방향을 전회(轉回)하는 것이다. 그리하여 '생명 운동의 긴 역사' 속에서 이제는 '업'의 힘이 아닌, '서원'의 힘으로 능동적이고 주체적으로 세상을 살면서 그 '서원'을 실천하는 것이다. 그리하여 마침내 깨침을 완성하는 것이다.

> 가이 없는 중생을 제도하고,
> 다함 없는 번뇌를 끊고,
> 한 없는 불교의 가르침을 배우고,
> 최고의 깨침을 완성하는 것이다.

이것을 완성하는 과정의 부산물로 너와 내가 행복해진다. 그러나 법성철학의 궁극 목표는 이런 너와 나의 평화와 행복에 그치는 것은 아니다. 그것은 어디까지나 과정상에서 나오는 부산물이다. 궁극의 목표는 일체의 '업장(業障)'을 소멸시켜 윤회에서 완전히 벗어나는 것이다. 그러기 위해서는 본바탕인 법성을 '깨쳐야 하고', 그것도 완전하고 철저하게 깨쳐야 한다. 이런 깨침을 '돈오'라고 한다. 이렇게 '돈오'하기 위해서는 티 없는 '무공용(無功用)'의 보살행을 해야 한다. 무분별지가 발동되어야 하고 무심해야 한다.

법성철학에서 주장하려는 형이상학이나 인식론 또는 윤리학은 원천적으로 대승의 경론에 그 근원이 있다. 어떤 대승 경론이냐? 그것은 『화엄경』과 『대승기신론』이다. 『화엄경』 중에서도 특히 「십지품」과 「입법계품」이다. 이 경과 논 속에서는 법성에 대해 다양한 각도에서 언어적으로 논증하고 있다.

이런 책들에 따르면, 무엇보다 법성을 체험하라고 가르친다. 법성 체험을 바탕으로 (1)보시하고, (2)지계하고, (3)인욕하고, (4)정진하고, (5)지관 수행을 하라고 한다. 이것이 소위 대승의 수행이다. 이런 대승에 대한 믿음과 수행은 『대승기신론』에서 논증적으로 집약 정리하고 있다.

위의 다섯 종류의 수행 중 앞의 네 가지는 잘 알려졌으니 설명을 생략하고, 그 중 다섯째 '지(止)'와 '관(觀)'만 보충 설명한다. 이 말은 범어 '사마타(śamatha)'와 '비파샤나(vipaśyanā)'를 각각 한자로 그렇게 번역한 것이다. '사마타'는 하나의 경계에 의식을 집중하는 행위이다. 그래야만 마음의 산란이 사라진다. 화엄교학에서의 '비파샤나'는 법성의 세계 즉 '법계'를 관찰하는 일종의 관찰 방법이다. '사마타'와 '비파샤나'는 사람마다 형편에 따라 유기적으로 섞어가면서 실천한다.

'법계'의 관찰은 여러 측면에서 가능한데, 기본적으로 '일심(一心; 한마음)'과 '한마음' 위에서 펼쳐지는 각종 연기현상의 공성(空性)과의 관계를 관찰하는 것이다.

다른 종파에서 주장하는 '비파샤나'가 화엄에서 말하는 '비파샤나'와 다른 점은 '한마음' 즉 본바탕을 전재하느냐 안 하느냐, 그 차이이다. 화엄종에서는 현상은 공한 것으로 연기의 관계에서 생 · 주 · 이 · 멸한다고 본다. 그런데 그런 생 · 주 · 이 · 멸의 4상(相)이 일어나는 것은 본바탕인 '한마음'위에서 가능하다. 물론 본바탕인 '한마음'은 불생불멸한다.

이것이 화엄교학자들이 주장하는 법성교학이다. 그런데 화엄종이건 남종선이건 모두 교학적 기반은 '법성'에 있다.

Ⅱ. 법성의 믿음

대승불교에서는 '믿음'을 매우 중요시 한다. 모든 공덕의 어머니이며 깨달음의 근원이다. 그러면 그 믿음이란 무엇인가. 무엇을 믿는다는 말인가? 이 말의 정확한 뜻을 알기 위해서는 무엇보다 그 말을 사용하는 화엄교학자의 말을 들어보아야 할 것이다.

그러자면 우선 '법성교학'의 범위 내지는 의미를 엄밀하게 설명해야겠지만, 이 책에서는 그 용어를 당나라의 두순(杜順; 557-640) 법사에서 시작되어 규봉 종밀(圭峰宗密; 780-841) 스님으로 이어져서, 다시 송나라 시대의 2수(水) 스님으로 이어지는 화엄종사(華嚴宗師)들의 『화엄경』에 대한 사상을 지칭하는 정도로 한정하기로 한다.

화엄종사란 5조로 칭송되는 당나라 시대의 두순(杜順)-지엄(智儼)-현수(賢首)-청량(淸凉)-규봉(圭峰) 스님과, 송나라 시대의 장수 자선(長水子璿) 스님과 진수 정원(晉水淨源) 스님 등을 말한다.

화엄의 계보 의식을 갖고 그것을 문자로 표현한 사람은 규봉 스님이다. 물론 청량 스님이 '현수종(賢首宗)'이니, '법계종(法界宗)'이니, '화엄종(華嚴宗)'이니 하는 용어를 직접 사용하기는 했지만, 법통 의식을 갖고 있었던 것은 아니다.

종밀 스님이 처음으로 '3조(祖)'를 운운했고, 송대의 화엄교학자 장수 스님과 진수 스님이 '5조'를 호칭했다. 후대 사람들이 다시 '5조'에 장수 스님과 진수 스님을 보태어 '7조'설을 이루었다.

그 후 전등사서에서는 예를 들면 1269년 송나라 도종(度宗) 함순(咸淳) 5년에 지반(志磐) 스님이 지은 『불조통기(佛祖統紀)』(대정장49, p.292c)에는 「현수종교 부 이장자(賢首宗教, 附李長者)」라고 표제어를 달고 5조(祖)와 장수 스님, 진수 스님, 능인 의화(能仁義和) 스님의 행장을 기록하기도 했고, 절강성(浙江省) 전당(錢塘) 자운사(慈雲寺)의 사문 속법(續法) 스님이 1680년 청나라 성종(成宗) 강희(康熙) 19년에 지은 『법계종오조약기(法界宗五祖略記)』(신찬속장77 pp.619b-625a)에서는 두순-지엄-현수-청량-규봉 스님만을 거론하기도 했다.

이런 분들이 해왔던 교학을 '법성교학' 또는 '법성의 교학'이라고 호칭하기로 하고, 다음에는 불교에서 '믿음[信]'이라는 용어가 어떤 문맥에 사용되는가를 알아보자.

불교 경전에서 쓰이는 '믿음'이라는 용어의 의미는 경전의 문맥 속에서 다양하게 사용되고 있다. 그것은 나까무라 하지메(中村 元) 박사가 편저한 『불교어대사전(佛教語大辭典)』(縮刷版, 東京, 東京書籍株式會社, 昭和56年, 第3刷)에 따르면 원어는 범어로 보통 슈라드하(śraddhā)인데 그 의미는 다음과 같다.

1. 신앙이라는 뜻으로 정진(精進), 념(念), 정(定), 혜(慧)와 더불어 5근(根; 또는 5力)을 이룬다.

2. 심(心)의 작용의 일종으로 구사(俱舍)에서는 '심소유법(心所有法)' 중 '대선지법(大善地法)'의 하나로 분류하고[1], 한편 유식에서도 역시 '信'을 '심소유법'에 분류하고 다시 그 중 11종의 '선(善)' 중의 하나로 분류한다.[2]
3. 명상의 과정에서 생기는 6종의 결함 중의 하나로 해태가 있는데, 이를 제거하는 요소의 하나이다.
4. 신앙을 한 결과 마음이 맑아지고 청정해지는 것. 마음의 청정한 모습. 마음을 맑게 하고 청정하게 하는 정신작용.
5. 진리에 대한 확신, 진리를 잘 이해하는 것.
6. 언어로 표현된 부처님의 말씀을 믿는 것.
7. 근본을 믿는 것. 신앙의 신(信)은 아님.
8. 부처님께서 하신 말씀 즉 이치를 따르는 것.
9. 신뢰, 신용.
10. 7성재(聖財)의 하나. 성스런 가르침을 수행하기 위해 필요한 7종의 보배 중의 하나. 7성재는 신(信), 계(戒), 참(慚), 괴(愧), 다문(多聞), 지혜(智慧), 사리(捨離)이다.
11. 인식의 근거. 량(量; pramāṇa)과 같은 뜻. 여기에는 4종이 있다. 현사(現事), 비지(比知), 비유(譬喩), 현성소설(賢聖所說).

1) 김동화 박사는 여기에서 말하는 '신(信)'을 "그 자체가 깨끗하고 청정하여 대상에 대하여 조금도 의심하지 않는 작용"이라고 풀이하고 있다. 김동화, 『구사학』, 문조사, 1971, p.95.

2) 김동화 박사는 여기에서 말하는 '信'에 대하여 "이것을 간단하게 말하면 오염되고 혼탁한 마음과 마음의 속성들을 치료하여 깨끗하게 하는 것"이라고 설명한다. 김동화, 『유식철학』, 서울: 문조사, 1973, p.144.

12. 『화엄경』에서 말하는 10신(信).

13. 진실.

14. 아미타불의 본원(本願)을 믿는 것.

이상의 '믿음'에 관한 용어 설명은 부분적으로는 좀 더 명확하게 분류할 부분은 있지만, 불교에서 '믿음'이 어떤 문맥에서 사용되고 있는지를 알기에 충분하다. 절대자를 신앙하는 그런 '신(信)'은 아니다.

이상을 바탕으로 '믿음'의 의미를 잠정적으로 규정해보면, '부처님의 가르침'을 대상으로 하여, 그것이 진리라고 믿는 것이 '믿음'이라고 할 수 있다. 더 구체적으로 말하면 법신불의 신 · 구 · 의 3업을 믿는 것이다. 이런 '신(信)'의 이야기는 '80권본 『화엄경』' 제2회에서 설하는 여섯 개의 품(品)에서 자세하게 설하고 있다. 특히 「여래명호품」, 「사성제품」, 「광명각품」에서 집중적으로 논의되고 있다.

이렇게 '믿음'의 말뜻을 정리하고 나니, 다음에 나타나는 문제는 그러면 '부처님의 가르침'이란 무엇인가이다. 간단히 답할 수 있는 물음은 결코 아니지만, 여기서는 '법성교학'에 초점을 맞추어서 '부처님의 가르침'을 알아보기로 한다.

Ⅲ. 부처님의 가르침

'법성교학'에서는 무엇을 '부처님의 가르침'이라고 하는가? 이 물음에 대한 대답은 화엄 조사(華嚴祖師) 스님들의 경전해석 방법과 관련하여 생각해 볼 수 있다. 그 중 대표적인 것은 역시 현수 법장(賢首法藏; 643-712) 스님의 '5교(敎)'와 '10종(宗)'의 교상판석(敎相判釋)이다. 스님의 이런 이론은 『화엄일승교의분제장(華嚴一乘敎義分齊章)』의 「제사분교개종(第四分敎開宗)」[3] 부분에 정리된다. 이제 그것을 간단하게 소개하면 다음과 같다.

'5교'는 소승교(小乘敎), 대승시교(大乘始敎), 대승종교(大乘終敎), 대승돈교(大乘頓敎), 대승원교(大乘圓敎)이고, '10종(宗)'은 아법구유종(我法俱有宗), 법유아무종(法有我無宗), 법무거래종(法無去來宗), 현통가실종(現通假實宗), 속망진실종(俗妄眞實宗), 제법단명종(諸法但名宗), 일체법개공종(一切法皆空宗), 진덕불공종(眞德不空宗), 상상구절종(相想俱絶宗), 원명구덕종(圓明俱德宗)이다.

무엇을 기준으로 이렇게 '부처의 가르침'을 분류하는가?

'5교'는 부처님이 설하신 가르침[法]을 기준으로 분류한 것이고, '10종'은 부처님이 설하신 가르침에 의해 드러내고자 하는 이치[理]를 기준으

3) 『華嚴一乘敎義分齊章』(대정장45, pp.481b-482a).

로 분류한 것이다. 『화엄일승교의분제장』의 한글 번역[4]이 있으므로 자세한 해석은 그것에 미룬다. '법성교학'에 의하면, '5교'와 '10종'으로 분류되는 '부처님의 말씀'가운데 가장 궁극적인 것은 '5교' 중에는 '대승원교'이고, '10종' 중에서는 '원명구덕종'이다.

그러면 '대승원교'는 무슨 가르침이며, '원명구덕종'이 으뜸[宗]으로 삼는 것은 무엇인가? 단도직입적으로 말하면 그것은 『화엄경』의 가르침이다. 그러면 다시 『화엄경』의 가르침이란 무엇인가? 종밀 스님은 이렇게 말하고 있다.

> 다섯째, 원교(圓敎)란 무엇인가? …. 즉 『화엄경』이다. 거기에서 설하는 내용은 다함이 없는 법계(法界)이며, 바다처럼 무한한 성품이 완전하게 서로서로에 녹아들어 있고, 끝없이 연기(緣起)가 펼쳐지는 것인데, 이것들은 마치 제망(帝網)의 구슬과도 같아서 겹겹으로 끝없다. 그러니 『화엄경』에서 판석(判釋)하는 내용에는 모든 이치[理]가 드러나 있고 모든 기능[義]이 완전하게 다 드러나 있다. 그러므로 나의 스승 징관 스님께서는 이것을 기준으로 삼았으며, 지금의 나 종밀(宗密)도 그것에 의지한다.[5]

4) 空緣 無得, 『賢首法藏 華嚴學體系; 華嚴五教章』, 서울: 우리출판사, 1988, pp.89-106.

5) 『圓覺經大疏』(신찬속장9, p.331a), "五圓敎者, 明一位卽一切位, 一切位卽一位, 是故十信滿心, 卽攝五位, 成正覺等, 主伴具足, 故名圓敎, 卽華嚴經也. 所說唯是無盡法界, 性海圓融, 緣起無礙, 如帝網珠, 重重無盡, 然此所判, 理盡義周, 故淸涼大師, 用爲準的, 今亦依之.",

종밀 스님의 이 말을 다시 정리하면, 『화엄경』에서 설하는 '부처님의 말씀'이란 (1)'끝없는 법계'에 대한 말씀이며, (2)'원융(圓融)하고 바다처럼 모든 것이 다 간직된 성(性)'에 대한 말씀이며, (3)'걸림이 없는 연기(緣起)'에 대한 말씀이다. 그리고 이것은 스승 청량 스님께서 표준으로 삼은 것이기에 종밀 스님도 그렇게 한다는 것이다. 좀 더 자세하게 설명해보기로 하자.

먼저, (1)'끝없는 법계'에 대한 말씀을 알아보자. 종밀 스님은 이렇게 말한다.

> 법계라는 것은 모든 중생들의 몸과 마음의 본바탕이다. (이것은) 본래부터 신령스럽게 밝고 뚜렷하며 광대하면서도 텅 비고 고요하니 그저 하나의 참된 경계일 뿐이다. (이것은) 형체나 모양이 없으면서도 대천세계에 가득하고, 테두리가 없으면서도 온갖 존재들을 다 품고 있다. (이것은 중생의) 마음속에서 환하게 드러나지만 그 모양을 볼 수가 없으며 번뇌의 세계 속에서 빛나지만 그 이치는 쪼개지지 않는다. (그렇기 때문에) 진리를 뚫어보는 지혜로운 눈과 망념을 여읜 밝은 지혜가 아니고서는 제 마음속에 있는 신통한 능력을 결코 알지 못한다.[6]

'법계'에 대한 해석은 다양한데, 종밀 스님은 중생들의 몸과 마음의

---

6) 『注華嚴法界觀門』(대정장45, p.683b.), "法界者, 一切衆生身心之本體也. 從本已來, 靈明廓徹, 廣大虛寂, 唯一眞之境而已. 無有形貌, 而森羅大千, 無有邊際, 而含容萬有. 昭昭於心目之間, 而相不可覩, 晃晃於色塵之內, 而理不可分. 非徹法之慧目, 離念之明智, 不能見自心如此之靈通也."

본바탕을 '법계'라고 규정하고서는, 그 바탕은 "본래부터 신령스럽게 밝고 뚜렷하며 광대하면서도 텅 비고 고요하니 그저 하나의 참된 경계"라고 한다. 그것은 '제 마음 속에 있는 신통한 능력'이다. 불교의 다른 경전에서는 '법계' 대신 '본각진심(本覺眞心)', '원묘명심(圓妙明心)', '일심(一心)', '진여(眞如)', '일진법계(一眞法界)' 등의 용어로 쓰기도 한다. 법성교학에서 말하는 '부처님의 말씀'이란 무한한 법계에 대한 말씀이다. 화엄교학에서는 바로 이런 말씀을 '믿는'다.

다음으로, (2)'원융(圓融)하고 바다처럼 모든 것이 다 간직된 성(性)'에 대한 말씀이란 무슨 뜻인가? 종밀의 설명을 들어보자.

> 심하도다! 중생들의 미혹함이여! 몸이 오히려 한마음[一心] 속에 있는 것이 마치 큰 바다의 한 방울의 물거품 같은데도 그런 줄 모르고, 광대한 위엄과 신통한 힘이 있는데도 쓰지 못하는구나. 부들부들 떨면서 스스로 감옥에 들어가면서도 자신을 슬퍼하지 못한다. 그러므로 세존께서 바른 깨달음을 처음 이루시고 탄식하면서 말씀하셨다. "기이하구나! 내가 지금 여러 중생들을 두루 보건대 모두 여래의 지혜와 덕과 상호를 간직하고 있으면서도, 다만 망상과 집착 때문에 그것을 증득하지 못하는구나!"[7] 이리하여 법계의 성품에 걸맞게 『화엄경』을 설하시어, 모든 중생들이 제 자신 속에 있는 여래의 광대한 지혜를 보고서 법계를 깨칠 수 있게 하였다.
>
> 그러므로 이 『화엄경』은 여러 부처님들의 신통하고 오묘한 지혜의

7) 『華嚴經』「如來出現品」(대정장10, pp.272c-273a).

작용을 끝까지 다하였고, 모든 법(法)의 성(性)과 상(相) 그리고 이(理)와 사(事)를 투명하게 드러냈고, 수행 상에서 생기는 심리 상태와 그 부류들을 다 밝혔으니, 참으로 이치를 다하고 본성을 다 발휘한 것이라 할 수 있겠다.[8)]

그러니까 '원융하고 바다처럼 모든 것이 다 간직된 성(性)'에 대한 말씀이란, 한 마디로 요약하면, 중생의 본성에는 부처님과 동일한 지혜와 덕과 상호(相好)가 있다는 것을 보여주는 말씀이다. 부처님과 동일한 지혜와 덕과 상호를 『대승기신론』에서는 '지정상(智淨相)'과 '불가사의업상(不可思議業相)'으로 나누어 설명하기도 한다.[9)]

끝으로, (3)'걸림이 없는 연기(緣起)'에 대한 말씀이란 무슨 뜻인가? 『화엄경』에서 말하는 연기는 법계 연기이다. 즉 법계 위에서 펼쳐지는 연기이다. 법계는 위에서도 말했듯이 '일심'으로도 쓰인다. 따라서 그것은 곧 '일심 연기(一心緣起)'이다. 이 부분에 대해서는 『화엄경』 「십지품」 〈제6 현전지〉(실차난타 번역)의 말을 직접 들어보자.

삼계에 있는 것이 오직 한마음[一心]뿐인데, 여래가 이것을 분별하여

8) 『注華嚴法界觀門』(대정장45, 683b), "甚矣, 衆生之迷也. 身反在於心中, 若大海之一漚爾, 而不自知, 有廣大之威神, 而不能用. 觳觫而自投於籠檻, 而不自悲也. 故世尊初成正覺, 歎曰, 奇哉, 我今普見一切衆生, 具有如來智慧德相, 但以妄想執著, 而不證得. 於是, 稱法界性, 說華嚴經, 令一切衆生, 自於身中, 得見如來廣大智慧, 而證法界也. 故此經極諸佛神妙智用, 徹諸法性相理事, 盡修行心數門戶, 眞可謂窮理盡性者也."

9) 『大乘起信論』(대정장32, p.576c).

12가지[有支]라 말하였으니, 다 한마음을 의지하여 이렇게 세운 것이로다.[10]

그러니까 '걸림이 없는 연기'에 대한 말씀이란 '일심 위에서 일어나는 무궁무진한 연기'에 대한 말씀이다. 이상이 법성교학에서 말하는 '부처님의 말씀'인데, 이런 말씀을 담아놓은 것이 이른바 용수 보살이 용궁에서 보았다는 광본 『화엄경』이다.

저간의 정황에 대하여 『화엄경』에서는 이렇게 묘사하고 있다. "비유하건대 큰 경전이 있어 그 분량은 삼천 대천 세계와 같다. 거기에는 삼천 대천 세계의 일들이 모두 기록되어 있다. 이렇게 큰 경전이지만 이것은 아주 작은 먼지 속에 완전히 들어간다. 이 한 작은 먼지 속에도 들어 있듯이 그 밖의 모든 먼지 속에도 다 들어 있다."[11]고 한다.

이런 엄청난 경전은 그대로 용궁에 놔두고 제일 작은 약본을 가져온 것이 세상에 펴지고, 다시 한어로 번역된 것이 60권본, 또는 80권본, 또는 40권본 『화엄경』이다.

법성교학에서 말하는 '부처님의 가르침'을 우리는 이렇게 요약할 수 있겠다. 즉, 사람은 물론 생명체를 가진 모든 존재들은 도덕의 측면에서 보나, 지혜의 측면에서 보나, 내지는 그 밖의 어느 측면에서 보더라도 전지

---

10) 『大方廣佛華嚴經』(대정장10, p.194c), "三界所有, 唯是一心. 如來於此, 分別十二有支. 皆依一心, 如是而立."

11) 『大方廣佛華嚴經』(대정장10, p.272c) 참조.

하고 전능한 능력을 갖고 있다. 그리고 이 세상의 모든 존재들은 서로서로 중첩적으로 연기(緣起)하고 있는데, 그런 연기 현상은 생명체의 전지전능한 능력을 본바탕으로 하여 전개된다. 설혹 어떤 '악(惡)'이 현실적으로 있더라도 그것은 인간이나 세상의 본질은 아니다. 그것은 탐진치(貪瞋癡)로 표현되는 어리석음 때문에 일시적으로 나타나는 공(空)하고 무상(無常)하고 부질없는 작용일 뿐이다. 그런 것들에 간섭되지 말고, 자신의 전지전능한 능력을 발휘하라. 이것이 법성교학에서 말하는 가르침이다. 법성교학에서는 이런 가르침을 믿으라는 것이다.

Ⅳ. 화엄의 수행법

부처님의 가르침이 무엇인지에 대해서는 위에서 살펴본 대로이다. 그러면 부처님의 가르침을 깨닫기 위해서는 '어떻게 수행'해야 하는가? 이제부터 이 문제를 살펴보기로 한다.

화엄의 초조로 추앙되는 두순 법사가 종교적인 실천을 매우 중요하게 여겼음은 여러 연구들에[12] 의해서 밝혀졌다. 『법계관문(法界觀門)』을 두순 법사가 직접 저술한 것으로 알았던 당나라의 화엄 조사들은 『법계관문』에 각종 주석을 붙여 '수행의 방법'과 '교상(敎相)의 해석(解釋)'에 관한 이론을 정비했고, 다른 한편으로 40권본 『화엄경』의 끝 부분에 붙어있는 「보현행원품」의 주석 및 그에 따르는 수행법을 개발하기에 이르렀다.

『법계관문』의 주석서로 법장의 『화엄법계의해(華嚴法界義海)』, 징관의 『화엄법계현경(華嚴法界玄鏡)』, 종밀의 『주화엄법계관문(注華嚴法界觀門)』 등이 있다. 두순 법사는 제자 번현지(樊玄智)에게 '보현행(普賢行)'을 닦기를 권했고, 이후 징관은 『화엄행원품소(華嚴行願品疏)』를 냈으며, 종밀은 『화엄행원품소초(華嚴行願品疏鈔)』를 낸 것 등이 그것이다.

12) 張戒環, 「杜順과 『法界觀門』에 대한 小考」, 서울: 『보조사상』 제26집, 2006년.

두순 스님이 제시한 화엄의 '관행(觀行)'과 '보현행(普賢行)'은 역대의 화엄 조사들 누구 하나 빼놓지 않고 자신의 교학과 수행의 근간으로 받아들이고 있다. 이런 역대 화엄 조사들의 수행은 그 후 각종 법요의식(法要儀式)과 결합되어 구체적인 수행법으로 정착한다. 이 부분에 대해서는 이 책의 제13장에서 상세하게 소개할 것인데, 수행법에 대해 많은 연구를 한 사람은 송대 화엄 조사 중의 한 분인 진수 정원(晉水淨源; 1011-1088) 법사이다.

정원 법사는 당나라 법성교학의 수행법을 계승하여 화엄의 수행의궤(修行儀軌)를 정비한다. 그것이 바로 『화엄보현행원수증의(華嚴普賢行願修證儀)(No.1472本)』(1권), 『화엄보현행원수증의(No.1473本)』(1권),[13] 『원각도장약본수증의(圓覺道場略本修證儀)』(1권), 『수능엄단장수증의(首楞嚴壇場修證儀)』(1권)이다.

정원 법사의 이런 수행의식들은 의천(義天; 1055-1101) 스님을 통해 고려에 수입되고, 의천 스님은 이런 의식(儀式)들을 바탕으로 해서 천태종을 설립한다.[14] 정원 스님들의 작품들은 제목만 보아 모두 화엄종의 수행과 증득에 관한 의궤임을 알 수 있다. 『화엄경』, 『원각경』, 『능엄경』은 모두 법성교학과 직접적인 관계를 갖고 있는 경전들이다.

『화엄보현행원수증의』의 두 대본 중 No.1472본에는 No.1473본에는 없는 부분이 있는데, 그것이 바로 '단좌사유(端坐思惟)'이다. 이제부터는 이 부분에 의거하여 법성교학에서는 '어떤 수행법'을 사용하여 깨달음에 이르

13) 이 두 대본 사이의 관계에 대해서는 이 책의 제13장 참조.

14) 辛奎卓, 「古代 韓中 交流의 一 考察; 고려의 의천과 절강의 정원을 중심으로」, 서울: 『동양철학』 제28집, 2007.

려고 했는지를 살펴보기로 한다.

정원 법사는 원교(圓敎) 즉 화엄종의 수행법에는 두 종류가 있다고 한다. 첫째는 '비로법계를 깨닫는 것'이고, 둘째는 '보현보살의 행원을 실천하는 것'이다. 이제 순서대로 2종의 수행법을 살펴보기로 한다.

1. 비로법계를 깨치는 수행

정원 법사에 의하면 '비로법계'란 『화엄경』에서 설하고 있는 '일진무애법계(一眞無碍法界)' 혹은 '한마음'을 말한다고 한다. 그러면서 이 '한마음'은 성인과 범부를 관통하는 근본적인 '진심(眞心)'이라고 한다. 이렇게 '비로법계'에 대한 설명을 마치고는, 다시 '진심'의 의미에 대해 설명한다.

이런 일련의 과정을 통해서 정원 법사는 동교(同敎)와 별교(別敎)를 구분하고[15], 동교를 다시 둘로 나누어 종교(終敎)와 돈교(頓敎)로 나눈다.

'진심'에 관한 설명이 불경의 곳곳에 나오는데, 그 불경들의 교상(敎相)을 판석(敎釋)해보면 거기에는 표현법이나 설명의 방식은 다르다. '동교'에 속하는 경전인 『능엄경』에서도 '진심'을 말하고 있으니 '묘명진심'이 바로 그것이다. 뿐만 아니라 '돈교'에서도 '진심'을 말하고 있는데, 『화엄경』에

15) 『華嚴普賢行願修證儀』(신찬속장74, p.366c), "依圓敎修行, 略分爲二. 初悟毗盧法界, 謂華嚴經, 所說一眞無礙法界, 或名一心. 於中本具三世間, 四法界. 一切染淨諸法, 未有一法出此法界. 此是一切凡夫經人根本之眞心也. 汎言有二. 一同敎眞心, 二別敎眞心."

서 말하는 '공적한 법성'이라든가, 『대승기신론』에서 말하는 '진여(眞如)'라든가, 달마 대사가 말하는 '이심전심(以心傳心)'에서의 '심'이라든가, 육조 혜능 스님이 '밝은 거울은 본래 청정하니, 때를 닦을 필요가 있겠는가?[明鏡本淸淨, 何假拂塵埃]'라는 게송을 통해 전달하려고 하는 '본래부터 청정한 마음'이라든가, 이런 것들이 '진심'이다.

정원 법사는 수행을 하기 위해서는 단좌(端坐)하여 사유(思惟)해서 이런 '진심'을 깨치라고 한다.

그런가 하면 '별교'에 속하는 『화엄경』에서도 '진심'을 말하고 있는데, 거기서 말하는 '법계심(法界心)'이 바로 '진심'이라고 한다. '법계심'은 3종의 세간(世間)과 4종의 법계(法界)를 자기 안에 완전하게 포함하고 있다.

다시 '비로법계(毘盧法界)'를 깨닫는 문제로 되돌아가자. '비로법계'란 위에서 말했듯이 '진심'이다. 이 '진심'을 깨치는 것이 '단좌사유(端坐思惟)', 즉 조용하게 앉아서 관찰 사유하는 실천의 핵심이다. 그리고 위에서 보았듯이 '진심'은 각 경전마다 다른 용어나 다른 방식으로 표현되지만, 그 내용에는 전혀 차별이 없다.

2. 보현보살의 행원을 실천하는 수행

다음에는 어떻게 보현보살의 원행(願行)을 하라고 하는지를 보기로 한다. 그런데 여기서 먼저 정리하고 넘어가야 할 부분이 있다. 정원 법사가

'단좌사유(端坐思惟)'의 방법으로 '오비로법계(悟毘盧法界)'와 '수보현행해(修普賢行海)'를 제시하고 있음은 앞에서 본 대로이다. 그런데, 이 두 관계는 병렬의 관계도 아니고 선후의 관계도 아니다. 다시 말하면 '오비로법계'를 하고 나서 '수보현행해'를 한다든가, 혹은 '오비로법계'와 '수보현행해'를 동시에 진행한다든가 하는 것은 아니다. 그러면 무엇인가? 이 둘이 본질적으로 하나라고 한다. 이에 대해 정원 스님의 설명을 직접 들어 보자.

> "본심(本心)에서 무장애법계를 이미 분명하게 깨치면, 그 속에는 본래부터 연화장세계의 무수히 많은 상호(相好)와 제석천의 그물 코처럼 겹이 하염없이 많은 공덕이 갖추어져 있다. (이러한 상호와 공덕은) 시방의 부처님들과 비교하여 전혀 차이도 다름도 없다."[16]

모든 사람들의 '진심'에 들어 있는, 위의 인용문의 표현을 따르면 '본심'에 들어 있는, '법계'를 깨치기만 하면 그 속에 무수한 지혜와 공덕이 들어 있다. 그러나 문제는 무시이래로 윤회하면서 쌓여온 어리석음에 물들어 사람마다 갖고 있는 능력을 사용할 줄 모른다는 데에 있다.

그러면 어떻게 해야 본래부터 갖고 있었던 이런 능력을 발휘할 수 있을까? 자기에게 본래 간직되어 있는 '비로법계'와 하나가 되어[稱合], 자기 속에 본래부터 바다처럼 무량하게 구비되어 있는 보현보살의 행원을 실천

16) 『華嚴普賢行願修證儀』(신찬속장74, p.369a), "既得了悟無障礙法界于本心. 是中本具十蓮華藏微塵數相好, 帝網無盡神通功德, 與十方諸佛, 更無差別."

하면 된다.[17)]

그러면 어떻게 보현의 행원을 실천하는가? 정원 법사에 따르면 '관행(觀行)'을 하라고 한다. '관행'이란 '관찰(觀察)하는 수행'이라는 뜻인데, 관찰 그 자체가 수행이다. 이 수행에 대하여 정원 법사는 구체적으로 '제망무진관(帝網無盡觀)'과 '무장애법계관(無障碍法界觀)'이라는 두 종의 관찰 방법을 제시한다.

1) 제망무진관

먼저, '제망무진관(帝網無盡觀)'의 수행 방법으로 정원 법사는 「보현행원품」의 10행(行)을 다섯 덩어리로 요약하여 제시하고 있다. 다섯이란 첫째 예경문(禮敬門), 둘째 공양문(供養門), 셋째 참회문(懺悔門), 넷째 발원문(發願門), 다섯째 지송문(持誦門)이다. 앞의 넷은 제목만 보아도 그 내용이 짐작이 가므로 설명이 필요없겠고, 마지막 '지송문'만 보충 설명하면, 그것은 불보살의 명호(名號)를 부르는 것이다.

그러니까 '제망무진관'이란, 보현보살의 행원을 실천하는 방법인데, 그것은 곧 모든 법계와 허공계에 편만해있는 삼보 전에 내가 앞앞이 나아가서 예를 올리고, 각종 공양을 올리고, 업장을 참회하고, 발원하고, 그리고 그들의 명호를 부르는 것이다.

---

17) 『華嚴普賢行願修證儀』(신찬속장74, p.369a), "故須稱自家毘盧法界, 修本有普賢行海."

그런데 이것을 어찌하여 '관행(觀行)'이라고 명칭했을까? '관행(觀行)'이란, 용어 자체가 의미하듯이 그것은 사유를 통한 관찰과 관련된 내적(內的) 실천이다. 그러나 위의 다섯 실천 항목은 몸의 업이나 입의 업을 닦는 외적(外的) 실천들이다. 바로 이 부분에서 법성교학의 실천 수행법의 특징이 드러난다.

법성교학에서 말하는 관(觀)은 제망찰해에 무수하게 삼보가 상주한다고 '묵상(黙想)'[18]하면서, 내 한 몸이 여러 몸으로 분신하여 그들 삼보 전에 나아가서 보현보살의 10가지 행원을 맹세하고 실천하는 것이다. 표면적으로 보면 외적이고 육체적인 실천이지만, 그렇게 수행하는 당사자의 마음속에는 온 법계와 허공계에 상주하는 3보를 '묵상'을 하면서 다섯 종의 실천을 한다는 점에서 내적이고 마음적인 '관찰 수행'이라고 볼 수 있다.

2) 무장애법계관

다음으로, '무장애법계관(無障碍法界觀)'을 보도록 하자. '무장애법계관'에 대해 정원 법사는 이렇게 말하고 있다.

> 둘째로 '무장애법계관'이란 이를테면 일체의 염법(染法)과 정법(正法) 자체가 모두 '무장애법계'의 마음이라고 묵상하는 것이다. 이렇게 능히

18) 묵상: 이들은 『華嚴普賢行願修證儀(No.1473)』(신찬속장74, p.372a)에서 '黙想' 또는 '存想' 등의 용어를 사용하고 있는데, 이 모두가 조용하게 명상을 하면서 그렇게 생각하는 것이다.

관하는 지혜도 역시 모두 법계의 마음이라고 묵상하는 것이다.[19)]

이것은 결국은 '일심'이 원인이 되어서 관찰하는 주체도 생기고, '일심'이 원인이 되어서 관찰되는 대상인 법(法)도 생긴다고, 그렇게 '관(觀)'하는 수행이다. '일심'에 대한 이런 입장은 『화엄경』「십지품」〈제6 현전지〉에 나오는 유명한 구절로, 화엄 사상의 핵심을 이루고 있다. 즉 "삼계에 있는 것이 오직 한마음[一心] 뿐인 데, 여래가 이것을 분별하여 12가지[有支]라 말하였으니, 다 한마음을 의지하여 이렇게 세운 것이로다."[20)] 이 구절에 대해서는 많은 화엄주석가들이 자신들의 입장을 밝혀 주석을 하고 있는데, 위의 인용은 실차난타의 한역을 따른 것이고, 구마라습은 "삼계허망(三界虛妄), 단시심작(但是心作)"이라고 한다. 범어 텍스트에 의하면[21)] 실차난타의 번역이 원문에 가깝다.

이상을 요약하면 이렇다. '의식 주체'는 물론 의식의 재료거리가 되고 있는 '법(法)'도 모두가 '진심(眞心)'이 운동하는 무대 위에서 만들어진 것이라고 '관(觀)'하고, 또 마음속으로 묵상하되 무수하게 많은 3보 앞에 내 한 몸을 무수하게 분신하여 그들 앞에 앞앞이 나아간다고 '관(觀)'하면서, 그

19) 『華嚴普賢行願修證儀』(신찬속장74, p.369b), "二無障礙法界觀, 謂常想一切染淨諸法, 擧體全是無障礙法界之心, 此能觀智, 亦想全是法界之心."

20) 이운허 역, 『한글대장경 42 화엄부 三』, 동국역경원, 1966, p.733. 이 부분은 많은 논의가 있는 곳으로 원문을 소개하면, 大方廣佛華嚴經』(卷第37)(대정장10, p.194a.), "三界所有, 唯是一心. 如來於此, 分別十二有支.皆依一心, 如是而立."

21) 梵文『大方廣佛華嚴經十地品』, ed. R. Kondo, Tokyo, 1936.

들에게 예배하고 공양 올리고 참회하고 발원하고 명호를 염송하라는 것이다. 이 모두가 다 관상(觀想) 수행이다.

이상이 '보현행해(普賢行海; 바다처럼 무한한 공덕이 갖추어진 보현보살의 수행)'을 실천하는 것이다. 앞에서도 언급했다시피, 자기에게 본래 간직되어 있는 '비로법계(毘盧法界)'와 하나가 되어[稱合], 자기 속에 본래부터 바다처럼 무량하게 구비되어 있는 보현보살의 행원을 실천하는 것이다. 이렇게 정원 법사가 '비로법계'를 강조하는 것은 역대의 화엄 조사들과 입장을 같이 한다. '비로법계'는 정원 스님 자신도 말하고 있듯이 '일심'이다.

정원 법사가 이상과 같이 화엄의 수행이론과 의궤를 정립하게 된 배경에는 당나라의 법성교학자들이 교학(教學)과 관행(觀行)을 통일적으로 조화하려는 노력이 깔려 있다. 그 결실이 바로 『수화엄오지망진환원관(修華嚴奧旨忘盡還源觀)』이다.

이 작품은 제목이 말해주다시피, '화엄의 오묘한 내용을 수행하는 것'에 관한 글이다. 어떻게 수행하는가? '허망한 것들을 없애 본래의 근원으로 돌아간다.' 근원이란 바로 '일심'이다. 정원 법사가 이 작품에 깊은 관심을 두었음은 손수 『화엄망진환원관소초(華嚴忘盡還源觀疏鈔)』, 『망진환원관보해(忘盡還源觀補解)』 등의 주소(注疏)를 저술했던 것을 보아 짐작할 수 있다. 다만, 정원 법사는 『화엄망진환원관』을 법장 스님의 저서로 보고 있지만[22],

22) 『修華嚴奧旨忘盡還源觀紀重校』(대정장45, p.641a), "昔孤山智圓法師嘗稱, 杜順尊者, 抉華嚴深旨, 而撰斯文. 蓋準唐中書舍人高郢序北塔銘耳, 淨源向讀唐丞相裴休述妙覺塔記, 記且謂, 華嚴疏主仰賢首還源翫味亡斁, 若驪龍之戲珠也, 乃知斯觀實賢首國師所著斷矣. 抑又觀中, 具引三節之文, 皆國師之語章章焉. ; 옛날에 고산

이 책은 한 필자의 창작이라기보다는 당나라 법성교학의 총 결산으로 보아야 할 것이다.

이 저서는 기본적으로 『대승기신론』을 근간으로 해서 법성교학을 종합 정리한 것임을 알 수 있다. 이 점에 대해서는 고 장원규 교수도 일찍이 언급한 바 있다.[23)]

이 작품은 법성교학의 '교학(教學)'과 '관행(觀行)'을 이해하는 데에 매우 중요하기 때문에 큰 얼개만이라도 알아둘 필요가 있다. 그 골격을 엿볼 수 있는 본문 일부를 소개하면 다음과 같다.

지금은 이 관법(觀法)을 모두 6문(門)으로 나누어 간략하게 밝힌다. 먼저 (6문의) 명칭을 나열하고, 다음에 널리 해석한다.

첫째는 총체적 본바탕[一體]을 드러낸다.

말하자면 그것은 자성청정원명체(自性淸淨圓明體)이다.

지원 법사(976-1022)는 두순 존자께서 화엄의 깊은 종지를 결택하여 이 글을 지으셨다고 일찍이 말했다. 생각건대 이는 당나라 중서사인 벼슬을 한 고영(高郢)이 序한 『北塔銘』에 의거해서 그렇게 한 것 같다. 나 정원이 일찍이 당나라의 승상 배휴가 찬술한 『妙覺塔記』를 읽었는데, 거기에서 이르기를 "화엄소주(=청량 징관)께서 현수 법장 스님의 『망진환원관』을 보시고 그 맛에 취해 놓지 않기를 마치 검은 용이 여의주를 갖고 노는 것 같으셨다."고 했다. 이로서 『망진환원관』이 현수 국사께서 지으신 것임을 알 수 있다. 그리고 또 『망진환원관』 속에 3절의 문장을 갖추어 인용했는데 이는 모두 현수 국사의 문장이다."

23) 張元圭, 「圭峰의 教學思想과 二水 · 四家의 華嚴宗再興」, 『佛教學報, 제16집』, 동국대학교 불교문화연구소, 1979, pp.20-21.

둘째는 두 가지 작용을 일으킨다.

(1)하나는 삼라만상이 바다에 비치는 듯이 상주불변하는 작용이고, (2)다른 하나는 법계가 완전하고 밝듯이 자유자재한 작용이다.

셋째는 세 종류의 두루한 충만[遍充]을 제시한다.

(1)첫째는 한 먼지 속에 온 법계가 모두 두루한 충만이고, (2)다음은 한 먼지 속에서 한없이 많은 (공덕이) 생겨나는 충만이고, (3)마지막은 한 먼지 속에 공(空)과 유(有)를 두루 포함하는 충만이다.

넷째는 네 종류 덕(德)을 실천한다.

(1)하나는 인연에 따라 오묘하게 작용하되 한량이 없는 덕이고, (2)다음은 위의를 갖추고 주지를 하되 법도가 있는 덕이고, (3)다음은 부드럽고 바탕이 곧되 중생을 보살피는 덕이고, (4)마지막은 중생들을 대신해서 고통을 감수하는 덕이다.

다섯째는 다섯 종류의 마음의 평정[止]에 들어간다.

(1)하나는 법(法)은 청허하다고 관찰하여 모든 반연을 떠나는 마음의 평정[止]이고, (2)다음은 자아[人]는 공하다고 보아 욕망을 여의는 마음의 평정[止]이고, (3)다음은 본성이 다양하게 드러나는데 (그렇게 만드는 조물주가 있는 것이 아니고) 그것은 본래 그렇다고 관찰하는 마음의 평정[止]이고, (4)다음은 선정(禪定)의 광명이 드러나더라도 무념무심(無念無心)하는 마음의 평정[止]이고, (5)끝으로 사(事)와 리(理)가 현묘하게 상통하지만 거기에는 표상[相]이 없다고 보는 마음의 평정[止]이다.

여섯째는 6(種)의 관조 방법[觀法]을 실행한다

(1)하나는 대상을 주관 속으로 귀속시켜 공(空)하다고 보는 관조이고, (2)다음은 주관에서 현현한 대상은 묘하게 존재한다고 보는 관조이고, (3)다음은 주관과 대상이 비밀스럽게 완전하게 섞여있다고 보는 관조이고, (4)다음은 지혜[智身]로 뭇 인연을 비추어 보는 관조이고, (5)다음은 여러 몸이 한 경계에 들어간다고 보는 관조이고, (6)끝으로 주체와 객체가 서로가 서로를 드러냄이 제석천의 그물과 같다고 보는 관조이다.[24]

이것을 간략하게 요약하면 다음과 같다. '자성청정원명체(自性淸淨圓明體)', 이것은 다름 아닌 '화엄일진법계(華嚴一眞法界)'[25]로서 중생의 본바탕이다. 중생의 본바탕이 되는 이것은 크게 두 양상으로 작용하는데, 하나는 상주불변하는 작용이고 다른 하나는 삼라만상과 상응하여 자유자재하게 호응하는 작용이다. 그리고 '자성청정원명체(自性淸淨圓明體)'는 온 법계에 두루하여 겹겹으로 끝없이 연기(緣起)하여 없는 곳이 없고 없는 적이 없다. 다

24) 『修華嚴奧旨忘盡還源觀』(대정장45, p.637b), "今略明此觀, 總分六門. 先列名, 後廣辨. 一顯一體, 謂自性淸淨圓明體. 二起二用, 一者海印森羅常住用, 二者法界圓明自在用. 三示三遍, 一者一塵普周法界遍, 二者一塵出生無盡遍, 三者一塵含容空有偏. 四行四德, 一者隨緣妙用無方德, 二者威儀住持有則德, 三者柔和質直攝生德, 四者普代衆生受苦德. 五入五止, 一者照法淸虛離緣止, 二者觀人寂怕絶欲止, 三者性起繁興法爾止, 四者定光顯現無念止, 五者事理玄通非相止. 六起六觀, 一者攝境歸心眞空觀, 二者從心現境妙有觀, 三者心境祕密圓融觀, 四者智身影現衆緣觀, 五者多身入一境像觀, 六者主伴互現帝網觀."

25) 『忘盡還源觀補解』(신찬속장58, pp.173b-c).

만 중생들의 어리석음 때문에 그 본질이 현실 생활하는 속에서 드러나지 못한다. 따라서 누구든지 4종류의 '덕(德)'을 실천하고, '지(止)'와 '관(觀)'의 방법에 따라 수행을 하면 '자성청정원명체'가 활성화되어 부처님과 동등한 지혜와 덕과 상호가 드러난다.

당나라 화엄 조사들의 이상과 같은 결실을 구체적인 의궤로 정비한 것이 이상에서 설명한 정원 법사의 『화엄보현행원수증의』이고, 그 핵심은 첫째가 '비로법계를 깨닫는 것'이고, 둘째가 '보현보살의 행원을 실천하는 것'이다.

Ⅴ. 보현행원의 실천

이상에서 우리는 '법성교학'에서 믿는 '믿음의 대상'이 무엇이고, 또 결과적으로 '어떻게 실천 수행해서 깨달을 수 있는가'에 대하여 살펴보았다. 그리고 '법성교학'이라는 용어가 학술 용어로 쓰이기 위해서는 보다 엄밀한 정의와 설명이 필요하지만, 일단 '원교(圓教)'라는 뜻으로 썼다. '원교'라 함은 '원종(圓宗)의 교학'이다. 그리고 '원종'이란 '화엄종' 또는 '법계종' 또는 '현수종' 또는 '법성종'으로도 쓰인다.

그런데 불교에서 말하는 믿음[信]은 위에서 검토한 대로 '부처님의 가르침'에 대한 믿음이라는 것도 알았다. 그리고 불교의 수많은 경전 속에서 설해지고 있는 '부처님의 말씀' 중에서 '법성교학'에서는 자종(自宗)의 독특한 교상판석에 입각하여 『화엄경』에서 말하는 '끝없는 법계', '원융한 법성(法性)', '걸림 없는 연기(緣起)'가 궁극적인 '부처님의 가르침'이라고 논증한다. 그리고는 이런 '교학'에 상즉한 혹은 하나가 된 보현보살의 행원을 제시한다. 이것은 다른 말로 '교즉관(教卽觀)'[26]으로 표현되기도 한다.

보현보살의 행원이란 (1)예경제불(禮敬諸佛), (2)칭찬여래(稱讚如來), (3)

---

26) 陳永裕(本覺),「華嚴觀法の實踐性」, 『宗教研究』第4輯, 東京: 日本宗教學會, 1991, p.187.

광수공양(廣修供養), (4)참회업장(懺悔業障), (5)수희공덕(隨喜功德), (6)청전법륜(請轉法輪), (7)청불주세(請佛住世), (8)상수불학(常隨佛學), (9)항순중생(恒順衆生), (10)보개회향(普皆回向)이다.

그러면 이런 보현보살의 행원을 어떻게 실천하는가? '관(觀)하는 수행', 즉 '관행(觀行)'을 하라고 한다. 그러면서 두 종류의 관행을 제시하는데 하나는 '제망무진관'이고 다른 하나는 '무장애법계관'이다.

'제망무진관'을 실천하는 방법으로는 예경(禮敬), 공양(供養), 참회(懺悔), 발원(發願), 지송(持誦)을 제시했고, '무장애법계관'을 닦기 위해서는 우리 의식의 대상노릇을 하는 '경(境)'이나, '그것을 대상 삼아 관찰하는 마음[觀智]'이나 이 모두가 법계의 '일심(一心)'에서 나온 것이라고 '묵상'하라고 한다.

이렇게 '묵상'하는 과정에서 각종 마장을 비롯하여 내지는 부처나 보살의 모습이 나타나더라도 이 모든 것은 '일심'에서 나온 부질없는 것이라고 생각하고 그것에 홀리지 말라고 한다.[27]

현재 한국 불교계에도 화엄의 교학자들이 정립한 철학의 영향으로 형성된 법요식(法要式)과 신행(信行) 활동이 공존한다. 그 대표적인 것이 〈사시불공〉 의례이다. 아주 간단하게 요점만 보자. 법당에 들어가 본존을 향해서 이렇게 염불을 하면서 절을 세 번 올리고 자리에 앉는다. 물론 이때의 본존은 청정법신 비로자나불이 으뜸이다.

27) 『華嚴普賢行願修證儀』(신찬속장74, p.369b.)

보례진언(普禮眞言)

아금일신중(我今一身中) 제 한 몸이
즉현무진신(卽顯無盡身) 한량없는 몸으로 분신되어
변재삼보전(遍在三寶前) 곳곳의 3보님 앞에 다가가
일일무수례(一一無數禮) 앞앞이 절을 올립니다.
옴바아라믹 옴바아라믹 옴바아라믹.

그리고는 『천수경(千手經)』을 독송한다. 『천수경』 속에는 예경, 참회, 발원, 지송의 요소가 들어 있다. 다음으로 〈삼보통청〉으로 들어간다. 〈삼보통청〉은 거불 → 유치 → 청사 → 향화청 → 헌좌진언 → 정법계진언 → 공양게 → 진언권공 → 4다라니 → 예참 → 4대주 → 정근 → 탄백 → 축원 등으로 진행된다. 이 부분에서는 집중적으로 예경과 공양이 진행된다. 참으로 잘 정비된 의식이다.

다만 여기에서 현재 한국의 불교계가 한 번은 살펴보고 넘어가야 할 부분이 있다. 그것은 '법성교학'에서 정립한 '믿음'과 '이해'와 '수행'과 '깨달음'을 현실에 적용하는 과정에서 의례화(儀禮化)되지 않았나 하는 점이다. 형식에 치우쳐 본래의 취지를 잃어가지는 않았는가?

그래서 이런 제안을 하고 싶다. 법성교학의 본래의 취지를 살려가면서 〈사시불공〉을 드리자고 말이다. 즉 『화엄경』의 「십지품」에서 제시한 대로 '일심(一心)'을 믿으면서, 「보현행원품」에서 나오는 실천과 서원을 오늘의 현실에 맞게 실천하고, 나아가서는 「입법계품」에 나오는 선재동자의 구법 활동을 저마다 역량 따라 실천하자. 이것이야말로 『화엄경』을 통해 비로자나 부처님께서 대승을 믿고 따르는 보살 대중들에게 전하고자 하는 근본 취지이다.

〈사시불공〉을 올리면서 집전을 하는 법주나 동참 대중이나 모두 이 정신으로 복귀했으면 좋겠다. 그리고 이 정신에 입각해서 법문을 했으면 좋겠다. 부처가 되느니, 깨닫느니, 극락을 가느니, 돈오가 어떠니, 점수가 어떠니 하는 이런 현학적이고 관념적이고, 나아가 개인적인 이야기는 당분간 보류해 두었으면 좋겠다.

『화엄경』에서 말하듯이 모든 인간이 부처와 똑같은 지혜와 덕을 갖추고 있다는 것을 추호도 의심 없이 믿고, 다시 말해 인간에 대한 전폭적인 신뢰를 바탕으로, 그리고 보현보살의 실천을 따라 여러 생을 거듭하면서 저마다 분수에 맞게 번뇌를 닦아가는 삶을 살자는 것이다. 축원문 끄트머리에 나오듯이 '세세상행보살도(世世常行菩薩道)'를 실천하면 그렇게 살아가다보면 마침내 '구경원성무상각(究竟圓成無上覺)'이 되는 것이다. 이것이 『화엄경』의 큰 두 기둥에 해당하는 「십지품」과 「입법계품」이 전하는 말씀의 골격이다.

『화엄경』의 각 품은 별도로 유행하다가 서북 인도 내지는 중앙아시아의 코탄(Khotan, 한자로는 '우진(于闐)'으로 표기) 지역에서 대형 경전으로 편집되면서[28] 편입되었다. 그 중 「십지품」은 일찍이 『십지경』이란

28) 高崎直道, 「華嚴思想展開」, 『講座大乘佛教3 華嚴思想』, 東京: 春秋社, 昭和58年, p.15.

이름으로 단행본으로 유통되기도 했다. 이 책은 범본이 발견되었는데 *Daśabhūmikasūtram*[29]과 *Daśabhūmiśvaro nāma mahāyānasūtram*[30]라는 이름으로 알려졌다.

한편, 「입법계품」도 역시 별도로 유행되었고 범본이 발견되어 *The Gan-davyuha Sutra*[31]라는 이름으로 출판되었다. 물론 이 경은 당나라 반야(般若) 스님에 의해 40권본 『화엄경』으로 한역되었다. 이 경과 80권본 『화엄경』의 마지막 품인 「입법계품」은 대개 일치하는데, 현저하게 다른 점은 40권본 『화엄경』의 마지막에만 유독 「보현행원품」이 더 붙어있는 점이다. 이런 서지적인 문제는 이 책의 제13장 「Ⅱ. 「보현행원품」의 출현과 그 내용」 부분에서 자세하게 고증하기로 한다.

고대 동북아시아 한자 불교권에서는 바로 이 「보현행원품」에 주목하고 각종 주석을 붙이고 각종 의궤에 활용했다. 「보현행원품」은 『화엄경』 전체의 골수이다. 법성을 믿는 대승의 보살들은 「보현행원품」을 항상 수지하고 독송하여 그 정신을 계승하고 실천해야 할 것이다.

우리나라 조선시대에는 이 책이 세 번이나 판각되어 유행했다. 처음은 징광사(澄光寺) 판으로 백암 성총 스님이, 또 다음은 영각사(靈覺寺) 판인

---

29) '十地에 대한 경전'이라는 뜻. 1926년 프랑스 파리에서 J. Rahder에 의해 출판되었다.

30) '十地를 원만하게 성취한 자재하신 임금이라고 이름 하는 대승경전'이라는 뜻으로 1936년 일본의 東京에서 近藤陸晃에 의해 출판되었다.

31) '雜花로 장식한 경'이라는 뜻으로 용수는 자신의 저작에 『不可思議解脫經』이라는 이름으로 인용하기도 했다. 이 책은 1934-1936년에 일본의 京都에서 D. T. Suzuki와 Hokei Idzumi에 의해 출간되기도 했다.

데 설두 유형 스님이, 마지막은 봉은사(奉恩寺) 판인데 석원 선영 스님이 각각 주관했다.

그리고 일제강점기에는 용성 조사께서 이 책을 한글 번역하여 보급하셨고, 대한민국 건국 후에는 운허 강백과 성철 선사께서 이 부분에 극진히 힘쓰셨고, 다시 이 뜻은 불광회의 광덕 대덕께로 이어졌다.

제12장 화엄의 법계관

Ⅰ. 법성교학의 실천 이론

불교의 여러 문헌들이 아무리 철학적인 논증과 분석 그리고 사유의 내용과 형식을 중요시한다고 하더라도, 실천적인 측면을 소홀히 한 경우가 없다. 오히려 실천을 완성하기 위한 이론화 작업의 과정에서 여러 철학적인 문제 제기와 풀이가 생겼다고 보아야 할 것이다.

실천을 중시하는 불교의 이런 특징은 불교가 인도 문화권에서 생성된 이른바 출생 연원에 기인한다. 원의범 교수는 일찍이 그의 저서 『인도철학사상』에서 "인도 철학의 넷째 특징은 진리 탐구의 방법 혹은 진리 실천의 방법으로서 명상(yoga)을 하는 것이라 할 수 있다."[1]고 한 바 있다. 불교도 역시 인도 철학이라는 큰 물줄기에 뿌리를 내린 이상 진리 실천의 방법으로 명상을 배제하지 않았다.

이런 현상은 중국 문화권에 전파된 불교의 경우도 예외는 아니었다. 서로 다른 교상판석에 의한 3장(藏)의 주석 작업이 이루어지는 과정에서도 타(他)와 구별되는 고유의 수행 방법을 제시하기에 이르렀다. 예컨대 당대

1) 원의범, 『印度哲學思想』, 서울: 집문당, 1977, p.20.

(唐代)의 천태종과 보리 달마 남종에서는 각각 지관(止觀)과 반조선(返照禪)[2]이, 그리고 송대(宋代)의 선불교에서는 간화선(看話禪)이, 그리고 정토종에서는 염불 등이 제시되었다. 화엄종에서는 일찍이 두순(杜順; 557-640)의 『법계관문(法界觀門)』에 나오는 '관(觀)'을 자종(自宗)의 수행법으로 개발했고, 이것은 보살도의 실천으로 대표되는 보현보살의 행원(行願)과 더불어 화엄행자들의 수행법으로 이어져왔다.

불교학계가 이미 수용하고 있듯이, 두순은 중국 화엄종의 실질적인 창시자로서, 그리고 종교적 실천 방면을 주안으로 하고, 또 화엄학의 기초적 토대를 쌓은 분으로 한국 학계에도 알려져 있다.[3] 그런데 두순의 저서로 알려진 『법계관문』이 독립적으로 유통되는 것은 없고, 화엄 제3조 현수법장(賢首法藏; 643-712)의 『화엄발보리심장(華嚴發菩提心章)』의 「표덕 제4(表德第四)」에 인용되기도 했고, 화엄 제4조 청량 징관(淸凉澄觀; 738-839)의 『화엄법계현경(華嚴法界玄鏡)』과 화엄 제5조 규봉 종밀(圭峰宗密; 780-841)의 『주화엄법계관문(注華嚴法界觀門)』에 다시 인용되어 주석되기도 했다. 이렇게 보면 당대(唐代)의 역대 화엄 종장들이 거의 『법계관문』에 주목을 하고 있음을 알 수 있다. 그 중에서도 규봉 종밀의 『주화엄법계관문』은 당대 화엄종사들 중에 가장 늦게 만들어진 작품으로, 『법계관문』에 대한 전(前) 시대 화엄

2) 신규탁, 「친절한 간화선승 : 한암 중원」, 『한국 근현대 불교사상 탐구』, 서울: 새문사, pp.213-238.

3) 金芿石, 『華嚴學槪論』, 서울: 동국대학교 출판부, 1960, p.8. ; 張戒環, 「杜順과 『法界觀門』에 대한 小考」, 『보조사상』제26집, 보조사상연구원, 2006, pp.266-270.

종장들의 견해를 총괄했다고 할 수 있다.

한편 일본에서는 응연(凝然)이 『법계의경(法界義鏡)』에서 10종의 관법 중 두순의 『법계관문』이 으뜸이라고 평가하면서, 현대의 많은 화엄학 연구자들에게[4] 이 책이 더욱 주목을 받게 되었다. 한국의 경우는 고려의 대각국사 의천(義天)을 비롯한 여러 학승들이 이 책에 주목을 했었고, 조선시대에는 무용 수연(無用秀演; 1651-1719)이 당본(唐本) 『주화엄법계관문』을 입수해 1713년(숙종 39)에 경상도 지리산 왕산사(王山寺)에서 목판으로 개판할[5] 정도로 『법계관문』에 대하여 꾸준한 관심을 보여 왔다.

그런데 한 · 중 · 일을 통틀어 현대적인 방법을 도입하여 이 분야의 본격적인 연구를 시작한 것은 진영유(陳永裕) 교수(법명; 本覺)였고, 이에 관한 연구성과는 그의 박사학위청구논문을 『화엄관법의 기초적 연구』(『華嚴觀法の基礎的研究』, 서울; 民昌文化社, 1995年)라는 책으로 출판하면서 학계에 소개되었다. 이 책은 화엄 관법에 관한 전문적인 연구로서, 진(陳) 교수는 이 책 이외에도 「화엄관법의 실천성」(「華嚴觀法の實踐性」, 1991년)을 비롯하여 이 분야의 많은 연구 성과[6]를 내었다.

---

4) 木村清孝, 『初期中國華嚴思想の研究』, 東京: 春秋社, 昭和52, p.343. ; 慧潤 著, 釋元旭 편역, 「화엄법계관법의 구조와 특징」, 『화엄사상론』, 문학생활사, 1988, p.242.

5) 연세대학교 중앙도서관 편, 『연세대학교 중앙도서관 고서목록』, 서울: 연세대학교 중앙도서관, 1977, p.80.

6) 陳永裕(本覺), 「華嚴觀法の實踐性」, 『宗教研究』 第4輯, 東京: 日本宗教學會, 1991 ; 「華嚴觀法の研究」, 『韓國佛教學 SRMINAR』 第5号, 新羅佛教研究會編, 東京: 山喜房佛書林, 1993 ; 「華嚴家の止觀に対する解釋」, 『印度學佛教學研究』 53卷 第1号, 印度學佛教學研究會, 平成16 ; 「智儼의 華嚴敎學」, 『중앙승가대학교수논문

이상에서 소개된 기존의 많은 연구를 검토해보면, 연구자들은 『법계관문』에 나오는 '관(觀)'을 화엄종의 수행적 기능에 주목하면서 분석 평가하고 있다. 필자도 기존의 연구 성과가 보여주듯이 '관'이 화엄의 수행 이론이라는 점에 대해서는 이론이 없다. 다만, 필자가 보기에 화엄에서 말하는 '관'은 좀 더 포괄적으로 넓게 이해해야 한다는 것이다. 다시 말하면 '관'의 기능 속에는 '수행 실천적' 부분은 물론, 불교의 각 종 교학 이론을 설명하는 '교리 해석적' 부분도 들어있고, 나아가서는 마음의 본질을 규명하는 '현상학적' 부분도 들어 있다고 생각한다. 본 장에서는 '관'의 기능 속에는 실천적 부분과 교리 해석적 부분이 들어 있음을 논증해 보려고 한다. 의식의 본질과 관련 현상학적인 부분은 다른 기회에 별도로 다루기로 한다.[7)]

청량 징관의 경우는 『화엄법계현경』에서 「주변함용관 제3(周徧含容門第

집』 제2집, 중앙승가대학, 1993 ; 「華嚴觀法에 있어서 空觀의 意義」, 『중앙승가대학교수논문집』 제3집, 중앙승가대학, 1994 ; 「華嚴敎學의 法界義 고찰」, 『중앙승가대학교수논문집』 제7집, 중앙승가대학, 1998 ; 「宗密의 敎禪觀法에 대한 考察」, 『중앙승가대학교수논문집』 제9집, 중앙승가대학, 2000-2001.

7) '의식의 본질'을 탐구하는 現象學에서는 보편자로서의 '본질'은 의식의 활동성에 의한 구성체로 존재하는 것이 아니라, 객관적으로 실재한다고 한다. 이런 점에서 '심리학주의'와도 구별된다. 필자는 화엄의 '一心'이야말로 '의식의 본질'이며, 화엄에서는 이것의 경험, 즉 '본질직관'을 '觀'을 통해서 시도하는 것이라고 생각한다. 특히 『華嚴經』 「十地品」〈第六 現前地〉(實叉難陀 譯)에 나오는 『大方廣佛華嚴經』(卷第37)(대정장10, p.194a), "三界所有, 唯是一心. 如來於此, 分別十二有支.皆依一心, 如是而立. ; 삼계에 있는 것이 오직 한 마음뿐인 데, 여래가 이것을 분별하여 12가지[有支]라 말하였으니, 다 한 마음을 의지하여 이렇게 세운 것이로다."'觀'의 대상은 '一心'의 지평에 표상되는 일체의 法이다.

三)」을 10현(玄)에 무리하게 적용함으로 인해, 규봉 종밀에게 지적된 바도 있듯이, 지나치게 화엄교학의 체계화에 기울었다. 그 결과 『법계관문』에서 보여주고자 하는 찬술자의 의도에 불충실한 면도 없지 않았다. 이런 등의 이유로 필자는 『화엄법계현경』보다 『주화엄법계관문』을 발판으로 『법계관문』의 난해한 본문에 접근하려 한다. 물론 본 장에서 사용하는 『법계관문』의 본문은 『주화엄법계관문』에 인용된 것을 대본으로 한다.

Ⅱ. 『법계관문』의 구성

『법계관문』의 문헌적인 연구는 『초기 중국 화엄 사상의 연구(初期中國華嚴思想の硏究)』에 실린 「『법계관문』을 둘러싼 문제(『法界觀門』をめぐる問題」[8]에 소상하게 정리 소개되었다. 이 책에서 기무라(木村) 교수는 『법계관문』의 본문을 교감하고, 이 책의 출현 시기와 찬술자에 대하여 해명하고 있다. 그 설명에 따르면 8세기 후반에 두순 법사의 찬으로 사료되는 독립된 『법계관문』이 존재했었을 것이라고 추정한다. 그리고 지은이에 대하여 기무라 교수는 위의 글에서 『법계관문』을 두순의 것으로 보는 데에는 무리가 있다고 한다. 이런 주장을 전후로 많은 논문들이 나왔는데 일련의 과정은 진영유 박사의 『화엄관법의 기초적 연구(華嚴觀法の基礎的硏究)』에 소상하게 소개되었다.[9]

동국대학교의 장계환 교수는 이 문제를 다시 거론하여,[10] 이 책은 두순의 찬술이고 그 내용의 일부분이 같은 『발보리심장』은 법장의 저술이라

8) 木村清孝, 『初期中國華嚴思想の硏究』, 東京: 春秋社, 昭和52, pp.328-370.

9) 陳永裕, 『華嚴觀法の基礎的硏究』, 서울: 民昌文化社, 1995, pp.28-31.

10) 張戒環, 「杜順과 『法界觀門』에 대한 小考」, 서울: 『보조사상』 제26집, 보조사상연구원, 2006, p.278.

고 한다. 그런데 장계환 교수도 위의 논문에서 밝히고 있듯이, 『법계관문』의 '두순 찬' 여부에 관계없이 징관에 와서 이 책은 화엄교학에서 차지하는 비중은 새롭게 평가를 받게 된다. 필자는 기본적으로 지은이와 찬술 시기에 대한 이 입장은 장계환 교수의 설을 따르면서, 본 장에서 논증하고 하는 '관(觀)의 기능'에 대해서 검토해보기로 한다.

먼저 논의의 전개를 위하여 『법계관문』의 구조를 간단하게 살펴보기로 한다. 『법계관문』은 크게 세 부문으로 구성되어 있다. (1)진공관제일(眞空觀第一), (2)이사무애법계관제이(理事無礙法界觀第二), (3)주변함용관제삼(周遍含容觀第三)이다. 이것은 뒷날 청량 징관이나 규봉 종밀에 의해 화엄의 4법계(法界)에 짝지어지기도 한다. 화엄의 4법계란 이른바 '사법계(事法界)', '이법계(理法界)', '이사무애법계(理事無礙法界)', '사사무애법계(事事無礙法界)'인데, 『법계관문』에서는 '사법계'가 빠져있다. 이 이유에 대하여 청량 징관과 규봉 종밀은 제 각기 다른 해석을 하고 있다.[11] 규봉 종밀은 법계종(法界宗; 화엄종)에서는 고립되어 있고 단독적인 '법(法)'을 인정하지 않기 때문에 '사법계'에 대한 설명을 삭제했다고 했는데, 필자도 이 입장에 선다. 그 이유는 연기 사상에 대한 해석의 변화 속에서 화엄의 '관'을 이해해야 하기 때문이다.

이하에서는 논의의 전개를 위하여 『법계관문』에 나타난 각 '관'에 대

11) 청량은 "其事法界, 歷別難陳, 一一事相, 皆可成觀, 故略不明."(대정장45, p672하)라고 하고, 규봉은 "除事法界也. 事不獨立故, 法界宗中無孤單法故. 若獨觀之, 卽是情計之境, 非觀智之境."(대정장45, p.684c)라 하고 있다

해서 살펴보도록 하는데, 이에 앞서 한자 서명인 『법계관문(法界觀門)』을 한글로 번역함으로써 이하 문맥 전개상 상호 오해의 소지를 줄일 필요가 있다고 생각한다. 필자는 이를 『법계를 관찰하는 방법』으로 번역하고자 한다. '관(觀)'[12]을 '관찰하다', '문(門)'을 '방법'으로 한글 번역한 것이다. '법계(法界)'는 화엄의 독특한 술어이므로 번역하지 않았다. '법계'에는 여러 의미가 내포되어 있다지만[13], 필자는 본 장 '주7)'에서도 인용한 "삼계소유(三界所有), 유시일심(唯是一心)"에서 사용된 맥락에서의 '일심(一心)'의 뜻으로 사용하고자 한다.

12) '觀' 字는 '法', '行', '門' 등의 문자와 결합하여 '觀法', '觀行', '觀門' 등으로 사용되기도 하며, 다시 거기에 '華嚴'이라는 2 字를 갓 씌워 '華嚴觀法', '華嚴觀行', '華嚴觀門' 등으로도 사용된다. 장계환 교수도 「杜順과 『法界觀門』에 관한 小考」(p.226)에서 『수현기』의 "內心照察, 名之謂觀"(대정장35, p.53a)을 인용하여 정의 내리듯이 "'觀'이란 내심을 관찰하는 것이다." 그리고 '觀法'이라고 할 때에 '法'의 의미에 대해서는 현재 학계에서는 크게 두 의미로 사용하고 있다. 하나는 '法'을 '法界'로 보는 입장이고, 다른 하나는 '法'을 '一切法'으로 보는 입장이다. 한국의 학계의 경우 前者의 정의는 장계환 교수가 위의 논문(p.226)에서 사용하고, 後者의 정의는 진영유 박사가 『華嚴觀法の基礎的硏究』(서울: 民昌文化社, 1995年, p.14)에서 채용하고 있다. 필자의 경우는 본 장에서는 '觀法'이라는 용어는 될 수 있으면 피하고, 혹 觀法이라고 일반 용어로 사용할 경우에는 '觀하는 방법' 내지 '觀하는 법' 정도의 뜻으로 사용한다. 단, 필자는 '觀'의 대상에 관해서는 智儼이 정의한 '內心'을 따른다. 화엄교학에서는 '일체법'이든 '法界'이던 '三界'이든 모두가 '唯是一心'의 설을 따르기 때문이다.

13) 陳 박사는 「華嚴敎學의 法界義의 고찰」(p.120)에서 화엄교학에서 말하는 法界를 이렇게 결론 내리고 있다. "결국 화엄교학에서 法界란 시간과 공간의 제한을 넘어서 영속하는 법성의 성품을 뜻하기도 하며, 법계에 證入하는 普賢을 의미하기도 하고, 중중무진의 圓融無障碍를 나타내는가 하면, 一心 또는 一眞으로 본원성 내지는 순일성을 내포하기도 하는 것이다."

1. 진공관(眞空觀)

첫째의 '진공관제일(眞空觀第一)'은 다시 4구(句)로 나뉘고, 4구가 다시 나뉘어져 총 10문(門)을 형성하고 있다. 4구는 '회색귀공관(會色歸空觀)', '명공즉색관(明空卽色觀)', '공색무애관(空色無礙觀)', '민절무기관(泯絶無寄觀)'을 말한다. 그러면 순서대로 4구의 '관(觀)'을 살펴보기로 한다.

'회색귀공관(會色歸空觀)'은 이 '관'의 명칭대로 '색(色)을 회통하여(=색을 여러 측면에서 검토하여[14]), 그것들이 결국은 모두 '공(空)'으로 귀결되는 것을 관(觀)하는 것'이다. 그 중에서도 '색(色)을 회통하는 것'은 다시 3문(門)으로 나뉘고, 거기에 '공(空)으로 귀결하는 1문(門)'이 더해져서 도합 4문(門)이 된다. '색을 회통하는 것'은 구체적으로 '색부즉공(色不卽空)'을 관(觀)하는 것이고, '공(空)으로 귀결된다고 보는 것'은 '색즉시공(色卽是空)'을 관(觀)하는 것이다. 결국 처음에는 '색(色)은 공(空)이 아니다'고 관(觀)하다가, '회색귀공관(會色歸空觀)'이라는 관(觀)을 거치면서 '색(色)이 곧 공(空)이다'는 사실을 알게 되는 것이다.

다음은 '명공즉색관(明空卽色觀)'을 보기로 한다. 이것도 위와 마찬가지로 4문(門)으로 나뉜다. 다만 다른 것은 위의 4문은 색(色)이 주어(主語) 노릇을 했는데, 여기에서는 공(空)이 주어 노릇을 한다. 즉 처음에는 '공(空)은

---

14) '여러 측면'에 대하여 청량 징관과 규봉 종밀이 달리 말하고 있다. 먼저 청량 징관은 "揀卽離, 揀難意, 揀形顯." 『華嚴法界玄鏡』(대정장45, p.673a)이라고 하고, 규봉 종밀은 "揀斷空, 揀實色, 揀雙揀." 『注華嚴法界觀門』(대정장45, p.685a)이라고 한다.

색(色)이 아니다'고 관(觀)하다가 '명공즉색관(明空卽色觀)'이라는 관(觀)을 거치면서 '공(空)은 곧 색(色)이다'는 것을 알게 되는 것이다. 이 중에서 '공(空)은 색(色)이 아니다'는 것을 관(觀)하는 데는 위와 마찬가로 세 가지 측면에서 관점을 바꾸어 가면서 진행한다. 이렇게 하여 '명공즉색관(明空卽色觀)'도 역시 4문(門)으로 펼쳐진다.

다음은 '공색무애관(空色無礙觀)'인데 이것 단독으로 1문(門)을 이룬다. 앞의 '회색귀공관(會色歸空觀)'과 '명공즉색관(明空卽色觀)'이 서로 대응하였는데, 여기에서는 이것을 하나로 아울러 공(空)과 색(色)이 서로에게 장애가 되지 않는 것을 관(觀)하는 것이다. 규봉 종밀의 말대로 "여기에서 말하는 색(色)은 환색(幻色)이므로 공(空)과 모순되지 않고, 공(空)은 진공(眞空)이기 때문에 색과 서로 장애를 일으키지 않는다."[15]

마지막은 '민절무기관(泯絶無寄觀)'이다. 이것 역시 위의 경우와 마찬가지로 단독으로 1문(門)을 이룬다. '진공관(眞空觀)'은 온 법계가 모두 진공임을 관(觀)하는 것이다. 법계가 진공임을 관(觀)하는 방법으로 『법계관문』에서는 모두 10가지 '통로[門]'를 제시하고 있는데, 여기에서 말하는 '민절무기관(泯絶無寄觀)'은 언어나 사유라는 '통로[門]'를 사용해서는 참된 공(空)의 세계를 관(觀)할 수 없고 오직 실천에 의해서만 드러나는 경지라고 한다.

이상을 돌아보면, '회색귀공관(會色歸空觀)'과 '명공즉색관(明空卽色觀)'은 언어와 사유로 진공의 세계에 들어가는 관(觀)이고, '공색무애관(空色無礙觀)'

---

15) 『注華嚴法界觀門』(대정장45, pp.686b-c), "今旣色是幻色, 故不礙空. 空是眞空, 故不礙色也."

은 사유의 작용이 끝나고 실천으로 들어가는 관(觀)이며, 마지막 '민절무기관(泯絶無寄觀)'은 실천의 바탕이 바르게 완성되는 관(觀)이다.[16] 이렇게 보면 '진공관(眞空觀)'에서 나오는 네 관(觀) 중에서 앞의 세 관(觀)과 마지막 관(觀)의 관계는 앞에서 뒤로 가면서 자취를 없애면서 향상(向上)하는 관계로 이해할 수 있다. 이 점을 잘 드러내 주는 부분으로 『법계관문』의 다음 구절을 보자.

> 만약 앞의 세 관(=會色歸空觀, 明色卽空觀, 空色無礙觀)을 환하게 밝히지 못하면 이러한 실천법(=泯絶無寄觀)을 이룰 수 없다. 만약 이러한 실천법(=泯絶無寄觀)은 앞의 세 관법이 끊어진 상태에서 이루어진다는 것을 알지 못하면, 앞의 세 관법도 제대로 이해한 것이 아니다. 만약 사유로 이해한 것을 고수하고 버리지 못하면 바른 실천으로 들어가지 못한다. 그러므로 실천은 앎으로 말미암고 실천이 시작되면 (그간의) 앎은 모두 사라진다.[17]

그러니까 '민절무기관(泯絶無寄觀)'을 온전하게 실천해야지만 앞의 3관(觀)에 대한 이해가 온전해진다는 것이다. 그런가 하면 앞의 3관(觀)을 제대로 이해해야지만 뒤의 '민절무기관(泯絶無寄觀)'을 실천할 수 있다는 것이다.

---

16) 『注華嚴法界觀門』(대정장45, p.687a), "於前四句中, 初二句八門, 皆揀情顯解, 第三句, 解終趣行, 第四句一門, 正成行體."

17) 『注華嚴法界觀門』(대정장45, pp.687a-b), "若不洞明前解, 無以躡成此行. 若不解此行法, 絶於前解, 無以成其正解. 若守解不捨, 無以入玆正行. 是故行由解成, 行起解絶."

2. 이사무애관(理事無礙觀)

이 '관(觀)'은 '이(理)'와 '사(事)'가 서로가 서로를 가로막지 않고 있음을 관찰하는 것으로, 그런 경지에 들어가는 길을 10가지 '통로[門]'로 나누어 설명하고 있다. 즉, 1)이편어사문(理偏於事門), 2)사편어이문(事偏於理門), 3)의리성사문(依理成事門), 4)사능현리문(事能顯理門), 5)이리탈사문(以理奪事門), 6)사능은리문(事能隱理門), 7)진리즉사문(眞理卽事門), 8)사법즉리문(事法卽理門), 9)진리비사문(眞理非事門), 10)사법비리문(事法非理門)이다.

이곳의 열 가지 문(門)은 크게 '이(理)'와 '사(事)'의 두 축으로 이루어져 있다. '이(理)'와 '사(事)'를 한글로 어떻게 번역할까는 쉽지 않다. 비록 그렇다고는 하더라도 매우 중요한 개념이기 때문에 아무런 설명 없이 넘어갈 수도 없는 노릇이다. 그런데 본 장에서는 이 문제를 다루는 것이 중심이 아니기 때문에 운허의 『불교사전』의 설명[18]을 기본적으로 따른다. 그러나 기술의 번거로움 때문에 그냥 '사(事)' 또는 '이(理)'로 표기한다.

다시 본래의 문제로 돌아가자. 한 축은 '이(理)'를 기준으로 '사(事)'를 관찰하는 것이고, 다른 한 축은 '사(事)'를 기준으로 '이(理)'를 관찰하는 것이다.

1)은 '이(理)'가 모든 개별적인 '사(事)' 하나하나마다에 두루 퍼져있다고 관찰하는 것이다. 반면에 2)는 개별적인 '사(事)' 하나하나가 '이(理)'에

18) 이(理)는 본체계, 경험적 인식을 초월한 상항불역(常恒不易) · 보편평등(普遍平等)의 진여를 말한다. 사(事) 현상계, 일체 차별의 모양을 말한다.

두루 펴져있다고 관찰하는 것이다. 비유하자면 1)은 허공에 달[理를 비유] 뜨자, 그 달의 형상이 모든 강물의 수면에 어리는 것[事를 비유]이라면, 2)는 모든 강물의 수면마다에 어린 달의 형상[事]은 허공에 있는 달[理]을 고스란히 쏙 빼 닮은 것이다.

그리고 나머지 3)에서 10)까지는 이상의 1)과 2)를 각각 더 세밀하게 나누어 관찰하는 길을 설명한 것으로 볼 수 있다. 즉, '이(理)'를 기준으로 해서 '사(事)'를 관찰하면 '사(事)'의 생성[=3]-소멸[=5]과, 붙고[=7]-떨어짐[=9]이 보인다고 한다. 한편 '사(事)'를 기준으로 해서 '이(理)'를 관찰하면 '이(理)'의 드러남[=4]-숨겨짐[=6]과, 동일성[=8]-차별성[=10]이 보인다고 한다. 그러고 보면 1), 3), 5), 7), 9)는 '이(理)'를 기준으로 '사(事)'를 관찰하는 것이며, 2), 4), 6), 8), 10)은 '사(事)'를 기준으로 '이(理)'를 관찰하는 것이다. 이런 관계는 조선 후기 이래 우리나라 전통 강원에서는 도표화[19]하여 일목요연하게 학습해왔다.

그러면 10문(門) 사이의 관계는 어떠한가? '이(理)'를 기준으로 하는 축과 '사(事)'를 기준으로 하는 두 축의 관계에 대해서, 규봉 종밀은 두 축의 관계는 선후의 관계가 아니고 그것은 동시의 관계라고 한다.[20] 그리고 1)과 2)가 총체적인 관법이라면, 나머지 3)에서 10)까지는 1)과 2)에 의지해

19) 한국고전개발학회 편, 「華嚴義理分齊四法界各有十門以顯無盡圖」, 『華嚴品目』, 서울: 보련각, 1969. 첩자(帖子)로 된 이 책은 묵암 최눌(默庵最訥; 1717-1790) 스님이 편집한 것으로 종래의 강원에서 유통되었다.

20) 『注華嚴法界觀門』(대정장45, p.689c)에서 규봉 종밀은 『법계관문』의 본문 "同時頓起."에 대하여 "非前後也."라고 주석한다.

서 수반되는 관법이라고 한다.[21]

3. 주변함용관(周徧含容觀)

이 '관(觀)'은 '사사무애법계관(事事無礙法界觀)'을 말한다. 이 '관(觀)'은 법계의 모든 '사(事)'가 서로가 서로를 가로막지 않고 수용함이 마치 '이(理)'가 그런 것과 같다고 한다. 이러한 '관(觀)'에 들어가는 통로[=門)]를 열 가지로 나누고 있다. 열 개의 문(門)이란 다음과 같다. 1)이여사문(理如事門), 2)사여이문(事如理門), 3)사함이사문(事含理事門), 4)통국무애문(通局無礙門), 5)광협무애문(廣陜無礙門), 6)변용무애문(徧容無礙門), 7)섭입무애문(攝入無礙門), 8)교섭무애문(交涉無礙門), 9)상재무애문(相在無礙門), 10)부융무애문(溥融無礙門).

첫째로, '이여사문(理如事門)'은 말 그대로 '이(理)'의 드러남이 '사(事)'처럼 갖가지 차별적으로 드러나는 것을 관하는 것이다. 이곳의 '이여사문(理如事門)'은 진공관제일(眞空觀第一)의 여러 '관(觀)'이나 이사무애관제이(理事無礙觀第二)에서의 '이리탈사문(以理奪事門)'과는 다르다. 저곳의 두 '관(觀)'은 '이(理)'와 '사(事)'를 떼어놓고 '이(理)'만이 단독으로 드러나는 것을 관찰하는 것인데 반하여, 이곳의 '이여사문(理如事門)'은 '사(事)'가 천차만별로 드러나는 바로 그 자리에 '이(理)'도 그렇게 드러남을 관찰하는 것이다. 그래

21) 『注華嚴法界觀門』(대정장45, p.689c), "不會初二者, 是總相故. 餘之八門, 依此成也."

서 '이여사문(理如事門)'을 '주변함용관(周徧含容觀)'에 소속시킬 수 있는 것이다.

둘째로, '사여리문(事如理門)'은 낱낱의 '사(事)'가 '이(理)'처럼 광대하게 두루 퍼져있으며, 또 3세(世)를 관통하며, 또 본래부터 상주불변한다고 관찰하는 것이다. 법계 전체가 낱낱의 '법(法)'에 두루 퍼져있을 때에, 하나하나의 '사(事)'에도 역시 '이(理)'가 그렇듯이 모든 '사(事)'에 편재하는 것을 관찰하는 것이다.

셋째로, '사함이사문(事含理事門)'은 개별적인 '사(事)'는 자기 고유성을 유지하면서도, 그 속에 '이(理)'와 여타의 '사(事)'를 내포하는 것을 관찰하라는 것이다.

규봉 종밀은 이상의 3문(門) 속에 '주변함용관(周徧含容觀)'의 핵심이 모두 갖추어지고, 나머지 4)에서 10)까지는 모두 이상의 3문(門)을 해석한 것이라고 설명한다. 즉, "'이여사문(理如事門)'은 '법(法)'과 '의(義)', '체(體)'와 '용(用)'의 근본이며, '사여이문(事如理門)'은 이쪽에서 저쪽으로 두루 퍼지는 것이고, '사함이사문(事含理事門)'은 저쪽에서 이쪽으로 포섭되는 것이다."고 한다. 그리고는 "4)는 2)를 해석한 것이고, 5)는 3)을 해석한 것이고, 6)과 7)은 4)와 5)를 모두 걷어 들이고, 8)과 9)는 6)과 7)을 포섭하고, 10)은 8)과 9)를 걷어 들인다."[22]고 한다.

---

22) 『注華嚴法界觀門』(대정장45, p.690a), "一爲法義體用之本, 二是周徧, 三是含容, 此三備矣. 四釋二也, 五釋三也, 六七皆收四五也, 八九融攝六七, 十收八九也."

Ⅲ. 『법계관문』에 나오는 '관(觀)'의 성격

1. 각 '관(觀)'사이의 우열 관계

그러면 이 『법계관문』의 핵심 사상은 무엇인가? 위에서 본대로 『법계관문』에는 3종의 '관(觀)'이 나온다. 즉 '진공관', '이사무애관', '주변함용관'이다. 그러면 3종의 '관'은 서로 어떠한 관계를 맺고 있는가? 이 물음에 대하여 화엄 관계 저술[23]에서는 일반적으로 앞의 '관'은 낮고, 뒤로 갈수록 심오한 것으로 소개해왔다. 그렇게 된 데에는 다음과 같은 배경이 있었다.

일찍이 청량 징관이 『화엄경행원품소』에서 『화엄경』의 종지는 법계연기에 들어가게 함에 있다 했다. 거기에서 그는 무장애한 법계를 '사'와 '리'의 2문으로 나누었다. 그리고는 '사'와 '리'를 각각 이렇게 정의하고 있다. "색심등상위지사야(色心等相謂之事也), 체성공적위지리야(體性空寂謂之理也)." 그리하여 그는 법계를 다시 '사법계', '이법계', '무장애법계'('이사무애법계'

23) 가마다 시게오 著, 한형조 譯, 『화엄의 사상』, 서울: 고려원, 1987. pp.129-131 ; 釋元旭 편역, 『화엄사상론』, 서울: 문학생활사, 1988에 실린 慧潤의 「화엄법계관법의 구조와 특징」 pp.267-283. (원래의 출전은 『華嚴思想論集』 現代佛教學術叢刊33, 大乘文化出版社, 臺滿: 民國67年.)

와 '사사무애법계')로 나누어 이른바 4법계설을 수립하였다.[24] 그리고는 '사사무애'하게 법계가 연기하는 것을 관하는 것이 가장 깊은 실천의 단계라고 논술한다.

한편 청량 징관과 규봉 종밀은 『법계관문』에 나오는 3종의 '관'을 각각 '이법계관', '이사무애법계관', '사사무애법계관'에 짝 지운다.[25] 그러다 보니 자연히 '진공관'은 낮은 단계이고, 다음이 '이사무애관'이고, 마지막 '주변함용관'이 화엄의 가장 궁극적인 '관'이라고 주장하는 듯이 보여졌다. 그러나 청량 징관이나 규봉 종밀이 『법계관문』의 3종의 '관'을 층차적 상하 관계로 설명하는 부분은 『법계현경』에도 『주화엄법계관문』에도 보이지 않는다.

그렇다면 『법계관문』 자체의 입장은 무엇인가? 이에 대하여 기무라 기요다까(木村淸孝) 교수는 실천적 의미로서의 『법계관문』의 역점은 '주변함용관'에 놓였다 하기보다는 '진공관'에 있다고 한다.[26] 그리고는 그 이유를 자신의 저서에서 이렇게 밝히고 있다.

첫째로 예컨대 '진공관'의 제3관 즉 '색공무애관'은 단순한 교리상에서 하는 말이 아니고 보살의 체험적 확신에서 나온 것임을 들고 있다.

둘째로 제4관 즉 '민절무기관'에서 이 관(觀)에서는 관해야 할 대상인 '진공'은 색에는 물론 공에도 즉(卽)하지 않고 일체의 개념적인 규정이나

24) 『華嚴經行願品疎』(卷一) (신찬속장경5, p.62a).

25) 『華嚴法界玄鏡』(대정장45, p.672c)과 『注華嚴法界觀門』(대정장45, p.684c).

26) 木村淸孝, 『初期中國華嚴思想の硏究』, 東京: 春秋社, 昭和52年, p.344.

분별을 초월했다는 것을 서술한 것인데, 이것이 바로 '행경(行境)'이라고 한 점에 주목한다. 결론적으로 3종 관 중에서는 '진공관'이 으뜸이고, '진공관' 중에서는 제4의 '민절무기관'이 실천적 탐구의 길을 선명하게 제시했다고 한다.

셋째로 화엄의 실천을 단적으로 상징하는 '거체(擧體)'와 '진(盡)' 등의 용어가 '진공관'에 거듭하여 등장하는 것도 그저 우연만은 아니라고 한다. 그리하여 기무라(木村) 교수는 '진공관'에 대비하여 볼 경우 나머지 '이사무애관'과 '주변함용관'은 구체적인 관법이라기보다는, '진공관'의 실천과 증득을 통하여서 드러나는 법계의 깊이와 넓이를 말하는 것이라고 한다.

기무라(木村) 교수의 이런 견해를 동국대 장계환 교수도 수용하고 있다.[27] 그런데, 여기서 문제를 단순화시켜 보자. 즉, 『법계관문』에서 '진공관'에 무게를 두냐, 아니면 '주변함용관'에 무게를 두냐는 것이다. 이 문제를 해결하기 위해서 필자는 『법계관문』의 온전한 제목에 주목할 필요가 있다고 생각한다. 즉 온전한 제목은 『수대방광불화엄법계관문(修大方廣佛華嚴法界觀門)』이다. 이것을 우리말로 풀어보면, 『'대(大)하고 방(方)하고 광(廣)한 부처님이 온갖 꽃으로 장엄하시는 법계를 관하는 방법'을 실천하는 글』 정도가 될 것이다.[28] 그러면 '대(大)하고 방(方)하고 광(廣)한 부처님이 온갖 꽃으로 장엄하시는 법계'란 무엇인가? 청량 징관이 위에서 말했듯이 그것은

27) 장계환, 『중국화엄사상사연구』, 서울: 불광출판부, 1996, pp.85-86.

28) 이렇게 '修'를 大方廣佛華嚴法界觀門 전체에 걸어서 해석한 근거는 『화엄법계현경』(대정장45, p.672c)에서 "修之一字總貫一題, 止觀熏修, 習學造詣也."라고 한 것에 기인한다. 필자는 '門'을 '방법', '修'를 '실천'의 뜻으로 이해하였다.

'무장애법계'이다. 이것은 바로 '이사무애법계'와 '사사무애법계'를 지칭한다. 그리고 후자가 더 핵심임은 말할 것도 없다. 그러므로 종래 대로 『법계관문』에서 가장 무게를 두는 '관'은 '주변함용관'이고, 그 다음이 '이사무애관'이고, 마지막이 '진공관'이라고 보아야 할 것이다.

2. '관(觀)'의 기능

그러면 『법계관문』의 집필자는 무슨 까닭으로 3종의 '관(觀)'을 소개하는 것인가? 필자가 왜 이런 질문을 던지는가 하면 『법계관문』이 화엄교가들의 수행법을 보여주는 작품이라면 거기에는 반드시 이 '관'이 목표로 하는 대상이나 결과가 있어야 할 것이다. 불교의 각 학파에서는 저마다 제시하는 수행의 방법은 다를 수 있지만, 그것들이 궁극적으로 목표하는 것은 열반의 체득이요, 번뇌로부터의 해탈이다. 저 유명한 천태 교학의 수행지침서 『수습지관좌선법요(修習止觀坐禪法要)』에서도 마지막에 「증과(證果) 제10」[29]을 두는 것을 보아도 알 수 있다. 그리고 거기에 도달하기 위한 수행의 방법이 소개되었다.

다시 처음의 질문으로 돌아가자. 『법계관문』의 관법이 목표로 하는 것은 무엇인가? 이 질문의 답을 필자는 청량 징관이나 규봉 종밀이 『법계관문』을 어떻게 이해했는가를 실마리로 삼아 풀어볼 수 있다고 생각한다.

---

29) 대정장46, p.472b.

먼저 '진공관'에서 제시하는 관법은 궁극적으로 무엇을 목표로 하는가를 살펴보기로 하자. '진공관'에서는 제목이 말해주듯이 '진공(眞空)'에 대한 바른 관찰을 중심 주제로 다루고 있다. 규봉 종밀의 『주화엄법계관』에서는 이 관법을 보충 설명하기 위하여 『중론(中論)』, 『조론(肇論)』, 『반야심경(般若心經)』, 『불정경(佛頂經)』 등의 경론을 인용하고 있다. 이것으로 볼 때 '진공관'은 반야 사상과 공 사상을 이해하기 위한 관법이라고 말할 수 있을 것이다. 그런데 『반야심경』에서도 단적으로 표현하듯이, 공에 대한 바른 '이해' 또는 '앎'은 그 행위 자체가 곧 일체의 '고액(苦厄)을 뛰어넘음'이 된다. 이런 측면에서 '진공관'에는 실천적 기능도 있고, 더불어 반야부(般若部)에 속하는 경전이나 중관학파의 논서에서 제시하는 교학적 이론이나 논리들을 '이해하고 해석하기 위한 방법적' 기능도 있다. 바른 지식이야말로 그 자체가 수행이고, 바른 지식은 우리를 바른 행동으로 인도할 수 있기 때문이다.

필자의 이런 생각과 정면으로 일치하는 주장을 한 연구 보고는 아직 보지는 못했지만, 우회적으로 필자의 이런 입장을 도와줄만한 연구보고가 없는 것은 아니다. 그것은 가마다 시게오(鎌田茂雄) 교수가 『중국 화엄 사상의 연구(中國華嚴思想の硏究』에서 용수의 공(空) 사상을 수용하여 『법계관문』의 '진공관'을 설명하고 있다는 부분이다.[30] 그러니까 '진공관'에서 제시하는 4종의 '관'은 해탈이나 열반을 목표로 하는 반야부의 전적이나 중관학

30) 鎌田茂雄, 『中國華嚴思想の硏究』, 東京: 東京大學出版部, 1978, pp.61-64.

파에 속하는 논사들이 제시하는 수행의 방법인 동시에, 제법(諸法)의 공성(空性)을 설명하고 논증하는 '교리 해석적 방법'으로도 볼 수 있다. 표면적으로 보기에는 모순처럼 보이는 일체법의 행상(行相)을 통일적으로 그리고 유기적으로 이해하기 위해서 '회색귀공관(會色歸空觀)'에서 '명공즉색관(明空卽色觀)'으로, 그리고 다시 '공색무애관(空色無礙觀)'으로 제법의 공성을 관찰 해석하고, 마침내는 '민절무기관(泯絶無寄觀)'을 거치면서 일체 개념적 사량 분별을 초월하여 공성(空性)을 체험하게 한다. 그런데, 반야부 계통의 '진공관'은 화엄에 와서야 보다 확고하게 이루어진다고 할 수 있다. 이 점에 대해 진영유 박사는 「화엄관법(華嚴觀法)에 있어서 공관(空觀)의 의의(意義)」에서 문헌적인 논증을 하면서, 화엄에서 말하는 공관을 이렇게 정리하고 있다.

> 『화엄경』 자체를 대상으로 하여 공관(空觀)을 논할 때, 연기의 관찰에 의한 공성의 파악과 보살의 자비행을 통해서의 공관의 실천이라고 하는 두 가지로 나누어 생각할 수 있다. 전자는 일체법을 연기법으로 봄으로서 제법을 공성으로 이해하는 것이다. 이에 반해 후자는 이 공성의 파악, 즉, 공관의 철저한 실천으로서의 『화엄경』 보살행인 것이다. 이것은 『화엄경』의 회향행(廻向行)에 의해 대표되며, 보살행위(菩薩行位) 중에서 회향행(廻向行) 및 「십회향품」의 의의를 다시 묻는 문제이기도 하다.[31]

위의 논문에서 진 박사가 직접적으로 『법계관문』의 공관을 분석하고

31) 진영유(본각 스님), 「華嚴觀法에 있어서 空觀의 意義」, 『중앙승가대학교수논문집』 제3집, 김포시: 중앙승가대학, 1994, p.105.

설명한 것이 아니기 때문에 필자가 문제 삼고 있는 점과 문맥은 다소 다를 수 있다. 그러면서도 여기에서 필자가 본 논거로 인용하는 이유는 화엄의 공관 속에는, 위의 인용문에 '전자'와 '후자'로 운운하는 부분에서 보여주듯이, '제법을 공성으로 이해하는' 기능도 있고 또 '공성의 파악, 즉, 공관의 철저한 실천'의 기능도 있다는 것이 확인되기 때문이다.

다음은 '이사무애관'을 검토하기로 한다. 이것은 규봉 종밀의 『화엄경원인론(華嚴經原人論)』[32]의 용어를 빌면 '일승현성교(一乘顯性教)'의 교상(教相)을 분석하고 그것을 실천하는 방법이라 할 수 있다. '일승현성교'에서는 불생불멸하는 '본각진심(本覺眞心)'(혹은 원각묘심(圓覺妙心))이 '생멸하는 망상(妄想)'과 화합하는데 이것을 '아뢰야식(阿賴耶識)'이라 한다. '본각진심'과 '망상'과의 관계는 '비일(非一)'이면서도 '비이(非異)'인데, 이 관계를 해석 설명하고 나아가 그런 경지를 체험하는 관법이 '이사무애관'이다. 즉 진여연기(眞如緣起)를 이해하고 체험하는 관찰법이라고 할 수 있다. 이런 사상은 여래장 계통의 문헌에 많이 나타난다. 규봉 종밀은 『법계관문』의 '이사무애관'를 설명하는 과정에서 『대승기신론』, 『승만경』, 『능가경』, 『화엄경』「보살문명품」 등을 인용하는 것도 '이사무애관'이 여래장 계통의 경론에 나타난 교상(教相)을 판석(判釋)하는 방법의 하나임을 방증한다. 이와 더불어 규봉 종밀이 『법계관문』의 '이사무애관'에 주석을 달면서 '염연기(染緣起)', '정연기(淨緣起)' 등의 용어를 사용하는데 이것들은 모두 『대승기신론』의 진

32) 대정장45, p.510a.

여연기설을 설명하는 데에 동원된 용어들이다. 『법계관문』 원문에 사용된 '성사(成事)'라든가 '파도'의 비유 등도 모두 진여연기설을 설명하는 데에 사용되는 용어들이다.

이상의 논거로 필자는 『법계관문』의 '이사무애관'은 여래장 사상을 담고 있는 경전이나 논서의 교상(教相)을 판석(判釋)하기 위해 10가지 관점의 시설(施設)이라고 보려는 것이다. 즉 『법계관문』의 '이사무애관'에는 수행을 어떻게 할 것인가에 대한 방법을 제시하는 실천적 요소도 있는 동시에, 교상(教相)을 판석(判釋)하는 해석적 기능도 들어있다고 할 수 있다. 이 점은 천태 교학에서 말하는 '관(觀)'이 오직 과위(果位)를 증득하기 위한 수행법에 국한된 것과는 양상을 달리한다. 천태 교학은 오직 수행의 방법에 국한해서 '관'을 논하지만, 화엄교학에서 말하는 '관'에서는 수행의 방법에 관한 요소는 물론, 더불어 교상의 판석이라는 해석적 요소도 들어있다. 같은 '관'을 말하면서도 이 점에서 천태와 화엄의 차이가 있다고 생각된다.

끝으로 '주변함용관'을 검토하기로 한다. 『법계관문』의 '주변함용관'에 나타난 10종의 관문(觀門)을 해석하는 과정에서 청량 징관은 현수 법장이 체계화한 10현문(玄門)을 활용한다.[33] 그런데 청량 징관의 이런 해석이 비록 제자 규봉 종밀에게 부분적으로 지적당하기는 했지만, 10문(門)을 일체법의(一切法義)에 짝지우면 10현(玄)의 의미가 성립된다[34]는 점에선 스승의 입장에 동의하였다. 규봉 종밀의 이 말은 결국 '주변함용관'에서 제시된

33) 『華嚴法界玄鏡』(대정장45, pp.682c-683a).

34) 『注華嚴法界觀門』(대정장45, p.692b).

10문(門)과 현수 법장이 종합한 10현문(玄門)이 밀접한 관계가 있음을 보여준다.

그러면 10현문은 화엄교학자들에게 무슨 용도로 쓰이는가? 그것은 『화엄경』에서 말하는 여러 '교상들을 판석'하는 데에 사용된다. 현수 법장이 『대방광불화엄경금사자장(大方廣佛華嚴經金獅子章)』에서 '금(金)'과 '사자(獅子)의 형상'과의 관계를 설명하는 데에 10현문을 사용한 것[35]에서도 입증된다. 그러니까 『법계관문』의 '주변함용관'도 역시 『화엄경』에서 펼쳐지고 있는 '교상을 판석하는 해석적 기능'도 있다고 할 수 있다. 사실 『화엄경』을 읽어 본 사람이면, 상식적으로 이해하기 어려운 이야기들이 도처에 나오는 것을 경험했을 것이다. 예를 들어 80권본 『화엄경』의 첫머리 「세주묘엄품」을 보자.

> 이렇게 내가 들었다. 어느 때 부처님께서 마가다국 아란냐 법 보리도량에서 처음 바른 깨달음을 이루시었다. …. 몸은 모든 도량에 항상 앉아 보살 대중 가운데 위엄과 빛나심이 혁혁하여 마치 찬란한 햇빛이 세계에 비친 듯하며 …. 털끝마다 온갖 세계를 받아들이되 서로 장애되지 아니하며 …. 온갖 부처님 세계와 불가사의 한 겁에 있는 장엄을 모두 나타나게 하였다.[36]

35) 『大方廣佛華嚴經金獅子章』(대정장45, p.669b).

36) 운허 번역, 『한글대장경 42 · 대방광불화엄경』, 서울: 동국역경원, 1966, pp.15-16.

자, 여기에서 어떻게 마가다국에 계시는 부처님이 모든 도량에 항상 앉아 있을 수가 있겠는가? 또 부처님 몸에 난 털끝에 온갖 세계가 나타난다고 하니 상식적으로 이해가 가지 않는다. 그렇다고 그것을 단순하게 문학적인 서술 기법으로만 치부할 수도 없다. 게다가 허망한 이야기로 돌려버릴 수는 더더구나 없다. 신앙심이 깊고 통찰력 있는 많은 논사들은 자신의 수행 체험을 바탕으로 『화엄경』이 보여주는 세계를 유기적으로 이해하려고 하였다. 위에서 인용한 「세주묘엄품」에 대하여 봉선사 월운 스님은 "중생들의 분별심으로는 상상해서 알기 힘들다. 그러기에 옛 어른들은 10현(玄)의 무진법문이라 하여, 열 겹 · 스무 겹의 현묘한 법문이라 말씀하셨다."[37]고 해설한다. 위에서 말하는 '옛 어른'이란 지엄과 현수 법장을 지칭하는 것이다.

현수 법장은 『화엄오교장』[38]에서 10현의 뜻을 일일이 설명하면서 그 실례를 들고 있다. 예컨데 '일다상용부동문(一多相容不同門)'의 관점에서 「노사나품」의 게송을 설명하고 있는 것 등이 그것이다. 「노사나품」의 게송 중에 "하나의 불국토로 시방 세계에 가득 차게 하고, 시방 세계를 하나의 불국토에 다 집어넣는다."고 한 부분이 있다. 도저히 상식으로는 이해가 가지 않는다. 누가 이런 말을 했다고 하자. "빵 하나로 세상 사람들의 온 배를 다 채우고, 반대로 이번에는 온 세상 사람을 하나의 빵 속에 다 집어넣

37) 월운 번역, 『화엄경 초역』, 서울: 동국역경원, 1978, pp.10-11.

38) 공연 무득, 『賢首法藏 華嚴教學體系; 華嚴五教章』, 서울: 우리출판사, 1983, pp.395-428.

는다.” 기적이라 할 것이다. 그런데 ‘일다상용부동문(一多相容不同門)’의 관점에서 보면 불가능한 것도 아니다.

필자가 여기서 주장하려는 것은 『화엄경』에서 펼쳐지는 세계, 다시 말하면 화엄에 대한 교상을 판석하기 위한 해석학적 작업의 일종이 10현문이며, 『법계관문』의 ‘주변함용관’도 역시 그런 기능을 한다는 것이다. 그러니까 『화엄경』 속에 기술되고 있는 불가사의한 세계를 유기적으로 이해하기 위해서는 새로운 관점의 시설(施設)이 필요한데, 『법계관문』의 ‘주변함용관’에서는 바로 그 관점의 변화 양상을 10문(門)으로 체계화 한다. 따라서 ‘주변함용관’은 화엄종의 수행법인 동시에, 거기에는 『화엄경』에 나타난 교상을 판석하는 해석적 기능도 공존한다고 생각한다.

이상을 종합해서 보건대, 『법계관문』에서 제시하는 각종 ‘관’은 『화엄경』에서 전개되는 화엄 법계의 교상을 판석하는 일종의 ‘해석적 요소’도 있는 동시에, 화엄 법계를 체험하기 위한 ‘수행적 요소’도 있다. 다시 말하면 ‘진공관’을 활용하여 공 사상을 이해하는 동시에 공을 체험하고, ‘이사무애관’을 활용하여 여래장 사상을 이해하는 동시에 진여(眞如)를 체험하고, ‘주변함용관’을 활용하여 화엄의 법계를 이해하는 화엄의 법계에 체험하는 것이다. 『화엄경』은 ‘원교(圓敎)’이므로 그 속에 대소승을 망라한 일체의 교법이 들어있음은 새삼 말할 필요가 없다. 이러한 화엄의 관법은 진(陳) 박사도 일찍이 시도했듯이[39], 화엄교학의 실천행도의 면을 의미하는

39) 陳永裕(本覺), 「華嚴觀法の實踐性」, 『宗教研究』 第4輯, 東京: 日本宗教學會, 1991, p.187.

데, 관법은 '교즉관(敎卽觀)'으로 설명되는 화엄교의(華嚴敎義) 속에서 파악될 수 있다.

3. 관법의 한글 재구성

이하에서는 『법계관문』에서 제시하는 각 종 '관(觀)'에는 교학적 해석의 요소와 실천적 수행의 요소가 서로 혼융되어 있다는 이른바 '교즉관(敎卽觀)'의 관점에서, 『법계관문』의 관법을 한글로 재구성해 보기로 한다.

(1) 진공관(眞空觀); 공(空) 사상의 이해와 체득을 위한 관점의 이동

1) 색(色)은 단공(斷空)이 아니다.[40]

2) 실색(實色)은 공(空)이 아니다.[41]

3) 색(色)과 단공(斷空)은 모두 진공(眞空)이 아니다.[42]

4) 색(色)은 공(空)이다.

5) 단공(斷空)은 색(色)이 아니다.

6) 공(空)한 이치는 실색(實色)이 아니다.[43]

7) 진공(眞空)은 실색(實色)도 아니고 단공(斷空)도 아니다.

---

40) 종밀이 『注華嚴法界觀門』에서 '揀斷空'이라고 한 것을 기초로 이렇게 옮겨보았다.

41) 종밀이 『注華嚴法界觀門』에서 '揀實色'이라고 한 것을 기초로 이렇게 옮겨보았다.

42) 종밀이 『注華嚴法界觀門』에서 '雙揀'이라고 한 것을 기초로 이렇게 옮겨보았다.

43) 『法界觀門』의 원문은 다음과 같다. "以空理非靑黃, 故云不卽色."(대정장』45, p.686a).

8) 공(空)은 색(色)이다.

9) 공(空)과 색(色)이 서로를 가로막지 않는다.

10) 모든 개념이나 방편을 없애고 어느 것에도 의지하지 않는다.

(2) 이사무애관(理事無礙觀); 여래장 사상의 이해와 체득을 위한 관점의 이동

1) 이(理)가 개별적 사(事)에 두루 퍼져 있다.

2) 개별적 사(事)가 이(理)에 두루 퍼져 있다.

3) 이(理)에 의지해서 개별적 사(事)가 만들어진다.

4) 개별적 사(事)는 이(理)를 드러낸다.

5) 이(理)를 기준으로 개별적 사(事)를 소거해본다.

6) 개별적 사(事)는 이(理)를 감추기도 한다.

7) 참된 이(理)는 개별적 사(事)와 떨어져 있지 않다.

8) 개별적인 사(事)는 이(理)와 떨어져 있지 않다.

9) 참된 이(理)가 그대로 사(事)인 것은 아니다.

10) 개별적 사(事)가 그대로 참된 이(理)인 것은 아니다.

(3) 주변함용관(周徧含容觀); 화엄 법계 사상의 이해와 체득을 위한 관점의 이동

1) 이(理)도 개별적 사(事)처럼 다양하게 자신을 드러내어 온갖 차별상을 갖는다.

2) 개별적 사(事)도 이처럼 두루하며 시방 삼세에 상주한다.

3) 개별적인 사(事)는 자기 고유성을 유지하면서도, 그 속에 이(理)

와 여타의 사(事)를 내포한다.

4) 개별적 사(事)는 이(理)와 같지도 않고 다르지도 않다.

5) 작은 사(事) 속에 온 법계가 들어가더라도 그 사(事)는 좁지 않고, 전체 법계에 작은 사(事)가 들어가도 법계가 헐렁거리지 않는다.

6) 하나의 사(事) 위에서 온갖 사(事)를 관망해 보기도 하고, 온갖 사(事) 위에서 하나의 사(事)를 관망해 보기도 한다.

7) 하나의 사(事)가 온갖 사(事)에 침투하기도 하고, 온갖 사(事)가 하나의 사(事)에 침투되기도 한다.

8) 하나의 사(事)와 하나의 사가 서로서로에게 들어가기도 포섭되기도 하고, 하나의 사와 일체의 사(事)가 서로서로에게 들어가기도 하고 포섭되기도 하고, 일체의 사(事)와 일체의 사(事)가 서로서로 들어가기도 하고 포섭되기도 한다.

9) 하나의 사(事)와 하나의 사(事)가 서로서로 속에 들어있기도 하고, 하나의 사(事)와 일체의 사(事)가 서로서로 속에 들어 있기도 하고, 일체의 사(事)와 일체의 사(事)가 서로서로 속에 들어 있기도 한다.

10) 하나의 사(事)와 하나의 사(事)가 서로서로의 속에 들어가 조화를 이루기도 하고, 하나의 사(事)와 일체의 사(事)가 서로서로의 속에 들어가 조화를 이루기도 하고, 일체의 사(事)와 일체의 사(事)가 서로서로의 속에 들어가 조화를 이루기도 한다.

Ⅳ. 화엄 법계의 체험

『법계관문』에서 '관(觀)'의 대상은 지엄의 말대로 라면 '내심(內心)'인데 이것은 다름 아닌 '법계'이다. 화엄에서는 실차난타의 한역대로 "三界所有, 唯是一心."이든, 혹은 구마라습의 번역대로 "三界虛妄, 但是心作."이든 간에 3계는 모두 '일심(一心)'일 뿐이다. 『법계관문』에서 '관'은 이런 '일심'을 관찰하는 것이다. '일심'의 화장 세계를 문자로 표현한 것이 『화엄경』인 것이다. 이런 연유로 해서 화엄학자들은 '일심'을 깨닫기 위해서, 또 한편으로는 『화엄경』의 이치를 이해하기 위하여 '관'이라는 방법을 사용했다.

이런 입장은 당대의 화엄 종사와 그 후의 송대(宋代)의 화엄 종사들 사이에 애독되었던 『수화엄오지망진환원관(修華嚴奧旨妄盡還源觀)』에도 잘 드러난다. 이 책의 저자가 누구인가는 논란이 있기는 하지만[44] 송대 화엄학승 진수 정원(晉水淨源; 1011-1088)의 입장을[45] 수용하여 일단은 현수 법장으로

44) 陳永裕, 『華嚴觀法の基礎的研究』, 서울: 民昌文化社, 1995, pp.189-191.

45) 『修華嚴奧旨妄盡還源觀』「修華嚴奧旨妄盡還源觀紀重校」(대정장45, p.641a), "昔孤山智圓法師嘗稱. 杜順尊者, 抉華嚴深旨, 而撰斯文. 蓋準唐中書舍人高郢序北塔銘耳. 淨源向讀唐丞相裴休述妙覺塔記, 記且謂, 華嚴疏主仰賢首還源翫味亡斁. 若驪龍之戲珠也, 乃知斯觀實賢首國師所著斷矣. 抑又觀中, 具引三節之文, 皆國師之語章章焉."

보고자 한다.

이 책의 첫머리에서[46], 『화엄경』의 교리의 행상(行相)을 이해하고 해석하기 위하여, 그리고 수행법을 망라하기 위하여 『수화엄오지망진환원관』을 저술하고 있음을 밝히고 있다. 그러면 이 작업은 모두 '관'으로 종합된다는 것이다. 즉 화엄 법계의 현묘한 가르침과 의미를 밝히고, 나아가 화엄 법계를 체험하는 방법을 총 망라하여 여섯 종의 수행 방법을 제시한 것이다. 그러면서 '여섯 종의 수행법'[六門]이 결국은 하나의 '관'에 집결된다고 한 것이다. 그리하여 이 책의 저자는 여래장 속에 있는 법성의 바탕이며 본래 자성 속에 충족되어 있는 '자성청정체(自性淸淨體)'를 근거로 하여, 각종 수행의 방법을 제시한다.[47] 자세한 내용은 이 책의 제11장 「2) 무장애법계관」에 소개되어 있다.

이와 같이 당대와 송대의 화엄 종사들이 중요하게 다루고 공인했던 『수화엄오지망진환원관』에서도 역시 화엄에서 제시하는 법계(法界)의 행상(行相)을 해석하는 작업을 진행하는 동시에, 그 과정에서 여러 가지 측면에서 화엄의 법계를 체험할 수 있는 방법 즉 수행의 방법을 제시하고 있다.

---

46) 『修華嚴奧旨妄盡還源觀』(대정장45, p.637a).

47) 『修華嚴奧旨妄盡還源觀』(대정장45, pp.637a-b), "一顯一體. 謂自性淸淨圓明體. 二起二用. 一者, 海印森羅常住用, 二者, 法界圓明自在用. 三示三遍. 一者, 一塵普周法界遍, 二者, 一塵出生無盡遍, 三者, 一塵含容空有偏. 四行四德. 一者, 隨緣妙用無方德, 二者, 威儀住持有則德, 三者, 柔和質直攝生德. 四者, 普代衆生受苦德, 五入五止. 一者, 照法淸虛離緣止. 二者, 觀人寂怕絶欲止. 三者, 性起繁興法爾止. 四者, 定光顯現無念止. 五者, 事理玄通非相止. 六起六觀. 一者, 攝境歸心眞空觀, 二者, 從心現境妙有觀, 三者, 心境祕密圓融觀, 四者, 智身影現衆緣觀, 五者, 多身入一境像觀, 六者, 主伴互現帝網觀."

이렇듯이 화엄의 '관'에는 '수행적 기능'이 있음과 동시에, 또 한편으로는 『화엄경』을 비롯한 각종 경론의 행상(行相)을 판석하는 '해석적 기능'이 동시에 들어있다. 『화엄경』에 나타난 불가사의한 여러 불보살의 행적과 공덕을 무모순적으로 이해하기 위해서는 '관'을 거쳐야 한다. '관'하는 방법을 이용하여 『화엄경』을 비롯한 대소승 경론의 행상(行相)을 무모순적으로 이해하고, 동시에 '일심'을 '관'하여 그 속에 들어있는 불가사의한 공덕을 성취하는 것이다. 결국은 '교즉관(教卽觀)'이고 '관즉교(觀卽教)'이다.

『법계관문』에 관한 기존의 논문들에서는 이 작품을 화엄종의 수행법에 초점을 맞추어 연구해 왔다. 그리고 이것을 바탕으로, 거기에서 한 걸음 더 나아가 『법계관문』에서는 수행 방법적 요소는 물론, 『화엄경』에 나오는 문자적인 내용을 해석하는 이른바 교상을 판석하는 기능이 있음을 논증해 보았다. 특히 화엄의 '10현문(玄門)'과 연관하여 화엄의 '관'을 고찰할 때에 더욱 그런 점이 잘 들어난다. 그리고 이 논증 과정에서 화엄의 관법은 그 중심 내지는 핵심이 '진공관'이 아니고, 역시 '주변함용관'임도 논증하였다.

필자의 이상의 논증이 타당하다면, 우리는 『법계관문』을 활용하여, 화엄교학이 갖고 있는 중층적이고 유기적인 교리를 이론적으로 분석할 수 있는 하나의 '틀'을 찾을 수 있을 것이다. 그리하여 『화엄경』이나 『화엄경』의 주석서에 나오는 복잡한 논의들을 인간의 이성으로 분석할 수 있는 '근거'를 마련할 수 있을 것이다. 이런 발상에서 『법계관문』을 한글로 번역을 해보았다.

그러나 한글 번역에서도 볼 수 있듯이, 『법계관문』이 수행적 기능이 있고 게다가 교상의 판석적 기능이 있다고 하더라도, 이 작품은 너무나도 복잡하고 현학적이어서, 구체적인 일상생활에서 그것을 수행에 활용한다는 것은 아무래도 쉽지 않은 점이 있다. 이 점은 중국 불교의 역사 속에서, 물론 결과적인 해석일 수는 있지만, 뒷날 남종의 관조선이나 간화선에 비판의 표적이 될 소지가 애초부터 있었다.

제13장 화엄의 보현행원 의례

Ⅰ. 법성의 교학과 의례

본 장은 『화엄경』 대경(大經)과는 별도로 유통되는 별행본 『보현행원품』이 의례(儀禮) 속에 어떻게 활용되고 있고, 또 이런 활용을 통해 보현보살의 행원(行願) 사상을 현실의 법회 속에서 어떻게 활용할 수 있는 지를 검토하려는 것이다.

사바세계에 유통되는 한역(漢譯) 『화엄경』은 크게 세 종류가 있다. 첫째는 동진(東晋; 418-429) 시대 불타발타라에 의해서 번역되어 421년 출간된 60권본 『화엄경』이고, 둘째는 대주(大周; 695-699) 시대 실차난타에 의해 번역 출간된 80권본 『화엄경』이고, 셋째는 당(唐; 795-798) 시대 반야다라가 번역 출간한 40권본 『화엄경』이다.

이 중에서 세 번째로 등장한 40권본 『화엄경』은 1개의 품(品)으로 이루어져 있는데, 그 내제(內題)의 품명(品名)은 「입부사의해탈경계보현행원품(入不思議解脫境界普賢行願品)」이라고 적혀 있다. 이 품의 내용은 80권본 『화엄경』의 「입법계품」과 '거의' 일치한다. '크게' 다른 부분은 40권본 『화엄경』의 제40권에 실린 〈선재동자가 보현보살을 만나는 부분〉이다. 이 부분은 60권본 『화엄경』이나 80권본 『화엄경』에는 일치하는 부분이 들어 있지 않다. 이 장에서는 이 점에 주목하고자 한다.

또 여기서 더 나아가 주목하고자 하는 부분이 또 하나 있다. 그것은 40권본 『화엄경』의 제40권만이 별도의 단행본으로 유통되는 점이다. 이렇게 별도로 유통된 단행본을 우리는 『보현행원품』이라 부른다. 이 『보현행원품』에 대해서는 청량 징관(淸凉澄觀; 738-839) 국사의 『소(疏)』도 있고, 또 그 소를 복주(復注)한 규봉 종밀(圭峰宗密; 780-841) 선사의 『초(鈔)』도 있다. 이런 연유로 『보현행원품』은 동아시아 불교계에 널리 읽혀져 왔다. 게다가 이 『보현행원품』에 입각한 의례(儀禮)도 개발되어 그 유통을 더욱 가속시켰다. 이런 탓으로, 고려 시대에는 「보현십원가」라는 향가로 노래되기도 했고, 또 오늘날 한국에서도 여러 사람들에 의해 번역 출판되고 있다.[1] 그만큼 『보현행원품』은 중요하게 다루어져왔다. 그러면 왜 이런 현상이 일어났을까?

잘 알려진 대로 『화엄경』은 방대하다. '일승원교(一乘圓敎)'로 교판(敎判)되듯이, 이 『경』 속에는 불교 전체의 교리와 사상이 들어있다고 해도 과언이 아니다. 다양하고도 다층적인 불교 교리가 하나의 경전 속에 결집되어 있는 탓으로, 이 『경』의 강령을 단적으로 집어 올리는 것은 쉽지 않다. 게다가 이 『경』에 입각해서 수행을 한다는 것은 더더욱 어려운 일이다.

이 『경』을 읽어본 사람이면 이런 '난관'에 한번쯤은 부딪혔을 것이다.

---

1) 동국역경원, 『보현행원품 · 보문품 · 보안장』(서울: 동국역경원, 1966) ; 석광덕, 『보현행원품』(서울: 삼영출판사, 1968) ; 법성, 『화엄경 보현행원품』(서울: 도서출판 큰수레, 1992) ; 한정섭, 『보현행원품』(경기도: 상락향수도원, 1997) ; 이종린, 『실천 보현행원품』(서울: 불광출판사, 2003) ; 광덕 옮김, 박성배 강의, 『미국에서 강의한 화엄경 보현행원품』(안성: 도피안사, 2008).

필자의 경우도 예외는 아니었다. 그러던 중 필자는 『보현행원품』과 그에 관계된 『소』와 『초』를 읽으면서, 그 '난관을 통과할 수 있는 길'을 만나게 되었다. 즉, 『화엄경』의 핵심은 보살의 '행원(行願) 사상'이고, 이런 '행원 사상'이 응축된 것이 『보현행원품』이라는 점을 알게 되었다. 『보현행원품』의 이런 요소가 이 『경』을 '별행본'으로까지 유통되게 하는 등 여러 사람의 관심을 받게 했다고 생각한다.

그런데 문제는 『보현행원품』의 내용을 '어떻게' 우리들의 신앙생활에 실천하는가이다. 필자는 그것은 의례(儀禮)를 통해서 『보현행원품』의 내용을 마음에 새기고 생활 속에 실천하는 것이라고 생각한다.

화엄의 수행법에 대해 일찍이 눈을 돌려 구체적인 의례의 행법을 제시한 사람은 규봉 종밀(圭峰宗密; 780-841) 선사가 처음이고, 종밀의 정신을 계승하여 확산시킨 사람이 진수 정원(晉水淨源; 1010-1088) 법사이다. 이 책의 「제9장 규봉 종밀의 의례관」에서 보았듯이 종밀은 일찍이 『원각경수증의』(총18권)를 저술하여 『원각경』을 의례에 활용하는 방법을 제시하였는데, 송대에 들어 정원 법사는 방대한 『원각경수증의』(총18권)를 『원각도량약본수증의』(총1권)으로 요약하여 화엄 교가의 의례를 정비했다. 다시 정원 법사는 『보현행원품』을 소재로 한 화엄 교가의 의례를 내놓기도 했다. 그것이 바로 본 장의 소재가 되는 두 종류의 『화엄보현행원수증의』이다. 우리는 이 의례집을 사례로 『화엄경』의 사상이 어떻게 의례를 통하여 신행에 활용되었는지를 알 수 있다.

Ⅱ. 『보현행원품』의 출현과 그 내용

1. 별행본의 유통

40권본 『화엄경』에 대해 일찍이 관심을 보인 학승은 청량 징관(淸凉澄觀; 738-839) 국사이다. 국사는 총 10권에 달하는 주석서를 냈으니, 이것이 바로 『화엄경행원품소(華嚴經行願品疏)』(신찬속장 제5권, No. 227)이다. 또 국사는 40권본 『화엄경』의 제40권 〈보현보살을 만나는 부분〉만을 따로 떼어 유통시켰는데, 이것이 바로 『대방광불화엄경입부사의해탈경계보현행원품(大方廣佛華嚴經入不思議解脫境界普賢行願品)』 줄여서 『보현행원품』이다. 국사가 이것을 어떻게 유통시켰는가 하면, 자신이 직접 이 『보현행원품』에 『소(疏)』를 달아서 유통시켰다. 이것이 바로 『대방광불화엄경입부사의해탈경계보현행원품소(大方廣佛華嚴經入不思議解脫境界普賢行願品疏)』(1卷)이다. 사람들은 이것을 줄여서 『보현행원품소』라고 한다. 이 책은 우리나라의 경우, 조선 후기에 많이 읽혀졌고, 이런 연장선에서 숭정(崇禎) 기원 229년 병진 (서기 1856년) 가을, 즉 철종 7년 당시 과천 봉은사에서 이 책이 판각되기도 했다. 징광사와 영각사의 판본이 소실된 현재로는, 봉은사 본이 전통 강원의 강본

(講本)으로 활용되고 있는 실정이다.

그런데 여기서 짚고 넘어갈 부분이 있다. 청량 국사의 『보현행원품소』를 대본으로 해서 규봉 종밀 선사가 그 복주본인 『대방광불화엄경입부사의해탈경계보현행원품소초』(총6권)(만신찬속장 제5권, NO. 229)를 저술했다는 말은 위에서도 언급한 바 있다. 그러면 이 복주본은 어느 『소(疏)』를 대본으로 했느냐는 것이다. 좀 더 구체적으로 질문하면, 10권으로 된 『화엄경행원품소』(총10권) 중에서, 40권본 『화엄경』의 제40권의 본문을 '소(疏)'한 부분만을 적출하여, 그것에 『초(鈔)』를 단 것인가? 아니면 별책으로 유통되는 『보현행원품소』(총1권)가 선행했고, 이것을 대상으로 『초(鈔)』를 단 것인가?

이 질문에 대답을 먼저 하면, 그것은 별책으로 유통되는 『보현행원품소』(1권)를 대본으로 종밀 선사가 거기에 『초』를 단 것이다. 이렇게 말할 수 있는 근거는 두 측면에서 제시할 수 있다. 첫째는 별책으로 유통되는 『보현행원품소』(1권)의 '간본(刊本)'이 명대는 물론 조선에도 유통되었는데, 그 유통본과 『보현행원품소초』(6권)의 해당 본문은 서로 일치하기 때문이다. 둘째는 40권본 『화엄경』의 제40권을 소(疏)한 부분[2]과 『보현행원품소초』(6권)의 해당 소문(疏文)을 대조하면 확연하게 차이가 나기 때문이다.

필자가 처음 『보현행원품소』(1권)를 보았을 때 이점이 매우 혼란스러웠다. 그 원인은 『보현행원품소』(총1권)의 「현담(玄談)」과 『화엄경행원품소』

2) 이 부분은 신찬속장5, pp.192c-198c에 해당한다.

(총10권)의 「현담」이 완전하게 일치했기 때문이다. 이로 인해 종밀 선사의 『초(鈔)』가 전자를 대상으로 한 것인지, 아니면 후자를 대상으로 한 것인지가 혼란스러워졌던 것이다. 독자들은 그러지 않기를 바라면서 필자의 경험을 이상과 같이 적어둔다. 더불어 두 책이 저술된 선후 관계를 밝혀보면, 『화엄경행원품소』(총10권)가 먼저이고, 『보현행원품소』(총1권)가 나중이다.

이상에서 필자는 『보현행원품』의 서지(書誌) 형태를 검토했다. 이하에서 그 책의 서명(書名)을 검토하기로 한다.

40권본 『화엄경』의 마지막 권인 제40권만을 적출하여 유통시킨 것은 이해할 수 있다. 왜냐하면 이 부분은 60권본 『화엄경』이나 80권본 『화엄경』 어디에도 없는 내용이므로 특별하게 다룰 수 있는 여지가 있기 때문이다. 그런데 필자의 관심은 별도로 분책하여 유통시키는 것은 좋은데, 왜 하필이면 책의 이름을 『보현행원품』이라고 붙였냐는 것이다.

40권본 『화엄경』의 내제(內題)인 「입부사의해탈경계보현행원품(入不思議解脫境界普賢行願品)」에 '보현행원'이라는 명칭이 들어있는 것을 생각하면, 별행본의 명칭에 '보현행원'이라는 용어를 넣은 것은 의미하는 바가 있을 것이다. 더구나 유독 이 별행본에 대해서만은 더욱 자세한 『소(疏)』를 달고, 또 그 『소』에 『초(鈔)』를 붙이는 등, 역대 화엄 강사들의 노력이 중첩되는 데에는 분명 그 이유가 있을 것이다.

그러면, 그 이유는 무엇인가? 그 이유를 필자는 남송 시대에 『보현행원품소초』를 중간(重刊)하면서 「서(序)」를 쓴 신안(新安)의 도규(道奎) 선사의 말에서 찾을 수 있겠다. 즉, "40권본 『화엄경』의 제40권에 나오는 내용이야말로 『화엄경』 전체의 '강령(綱領)'을 모두 갖추고 있다.[3)]" 이것은 매우 중요한 평가이다. 도규 선사의 이런 평가에서 드러나듯이, 『보현행원품』에 나오는 '보현행원'이야말로 『화엄경』 전체의 핵심이라고 할 수 있다. 저 방대한 『화엄경』이 결국은 보현의 '행원' 실천으로 귀결된다고 보는 평가는, 청량에서 시작되어 그의 제자 규봉에서 섬세해지고, 그 후 송대 화엄교학의 전통으로 이어진다. 특히 송대의 진수 사문 정원 법사는 『보현행원품』에 입각한 수증의궤(修證儀軌)에 관한 서적을 세상에 내놓았고, 그로 인해 보현의 행원을 실제 신행 생활에서 활용할 수 있는 방법을 의식(儀式)을 통해 제시하였다.

2. 보현 행원의 내용

그러면 보현의 '10대 행원'이란 어떤 것이 있는가? 『보현행원품』에서는 열 가지를 제시하고 있다. 열 가지 행원이란 다음과 같다.

① 부처님들께 예경하기[禮敬諸佛].

---

3) 新安道奎, 『大方廣佛華嚴經普賢行願品別行疏鈔重刊序』(신찬속장5, p.220b), "續得烏茶國所貢後分, 般若三藏, 同清涼國師, 再譯成四十卷, 其臨末一卷, 即今十大願王是也. 乃晉唐二大部中所缺, 然具攝全經綱領, 故清涼於大疏鈔外, 已爲十卷疏. 疏此後譯, 而復更作別行疏. 疏此一卷, 圭峰作鈔釋之, 最爲詳盡. 竭藏海之洪瀾, 收歸一滴, 指中邊之蜜味, 頓令親嘗, 欲求開示悟入, 舍此更無門矣."

② 부처님들을 찬탄하기[稱讚如來].

③ 부처님들께 공양하기[廣修供養].

④ 부처님들께 참회하기[懺悔業障].

⑤ 부처님들의 공덕을 따라 기뻐하기[隨喜功德].

⑥ 부처님들께 설법 청하기[請轉法輪].

⑦ 부처님께서 오래 머무시기를 간청하기[請佛住世].

⑧ 부처님들을 가까이 모셔 가르침을 배우기[常隨佛學].

⑨ 중생을 이익 되게 하기[恒順衆生].

⑩ 공덕을 중생에게 되돌려주기[普皆廻向].

이 각각에 대하여 보현보살은 선재동자에게 자세하게 설명한다. 경의 본문을 살펴보면, 위의 10대 행원 각각의 '내용'은 그때그때 바뀌지만, '형식'은 반복적이다. 따라서 본 장에서는 〈①부처님들께 예경하기〉 대목 전체[4]를 모두 인용하여 독자들이 『경』 전체의 형식을 예측할 수 있도록 하겠다. 보현보살의 '10대 행원' 각각의 내용에 대해서는 다음에 나오는 「Ⅲ. 『보현행원품』에 입각한 의례」에서 부분적으로 인용되고 있으니 참조할 수 있을 것이다.

선남자여, 부처님들께 예경한다는 것은, 온 법계 허공계에 있는 시

4) 이운허 역, 「4. 보현보살을 만나다」, 『한글대장경-40 화엄경』, 서울: 동국역경원, 1964, p.597.

방 삼세 모든 세계의 티끌수 부처님들을 보현의 수행과 서원의 힘으로 눈에 대한 듯이 깊이 믿고, 몸과 말과 뜻의 깨끗한 업으로 항상 예경할 적에, 부처님 계신 데마다 말할 수 없이 말할 수 없는 세계의 티끌 수 같은 몸을 나타내고, 낱낱 몸으로 말할 수 없이 말할 수 없는 세계의 티끌 수 부처님들께 예경하는 것이니라.

허공계가 끝나면 나의 예경도 끝나려니와, 허공계가 끝날 수 없으므로 나의 예경도 끝날 수 없느니라. 이와 같이 중생의 세계가 끝나고 중생의 업이 끝나고 중생의 번뇌가 끝나면 나의 예경도 끝나려니와, 중생의 세계와 내지 중생의 번뇌가 끝날 수 없으므로 나의 예경도 끝이 나지 아니하고, 차례차례 계속하여 잠깐도 쉬지 아니 하지마는 몸과 말과 뜻으로 하는 일은 조금도 고달프거나 만족하지 않느니라.

위의 본문 인용 중에서 "허공계가 끝나면 …."으로 시작되는 마지막 문단은 '보현보살의 10대 행원'을 설하는 가운데에 후렴귀로 계속 반복된다. 이하에서는 이런 『보현행원품』에 입각한 의례를 살펴보기로 한다.

Ⅲ. 『보현행원품』에 입각한 의례

1. 『원각경 수증의』 광본과 약본의 비교

이상은 『보현행원품』에서 소개하는 보현보살의 '10대 행원'이다. 정원 법사는 '10대 행원'을 바탕으로 그것을 우리들의 신앙생활 속에서 몸소 실천할 수 있는 구체적인 의례문을 저술하였으니, 그것이 바로 『화엄보현행원수증의(華嚴普賢行願修證儀)』이다. 정원 법사의 이 '수증의'는 기본적으로 규봉 종밀의 『원각경수증의』에 기초해서 만들었다. 정원 법사는 이 '수증의'를 만들기 전에 방대한 『원각경수증의』를 축약해서 『원각도량약본수증의』를 찬술한 바 있다. 그렇기 때문에 정원 법사의 『화엄보현행원수증의』를 온전하게 이해하기 위해서는 먼저 종밀 선사의 『원각경수증의』에 대해 알아둘 필요가 있다. 『원각경수증의』에 대해서는 이 책의 제 9장에서 자세하게 논의했으니, 여기에서는 반복하여 논의하지 않고 『화엄보현행원수증의』의 분석에 필요한 부분만 간단하게 인용하기로 한다.

『원각경수증의』는 모두 18권으로 이루어졌고, 내용상으로는 (1)도량법사(제1권), (2)참회 법문(2-16권), (3)좌선법(17-18권), 이렇게 크게 세 대목으로 나누어 서술되어 있다.

이 중에서 제3의 '좌선법(8문)'은 천태의 『수습지관좌선법요(修習止觀坐禪法要[5]: 일명 『천태 소지관』, 또는 『동몽지관』)을 고스란히 옮겨다놓았다. 이럴 정도로 의례 방면에 있어서 천태의 참법은 훗날 화엄종에도 강력하게 영향을 미친다.

역사적으로 보면, 종밀 선사의 『원각경수증의』(총18권)는 널리 유통되지는 못했다. 이런 와중에서 화엄종에 속한 문도들도 오히려 '천태의 참법'을 많이 사용했다. 이 점을 안타깝게 생각한 정원 법사는 『원각도량약본수증의』(총1권)를 찬술하게 된다. 정원 법사는 『원각도량약본수증의』에서 『원각경』을 활용한 참회법을 다음과 같은 단계로 축약하여 설명하고 있다. 이하의 순서를 보더라도 정원 법사는 천태의 수행법에 해당하는 '3. 좌선법'을 『원각경수증의』 속에서 모두 삭제하고 있음을 알 수 있다. 천태종과는 독립적으로 화엄종 자체의 고유한 의례를 제정하여 그것을 유통하고자 했던 의도이다.

『원각도량약본수증의』의 의례 편제는 다음과 같다.

(1)**엄정도량**(嚴淨道場), (2)**계청성현**(啓請聖賢), (3)**공양관문**(供養觀門), (4)**정좌사유**(正坐思惟), (5)**칭찬여래**(稱讚如來), (6)**예경삼보**(禮敬三寶), (7)**수행오회**(修行五悔), (8)**선요염불**(旋繞念佛)

5) 天台智顗, 『修習止觀坐禪法要』(대정장46, pp.462a-475a).

이렇게 하여 『원각경수증의』는 정원 법사에 의해 비로소 의궤로서의 형식이 재정비되었다고 할 수 있다. 무엇보다 의궤는 간결해서 실행하기 쉬워야 하기 때문이다. 아래에 『원각경수증의』와 『원각도량약본수증의』를 대조한 〈표1〉을 보면 어떻게 축약했는지를 알 수 있을 것이다. 두드러진 것은 천태의 수행법을 그대로 인용해 놓은 '3. 좌선법'을 완전히 삭제한 것이다. 이렇게 천태의 좌선법을 완전하게 삭제한 정원 법사는 『화엄경보현행원수증의』(No. 1472)를 집필할 때에는, '단좌사유'라는 항목을 신설하여 화엄교학에 입각한 새로운 좌선법을 제시하기에 이른다.

<표1> 『원각경수증의』 와 『원각도량약본수증의』

<table>
<tr><th colspan="2">원각경수증의</th><th>원각도량약본수증의</th></tr>
<tr><td rowspan="7">1. 도량법사</td><td>(1)권수(勸修)</td><td rowspan="7">(1)엄정도량(嚴淨道場)</td></tr>
<tr><td>(2)간기(揀器)</td></tr>
<tr><td>(3)가욕(呵欲)</td></tr>
<tr><td>(4)기개(棄蓋)</td></tr>
<tr><td>(5)구연(具緣)</td></tr>
<tr><td>(6)엄처(嚴處)</td></tr>
<tr><td>(7)입지(立志)</td></tr>
<tr><td rowspan="9">2. 참회법문</td><td>(1)계청(啓請)</td><td>(2)계청성현(啓請聖賢)</td></tr>
<tr><td>(2)공양(供養)</td><td>(3)공양관문(供養觀門)</td></tr>
<tr><td>(3)찬탄(讚嘆)</td><td>(5)칭찬여래(稱讚如來)</td></tr>
<tr><td>(4)예경(禮敬)</td><td>(6)예경삼보(禮敬三寶)</td></tr>
<tr><td>(5)참회(懺悔)</td><td>〈생략〉</td></tr>
<tr><td>(6)잡법사 (雜法事)</td><td>(7)수행5회(修行五悔)</td></tr>
<tr><td>①권청(勸請)</td><td>②권청(勸請)</td></tr>
<tr><td>②수희(隨喜)</td><td>③수희(隨喜)</td></tr>
<tr><td>③회향(廻向)</td><td>④회향(廻向)</td></tr>
</table>

	④발원(發願)	⑤발원(發願)
	⑤설무상게(說無常偈)	〈생략〉
	⑥계백(啓白)	〈생략〉
	⑦예참(禮懺)	①참회(懺悔)
	(7)선요송경(旋繞誦經)	(8)선요염불(旋繞誦經)
	(8)정좌사유(正坐思惟)	(4)정좌사유(正坐思惟)
3. 좌선법	(1)총표(總標)	
	(2)조화(調和)	
	(3)근방편(近方便)	
	(4)변마(辯魔)	
	(5)치병(治病)	
	(6)정수(正修)	
	(7)선발(善發)	
	(8)증상(證相)	

2. 『보현행원품수증의』 분석

중국 송나라의 정원 법사는 희령(熙寧) 2년(서기 1069년) 한 겨울에 『원각도량약본수증의』를 찬술하고 같은 해에 『화엄보현행원수증의』를 찬술한다.[6] 이런 관계로 『원각도량약본수증의』와 『화엄보현행원수증의』 사이에는 유사한 점이 매우 많다. 이 점은 뒤에 나오는 〈표3〉을 보면 잘 드러난다.

『화엄보현행원수증의』라는 이름으로 된 책이 정원 법사에게는 두 종류가 있다. 하나는 『화엄보현행원수증의(No. 1472)』(1권)이고, 다른 하나는

6) 진수 정원, 『화엄보현행원수증의(No. 1473)』(신찬속장74, p.369c).

『화엄보현행원수증의(No. 1473)』(1권)이다. 『No. 1472』의 경우는 지은이의 이름이 "대송전화엄교관사문진수 정원 집(大宋傳華嚴敎觀沙門晉水 淨源 集)"[7] 이라 되어 있고, 『No. 1473』의 경우는 "송 진수사문 정원 집(宋 晉水沙門 淨源 集)"이라 되어 있다.

그러면 이 두 텍스트의 관계는 어떤 관계인가? 제작의 시기로 보아서는 아무래도 『No. 1473』을 먼저 탈고하고, 그런 다음에 『No. 1472』를 탈고한 것 같다. 『No. 1473』은 정원 법사가 송나라 신종 희령(熙寧) 2년(서기 1069년) 한 겨울에 규봉 종밀 선사의 『원각경수증의』를 치정(治定)하여 『원각도량약본수증의』를 탈고한 뒤에, 그 여세를 몰아서 작성한 것이다. 이런 관계 때문에 『No. 1473』은 『원각도량약본수증의』와 체제상에서 유사한 점이 많이 발견된다.

『No. 1473』은 『원각경도량약본수증의』와 형식상의 일치성에 보다 치중한 인상을 강하게 준다. 그 결과 『No. 1473』은 『보현행원품』이 갖고 있는 경전 고유의 수행법의 특색을 제대로 살리지 못하고 있다. 이런 단점을 보완하기 위해서 만든 것이 『No. 1472』라고 생각된다.[8]

7) 찬자(撰者) 호(號)가 이렇게 다른 이유는 『No. 1472』의 경우는 후대 사람들이 붙였기 때문이고, 『No. 1473』의 경우는 정원 법사 자신이 직접 붙였기 때문이다. 『보현행원수증』이라고 동일한 제목이 텍스트가 2종이 있는데도 본 장에서 『No. 1473』을 분석의 대상으로 삼는 이유도 여기에 있다. 즉, 『No. 1473』의 경우는 상대적으로 『No. 1472』 보다 정원 법사의 원고가 원본대로 보존되었기 때문이다.

8) 『No. 1472』에는 「正修十行」이라는 항목을 설치하여 보현의 10대 행원에 입각하여, 각각의 예참법을 빠짐없이 나열하고 있다. 이런 점은 『화엄보현행원수증의(No. 1472)』(신찬속장74, pp.365b-368b)에서 확인할 수 있다.

필자도 처음에는 이상과 같은 두 텍스트 사이의 관계를 제대로 파악하지 못했다. 그 결과 과거에 발표한 논문[9]에서는 『No. 1472』를 '초본(初本)'으로 보고 『No. 1473』을 '개정본'으로 본 적도 있다. 이에 텍스트 생성의 선후에 대한 필자의 과거 입장을 수정한다.

아무튼, 의례로서의 구성적 측면은 역시 『No. 1473』이 『No. 1472』보다 더 보편적 짜임새를 갖추고 있다. 이렇게 말 할 수 있는 근거는, 『No. 1472』의 경우는 보현보살의 10대 행원을 평면적으로 배열하는 방식으로 수증 의례를 편성했는데 비해, 『No. 1473』에서는 '공양행법', '예불행법', '참회행법', '권청행법', '수희행법', '회향행법', '발원행법'등이 구성지게 재배치되어 있다. 게다가 '송경규식(誦經規式)'까지 갖추어져 있다. 다만 『No. 1473』에는 없고 『No. 1472』에만 있는 특징적인 의례 행법이 하나 있는데, 그것은 '관법(觀法)'에 대한 화엄종 특유의 방식이 소개되어 있는 점이다.[10]

이상에서 필자는 『No. 1472』와 『No. 1473』의 집필 선후 관계 및 서로 다른 특징에 대해서 분석을 했는데, 비록 이 두 텍스트 사이에 동이점(同異点)은 있지만, 그러면서도 기본적으로 규봉 종밀의 『원각경수증의』로부터 절대적인 영향을 받고 있다는 점을 다시 한 번 확인해두고자 한다. 『화엄

9) 신규탁, 「古代 韓中佛教交流의 一考察 - 高麗의 義天과 浙江의 淨源 -」, 『동양철학』 제27집, 서울: 한국동양철학회, 2007.

10) 규봉 종밀의 『원각경수증의』에는 천태의 『동몽지관』을 있는 그대로 옮겨다 놓고 있는데, 정원의 『No. 1472』에는 화엄종 특유의 '화엄법계관' 수행법을 소개하고 있다. 이 점은 송대의 화엄교학자들이 천태종과 구별되는 화엄종의 고유성을 지키려는 호교 의식과도 밀접하게 관련이 있다. 이 관법의 내용은 이 책의 제11장 「Ⅳ. 수행은 어떻게 하는가?」 부분에 상술하였다.

보현행원수증의』와 『원각경수증의』, 이 둘 사이의 '유사점'에 필자가 주목하는 이유는 의례에 관한 진수 정원의 사상적 기원이 규봉 종밀로부터 시작한다는 것을 분명히 하려는 것이다.

이런 전통에서 한 가지 더 기억해 두어야 할 것이 있다. 그것은 의례에 대한 규봉의 사상은 더 거슬러 올라가면 『법화삼매참의(法華三昧懺儀)』에 기인한다는 점이다. 경전을 소재로 하는 의례(儀禮)의 연원은 천태 지자 대사로부터 시작된다는 점에 우리는 주목해야 할 것이다.[11] 이런 천태의 참법을 화엄의 참법으로 대체한 선구자는 종밀 선사이고, 선사의 뒤를 이어 후대에 전승시킨 사람은 정원 법사이다. 이런 점에서 규봉의 『원각경수증의』는 그 사상사적 의의가 크다 하겠다.

이하에서는 두 종류의 『화엄보현행원수증의』 중에서 『No. 1473』을 중심으로 의례 절차를 하나하나 살펴보기로 한다. 『No. 1472』를 대상으로 하지 않고, 『No. 1473』을 분석하여 소개하는 이유는 위에서도 밝혔다시피, 『No. 1473』이 상대적으로 '의례의 보편적 요소'[12]를 온전히 갖추고 있기 때문이다. 필자가 '의례의 보편적 요소'를 특별히 거론하는 이유는, 본 연구가 단순히 지난 과거를 기술하는 것만이 아니고, 나아가 오늘날 한국의 현

11) 차차석, 「천태 찬 『법화삼매참의』의 정토적 특성 탐구」, 『보조사상』 제29집, 서울: 보조사상연구원, 2008.

12) 의례의 보편적 요소 : 규봉 종밀은 『이구혜보살소문경』을 인용하여 수행인이 해야 할 '본질적 일[本事]'로 여덟 가지를 들고 있다. 그것은 공양 · 칭찬 · 예경 · 참회 · 권청 · 수희 · 회향 · 발원이다.(진수 정원, 『화엄보현행원수증의(No. 1473)』(신찬속장 74, p.369c)

실에도 활용할 수 있는 보편적인 행법을 모색하려고 하기 때문이다.

이하에서는 『화엄보현행원수증의』(No. 1473)의 순서에 따라 그 내용들을 소개하면서 설명하기로 한다.

1) 엄정도량(嚴淨道場)

정원 법사는 먼저 수행을 시작하기 위한 예비 단계로 크게 두 가지를 준비하게 하고 있다. 첫째는 수행하는 도량을 꾸미는 일을 소개하고, 둘째는 수행인 자신이 준비해야 할 사항에 대해서 소개하고 있다. 첫째 〈엄정도량〉에 따르면 수행 장소는 무엇보다 마을로부터 멀리 떨어진 조용한 산속이 좋지만, 형편이 여의치 못해 마을에 도량을 차릴 경우는 우선 땅을 1자[尺] 내지 2자 정도 파내고, 그 위에 향을 진흙에 개어 바르고, 그 위에 단(壇)을 차리라고 한다. 단 앞은 여러 번(幡)을 달아서 장엄하게 꾸미고 그 가운데에 '비로자나불'을 주불(主佛)로 모시고, 좌우에 '문수'와 '보현' 양대 보살상을 협시(挾侍)하여 모신다. 그리고 주불 앞에는 『보현행원품』 1질을 함에 넣어서 안치한다.

2) 정신방법(淨身方法)

둘째는 〈정신방법〉인데, 여기에서는 수행자가 갖추어야할 신 · 구 · 의 3업에 대한 단속이다. 이상과 같이 단이 차려지고 나면, 다음으로 수행자는 목욕을 하여 몸을 단정하게 하고 깨끗한 옷을 갈아입는다. 이렇게 하고 마음을 고요하게 한다. 이어서 성현을 청해 모시는 법요를 다음과 같이 시행한다.

3) 계청성현(啓請聖賢)

수행자는 도량에 들어가서는 먼저 "보현보살"의 명호를 외우면서 본존을 한 바퀴 돈다. 그리고는 본존 앞으로 나아가서 좌복을 깔고 몸을 바르게 한 뒤에 합장하여 구부려 삼보의 강림을 청한다. 삼보는 시방 삼세에 상주하지만, 수행자가 청하지 않으면 감응하지 않기 때문에 이렇게 청하는 것이다. 이때에 '성덕자(聲德者)'[13]가 다음과 같이 선창을 한다.

대중 모두는 공손하게 예경을 올립시다.[14]

'성덕자(聲德者)'는 염불을 인도하는 소임자로서 현재의 '인례(引禮)'에 해당한다. 이렇게 '성덕자'의 선창이 끝내면 이어서 대중들은 다음과 같이 창(唱)을 한다.

一心頂禮 十方法界 常住三寶.
일심정례 시방법계 상주삼보

13) 성덕자(聲德者) : 의례를 인도하는 소임. 경우에 따라서는 '선도자(先導者)' 또는 '만랑성(萬朗聲)', 창도사(唱導師) 등으로도 호칭된다.

14) 『보현행원수증의』(신찬속장74, p.364b), "一切恭敬."

삼보님께 절을 올릴 때에는 각각 1배만을 올리고 호궤하고 좋은 향을 사루고 삼보를 청한다. '여타의 예참'에서는 향이나 꽃 '공양'을 먼저 한 후에 '계청'을 하지만[15], 정원 법사는 종밀 선사의 『원각경수증의』에 따라 '계청'을 '공양'보다 먼저 순서에 넣었다. '계청문(啓請文)'은 다음과 같다. '계청'을 할 때에는 그때마다 '절'을 한 번 씩 올린다. 단 제④의 순서에서는 보현보살이 현재 내가 수행하고 있는 참회 행법의 주인공이시기 때문에서 세 번 '계청'하고 세 번 '절'을 올린다. 의례의 발달 역사에서 보면 후대에는 '청사'-'향화청'-'가영'이 하나의 짝을 이루지만, 이 당시에는 아직 그런 모습은 보이지 않는다. 만약 오늘날 한국의 실정에 보현행원의 의례를 활용하려면, '향화청'을 각 '봉청' 뒤에 하고, 그런 다음에 그 각각에 대해 '가영(歌詠)'을 지어서 붙여야 할 것이다. 그것이 여의치 않다면, ①-⑨를 모두 마치고나서 현행 〈삼보통청〉의 '가영'[16]을 그대로 사용해도 무방할 것으로 생각된다.

① 一心奉請 南無十身初滿 正覺始成 不離閻浮 而昇天上 無盡身雲
일심봉청 나무십신초만 정각시성 불리염부 이승천상 무진신운

本尊毗盧遮那佛.
본존비로자나불

15) '여타의 예참'이란 천태의 '법화삼매참법'을 지칭한다. '법화삼매참법'에서의 순서는 다음과 같다. ①엄정도량, ②행자정신, ③삼업공양, ④계청삼보, ⑤찬탄삼보, ⑥예경삼보, ⑦참회업장, ⑧행도, ⑨송경.

16) 현행 가영 : "佛身普遍十方中, 三世如來一切同, 廣大願運恒不盡, 汪洋覺海妙難窮, 故我一心歸命頂禮."(대한불교조계종 포교원, 『통일법요집』, 서울: 조계종출판사, 1998, p.87.)

② 一心奉請 南無普攝穢國 修大願王 皆蒙授記 阿彌陀佛, 盡華嚴經中
일심봉청 나무보섭예국 수대원왕 개몽수기 아미타불 진화엄경중

華藏世界 反來會內 十方三世 一切諸佛.
화장세계 반래회내 시방삼세 일체제불

③ 一心奉請 南無大方廣佛華嚴經 剖裂玄微 一乘別教 汪洋悉修 十二分經.
일심봉청 나무대방광불화엄경 부열현미 일승별교 왕양실수 십이분경

④ 一心奉請 南無華嚴經主 不捨因門 發明行願 徧收玄妙 普賢菩薩摩訶薩.
일심봉청 나무화엄경주 불사인문 발명행원 변수현묘 보현보살마하살

⑤ 一心奉請 南無七處九會 互彰主伴 文殊師利菩薩 賢首菩薩 及諸品中
일심봉청 나무칠처구회 호창주반 문수사리보살 현수보살 급제품중

微塵菩薩摩訶薩.
미진보살마하살

⑥ 一心奉請 南無華嚴經中 末會之主 五十五員 真善智識 百城求法
일심봉청 나무화엄경중 말회지주 오십오원 진선지식 백성구법

一生克備 善財等菩薩摩訶薩.
일생극비 선재등보살마하살

⑦ 一心奉請 南無觀自在菩薩 大勢至菩薩 彌勒菩薩 馬鳴龍樹 諸祖菩薩
일심봉청 나무관자재보살 대세지보살 미륵보살 마명용수 제조보살

及十方三世 一切菩薩摩訶薩.
급시방삼세 일체보살마하살

⑧ 一心奉請 南無末會之中 舍利弗等六千比丘 盡虛空界 微塵刹中
일심봉청 나무말회지중 사리불등육천비구 진허공계 미진찰중

有學無學 一切聲聞緣覺聖僧.
유학무학 일체성문연각성승

⑨ 一心奉請 南無華嚴會中 常發大願 安人護法 梵釋四王 天龍八部
일심봉청 나무화엄회중 상발대원 안인호법 범석사왕 천룡팔부

執金剛神 主虛空神 廼至諸世界中 主執神等 及此國內 主善罰惡
집금강신 주허공신 내지제세계중 주집신등 급차국내 주선벌악

護伽藍神 守正法者 一切賢聖.
호가람신 수정법자 일체현성

이 '계청문' 중에서 ①은 법신불을 계청하는 것이며, ②중에서 앞 구절은 보신불을 계청하고, 뒤 구절은 화신불을 계청하는 것에 각각 해당한다. 이렇게 법 · 보 · 화 3신불을 계청하고 나서는, 다음으로 ③에서는 법보를 계청한다. ④-⑧은 승보를 계청하는 대목이다. 그리고 마지막 ⑨부분은 화엄 회상의 신중을 계청하는 부분인데 재가 신도들은 절을 해도 무방하지만, 출자 대중은 절을 하지 않는다고 한다. 그러고 보면 대한불교조계종의 일부 가람에서 신중단에 절을 안 올리고 『반야심경』 1편만을 봉독하는 것도 유례없는 것이라고 비판만 할 일은 아닌 듯싶다.

이렇게 해서 성현님들을 불러 모셨으면, 이제부터는 그분들이 이 도량에 오셨다고 상상을 하면서 보현행자가 마땅히 실천해야 할 '10대 행원'을 성현님들 앞에서 '관행(觀行)'의 방식으로 실천하는 순서이다. 중요한 점은 '관행(觀行)'이라는 점이다.

4) 관행공양(觀行供養)

'관행공양(觀行供養)'에서 '관행(觀行)'은 '관상(觀想)'으로도 표기하는데, 이것은 경전에 나오는 문구를 관찰하는 방식으로 공양을 대신하는 것이다. 이 경우의 경전은 『보현행원품』을 지칭한다.[17] 실물을 공양하는 것은

17) 『보현행원품』의 원문에는 보현보살이 선재동자에게 법문을 내리는 형식으로 되어 있다. 그런데 이 구절을 관상용(觀想用) 의례문으로 사용할 때에는, 지금 수행을 하고 있는 제자(弟子)의 입장에서 약속을 올리는 형식이기 때문에, 아랫사람이 윗사람께 말씀을 올리는 어투로 고쳤다. 간단하게 말하면, 원문을

아니다. '성덕자(聲德者)'는 향로를 들고 다음과 같이 창(唱)을 한다.

> 여러 대중들은 각각 호궤를 하고 '향'과 '꽃'을 들고 여법하게 공양을 올립시다.[18]

이렇게 '창'을 마친 다음, 대중들은 『보현행원품』에 나오는 아래의 내용과 같이 '마음속으로 관찰[觀行]'한다. 오늘날 한국에서 이 행법을 재현하려고 한다면, 눈으로 각자 암송하거나 또는 '바라지'가 탄백(嘆白)으로 쓸어서 읽는 것도 괜찮을 듯하다.

이하는 『보현행원품』에 나오는 '보현보살 10대 행원' 중에서 〈③부처님들께 공양하기〉에 해당한다.

> 온 법계 허공계에 있는 시방 삼세 모든 세계의 티끌 속에 낱낱이 모든 세계의 티끌 수 부처님들이 계시고, 부처님들이 계신 데마다 가지가지 보살 대중이 둘러 모신 것을 보현의 수행과 서원의 힘으로 눈앞에 계신 듯이 깊이 믿사오며, 앞에 계신 듯이 뵈옵고 모두 훌륭한 공양거리로 공양하오니, 이른바 구름 같이 많은 꽃이며, 꽃다발이며, 천상의 음악이며, 천상의 건물이며, 천상의 의복과 여러 가지 천상의 향과 바르는 향과 태우는 향과 가루 향 따위의 구름이 낱낱이 크기가 수미산 같으며 여러 가지 등을 켜는데 우유등 기름등 향유등 따위가 심지는 수

'하어체'에서 '경어체'로 바꾸었다.

18) 『보현행원수증의』(신찬속장74, p.370c), "是諸衆等, 各各互跪, 嚴持香花, 如法供養."

미산 같고, 등의 기름은 바닷물 같은 이러한 공양거리로 항상 공양하나이다.[19]

대중들은 이렇게 상상으로 공양을 마치고 나서 '산화(散華)'를 하면서 다음과 같이 '창(唱)'한다. 이렇게 꽃을 올릴 경우에 생화를 올려야 하지만, 서리와 눈이 내리는 추운 계절에는 조화를 올려도 된다고 한다.

바라옵건대 이렇게 올리는 구름처럼 많은 향과 꽃이 온 법계에 두루 퍼져서, 티끌처럼 많은 국토마다 계시는 모든 부처님들과 존귀한 가르침들과 여러 보살님들과 성문과 연각 대중들께 공양을 올리오니, 올리는 것마다 모두 다 미묘한 향과 꽃이 되옵소서. 구름처럼 많은 갖가지의 공양구를 올리나니, 원하옵건대 여러 삼보님들께서는 이 향과 꽃의 공양을 받으시어, 이것들을 광명의 층으로 삼으시어 가이없는 법계에 두루 퍼져 가이없는 불사를 이루소서.[20]

이렇게 대중들이 '창'을 마치고나면, '성덕자'는 다음과 같이 외친다.

공양 올리기를 모두 마쳤습니다. 대중 모두는 공손하게 예경을 올립

---

19) 이운허 역, 「4. 보현보살을 만나다」, 『한글대장경-40 화엄경』, 서울: 동국역경원, 1964, p.593.

20) 『보현행원수증의』(신찬속장74, p.371a), "願此香花雲, 徧滿十方界, 微塵刹土中, 供養一切佛, 尊法諸菩薩, 聲聞緣覺衆, 悉成妙花香, 種種供具雲, 而常爲供養, 普願諸三寶, 受此香花雲, 以爲光明臺, 廣於無邊界, 無邊作佛事."

시다.[21]

이렇게 '성덕자'가 외치고 나면, 대중들은 모두 절을 올린다.

5) 칭찬여래(稱讚如來)

이상과 같이 〈관행공양〉을 마치고나서는 위의를 갖추어 몸을 바르게 하고 모두 엎드린 채로 『보현행원품』에 나오는 다음의 구절을 상상한다. 이하는 『보현행원품』에 나오는 '보현보살 10대 행원' 중에서 〈②부처님들을 찬탄하기〉에 해당한다.

> 온 법계 허공계에 있는 시방 삼세 모든 세계에 티끌이 있고, 낱낱 티끌 속에 모든 세계의 티끌 수 부처님들이 계시며, 부처님들 계신 데마다 보살 대중이 둘러 모신 것을 내가 깊고 훌륭한 알음알이로 앞에 계신 듯이 뵈옵고, 각각 변재천녀 보다 훌륭한 혀를 내고, 낱낱 혀에서 그지없는 음성을 내고 낱낱 음성에서 온갖 말을 내어서 부처님들의 한량없는 공덕을 찬탄하며 오는 세월이 끝나도록 계속하여 끊이지 아니하고 법계 끝 단 데까지 두루 하겠나이다.
>
> 이와 같이 하여 허공계가 끝나고, 중생의 세계가 끝나고, 중생의 업이 끝나고, 중생의 번뇌가 끝나면 저의 찬탄도 끝나려니와 허공계와 내지 번뇌가 끝날 수 없으므로 저의 찬탄도 끝나지 아니하고, 차례차례 계속하여 잠깐도 쉬지 아니하지마는, 몸과 말과 뜻으로 하는 일은 조금

21) 『보현행원수증의』(신찬속장74, p.371a), "供養已一切恭敬."

도 고달프거나 만족하지 않게 하겠나이다.[22]

이렇게 묵상(黙想), 즉 '관행(觀行)'으로 여래의 공덕을 찬탄하고 나서는 다음의 '찬문(讚文)'을 외운다.

지혜의 광명은 맑은 해와 같고, 온갖 수행은 보름달처럼 갖추셨으며, 하염없는 공덕은 큰 바다와 같고, 허공처럼 걸림 없고 깨끗하시네.

시방 세계의 모든 국토, 한 찰나 간에 모두 깨끗하고 장엄하게 하시며, 미묘한 음성으로 설법을 하시니, 세상 어디에도 그런 분이 없으시네.

보현보살님의 몸은 허공과 같으시니, 진리에 머무실 뿐 딴 국토가 아니며, 중생들이 원하는 것에 부응하여, 모든 곳에 온 몸을 나타내시네.

가이없는 공덕과 발원을 펴시어, 모든 중생에 즐거움을 내게 하시며, 미래가 다하도록 행원에 의지하여, 항상 열심히 닦고 익히며 중생을 제도하시네.[23]

---

22) 이운허 역, 「4. 보현보살을 만나다」, 『한글대장경-40 화엄경』, 서울: 동국역경원, 1964, pp.591-592.

23) 『보현행원수증의』(신찬속장74, pp.371a-b), "智慧光明如淨日, 衆行具足猶滿月. 功德常盈譬巨海, 無垢無礙同虛空. 十方所有諸國土, 一刹那中悉嚴淨. 以妙音聲轉法輪, 普徧世間無與等. 普賢身相如虛空, 依真而住非國土. 隨諸衆生心所欲, 示現普身等一切. 普發無邊功德願, 悉與一切衆生樂. 盡未來際依行願, 常勤修習度衆生."

6) 예경삼보(禮敬三寶)

이상으로 여래의 공덕을 찬탄하고 난 다음에는, 시방 삼세의 부처님께 '예경'을 올린다. 마음속으로 다음과 같이 '묵상'한다. 내용은 『보현행원품』에 있는 것이다. 이하는 『보현행원품』에 나오는 '보현보살 10대 행원' 중에서 〈①부처님들께 예경하기〉에 해당한다.

> 부처님들께 예경한다는 것은, 온 법계 허공계에 있는 시방 삼세 모든 세계의 티끌 수 부처님들을 보현의 수행과 서원으로 힘으로 눈에 대한 듯이 깊이 믿고, 몸과 말과 뜻의 깨끗한 업으로 항상 예경할 적에, 부처님 계신 데마다 말할 수 없이 말할 수 없는 세계의 티끌 수 같은 몸을 나타내고, 낱낱 몸으로 말할 수 없이 말할 수 없는 세계의 티끌 수 부처님께 예경하는 것이나이다.
>
> 허공계가 끝나면 저의 예경도 끝나려니와, 허공계가 끝날 수 없으므로 저의 예경도 끝날 수 없나이다. 이와 같이 중생의 세계가 끝나고 중생의 업이 끝나고 중생의 번뇌가 끝나면 저의 예경도 끝나려니와, 중생의 세계와 내지 중생의 번뇌가 끝날 수 없으므로 저의 예경도 끝나지 아니하고, 차례차례 계속하여 잠깐도 쉬지 아니 하지마는 몸과 말과 뜻으로 하는 일은 조금도 고달프거나 만족하지 않겠나이다.

이렇게 묵상으로 '관상(觀想)'을 하고서는 다음과 같이 불법승 삼보님께 '절'을 올리면서 '예경'한다.

① 一心頂禮 十身初滿 正覺如成 不離閻浮 而昇天上 無盡身雲
일심정례 십신초만 정각여성 불리염부 이승천상 무진신운

本尊毗盧遮那佛.
본존비로자나불

② 一心頂禮 普攝穢國 修大行願 蓮花化生 皆蒙授記 阿彌陀佛.
일심정례 보섭예국 수대행원 연화화생 개몽수기 아미타불

③ 一心頂禮 發辭讚定 普現其前 同名法慧 功德林等 一切諸佛.
일심정례 발사찬정 보현기전 동명법혜 공덕림등 일체제불

④ 一心頂禮 眉間放光 勸說十地 與金剛藏法門 辯才十方諸佛.
일심정례 미간방광 권설십지 여금강장법문 변재시방제불

⑤ 一心頂禮 出現品中 稱讚大行 皆說此法 同名普賢 微塵數佛.
일심정례 출현품중 칭찬대행 개설차법 동명보현 미진수불

⑥ 一心頂禮 盡華嚴經中 華藏世界 微塵刹土 十方三世 一切諸佛.
일심정례 진화엄경중 화장세계 미진찰토 시방삼세 일체제불

⑦ 一心頂禮 大方廣佛華嚴經 剖裂玄微 一乘別教 汪洋悉備 十二分經.
일심정례 대방광불화엄경 부열현미 일승별교 왕양실비 십이분경

⑧ 一心頂禮 菩提場中 佛果會主 發明十願 徧收玄妙 普賢菩薩摩訶薩.
일심정례 보리장중 불과회주 발명시원 변수현묘 보현보살마하살

⑨ 一心頂禮 普光明殿 十信會主 十首菩薩摩訶薩.
일심정례 보광명전 십신회주 십수보살마하살

⑩ 一心頂禮 忉利天宮 十住會主 十慧菩薩摩訶薩.
일심정례 도리천궁 십주회주 십혜보살마하살

⑪ 一心頂禮 夜摩天宮 十行會主 十林菩薩摩訶薩.
일심정례 야마천궁 십행회주 십림보살마하살

⑫ 一心頂禮 兜率天宮 十向會主 十幢菩薩摩訶薩.
일심정례 도솔천궁 십향회주 십당보살마하살

⑬ 一心頂禮 他化天宮 十地會主 金剛藏菩薩摩訶薩.
일심정례 타화천궁 십지회주 금강장보살마하살

⑭ 一心頂禮 重會普光明殿 顯彰因圓果滿 如來性起 妙德菩薩摩訶薩.
일심정례 중회보광명전 현창인원과만 여래성기 묘덕보살마하살

⑮ 一心頂禮 三會普光明殿 開發進修成行 善慧菩薩摩訶薩.
일심정례 삼회보광명전 개발진수성행 선혜보살마하살

⑯ 一心頂禮 逝多林中 證入法界 如來之前 文殊師利菩薩摩訶薩.
일심정례 서다림중 증입법계 여래지전 문수사리보살마하살

⑰ 一心頂禮 末會之主 五十五員 真善知識 權實菩薩摩訶薩.
일심정례 말회지주 오십오원 진선지식 권실보살마하살

⑱ 一心頂禮 圓根上器 修證軌範 百城求法 一生克備 善財菩薩摩訶薩.
일심정례 원근상기 수증궤범 백성구법 일생극비 선재보살마하살

⑲ 一心頂禮 應跡淨邦 觀自在菩薩 大勢至菩薩 彌勒菩薩
일심정례 응적정방 관자재보살 대세지보살 미륵보살

馬鳴龍樹諸祖菩薩 及十方三世 一切菩薩摩訶薩.
마명용수제조보살 급시방삼세 일체보살마하살

⑳ 一心頂禮 會末之中 舍利弗等六千比丘 盡虛空界 微塵刹中 有學無學
일심정례 회말지중 사리불등육천비구 진허공계 미진찰중 유학무학

一切聲聞緣覺賢聖僧.
체성문연각현성승

물론 이 때에도 제⑧의 경우는 지금 도량 행법 의례를 받으시는 주인공이 보현보살이기 때문에 앞의 예와 같이 '세 번 절'을 올린다.

7) 수행오회(修行五悔)

이 대목에서는 모두 다섯 종의 '행법'이 진행된다. 다섯이란 (1)참회, (2)권청, (3)수희, (4)회향, (5)발원이다. 차례대로 보기로 하자.

(1) 참회

'예불'을 마치고 나면 다음으로 '참회'를 해야 한다. 죄에 '차죄(遮罪)'와 '성죄(性罪)'가 있기 때문에 '참회'에도 '사참(事懺)'과 '이참(理懺)'이 있

게 마련이다. '사참'은 『방등불명경』에 있는 것처럼 모든 행에 통하기 때문에 시방의 여러 부처님께 간절하게 절을 올리고 죄상을 낱낱이 고해서 간절하게 참회해야 한다. 한편 '이참'은 『승만경』에 나오듯이, 죄의 본성이란 안팎이 없는 것이기 때문에 '보리심'을 발하기만 하면 자연 사라진다.

이렇게 '예경'을 마치고나면 호궤하고 오른 무릎을 땅에 꿇고 『보현행원품』의 다음 구절을 상상하면서 '참회'를 한다. 이하는 『보현행원품』에 나오는 '보현보살 10대 행원' 중에서 〈④부처님들께 참회하기〉에 해당한다.

> "제가 지난 날 세상에 끝없는 겁 동안에 탐내고 성내고 어리석은 마음으로 몸과 말과 뜻을 놀리어 나쁜 짓 한 것이 한량없고 가이없으니, 만일 나쁜 짓이 형체가 있다면 끝없는 허공으로도 용납할 수 없을 것입니다. 제가 이제 세 가지 깨끗한 업으로 법계에 두루하여 티끌처럼 많은 부처님들 앞에서 지성으로 참회하고 다시는 짓지 아니 하오며, 항상 깨끗한 계율의 모든 공덕에 머물겠나이다."
>
> 이와 같이하여 허공계가 끝나고 중생의 세계가 끝나고 중생의 업이 끝나고 중생의 번뇌가 끝나면 저의 참회가 끝나려니와, 허공계와 내지 중생의 번뇌가 끝날 수 없으므로 저의 참회도 끝나지 아니하고, 차례차례 계속하여 잠깐도 쉬지 아니하지마는 몸과 말과 뜻으로 하는 일은 조금도 고달프거나, 만족하지 않나이다.[24]

이렇게 묵상으로 '관상'을 하고나면, '만랑성(萬朗聲)'은 다음과 같이

24) 이운허 역, 「4. 보현보살을 만나다」, 『한글대장경-40 화엄경』, 서울: 동국역경원, 1964, pp.598-599.

'창(唱)'한다.

4은(恩)과 3유(有), 그리고 온 법계의 중생들을 위하여 바라옵건대 일체의 모든 업장을 끊어 없애고자 귀명하오며 참회하나이다.[25)]

'만량성'의 '창(唱)'이 끝나고 나면, 대중들은 다음과 같이 소리 내면서 '참회'를 한다.

저 비구 아무 아무개는 지극한 마음으로 '참회'하나이다.

저와 더불어 법계 일체 중생들은 응당 이렇게 생각하나이다. 끝없는 지난 과거로부터 탐진치 때문에 신구의 삼업을 지어 수많은 악업을 지었습니다. 만약 이 악업들이 형체가 있다면 허공에도 다 담지 못할 것입니다. 제가 이제 삼업을 청정하게 하여 온 법계에 계시는 불보살님 전에 지성으로 참회하나이다. 앞으로는 절대로 죄를 짓지 않고 청정한 계율을 지키고 모든 공덕을 쌓겠나이다. 그동안 제가 살아온 길을 돌아보니 어리석음 때문에 많은 죄를 지어 불법의 종자를 가로막았고 깨달음으로 가는 길을 막았으며, 성인의 뜻을 등지고 그저 못된 짓만 하였습니다. 생사윤회를 좋아하고 벗어날 생각은 조금도 못했습니다. …. 그저 삼보 전에 원하옵나니, 본존이신 비로자나부처님, 행원과 참회의 주인이신 보현보살님이시여, 어여삐 저를 보호하시어 참회를 받아주

25) 『보현행원수증의』(신찬속장74, p.372a), "普爲四恩三有, 及法界衆生, 悉願斷除諸障, 歸命懺悔."

소서. 그리하여 삼독의 마음을 뒤집어 세 가지 비밀한 창고[秘藏]로 바꾸어, 두루 모든 중생들과 다 함께 진여의 법계로 올라가고자 하나이다.[26]

이상으로 대중들이 '참회'를 마치고나면, 대중들은 모두 일어서고, 이어서 '성덕자'는 다음과 같이 외친다.

참회를 다 마쳤으니, 이제는 보현보살과 일체 삼보님께 귀명하여 두루 절을 올리십시오.[27]

이렇게 '성덕자'의 외침이 끝나면 대중들은 모두 일어서서 '절'을 한 번 올린다. 이렇게 '참회' 행법이 진행될 때는 앞에서도 말했듯이 '호궤하고 우슬착지'한다. 이상으로 '참회'가 끝나면 대중들은 모두 일 배(拜)를 모

---

26) 『보현행원수증의』(신찬속장74, p.372a), "我比丘(某甲)至心懺悔, 我與法界, 一切衆生, 應當自念, 已於過去, 無始劫中, 由貪瞋痴, 發身口意, 作諸惡業, 無量無邊. 若此惡業, 有體相者, 盡虛空界, 不能容受. 我今悉以淸淨三業, 徧於法界, 極微塵刹, 一切諸佛菩薩衆前, 誠心懺悔, 後不復造, 恒住淨戒, 一切功德. 我今又念愚痴所盲, 造罪無窮, 障佛法因, 開闡提路, 違背聖意, 隨逐惡緣, 棄捨菩提, 躭玩生死, 於出離法, 無一念心. 諸苦毒因, 長夜積習, 染汙無學, 及親非親, 於出家人, 搖罵責訶, 惡法交游, 污穢塔寺, 毀犯齋戒, 縱蕩身心, 嫉諸善人, 逆害師長, 有愛有痴, 無慚無愧. 我等自惟微善, 報在人倫, 幸值釋迦像季, 遺法出家學道, 未能發明教觀淵旨, 自利利他, 雖爲義學, 講習章門, 取相乖宗, 違文背理, 譽自毁他, 虛消信施, 解脫律儀, 常多缺犯, 或爲四重, 或爲偷蘭遮, 乃至重輕一切罪障, 當淪苦趣., 惟願三寶, 本尊毗盧遮那, 行願懺主普賢菩薩, 哀憫護念, 愛我懺悔. 翻三毒心, 成三秘藏, 普與衆生, 咸登真界."

27) 『보현행원수증의』(신찬속장74, p.372b), "懺悔已, 歸命禮普賢菩薩, 及一切三寶."

신다.

(2) 권청

이렇게 해서 '참회'의 행법은 끝난다. 다음은 '권청'하는 순서이다. 『보현행원품』의 내용 중에 '권청'에 해당하는 부분은 보현보살의 '10대 행원'중에서 〈⑥부처님들께 설법 청하기〉와 〈⑦부처님께서 세상에 오래 머무시도록 간청하기〉의 두 대목을 합친 것이다. 다음과 같이 '권청'을 한다.

> 저 비구 아무 아무개는 지극한 마음으로 다음과 같이 '권청'하나이다.
>
> 시방에 계시는 모든 부처님과 처음으로 보리를 성취하신 님들이시여
> 제가 이제 모두 권청하오니 열반에 드시지 마시고 설법을 해주소서.
> 어떤 부처님이시든 열반에 드시려 하시면 제가 지성으로 권청하노니
> 영원토록 모든 국토에 머무시어 일체의 중생들에게 이로움을 주소서.[28]

(3) 수희

이상으로 '권청'을 마치고 나서는 '수희(隨喜)' 행법을 진행한다. 다음과 같이 '창'한다.

---

28) 『보현행원수증의』(신찬속장74, p.372b), "十方所有世間燈, 最初成就菩提者, 我今一切皆勸請, 轉於無上妙法輪. 諸佛若欲示涅槃, 我悉至誠而勸請, 惟願久住刹塵劫, 利樂一切諸衆生."

저 비구 아무 아무개는 지극한 마음으로 다음과 같이 '수희'하나이다.

시방에 있는 모든 중생들과 성문 연각을 비롯하여 아라한에 이르기까지, 일체의 부처님들과 보살님들께서 베푸시는 공덕을 저도 따라 기뻐하나이다.[29)]

'수희'를 마치고 나서는 보현보살과 일체의 삼보님께 '귀명례'를 올린다.

(4) 회향

다음은 '회향'이다. '회향문'은 아래와 같다.

저 비구 아무 아무개는 지극한 마음으로 다음과 같이 '회향'하나이다.

이제까지 예찬하고 공양하고, 부처님이 오래 세상에 머무시어 설법하시기를 권청하며, 수희하고 참회하여 얻은 모든 공덕을 중생과 실제와 깨달음으로 회향하나이다.[30)]

---

29) 『보현행원수증의』(신찬속장74, p.372c), "十方一切諸衆生, 二乘有學及無學, 一切如來與菩薩, 所有功德皆隨喜."

30) 『보현행원수증의』(신찬속장74, p.372c), "所有禮讚供養福, 請佛住世轉法輪, 隨喜懺悔諸善根, 迴向衆生及佛道."

(5) 발원

다음은 '발원'이다. 발원문은 다음과 같다.

저 비구 아무 아무개는 지극한 마음으로 다음과 같이 '발원'하나이다.

신구의 삼업을 항상 청정하게 하며, 모든 행동도 어디에나 그렇게 하겠나이다.
지혜를 갖추신 보현보살님이시여, 저와 남이 모두 그렇게 되기를 바라나이다.[31)]

'발원'이 끝나면 보현보살과 모든 삼보님께 '귀명례'를 올린다. 이렇게 해서 '수행오회'를 모두 마친다.

8) 선요칭념(旋繞稱念)

이상과 같이 의례를 통하여 보현보살의 '10대 행원'을 실천하고 나서는, 다시 몸을 바르게 하고 잠시 일어선다. 물론 이때에도 삼보와 일체의 성현들이 허공에 가득하게 저마다의 법좌에 앉아계신다고 생각을 해야 한다. 이렇게 생각을 하면서 갖가지 향을 사르고 불보살님들의 법좌를 세 바퀴 또는 일곱 바퀴 돌면서 입으로는 다음과 같이 창(唱)한다.

---

31) 『보현행원수증의』(신찬속장74, p.372c), "身口意業恒清淨, 諸行刹土亦復然, 如是智慧號普賢, 願我與彼皆同等."

南無十方佛.
나무시방불

南無十方法.
나무시방법

南無十方僧.
나무시방승

南無十身初滿盧舍那佛.
나무십신초만노사나불

南無皆蒙授記阿彌陀佛.
나무개몽수기아미타불

南無華藏世界微塵諸佛.
나무화장세계미진제불

南無大方廣佛華嚴經.
나무대방광불화엄경

南無發明行願普賢菩薩.
나무발명행원보현보살

南無洞彰信解文殊師利菩薩.
나무동창신해문수사리보살

南無七處九會諸大菩薩.
나무칠처구회제대보살

南無諸善知識善財菩薩.
나무제선지식선재보살

南無十方一切菩薩摩訶薩.
나무시방일체보살마하살

이렇게 칭념(稱念; 칭명 염불)을 마친 다음에는 '송경(誦經)'을 한다. 읽는 경전으로는 『범망경』에 나오는 '10중대계'를 읽어도 좋고, 또는 『보현행원품』을 읽어도 좋다고 한다. 이렇게 '송경의식'을 마친 다음에는 다음과 같이 '삼귀의례'를 봉행한다.

自歸依佛 當願衆生 體解大道 發無上心.
자귀의불 당원중생 체해대도 발무상심

自歸依法 當願衆生 深入經藏 智慧如海.
자귀의법 당원중생 심입경장 지혜여해

自歸依僧 當願衆生 統理大衆 一切無閡.
자귀의승 당원중생 통리대중 일체무애

和南聖衆.[32]
화남성중

이렇게 '삼귀의'를 마치고 나서는 보현보살을 생각하면서 법좌를 오른쪽으로 돌아 단(壇) 밖으로 나온다.

32) 『보현행원수증의』(신찬속장74, p.373a).

Ⅳ. 〈삼보통청〉과의 비교

이상에서 필자는 『보현행원품』에 입각한 예참 의례를 살펴보았다. 그 내용은 복잡한 듯하지만, 큰 골격은 성현을 도량에 청해 모시고, 그 분들 앞에서 보현의 행원을 실천하는 것이다. 특이한 것은 공양을 비롯한 일체의 행법은 '관상법(觀想法)'을 통해 실행하는 점이다. 즉 '묵상 속에서' 보현보살의 '10대 행원'을 실천하는 것이다.

종밀 선사에 의해 시작되고, 정원 법사에 이르러 보완된 화엄 계통의 의례는 천태의 참법과 더불어 향후 동아시아 불교계에 많은 영향을 주었다. 특히 '도량'을 차리고, 그런 다음에 '성현'을 청해 모셔 온갖 '공양'을 올리고, 그 앞에서 '참회'하고, '발원'하고, '회향'하는 등등의 행법은 불보살님께 올리는 '불공의례'에도 같은 양상으로 나타난다. 이런 점을 감안하여 이하에서는 현행 한국 불교계에 유통되는 〈상단불공(上壇佛供)〉과 대조하면서, 한국 불교의 현실 속에 참회 의례를 어떻게 정착시키면 좋을 지에 대하여 생각해 보기로 한다.

먼저 현행 〈상단불공〉을 요약 정리해 보기로 한다. 각 의례문에 따라 출입이 있기 때문에, 본 장에서는 『석문의범』(안진호 편, 만상회, 1934년, 초판)의 「각청편(各請篇)」 중에서 〈삼보통청(三寶通請)〉에 의거하기로 한다.

안진호 강백이 편집한 〈삼보통청(三寶通請)〉은 ①'보례진언'을 필두로 이렇게 시작된다. ②'정구업진언'에서 시작하여 '준제송'을 마치고나서는 "원공중생성불도"라고 창하고는 다음으로는 '정삼업진언' → '개단진언' → '건단진언' → '정법계진언' 순으로 진행한다. 다음에는 ③'거불' → '보소청진언' → '유치' → '청사' → '향화청' → '가영' → '헌좌진언'으로 진행한다. 다음에는 ④'욕건이' → '정법계진언' → '다게' → '진언권공' → '변식진언' → '시감로수진언' → '일자수륜관진언' → '유해진언' → '운심공양진언' → '보공양진언' → '출생공양진언' → '정식진언' → '보회향진언' → '4대주' → '원성취진언' → '보궐진언' → '예참' → '정근'으로 이어진다. 다음에는 ⑤'축원' → '탄백'으로 진행하여 상단을 마친다.

중단은 퇴공(堆供)하여 진행하는데, 중단 의례는 본 장의 주제 범위에서 벗어나기 때문에 논의를 생략한다. 예식문(禮式文)에 따라 다소의 출입은 있으나, 이것이 현행 〈삼보통청〉의 일반적인 순서이다.

이상의 순서에 대하여 월운 강백은 일찍이 과목(科目)을 나눈 적이 있다.[33] 여기에 그것을 인용 소개한다.

<표2> <상단불공> 분과표

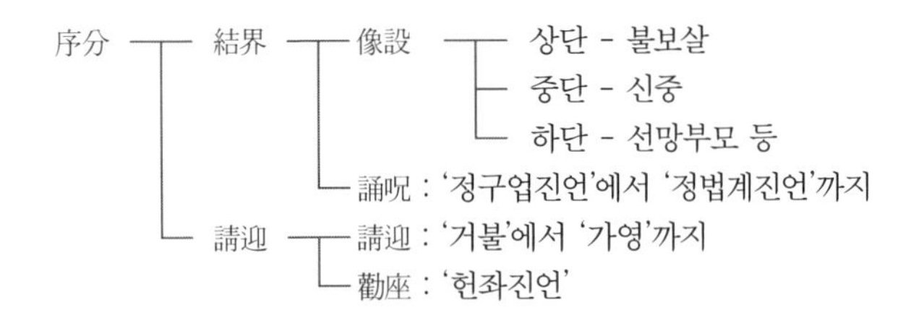

33) 김월운, 『일용의식수문기』, 김포: 중앙승가대학 출판국, 1991, pp.40-41.

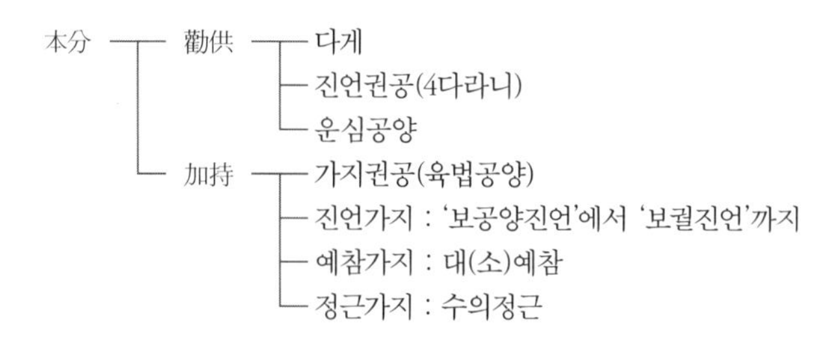

이상의 〈삼보통청〉의 내용을 가만히 들여다보면, 일상에서 우리가 집 안으로 귀한 손님을 초청하여 맞이하는 절차와 유사함을 알 수 있다. 즉, 역사상의 부처님 일행을 초청하여 공양을 올렸던 상황을 재현하는 것이라 생각할 수 있다. 다음을 보자.

(1)집 안팎을 잘 청소하고, (2)몸과 마음을 정갈하게 하고, (3)부처님과 승단에 초청장을 내고, (4)부처님 일행이 집안으로 오시면 자리를 내어 앉으시도록 권하고, (5)공양을 올려 드시게 하고, (6)공양물을 받으신 부처님은 그 음식을 다른 이들도 들도록 베풀어주시고, (7)모인 사람들은 생활 속의 잘못을 부처님께 뉘우쳐 고백하고, (8)초청한 이들이 부처님께 소원을 빌고, (9)자신이 얼마나 부처님을 존경하는지를 찬양하여 아뢰고, (10)그러면 부처님께서는 모인 대중들을 위해 법문을 설해주신다. (11)법문을 듣고 난 대중들은 정진 수행할 것을 부처님께 발원하고, (12)마지막으로는 부처님 일행을 배송한다.

〈표2〉에 나오는 '결계(結界)'는 (1)과 (2)를 본뜬 것으로 볼 수 있고,

‘청영(請迎)’은 (3)과 (4)를 본뜬 것으로 볼 수 있고, ‘공양(供養)’은 (5)를 본뜬 것으로 볼 수 있고, ‘가지(加持)’는 (6)을 본뜬 것으로 볼 수 있고, ‘예참(禮懺)’은 (7)을 본뜬 것으로 볼 수 있고, ‘축원(祝願)’은 (8)을 본뜬 것으로 볼 수 있고, ‘탄백(歎白)’은 (9)를 본뜬 것으로 볼 수 있다.

다음은 〈상단불공〉의 절차를 다시 『화엄보현행원수증의』와 비교해보기로 하자. ‘보례진언’으로 시작하는 송주는 ‘1. 엄정도량’과 상응한다. 다음으로 거불-유치-청사-향화청 등은 ‘2. 계청성현’과 상응한다. 다게-진언권공 등은 ‘3. 관행공양’과 상응한다. 가영-탄백은 ‘4. 칭찬여래’와 상응한다. 예참은 ‘5. 예경삼보’와 상응한다. 송주의 10악 참회 부분은 ‘6. 수행 5회’ 중 ‘참회’와 상응하는데, 사실 축원 부분에는 ‘6. 수행 5회’ 중 ‘수희’-‘권청’-‘발원’-‘회향’ 등의 내용이 짧지만 골고루 갖추어져 있다. 『4대주』를 송주하는 것은 ‘7. 선요송경’과 상응한다.

이상을 〈표3〉으로 그리면 다음과 같다.

<표3>

<table>
<tr><th></th><th colspan="2">화엄보현행
원수증의
(No.1472)</th><th>화엄보현행
원수증의
(No.1473)</th><th>원각경
약본수증의</th><th>이구혜
보살
소문경</th><th>현행 상단불공</th></tr>
<tr><td>1</td><td colspan="2">1. 엄정도량</td><td>1.엄정도량</td><td>1.엄정도량</td><td></td><td>1.결계 : 송주
(보례진언/천수경)</td></tr>
<tr><td>2</td><td colspan="2">2.계청성현</td><td>2.계청성현</td><td>2.계청성현</td><td></td><td rowspan="3">2.거불 / 3.유치
4.청사 / 5.향화청
6.가영 / 7.헌좌진언</td></tr>
<tr><td rowspan="2">3</td><td rowspan="2">3.정수
십행</td><td>①예경
제불</td><td>5.예경삼보</td><td>6.예경삼보</td><td>3.예경</td></tr>
<tr><td>②칭찬
여래</td><td>4.칭찬여래</td><td>5.칭찬여래</td><td>2.칭찬</td></tr>
</table>

		③광수 공양	3.관행공양		3.공양관문		1.공양	8.욕건이 9.정법계진언 10.공양게 (혹은 다게) 11.진언권공 12.운심공양진언 13.보공양진언 14.보회향진언 16.원성취진언 17.보궐진언 18.탄백	19.예참시작 (지심정례 공양) ⇩ (동입미타 대원해)
		④참회 업장	6.수행 오회	①참회	7.수행 오회	①참회	4.참회		
		⑤수희 공덕		③수희		③수희	6.수희	20.축원	
		⑥청전 법륜		②권청		②권청	5.권청		
		⑦청불 주세							
		⑧상수 불학		⑤발원		⑤발원	8.발원		
		⑨항순 중생							
		⑩보개 회향		④회향		④회향	7.회향		
4	4.선요 송경		7.선요칭념 8.송경규식		8.선요송경		×××	15.4대주	
5	5.단좌 사유		9.×××		4.정좌사유		×××	×××	

이상에서 보면 『화엄경보현행원수증의』에는 있지만 〈상단불공〉에 빠져 있는 절차 항목은 '정좌사유'(또는 '단좌사유') 부분인 셈이다. 『4대주』를 독송하는 것은 '선요송경(또는 선요칭념)'으로 간주했다. 이렇게 간주할 수 있다면 〈삼보통청〉에도 '송경(誦經)' 대목은 있는 셈이다. 다만 오늘날 사찰의 현장에서 『4대주』를 생략하는 것이 문제이다. 이 점에 대해서는 뒤에 다시 논의할 것이다.

그러고 보면 〈삼보통청〉은 매우 짜임새 있고 의례의 전형적인 규모도 잘 갖추어진 의례임을 알 수 있다. 이런 점을 확인해둔다. 이 책의 제9장

말미에서 『화엄경보현행원수증의』의 체제를 염두에 두면서 현행 〈삼보통청〉을 보다 잘 활용할 수 있도록 제안한 적이 있다. 여기서는 좀 더 구체적으로 논증해 본다.

첫째, 〈삼보통청〉은 어떤 '교리'나 '수행'에 근거해서 만들어진 의례문인가를 생각해 보자. 이 궁금함을 해결하기 위해서는 〈삼보통청〉 예문(禮文) 전체를 검토해야겠지만, 예경의 대상만 살펴보아도 그 '예문'이 어느 '경전'에 근거한 예참법인지 알 수 있다. 현행 〈삼보통청〉은 '소례(所禮)'의 대상은 '3신불(三身佛)'을 중심으로 하여 그와 관련된 '불보살', 그리고 '선종의 역대 조사' 등임을 알 수 있다. 아래에 소개하는 '청사(請辭)'에 이 점이 잘 드러난다.

제1청:

南無 一心奉請. 三佛圓融, 十身无涯, 十方常住, 眞如佛寶. 格外禪燈,
나무 일심봉청 삼불원융 십신무애 시방상주 진여불보 격외선등

顯密敎海, 十方常住, 甚深法寶. 三明已證, 二利圓成, 十方常住, 淸淨僧寶. ⇨
현밀교해 시방상주 심심법보 삼명이증 이리원성 시방상주 청정승보

如是三寶, 無量無邊, 一一周邊, 一一塵刹. 唯願慈悲, 憐愍有情, 降臨道場,
여시삼보 무량무변 일일주변 일일진찰 유원자비 연민유정 강림도량

受此供養.
수차공양

제2청:

南無 一心奉請. 性天寥廓, 覺海汪洋. 法力難思, 大悲无涯. 三身四智,
나무 일심봉청 성천요곽 각해왕양 법력난사 대비무애 삼신사지

眞如佛寶. 開毘盧廣大之義門, 照實際幽心之寶藏, 拈華微笑, 格外禪詮,
진여불보 개비로광대지의문 조실제유심지보장 염화미소 격외선전

三藏五教, 甚深法寶. 慈悲无涯, 善巧難思. 積資糧而, 上趣菩提. 興行願而,
삼장오교 심심법보 자비무애 선교난사 적자량이 상취보리 흥행원이

下攏群品. 一乘三乘, 淸淨僧寶. ⇨ 如是三寶, 無量無邊, 一一周邊, 一一塵刹.
하롱군품 일승삼승 청정승보 여시삼보 무량무변 일일주변 일일진찰

唯願慈悲, 憐愍有情, 降臨道場, 受此供養.
유원자비 연민유정 강림도량 수차공양

제3청:

南無 一心奉請. 以大慈悲, 而爲體故, 救護衆生, 以爲資粮. 於諸病苦,
나무 일심봉청 이대자비 이위체고 구호중생 이위자량 어제병고

爲作良醫. 於失道者, 示其正路. 於闇夜中, 爲作光明. 於貧窮者, 令得伏藏.
위작양의 어실도자 시기정로 어암야중 위작광명 어빈궁자 령득복장

平等饒益, 一切衆生. 淸淨法身, 毘盧遮那佛. 圓滿報身, 盧舍那佛. 千百億化身,
평등요익 일체중생 청정법신 비로자나불 원만보신 노사나불 천백억화신

釋迦牟尼佛. 西方教主, 阿彌陀佛. 當來教主, 彌勒尊佛. 十方常住, 眞如佛寶.
석가모니불 서방교주 아미타불 당래교주 미륵존불 시방상주 진여불보

一乘圓教, 大華嚴經. 大乘實教, 妙法華經. 三處傳心, 格外禪詮. 十方常住,
일승원교 대화엄경 대승실교 묘법화경 삼처전심 격외선전 시방상주

甚深法寶. 大智文殊菩薩, 大行普賢菩薩, 大悲觀世音菩薩, 大願地藏菩薩,
심심법보 대지문수보살 대행보현보살 대비관세음보살 대원지장보살

傳佛心燈, 迦葉尊者, 流通教海, 阿難尊者, 十方常住, 淸淨僧寶. ⇨ 如是三寶,
전불심등 가섭존자 유통교해 아난존자 시방상주 청정승보 여시삼보

無量無邊, 一一周邊, 一一塵刹. 唯願慈悲, 憐愍有情, 降臨道場, 受此供養.[34)]
무량무변 일일주변 일일진찰 유원자비 연민유정 강림도량 수차공양

한국(=조선시대) 불교가 '통불교'라는 점이 이런 사례들을 통해서도 반

34) 백파 긍선 저, 『作法龜鑑』(한불전10, pp.555a-b).

증된다. 조선시대에 제(諸) 종(宗)이 강제적으로 통폐합되면서, 종파에 따른 독자적인 참회법은 사라졌다. 비록 강제적으로 통폐합되었다고는 하지만, 그래도 조선의 고승들은 '나름의 규칙'을 부여했다. 결코 마구잡이로 예문을 정비한 것은 아니다. 일정한 규칙이 있었다. 그 규칙이 무엇인가 하면, 그것은 『화엄경』을 근간으로 하는 법성사상(法性思想)을 '교리'적 바탕으로 하여, 그 위에 남종선의 법맥을 첨가한 것이다. 불신관(佛身觀)으로는 '삼불원융(三佛圓融)'과 '십신무애(十身無碍)''교리'를 갖고 있었고, 법보관(法寶觀)으로는 일승원교 『대방광불화엄경』과 '3처전심' 선(禪) 사상을 갖고 있었고, 승보관(僧寶觀)으로는 남종선의 법맥을 계승하고 있다. 이 점은 제9장에서도 이미 밝힌 바 있다.

둘째, 〈삼보통청〉에 있는 『4대주』를 과연 생략해도 좋은가 하는 문제이다. 결론부터 말하면, 만약 생략한다면 의례로서의 형식적 규모가 손상되기 때문에 생략해서는 안 된다. 『원각경』에 입각한 종밀 선사와 정원 법사의 『수증의』에서도 불상을 돌면서 경전을 읽거나, 또는 명상을 하는 수행 의례가 들어있다. 현행 〈삼보통청〉에서 『4대주』를 염송하는 대목이 바로 저 '송경(誦經)'의례에 해당한다. 즉 『능엄주』, 『정본 관자재보살 여의륜주』, 『모다라니주』, 『불설소재길상다라니』 독경이 그것이다. 이런 관점에서 필자는 '보회향진언'과 '원성취진언' 사이에 '강경의식(講經儀式)'을 행할 것을 제안해왔다.[35] 과거의 역사를 보면, 의례를 새롭게 만든다는 것은 쉬

35) 신규탁, 『不千講經法會要覽』, 경기: 도서출판 깃발, 2009, pp.23-25.

운 일이 아님을 알 수 있다. 될 수 있으면 기존의 의례를 활용하는 것이 좋겠다고 생각한다. 그러면 어떻게 활용할 수 있을까?

오늘날 한국 사찰에서 재가자들을 대상으로 하는 법회의 순서를 보면, 소위에 제1부에서는 〈삼보통청〉에 의한 '불공'을 드리고, 물론 중단 예경과 하단 시식을 간단하게 마치고, 이어서 '삼귀의'에 이어 '반야심경 봉독'을 마치고, 소위 법사를 모셔 제2부 '법회'에 들어간다. 이런 방식의 불합리성에 대해서 필자는 여러 지면에서 지적해왔다. 동시에 그 대안으로 위에서 제시한 대로 〈삼보통청〉의 '보회향진언'과 '원성취진언' 사이에 '설법'할 것을 제안해왔다.[36] 그것도 『경』을 독송한 후에, 그 『경』에 대한 법사의 해설을 붙이는 방식으로 말이다.

셋째, '정좌사유(正坐思惟)'에 대한 문제이다. 각종 의례에 보면 반드시 이 대목이 들어 있다. 〈삼보통청〉에는 이 대목이 없는데, 그 이유는 〈삼보통청〉이 '공양의례'를 중심으로 한 것이기 때문이다. 그럼에도 현실적으로 또 역사적으로 〈삼보통청〉이 많이 보급되어있기 때문에, 여기에 약간의 보충을 하는 형식으로 '정좌사유(正坐思惟)'를 의례 속에 수용했으면 하는 것이 필자의 생각이다. 어느 시점이 좋을까에 대해서는 좀 더 근거 있는 고찰이 필요하지만, '송경 의식' 전에 하는 것을 제안한다. 대승경전에서는 설법을 할 때에는 모두 삼매(三昧)에서 출정(出定)한 다음에 법을 설하는 형식을 취하기 때문이다.

---

36) 신규탁, 「불천강경법회 설립 배경」, 『不千講經法會要覽』, 경기: 도서출판 깃발, 2009), pp.140-146.

제4부

법성교학의 응용

제14장 법성교학에서 본 선사상

제15장 법성교학에서 본 정토사상

제16장 법성교학에서 본 계율사상

제17장 법성교학에서 본 트랜스젠더

제14장 법성교학에서 본 선사상

Ⅰ. 당대 선종의 출현과 계보의 왜곡

당나라 선종(禪宗)의 출현을 보려고 할 경우 손쉽게 그리고 전통적으로 이용되었던 자료는 『육조단경(六祖壇經)』이다. 이 책은 선사의 대명사처럼 알려진 육조 혜능(六祖慧能; 638-712)에 관한 기록이다. 이 책이 어떻게 해서 만들어지고 그 판본이 유포되었는지에 대해서는 일본의 고마자와 대학에서 연구 출판한 『혜능연구(慧能硏究)』[1]에 자세히 기술돼 있다. 우리나라에서는 김지견 박사가 펴낸 『六祖壇經의 世界』[2]에 『육조단경』을 둘러싼 서지적인 문제와 그 사상에 관하여 여러 학자의 연구 성과를 한데 모아놓아 편람의 편의를 돕고 있다. 따라서 『육조단경』에 관한 서지적 문제와 사상의 문제는 위의 두 연구서로 미루고, 여기서 필자는 『육조단경』에서는 '선(禪)의 출현'을 어떻게 기술하는지 인용해 보기로 한다.

> 오조 스님께서 밤중 삼경에 혜능을 조사당 안으로 불러 『금강경』을 설해주시었다. 혜능이 한 번 듣고 말끝에 문득 깨쳐서 그날 밤으로 법을 전해 받으니 사람들은 아무도 알지 못하였다.

---

1) 駒澤大學禪宗史硏究會 編, 『慧能硏究』, 東京: 大修館書店, 昭和53年.

2) 김지견 편, 『六祖壇經의 世界』, 서울: 민족사, 1989년.

이내 오조 스님은 단박에 깨치는 법과 가사를 전하시며 말씀하셨다. "네가 육대 조사가 되었으니 가사로써 신표를 삼을 것이며, 대대로 이어받아 서로 전하되, 법은 마음으로써 마음에 전하여 마땅히 스스로 깨치도록 하라."[3)]

위 인용문에는 이른바 5조 홍인 선사의 법맥이 혜능에게 전수되는 장면이 기술되었다. 물론 당시의 혜능은 출가 사문이 아닌 행자였다. 그러면 5조 홍인의 선종 법맥은 어떻게 해서 형성되었는가? 이것에 대해 『육조단경』은 이렇게 전한다.

그 뒤, 육조 스님께서는 팔월 초삼일에 이르러 공양 끝에 말씀하셨다. "너희들은 차례를 따라 앉아라. 내 이제 너희들과 작별하리라."

법해가 여쭈었다.

"이 돈교법의 전수는 옛 부터 지금까지 몇 대입니까?"

육조께서는 말씀하셨다.

"처음은 일곱 부처님으로부터 전수되었으니, 석가모니불은 그 일곱째이시다. 대가섭은 제8, 아난은 제9, …. 남천축국 왕자 세째 아들 보리달마는 제35, 당나라 스님 혜가는 제36, 승찬은 제37, 도신은 제38, 홍인은 제39, 나 혜능이 지금 법을 받은 것은 제40대(代)이니라."[4)]

---

3) 성철 편역, 『돈황본육조단경』, 서울: 장경각, 1988년, p.114.

4) 성철 편역, 『돈황본육조단경』, 경남: 장경각, 1988년, p.274.

이 말대로 라면 선종은 인도 석가모니에서 시작하여, 중국에서는 달마가 초조가 되어 2조 혜가, 3조 승찬, 4조 도신, 5조 홍인, 6조 혜능에 이르렀다는 이야기이다.

그런데 문제는 정말 이 법통설이 믿을 만한 것인가 하는 가이다. 결론부터 말하면 믿지 못할 부분이 적잖이 있다. 예를 들면 인도의 전승만 하더라고 다른 계통을 대는 이들이 있다. 오늘날도 증명 법사단에 봉청되는 지공 · 나옹 · 무악 삼대 화상이 있는데, 그 중 인도에서 오신 지공 스님이 말하는 전법의 계통은[5] 『육조단경』에서 말하는 계통과 다르다. 어디 그뿐인가? 중국의 초대 조사 달마에서 6대 조사 혜능까지의 계보도 이견이 많다. 특히 뒷날 남종이니 북종이니 하는 문제가 걸린 5대 조사와 6대 조사의 문제는 매우 심각하다.

이 심각성을 역사적인 문맥에서 문제를 제기한 사람은 중국의 후쓰(胡適; 1892-1962)이다. 그는 1949년 6월 미국의 하와이대학에서 열린 〈제2회 동서 철학자 대회〉에서 설득력 있게 선종사의 비(非) 역사성을 논파했다. 필자는 이때 후쓰가 발표한 글을 한글로 번역 소개한 바 있다.[6]

그의 이 글은 스즈끼 다이세쯔(鈴木大拙)가 선을 초(超) 역사적이며 초(超) 시공적이라고 한 것에 대한 반박에서 비롯된다. 스즈끼의 이런 발언의

5) 『西天佛祖宗派傳法指要』(연세대 도서관 소장본).

6) 胡適, 「중국선불교- 그 역사와 방법」, 『多寶』 제17호, 서울: 대한불교진흥원, 1996년 봄호, pp.10-24.

저변에는 지적(知的) 제국주의(帝國主義)적 사유가 깔려있고,[7] 그의 이런 지적인 성향이 선불교의 연구에도 예외 없이 드러난다. 그러나 세상에 그런 초역사적이고 시공을 초월한 것이 있을 리 만무이다.

후쓰의 논증에서 밝혀졌듯이, 5대 조사 홍인의 다음을 계승한 승려는 대통 신수(大通 神秀; 606-706)이다. 90이 넘은 신수가 701년 측천무후의 간청으로 궁궐에 모셔졌다. 신수는 4년간 장안과 낙양 두 수도의 법주(法主)로 모셔졌고 세 황제의 스승이 되었다. 그가 열반에 들자 황제는 시인 장열(張說)을 시켜 그의 비문을 찬하게 하였다. 신수가 죽은 뒤 그의 뛰어난 제자 보적(普寂; 739년에 입적)과 의복(義福; 732년에 입적)은 임금의 스승으로 받들어진다.

그러니까 6대 조사는 대통 신수였다. 이 법통에 도전을 한 사람이 바로 하택사에 거주한 신회였다. 후세의 선종사가들은 그를 하택 신회(荷澤神會; 670-762)라 불렀다. 신회는 보적과 의복 계통을 점수(漸修) 주의자로 몰아붙이며 자신의 입장을 돈오(頓悟)라고 표방하였다. 그러자 자연 보적 등의 스승인 대통 신수를 점수주의자로 치부하는 동시에 6대 조사 자리를 빼앗아 혜능을 그 자리에 앉혔다. 물론 이런 변동이 있던 때는 이미 혜능도 신수도 다 세상을 뜬 뒤였다. 보적이 입적하자 이옹(李邕; 678-747)이 비문을 쓴다. 이때까지만 해도 7대 조사는 보적이었다.

신회는 고령인 754년에 낙양의 하택사에 초빙되어 8년 이상을 거기

7) 신규탁, 「21세기 동아시아의 불교」(『전통과 현대』통권7호, 서울: 전통과 현대사, 1999년 3월), pp.17-33.

에서 머문다. 그 탓에 그를 하택 대사라 칭하게 된 것도 이 절 이름에서 연유한다. 여기에 머물면서 그는 자기 자신이 7대 조사이고 혜능이 6대 조사라고 역사를 바꿔, 돈(頓) · 점(漸)의 잣대를 갖고 선종사에 도전한다. 그가 어떻게 도전했는지는 『보리달마남종정시비론(菩提達摩南宗正是非論)』이 돈황에서 발견되고 후쓰에 의해 연구보고[8] 됨에 따라 세상에 알려졌다.

이 과정에서 하택사의 신회는 궁중의 지식인과 많은 접촉을 했고, 드디어 시인 왕유(王維; 759년 사망)로 하여금 혜능의 비문을 쓰게 했다. 이 비문에서 처음으로 혜능이 5대 조사 홍인의 법통을 이었다는 이야기가 꾸며진다. 한편 하택사의 신회는 안록산의 난으로 흔들린 당나라 조정의 재정을 모금하는 향수전(香水錢) 판매로 맹활약을 한다. 이제는 누구도 흔들 수 없는 국빈이 된다. 그가 762년 92세로 입적하자 황제는 칙명으로 그를 7대 조사로 삼으니 자연 그의 스승 무식꾼 혜능은 6대 조사가 되었던 것이다.

그 후 815년에는 영남 태수의 제안으로, 칙명으로 추증하여 혜능에게 '대선사(大禪師)'라는 칭호를 내리고, 당시의 최고 문인 유종원(柳宗元; 773-819)과 유우석(劉禹錫; 772-842)에게 비명을 짓게 한다. 일반적으로 혜능의 입적 연대를 712년으로 하는데, 이리하여 입적한 지 약 100년 만에 혜능이 6대 조사라고 돌비석에 새겨지게 된다.

이러는 과정에서 『육조단경』도 만들어지게 된다. 이 책이 언제 문자

8) 胡適, 『神會和尙遺集』, 臺北: 美亞書版公司, 民國59年. 이 책은 뒤에 또 『대정신수대장경』 제85권에 영인 수록되었고, 최근에는 북경 인민대학의 梁曾文 교수에 의해 『神會和尙禪語錄』(北京: 中華書局, 1996년)이란 이름으로 표점본이 나와 해독에 도움을 준다.

화되었는지는 불분명하지만 혜능을 6대 조사로 만든 공로자인 하택사 신회의 문집인 『남양화상돈교해탈선문직료성단어(南陽和尙頓敎解脫禪門直了性壇語)』[9](줄여서 『단어(壇語)』라고도 부름)가 만들어진 뒤에 『육조단경』이 문자화 된다. 이 『육조단경』이 만들어지기까지는 하택 신회의 노력이 절대적으로 영향을 미친다. 그래서인지 덕이본 『육조단경』[10]에서 신회의 평은 대단히 좋다.

> 조사(필자 注; 혜능을 지칭)께서 태극 원년 임자년(712년), …. 7월 1일에 문도 대중을 모아 말씀하셨다.
>
> "내가 8월이 되면 세상을 떠나고자 한다. …. 내가 이제 떠난 뒤에는 너희들을 가르칠 사람이 없으리라."
>
> 법해 등이 이 말씀을 듣고 눈물을 흘리고 울었는데 오직 신회(神會)만이 마음이 흔들리는 기색이 없었고 또한 울지도 않았다. 조사께서 말씀하셨다.
>
> "어린 신회(神會)가 도리어 선과 불선이 평등함을 얻었으며 이에 헐뜯고 칭찬하는데 움직이지 않는 마음을 얻었고 슬프거나 기쁨을 내지 않는 마음을 얻었구나! 나머지는 모두 그렇지 못하니 몇 해를 산중에 있으면서 이제까지 도 닦은 것이 무엇인가?"[11]

---

9) 이 『壇語』는 신회가 滑臺(현재의 지명으로는 호남성 滑縣임)에서 북종의 선사들과 논변을 벌인 해(開元20년, 732년) 전에 南陽 땅(지금의 하남) 용흥사에서 禪을 전수한 내용을 기록한 것이다.

10) 우리나라에서는 옛 부터 보조 국사의 발문이 있는 연우(延右) 덕이본(德異本)이 유통되었다. 그래서 이것을 인용한다.

11) 심재열 번역, 『역주 육조단경』, 경주: 불국선원, 1986년, pp.316-317.

이제 나이 40세를 겨우 지난 신회가 스승의 임종을 대하는 장면이 위와 같이 그려졌다. 『육조단경』이 세상에 출현할 당시에는 결코 신회를 낮추어 보는 부분이 없다. 혹 어떤 이들은 이 임종을 기술하는 부분이 고본(古本)으로 알려진 「돈황본」에는 없음을 들어 필자의 전거 대기를 비판할 수 있다. 그러나 그것은 성립되지 않는다. 왜냐하면 「덕이본」이 뒷날 만들어졌다 하더라도, 선종의 역사가 뒤로 내려올수록 하택 신회를 깎아내리는 쪽으로 문헌들이 기술되기 때문이다.[12] 신회를 깎아내리는 상황에서 만들어진 「덕이본」에 이 구절이 있다는 것은 오히려 신회의 영향력이 얼마나 컸는가를 더 부각시키는 전거가 된다.

여하간, 혜능이라는 사람이 역사적으로 있었던 것은 사실이지만, 그가 6대 조사로 된 것은 역사적 진실은 아니다. 그를 6대 조사로 만든 것은 하택 신회가 법통 논쟁에서 승리하여 얻어온 전리품이다.

이렇게 장안에서 법통 논쟁을 벌이고 역사의 소용돌이에서 지식 기반이 흔들리는 동안, 저 남쪽 호남 일대에는 새로운 선풍이 일기 시작한다. 그 선풍의 주인공이 바로 마조 도일(馬祖道一; 709-788)이다. 수많은 대중을 거느렸던 마조 선사는 입적하면서 자신의 스승이 남악 회양이라고 공표한

12) 이 대표적인 예로 송대에 만들어진 『오등회원』(제2권)을 들 수 있다. 거기에는 육조 혜능이 신회를 꾸짖고 2류급 선사로 만드는 장면이 있다. 혜능의 평을 옮기면 이렇다. “그대는 뒷날 수행도량의 어른인 방장 노릇도 못하고, 그저 한낱 알음알이나 내는 무리가 될 것이다.” 이른바 신회를 知解宗徒로 낙인찍어 재판하는 장면이다. 이런 마구잡이식 재판은 뒷날 이루어진 일이다. 『육조단경』이 만들어지던 실제의 상황과는 거리가 멀다. 이에 대한 더 자세한 고증은 『선사들이 가려는 세상』(신규탁, 장경각, 1999년 제2판, pp.283-286) 참조.

다. 그러나 규봉 종밀(圭峯宗密; 781-840)에 의하면 마조는 검남(劍南) 지방의 신라사람 김 화상(金和尙)의 제자로서 정중종 사람이며, 남종과 북종이 파벌이 있기 전에 있었다[13]고 한다. 정중종은 정중사에 거점을 둔 능가 수행자 지선에서 나온 한 파이다.[14]

그러나 마조 선사가 자신의 계통을 남악 회양(南嶽懷讓; 677-744)에 대면서, 선종의 역사는 다시 남악 회양과 혜능과의 관계를 날조하지 않을 수 없었다. 그리하여 선종의 역사를 쓰는 이들은, 숭산의 혜안(慧安; 582-709)과의 관계는 조금 말하고, 많은 지면을 혜능과의 만남에 활용했다. 『조당집』[15]이 그렇고, 『경덕전등록』[16]이 그렇다. 이렇게 혜능의 법통을 남악 회양과 청원 행사 쪽으로 끌어대려는 새 바람 앞에, 혜능을 6대 조사로 만든 공로자 하택 신회의 지위는 흔들리고 말았다.

위의 『육조단경』 인용문에서 본대로 신망이 두텁던 신회였지만 새 역사의 창조라는 돌풍 속에서, 마치 대통 신수가 선종사의 뒤안길로 사라졌듯이, 신회는 이제 선종의 무대에서 내려와야만 했다. 이때부터 무대의 주인공은 마조 도일과 그의 문도들이 되었다.

마조의 제자로 130여 명을 운운하는데 그 중에서 꼽히는 사람은 백장 회해, 남전 보원, 염관 제안, 대매 법상, 귀종 지상, 분주 무업 등이다. 그 중

13) 『中華禪門師資承襲圖』(신찬속장63, p.31c).

14) 이 부분에 대한 현지 조사는 민영규, 『四川講壇』, 서울: 도서출판 又半, 1994년, pp.16-21 참조.

15) 김월운 번역, 『한글대장경 183』, 서울: 동국역경원, 1981, p.154.

16) 김월운 번역, 『한글대장경 181』, 서울: 동국역경원, 1970, p.194.

에서 『백장청규』로도 이름 높은 백장 회해 문하에는 위산 영우와 황벽 희운이라는 두 거장이 배출되었다. 뒷날 위산은 그의 제자 앙산과 더불어 위앙종의 어른이 되었고, 황벽은 그의 제자 임제가 나와 임제종의 연원이 된다. 이상은 952년에 편찬된 『조당집』이나 1004년에 편찬된 『경덕전등록』에서 전하는 내용이다.

그러니까 950년대 이후 선종 역사의 흐름은 남악 회양과 청원 행사의 제자들에게 장악된다. 그 과정에서 남악과 청원의 제자들은 하택 신회를 역사 무대에서 밀어낸다. 『조당집』과 『경덕전등록』의 서술이 하택 신회에게 인색한 것도 거기에 이유가 있다. 무엇을 근거로 이렇게 말할 수 있는가?

이 말에 답을 찾기 위해 우리는 830년대 선종의 판도를 설명한 규봉 종밀의 서술에 주목할 필요가 있다. 규봉은 자신의 여러 저서[17] 속에서 마조 계통은 법통으로 볼 때 혜능의 방계라고 한다. 815년에 칙명에 의해 혜능이 대선사(大禪師)로 추증되면서 6대 조사로서의 그의 지위는 누구도 흔들 수 없게 된다. 6대 조사 혜능의 법통은 위에서 검토한 대로 7대 조사 하택 신회가 이어받는다. 이것이 실제의 역사이다. 830년대에 쓰인 선종 계보에 관한 규봉의 『중화전심지선문사자승습도』에서는 물론 하택 신회를 6조 혜능을 계승하는 정통으로 취급하고, 마조를 지칭하는 홍주종을 혜능의 방계로 보고한다.

---

17) 『원각경대소』, 『원각경대소초』, 『중화전심지선문사자승습도』.

이런 역사 자료를 증거로 볼 때 우리는 선종사에 대한 기존의 시각을 반성해야 한다. 기존의 시각이란 무엇이냐 하면, 하택 신회를 법통상 방계라고 날조하고, 그의 사상을 '지해종도(知解宗徒)'라고 폄하한 것 말이다. 그러면 어떻게 반성을 하자는 말인가? 그것은 사료에 의해서 하자는 것이다. 950년대 이후에 쓰인 자료보다는 830년에 쓰인 자료가 800년대 선불교의 정황을 더 잘 말해준다는 것이다. 907년에 당나라가 멸망하고 5대의 전란으로 자료가 많이 불타버린 역사적 현실을 직시해야 한다.

그 동안 우리는 종파 의식에 매여서 사실로서의 역사를 무시해왔다. 단적으로 말하면 당나라의 불교 계보를 이해하기 위해서는 『조당집』이나 『경덕전등록』에서 하는 말을 믿기보다는, 당시의 당나라에 살았던 사람(규봉 종밀)의 보고서가 신뢰도가 높다. 필자가 이렇게 말하면 다음과 같이 반론하는 사람도 있을 것이다. 규봉 종밀이 자신의 계보를 높이기 위해 의도적으로 소위 '아전인수'격으로 썼는지도 모르지 않느냐고 말이다. 그러면 필자는 이렇게 대답하겠다. 물론 그럴 수 있다. 그러나 종밀이 한 말을 당시의 제3자가 인정했는데, 그가 누구냐 하면 배휴(裴休; 791-864)이다. 배휴는 규봉 종밀에게 이렇게 청한다.

> 선법이 크게 퍼지자 그 종도들이 갈라져 서로 잘못이라고 하여 하나로 모여지지 않습니다. 간절하게 요청하오니 그들의 원류를 갈라주셔서 그 가르침의 깊고 낮음을 알게 하소서. 이 문제를 풀기 위해 비록 저도 마음을 쓰기는 했지만 아직 분명하지 않습니다. (제가) 베끼고 기

록하는 과정에 뒤섞여 착오가 있을까 염려됩니다. 엎드려 바라옵건대 간략히 갈래를 나누어 세 다섯 장의 종이에 가르쳐 주십시오. 그리하여 대체로 북종과 남종을 나누시고, 남종 안에서는 다시 하택종 · 홍주종 · 우두종 등을 나누어서, 그 깊고 낮음, 돈오와 점수, 장점과 단점의 요점을 말씀해주셔서 죽는 날까지 귀감이 되게 하소서.

휴는 재배하옵니다.[18]

규봉 종밀은 829년 그의 나이 40세에 궁중에서 생활한다. 이 시절 정승 배휴와 서로 만났을 것으로 사료되고, 이때 위와 같이 배휴가 학승 규봉에게 질문을 한 것이다. 830년부터 규봉은 초당사로 돌아와 저술 활동에 매진하는데 이즈음에 『중화전심지선문사자승습도』가 완성된다. 여기서 우리가 주목해야 할 것은 "(제가) 베끼고 기록하는 과정에 뒤섞여 착오가 있을까 염려됩니다."이다. 이 글의 원문은 "찬록지시 공유차착(撰錄之時 恐有差錯)"이다. 이것은 이미 배휴 자신이 이미 선종에 관한 자료를 모으고 있었다는 것이다. 여기서 우리는 배휴가 황벽 희운(黃檗希運; ?-850)과 위산 영우(潙山靈祐; 771-853)와 서로 방외의 관계였음을 상기할 필요가 있다. 그는 자신이 모은 선종 자료에 의해서 당시의 선종을 분류하고 있었다. 즉 남종 북종, 그리고 하택종 · 홍주종 · 우두종이다. 이미 그 당시에 출가 수행자가 아닌 조정의 관리인 제3자가 선종의 계보를 그렇게 나누었다는 것이다. 필자는 앞서 「제7장. 규봉 종밀의 선종관」에서 이런 역사적인 입장에서 그

18) 『중화전심지선문사자승습도』(신찬속장63,p.31a).

리고 사료적인 입장에서, 그 당시 사람이 행했던 분류에 입각하여 그 당시 선종의 판도를 다시 설명해야 한다고 논의한 바 있다.

돌이켜보면 당나라의 선종사는 크게 두 번의 '왜곡'이 있었다. 처음은 하택 신회(670-762)가 주도한 '왜곡'이다. 혜능과 대통 신수(606-706)가 살았던 700년대 전후 선종의 판도는 신수가 주도하고 있었는데, 그들이 모두 세상을 떠나 뒤인 740년대 부터는 혜능을 표방하는 하택 신회가 주도권을 잡았다. 두 번째는 남악 계통과 청원 계통의 제자들이 주도한 '왜곡'이다. 830년대 까지만 해도 당나라 선종의 판도는 하택의 문도들이 주도했는데, 이것을 마조라든가 석두의 무대로 날조하였다. 그 과정에서 그들은 『조당집』과 『경덕전등록』 등의 등사를 제작하여 신회 대신 남악과 청원을 표방하였다.

처음의 왜곡 즉, 하택 신회가 대통 신수를 방계로 몰아치는 데에 사용한 선종 이론 내부의 방식은 북종은 '점수'이고, 자기네 남종은 '돈오'라는 것이었다. 돈오사상에 일찍이 길들여졌던 중국 지성계를[19] 이용한 것이다. 그러나 그 실상을 들여다보면, 남종이나 북종이나 할 것 없이 선종은 모두가 돈오를 중시한다. 이것은 북종의 작품이 새로 돈황에서 발견되면서 논거가 더 분명해졌다. 뿐만 아니라 남종 중에서 하택종의 신회의 경우나 홍주종의 마조의 경우도 모두 돈오를 중시한다.

이들 남·북종 법통 논쟁은 선불교의 '교리 내적'인 차이 때문에 생긴

19) 중국 불교계에서 많은 사람들에게 여러 세대를 걸쳐 추앙받는 도안의 '돈오무생(頓悟無生)'설이 후세에 많은 영향을 미친다.

논쟁이 아니라, '교리 외적'인 일종의 정통성 내지는 순수성 논쟁에 지나지 않는다. 홍인 앞에 제시한 혜능의 게송과 신수의 게송에서 어찌 우열을 가릴 수 있겠는가? 교리나 수행 이론이 달라서 남 · 북으로 갈라졌다고 보기는 어렵다.

그 뒤 규봉 종밀은 그의 '본각진심(本覺眞心)' 이론에 입각하여 남종 중에서도 하택종 · 홍주종 · 우두종의 계보와 이론을 검토하여 우열을 비교한다. 그러나 이들의 이론을 조사해보면 '무심(無心)' 사상을 핵심으로 하고 있다는 점에는 모두 동일하다. 선종은 북종과 남종을 막론하고 모두 '돈오무심'을 그 핵심사상으로 하고 있다. 이점에 대해서 필자는 이 책의 「제7장. 규봉 종밀의 선종관」에서 논증한 바 있다.

문제는 현재의 우리에게로 돌아온다. 필자가 머리말에서 언급한 두 번째의 방법을 상기할 필요가 있다. 현재의 우리가 어떻게 살아갈 것인가가 문제이다. 고쳐 말하면 인간의 삶이란 무엇인가라는 실존적인 문제가 우리 앞에 남는다. 이런 입장에서 보면 현재 우리에게는 선종의 순수성 내지는 정통성 논쟁에 나온 북종 · 남종의 차별 의식도 필요 없고, 마조 계통에서 나온 임제종의 입장에서 하택 신회나 규봉 종밀을 '지해종도(知解宗徒)'라고 폄하할 이유가 없다. 그렇다고 거꾸로 규봉 종밀처럼 '본각진심' 사상에 입각하여 마조계통을 깎아 내릴 필요도 없다. 이런 입장에서 당나라 선사들이 남긴 어록을 분석해 보기로 한다.

다음은 선어록을 분석하는 필자의 방법론이다. 이 점에 대해서는 허심탄회한 논의와 많은 수도인들의 체험에서 나온 질정(叱正)을 바란다.

Ⅱ. 선어록에 쓰이는 논법

막상 우리가 직접 선어록을 읽다보면 도저히 이해가 되지 않는 부분이 많이 나온다. 그렇다고 '불립문자(不立文字)'라는 표어에 속아 넘어가 선어록이란 문자나 뜻으로 이해하려 해서는 안 된다고 해서도 안 된다. 그것이 문자로 표현된 이상은 끝까지 문자로 이해하려는 노력을 버려서는 안 된다. 이때 필요한 노력은 첫째는 '어학(語學)'의 학습이고, 둘째는 그들이 말하는 '논법(論法)'의 규명이다.

첫째 '어학' 문제를 보면, 830년에서 900년대에 유행하는 당나라의 언어를 습득해야 한다. 글자의 모양이 오늘날과 같다고 해서 의미도 똑같다고 볼 수 없는 사례들이 많이 나온다. 이 언어 연구는 반드시 극복해야 한다. 그러기 위해서는 사전과 색인 등을 비롯한 공구서(工具書)를 충분히 활용해야 한다. 이 점에 대해서 필자는 사전을 비롯하여 어휘 색인 등을 만들어 공표하기도 했고,[20] 지금까지도 지속적으로 작업하고 있다. 이것은

20) 신규탁, 「중국선서를 번역하기 위한 문헌학적 접근(1); 공구서를 중심으로」, 『백련불교논집』 제1집, 백련불교문화재단, 1991, pp.172-203. ; 신규탁, 「중국선서를 번역하기 위한 문헌학적 접근(2); 어휘를 중심으로」(『백련불교논집』 제2집, 백련불교문화재단, 1992), pp.111-197. ; 이철교 · 일지 · 신규탁, 『선학사전』(서울: 불지사, 1995).

중국어학 연구의 힘을 빌어 공동으로 해결해가야 할 문제이다.

둘째는 선어록에 쓰이는 '논법'의 문제이다. 당나라 시대 선어록에 나타난 지식 이론은 진여연기론(眞如緣起論)에[21] 입각한 불성사상(佛性思想)이고, 그들의 수행 이론은 돈오사상(頓悟思想)이다.

선어록에 나타난 어법(禪語)의 어법적 연구와, 그리고 논법의 규명을 잘 활용하면 우리는 난해한 선어록을 어느 정도는 생생하게 재현할 수 있으리라고 본다.

1. 진여사상(眞如思想)

진여연기론에 입각한 불성사상이란 '진여'를 기본으로 해서 '연기'설을 설명하는 것이다. 한편 돈오무심 사상이란 자기 자신의 본래성을 단박에 자각하여 무심하게 그 본래성에 내맡겨 사는 것이 수행자 궁극적 삶이라는 사상이다.

진여가 무명을 만나 삼라만상으로 전개하는 기틀을 아리아식이라고 하는데, 법상종 계통에서는 이 아리야식을 생멸하는 망식(妄識)으로 간주

21) 선종만이 아니고 당나라 시대에 이미 중국화된 불교사상인 천태 · 화엄 · 선종이 모두 진여연기설을 수용하고 있다. 진여연기론의 기초가 된 논서는 『대승기신론』이다. 이 논서가 중국에서 만든 작품이라고 논의되는 것도 이 논서의 이러한 내용과 관계있다. 이 논서를 기반으로 性起說을 개발한 중국 불교를 석가모니의 緣起說에 모순이 된다고 비판하려는 시도도 바로 여기에서 기인한다.

하는 한편, 진여연기론을 주장하는 법성종 계통에서는 진망화합식(眞妄和合識)으로 정의한다. 진여에는 인연과 결합하여 변화하는 작용과, 어느 경우에도 변하지 않는 작용이 있다. 인연과 결합하여 변화하는 진여의 작용에 의해 중생들의 번뇌의 차별상이 현실화된다. 그러나 불변하는 진여의 작용성은 불생불멸한다. 이 불생불멸하는 진여의 작용성을 단박에 자각하는 것이 돈오이다. 그리고 진여를 가리는 번뇌는 인연에 의해서 만들어졌으므로 그 자체는 무상하다. 그것은 결코 자기동일성을 갖지 못하기 때문에 '무심(無心)'의 상태가 되면 저절로 소멸한다. 선종은 이 두 가지, 즉 진리론으로는 진여 연기론을, 수행론으로는 돈오무심을 축으로 해서 전개된다. 이 점에 대해서 필자는 이미 발표한 바 있다.[22]

선불교는 물론 수(隋)·당(唐) 이후의 중국 불교는 진여연기설에 입각한 지식 이론을 공유한다. 진여의 실재성을 인정하는 선불교의 이런 태도는 여타의 불교권에서 볼 수 없는 독특한 형태로 비판의 표적이 되기도 하였다.[23]

진여(眞如; tathatā)의 말뜻은 '있는 그대로의 그 무엇'이다.[24] 매우 난해한 말이지만, 이것은 언어나 사유로 그리고 행위를 매개로 하여 뭐라고 규정하기 이전에 우리 앞에 즉자적으로 주어지는 그 무엇을 말한다. 이것은

---

22) 신규탁, 「懶翁和尙의 禪思想」, 『동양고전연구』 제6집, 동양고전학회, 1996년, pp.172-175.

23) 袴谷憲昭, 「禪宗批判」, 『駒澤大學 禪研究所年報』 創刊號, 東京: 駒澤大學禪研究所, 1990, pp.62-82.

24) 中村 元 外編, 『岩波佛教辭典』, 東京: 岩波書店, 1989年, p.469.

말을 바꾸면, 행위 · 언어 · 사유의 규정 방식에 따라 우리에게 인지되는 것이기 때문에 그것은 절대 타자(絶待他者)라기 보다는 연기에 의해서 우리에게 드러나는 것이다. 단적으로 말하면 규정 방식에 의존하여 자신을 드러낸다. 그런데 규정 방식이 무수한 만큼 진여가 드러나는 양태도 무한하다. 이 점을 잘 알고 있는 중국의 선사들은 진여를 '몸소 깨칠 것'을 강조한다. 그리하여 수행의 당사자가 자기만의 주체적 행위 · 언어 · 사유로 그것을 손상 없이 드러낼 것을 요구한다.

이상의 관점은 필자가 선을 이해하는 척도인데, 좀 더 설명을 해보기로 한다. '국화'를 예로 든다. 불교학의 역사를 아는 사람이라면, 설일체유부의 입장을 택하지 않는 한, 우리의 의식과 독립한 대상 세계에서 '국화'의 실재성을 찾지는 않을 것이다. 경량부처럼 추론에 의해서 그 대상성을 인정하든, 아니면 유가행파처럼 의식의 활동성에 주목하여 대상의 실재성을 제거하든, 중관부처럼 의식 내부에 표상된 '국화'마저도 실재성이 없다고 하든, 결국 자기 동일적 연속성을 가지는 '국화'의 실체성은 부정된다.

그러면 우리에게 알려진 '국화'란 지식은 어디에서 유래하는가? 이 물음에 대해 선사들은 그 지식의 근원은 '규정하는 방식'에 의존한다고 대답한다. 우리에게 잘 알려진 〈국화 옆에서〉라는 서정주의 시와 도연명의 〈음주〉에 나오는 '국화'를 예로 들어 설명하기로 한다.

> 한 송이의 국화꽃을 피우기 위해
> 봄부터 소쩍새는

그렇게 울었나보다

그립고 아쉬움에 가슴 조이던
머언 먼 젊음의 뒤안길에서
인제는 돌아와 거울 앞에 선
내 누님같이 생긴 꽃이여.

〈『푸르른 날』(서정주, 미래사, 1991년)〉

結廬在人境 사람들 틈에 농막을 짓고 사나
而無車馬喧 수레 시끄럽게 찾는 자 없노라
問君何能爾 어찌 그럴 수 있느냐고 묻길래
心遠地自便 마음이 머니 땅이 외지다고 답했다.

採菊東籬下 동쪽 울타리에 국화꽃을 따 들고
悠然見南山 유연히 남산을 바라보노라
山氣日夕佳 가을 산 기운 저녁에 더욱 좋고
飛鳥相與還 날새들 짝지어 집으로 돌아오니
此中有眞意 이러한 경지가 바로 참 맛이러니
欲辨已忘言 말로는 도저히 표현할 수 없어라!

〈장기근 편, (『도연명』, 신광문화사, 1975년)〉

여기에서 남산의 정경을 배경으로 하는 도연명의 국화꽃과, 누이를 연상케 하는 서정주의 국화꽃이 동일하다고 말할 사람은 아무도 없을 것이다. 삶에 대한 '시인의 체험'과 다듬어진 '언어 표현'에 의해서 '국화'의 내용은 달라진다. 그렇다고 '국화'가 없다고 말할 사람도 없다.

진여(眞如)도 이와 마찬가지이다. 진여는 있기는 있지만, 수행자의 체험과 그 체험을 드러내어 규정하는 방식에 따라 다르게 드러난다. 진여에는 수연성(隨緣性)과 불변성(不變性)이 공존한다. 이것을 『대승기신론』에서는 '심진여(心眞如)'와 '심생멸(心生滅)'로 나누어 설명하는데, 여기서 말한 '심(心)'은 곧 다름 아닌 '중생의 마음'을 지칭한다.[25)]

인간의 마음속에 표상되는 '진여; 있는 그대로의 그 무엇'을 생멸변화를 속성으로 하는 무상한 행위 · 언어 · 사유[身 · 口 · 意]로 드러내라는 것이다. 그것도 반드시 당사자가 몸소 하라는 것이다. 이 세상은 드러내는 만큼 실재한다. 선사들의 기상천외한 행동이나 언어도 이러한 그들의 지식 이론에 기반을 두고 있다고 생각된다.

2. 묘오사상(妙悟思想)

선어록의 논법은 진여연기론에 입각한 불성사상을 바탕으로, 그것의 깨달음으로 이루어졌다. 그런데 진여의 뜻을 위에서도 보았듯이, 진여는 그것의 규정하는 방법 내지는 표현하는 양식에 따라 다양하게 드러난다.

25) 『대승기신론』의 이 부분에 대한 설명은 전통적인 화엄교가인 현수 법장에 의해 잘 정리되었고, 우리말 번역에 이 점을 잘 살린 것은 다음 책이다. 김월운 강화, 『대승기신론강화』, 경기: 불천, 1993년, pp.27-35.

이런 연장선에서 선사들은 깨달음을 매우 중시한다. 필자는 이것을 임제 선풍의 특징인 자기만의 주체적인 깨달음의 표현을 예로 들어[26] 밝힌 바 있다. 깨달음을 중시하는 전통은 『육조단경』에도 명백하게 드러난다. 선종의 표어처럼 이야기되는 '직지인심(直指人心)'과 '견성성불(見性成佛)'도 이런 맥락에서 만들어진 말이다.

송대(宋代)에 이르러 『창랑시화(滄浪詩話)』의 저자 엄우(嚴羽)는 이것을 '오묘한 깨달음[妙悟]'이란 말로 집약했다. 그는 당시 지식사회에서 공공연하게 논의되는 선불교의 이론에 입각하여 한 · 위진 · 성당의 시를 평론한다. 그러니까 선의 이론을 기준으로 잘 된 시(詩)와 그렇지 못한 시를 품평했던 것이다. 그는 이렇게 말한다.

> 대저 선을 하는 바른 길은 오직 오묘한 깨침에 있고, 시를 짓는 바른 길도 역시 오묘한 깨달음에 있다. …. 생각컨대 깨달음이란 당사자가 해야 하는 것이고, 본색(本色)으로 해야 한다.[27]

이 인용문에서 우리는 송나라 시대에 지식인들이 선의 요체를 '오묘한 깨침[妙悟]'에 두고 있음을 확인할 수 있다. 필자가 이 구절에 주목하여 인용한 이유는 이렇다. 가능하면 당나라 시대와 가까운 시대 사람들의 평가를 존중하고 싶기 때문이다. 송대 사람들로서는 100여 년 전의 일이지

---

26) 신규탁, 『선사들이 가려는 세상』, 경남: 장경각, 1999년 제2판, pp.118-124.

27) "大抵禪道惟在妙悟, 詩道亦在妙悟. …. 惟悟乃爲當行, 乃爲本色"(何文煥 編訂, 『歷代詩話』, 臺北: 藝文印書館, 民國63年, p,442).

만, 현재 우리에게는 1,100여 년 전, 그것도 이국땅의 일이다. 가능하면 그 시대에도 가깝고 그 지역에도 가까운 사람들의 체험과 기록을 존중하는 것은사상 연구자들의 공통된 입장이다.

그러면 이제부터는 송대 지식인이 공인한 '오묘한 깨침[妙悟]' 중에서, 그것은 당사자가 직접 해야 한다는 입장과 본색(本色)으로 해야 한다는 입장에 초점을 맞추어 830년대에서 900년대 사이 선승들의 어록을 정리하기로 한다.

Ⅲ. 『사가어록(四家語錄)』의 사례 분석

당나라 당시의 선승들의 어록은 매우 많아서 하나하나 열거할 수 없다. 때문에 현재 우리나라 선 불교계에 많이 소개된 어록을 중심으로 하려 한다. 우선 꼽을 수 있는 것이 『사가어록(四家語錄)』의 대상이 되었던 마조 도일, 백장 회해, 황벽 희운, 임제 의현의 어록을 중심으로 논증해 보겠다. 대본으로는 '백련선서간행회'가 펴낸 '선림고경총서'에 수록된 한글 번역을 사용하되, 번역상의 문제가 되는 부분은 원문을 인용 · 수정 하기로 한다.

1. 마조의 경우

위의 엄우의 말에서 보았듯이 깨달음은 당사자가 몸소 해야 하고 또 '본색(本色)'으로 해야 한다. '본색(本色)'이란 본래의 모습으로 꾸밈이 없는 소박한 본래의 바탕을 말한다. 여기에는 중국인들의 본래 성불사상이 깔려있다. 그러면 선어록의 구체적인 자료를 바탕으로 이 문제에 접근하기로 한다.

먼저 『마조록』을 보도록 한다. 마조 도일과 남악 회양과의 법통을 중시하는 후세의 선종사가들은 숭악 혜안(崇岳慧安; 582-709)에 대한 기술은 드러내지 않는다. 그 대신 남악과의 만남만을 드러낸다. 이것이 바로 저 유명한 '벽돌 갈기'이다. 이들은 좌선의 형태보다는 마음을 깨칠 것을 강조한다.

이들이 즐겨 쓰는 말이 '심지(心地)'이다. 대지에서 온갖 곡식이 자라듯이 마음에 부처가 있다는 것이다.[28] 필자의 논법으로 바꾸면 그 '심지(心地)'는 진여이다. 마조도 직접 "번뇌 속에 있으면 여래장(如來藏)이라 하고 거기에서 벗어나면 청정법신(淸淨法身)이라 한다.[29]"고 말한다. 그는 이것을 다시 부연 설명한다.

> 이것을 심생멸(心生滅)과 심진여(心眞如)라는 뜻에서 보자. '심진여'라 하는 것은 밝은 거울이 물상을 비추는 것과도 같은데, 거울은 마음에 비유되고 물상은 모든 법에 비유된다. 여기에서 마음으로 법을 취한다면 바깥 인연에 끄달리게 되니 그것이 '심생멸의(心生滅義)'이며, 모

---

28) 다음은 남악이 마조에게 전했다고 하는 게송이다. 여기에도 그들이 심지(心地)를 얼마나 중요시하는 지를 엿볼 수 있다. "심지(心地)는 모든 종자를 머금어 촉촉한 비를 만나면 어김없이 싹튼다. 삼매의 꽃은 모습이 없는데 무엇이 파괴되고 또 무엇이 이루어지랴."(백련선서간행회, 『마조록 · 백장록』, 장경각, 1988, p,19)
마조가 대중에게 한 시중(示衆)도 이런 맥락에서 이해할 수 있다. "심지(心地)를 때에 따라 말하니 보리도 역시 그러할 뿐이라네. 현상이나 이치에 모두 걸릴 것이 없으니. 생기는 그 자리가 바로 생기지 않는 자리라네."(백련선서간행회, 『마조록 · 백장록』, 장경각, 1988, p24)

29) 백련선서간행회, 『마조록 · 장경각, 1988, p.9.

든 법을 취하지 않으면 '심진여의(心眞如義)'가 된다.[30]

이런 입장에서 그들은 진여(眞如)의 자각(自覺)을 강조한다. 그리고 이런 자각은 당사자가 몸소 할 것을 요구한다. 그런 자각은 남이 대신해 줄 수 없다는 것이다. 다음의 늑담 해회(泐潭懷海; 749-814, 백장 회해임)와의 대화도 겉으로 보면 동문서답 같지만 실은 당사자의 몸소 체험을 일깨우는 장면이다.

> 늑담 회해가 물었다.
> "무엇이 달마 조사가 서쪽에서 오신 뜻입니까?"
> 마조 스님이 나지막하게 속삭였다.
> "이리 가까이 오게."
> 회해가 앞으로 가까이 가자 한 대 후려치면서 말씀하셨다.
> "셋이서는 함께 역모를 꾸미지 않는 법이라네. 내일 찾아오게."
> 회해가 다음 날 다시 법당으로 들어가서 말하였다.
> "스님 말씀해 주십시오."
> "우선은 돌아가고 내가 상당할 때를 기다렸다가 나오게. 그대에게 증명해주겠네."
> 회해는 여기에서 깨닫고 말하였다.
> "대중의 증명에 감사합니다."[31]

30) 백련선서간행회, 『마조록 · 백장록』, 장경각, 1988, pp.29-30.
31) 백련선서간행회, 『마조록 · 백장록』, 장경각, 1988, p.33.

제자 백장 회해는 선종의 핵심이 무엇이냐고 물은 것이다. 여기에 대해 스승 마조는 이리저리 회피하기만 한다. 그 이유는 깨달음은 당사자의 몫이기 때문이다. "셋이서는 함께 역모를 꾸미지 않는 법"이라는 말이 그것이다. 논의해서 될 일이 아니다. 달마가 서쪽에서 온 이유는 깨달음을 몸소 체험하게 함에 있다. 그러나 그것은 누가 대신해 줄 수 없다. 당사자가 직접 체험해야 한다.

『선문염송』(제161칙)에 나오는 '마조서강(馬祖西江) 공안'[32]도 이것을 단적으로 드러낸다. 마조에게 방온 거사가 묻기를 "만법과 짝하지 않는 이는 누구입니까?"하니, 마조가 대답했다. "서강의 물을 다 마시고 오면 말해주겠다."이 말 끝에 거사는 단박에 깨달았다.[33]

2. 백장의 경우

유명한 "하루 일하지 않으면 하루 굶겠다."는 말의 임자가 바로 백장이다. 그는 매우 평이한 이야기로 선사상을 제자들에게 전한다. 이것은 역시 그의 스승 마조도 마찬가지이다. 많은 경전과 교리를 인용하면서 선의 깨달음을 피력한다. 이 점은 후세의 선사들이 경전이나 교학을 연구하지 않은 것과 매우 대조적이다.

---

32) 설봉 현토, 『禪門拈誦』, 서울: 불서보급사, 1979, pp.98-99.

33) 백련선서간행회, 『마조록 · 백장록』, 장경각, 1988, p.42.

백장 선사는 '불씨'[34]를 소재로 한 대화, 또는 '들오리 소리'[35]에 관한 이야기를 통해서 진여 자성의 불생불멸을 드러내 보인다. 그리고 그 진여 자성을 당사자가 몸소 깨닫고 그 깨달음의 내용을 있는 그대로 즉 그 본색(本色)을 몸소 드러내라고 제자들에게 다그친다.

> 백장 스님께서 법어를 내렸다.
> "목구멍도 입술도 다물고 속히 일러보아라."
> 어떤 사람이 나서서 말했다.
> "저는 말할 수 없습니다. 스님께서 말씀해주십시오."
> 그러나 백장 스님이 말했다.
> "내가 그대에게 말하기는 사양치 않겠으나 뒷날 내 자손을 속일 것이다."[36]

이렇게 해여 끝내 말해주지 않는다. 스승이 말해주면 그것은 어디까지나 '스승의 체험'이지 '제자의 체험'이 될 수 없다. 말해주면 그것이 오히려 하나의 걸림돌이 되어, 제자 자신의 '체험'을 가로막게 된다. 마조가 "마음이 바로 부처이다."고 하자, 이 말이 사람들 사이에 퍼져 입에 오르내렸다. 이 사실을 안 마조는 "이제부터는 마음도 아니고 부처도 아니라고 하겠다."고 한 것도 이런 심정에서 한 말이다. 그러자 이 말을 다시 전해들

34) 백련선서간행회, 『마조록 · 백장록』, 장경각, 1988, p.164.
35) 백련선서간행회, 『마조록 · 백장록』, 장경각, 1988, p.77.
36) 백련선서간행회, 『마조록 · 백장록』, 장경각, 1988, pp.170-171.

은 대매 법상은 "이 늙은이가 사람을 끝없이 혼동시키는구나. 너는 네 맘대로 해라. 나는 여전히 '마음이 부처이다'고 하겠다."고 한다. 이 말을 전해 듣자, 마조는 대매 법상이 제대로 영글었다고 기뻐한다.

백장의 말해주지 않는 이야기는 뒷날 더 발전하여 '위산병각(潙山併却) 화두'가 된다. 이야기는 『벽암록』(제70칙)과 『선문염송』(제185칙)에 다시 거론된다. 이 책에서는 『벽암록』을 인용하기로 한다.

> 위산 · 오봉 · 운암 스님이 함께 백장 선사를 모시고 서 있자, 백장선사께서 위산에게 물으셨다.
> "목구멍과 입을 닫아버리고 어떻게 말할 수 있을까?"
> "스님께서 말씀해보십시오."
> "나는 사양치 않고 그대들에게 말해주고 싶지만 훗날 나의 자손을 잃을까 염려스럽다."[37]

선가의 뛰어난 종사들은 제자들 스스로 체험할 수 있도록 끊임없는 계기를 마련한다. 선어록 속에 제자들과의 대화가 구구하게 많은 이유도 이런 배경에서 연유한다. 백장 선사가 한 번은 운암과 설전이 붙는다.

> 백장 선사가 대중에게 말했다. "어떤 사람은 오랫동안 밥을 안 먹고도 배고프다고 말하지 않고, 어떤 사람은 종일 먹고도 배부르다고 말하지 않는다. (자, 이게 무슨 조화인가? 말해보라!)"

37) 백련선서간행회, 『벽암록』(중), 장경각, 1993, pp.269-271.

대중이 아무 대답을 못했다.

이에 운암이 물었다. "화상께서 누구를 위해서 매일 힘들게 위와 같은 문답을 하지는 것인가요?"

백장이 말했다. "분명히 한 사람이 있지."

운암이 말했다. "왜 그 사람더러 몸소 하라고 하시지 않나요?"

백장이 말했다. "그 사람은 가활(家活)[38]을 모르기 때문에 내가 그러는 거지."[39]

대중에게 애써 질문을 던지는 백장을 보고 제자 운암이 질문한 것이다. 그러자 자기의 본래성을 자각하지 못하고 무화시킨 제자를 위해서 백장은 구구하게 그런다고 변명을 한다. 바로 이 지점에 제자의 촌철살인의 질문이 붙는다. "왜 그 사람더러 몸소 하라고 하시지 않나요?" 여기서는 백장이 몰리는 형세이다. 당사자 스스로 해결하게 두어야 할 것이다.

38) '家活'의 당시 말뜻은 '살림살이'이다. 즉 집안의 가구, 세간, 물건 등을 말하는 것으로 『二程語錄』에도 보이는 당송대의 구어이다. 선어록에서는 '자기 자신의 본래성'을 비유한다. 자세한 고증은 『宋元語言詞典』, 上海辭書出版社, 1985년, pp.772-773과 필자의 「중국선서를 번역하기 위한 문헌학적 접근(2); 어휘를 중심」(『백련불교논집』 제2집, 백련불교문화재단, 1992, p.126【家活】 항목 참조. 한편 '區區爲阿誰'를 '열심히 누구를 위해서 노동하는 것'이라고 번역하는 이도 있지만 필자는 달리 생각한다. 노동과는 아무런 관계가 없다.

39) 『경덕전등록』(제6권)(대정장51, p.250a), "師謂衆云, 有一人, 長不喫飯, 不道饑. 有一人, 終日喫飯, 不道飽. 衆皆無對. 雲巖問, 和尙每日區區爲阿誰. 師云, 有一人要. 巖云, 因什麽不敎伊自作. 師云, 他無家活."

3. 황벽의 경우

황벽의 선사상을 알려주는 자료로는 정승 배휴가 기록한 『전심법요(傳心法要)』와 문인들이 기록한 『완릉록(宛陵錄)』이 있다. 이 중 『전심법요』는 당나라 시대의 문인 관료 배휴가 채록한 것으로 선어록 중에서 문장의 아름다움과 완성도는 타의 추종을 불허한다. 간결하면서도 황벽의 선풍을 생생하게 전해준다. 모든 선어록 중에서 가장 믿을만하다.

황벽은 진여심의 '불변성(不變性)'과 '수연성(隨緣性)'을 극명하게 드러내 보인다. 진여의 마음은 불생불멸이지만 인연에 따라 그 작용성이 가려졌다 드러났다 할뿐이다. 『전심법요』 첫 부분에서 '마음'에 대해 황벽은 배휴에게 이렇게 말한다.

> 모든 부처와 일체 중생은 한 '마음[一心]'일 뿐 결코 다른 게 아니다. 이 마음은 시작 없는 옛 부터 생기거나 없어진 적이 없으며, …. 그것은 모든 한계와 분량, 개념과 언어, 자취, 상대성을 뛰어넘어 있는 바로 그 자체일 뿐이다. 생각을 움직였다 하면 이미 그것과 어긋난다.[40)]

'일심(一心)'은 그 어떤 방법으로도 규정할 수 없는 것이다. 가장 궁극

40) 백련선서간행회, 『선림보전』, 장경각, 1988, pp.239-240, "諸佛與一切衆生, 唯是一心, 更無別法. 此心無始已來, 不曾生不曾滅, …. 超過一切限量名言蹤跡對待, 當體便是, 動念卽乖."

적이고 전체적이고 완전한 것이므로 그 어떤 것으로 그것을 설명할 수 없다. 이것을 아주 적절하게 표현한 말이 '당체변시(當體便是)'이다. 그 자체일 뿐, 타자에 의해서 설명되는 순간 그것은 이미 그 자체가 아니다. '당체(當體)'라는 말은 황벽이 특히 잘 쓰는 말로 뒷날 선가에 널리 퍼져 오늘날에도 많이 쓴다. 이 말의 고증은 별도의 자료[41]를 참조하기 바란다. 황벽은 이 '일심(一心)'을 '신령스런 자각의 성품[靈覺性]'이라고 이름 하기도 하며, 때로는 이것을 '대열반성(大涅槃性)'이라고도 한다.[42]

이것은 어떤 방법으로도 규정할 수 없기 때문에, 그것을 획득하는 방법은 오직 '규정하려는 노력'을 중지하는 것이라고 한다. 그의 표현을 빌면 '무심(無心)'하기만 하면 '신령스런 자각의 성품[靈覺性]'과 하나가 될 수 있다고 한다. 이것이 바로 무심 수행이다. 우리가 지식 활동을 하는 가운데 의식적 규정 행위만 중지하면 그 상태가 바로 청정하고 완전한 깨달음의 자리라는 것이다.

> 이 본래부터 근원인 청정한 마음은[43] 항상 스스로 분명하게 밝아 두루 비추고 있다. 그러나 세상 사람들은 깨닫지 못하고 다만 감각적인

---

41) 신규탁, 「중국선서를 번역하기 위한 문헌학적 접근(2); 어휘를 중심」, 『백련불교논집』 제2집, 백련불교문화재단, 1992, p.142. 【當體】 조항 참조.

42) 백련선서간행회, 『선림보전』, 장경각, 1988, p.50. ㅍ

43) 백련선서간행회에서의 번역은 "본래 근원이 청정한 마음"인데 필자가 임의로 바꾸었다. 청정한 마음은 그것이 있기 위해 다른 무엇을 필요로 하지 않는 제일원인이라는 뜻에서 "본래부터가 근원"이다. 그 이상의 더 근원적인 것은 없기 때문이다.

지식 활동을 마음이라 여겨, 그것에 뒤덮이고 만다. 그리하여 끝내는 정교하고 밝은 본체를 보지 못한다.

그러나 대뜸 무심하기만 하면 본바탕이 저절로 드러나는 데, 마치 밝은 햇살이 공중에서 떠오르듯 시방 법계를 두루 비추어 장애가 없게 된다.[44]

무심하기만 하면 본래적인 근원이 드러나는데, 그 근원은 존재의 결핍이나 오염됨이 없는 상태라는 것이다. 엄우의 표현을 빌면 그것은 본래의 제 색깔인 '본색(本色)'이다. 그리고 이 '본색(本色)'을 드러내는 것은 타인의 말이나 체험에 관여할 것이 아니다. 당사자 본인이 하라고 한다. 그의 이런 입장은 배휴와 한 다음의 대화에 잘 드러난다.

배휴가 물었다.

"스님께 제가 무슨 말만하면 왜 말에 매인다고 하십니까?"

황벽 선사가 말했다.

"상공 자신이 남의 말을 못 알아듣는 것이지 누가 상공을 얽어매냐?"

배휴가 물었다.

"이제까지 하신 많은 말씀은 모두 상황에 따라 하신 것으로, 결코 진실한 말로 저를 가르친 게 아니라는 건가요?"

황벽 선사가 말했다.

44) 백련선서간행회, 『선림보전』, 장경각, 1988, p.245, "此本源淸淨心, 常自圓明遍照. 世人不悟, 祇認見聞覺知爲心, 爲見聞覺知所覆, 所以不覩精明本體. 但直下無心, 本體自現, 如大日輪昇於虛空, 遍照十方, 更無障礙."

"진실한 말은 전도됨이 없다. 상공의 질문이 전도되었는데 그러면서 무슨 진실한 말을 찾느냐?"

배휴가 말했다.

"제 질문은 그렇다 치더라도, 스님의 질문은 어떻구요?"

황벽 선사가 말했다.

"상공께서는 반드시 사태에 입각하여 몸소 판단할지언정 남에게 관여하지 마소서."[45]

위의 인용문 "그대는 반드시 사태에 입각하여 몸소 판단할지언정 남에게 관여하지 마라"의 원문은 "你且將物照面看, 莫管他人."이다. 이 말은 계속하여 내 말에 휘둘리지 말고 문제를 네 스스로 네 얼굴로 마주 대고 직접 관조해보라는 것이다. "將物照面"에서의 '看'은 '보다'라는 뜻이 아니고 문장의 끝에서 점잖은 권유를 나타내는 조사이다. 이런 용법은 『조당집』과 『벽암록』 등에 많이 나온다.[46] 이에 대한 중국어 어법상의 고증은 중국의 짱시앙(張相) 교수가 한 바 있다.[47] 여기에서 우리는 황벽도 역시 모든 사태를 자신이 직접 체험할 것을 강조하고 있음을 볼 수 있다.

---

45) 『선림보전』, 백련선서간행회, 장경각, 1988, p.265. 이 부분에 대한 백련선서간행회본에서는 "사물을 통해 자신을 비춰볼지언정 남의 일에는 상관할 것이 없다."로 되어 있다. 필자가 수정 번역해보았다.

46) 신규탁, 「중국선서를 번역하기 위한 문헌학적 접근(2); 어휘를 중심」, 『백련불교논집』 제2집, 백련불교문화재단, 1992, p.127. 【-看】 조항 참조.

47) 張相, 『詩詞曲語辭匯釋』, 北京: 中華書局, 1953年, p.332.

4. 임제의 경우

임제 의현이 활동하던 때는 당나라 말기로 매우 혼란스런 시기였다. 안으로는 환관의 발호와 세습 관료에 의해 조정은 흔들리고, 밖으로는 번진(藩鎭)으로 불리는 군벌들이 할거하여 서로의 세력을 다투는 시대이다. 이런 시기를 맞이하여 많은 젊은이들은 무기력에 빠지고 말았다.

이런 상황에서 임제는 단호하게 자기 자신을 믿을 것을 강조한다. 『임제록』을 읽다보면 언제나 임제는 강렬하게 말한다. "수행자 여러분! 그대, 내 앞에서 법문을 듣고 있는 그대, 우리들이 조상처럼 섬기는 부처와 조금도 다름이 없건만 믿지 못하고 밖으로만 향한다. 아서라."[48] 고 나무란다.

수행자 자신이 부처와 다름이 없다는 말은, 마조 이래 전해오는 '마음이 부처'라는 말을 달리 표현한 것이다. 임제 선사는 이 말을 현장감 있고 박진감 있게 자신의 체험을 실어서 당시 수행자들에게 외친다. 자신의 본래성은 부처와 다름이 없다는 것이다. 임제가 보기에 당시의 수행자들에게 필요한 급선무는 이런 자신감을 갖는 거였다.[49] 임제 자신이 보기에 그대들은 석가모니와 다를 바가 없으니, 이 순간에 그대들의 갖가지 작용들

---

48) 이글의 원문은 "道流, 是你目前用底, 與祖佛不別, 祇你不信, 便向外求, 莫錯" 이다. "是你目前用底"의 번역이 『임제록 · 법안록』(백련선서간행회, 장경각, 1989), p.77)에는 "눈앞에 작용하는 이놈"라고 되었지만 달리 번역해보았다. 그 고증은 신규탁, 『선사들이 가려는 세상』, 장경각, 1999, p.212. 참조.

49) 백련선서간행회, 『임제록 · 법안록』, 장경각, 1989, p.58.

속에 모자라는 게 무엇이냐[50]고 용기를 북돋운다. 임제 선사는 이렇게 말한다.

> 시방 삼세 부처님과 조사들도 오로지 법을 구하기 위하여 세상에 나오셨고, 지금 참구하여 도를 배우는 사람들도 법을 구하기 위할 뿐이니, 법을 얻어야 비로소 끝나고 얻지 못하면 예전대로 다섯 갈래의 윤회에 떨어진다.
>
> 무엇이 법인가? 법이란 심법(心法)을 말한다. …. 도를 배우는 이들이여! 내가 법을 설할 때에 무슨 법을 설하는가? 마음자리의 법[心地法]이다.[51]

그러면 이 '심지법(心地法)'은 어떻게 하면 얻을 수 있을까? 그것은 마음 밖에서 따로 구하지 말라고 한다. 불법은 애써 공부해서 되는 것이 아니라 다만 밖으로 향하는 마음을 쉬기만 하면 된다고 한다. 그리하여 임제 선사는 밖에서 구하려는 이들을 염소나 양이 입에 닥치는 대로 먹어치우는 것에 비유하기도 한다. 그렇다고 밖에서 구하지 말라는 말을 듣고는 안에 무엇이 있다고 해서도 안 된다고 경계한다.

---

50) 이 부분의 원문은 "道流, 約山僧見處, 與釋迦不別, 今日多般用處, 欠少什麽."이다. 『임제록 · 법안록』(백련선서간행회, 장경각, 1989, p.41)에서는 "도 배우는 이들이여! 나의 견처로 말하면 석가세존과 다름이 없으니 …."로 되어 있다. 이렇게 되면 임제가 자신을 석가에 견주는 꼴이다. 이말은 임제가 이 구절에서 자신을 산승(山僧)이라고 한 표현과 어울리지 않는다.

51) 백련선서간행회, 『임제록 · 법안록』, 장경각, 1989, pp.47-48.

> 대덕들이여! 내가 밖에 법이 없다고 말하면 공부하는 이들은 알아듣지 못하고 안으로 알음알이[知識]를 내어 벽을 보고 앉아서 위 잇몸에 혀를 찰싹 붙이고 꼼짝 않고 담담히 앉아 있다. 그리고는 이것이 조사 문중의 불법이라고 여기는데 정말 잘못이다.[52]

철저한 주체성에 입각한 임제 선사로서는 움직이지 않는 청정의 상태에도 안주하지 않는다. 부처를 완전한 경지라고 여기지 말라는 충고도 이런 입장에서 나오는 것이다. 무엇이든 내면화되어 고정되면 그것은 도리어 '어디에 얽매이지 않는 수행인[無依道人]'을 달아매는 말뚝이 되고 만다. 임제선에서는 그런 부자유는 용인되지 않는다. 임제가 하북부의 부주인 왕 상시와 관료들 앞에서 처음 개당설법을 하면서 "허공에 말뚝 박지 말라."고 고함을 친 것도 이런 기상을 드러내 보이는 것이다.

이런 그에게 부처를 내면화시키고 절대화시키는 일은 있을 수 없는 일이다. 그러나 당시 당나라 말기의 젊은 선승들은 자신감을 잃고 부처에 의지하고 유명하다는 종사들에 의지하여 이리저리 설법을 들으러 몰려 다녔다.

이들을 향해 임제 선사는 말한다. "그대들은 부산하게 제방을 쏘다니며 무엇을 구한다고 발바닥이 널판지가 되도록 밟고 다니느냐? 구할 부처도 없고, 이룰 도도 없고, 얻을 부처도 없다."[53] 임제 선사는 남의 말 듣기

52) 백련선서간행회, 『임제록 · 법안록』, 장경각, 1989, p.81.
53) 백련선서간행회, 『임제록 · 법안록』, 장경각, 1989, p.88.

보다는 당사자 본인이 철저하게 깨칠 것을 강조한다. 임제 선사는 이렇게 말한다.

> 도를 배우는 이들이여! 법다운 견해를 터득하려면 남에게 끄달리지 않기만 하면 된다. 안에서나 밖에서나 마주치는 대로 죽여라. 부처를 만나면 부처를 죽이고, 조사를 만나면 조사를 죽이고, 나한을 만나면 나한을 죽이고, 부모를 만나면 부모를 죽이고, 친척 권속을 만나면 친척 권속을 죽여야만 비로소 해탈하여 사물에 구애되지 않고 투철히 벗어나 자유자재 해진다. 도를 배운다는 제방 납자들치고 사물에 의지하지 않고 나온 사람이란 하나도 없다.[54]

이것은 당시 선사들의 행태를 비판하는 것이다. 『임제록』의 표현대로 "경박스럽게 제방의 장로들에게 인가를 받고 나와 '나는 선을 알고 도를 안다'고 나불거리는" 무리들에게 하는 경고이다. 바른 안목과 자신의 깨달음이 중요한 것이지, 그 어떤 외부적인 권위도 필요 없다는 것이다. 임제는 자신이 처음에는 율종(律宗)에 뜻을 두고, 그 뒤에는 경학(經學)에 뜻을 두었지만 이게 모두 방편에 지나지 않는다는 것을 깨닫고 도 닦는 길을 택해 비로소 안목이 분명해졌다고[55] 술회한다.

54) 백련선서간행회, 『임제록 · 법안록』, 장경각, 1989, pp.74-75.

55) 백련선서간행회, 『임제록 · 법안록』, 장경각, 1989, p.74.

Ⅳ. 선정일치

'선'과 '정토'라고 하면 일단은 서로 모순되는 듯한 인상을 갖는다. 일반적으로 정토 신앙하면 아미타불의 본원력에 의해 극락정토에 왕생하는 신앙을 말한다. 단순화시켜서 말하면 인간은 여래의 본원에 의하기만 하면 구제된다는 신앙이다. 반면에 선은 인간이 본래부터 갖춘 자각 능력을 발휘하여 자신이 부처가 되자는사상이다. 그런데 우리나라 불교계에는 언젠가 부터 선정일치(禪淨一致) 내지는 선정쌍수(禪淨雙修)라는 말과 함께 선과 정토를 함께 생각하는 말들이 나오고 있다. 선종을 표방하는 '대한불교조계종'의 사원에서도 실제로 아미타불의 염불에 의한 정토왕생과 선 수행을 신도들에게 동시에 가르치는 곳이 적지 않다.

그러면 선과 정토 신앙은 역사적으로 언제부터 병칭되게 되었는가? 이에 대해 많은 이들이 영명 연수(永明延壽; 904-975)의 유심정토(唯心淨土)에 연원을 댄다.[56] 영명 연수는 당나라와 남송 사이 오월 지방에서 활약한 선

56) 服部英淳, 「永明延壽の淨土思想」, 『印 · 佛 · 硏』14-2, 東京: 昭和41年. ; 池田英淳, 「永明延壽の思想」, 『淨土學』4-14, 東京: 昭和, 38年. ; 柴田 泰, 「永明延壽の唯心淨土說」, 『印 · 佛 · 硏』32-2, 東京: 昭和58年. ; 池田魯參, 「趙宋天台學の背景; 延壽教學の再評價」, 『駒澤大學佛教學部論集』14號, 昭和58.

승으로 『종경록(宗鏡錄)』(100권)을 통해 선교일치를 주장한 사람으로도 알려졌다. 그런가하면 고려에 선정(禪淨) 사상을 중심으로 하는 법안종을 전한 사람으로도 알려졌다.[57)]

그러면 구체적으로 영명 연수의 어느 점이 그렇게 그를 선정쌍수(禪淨雙修) 주의자로 보게 했는가? 『혜일영명사지각선사자행록(慧日永明寺智覺禪師自行錄)』에 의하면, 연수 선사는 매일 주야로 108건의 불사(佛事)를 했다고 하면서 그것을 일일이 열거한다. 그것을 보면 그는 1)법화당을 건립하여 정토를 장엄했고, 2)일체 중생을 위하여 법화참(法華懺)을 했고, 3)항상 정토업(淨土業)을 닦았고, 4)좌선을 했고, 5)심종(心宗)의 오묘한 일승을 깨치도록 상당 법문을 했고, 6)매일 『법화경』을 읽었고, 7)『반야심경』을 읽었고, 8)『화엄경』을 읽었고 …. 108)『종경록』 등의 저술 활동을 했다고 한다.[58)]

이 기록에 의하면 연수 선사는 정토를 장엄하거나 정토업을 닦았다고는 하는데, 정작 그가 정토계의 경전을 독송했다는 기록은 없다. 이런 등의 이유로 연수를 제불 정토의 유심을 주장하는 것으로 보기도 한다. 그의 이런 유심(唯心) 정토설은 정토 계통이 아니고 화엄계통에 분류하기도 한다.[59)]

연수 선사는 선과 정토를 동시에 주장하면서도 거기에는 근기의 차

57) 韓泰植(普光), 「延壽門下の高麗修學僧について」, 『印 · 佛 · 硏』32-1, 東京: 昭和58年.

58) 『慧日永明寺智覺禪師自行錄』(신찬속장63, pp.159a-164c).

59) 柴田 泰, 「永明延壽の唯心淨土說」, 『印 · 佛 · 硏』32-2, 東京: 昭和58年, p.983.

이를 두고 있다. 그는 '관법(觀法)'을 크게 둘로 나누고 있다. 하나는 선종과 화엄교학에 의한 것으로 상상근기에게 적합하다고 한다. 물론 다른 하나는 정토관이다. 그는 『종경록』에서 이렇게 말한다.

> 대저 관문(觀門)에는 간략히 2종이 있다. 하나는 선종(禪宗)과 원교(圓敎)에 의한 것으로 상상근(上上根)의 사람은 심성을 곧바로 관(觀)한다. 주관과 객관을 양립시키지 않고 형상을 짓지 않는다. 고요할 때나 움직일 때나 항상 관하여 마음의 안과 밖을 한결같이 한다. 이는 곧 관함이 없는 관으로 신령하게 지각 작용이 있으면서도 고요하게 관조한다.
>
> 다음은 관문(觀門)에 의거하여 마음을 관하는 것으로 흡사 형상을 눈앞에 보는 듯하다. 비록 임시로 형상을 세우기는 하지만 그것은 모두 마음에서 변해 나온 것이다.[60]

그러면서 관문(觀門)의 예를 『무량수경』에 나오는 일관(日觀), 수관(水觀) 등의 16관상을 예로 들고 있다. 그런데 『무량수경』의 16 관상은 중하근기에 해당하는 사람을 위하여 시설된 것이라고 한다.[61] 이렇게 볼 때에 영수선사는 선을 중심에 놓고 정토 신앙을 수용한 것이라고 볼 수 있다.

그렇다면 정작 선종의 교과서가 된 『육조단경』에서는 염불하여 정토

---

60) 『종경록』(36권)(대정장48, p.623b-c) ; 『한글대장경 종경록2』, 동국역경원, 1985, p.286. "似現前境, 雖權立假相, 悉從心變"을 『한글대장경』에서는 "유사하게 나타난 앞의 경계는 비록 임시로 세워진 모양이기는 하나, 모두가 마음으로 부터변한다."로 했는데, 여기서는 달리 번역해 보았다.

61) 『종경록』(16권)(대정장48, p.501c).

에 왕생하는 것을 어떻게 평가하고 있는지를 보기로 하자.

> 우매한 사람은 염불하여 저기에 가서 나려하고, 깨친 사람은 스스로 그 마음을 깨끗이 하나니, 그러므로 부처님이 말씀하시되 "그 마음 깨끗함을 따라서 불국토도 깨끗하다." 하시니라. 마음에 다만 더러움이 없으면 서쪽 나라가 여기서 멀지 않고, 마음에 깨끗하지 못한 생각이 일어나면 염불을 해도 왕생하여 이르기 어려우니라. 마음자리에 다만 악이 없으면 서쪽 나라가 여기서 멀지 않고, 만약에 악한 생각을 가지면 염불하여도 왕생하여 이르기 어렵다.
>
> 내외명철하면 서쪽 나라와 다름이 없나니, 이 법을 닦지 않고서 어떻게 서쪽 나라에 이르리오. 만약 무생 돈법을 깨치면 서쪽 나라를 봄이 찰나 생에 있느니라.[62]

이상은 선종에서 정토 신앙이나 왕생극락 사상을 어떻게 보는지를 분명하게 말해준다. 6대 조사 혜능과 『육조단경』을 선종의 정통으로 인정하는 당대의 선종에서는 '자정기심(自淨其心)', '내외명철(內外明徹)', '돈오무심(頓悟無心)'에 중점을 둔다. 당나라가 멸망하고 오대(五代)의 전란을 겪는 와중 불안의 시대를 겪는 동안 강남 지역의 선사(禪寺)에 정토 신상이 일시적으로 곁들여지게 되었던 것이다.

고려시대에 영명 연수 문하로 고려의 유학승들이 갔었지만 선정겸수(禪淨兼修)가 고려 불교의 주류를 이루지는 못했다. 남종선이 주류를 이루면

62) 퇴옹 성철 편역, 『돈황본단경』 경남: 장경각, 1988년, pp.74-77.

서 정토 신앙은 그다지 평가를 받지 못했다. 고려시대에 정토 신앙의 면모에 대해서는 권기종 교수의 면밀한 연구 보고가 있다.[63)]

권 교수는 보조 지눌, 태고 보우, 나옹 혜근의 저술들을 자료로 그들의 정토관을 밝히고 있다. 이 연구 보고에서도 밝혀졌듯이 보조 지눌은 정토 신앙에 대하여 대단히 비판적이고 부정적이었다. 정토를 삼승(三乘)의 권교 방편으로 이해했을 정도이다.

태고 보우(太古普愚; 1301-1382)의 경우에도 이 점은 마찬가지이다. 그는 아미타불을 생각하는 그 자체가 누구인가를 관하라고 한다. 하나의 공안처럼 아미타불을 생각하는 의식의 주체를 참구하라고 한다. 이런 입장은 나옹 혜근의 경우에도 나타난다. 나옹 혜근(懶翁惠勤; 1320-1376)은 철저하게 임제의 가풍을 계승한 선사로서 자기 확신과, 주체적인 표현과, 화두 참구를 강조했다.[64)] 그들은 결코 선(禪)·정(淨)을 겸수(兼修)한다는 생각은 하지 않았다.

이상의 검토를 통해서 우리는 당나라의 선종사가 크게 두 번 '굴절'을 겪었음을 알 수 있다. 한 번은 하택 신회에 의해서 북종을 폄하했고, 또 한 번은 남방의 남악 회양과 청원 행사의 제자들에 의해 신회를 지해종도로 낙인찍은 일이다. 그러나 이것은 정통성 논쟁에서 나온 정치적 다툼이었다. 남종·북종할 것 없이 또 홍주종·하택종 할 것 없이 이들은 사상 면

63) 권기종,「고려시대 선사의 정토관」,『한국정토사상연구』, 서울: 동국대학교 출판부, 1985년, pp.117-141.

64) 신규탁,「懶翁和尙의 禪思想」,『동양고전연구』 제6집, 서울: 동양고전연구회, 1996년), pp.181-191.

에서는 공통점을 갖고 있다. 그 공통점이란 진여사상에 뿌리를 둔 불성사상과 돈오무심이다.

당나라 시대의 선사들은 중국 불교의 특징으로 꼽히는 진여연기론에 입각한 본래성사상에 입각하여 중생의 마음이 바로 부처의 마음이라는 이론을 세웠다. 그리고 진여(眞如)의 수연성(隨緣性)에 의해 나타난 어리석음만 제거하면 본래의 근원인 청정한 마음이 온전하게 드러난다고 이론적 근거에서 독특한 수행론을 폈다. 즉 진여의 수연성(隨緣性)에 의해 나타난 일체 현상은 모두 무상하므로 다만 그저 무심하면 자연 소멸된다고 생각했다. 이것이 바로 깨달음이라고 했다.

그리하여 깨달음은 스승이나 남에 의해서 수행되는 것이 아니라 반드시 당사자 본인이 해야 함을 강조하였다. 그들의 이런 정신은 『사가어록』에 잘 집약되는데, 마조 선사 같은 경우는 도는 닦아서 되는 것이 아니라 그저 더러움에 물들지만 않으면 된다고 했다. 그는 항상 개인의 일상성 속에서 본래성을 드러낼 것을 말했다. 이것은 마치 파도 물결을 떠나서 잔잔한 바다를 생각할 수 없는 것처럼, 개별적인 현상 속에서 진여의 보편성을 깨닫게 했다.

이런 경향은 백장의 경우에도 예외는 아니다. 그는 특히 당사자가 직접 체험할 것을 몹시 강조한다. 이것은 비단 그만의 특징은 아니다. 저 유명한 향엄 지한과 그의 스승 위산 영우와의 일화도 그것을 말해준다. "경전이나 책을 통해서 얻은 지식으로 대답하지 말고, 그대가 아직 이 세상에 태어나기 이전의 네 자신의 본래 모습을 말해보라."는 위산의 질문에 향엄은 말을 잃는다. 자포자기하고 혜충 국사의 탑을 관리하며 일생을 보내다가 기왓장이 대나무에 부딪치는 소리에 스승의 심정을 알게 된다. 그는 고백하기를 그 당시 스승이 대신 알려줬더라면 지금의 이 깨달음은 없었을 것이라고 했다.

이처럼 모든 선사들은 자기 체험을 중시한다. 황벽과 임제의 경우도 마찬가지이다. 철저한 자기와의 투쟁을 한 선사들이다. 불교의 핵심이 무엇이냐고 묻는 제자 임제를 세 번이나 몽둥이질을 하는 황벽이었다. 그것은 남이 알려줄 수 있는 게 아니었기 때문이다. 깨달음은 마음 밖에서 구할 것이 아니라 본성을 돈오하여 그저 무심하기 그것에 내맡기면 된다고 한다. 그런데 임제 선사는 한 걸음 더 나아가 깨달음을 안으로 내재화시켜서도 안 된다고 한다. 자신이 보신불이나 화신불의 경지에 이르렀다는 생각에 매여서도 안 된다는 것이다. 등각과 묘각의 지위에 올라도 수갑에 묶인 것처럼 자유롭지 못 할 뿐이라는 것이다. 무언가에 묶이는 한 어디에도 자유는 없다. 설사 그것이 부처의 깨달음이라 할지라도 말이다.

제15장 법성교학에서 본 정토사상

Ⅰ. 선과 정토의 관계

한국인들의 현재 불교 신행(信行) 생활에, 그것도 특히 재가 불자들이 신행(信行; 신앙과 수행의 종합한 용어) 생활을 하는 데 있어 가장 친근하고 쉽게 접할 수 있는 신행의 형태가 바로 '정토(淨土) 신행'일 것이다. 좀 더 구체적으로 말하면 염불(念佛)을 해서 극락정토에 가서 태어나겠다는 신앙과 수행이다. 이것을 좀 더 쪼개어 말해보면, (1)염불하는 나 자신도 극락정토에 가고, 또는 (2)내가 누군가를 대신해서 염불을 해주면 그 상대방 또한 극락정토에 가는 것이다. 이런 (1)과 (2)를 모두 포함하는 그런 염불 신앙과 수행이 한국의 과거는 물론 현재에도 널리 퍼져있다. 본 장에서는, 위에서 말한 그런 의미의 정토 신행에 한정해서, 대승불교 중에서도 법성교학에서는 정토에 관한 종교 · 철학적 문제를 어떻게 설명하고 있는지 문헌적으로 검토해보려고 한다.

대승불교에 대하여 중국 당나라의 청량 징관 국사나 규봉 종밀 선사는 공종(空宗), 상종(相宗), 성종(性宗)으로 나누어서 설명해왔다. 이런 전통은 당대(唐代) 이후 남송(南宋)을 거쳐 명 · 청(明淸) 시대에 이르면서 동북아시아 불교권에 계속되어왔다. 조선의 경우는 백암 성총(1631-1700) 선사는 난파된 대장선을 만나 낙안 징광사(澄光寺)에서 각종 화엄 관계 경론을 개판

(開版)하고, 그 후 선암사 창파당에서 화엄 대법회를 개설하였다. 그리하여 소위 영·정조 시대에 화엄교학의 르네상스를 맞이한다. 순천 선암사는 물론, 하동 쌍계사, 해남 대흥사, 고창 선운사, 순창 구암사 등지의 전라도 일대에서, 그리고 인물로는 연담 유일, 인악 의첨, 백파 긍선, 경운 원기, 석전 영호, 진응 혜찬, 운허 용하 등 강사(講師)들이 등장하여 화엄교학을 일으킨다.

이들은 법성교학의 전통에 입각하여 대승불교를 3종(宗)으로 나누고 있으니, 그것은 (1)반야부에 속하는 각종 경전이나 논서에서 주장하는 '일체개공(一切皆空; 모든 존재는 공하다)'의 교설에 입각한 공종(空宗)과, (2)허망한 아뢰야식을 근본으로 하여 유식(唯識) 소변(所變)을 설하는 상종(相宗; '법상종'이라고도 부름)과, (3)불생불멸하는 진여자성(眞如自性; 때로는 '본각진심(本覺眞心)' 때로는 '一心' 등 경전에 따라 다양하게 표기)의 각종 훈습(熏習)을 설하는 성종(性宗; 때로는 '법성종'으로도 표기)이다. 물론 이들은 자신들이 또는 자신들이 하는 교학이 성종에 속하고 있음을 분명하게 하고 있다. 본 장은 바로 이런 법성교학의 입장에서 정토(淨土)에 관한 신행(信行)의 의미를 해명하려는 것이다.

Ⅱ. 희망의 나라로 향하는 동경

우선 '정토(淨土)'가 무엇인지에 대해서 말해보기로 한다. 이 단어의 뜻은 문자 그대로 '깨끗한 땅'이다. 영어로는 'pure land'로 번역하기도 한다. 굳이 불교의 '고해(苦海)'라는 말을 빌려오지 않더라도, 인생살이가 고단하다는 것은 많은 사람들이 말하고 있다. 바다처럼 깊고 끝도 없고 예측도 할 수 없는 그런 고생스러움 말이다. 산이 많은 우리의 경우는 산 넘어 산 같은 것이 우리내의 인생이다. 고대 인도(印度) 사람들은 지금은 이렇게 고생스레 살더라도, 다음 생에는 아무런 고생이 없는 좋은 세상에 환생(還生)하기를 염원했다. 이런사상은 대승불교가 퍼지면서 주변의 여러 지역으로 확산되었다. 이런 정토사상이 어떻게 생기게 되었는지 간단하게 우선 인도의 경우를 먼저 보자.

1. 인도의 경우

그러면 불교의 교조인 석가모니도 이런 생각을 했을까? 이에 대하여 명확하게 답하기는 어렵다. 현대의 불교 문헌학의 입장에서 보면 오히려 아니라고 대답하는 쪽이 더 진실에 가깝다. 그럼에도 불구하고 우리는 불교 속에서 정토사상의 요소를 찾기가 그다지 어렵지 않다. 그 요소 중의 하나를 우리는 도솔천(忉率天) 신앙에서 찾을 수 있다.

인간 석가모니가 인간의 세상에 인연이 되어 마야 부인의 태를 빌려 탄생하기 이전에 도솔천에 보살의 지위(地位)로 계셨다고 한다. 이와 마찬가지로 현재는 미륵(彌勒)이 보살의 지위로 계시면서, 미래 세상에 하강(下降)하시기 위하여 도솔천에 대기하신다고 불교도들은 믿어 우러르게 되었다. 이것이 소위 '보살사상(菩薩思想)'의 씨앗이다. 이와 더불어 불교도들은 자신들이 이 세상에서 생명을 다하게 되면 미륵보살이 대기하고 계시는 도솔천에 태어나서 만나 뵙기를 기원하게 되었다. 그리하여 거기에 가서도 불도 수행을 계속해서 마침내는 깨달음을 완성하기를 희망하였던 것이다. 이것이 초기 불교도들의 소박한 '내세사상(來世思想)'이었다. 이와 더불어 불교도들은 이렇게 생각하게 되었다. 고타마가 부처가 되기 이전에 도솔천에서 보살의 지위로 계실 때 그는 자신의 깨달음을 열고, 한편으로는 중생을 구제하겠다는 본질적인 소원을 세워 실천하고 계셨다고 말이다. 이것이 바로 '본원사상(本願思想)'의 씨앗이다.

이렇게 인도 초기의 불교사상 내에 있었던 내세사상과 보살사상과 본원사상이 어우러져, 대승불교 시대를 거치면서 서북 인도와 중앙아시아 지역에서 정토계의 경전이 결집 · 유통되는 과정에서 삽입되게 되었다.

2. 중국의 경우

이런 신앙은 대승불교 운동이 확산되어가면서 대승불교 경전 속에 편집되어 중국으로도 전해졌다. 그 가운데 하나가 바로 『반주삼매경(般舟三昧經)』이다. 이런 경전들에 영향을 받은 도안(道安; 314-385) 법사는 미륵보살의 회상(會上)에 왕생하기를 서원하였다. 그리고 그의 제자이며 중국 정토교의 시조로 추앙되고 있는 혜원(慧遠) 법사는 『반주삼매경』의 이념에 기초하여 염불결사(念佛結社)를 조직하기도 하였다. 이럴 즈음 『무량수경(無量壽經)』, 『아미타경(阿彌陀經)』, 『관무량수경(觀無量壽經)』 등 정토 계통의 경전이 고대 한어(漢語)로 번역을 거듭하게 되었다.

정토 계통의 경전이 중국에서 한역(漢譯)되어감과 동시에, 중국인들은 그들 고유의 불노장생(不老長生)의 신선술(神仙術)을 바탕으로 인도 불교에서는 전혀 볼 수 없는 중국적인 특유의 정토 신앙을 만들어 갔다. 이 과정에서 유명한 정토교의 학승들이 배출되었으니, 담란(曇鸞; 476-542?), 도작(道綽; 562-645), 선도(善導; 613-681) 등 세 스님이 바로 그분들이다.

이렇게 하여 중국에서는 고유사상인 도교(道敎)의 신선사상과 결부되어, 희망의 나라에 가서 태어나기 위한 각종의 수도 방법과 이론들이 만들어졌다. 이 과정에서 많은 신앙을 창출하였고 또 많은 저술들을 남겼다. 뿐만 아니라 이들의 사상과 문화는 주변 국가들에도 흘러들어가, 그 지역의 철학사상과 종교 문화에 풍부한 자원을 제공하였다.

3. 일본의 경우

일본의 경우는, '정토종(淨土宗)'과 '정토진종(淨土眞宗)'이라는 큰 교단 조직이 형성되었다. 일본 정토종의 경우는 호우넨(法然; 1133-1212)에서 시작된다. 물론 이전에 나라시대(奈良時代)에도 정토 신앙을 했던 승려들이 있기는 했지만, 조직적인 발단은 천태종의 창시자인 사이죠우(最證; 767-822)가 중국의 오대산에서 염불삼매를 들여와 히에잔(比叡山)에서 염불 신앙을 심어주면서 부터이다. 그리하여 염불은 귀족과 왕족 사이에 퍼져나갔다.

아무튼 교단으로서의 '정토진종'의 종조는 호우넨이다. 호우넨의 주저인 『선택염불집(選擇念佛集)』은 일본에서 많은 독자를 확보했고, 한편 이 책은 『정토 신앙의 지남』(도실 번역, 민족사, 1991)이란 책으로 한국말로 번역되어 이 분야에 관심 있는 이들에게 읽히고 있다. 정토종의 입장에서는 중국에서의 선구자를 담란(曇鸞)으로 보고 있다.

한편, 일본 '정토진종'의 개산조는 신란(親鸞; 1173-1262)이다. 그는 29세 때에 '정토종'의 원조(元祖)인 법연의 제자가 된다. 신란 자신에게는 '정토진종'의 개산조라는 의식은 없었던 듯하다. 신란을 '정토진종'의 개조(開祖)로 받들게 된 것은 뒷날의 역사이다.

일본 '정토종'의 사상적 측면에 대해서 더 이상 말씀 드리는 것은 본 필자의 영역을 넘어선다. 이 분야는 동양 삼국의 정토사상에 관한 전문적인 연구서를 계속해서 내는 동국대 보광당 한태식 교수의 성과에[1] 주목하기 바란다. 다만 이 기회에 밝혀둘 것은, 한국의 경우 교단으로서의 정토종은 이제 시작에 불과하다. 비록 정토에 관한 신앙은 한국 불교의 역사 속에 오래되었지만, 종단(宗團)의 차원에서 그것을 수용하고, 신앙하고, 보급하는 것은 이제 시작이라는 뜻이다. 반면 일본에는 정토 신앙을 전문으로 하는 종단이 있다. 그것도 유구한 역사와 전통을 자랑하면서 말이다.

4. 삼국-고려-조선의 경우

한국에서 최근 교단으로서 정토종이 조직화 되고 또 불교학적으로 그 기반을 공고하게 해가는 현실을 감안하여, 필자는 본 장에서 고대 한국에서 정토 신앙에 대한 내력을 장을 달리하여 위와는 달리 비교적 자세하게 소개하려고 한다.

사실, '대한불교정토종(大韓佛敎淨土宗)'이 종단으로 창종하여 활동하고 있기는 하지만, 종도들의 교육, 종지와 종풍의 수립, 의식의 정비, 승단의 도제 양성과 조직 등등 산적한 문제가 있는 줄 안다. 그리고 교세로 보더라도 이제 발전의 도상에 있는 교단인 것으로 안다. 그러나 분명한 것은

---

1) 한태식, 『신앙결사연구』, 도서출판 여래장, 2000년. ; 한태식, 『정토삼부경』, 도서출판 여래장, 2000년. ; 한태식, 『반주삼매경』, 도서출판 여래장, 1999년. ; 한태식, 「정토교에서의 깨달음의 문제」, 『정토학연구』 제12집, 2009년. ; 한태식, 「정토교 수행방법론」, 『정토학연구』 제11집, 2008년.

한국 불교라는 '시장'에 정토적 성향을 소지한 '고객'이 많다는 것이다. 이 고객들을 유치해서 부디 정토종이 나날이 발전하기를 기대한다. 그런데 이런 발전이 있기 위해서는 해결해야 할 과제가 한 둘이 아닐 것이다. 그 중의 하나가, 여타의 종파와 구별되는 정토종 자종(自宗)의 종지(宗旨)와 교학(教學)이 정립이다.

현재 한국에 정토적인 성향의 불교가 널리 펴져있다고는 하지만, 이것은 어디까지나 법성(法性) 교학에 근거한 신앙 형태로서, 다시 말하면 법성교학에 수용된 정토 신앙이다. 본 장에서는 이 점을 분명하게 규명할 것이다. 필자는 본인의 학문적 입장을 법성교학에 두고 있고, 이런 입장에서 여타 종파나 종단에 대하여 비판적인 소리를 내기도 한다. 그러면서 동시, 현재 한국 땅에서 운영되는 종단들이 저마다 자신의 종명(宗名)과 명실상부하게 교단을 운영하도록 요구하고 있다.

위에서도 살짝 언급했듯이, 한국에는 교단으로서의 정토종은 이제 시작이지만 정토 신앙의 역사는 오래되었다. 이제 그 역사를 간단하게 살펴보려 한다.

김영태(金煐泰) 교수의 연구[2)]에 의하면, 중국으로부터 정토사상이 고구려에 전래되기는 했지만, 그 내용은 전혀 알 수가 없다고 한다. 다행히 백제의 경우는 일본 센코우지(善光寺)의 창건 연기를 기록해 놓은 「善光寺の縁起」, 「善光寺縁起」, 「善光寺縁起集註」 등의 자료를 통하여 단편을 엿볼 수

2) 김영태, 「삼국시대 미타신앙의 수용과 그 전개」, 『한국정토사상연구』, 서울: 동국대출판부, 1985년.

있다고 한다. 그 내용을 볼 것 같으면, 생신아미타여래(生身阿彌陀如來; 一光三尊彌陀佛像을 말함)가 인도에서 교화를 마친 후에 백제로 날아와서 왕궁과 내전 위에 현신(現身)하시고 대궐 안에 광명을 놓았다. 백제에서 교화를 마친 뒤 다시 센코우지(善光寺)로 가셨다고 한다. 물론 이 이야기는 일본에서 만들어진 설화이다.

한편 신라의 경우는 『삼국유사』에서 보이는 것처럼 신라인들의 고유한 정서와 결합된 형태로 나타난다. 일상적인 생활 속에서 왕생극락할 수 있다는 이념들이 설화의 형식으로 정착되어 오늘에 전해지고 있다.

이런 민중들의 설화적인 정토왕생 사상과는 달리, 신라의 학승들은 중국 불교의 영향을 받고 있다. 동국대의 한보광(韓普光) 교수는 정영사(淨影寺) 혜원(慧遠)의 지론 계통의 정토교가 원광(圓光) 법사에 의하여 신라에 전해졌다고 주장하기도 한다. 그 외에도 자장(慈藏; 신라 선덕왕 시대)은 636년에 당나라에 가서 643년에 귀국을 하는데, 이때에 도작이나 선도 등의 정토사상을 배워서 『아미타경의기(阿彌陀經義記)』, 『아미타경소(阿彌陀經疏)』 등의 책을 지었다. 아쉽게도 지금은 전하지 않는다. 그 외에도 원효(元曉), 의상(義湘), 원칙(圓測), 경흥(憬興), 태현(太賢) 등의 학승들이 『정토삼부경』을 소재로 여러 주석서들을 저술하곤 하였다.

이상이 삼국시대와 통일신라시대의 정황이다. 다음에는 고려시대의 정토 신앙에 대하여 학자들은 어떻게 보고하고 있는지를 간략하게 보기로 한다. 권기종(權奇悰) 교수는 이렇게 정리하고 있다.

"오직 신라의 몇몇 학승들에 의해서 정토 경전의 주석과 저술이 있었을 뿐, 이들도 정토교학만을 전공한 것은 아니었다. 더구나 고려시대에 이르러서는 신라에서 볼 수 있었던 전문적 연구도 없었으며, 오직 천태종과 선종 등에 의해서 정토 신앙의 부분적 원용으로 나타나고 있을 뿐이다."[3]

한편, 서윤길(徐閏吉) 교수는 이렇게 말하고 있다.

"고려의 정토사상과 그 신앙은 천태나 밀교를 능동적으로 수용했다고 하기 보다는 오히려 정토가 천태나 밀교 측에 수용을 당했다는 표현이 더 정확하다. 그리하여 고려에서의 정토사상은 다른 교학 사상처럼 하나의 독립된 종단으로 발전하지 못한 채 '천태 염불'이나 '밀교적 정토'라는 특수한 사상적 전통을 갖게 되었다."[4]

신라나 고려나 모두 정토 신앙은 다른 불교사상에 의존하여 또는 병합하여 때로는 종속되어 유지 전승되고 있었다. 이런 양상은 조선시대에도 마찬가지이다. 조선시대에는 유교를 국가 이데올로기로 채택하였기 때문에 불교는 여러 방면에서 탄압을 받았다. 몇몇 뛰어난 승려들에 의하여 명맥은 이어졌지만 그들의 대부분은 선사들이었다. 이재창(李載昌) 교수는

3) 권기종, 「고려시대 선사의 정토관」, 『한국정토사상연구』, 서울 : 동국대출판부, 1985년.

4) 서윤길, 「고려 천태와 밀교의 정토사상」, 『한국정토사상연구』, 서울 : 동국대출판부, 1985년.

조선시대 대표적인 불교사상가 중의 하나인 서산 휴정(西山休靜; 1520-1604)에 대하여 "염선일치(念禪一致)를 실천하는 철저한 미타 신앙의 선사였다.[5]" 라고 평가하고 있는데, 이런 평가는 역시 서산의 제자인 편양 언기(鞭羊彦機; 1581-1644)에 대해서도 마찬가지로 내려진다. 결국 삼국시대에서 시작하여 조선시대로 이어지는 이 지역의 정토 신앙은 독립된 교학으로 성립되지 못했음을 반증하고 있다. 이런 정황은 이 이후에도 계속된다.

5. 만일염불회(萬日念佛會; 일명 염불당)

여기서 우리는 한국의 정토사상을 이해하는 데에 주목할 만한 신앙 조직이 있었음을 상기할 필요가 있다. 그것은 신라 경덕왕(景德王) 17년(758년)에 동량 발징(棟樑發徵 또는 八珍) 화상이 금강산 원각사(현재 고성의 乾鳳寺)에 개설한 만일염불회(萬日念佛會)이다. 우리는 『건봉사급건봉사말사사적(乾鳳寺及乾鳳寺末寺史籍)』에[6] 의하여 '만일염불회(萬日念佛會)'의 내력을 알 수 있다. 제1회는 신라 경덕왕 17년(758), 제2회는 조선 순조(純祖) 2년(1802), 제3회는 철종(哲宗) 2년(1851), 제4회는 고종(高宗) 18년(1881)에 시작하여 융희(隆熙) 2년(1908)에 회향했고, 제5회는 1908년 금암 의중(錦岩宜重) 대사가 시

5) 이재창, 「조선시대 선사의 염불관」, 『한국정토사상연구』, 서울 : 동국대출판부, 1985년.

6) 韓龍雲 編纂, 『乾鳳寺及乾鳳寺末寺史籍』, 江原道 高城 : 1928年.

작했고, 1927년 원옹 덕성(圓翁德性) 대사가 화주(化主)가 되어 만일회를 계승하였다. 제5회가 진행되던 중 1921년 오대산 월정사의 한암(漢岩) 선사에 의해 한 때 만일회가 폐지되었던 적도 있다. 한암 선사는 많은 선사들이 그랬듯이 '선적(禪的)'인 정토관을 갖고 있었다[7]고 할 수 있다.

우리는 이 기록을 통하여 당시 건봉사의 만일회에서 여러 승려들이 모여 큰 소리를 내여 염불을 하면서 정토에 왕생하기를 발원하는 수행을 하고 있었음을 알 수 있다. 그러나 건봉사에서 구체적으로 어떻게 염불수행을 하였는지는 현재로서는 알 수가 없다. 다행히도 그 당시 어린 시절에 대중으로 살았던 의정부 만덕사에서 말년을 보낸 능허 인봉(能虛印峰; 1923-2013) 대종사의 회고를 통해 추측은 가능하다.

> 1. 아침과 저녁 예불을 끝나고 나면, 만일염불회 대중들은 염불원 대방에 다시 모인다. 북과 광쇠를 치면서 대중들이 장단에 맞추어 송주를 외운다. 아침 공양과 사시예불 사이의 시간에도 또 이렇게 한다. 점심 공양 이후와 저녁 예불 시간 사이에도 또 이렇게 한다. 저녁 예불 이후에도 또 이렇게 한다. 모두 합하여 4차례 하는 셈이다. 그리고 틈틈이 어장 스님들께 안채비 등을 비롯하여 각종 짓소리를 배운다. 경우에 따라서는 지화도 양공도 배운다.
>
> 2. 물론 이때 염불에 동참하는 대중의 면면은 만일 동안 같을 수는

7) 『修訂增補版 漢巖一鉢錄』, 漢巖門徒會刊, 민족사, 1996년. "정토의 원을 발하는 자는 모두가 고성 염불을 가장 중요하게 생각하였다. 그러나 자신의 성품 속에 아미타불의 극락세계가 있다는 참된 가르침을 되돌아 볼 줄을 전혀 알지 못했다. ; 發淨土願者, 擧皆以高聲念佛, 爲極則, 而全昧其返觀自性彌陀之眞宗敎法."

없다. 형편에 따라 교체되기도 한다. 그러나 이 회는 만일(萬日) 동안 계속해서 염불수행을 계속한다.

3. 북 광쇠의 장단은 천수장단보다는 빠르고 높낮이가 있다.

4. 송주 내용의 전모는 1931년 안진호(安震湖) 스님이 편집한 『석문의범(釋門儀範)』을 통하여 알 수 있다. 이 책은 『범음집(梵音集)』(朝鮮 景宗 3년, 서기 1723년, 전남 曲城 道林寺, 智還스님 刊行)과, 『작법귀감(作法龜鑑)』(純祖 2년, 서기 1826, 全北 淳昌, 龜巖寺, 白坡 스님 간행)을 재편성한 형태여서, 과거 조선시대의 모습을 비교적 온전하게 전하고 있다.

비록 조선시대 500여 년간 유교에 의한 조직적이고 지속적인 불교탄압 속에서 불교의 교단이 외압에 견디지 못하여 하나로 통폐합되기는 했지만, 그런 현실 속에서도 제한적으로나마 전통이 유지되어왔다. 조선의 불교계는 후기에 들어오면서, 과거 고려시대에서부터 전해지던 각종 불교의식을 정리 출판하게 되는데, 이것이 앞에서 거론한 책들이다.

우리는 이 책들을 통해서 한국의 사원에 전통적으로 시행되어왔던 각종 불교의식은 물론 신앙의 형태를 알 수 있다. 간단하게 대웅전에서 행해지던 예경(禮敬)에 국한하여 예를 들어보자. 〈향수해례〉, 〈오분향례〉, 〈사성례〉가 주를 이루었고, 특별한 경우에 〈소례예참〉, 〈대례예참〉, 〈강원상강례〉, 〈칠처구회례〉, 〈관음예문례〉 등을 했다.

일제강점기를 거치면서 염불당(혹은 염불방, 만일회, 만일염불회)의 전통은 점점 사라졌고, 게다가 1954년 5월 20일 발표된 이승만 대통령의 유시(諭示)를 시작으로 발단된 한국 불교의 소용돌이(현재의 조계종 측에서는 이를 '정화'라고 명명하고, 태고종 측에서는 '법난'이라고 명명함) 속에서 완전히 사라졌다.

1964년에 한국 불교는 '대한불교조계종'이라는 종명으로 통합종단이 탄생하면서, 이 종단에서는 선종(禪宗)을 표방하였다. 저 멀리는 신라의 도의 국사와, 그리고 고려의 보조 국사와 태고 왕사를 선조로 하는 선종의 맥을 계승하려고 하였다. 결과적으로 이 땅에는 교단 차원이나 혹은 단위사찰 차원에서, 그곳에 모여 사는 출가대중들이 중심이 되어 자신의 수행을 위하여 정토업(淨土業)을 닦는 그런 '공동체'는 사라졌다. 다만 지금은 개인적으로 정토왕생을 발원하고 수행하는 스님들이 약간 있을 뿐이다.

6. 현재의 모습들

일제강점시의 '조선사찰령', 그리고 5 · 16직후 국가재건최고회의에서 1962년 5월 31일 제정 · 공포한 '불교재산관리법', 그리고 현재는 1987년 11월 28일에 발표된 '전통사찰보존법' 등이 실효되면서, 한국 불교계의 교단들은 다양한 모습으로 변화를 계속해 왔다.

여러 변화가 있었지만, 우선 조석예불의 의식에 큰 변화가 있었다. 조계종에서 "삼계도사 사생자부 시아본사 석가모니불" 운운 하는 소위 '7정례'가 정착되고, 그것이 여타 종단에까지 전파되어 이제는 '7정례'가 일반화되었다.[8] 특별한 종단을 제외하고는 말이다. 더구나 '사성례'를 하는 절

8) 신규탁, 「대웅전 예불문을 통해 본 한국 불교의 정체성」, 『한국 근현대 불교사상

은 거의 볼 수 없다. 정토 신앙에 있어서 아미타불과 관음 · 세지 양대 보살은 본존으로 각종 예경이나 작법에 중심이 됨은 말할 것도 없다. 그런데 이제는 죽은 자를 위한 〈재대령〉이나 〈관음청〉이나 〈관음시식〉 등 일부 의식에만 남아있다. 죽은 자를 위한 불교 의식에 있어서는, 비록 선종을 표방하는 '대한불교조계종'도 특별한 고려 없이 전통적인 재공(齋供) 의식을 그냥 쓰고 있다. 현재 한국에 종단이 거의 100개도 넘는다. 그러나 진각종(眞覺宗)을 제외하고는 모든 종단이 상장례(喪葬禮)에 있어서는 대동소이하다.

살아생전 어느 종단에 속한 절에서 신행 생활을 했건 그것은 고려되지 않는다. 죽어서는 모두 정토 신앙으로 돌아가기 일쑤이다. 사실 엄밀하게 말하면 살아생전에도 소속 종단에 대한 구별 의식은 거의 없다. 이것은 무엇을 의미하는가 하면, 현재 한국의 종단은 출가 재가를 막론하고, 불교의 교리적인 이념이나 해석, 또는 역사적인 전승으로 인해서 나누어진 것이 아니고, 매우 현실적인 이유로 나누어졌다는 것이다. 현실적 이유란 굳이 말하지 않아도 알 것이다.

탐구』, 서울: 새문사, 2012, pp.130-156.

Ⅲ. 법성교학에서 본 정토

1. 일심(一心)의 철학

필자는 이하에서 법성종(法性宗)의 교리 속에서는 '정토'를 어떻게 이해하고 있는지를 소개하기로 한다. '법성종'이란, 그 이름에서 '종(宗)'이란 명칭을 띠고 있기는 하지만, 사회 · 종교 조직으로서의 '종단' 또는 '교단'과는 여러 면에서 거리가 멀다. '법성종'에서의 '종'은 교상(敎相)의 판별이나 해석상에서 나온 것이다. 좁은 의미로 한정시켜서 말하면, '법성종'은 『화엄경』을 중심으로 연구하던 당대(唐代)의 두순(杜順; 557-640)-지엄(智儼; 600-668)-법장(法藏; 643-712)-징관(澄觀; 737-839)-종밀(宗密; 780-841)과 송대(宋大)의 장수 자선(長水子璿; 965-1038)-진수 정원(晉水淨源; 1011-1088) 등으로 이어지는 교학자들의 경학(經學)을 총칭한다. 조선에는 이런 전통이 영 · 정시대 전라도 일대에서 부흥하여, 그 맥이 오늘에 전하고 있다.

이들 '법성'의 종학도(宗學徒)들에게 있어 근본이 되는 경전은 『화엄경』, 『능엄경』, 『원각경』, 『금강경』, 『대승기신론』 등이다. 그리고 율장으로는 『범망경(梵網經)』이다. 이것이 이들의 종전(宗典)이다. 이 중에서도 『대승기신론』은 법성교학의 체계 수립에 근간이 되는 대승 논서이다. 이 논에 나오는 '일심(一心)'은 법성교학의 핵심 중의 핵심이다. 다 말할 수는 없기 때문에 최소한 필요한 부분만 소개하기로 한다. 자세한 것은 성총(性聰) 스님이 회편(會編)한 『대승기신론필삭기회편(大乘起信論筆削記會編)』(한불전 권8)을 참조하기 바란다.

법성의 교학에 의하면, '일심' 속에는 '불생불멸하는 진여의 속성'[心眞如門]과, '진여에 의존하여 생 · 주 · 이 · 멸하는 속성'[心生滅門]이 있어서, 이 두 속성이 '각각' 모든 법을 포섭하고 있다. '불생불멸(不生不滅)하는 진여(眞如)적 속성'[心眞如門]에는 윤회의 인과에 저촉을 받지 않는 소위 '무루(無漏)의 공덕'이 갖추어져 있으며, 한편으로는 일체의 오염된 법과는 관계하지 않는 '언어나 사유로 규정되기 이전의 그 무엇'이 있다. 이 경지는 깨달아야만 그것 자체와 하나 될 수 있다.

이렇게 하여 '일심(一心)'과 '이문(二門)'이 설명된 셈이다. 또 '일심' 속에 있는 '불생불멸하는 진여적 속성'[心眞如門]이 바로 대승의 체(體)이고, 또 '일심' 속에 있는 '진여에 의존하여 생 · 주 · 이 · 멸하는 속성'[心生滅門]이 대승의 체(體; 본바탕) · 상(相; 기능) · 용(用; 작용)이다. 이 부분에 대해서는 『대승기신론』 분량의 4/5를 할애하여 설명하고 있는데, 이것이 소위 '3대(大)'이다. 그 다음에는 '4가지의 믿음'과 '5종류의 수행 방법'을 제시한다.

'4가지의 믿음'이란, 첫째는 근본을 믿는 것이니, 이른바 진여(眞如)의 법을 즐겨 생각하기 때문이다. 둘째는 부처님에게 한량없는 공덕이 있다고 믿어서 항상 부처님을 가까이 하며 공양하고 공경하여 선근(善根)을 세워 일체지(一切智)를 구하려고 생각하기 때문이다. 셋째는 불법 속에는 큰 이익이 있음을 믿어서 항상 모든 바라밀 수행할 것을 생각하기 때문이다. 넷째는 사문(沙門)들은 바르게 수행하여 자리(自利)와 이타(利他)를 실천한다고 믿는 것이니 항상 모든 보살들을 즐겨 친근히 하여 참다운 수행을 배우려고 하기 때문이다.

다음으로 '다섯 종류의 수행 방법'을 거명하고 있다. 어떤 것이 다섯 가지인가? 첫째는 보시요, 둘째는 지계요, 셋째는 인욕이요, 넷째는 정진이요, 다섯째는 지관(止觀)이다.

이렇게 해서 『대승기신론』의 '1심(心)', '2문(門)', '3대(大)', '4신(信)', '5행(行)'이 갖추어졌다. 이 논에서 제시한 방법에 따라 수행하면 걸리는 시간의 장단은 있지만 누구나 할 것 없이 모든 중생은 구경에는 윤회에서 벗어나 부처가 된다는 것이다. 그리하여 그 때부터는 자신의 원(願) 따라서 각종 세계(世界)에 출몰하여 중생을 구제한다는 것이다. 이것이 법성종의 근본 형이상학이고, 실천이론이다. 이것을 요약하여 진수 정원법사는 (1)오비로법계(悟毘盧法界; 비로법계를 깨닫는 수행), (2)수보현행(修普賢行; 보현보살로 대표되는 대승의 바라밀을 실천하는 수행)으로 제시하고 있다.[9] (2)에 해당하는 것으로 『대승기신론』에서는 위에서 말한 5행을 들고 있다.

9) 『華嚴普賢行願修證儀』, (신찬속장74, p.366). 자세한 것은 이 책의 제11장 「Ⅳ. 화엄의 수행법」 참조.

2. 포기하는 사람을 위한 방편의 설치

그런데 문제가 하나 남아있다. 즉, 대승에 대한 믿음을 내어, 그리고 수행을 해서 '정정취(正定聚)'에 들어가야 하는데, 그 중에는 이런 생각을 하는 사람이 있다는 것이다.

> 이 사바세계에 살고 있기 때문에, 스스로 두려워하면서 자신은 부처님을 끝내 만나 뵙지도 못했고 또 몸소 받들어 공양하지 못했기 때문에, 두려워하면서 생각하기를, '믿음을 성취하지 못할 것이다.' 하고는, 이럴 바에야 그만두려는 자가 있다.[10)]

이 내용을 이해하기 위해서는 기본적인 것이지만 설명을 할 필요가 있다. 불교 교단은 역사적으로 크게 2종의 교단이 있다. 하나는 (1)성문(聲聞) 교단이고, 둘째는 (2)보살 교단이다. (1)에서는 소위 '니카야'를 중심으로 해서, 역사적인 인물들로 교단의 구성원이 연속된다. 물론 그 시발점은 역사상의 석가모니와 당시 대중이다. 그러나 대승은 그렇지 않다. 대승의 각종 경전은 역사상의 석가모니가 설한 것이 아니다. 대승 경전은 진리 자체를 몸으로 하는 법신(法身) 부처님이 설하는 방식을 취하고 있다. 법신을 신앙하는 재가와 출가 수행자들의 신앙 고백으로 이루어져 있다. 그 대표

10) 『대승기신론필삭기회편』(한불전8, p.791a), "以住於此娑婆世界, 自畏不能常值諸佛, 親承供養, 懼謂信心難可成就. 意欲退者." 전통 강원의 강사들은 오늘날도 이 강본을 보기 때문에 이 판본으로 인용한다.

적인 경전이 『화엄경』이다. 법신은 오직 부처만 알 수 있는, 즉 “유불여불(唯佛與佛), 내능구진(乃能究盡).”이다.

색신(色身)으로 화현(化現)해서 이 사바에 태어났다 쿠시나가라에서 열반하신 석가모니 부처는 이미 재가 되어 ‘신령한 뼈[靈骨]’만 남았다. ‘신령한 뼈[靈骨]’ 즉 ‘사리’를 보고, 살아계셨던 석가모니 부처님을 본 듯이 믿음을 내어, 그 분이 남기신 ‘말씀’을 믿고 수행하는 사람들도 있다. 그런데 문제는 이 ‘뼈’ 갖고는 못 믿겠다는 사람이 있을 수 있다는 것이다. 삼보(三寶) 가운데 불보(佛寶)를 눈으로 손으로 귀로 보거나 만지거나 들을 수 없다는 것이다. 그래서 결국 공양 올릴 부처님이 없는 이 사바세계에서는 수행이 안 된다는 것이다. 그럴 바에야 아예 수행을 포기하자는 것이다.

한 예로 선(禪) 불교가 많이 퍼져있는 한국의 상황을 보자. 선사들은 말한다. 각자의 제 마음에 부처가 있다고 말이다. 솔직하게 말해서 이 말에 믿음이 갈까? 쉽지 않다. 한 순간에도 별 생각을 다 하고, 하루에도 별의 별짓을 다 하는데, 남은 몰라도 내가 부처라니. 아니, 혹시 내 속에 부처다운 모습을 내 자신이 한 순간 한 번이라도 직접 보았더라면 믿을 것이다. 남에게 보이거나 증명하지 않아도 좋다. 내 스스로 말이다. 대승의 가르침을 믿어 정정취(正定聚)에 들어간다는 것은 좀처럼 쉬운 일이 아니다. 그럼 어쩌란 말인가? 그래서 나온 대안이 다음의 말씀이다.

> 이른바 오로지 하나에 집중한 마음으로 염불(念佛)한 인연으로, 저마다의 원하는 바에 따라 타방의 부처님 나라에 환생하여, 그 부처님 앞

에 항상 몸을 나타낸다. 그 결과 나쁜 세상을 아주 떠나는 것이다.[11)]

이 구절을 이해하기 위해서는 불교의 세계관을 알아야 한다. 『화엄경』을 기본으로 해서 중국에서 편집한 『범망경(梵網經)』에서는 이렇게 말하고 있다. 즉, 1,000개의 꽃잎으로 이루어진 큰 연꽃이 향수해(香水海) 위에 떠 있는데, 그 1,000개의 꽃잎마다에는 각각 100억 개의 '소(小) 세계'가 있다. 이들 세계는 모두 보신(報身) 노사나불(盧舍那佛)의 서원력과 수행력으로 인해 세워진 나라인데, 노사나불은 연화대 위에 앉아서 자신을 변화시켜 1,000분의 화신(化身) '대석가(大釋迦)'가 되어 1,000개의 꽃잎 위에 있는 세계에 거하신다. 1,000분의 '대석가'는 다시 자신의 화신을 각 100억 분을 만드는데 그들은 모두 같은 방식으로 보리수에서 득도하고 교화하다 열반에 들기를 거듭한다. 1개의 연화대 위에서 1000×100억=10조 개의 '소(小) 세계'가 있고 거기에 각각 '소 석가(小釋迦)'가 있는데, 그 '소 석가' 중의 한 분이 사바세계에 화신으로 오신 인도의 석가모니이시다. 인도의 100억'은 지금의 수로 하면 '10억'이라고 한다.[12)]

그러면 이 '10억'은 어떻게 해서 나온 수인가? '소 세계' 1,000 개가 모이면 '소천세계'가 되고, '소천세계' 1000 개가 모이면 '중천세계'가 되고, '중천세계' 1,000 개가 모이면 '대천세계'가 된다. 1,000을 3번 곱했다

11) 『대승기신론필삭기회편』(한불전8, pp.791a-b), "謂以專意念佛因緣, 隨願得生他方佛土, 常見於佛, 永離惡道."

12) 『梵網經』(卷下)(대정장24, pp.1003a-c).

고 해서 '3천 대천세계'라고 한다. 결국은 1000×1000×1000=10억이 되는 셈이다.[13)]

10조의 숫자에 달하는 '소세계' 중의 하나가 우리가 살고 있는 '사바세계'이다. 그런데 사바교주이신 화신 '석가모니불'은 임무를 마치고 돌아가셨다. 미래 다시 이 사바에 미륵부처가 오신다고 했지만, 지금 사바에는 화신불이 없는 무불(無佛) 시대이다. 이런 무불시대에 보살이 간생(間生)하시어 중생을 교화한다. 비록 이렇게 화신불은 현재 없지만, 근본적으로는 노사나불의 원력 속에 있는 것이고, 이 노사나의 본신(本身)으로서 진리를 몸으로 하시는 '청정법신 비로자나불'은 상주 불멸하신다. 법신은 없는 곳이 없고, 없는 때가 없다. 그렇다고 대승의 불자들은 신앙하고 있다.

그러나 중생들은 보이지도 들리지도 않는다는 등의 이유로 그것을 못 믿는다. 이런 중생들의 심정이 위의 인용문에서 그대로 그러난 것이다. 그러니 반드시 보아야 믿겠다는 중생들이 있다면, 자신들의 원함에 의해서 볼 수 있다는 것이다. 어떻게 하면 볼 수 있다는 말인가?

『대승기신론』에서는 이렇게 말하고 있다. 그 한 예를 보여주는 것이다.

> 서방 극락 세계의 아미타불(阿彌陀佛)을 전심전력으로 생각하여, 자신이 닦은 착한 일들을 남들에게 회향하면서 그 세계에 환생하기를 소

13) 규봉 종밀 저, 신규탁 편역, 「4. 삼천대천세계 및 세계 구상도」, 『화엄과 선』, 서울: 정우서적, 2012, 재판, pp.323-325. 참조

원하면 눈 깜작 할 사이에 가서 태어난다는 것이다. 그곳에는 항상 부처님을 친히 뵙기 때문에 결코 물러남이 없을 것이다. 만약 저 부처님의 진여 법신을 관(觀)하면서 항상 부지런히 닦아 익히면, 마침내 왕생하여 정정취(正定聚)에 들 수 있다.[14]

3. 극락세계에 가는 방법

우리가 살고 있는 '사바세계'에서는 설사 '천당(天堂; 하늘나라)'의 일종인 무색계(無色界) 최고의 경지인 '비상비비상처천(非相非非相處天)'에 가서 살더라도, 거기에서 살만한 업력(業力)이 다 떨어지면 다시 아래 세상에 환생한다. 이래서는 윤회에서 결국 벗어나지 못한다. 물론 여기나 저기나 부처님 못 만나기는 마찬가지이다. 결국은 무루(無漏)의 업(業)을 닦아야 해탈한다.

그런데 부처님을 직접 뵈어야만 발심하겠다는 자에게는, 부처님 있는 나라에 가서 보게 해줄 수 있어야 한다. 거기가 어딘가 하면 사바에서 출발하여 서쪽으로 10만 억 불토(佛土)를 지나가면, 거기에 '극락(極樂)'이라는 이름을 가진 세계가 있다는 것이다. 1불토(佛土)는 1분의 부처님이 교화를 담당하는 지역인데, 한 분의 부처님은 1개의 '3천 대천세계'를 교화하신다.

---

14) 『대승기신론필삭기회편』(한불전8, pp.791b-c). "如修多羅說, 若人專念西方極樂世界阿彌陀佛, 所修善根, 迴向願求生彼世界, 卽得往生, 常見佛故, 終無有退. 若觀彼佛眞如法身, 常勤修習, 畢竟得生, 住正定."

그러니 이 경우의 부처님은 '대 석가'를 말한다.

그렇게 먼 곳을 가는 방법이 무엇인가? 『아미타경』, 『서상경(瑞相經)』, 『관경(觀經)』 등에 의하면, 수행의 정도에 따라 속도와 높낮이를 9품의 등급으로 나눈다. 상상품(上上品)에 속한 자는 세 종류의 마음을 내어 수행하는데, (1)지성으로 하는 마음, (2)깊은 마음, (3)회향하는 마음이 그것이다. 계행을 잘 지켜서 1일 또는 9일 정도 대승경전을 독송하면 거기에 간다고 한다. 이때에 불보살님들이 친히 나와 마중을 하는데, 관세음보살이 금강석으로 만든 가마[臺]를 들고 그 수행자 앞에 나타나신다. 그러면 이것을 타고서는 부처님의 뒤를 따라 손가락 튕길 정도의 짧은 시간에 저 극락세계에 간단다.

이렇게 하여 극락세계에 가서는 부처님을 뵙고, 법문을 듣고, 깨달음을 얻고, 순식간에 시방세계에 두루 퍼져있는 모든 부처님 전에 나아가 그분들로부터 부처가 될 것이라는 마정 수기를 받는다. 그런 다음에 다시 본래의 극락으로 되돌아와서 헤아릴 수 없이 많은 백 천 다라니 법문을 얻는단다.

중간은 생략하고 그러면 하하품(下下品)은 어떻게 되는가? 즉 9등급 중에서 맨 아래 등급에 속하는, 못 된 짓을 한 사람은 어떻게 되는가? 저들은 5역죄를 비롯한 수많은 악업을 지었기 때문에, 지옥에 떨어져 수많은 세월을 지내고서 온갖 고통을 받고 지옥에서 숨을 거둘 적에, 선지식을 만나 그가 '부처님의 이름을 불러라' 하며 일러주고, 그 말 대로 부처님의 명호를 부르게 되면, 그로 인하여 10억겁을 윤회하면서 지었던 모든 업장을 아미타불을 열 번 부르는 것으로 다 녹여 없앤다. 그러고 나면 연화대를 타고 극락으로 향한다. 불보살님들이 마중을 나와서는 저 향수해 가운데 있는 연꽃 속으로 데리고 들어간다. 그곳에서 12대겁(大劫)을 지나면 연꽃의 꽃잎이 벌어진다. 그리고는 관음 · 세지 양대 보살님이 설법을 해주신다. 법문을 듣고는 기쁨에 넘쳐 죄와 모든 업장을 녹여 없애고 마침내 보리심을 발한다.

그런데 여기에서 궁금증이 하나 생긴다. 『불설관정수원왕생시방정토경(佛說灌頂隨願往生十方淨土經)』에서 서방 정토에 대해 설하고 있다[15]. 여기에 따르면 시방세계에 극락이 있다 하는데, 어찌하여 '서쪽'만을 말하는가? 이에 대한 답은 이렇다. "직접적인 이유[因]는 부르기 쉽기 때문이고, 보조적인 이유[緣]는 극락도사이신 아미타 부처님의 원력 때문이다." 열 번만 아미타불을 부르면 갈 수 있다니 이보다 쉬운 일이 있겠는가? 또 아미타 부처님께서 세운 48종의 광대한 서원 가운데, "누구든지 나의 나라에 태어나기를 바라는 자가 있으면, 열 번만 내 이름을 부르면 그를 여기에 태어나게 하겠다."라고 서원을 세웠기 때문이다. 이런 이야기 등은 『서상경(瑞相經)』에 자세하다. 이상은 모두 『대승기신론필삭기』에서 소개하고 있는 내용이다.

15) 『佛說灌頂隨願往生十方淨土經』(대정장21, pp.529-530).

Ⅳ. 다양한 방편문의 제시

위의 제Ⅱ절에서는 한 · 중 · 일 3국에서의 그 지역 사람들의 '정토'에 관한 관념들을 살펴보았다. 그 중에서 한국의 경우는 삼국시대에서 현재에 이르기까지 개괄적이지만 그 양상을 살펴보았다. 이 과정에서도 알 수 있었듯이, 한국에서는 정토 신앙으로 종단을 별도로 세우지는 않았지만, 죽은 자를 위한 의례 속에 그 신앙이 깊게 관계하고 있다.

그리고 제Ⅲ절에서는 법성종의 입장에서는 정토 신앙을 어떻게 자신들의 교학 체계 위에서 자리 매기고 있는지를 살펴보았다. 법성종에선 기본적으로 『대승기신론』의 '1심', '2문', '3대', '4신', '5행'의 이론 체계 속에서 대승에 관한 믿음을 어떻게 일으켜야 할지에 대한 대안을 나름대로 내놓고 있다. 법성의 철학에서는 인간의 마음에서, 『대승기신론』의 표현을 그대로 빌리면, 즉 '중생의 마음'에서 출발한다. 사람이면 누구나 할 것 없이, 일심(一心)이 있다는 것이다. 이것을 선종에서는 '부모가 나를 낳아주기 이전의 나의 본래 면목'이라 부르기도 했고, 『원각경(圓覺經)』을 비롯한 법성종 내의 경전에서는 '원각묘심(圓覺妙心)' 내지는 '본각진심(本覺眞心)' 내지는 '진여(眞如)' 등등으로 표현했다. 인간은 누구나 비록 각종 번뇌에 쌓여 있다고 하더라도, 자신의 본성을 훈습(熏習)하여 본래의 청정성을 회복할 수 있고 한다. 이것이 바로 '진여훈습(眞如熏習)' 사상이다.

작은 『화엄경』이라고 규봉 종밀 선사도 일찍이 말한 『원각경』에서 문수보살이 불타에게 질문한다. 당신께서는 무슨 수행을 하셨기에 부처가 되었냐고 말이다. 대답은 명확하시다. "개의원조청정각상(皆依圓照淸淨覺相)하여 영단무명(永斷無明)하야사 방성불도(方成佛道)이니라."[16] 저마다 갖고 있는 청정한 깨달음의 기능[淸淨覺相]이 있는데, 이것을 온전하게 관찰[觀]했기 때문에 무명을 완전히 끊어서 마침내 부처가 되었다는 것이다. 결국은 길은 이것이다. 이것이 잘 안 되기 때문에 보안보살의 질문에 따라 관행(觀行)을 일러주셨고[17], 더 나아가 위덕보살의 질문에 따라 '사마타', '삼마발제', '선나'의 3관 수행을 일러주신다.[18] 이것도 안 되는 사람을 위해서 원각보살의 질문에 따라 도량가행(道場加行)의 방법을[19] 일러주신다. 『화엄경』에서는 좀 더 자세하게 풀어서 설명한다. 그것을 줄이고 줄여서 말하면, 한편으로는 비로교주의 법계 본성을 깨치고, 다른 한편으로는 광대한 보살행을 하라는 것이다. 이렇게 하여 세세상행보살도(世世常行菩薩道)를 하면 구경에는 일체지를 온전하게 완성한다는 것이다. 그것이 바로 보현의 행원이요 법성종의 수행이다.

그러나 부처님을 보아야 실천하겠다는 자는, 무엇보다 각종 계행을

16) 신규탁 역, 『원각경 · 현담』, 서울: 정우서적, 2013, p.27.

17) 위의 책, pp.47-66.

18) 위의 책, pp.114-119.

19) 위의 책, pp.167-185.

청정하게 지키면서 대승경전을 '독송'하라는 것이다. 상상품에 속한 자는 빠르면 하루, 느리면 9일이면 된다는 것이다. 아주 못되게 살아서 지옥에 빠져 오랜 세월 고생할 정도의 업을 지었더라도, 임종 시에 10번만 '나무아미타불'을 외우라는 것이다. 하하품에 속해도 염불만 하면 극락에 간다는 것이다. 이것이 법성종에서 말하는 극락정토에 관한 교학이다.

그런데 여기에서 우리가 꼭 주목해야 할 부분이 있다. 극락에 간다고 성불하는 것은 아니다. 거기에 가서도 번뇌를 닦아 없애야 한다. 결국은 여기 있으나 저기 있으나, 닦지 않고는 성불이 안 된다. 이것이 법성종의 가르침이다. 다행히 인간으로 태어났고, 종교의 자유가 보장된 남한 땅에 태어났고, 게다가 불교를 만났으니, 게다가 소승이 아닌 대승을 만났다. 복중의 복이요, 은혜 중의 은혜이다.

예경하고, 공양하고, 참회하고, 발원하고, 지송하면서, 저마다의 처지에서, 출가 불자는 출가 불자대로, 재가 불자는 재가 불자대로, 청정 비구는 비구대로, 권속을 부양하는 전법사는 전법사대로 저 마다의 길을 가는 것이다. 이것이 법성종의 수행자관이다. 금생에 모두 닦아서 단박에 무여열반에 들면 더 없이 좋고, 안 되면 아침저녁으로 '동입미타대원해(同入彌陀大願海)'라고 예불하면서 서원해야 한다. 미타 정토에 가서 또 닦겠다는 것이다.

죽는 순간에 처해 있는 자를 위해서는 함께 '나무아미타불'을 염불해서 극락왕생하기를 함께 빌어주어야 한다. 이미 죽은 자를 위해서는 "승불신력(承佛神力), 장법가지(仗法加持), 래예향단(來詣香壇), 수첨법공(受沾法供)."

운운하면서 고혼(孤魂)을 청하여, 조주의 차(茶)도 대접하고, 대승경도 읽어 드리고, 격외 선구도 설파하여 허망한 인연을 모두 쉬고 천당불찰(天堂佛刹)을 마음대로 가시게 해야 할 것이다. 가시는 길에 별의 별일이 다 있더라도 오직 부처님계시는 7보산(寶山)으로만 향하시라고 당부하고 또 당부하는 것이다.

살아생전의 보살행이 우선이다. 그래도 안 되면 염불해서 다음 생을 기약하여 거기에서 다시 보살행을 할 수 있도록 시간을 벌어야 한다. 그런데 지금 여기에서 보살행은 조금도 안 하고, 극락에 가서 시간을 번들 무슨 소용이 있겠는가? 물론 보험 드는 셈으로 염불을 동시에 해도 좋다. 그러나 보살행이 없이 염불만해서는 안 된다. 임종에 즉하여서는 일념으로 아미타 정토로 환생하기를 발원한다. 이것이 화엄 법성교학의 신행이다. 그리고 이런 화엄의 법성교학은 초기 불교의 '도솔천사상'이나, 또는 '보살사상'은 물론 '본원(本願)사상'과도 상통하는 것이다.

제16장 법성교학에서 본 계율사상

Ⅰ. 대승불교의 윤리 생활

본문에 들어가기에 앞서, 이 장에서 다루려는 주제가 필자의 연구 과제로 자리 잡게 된 계기와 과정에 대해서 먼저 밝히고자 한다. 즉『범망경』에 관심을 두게 된 계기와 그 계기를 심화시켜 나간 과정에 대해서 말이다. 그리하여 이 장에서 지향하는 필자의 의도를 선명하게 하려한다. 그것을 단도직입적으로 말하면 이렇다. 대승을 표방하는 현재 한국의 불교계는 계율에 있어서 어떤 기준을 세워야 하는가? 이런 '현재적'이고 '현실적'인 요청이 필자로 하여금 과거를 돌아보게 한 것이고, 또 그 요청이 계율 분야를 전공하는 연구자가 아님에도 불구하고 대승 계(戒)의 대표적 문헌 중의 하나인『범망경』에 관심을 갖게 했다. 이것을 보다 간명하게 정리하면 다음과 같다.

1. 첫째 '역사적 계기'

'한자 불교권(漢字 佛教圈)'에 속한 출가 공동체는 과연 어떤 윤리 규범에 입각해서 생활했을까? 역사적 사료에 의하면, 이 지역에 속한 승가 공동체는 인도 초기 내지는 부파의 성문 승단처럼 '율장에 의한' 공동체 생활을 영위한 적은 없다. 왕조에 따라 정도의 차이는 있지만, 그들은 기본적으로 국가의 율령(律令)과 격식(格式)에 의해 통제를 받았다.[1)] 일부 대승의 학승들이 소위 성문의 율장을 연구하기는 했지만, 그것은 말 그대로 연구이지, 공동체를 운영하거나 통제하기 위한 실질적인 준거로 사용하는 제도로 정착되지는 못했다.

그렇다면 '한자 불교권'에 속한 출가 불자들은, 그것이 개인이든 공동체이든, 그들의 수행 생활 속에서 발생하는 각종 사안들의 시시비비를 결정하는 윤리 규범은 무엇이었을까? 또 어떤 방식으로 수행자로서의 윤리적 정체성을 세웠을까? 즉 저들이 살아온 지난날의 윤리 규범이 '궁금'했다.

2. 둘째 '현실적 계기'

대승불교를 표방하며 한국 불교의 전통 종단임을 저마다 자임하는 '대한불교조계종'과 '한국불교태고종'의 구성원들은 지금의 현실 속에서 스스로의 정체성을 어디에서, 또는 어떻게 찾고, 더 나아가 향후 어떤 윤리

---

1) 김영미, 「고려시대 불교계 통제와 율령-승려행동 규제를 중심으로-」, 『사학연구』제67권, 한국사학회, 2002년, pp.1-29. ; 신규탁, 「제2장. 불교 관계 법령을 통해 본 한국불교의 정체성」, 『한국 근현대 불표사상 탐구』, 서울: 새문사, 2012년, pp.59-92.

규범을 기준으로 신행(信行) 생활을 계속해 가야할까? 불자(佛子)라면 출가자이건 재가자이건을 막론하고 누구에게나 '궁금함'으로 다가올 것이다.

필자는 이상의 두 계기에서 생긴 '궁금함' 때문에 『범망경』 읽기를 시작했다. 이 '궁금함'을 '일차적 궁금함'이라고 부르기로 한다. 그런데 읽으면 읽을수록 해답을 찾기는커녕 새로운 '궁금함'만 더 늘었다. 이렇게 새롭게 더 생긴 '궁금함'을 '부가적 궁금함'이라 부르기로 한다. '일차적 궁금함'을 풀어보려고 '『범망경』 읽기'를 시작했는데, 오히려 '부가적 궁금함'을 더 늘린 셈이다. 결과적으로 필자에게 있어, '궁금함'과 '『범망경』 읽기'는 역(逆) 방향과 순(順) 방향을 오가며 진행되는 '변증(辨證) 과정'이 되었다.

이런 '변증 과정' 속에서, 『범망경』을 읽게 만들어 준 두 계기와 그 계기 때문에 생긴 '직접적인 궁금함'은 해소할 수 있었다. 어떻게 해소했는지에 대한 '결말'은 본 장의 「V. 대승보살계로 돌아가자」 부분에서 제시된다. 그런데 미리 밝혀 둘 것은 그 '결말'이 전적으로 이 장의 논증 속에서 찾아진 것은 아니다. 엄밀하게 말하면, 그 '결말'에 도달하게 된 과정에는, 그간 필자의 여러 연구에 원인하는 바가 많았다. 이런 점에서 본 장은 현실 승단의 계율 수지에 대한 새로운 문제 제기의 성격도 포함하고 있다.

한편, 이하에서 서술할 내용은 위에서 말한 '변증적 과정'에서 생긴 '부가적 궁금함'과, 그 궁금함을 해결해 가는 과정과, 도달한 결과이다. 물론 이렇게 해서 얻은 결과는 저 위에서 말한 '결말'을 논리적으로 보다 공고하게 했고, 또 구성지게 하였다. 그렇다면 '부가적 궁금함'이란 무엇인가? 이하에서는 그것을 말하기로 한다.

불자라면 많은 사람이 거의 '보살계 수계 법회'에 동참을 해보았거나, 또는 그런 법회가 있는 줄을 안다. 더불어 그때에 나누어주는 '계첩(戒牒)'에 대해서도 알 것이다. 또 '십중대계(十重大戒)'와 '48경계(四十八輕戒)'라는 말도 들어보았고, 그 계목들이 『범망경』의 「하권」에 실렸다는 것도 알 것이다. 그래서 『범망경』하면 으레 「하권」만 생각한다. 현실적으로 국내 서점에 유통되는 한글판 『범망경』은 「하권」만 실린 것이 압도적이다. 「하권」만 유통되는 현상은 유독 이 지역 불교계만 그랬던 것은 아니다. 옛날에 다른 지역 또한 그랬다.[2)]

이상이 현 실정이다. 「상권」에 대해서는 출가 불자이건 재가 불자이건 별 관심이 없는 듯하다. 필자의 '부가적 궁금함'은 바로 여기에서 생겼다. 즉, 왜 「상권」을 번역하지 않을까? 왜 「상권」을 읽지 않을까? 과연 「상권」 없이 「하권」만으로도 『범망경』의 온전한 사상이 잘 전달될까? 나아가 『범망경』의 「상권」과 「하권」 사이는 어떤 관계가 있는가? 이 '관계'에 주목하거나 그 '관계'를 설명하는 연구를, 필자는 아직 본 적이 없다. 다만 두 권 중 「하권」이 먼저 출현했고, 「상권」이 나중이라는 주장[3)]은 보고되어 있다.

---

2) 돈황에서 많은 사본들이 발견되었는데 「하권」만 필사한 것이 대부분이다. 이런 정황은 다음의 논문을 보면 좋다. 조은수, 「『범망경』 異本을 통한 고려대장경과 돈황 유서 비교 연구」, 『보조사상』제32집, 서울: 보조사상연구원, 2009년.

3) 「상권」과 「하권」의 관계에 있어, 이하에 소개하는 일본의 연구자들은 「하권」이 먼저 나오고 「상권」이 뒤에 나왔을 가능성을 제기해 왔다. 望月信亨, 『浄土教の起源及發達』, 東京: 共立社, 昭和5年. ; 石田瑞麿, 『梵網經』, 東京: 大藏出版株式會社, 昭和46年 ; 佐藤玄達, 『中國佛教における戒律の研究』, 東京: 木耳社, 昭和61年. 그러

그렇더라도 필자에게는 아직 두 권의 출현 시기에 대해서 내놓을만한 이렇다 할 입장은 마련되지 않았다. 다만 분명한 것은 두 권 사이에는 매우 중요한 '관계'가 있다는 것이다. 이 '관계'가 해명되어야만, 『범망경』이 출현한 이유를 제대로 알 수 있다고 생각한다. 본 장의 핵심 과제는 바로 그 관계를 밝히는 데에 있다.

나 이 점에 대해서는 좀 더 연구를 해야 할 것이다. 필자는 위의 가능성을 인정하면서도, 이 두 권을 접합시키는 '이론적 관계'의 규명에 주목하고 있다.

Ⅱ. 『범망경』 독서 여정기

필자가 『범망경』에 관심을 갖게 된 계기는 「Ⅰ. 대승불교의 윤리생활」에서 밝힌 대로이다. 그럼 이하에서는 그런 계기로 인해 생긴 '궁금함'을 풀기 위해 시도했던 독서 이야기를 하려한다. 필자의 사적(私的)인 독서 여정을 공적(公的)인 책에 소개하는 이유는, 『범망경』을 둘러싼 현 우리 학계의 연구 상황을 공유하기 위해서이다. 이 분야의 기존 연구사에 대한 검토를 이런 방식으로 서술해 본 것이다.

2009년은 음력 5월이 윤달이었고, 그 달에는 많은 절들이 '보살계 수계 법회'를 열었다. 필자도 수계식에 동참하려고 인연 있는 절에 갔다가, 인쇄된 '계첩'과 『대승보살계본』(임동희, 보련각, 2009년)을 보게 되었는데, 임의로 자구를 수정한 것이 못내 아쉬웠다. 이래서는 안 되겠다 싶어, 그 절 관계자에게 말씀 드려 제대로 된 계본을 인쇄해서 사용하자고 제안했고, 그 제안이 받아들여져, 간행된 것이 『범망경 보살계본』(운허 용하 한글 번역, 경기: 도서출판 깃발, 2009년)이다. 물론 「하권」만인데, 이 책은 원래 이운허 강백께서 1957년 경남 해인사 천화율원에서 간행한 것으로, 오래 전에 절판 되었다. 훗날 월운 강백이 『범망경』(운허 용한 한글 번역, 경기: 도서출판 불천, 1994년)으로 복간시켰지만 이것 역시 절판이 되었다. 이 번역에서는 운허 강백 특유의 유려한 한글체가 돋보였다. 그 옛날인데도 어려운 용어 풀이를 책 뒤에 실어 이해를 쉽게 했다.

「상권」을 읽어야겠다고 생각을 해서, 손쉬운 대로 동국역경원에서 간행한 『한글대장경 · 율부 12 (102책)』(1978년, pp.552-600)에 실린 『범망경』을 보았지만, 번역이 좋지 못해 그것만으로는 내용을 알 수 없었다. 『범망경술기(梵網經述記) 외』(목정배, 동국역경원, 서울: 1994년)도 상황은 마찬가지였다. 하는 수 없이 『대정신수대장경』(24권) 원문을 보았지만, 문장이 낯설었다. 도저히 읽을 수가 없었다.

다시 위의 것 말고도 다른 한글 번역서가 있는지 조사해보았다.[4] 상 · 하 두 권을 모두 번역한 것으로, 백용성 선사께서 1933년에 출판한 『각설범망경상중하합편(覺說梵網經上中下合編)』(白龍城 先生 譯註解, 京城府: 大覺教中央本部, 昭和8年)이[5] 있었다. 그런데 이 책의 「보유(補遺)」에서 용성 선사께서도 밝혔듯이 "사십심지법(四十心地法)이 문법(文法)이 난해(難解) 고로 본문(本文)에

4) 『梵網經菩薩戒布薩朗誦本』(일타 스님, 해인총림율원, 경남: 1983년) ; 『범망경보살계(전5책)』(일타 지음, 서울: 다라니, 1992) ; 『菩薩戒本梵網經』(심재열, 서울: 보성문화사, 1993년 재판) ; 『보살계 계목』(김영희, 서울: 도서출판토방, 1993년 초판, 2006 7쇄) ; 『범망경 · 지장경』(일지, 서울: 민족사, 1994년) ; 『梵網經菩薩心地品 講義鈔案』(석성우 강의, 순천: 송광사불교전문강원, 1996년 초판, 1997년 초판 3쇄) ; 『梵網經菩薩戒本私記』(古天慧能 엮음, 대구: 영산율원, 1998년) ; 『보살계법문』(임동희, 서울: 도서출판 보련각, 2009년).

5) 이 책은 1991년 대각사에서 영인하여 보급한 『용성대종사전집』(제3집)에 실려 있음. 또 『용성대종사전집』(제13집), pp.797-906에는 1921년에 탈고한 백용성 선사의 『梵網經演義』 친필 원고가 실려 있는데, 「상권」을 대상으로 했다.

구애치 않고 의역(意譯)으로써 명료(明了)케 한다."[6]고 했다. 또 용성 선사의 이 책은 국한문 혼용체로 발췌 번역했기 때문에, 필자로서는 용성 선사가 원문을 어떻게 해석했는지를 판단하기가 쉽지 않았다. 결국 『범망경』(상권)의 한글 직역(直譯)은 찾지 못한 셈이다. 그럼에도 용성 선사가 나눈 과목(科目)은, 필자가 한문 원문을 이해하고 또 한글로 번역하는 과정에서 문단을 나눌 때에 큰 도움이 되었다. 용성 선사는 화엄의 별교(別敎) 입장에서 논평(論評)을 부기(附記)해 놓았는데, 그것은 필자가 『범망경』을 한국(조선시대와 일제시대)의 법성교학 전통과 연결하여 해석하고 평가할 수 있도록 '가르침'으로 작용하였다. 2008년에 필자는 백용성 선사의 불교사상을 법성교학의 전통 위에서 위치를 매긴 논문을[7] 쓸 수 있었기 때문에, 그것은 분명 '가르침'이었다.

이리하여 이제는 외국어로 된 번역서를 찾아보기로 했다. 일본에서 발행된 『국역범망경(國譯梵網經)』(境野黃洋 譯, 『國譯大藏經』第3卷, 大正7年)이나 『범망경(梵網經)』(加藤觀澄 譯, 『國譯大藏經』律部12, 昭和57年)을 보았지만 '가키구다시; 書き下し' 정도여서, 원문의 의도를 어떻게 '읽고 있는지'를 알아보는 데에는 아무래도 한계가 있었다. 그래서 현대 중국어 번역을 찾아보니 『불설범망경(佛說梵網經)』(季芳桐 釋譯, 臺灣: 佛光文化事業有限公司, 2000年), 『신역범망경(新譯梵網經)』(王建光 注譯, 臺灣: 三民書局印行, 2005年), 『범망경(梵網經)』(載傳江

6) 白龍城 先生 譯註解, 『覺說梵網經上中下合編』, 京城府: 大覺教中央本部, 昭和8年(1933년), p.3.

7) 신규탁, 「『각해일륜』 분석-동북아시아 불교의 전통과 관련하여-」, 『대각사상』제11집, 서울: 대각사상연구원, 2008년

譯注, 北京: 中華書局, 2010年) 등을 입수할 수 있었다. 자구(字句)의 해석에는 많은 도움이 되었지만, 역시 '의미적' 번역이어서, 한자 원문의 정확한 이해에는 한계가 있었다.

필자는 결국 옛 사람의 주석서를 보아야겠다고 생각했다. 어떤 주석서를 먼저 읽을까 고민했다. 이때 도움을 받은 자료는 『보살계본범망경(菩薩戒本梵網經)』(심재열, 서울: 보성문화사, 1993년 재판) 해제 속에 실린 「4. 이 경의 주석서」(pp.28-32)였다. 거기에 소개된 대로 대장경에서 해당하는 책을 찾아 대강 보았다. 훈고의 방식이 매우 다양했다. 본문의 문헌적 해석이 필요한 필자로서는 신라시대 태현(太賢) 스님의 『범망경고적기(梵網經古跡記)』가 실질적인 도움이 되었다. 의미적 해석에 중점을 둔 천태(天台) 스님이나 법장(法藏) 스님의 주소(注疏)는 법성(法性) 교학적 '석경(釋經)'이었다. 물론 이런 '석경'은 『범망경』이 지니는 중국불교사에서의 사적 위상을 이해하는 데에 큰 도움이 되었지만, 원문의 정확한 원의를 파악하려는 필자에게는, 태현 스님의 그것만 못했다.

이상의 독서 여정 속에서 마침내 『범망경』(상, 하)의 한글 역주를 낼 결심을 했고, 2010년 여름방학 동안은 이런 자료들을 바탕으로 초고를 마쳤다. 방학을 마치고 2학기 연세대 대학원 수업에서 이 초고를 자료로 강의를 했고, 지금은 교정을 보고 있는 중이다. 그러면서 틈틈이 『범망경』에 관한 한국 학계의 연구 논문을 검토하여[8], 현재의 연구 현황과 문제점을

8) 유관 논문으로는 다음과 같은 것들을 볼 수 있다. 蔡印幻, 「元曉의 戒律思想」, 『佛教學報』제32집, 서울: 東國大學校佛教文化研究院, 1995년 ; 睦楨培, 「新羅佛教

조사했다.

그러던 중 2011년 초에 이상엽의 논문 「『범망경』보살계와 유식학파 보살계 비교연구-인성에 대한 입장 차이를 중심으로」(『불교학연구』제27호)를 읽게 되었다. 『범망경』을 '교학사상의 지평에서 논의하는' 연구자가 있다는 것에 동지 의식을 느꼈다. 그 논문에는 일본에서 진행된 기존의 연구 성과가[9] 잘 정리되어 있었다. 『범망경』과 『우바새오계위의경』의 문헌적 상관관계를 밝힌 것은 큰 성과로 평가받을 수 있겠다. 다만 불성(佛性) 사상에 입각하여 '10중대계' 및 '48경계'의 조목(條目)의 의미를 부여한 점[10], 또

와 梵網經」, 『現代佛敎의 向方』, 서울: 民族社, 1999년 ; 임현진, 「『梵網經』 不婬戒의 실천방안에 관한 연구」, 『大覺思想』제6권, 서울: 大覺思想硏究院, 2003년 ; 김호성, 「보살계본지범요기의 성격론에 대한 재검토」, 『원효학연구』제9호, 원효사상연구원, 경주: 2004년 ; 한보광, 「白龍城스님과 한국불교의 계율문제」, 『大覺思想』제10집, 서울: 大覺思想硏究院, 2007년 ; 이수창(마성), 「聲聞戒와 菩薩戒의 兩立 問題」, 『불교학연구』제20호, 서울: 불교학연구회, 2008년 ; 李箕永, 「元曉의 菩薩戒觀」, 『韓國佛敎硏究』, 서울: 韓國佛敎硏究院出版部 ; 조은수, 「『범망경』 異本을 통한 고려대장경과 돈황 유서 비교 연구」, 『보조사상』제32집, 서울: 보조사상연구원, 2009년.

9) 일본에서 진행된 기존의 연구 성과 : 그 성과를 큰 주제만을 거론하면 다음과 같다. 첫째는 『범망경』 중국 찬술 연대 고증이다. 둘째는 『범망경』과 여타 경전과의 관계이다. 『범망경』 제작에 사용된 경전으로 『화엄경』, 『보살계본』(담무참 역), 『열반경』, 『인왕반야경』, 『보살지지경』, 『우바새경』, 『보살선계경』, 『보살내계경』, 『금광명경』, 『비구응공경』, 그리고 소승의 율문(律文) 등을 들고 있다. 셋째는 『범망경』의 유통. 넷째는 『법망경』에 의한 보살계의 수계. 다섯째 유가계의 삼취정계사상 등이다.

10) 『범망경』에 '불성사상'이 관통하고 있음은 이 경전의 출현 당시부터 이 경의 여러 소주(疏主)들이 제기했고, 근대에 들어서는 일본 望月信亨(1930년)를 필두로 재론되어 재확인되었다. 그러나 '10중대계' 및 '48경계'의 조목이 법상계통의 계본들과 차이가 나는 이유를 '불성사상'의 영향으로 해석하는 것은 이론(異論)의 여지가 있다. 즉, "계율 규범의 긍정적 표현"의 유무, "계행의 동기로서 선

『범망경』이 중국에서 유행하게 된 지성계의 배경 등을 해명하는 논지는[11] 이론(異論)의 여지가 있을 수 있다.

심(善心)의 강조" 유무, "계율 수지의 의의에 대한 차이" 등으로 법상종(法相宗)의 계상과 비교하는 것은, 성(性)-상(相)의 차이를 지나치게 도식화하여 나온 추론으로서, '지나친 해석의 오류'를 범하고 있다.

11) 이 논문에서 『범망경』이 중국 내에서 유행하게 된 배경을 설명하는 데 있어, 望月信亨(1930년)이나 Kenneth Ch'en(1952년) 등의 주장을 수용하여, 그 연장선에서 『범망경』의 계문을 설명하는 것은 논란의 여지가 있다는 말이다. 즉, 유교와 도교 측에서 걸어온 불교 비판에 대한 논리는 『범망경』에만 국한된 것이 아니다. 유교와 도교 측에서 배불(排佛)을 운운할 경우, 삼국시대 중 오나라 시대의 작품으로 알려진 『모자리혹론』 이후, 아주 상투적이고 일반적으로 항상 대두되는 양상이기 때문이다. 이와 관련해서는 이 책의 제3장 참조.

Ⅲ.『범망경』 출현의 일대사 인연

이하에서는 이상의 독서 여정에서 생긴 '부가적 궁금함'과, 또 그 과정에서 해결된 결과를 논술하기로 한다. 그 '부가적 궁금함'이란 앞에서 밝힌 대로, 「상권」과 「하권」의 관계를 유기적으로 이해할 수 있는 '이론적 관계'가 무엇인가이다.

사실, 대승 불전이란 역사상 실존 인물인 석가모니불의 입멸 후에, 그것도 수백 년이 지난 뒤에 여러 지역에서 '채록(採錄)'된 것들이다.『범망경』의 경우는 중국에서 '채록(採錄)'된 것으로, 채록하는 과정에서 기존의 여러 문헌이나 당시 사상계의 요구로부터 영향을 받는다. 여타의 대승 불경들은 그런 정황이 잘 안 밝혀진 데에 비해,『범망경』의 경우는 그런 연구가 상대적으로 많이 되었다. 그만큼 이 책이 주목 받았던 것임을 알 수 있다. 물론 그렇게 된 원인 속에는 이 책이 '인도 찬술'이 아니라 '중국 찬술'이었다는 이유도 들어있다. 사람들은 묘하게도 '중국 찬술'을 '위경(僞經; 가짜 경전)'이라 폄하한다. 인도에서 만들면 진경(眞經; 진짜 경전)이 되는가? 엄밀하게 말하면 모든 사상은 사람들이 자신의 삶속에서 만드는 것이 아닌가. 사람들이 만들었기 때문에 그 삶의 흔적들이 녹아있는 그런 자료를 통해, 이것을 생산한 '사람의 생각'을 연구할 수 있다. 이렇게 볼 때에 필자에게 있어서의 불교 연구는 '인간학'의 지평 위에 서 있다.

아무튼 『범망경』이 '중국 찬술'인 이상, 이 경의 제작에 사용된 소재들이 있을 것이다. 즉, 『범망경』의 「상권」과 「하권」 속으로 유입된 문헌과 그 사상적 원류(源流)를 조사할 필요가 있었다. 타이완의 지팡통(季芳桐) 씨는 이 점에 관해 그간 학계의 연구 성과를 잘 요약하고 있는데,[12] 그것을 간추려서 옮겨보면 이하와 같다.

명대의 지욱(智旭) 스님은 『범망경현의(梵網經玄義)』에서 『범망경』과 『화엄경』은 '같은 부[同部]'라고 말 한 바가 있다. 지욱 스님의 이 학설을 받아들인 근대의 중국학자로 이세걸(李世傑)을 들 수 있는데, 그의 설에 따르면 『범망경』은 『화엄경』의 사상을 계승하는 한편 『열반경』의 사상도 계승하는데, 『열반경』은 『화엄경』과 『범망경』의 교량적 역할을 했다고 한다.

이상의 학설을 수용하여 지팡통(季芳桐) 씨는 『범망경』과 다른 대승 경전들과의 영향 관계를 다음과 같이 정리한다. 즉, 『범망경』 사상 중에서 『화엄경』의 내용으로부터 승계한 것으로, (1)시방의 일체 중생이 모두 성불(成佛)한다는 발상과, (2)성불의 차제(次第)를 밝히는 발상과, (3)노사나불을 설주(說主)로 등장시키는 발상과, (4)설처(說處)의 시설에 나타나는 발상 등을 들고 있다. 다음으로 『범망경』 사상 중에서 『열반경』의 내용으로부터 승계한 것으로, (5)'부처의 법신[佛法身]'의 속성으로 상(常)·낙(樂)·아(我)·정(淨)의 4덕상(德相)을 꼽는 발상과, (6)일체 중생에게는 모두 불성(佛性)

12) 季芳桐 釋譯, 『佛說梵網經』, 臺灣: 佛光文化事業有限公司, 2000, pp.299-303.

이 있다는 발상 등을 들고 있다. 또 지팡통(季芳桐) 씨는, 이상의 학설을 더 발전시킨 학자로 여징(呂澂)을 지목하는데, 여징(呂澂)은 『범망경』의 내용 중에서 『대보적경』을 계승한 것으로 (7)유(有)나 공(空)을 지양하는 중도(中道) 사상을 꼽고 있다.

그리하여 지팡통(季芳桐) 씨는 다음과 같은 결론을 내리고 있다. 즉, 『범망경』은 『화엄경』을 본원(本源)으로 삼아 위에서 대승 경전의 일곱 가지 제사상을 수용하고, 또 소승 율장의 조목(條目)을 대승의 관점으로 종합한 경전이다. 그리고 『범망경』은 뒤에 출현한 『보살영락경』에 영향을 주는 중요한 경전이다. 대승의 3취정계(聚淨戒) 사상이 『범망경』에서는 좀 불분명한 점이 있었으나, 『보살영락경』에 가서는 보다 더 잘 정리되기 때문에, 그렇게 말할 수 있다.

이상은 지팡통(季芳桐) 씨가 정리한 내용이다. 필자가 보기에 이 정리는 근거가 있고, 또 『범망경』의 교학적 연원을 이해하는 데에 실효적 기능을 발휘하고 있다.

그런데 문제는 이제부터이다. 위에서 본대로 (1)~(7)의 사상이 『범망경』이라는 대하(大河)로 유입된 원류(源流)라면, 이런 원류를 수용한 『범망경』은 왜 「하권」에서 '10중대계' 및 '48경계'의 조목(條目)을 거론한단 말인가? 단지 (1)~(7)을 드러내는 것만이 이 경이 출현한 임무이라면, 그냥 「상권」만으로도 그 임무는 완수된다. 필자가 보기에는, 「상권」에서 드러낸 (1)~(7)의 사상 외에 '무엇인가'가 있다는 것이다. 이 '무엇인가'가 과연 무엇인가? 바로 이런 궁금함이 위에서 말한 '부가적 궁금함'이다. 이 '부가적 궁금함'을 해결하는 것이 본 장의 핵심이다. 당연하겠지만 이 장을 쓰는 지금의 단계에서 필자는 '부가적 궁금함'에 대한 해결의 '답안'을 이미 갖고 있다. 그래서 이하에서는 이 '답안'을 내리게 된 이유 내지는 근거를 여러분 앞에 '제시'하려는 것이다. 아울러 또 그 '답안'이 과연 『범망경』의 온전한 이해에 얼마나 유효한지도 '설명'해 볼 것이다.

당연하겠지만 필자로서는 자신이 내놓은 '답안'이 독자들로부터 '정답'으로 인정받기를 희망한다. 그래서 독자 앞에 미리 '답안'의 요점을 제시하니, 이하에서 전개될 필자의 주장 및 그 주장에 대한 근거 대기에 대하여, 미리 주목해 주실 것을 희망한다.

위에서 제기한 문제에 대한 '답안'은 이렇다.

"[1]대승의 보살도에 투신한 불자들은 수행을 시작하여 불도를 완성하기까지는 수많은 지위를 거쳐야 하는데, [2]이렇게 수많은 지위를 거치는 동안, [3]불자들은 저마다 '10중대계'와 '48경계'의 조문(條文)을 항상 외우면서 어김없이 실천해야 한다."

이것이 무엇을 의미하는가? 그런데 사실 [1]과 같은 종류의 이야기는 『화엄경』을 통해 당시 세상에 이미 널리 알려져 있었다. 그러므로 [1]을 이야기 한다는 것은 특별할 게 없다. 중요한 것은 [3]인데, 단 조건 [2]를 반드시 동반(同伴)해야만 한다. 이는 곧, [3]을 실천해가면서 각 지위에 따른 수행을 하라는 요청이다. 바로 이런 요청을 하기 위해 『범망경』이 출현했다는 것이 필자의 '해석'이다. [1]이란 바꾸어 말하면 '보살의 바라밀행'이며, '보현의 행원'이며, '대승의 이타행'이다. 이런 팔만사천의 보살행을 실천할 때에, 반드시 '10중대계'와 '48경계'의 조문을 지켜가야 한다는 것이다.

이하에서는 무엇을 근거로 필자가 위와 같은 '답안'을 내게 되었는지 문헌적인 증거를 제시하면서 논증해 가기로 한다. 『범망경』「상권」의 벽두에 나오는 석가모니불의 질문과 노사나불의 대답을 보도록 하자. 본 장의 주제와 관련되는 부분에는 강조 삼아 밑줄을 그었다. 이하는 인용문이다.

> 이때에 석가모니불께서는 곧 이 세계의 대중을 모두 떠받쳐들고, 연화장 대세계로 돌아가시어 백만억의 자금강광명궁(紫金剛光明宮) 가운데 '백만의 연꽃이 눈부시게 빛나는 광명으로 된 의자'에 앉아 계시는 노사나불을 뵈웠다. 그 때 석가모니불과 모든 대중들은 동시에 노사나 부처님의 발아래 엎드려 절을 올렸다.
>
> 그런 뒤에, 석가모니불이 노사나불께 여쭈었다.
>
> "(1)이 세계 가운데에 땅과 허공에 사는 모든 중생이 어떠한 인연이 있어야 보살의 십지(十地)의 도를 완성할 수 있습니까? (2)또 미래에 불과(佛果)를 완성하면 어떤 현상[相]이 드러납니까?"
>
> 그때에 노사나불께서는 곧 크게 기뻐하시면서, '허공광 체성 본원 성불 상주 법신 삼매'를 나타내어 모든 대중에게 보여주시고 말씀하셨다.
>
> "모든 불자들은 분명하게 듣고[聞] 잘 사유하고[思] 수행하라[修]. (3)나는 이미 백 아승기 겁 동안 심지(心地) 수행[13]하는 것으로 원인으

13) 심지(心地) 수행 : 『불교사전』(운허 용하, 서울: 동국역경원, 1961년 초판 1987년 17판, p.522)에 의하면, '심지(心地)'란 "마음이 일체의 만법을 만들어 내는 것이, 마치 땅에서 풀 · 나무 등을 내는 것과 같으므로 이렇게 말한다고 한다." 고 한다. 바로 이런 심지(心地)를 닦는 수행이다. 『화엄경』이나 『대승기신론』 등

로 삼았다. 심지를 수행한 인연으로 최초에 범부를 버리고서 등정각을 이룬 결과로 노사나불이라는 이름을 얻었으니, 내가 머무는 세계는 연화대장세계해이다.

….

이 40단계의 법문이, 내가 보살이었던 과거 시절에 닦아서 지금에 와서 부처의 경지에 들어간 근원이다. 이와 같이 일체 중생이 '발취'와 '장양'과 '금강'과 '십지'에 들면, 반드시 불과(佛果)를 이루는 체험을 한다. (4)인위적인 조작도 없고[無爲] 어떤 현상도 업지만[無相] 만덕(萬德)을 다 갖추어 상주(常住)하며, 10력(力)과 18불공행(不共行)과 법신(法身)과 지신(智身)을 완성한다."[14][15]

이상에서 인용한 『범망경』의 한글 번역문 중 밑줄 친 부분을 주목해 보기로 한다. 석가모니불이 노사나불께 여쭌 질문은 크게 둘인데, 그것은

에서는 '심지'를 '일심(一心)'으로도 표기. '일심' 속에는 불생불멸하는 '진여의 기능'도 있고, 번뇌와 상응하여 생성소멸하는 '생멸의 기능'도 있다. '심지 수행'은 이 '일심' 속에 작동하는 일체의 '생멸하는 기능'을 없애서 궁극적으로는 '진여의 기능'만 남게 하는 수행을 말한다. '진여의 기능'에는 '지혜롭고 청정한 기능'과 '불가사의한 업의 기능'이 있다. 이런 기능을 드러내기 위한 구체적인 수행의 방법으로, 『대승기신론』에서는 5행(行) 즉, 보시, 지계, 인욕, 정진, 지관의 실천을 제시하고 있다. 이 '심지 수행'은 여러 단계를 거치면서 점점 깊어지는데, 『화엄경』에서는 52단계를 소개하고, 『범망경』에서는 40단계를 소개한다.

14) 인위적인 조작[無爲]도~지신(智身)을 완성한다. : 이 부분에 대해서 『태현고적기』(대정장40, p.691a)에서는 "번뇌의 업 때문에 그렇게 된 것이 아니니 '인위적인 조작[無爲]이 없으며', '법신'이기 때문에 '어떤 현상도 없고[無相]', '지신'이기 때문에 '만덕(萬德)을 다 갖추며', 자성이 끊어짐도 상속됨도 없기 때문에 '상주(常住)'한다."고 한다.

15) 『梵網經盧舍那佛說菩薩心地戒品 』(第十卷上)(대정장24, pp.997b-998a).

(1)과 (2)이다. 이 질문에 노사나불께서 답한 내용은 (3)과 (4)이다. 이 문답을 간단하게 정리하면 이렇다.

중생들이 보살의 10지에 이르는 도를 완성하려면 심지(心地) 수행을 해야 하고, 그렇게 심지를 수행해서 도를 완성하고 나면, 인위적 조작도 형상도 없지만 무수한 공덕을 다 갖추어 상주(常住)하며, 10력(力)과 18불공행(不共行)과 법신(法身)과 지신(智身)을 성취한다.

이렇게 해서, 노사나불은 40지위(地位)의 심지(心地) 수행법을 설해 마치시면서, 법회에 모인 석가모니불[大釋迦]들은 각자 본인의 주처(住處)로 돌아가 저마다 청취한 설법 내용을 널리 전하라고 당부한다. 이렇게 해서 「상권」이 끝난다. 다음 「하권」에서는 석가모니불[大釋迦]께서 노사나불의 분부를 받들고 사바세계의 남섬부주 보리수 아래로 돌아오신다. 그런 다음에 이렇게 하셨다.

> 금강천광왕(金剛千光王) 좌와 묘광당에서 10세계해(世界海) 법문을 말씀하시고, 그 자리에서 일어나사 제석천궁에 가시어 10주(住) 법문을 말씀하시고, 또 그 자리에서 일어나사 야마천궁에서 10행(行) 법문을 말씀하시고, 또 일어나사 넷째 하늘에서 10회향(廻向) 법문을 말씀하시고, 또 일어나사 화락천(化樂天)에서 10선정(禪定) 법문을 말씀하시고, 또 일어나사 타화천(他化天)에서 10지(地) 법문을 말씀하시고, 또 일어나사 초선천(初禪天)에서 10금강 법문을 말씀하시고, 또 일어나사 2선천(禪天)에서 10인(忍) 법문을 말씀하시고, 또 일어나사 2선천(禪天)에서 10원(願) 법문을 말씀하시고, 또 일어나서 3선천(禪天)의

마혜수라천왕궁에 이르사, 나의 근본인 연화대장세계 노사나부처님이 말씀하신 「심지법문품」을 말씀하시니라.[16)]

이때에 석가모니불[小釋迦][17)]께서는 도솔천 내원궁에 드셨다가 가비라국에 태어나신다. 그리고는 위의 석가모니불[大釋迦]께서 그랬듯이 10처(處)에서 또 「심지법문품」을 설법하신다. 이렇게 해서 사바세계에 오셨다 가시기를 8,000번이나 하셨다고 한다. 그리고는 다시 도솔천 내원궁에서 남섬부주 보리수 아래에 내려와서 중생들을 위하여 이렇게 말씀하신다.

> 그리고 다시 그 천왕궁으로부터 남섬부주로 보리나무 아래에 내려와서 이 땅 위에 있는 온갖 중생의 어리석은 범부들을 위하여 (5)나의 근본인 노사나불의 '심지 법문 가운데서 처음 발심할 적에 항상 외우던 한 가지 계'를 말하노니, 이것이 광명금강보계(光明金剛寶戒)라. 이는 여러 부처님의 근본이시며, 보살들의 근본이며, 불성의 종자니라. 온갖 중생들은 모두 불성이 있으므로, 뜻과 빛깔과 마음이 있으며, 이 뜻과 마음이 모두 불성계(佛性戒) 가운데 있나니, 마땅히 결정된 인(因)이 항상 있으므로 마땅히 법신이 항상 머무나니라.
>
> 그리하여 10바라제목차가 이 세계에 생겼나니, 이 법계(法戒)는 세세상 여러 중생들이 정배기에 이고 받자올 것이니라.

---

16) 운허 용하 한글 번역, 『범망경』, 경기: 도서출판 깃발, 2009년, pp.15-16.

17) 석가모니불[小釋迦] : 천백억 명의 화신(化身)으로 나타나신 석가모니를 말한다. '삼천대천 세계설'과 「향수해례」 등에서 말하는 "南無 千華上 百億界 釋迦海會 諸佛諸菩薩" 등을 상기해보면, '소석가'와 '대석가'를 구별하는 원리를 알 수 있다.

내가 지금 이 대중들에게 「무진장계품」을 다시 말하노니, 이것은 온갖 중생들의 계로서 그 근본 성품이 깨끗하니라.[18]

여기에서 필자의 주목을 끄는 것은 (5)의 석가모니불[小釋迦]의 말씀이다. 즉 '소(小) 석가'가 노사나불 처소에서 '심지(心地) 법문'을 수행하던 시절, (부처가 되겠노라고) 처음 발심한 이래로 항상 외우던 계문(戒文) '한 쪼가리'가 있었다는 것이다. 그럼 그것이 무엇인가? '광명금강보계(光明金剛寶戒)'이다. (1)에서 보았듯이 10지(地)의 지위에 오르기 위해서는 (3)과 같이 '심지(心地) 법문'을 닦아야 한다고 한다. 그런데 여기 「하권」에 와서는, 이 '심지(心地) 법문' 수행을 시작하던 시절, 첫 발심한 이래 '광명금강보계(光明金剛寶戒)'를 '항상 암송[常誦]'했다는 것이다. 그러니까 불과(佛果)를 완성하기 위해서는 점차적인 보살행을 해야 하는데, 그것이 40지위이던, 혹은 52지위이던, 모든 과정마다, 또 매 지위마다, 또 매 순간마다, '광명금강보계(光明金剛寶戒)'를 '항상 암송[常誦]'해야 한다는 것이다. 이 '암송'이 단순한 외우기를 넘어 실천을 전제로 하는 것임은 두 말할 나위 없다. 단순화시켜서 말하면 '심지수행(心地修行)'과 '지계행(持戒行)'을 '병행(竝行)'했다는 것이다.

그러면 '광명금강보계(光明金剛寶戒)'가 무엇인가? 그런데 유감스럽게도 『범망경』 자체에는 '광명금강보계(光明金剛寶戒)'가 무엇인지에 대해 구체적인 설명은 없다. 다만 이 계로부터 '10바라제목차'가 이곳 '사바세계'에 생

18) 운허 용하 한글 번역, 『범망경』, 경기: 도서출판 깃발, 2009년, pp.18-19.

졌다고만 말한다. 그러면 '연화장 세계'에서 이곳 '사바세계'로 전달되어 온 '바라제목차'는 어떤 것인가? 이 대답은 아래의 인용문에서 찾을 수 있다.

> 그때에 석가모니부처님이 보리나무 아래에서 위없는 정각(正覺)을 이루시고, 처음으로 보살의 바라제목차를 결정하시니, (7)부모와 (8)스님과 삼보에게 효도하는 것이며, (9)바른 도에 효도하는 법이라. 효도를 계(戒)라고도 하며 제지(制止)라고도 하나니라.[19]

즉, '보살의 바라제목차'의 내용은 (7)부모님께 효도하기, (8)스님을 비롯한 삼보님께 효도하기, (9)바른 도(道)를 대상으로 거기에게 '효도'하기이다. 그러면서 이어서 '효도'의 개념을 정의한다. 즉, "효도를 다른 말로는 '계(戒)'또는 '제지(制止)'라고 한다." '효도[孝]'라는 용어를 빌어서 '계(戒)'를 설명하는 것은 다분 '중국 고유의 효사상'과 관련되어 있다. 또 공경의 대상으로 (7)부모를 넣은 것도 그렇다. 불교의 중국 전래 초기부터 외래 종교(사상)인 불교가 이 지역에서 시달렸던 문제 중의 하나가 부모와 군왕에 대한 출가 사문의 효(孝) 문제였다.[20] (8)삼보께 효도하라는 것은 불교의 전통에서 보면 당연하지만, 주목을 끄는 부분은 (9)바른 도(道)에게 효도하라는 것이다. 여러 해석이 가능하겠지만, 『범망경』이 대승의 불성사

19) 운허 용하 한글 번역, 『범망경』, 경기: 도서출판 깃발, 2009년, p.20.

20) 이 책의 제3장 참조.

상, 법신사상, 여래장사상에 원류(源流)를 두는 있는 이상, 『대승기신론』에서 말한 4신(信)과 관련해서 해석할 수 있다. 『대승기신론』에서는 진여를 믿고, 또 3보를 믿으라[21]고 하기 때문이다. 그러니 여기에서 유추하여 '바른 도(道)'는 진여(眞如) 또는 불성(佛性) 등으로 해석할 수 있겠다.

이상의 분석에서 보았듯이, (7)(8)(9)에게 효도하는 구체적인 방법이 '보살의 바라제목차'라는 것이다. 『범망경』(하권)의 대부분을 이루고 있는 '10중대계'와 '48경계'는 바로 이런 '보살의 바라제목차'의 세부 조목이다. 이상의 문증(文證)과 리증(理證)을 통해 볼 때 필자는 『범망경』을 편집한 편집자의 의도는 다음에 있다고 결론을 내릴 수 있다.

즉, 심지수행(心地修行)을 시작하면서 수행을 시작하는 때부터 (또는 동안) 반드시 '10중대계'와 '48경계'의 실천을 '병행(竝行)'해야 한다. 바로 이 메시지를 전하려는 것이 『범망경』이 출현한 일대사인연(一大事因緣)이다. 더 엄밀하게 말하면 이런 메시지를 전하기 위해서 편집자가 양나라 시절 중국 땅에서 『범망경』(상하) 두 권을 편집했다는 것이다.

---

21) 眞諦 譯, 『大乘起信論』, "略說信心, 有四種. 云何爲四. 一者. 信根本, 所謂樂念真如法故. 二者. 信佛有無量功德, 常念親近供養恭敬, 發起善根 , 願求一切智故. 三者. 信法有大利益 , 常念修行諸波羅蜜故. 四者. 信僧能正修行自利利他 , 常樂親近諸菩薩衆 , 求學如實行故."(대정장32, p.581c).

Ⅳ. 보살계 '병행'의 철학적 의의

불과(佛果)를 얻기 위해서는 심지(心地) 수행을 해야 한다는 법문이 『범망경』(상권)의 첫머리에서 설해졌다. 그리고 또 누구든지 불과(佛果)를 얻게 되면, 반드시 만덕(萬德)을 갖추어 상주불멸하게 된다는 것이다. 만덕의 내용을 대강 말해 보면, 10력(力)과, 18불공행(不共行)과, 법신(法身)과, 지신(智身)인데, 이런 현상이 불과(佛果)를 성취한 모든 사람에게 나타난다는 것이다. 그런데, 바로 이 심지(心地) 수행에는, 그 시작 단계는 물론, 40지위의 단계 단계마다 반드시 보살계의 수지봉행(受持奉行)을 '병행'해야 한다는 것이다.

그러면 『범망경은』 왜, 무슨 이유로 심지(心地) 수행과 보살계 수지봉행(受持奉行)의 '병행'을 강조하는가? 이 물음은 두 가지 방식으로 답을 찾을 수 있다. 첫째는 『범망경』 자체에서 문헌적 이유 즉 '문증(文證)'을 통해서 대답하는 것이고, 둘째는 이 『범망경』을 읽는 독자의 입장에서 이론적 이유 즉 '리증(理證)'을 통해서 대답하는 것이다.

첫째, 『범망경』 자체에서 '문증(文證)'을 통해서 대답해보자.

『범망경』에서 말하는 계(戒)의 성격이 이 물음의 해답을 찾는 단서를 제공할 수 있다. 위의 인용문 (5)의 다음에 이어지는 법문을 보면, 이렇게 말씀하신다.

> “이는 여러 부처님의 근본이시며, 보살들의 근본이며, 불성(佛性)의 종자(種子)니라.”

이 인용문에 나오는 지시대명사 ‘이는’은 ‘광명금강보계(光明金剛寶戒)’를 지칭한다. 이 보계(寶戒)를 불성(佛性)과 등치(等値)시켰다. 심(心), 의(意), 식(識), 색(色) 등 일체법이 모두 보계(寶戒) 속에 섭입(攝入)된다는 것이다. 보계(寶戒)의 바탕 위에 일체의 법(法)이 건립(建立)된다는 것이다. 이것은 ‘항상 실재하는 원인[常有因]’으로서 불생불멸하며, 그러면서도 이것은 생성소멸하는 일체의 ‘인연법’과 ‘호응’하여 ‘중중무진하게 연기[重重無盡緣起]’한다. 이것은 상주하는 법신(法身)이다. 이리하여 “보계(寶戒)=불성(佛性)=법신(法身)=자성청정심(自性清淨心)=법계(法界)”의 등식(等式)이 성립되는 셈이다.

법성의 교학에서는 언제나 그렇듯이, 불성(佛性), 법신(法身), 자성청정심(自性清淨心), 법계(法界) 등은 무위법(無爲法)의 범주에 속하는 것으로서, 그것들은 생성소멸하는 유위법과 달리 취급한다.[22) 『범망경』의 논리대로라

22) 이하의 인용문 중에서 “有緣非無因”이라는 구절에 주목할 필요가 있다. 즉, “그러므로 계의 광명이 입으로 나왔으니, ‘연(緣)만 있고 인(因)이 없이 나는 것이 아니니라’. 광명은 푸른 것도 아니고 누런 것도 아니고 붉은 것도 아니고 흰 것도 아니고 검은 것도 아니며, 빛깔도 아니요 마음도 아니며, 있는 것도 아니요 없는 것도 아니며, 인과(因果)의 법도 아니니 곧 여러 부처님의 근본이며, 보살도를 행하는 근본이며, 여러 불자(佛子)대중의 근본이니라.”(운허 용하 한글 번

면 계(戒)도 역시 그렇다. 그렇기 때문에 이것은 근본(根本)이다. 따라서 『범망경』 보살계를 항상 외우면서[常誦], 그것의 실천을 근본으로 삼아 심지(心地) 수행을 계속해 가야 한다. 이 근본(根本)을 바탕으로 그것과 병행하여 각종 수행을 할 때에 그 수행이 제 의미를 발휘할 수 있다. 이것은 법성교학의 준칙(準則)[23]이다.

둘째, '리증(理證)'을 통해서 대답해보자.

『범망경』 보살계의 병행(竝行)을 강조하는 이유가 무엇인지에 대하여 이치적으로 '해석'해 보겠다는 것이다. '해석(解釋)'이란 원천적으로 '해석'의 밑바닥에 '순환의 오류'를 수반한다. 해석자의 입장과 해석자의 주제적(主題的) 시선이 '해석'의 대상에 관여한다. 심지어는 해석자의 그런 입장과

역, pp.21-22) ; 『梵網經盧舍那佛說菩薩心地戒品 』(第十卷上), "是故戒光從口出. 有緣非無因故. 光光非青黃赤白黑. 非色非心. 非有非無. 非因果法. 是諸佛之本源菩薩之根本. 是大衆諸佛子之根本."(大正藏24, 1004a). 법성교학에서는 청량과 종밀 이래로 철저하게 '無因'설을 비판해왔다. '인(因)'과 '연(緣)'이 있다는 것이다. 그렇듯이, 『범망경』에서 말하는 계(戒)도 역시 '인(因)'과 '연(緣)'이 있다는 것이다. 그리고 '연(緣)'은 조건에 따라 생주이멸하지만, '인(因)은 불생불멸하는 진여상주(眞如常住)라는 것이다. 이 문제는 「중국 불교의 도가 비판-길장, 징관, 종밀을 중심으로-」(신규탁, 『동양철학』 제28집, 서울: 한국동양철학회, pp.291-304.)와, 이 책의 제4장 참조.

23) 『원각경』 「보안장」의 보안(普眼) 관법(觀法)을 설명하는 곳에서도 그렇고, 「위덕장」에서 3관(觀) 수행을 설명하는 대목에서도 항상 '先頓悟, 後漸修.'를 설하고 있다. 한편 송대 화엄 학승 정원(淨源; 1011-1088) 법사도 화엄의 핵심사상으로 '悟毘盧法界, 修普賢行.'를 주장하면서, 그 양자의 병행을 주장한다. 이에 대해 필자는 「古代 韓中佛教交流의 一考察 -高麗의 義天과 浙江의 淨源」(신규탁, 『동양철학』27집, 서울: 한국동양철학회, 2007년, pp.242-248)에서 상세하게 검토한 바 있다.

주제적 시선이 대상 자체를 구성해내기도 한다. 그럼에도 불구하고 사람은 누구나 자신에게 주어진 텍스트에 대하여 '해석'을 할 수밖에 없다. 어째서 그러한가? 살아있기 때문이다. 살아간다는 것은 끊임없는 '해석'의 과정이기 때문이다. 그 텍스트가 문헌 자료이건, 혹은 역사이건, 나아가 우리들의 삶 자체이건, 그것을 한정할 필요는 없다. 그렇기 때문에 불교를 연구하는 학자에게도 이런 '해석'이 필요하고[24], 경우에 따라서 우리는 그들에게 이런 '해석'을 요구할 수도 있다.

'해석'에 도사린 이런 원초적인 문제를 감안하면서, 이 단락 초두에서 제기한 문제를 풀어보도록 하자. 심지(心地) 수행을 하는 매 단계마다, 『범망경』에서는 왜 이 대승보살계를 항상 외우[常誦]라고 하는가? 즉 심지를 닦음에 있어 왜 '『범망경』 보살계'를 받아서 실천하라고 하는가? 이 질문에 대해 필자는 아래와 같이 '해석'하려 한다.

심지(心地) 수행의 구체적인 노정(路程)은 이렇다. 10발취심(發趣心) → 10장양심(長養心) → 10금강심(金剛心) → 10지(地)이다. 이는 『화엄경』의 10신 → 10주 → 10행 → 10회향 → 10지 → 등각 → 묘각으로 진행되는 지위설의 변종(變種)이다. 『범망경』의 영향을 받아 뒷날 만들어진 『보살영락본업경』에서는 6인(忍)[25]을 말하는데, 그것을 배열하면, 신인(信忍) → 법인

---

24) 불교학 연구에 있어서 '해석'의 문제를 다양한 방면에서 시도한 연구 성과로 우리는 『불교해석학 연구 - 자기 철학의 제기를 위한 방법론 모색』(김호성, 서울: 민족사, 2009년)을 들 수 있다. 부제에서 밝혔듯이, '자기 철학'에 대한 필자의 고민과 그 고민을 풀어가는 솜씨를 볼 수 있다.

25) 『菩薩瓔珞本業經』(卷上), 大正藏23, 1011c.

(法忍) → 수인(修忍) → 정인(正忍) → 무구인(無垢忍) → 일체지인(一切智忍)이 된다. 이 지점에서 우리는 경전 생성의 역사적 순서가 『화엄경』→『범망경』→『보살영락본업경』임을 상기할 필요가 있다. 이상의 명목(名目)들과 그 각각의 지위에서 실행해야 할 구체적인 행상(行相)에 대한 설명은 『범망경』(상권) 전체를 차지하고 있다.

그런데, 거기에 나타나는 수행은 '심지(心地)'라는 수식어가 붙어있듯이, 소위 '마음[心]'을 닦는 수행이다. 이런 수행은 자칫하면 추상적으로 흐르기 쉽다. 대승불교 운동이 일어나던 당시(當時)와 또 그런 운동이 일어난 현지(現地)에서는 그들의 운동이 '몸과 마음을 동반하는 구체적인 실천 운동'이었는지 모르겠지만, 중국에 들어와서는 그런 모습은 거의 볼 수 없다. '방외지객(方外之客)'이라는 말이 그렇듯이, 그들은 세상 밖의 사람들이었다. 중국의 유교적 봉건체제 속에서 출가 승단의 대(對)사회적 실천 운동은 미미했다. 비록 구호로는 '대승(大乘)'이었지만, 드러나는 삶은 '소승(小乘)'이었다.

그러나 『범망경』의 「하권」에 나오는 '10중대계'와 '48경계'의 조목 실천은 구체적인 몸[身]을 통해서 드러난다. 자비행과 이타행이 중심을 이룬다. 필자가 '해석'하건대, 『범망경』 편집자가 이 경에서 대승보살계를 항상 외워[常誦] 실천할 것을 강조하는 이유는, 대승 운동의 진정한 실천이 무엇인가를 제시하려 했기 때문이다.

대승 불전들 특히 논서들은 '추상적 사유'로 하는 실천에 대해서는 장황한 이론을 세우면서도, 정작 '구체적 몸'으로 하는 실천에 대한 논의는 상대적으로 적다. 즉, 형이상학적 주제에 대한 논의는 많았지만, 정작 윤리적 가치문제에 대한 논의가 적었다. 이런 역사적 현실을 직시한 중국의 대승 불자가(또는 불자들이) 『범망경』을 편집했고, 편집하는 방식으로 '지위(地位)별 수행'과 '보살계 실천'을 '병행하는 방법'을 사용했다. 이렇게 '병행' 시킴으로써, 대승의 지위별 수행을 실천함에 있어, 대승불교 운동의 핵심인 자비행과 이타행을 중국이라는 구체적인 역사 현장에서 실현시키고자 하였다. 이것이 바로 『범망경』 보살계 출현의 철학적 의미라고 할 수 있다.

Ⅴ. 대승보살계로 돌아가자

이상에서 필자는 '심지 수행'과 '보살계 실천'의 '병행(竝行)'이라는 관점에서, 『범망경』 출현의 의의에 대해서 검토해 보았다. 검토하는 방법으로 첫째는 『범망경』 자체의 논리와 문헌을 조사했고, 둘째로는 '해석적 방법'을 사용했다. 이제 이하에서는 본 장의 「Ⅰ. 대승불교의 윤리 생활」에서 제기된 '두 가지 계기'가, 결론적으로 필자에게 어떤 결과를 낳게 했는지를 매듭지어 보려고 한다. 돌이켜 보면 두 계기란 첫째는 '역사적 계기'이고, 둘째는 '현실적 계기'였다.

첫째, '역사적 계기'를 통해서 생긴 '궁금함'에 대해서, 필자는 본 장의 주1)에 소개된 논문을 통해 대부분 해결할 수 있었다. 간단하게 말하면, '중국적 봉건체제' 또는 그 체제로 부터 영향을 받았던 고대 국가 시절의 승가 공동체는 왕조의 율령에 의해 운영되었다. 또 일제강점기에는 조선총독부의 법령이었다. 불교와 그 관계자를 관리하는 법률은 율(律)과 령(令)과 격(格)과 식(式)이었고, 조선사찰령이었다. 그러면서도 비록 법적 구속력은 없지만, 저들에게 자율적이며 또 도덕적인 이상(理想)의 준거로 『범망경』 보살계의 조목이 작용했다. 물론 『사분율』에 의한 '구족계'도 역시 그런 기능을 했지만, 구속력 없기는 마찬가지였다. 『범망경』 보살계의 조목은 자율적 행동 준칙으로 기능해왔고, 이것은 출가 불자는 물론 재가 불자에게도 그래 왔다. 이것은 중국도 그래 왔고, 한국도 그래 왔고, 일본도 그래 왔다.

둘째, '현실적 계기'를 통해서 생긴 '궁금함'에 대한 필자의 답안을 제시하고자 한다. 여기서 말하는 '현실적 계기'를 단도직입적으로 말하면, 즉, 현 '대한불교조계종'의 자기 정체성을 어떻게 정립할 것인가이다. 이 '궁금함'에 대한 답안을 제시하기에 앞서, 지금까지 현실의 상황을 공유할 필요가 있다. 지금까지의 현실은 다음과 같다.

역사적으로 '중국적 봉건체제'가 시행된 지역의 경우, 승가 공동체는 국법을 통해 왕권(王權)에 소속되었다. 그것을 단적으로 보여주는 것이 '도첩제도'이다. '도첩'이란 소위 국가가 공인하는 승려 신분증서이다. 물론 이 '도첩'은 다소 변동은 있지만, 대개는 6부(部) 중에서 예부(禮部)에서 관장한다. 조선 초기를 지나면서 폐불 정책과 맞물려 도첩제도 자체가 완전히 사라지기도 했으나, 일제강점기에는 '조선총독부'에서 관장했다[26]. 이런 상황에서 한국(삼국, 고려, 조선, 일제)의 '대승 승단'은, 인도의 초기 승단이나 상좌부의 전승을 가진 오늘날 남방 불교의 '성문 승단과'는 그 양상이 판이하게 달랐다. 선종(禪宗) 공동체에 비록 '청규'가 있다지만, 이 역시 조정(朝廷)의 율령(律令)을 능가할 수 없기는 마찬가지이다.

'구족계'를 중심으로 한 '성문 승단'의 율법대로 살아온 역사가 없는

26) 신규탁, 「불교 관계 법령을 통해서 본 한국불교의 정체성」, 『한국 근현대 불교사상 탐구』, 서울: 새문사, 2012, pp.60-29. 참조.

한국(삼국, 고려, 조선, 일제)의 승가 공동체는 대한민국 시대가 되면서 큰 혼란을 겪는다. 종교의 자유와 그리고 또 정교(政敎) 분리 원칙이 표면적 또 현실적으로 대두되었다. 결국 불교 단체들은 각 단체의 규율로 자치를 하게 되었다. 물론 국가의 법률이 인정하는 범위 내에서 말이다.

불교 단체는 종헌과 종법으로 운영하다가, 구성원 중의 누군가가 종헌 종법의 결정에 불복하고 국가의 법령에 호소하면, 국가는 평등의 원칙에 입각해서 국법 차원에서 처리 또는 개입한다. 비록 그렇더라도 '출가 불자 공동체'의 고유한 역사성과 특수성을 무시할 수는 없는 노릇이다. 결국, 국법과, 종헌 종법과, 율장은 현재의 조계종과 그 공동체 구성원들에게 복합적으로 작용하고 있다.[27]

이상이 지금까지의 상황이다. 그렇다면 향후도 이렇게 이전처럼 살아야 하는가? 이하에서는 이 문제에 관하여 필자의 의견을 제시하고자 한다.

보살 승단에서 '구족계'와 '보살계' 수지 겸용의 모순성에 대한 학문적 연구가 이미 우리학계에 보고되었다.[28] 그리고 이런 모순성은 일찍이 중국 당나라 시절 규봉 종밀(圭峰宗密) 선사에 의해서도 제기되었다.[29] 그런

27) 김정천(경성), 「율장과 종헌 종법과의 비교 연구」, 『불교학연구』제20호, 서울: 불교학연구회, 2008년.

28) 이수창(마성), 「聲聞戒와 菩薩戒의 兩立 問題」, 『불교학연구』제20호, 서울: 불교학연구회, 2008년.

29) 종밀 선사는 『원각경대소 』(卷下之四)에서 "성문계를 수지하면 보살계를 파하게 되고, 보살계를 수지하면 성문계를 파하게 된다."(신찬속장9, 413a)고 설명하고, 이 책의 복주(復注)인 『원각경대소초』(신찬속장9, 746a)에서는 그 내용을 좀 더 상세하게 풀이하고 있다.

데 현실적으로 조계종 현 종헌 제9조에는 "승려(僧侶)는 구족계(具足戒)와 보살계(菩薩戒)를 수지(受持)하고"라는 조항이 살아 있다. 그런데 고민은 여기에 나오는 '구족계'의 수지는 이 지역 불교의 역사성과도, 더 나아가 본질적으로는 대승의 이념과도 대립된다는 데에 있다. '한자 불교 문화권'에서 '구족계'에 의한 포살(布薩)이 실행된 사례는 없다. 게다가 대승 경전 속에 소승을 멀리하라는 내용이 들어있다는 것 또한 요즘 와서 새롭게 밝혀진 사실도 아니다. 소승을 멀리하라는 요구는 대승의 율장도 역시 마찬가지이다. 『범망경』의 '48경계' 중 제34계는 '잠시라도 소승을 생각하지 말라'라고까지 한다. 그러나 현실은 그렇지 못하다. 종헌 종법상 '구족계'를 받아야 정식 승려가 된다. 더 큰 모순은 계는 '구족계'를 받고, 포살은 『범망경』 계본을 갖고 한다. 지난 과거는 차치하고, 해방 이후 남한에서 『사분율』 등 인도 불교의 율장에 의한 포살은 한 번도 시행된 적이 없다.

여기에서 우리는 결단을 내려야 한다. 해방 이후 한국 불교계를 분규로 치닫게 했던, 또 일제 때에 백용성 선사에 의해 거론되었던 소위 '대처'(帶妻)와 '식육(食肉)'의 문제라면, 『범망경』에 나오는 보살계만으로도 그것의 부적절성을 가릴 수 있다. 그런데 역사적으로도 현실적으로도 성문 율장에 의한 '구족계'의 포살이 시행된 적이 없다고 해서, '구족계' 폐지를 운운할 필요는 없다. 왜냐하면, '구족계'에 의한 포살이 시행된 사례가 없는 이상, 사실상 '구족계'는 유명무실하기 때문이다. 이렇게 유명무실한 '구족계' 폐지를 운운해서 실효성 없는 논쟁을 불러일으킬 필요는 없다고 생각한다. '구족계'는 지금처럼 명분 세우기 용으로 그냥 두고, 오히려 현실적인 대안은, '심지(心地) 수행'과 '계율(戒律) 실천'의 '병행(竝行)'을 강조하는 『범망경』의 정신을 살리는 것이다.

아니면 아예 명실상부하게 '구족계'를 수지하고, 그에 따른 포살을 시행하는 것도 좋다. 그렇게 하려면 그에 상응하는 경장과 논장도 새로 정립해야 할 것이고, 물론 용궁보장(龍宮寶藏)으로 불리는 대승의 3장은 다시 바다 속으로 되돌려 보내고 말이다. 그런데 과연 이것이 현실적으로 가능할까? 만약 그렇게 된다면 적잖은 혼란이 생길 것이다. 그럴 바에야 차라리 새로운 종단을 차리는 것이 현실적이다. 사실 종단의 형태까지는 가지 않았더라도, 그렇게 수행하는 출가 불자가 없는 것은 아니다. 이것은 한국에서의 '새 불교 운동'으로 향후 또 하나의 전통이 될 수도 있다. 남방의 전승인 '니까야'에 대한 신뢰와 저들의 수행에 관심을 갖는 불자들이 늘어가는 현실을 볼 때에, 더욱 그렇다.

그러나 역사적으로 대승불교의 전통을 이어온 한국의 전통 종단은, 이미 법신(法身)의 상주를 믿고 있고, 또 모든 중생들은 불성(佛性)을 갖추고 있어서 성불할 수 있다는 믿음을 갖고 있다. 그리고 이런 믿음은 이미 일용 의식(儀式)을 통하여 우리들의 신행 생활 속에 깊숙하게 들어와 있다. 조석으로 올렸던 '향수해례(香水海禮)'가 그렇고, 현재도 쓰는 삼보통청의 '청사(請詞)'와 각종 시식의 '착어(着語)'들도 역시 그렇다. 이런 전통을 필자는 '법성종(法性宗)'이라는 범주로 묶어서, 그 철학적 역사적 전개와 의미를 제시한 바 있다.[30] 그러니 이 법성의 전통을 계승하여[31], 현 조계종은 대승 불자 공동체의 실천 규범을 이 시대에 알맞게 정비해야 할 것이다. 바로 이럴 경우, 『범망경』에서 제시하는 심지(心地) 수행과 계율 실천의 '병행'은 중요한 기준이 될 것이다.

혹 호사가들은 필자의 이런 시각에 대해 율사도 아니면서 율문(律文)을 언급한다고 설왕설래할지도 모른다. 그러나 알고 보면 이렇게 『범망경』에 주목하는 것은 필자만의 새로운 시각도 아니다. 이미 일제강점기에 백용성 선사께서도 출가 승단의 계율 문란을 염려하면서 『범망경』에 공을 들였고, 해방 후에는 일타 스님도 『범망경』 유포에 공을 들였고, 급기야 이지관 총무원장 재임 시절에는 『범망경』에 입각한 포살을 종단적으로 시행하고 있다.

다만 다른 점이 있다면, 필자의 경우는 『범망경』의 계율 실천을 법성교학의 심지(心地) 수행과 연결을 시킨 점이다. 그러나 이 또한 조선시대를 관통하는 성종(性宗) 내 교학의 뿌리 깊은 전통이다. 다만 필자는 그 전통을 학문적으로 근거를 대서 논증을 한 것뿐이다. 즉, 소승을 가미한 『보살

---

30) 이 책의 제11장 참조.

31) 혹자는 왜 하필이면 법성종을 계승해야 하느냐고 질문할 수 있다. 이에 대해 필자는 이렇게 대답한다. 전통 강원의 교재를 보나, 또는 전통 선원의 화두를 보나, 또는 전통적인 염불 수행자들의 의례를 보나, 이 모든 것들이 모두 법성(法性) 사상에 기초해 있기 때문이다. 물론 이런 전통을 버리고, 또는 전통과 더불어서 '새 불교 운동'을 전개할 수도 있다. 다만 필자가 말하고자 하는 것은, 과거에서 오늘의 지금까지 내려온 흐름이 그렇다는 것이고, 이런 흐름에 뿌리 내려야 현실적 실효성을 거둘 수 있다는 것이다. '대한불교조계종'과 '한국불교태고종'은 신흥 불교 종단이 아니기 때문이다.

지지경』이나 『유가사지론』 등에서 제시하는 3취정계(聚淨戒)가 아닌, 『범망경』에서 말하는 3취정계의 정신을 살려야 할 것이라고 말이다.

제17장 법성교학에서 본 젠더

Ⅰ. 성별의 혼란

최근 들어 자연과학, 그 중에서도 유전 공학 생명공학 등을 포함한 의학의 발달은 과거에는 상상도 못했던 인간에 관한 본질적인 문제들을 심각하게 재론하게 만든다. 인간의 생명이 시작되어 그 생명 현상이 끝나는 순간에까지, 다시 말하면 인간의 탄생에서 사망에 이르기까지 계속되는 생명 현상에 대한 법률적 의학적 윤리적 형이상학적 종교적 등 여러 방면에서 새로운 정의를 요구하고 있다.

이 중에서도 최근 가장 주목을 받고 있는 문제는 역시 생명의 '시작'과 '끝'에 관한 문제이다. 우선 생명의 '시작'에 대해서 말해 보면, '서로 다른 두 개체'인 난자와 정자의 수정으로부터 '새로운 개체'의 생명 현상이 시작된다. 그런데 문제는 어느 시점부터를 인간의 생명체로 볼 수 있는가 하는 것이다. 정자가 난자의 막을 뚫고 들어가 결합하고 나서도 세포 분열을 하기 까지는 약 20여 시간이 걸린다. 그러니 수정의 순간이라고 하더라도, '새로운 개체'가 생성된 것은 아니다. 인간 생명의 '시작'에 대한 문제는 최근 줄기세포 연구와 더불어 불교학계에 논의의 주제가 되기도 했고,

필자도 이 문제에 대해 거론한 바 있다.1) 그 글에서도 밝혔지만 개념적 정의를 어떻게 하는가와, 그런 개념을 사용하여 어떤 철학을 바탕으로 해서 이런 문제들에 대한 대안을 제시하는가가 매우 중요하다. 이런 정황은 생명의 '끝'에 관해서도 마찬가지로 적용된다. 생명의 '끝' 즉 죽음의 경우도 매우 중요한 문제이면서도 이것에 대한 개념적 정의를 내린다는 것 또한 참으로 어렵다.2)

그간 생명의 '시작'과 '끝'에 관한 문제는 여러 학문의 영역에서 비교적 심각하게 다루었던 반면, 생명 현상의 '중간 과정'에 대한 문제는 전통적으로 의학계에 일임해 왔다. 이런 원인 중의 하나로 생명의 발생과 소멸을 초월적 절대자와 관련지어 설명하는 종교의 영향을 들 수 있다. 또 한편으로 생명의 '시작'과 '끝'은 유(有)에서 무(無) 또는 무(無)에서 유(有)라는 구별이 비교적 가능한데 '생명의 과정'은 그야말로 '과정'이어서 단계별로 구분하기가 쉽지 않은 것도 그 원인으로 꼽을 수 있다. 이런 이유들로 해서 흔히 생명의 '시작'과 '끝'에 대한 인간적인 개입에 대해서는 민감하게 반응을 보이면서 정작 시간적으로 가장 긴 '중간 과정'에 대한 인간적 개

1) 신규탁, 「불교의 생명관」,『진리와 자유』63호, 진리와 자유편집실, 2006년, pp.58-65 ; 신규탁, 『때 묻은 옷을 걸치며』, 서울: 정우서적, 2009, pp.479-494.

2) 필자는 2005년 성균관대학교에서 개최된 '민법학회'에서 치료중단에 대한 세미나 토론자로 참여한 적이 있다. 민법학 교수, 법조계 인사, 의사, 철학 및 윤리학 교수들이 모인 세미나인데, 이때 청중 속에 있던 유명한 대학병원 과장님의 발언이 지금도 생생하다. 이것을 여기서 다 말할 수는 없지만, 다만 생명을 직접 다루는 의사와, 한 걸음 뒤에 물러나 있는 판검사와, 그들보다 더 한 걸음 물러나 있는 법학 내지는 철학 교수와는 문제에 대한 이해의 심각성에 큰 차이가 있다는 것만을 밝혀둔다. Transgender의 문제도 매우 난해한 문제이다.

입에 대해서는 너그러웠다. 오늘 우리가 여기에서 논하는 Gender에 관한 문제는 생명 현상의 '중간 과정'에서 대두되는 문제 중의 하나이다.

생명 현상의 '중간 과정'에 속하는 문제들은 예를 들면 장기의 이식 등에 관한 문제이다[3]. 그런데 이런 문제들 역시 의학은 말할 것도 없고, 법률적, 윤리적, 종교적, 사회적, 각 종 방면에서 종합적으로 접근해야 한다고 생각한다. 왜냐하면 인간은 생물학적 존재이기도 하면서도, 동시에 법률적 존재이기도 하며, 이념적 존재이기도 하며, 사회적 존재이기도 하며, 역사적 존재이기 때문이다. Gender에 대한 이런 인식을 기반으로 필자는 법성교학에서는 이 문제를 앞으로 어떻게 풀어가야 할지에 대한 논거를 제시하고자 한다.

논의에 들어가기에 앞서 우선 Transgender에 대한 개념 정의를 분명하게 해 둘 필요가 있다. Transgender란 한 인간이 자신에게 '주어진' 성별(性別, gender)을 다른 성별로 전환(轉換)하는 것을 의미한다. 여기서 우리는 위에서 사용한 '주어진'이란 말에 주목할 필요가 있다. 어느 한 생명체가 발생되어 그것이 성장하는 과정에는 여러 요인들이 관여된다. 우선 생물학적인 요소의 관여에서 비롯하여, 나아가서는 그 생명체의 출산 이후에는 각종 사회적, 문화적, 형이상학적, 윤리적 요소 등등이 그 생명 현상에 관여된다. 이렇게 한 생명체는 자신의 생명 현상의 유지 과정에서 외부로부터 또는 내부의 잠재적인 유전적인 요인들로부터 무언가를 받아들이게

3) 김형철, 「뇌사와 장기 이식」, 『생명의료 윤리』, 구영모 편, 서울: 동녘, 1999년. ; 황경식, 「장기 이식의 윤리적 기초」, 위의 책.

된다. 물론 그것이 능동적이든 아니면 수동적이든가에 관계없이 말이다. 이런 현상을 두고 '주어진'다고 한 것이다. 그런 '주어지는' 내용 중의 하나가 바로 생물학적인 성(sex)이다. 다시 말하면 성(sex)은 성별(gender)의 하위 개념으로 성별(gender)을 결정하는 여러 요소 중의 하나이다.

그런데 본 장에서 집중적으로 다루려고 하는 것은 성(sex)과 관련하여 나타나는 성별(gender)의 전환에 관한 것이다. 성(sex)과는 무관하게 성별(gender)을 전환하려는 경우는 그렇지 않은 경우와 비교하여 해결하야 할 문제가 상대적으로 적다. 의학계나 법률계에 우선적으로 요구되어지는 문제는 성(sex)과 관련한 성별(gender)의 전환이다.

Ⅱ. 예비적 고찰

본 장의 주제가 되고 있는 Transgender에 관한 문제는 그 문제 자체가 매우 현실적이고 구체적인 데서 제기되고 있음에 주목해야 한다. 여기에 한 사람이 있는데, 그는 남성 또는 여성의 육체를 갖고 태어났다. 그 사람이 세상을 살아가는데 어느 시점에서 본인은 자신이 속한 성별(gender)이 아닌 다른 쪽 성별(gender)에 속한다고 '인식'하고 그렇게 '행동'한다. 그런데 그렇게 인식하고 행동하는 계기 또는 원인이 성(sex)과 관련되어 있는 경우가 있다. 즉 육체적인 성과 정신적인 성이 일치하지 않는 사람이 있다. 이런 그가 자신이 현재 육체적으로 속한 성별(gender)에서 다른 쪽의 성별(gender)로 바꾸어서 살고 있고, 또 그것을 법률적으로는 물론 사회적으로 인정받기 원하는 경우가 있다.

위에서 필자는 '주어진'이라는 용어를 사용한 바 있다. '주어진' 것은 그것이 무엇이던 주어진 것인 이상, 그것은 인연의 결합에서 결과한 것으로 무상하고 공하다. 때문에 불교적 입장에서 보면, 어떤 형태의 성별(gender)이건 간에 관계없이 그것은 모두 공(空)하고 무상하다. 그렇기 때문에 성별(gender)의 전환에 대해서는 부정적으로 막을 이유도 없고, 그렇다고 긍정적으로 부추길 이유도 없다. 이런 점은 대승불교의 문헌에서는 일반적으로 수용된다.[4] 이런 공, 무상, 연기를 알지 못하는 것에서 기인하는 고통은 모든 중생들에게 공통적인 문제로서, 어느 특정 인간에게만 나타나는 현상은 아니다. 그렇기 때문에 본 장에서는 성(sex)과 관련되어 나타는 성별(gender)의 전환에 관한 문제에 국한하여, 그것에 대해 법성교학의 입장에서 대안을 모색해보려는 것이다.

성(sex)과 관련되어 나타는 성별(gender)의 전환에 관한 문제가 발생할 경우, 여기에는 당사자 본인이 해결해야 할 문제도 있고, 그 사람을 둘러싼 사회가 해결해야 할 문제들도 있다. 본인의 문제로는 예컨대 이런 현상이 생겼을 때에 우선적으로 자신은 어떤 마음 자세를 가져야 하는가를 비롯하여, 또 어떤 절차를 거쳐 이 문제를 풀어야 하는지에 대한 윤리적 내지는 형이상학적 가치관의 문제에 직면한다. 그리고 사회 공동체에서는 그런 고통을 호소하는 사람의 의료행위를 맡은 의료인에게 요구되는 의료윤리적인 문제, 더 나아가서는 성별(gender)의 전환을 인정해달라는 구체적인 요구가 있을 경우 법률적으로 대답을 해주어야 하는 문제, 그리고 또 그런 사람들을 사회 공동체 구성원의 하나로 어떻게 공생해야 하는가 하는 문제 등등이 발생한다.

이런 이유 등으로 해서 필자는 성(sex)과 관련되어 나타는 성별(gender)의 전환에 관한 문제에 국한해서, 한 개인이 겪고 있는 정신적 성별(gender)

4) 이것은 性別(gender)을 포함하여 일체 모든 '法'의 '空性'을 주장하는 대승불교의 일반적인 세계 이해와 관련된 것이다. 『維摩詰所說經』「觀衆生品第七」(대정장14, p.548b)에서 나오는 사리불과 天女와의 대화에서도 잘 드러난다.

과 육체적 성(sex)의 '불일치감' 해소에 주목하고자 하는 것이다. 이 불일치감의 양상은 논리적으로 보면, 첫째 정신적 성별(gender)은 일정한데 육체적 성(sex)이 흔들려서 발생하는 경우도 있고, 역으로 육체적 성(sex)은 일정한데 정신적 성별(gender)이 흔들려서 발생하는 경우도 있고, 또 정신적 성(sex)과 육체적 성별(gender) 둘 모두가 흔들려서 발생하는 경우도 있다. 물론 이질적 성 발달(heterosexual development)로[5] 인해 일시적으로 동일성이 흔들리는 경우도 있다.

이 문제를 보다 섬세하게 논의하기 위해서 우선 사회적 통념에 기인하는 오류를 제거할 필요가 있다. 그것은 동성애적 현상과 위에서 말한 '불일치감'을 혼동하는 것이다. '불일치감'과 동성애의 문제와는 구별해야 한다. 동성애에 대한 이해가 부족한 사회에서는 동성애자와 Transgender를 동일시 여기는 경향이 있다. 설명하자면 여자 같은 게이(남성 동성애자)와 남자 같은 레즈비언(여성 동성애자)을 동성애자라고 하는데, 이런 동성애자는 Transgender와는 서로 동일시될 수 없다. 양자를 동일시한다면 그것은 사실적 사태가 다른 데도 같은 것으로 동일시하는 오류이며, 또한 동성애자의 극단적인 양태를 Transgender라고 하기도 하는데 이것은 양태와 본질을 구별 못한 오류로서 그 또한 잘못이다. 본 장이 문제 삼고 있는 Transgender는 동성애와는 전혀 다른 별개의 문제이다. 이 점을 우선 분명하게 해두어야 한다.

---

5) 양세원, 문형로, 「사춘기」, 『臨床內分泌學』, 민헌기 편저, 서울: 도서출판 고려의학, 1990년. p.408.

다시 '불일치감'이 생기는 양상에 관한 문제로 되돌아가기로 한다. Transgender는 자신이 육체적으로 속한 성(sex)과 반대되는 성별(gender)의 역할을 행동을 통해 표출하며 그것도 매우 지속적으로 그렇게 한다. 그 원인은 성 분화(sexual differentiation)의[6] 이상에서 원인한다. 이런 증상은 통계적으로 남자는 3만 명 당 1명, 여자는 10만 명 당 1명 정도라고 한다. 이렇게 보면 한국에서 약 1,000명 정도가 Transgender 증세를 갖고 있는 셈이다. Transgender 증세는 기존의 의학 용어인 '성전환증'과도 유사하지만, 이 양자 사이에는 엄밀한 차이가 있다. 본 장의 주제를 보다 선명하게 하기 위하여 두 개념의 차이를 설명하기로 한다.

'성전환증'이란 "성적 주체성 장애의 가장 심각한 형태로서 사춘기 이후에도 자신의 선천적 성(sex)에 대해 지속적으로 불편감과 부적절감을 느끼면서 2년 이상 일차 성징(性徵)을 제거하고 상대 성징(性徵)을 획득하려는 '집착'에 사로잡혀 있는 상태"로 정의되어지고 있다. Transgender의 경우도 외형적인 양태에서는 '성전환증'과 유사하다. 그러나 가장 큰 차이점은 Transgender의 경우는 '집착'적 상태가 아니라, 성 분화(sexual differentiation)

6) 性의 分化(sexual differentiation); 임상내분비학에서는 성의 분화 과정은 4가지로 설명하고 있다. 첫째는 유전적 성(genetic sex)으로 이것은 受胎 당시에 결정되고, 둘째는 生殖의 性(gonadal sex)인데 이것은 유전적 성에 의하여 결정된다. 셋째는 表現型的 性(phenotypic sex)인데 生殖의 性의 分化로 내부 생식기와 외부 생식기가 발현되며 胎兒期 全般部에 나타나며, 사춘기 때에 제2차 성징의 발달은 그 외의 신체적 특징을 형성한다. 넷째로 精神性的 同一性(psychosexual identity)은 출생 후 양육 또는 자연(Nurture vs Nature)에 의하여 결정된다. 양세원, 문형로, 「성분화 이상」,『臨床內分泌學』, 민헌기 편저, 도서출판 고려의학, 1990년, p.367. 참조.

의 '이상'이라는 '물질적 사태'가 있다. '물질적 사태'라 함은 물리적 화학적 내지는 유전적 물질, 내지는 내분비물 등을 말한다.

반면에 '성전환증'의 경우는 그런 '물질적 사태'와의 관계 속에서 자각되는 성적 자아(sexual identity)가 아니고, '집착'이 주된 원인이 되어서 나타나는 불일치 현상이다. 그런데 이런 '집착'이 어디에서 오는가는 매우 복합적이지만, 가장 핵심이 되는 것은 위에서 말한 '물질적 사태'와는 무관한 심리적, 환경적, 문화적 요소들에 영향을 받는 다는 점이다. 그런데 '물질적 사태'와 관계되어 나타나는 Transgender의 경우나, 아니면 '집착'으로 인해 생긴 '성전환증'이나, 그것을 경험하는 당사자에게 미치는 '효과성'[7]은 질적으로 전혀 차이가 없다. 이 점은 아래에서 다시 논의하겠다.

여기에서 우리는 Transgender에 대한 사회적인 요구를 불교적으로 그 대안을 모색하기 위해서, 우선적으로 언급해 두고 넘어가야 할 점이 둘 있다. 첫째는 '효과성'에 대한 점이다. 불교의 입장에서 보면, 그것이 설사 잘못된 인식(또는 지식)이라고 하더라도 그 인식(또는 지식)이 다른 인식(또는 지식)에 의하여 오류로 판명되지 않는 한 여전히 참[眞]과 동일한 '효과성'이 있다. 예를 들어 새끼줄 토막이 뱀인 줄 알고 있는 동안, 그 인식(또는 지식)은 실제의 뱀을 대상으로 하고 있는 것과 같은 '효과성'이 있다. 둘째는 불

7) 이 문제는 인도철학과 불교철학의 중요한 주제 중의 하나인 '지각(ptatyakṣa)'과 관련된 것으로 인식의 확실성을 어떻게 담보할 수 있는가와 관련된 문제이다. 필자는 이 문제에 관한한 이 글에서는 다르마키르티의 입장을 수용한다. 이 문제에 대해서는 다음 참조. 『인도불교철학』(카지야마 유이치 저, 권오민 역, 서울; 민족사, 1994, pp.143-145) ; 이 책의 제10장.

교의 공사상이나 연기사상의 측면에서 설명하자면 '물질적 사태'와 '집착'이 모두 '만들어진 것', '형성되어진 것', '공한 것', '무상한 것', '연기에 의하여 만들어진 것'이라는 점에서는 동일하다. 현재 우리 사회가 현실적으로 고민하고 있는 Transgender 문제에 접근하여, 그것에 대하여 불교의 철학적 원리를 이용하여 대안을 모색하기 위해서는 이 점을 확인해 둘 필요가 있다.

이렇게 불교적인 입장을 확인한 다음, Transgender와 '성전환증'을 다시 보자. 위의 문단에서 보았듯이 양자는 '효과성' 면에서 해당 당사자에게는 구별이 없다. 그러고 양자 모두 성 분화(sexual differentiation)의 이상이라는 '물질적 사태'에 원인이 있던, 혹은 '집착'에 원인이 있던 그 원인은 불교적으로 보면 모두 공(空)하고 무상하고 연기에 의한 것이다. 이 문제는 이하에서 다시 자세하게 다루기로 한다.

이제 현실적 문제로 돌아오자. 즉 성별(gender)의 '불일치감'을 어떻게 해소할 것인가? '성전환증'은 일종의 질병인데, 위의 설명에 따르면 치료방법은 이론적으로는 '집착'이 원인이 되어서 생성된 정신적 성별(gender)을 해소시켜 육체적 성(sex)으로 일치감을 갖도록 하는 것이다. 이런 증상을 앓고 있는 사람들은 외국의 사례에 비추어 통계적으로 국내에 약 3만 명에 달하는 것으로, 매우 현실적인 문제이다.

한편, Transgender는 성 분화(sexual differentiation)의 이상에서 오는 육체적 성(sex)과 정신적 성별(gender)의 불일치감에서 오는 고통을 준다. 이 경우는 성 분화의 넷째 단계인 정신성적 분화에서 이상이 있었을 경우를 제외하고는 물리 화학적으로 수술적 약물적 치료를 통해서 '불일치감'을 해소시켜야 한다. 적어도 논리적으로는 그렇다. 그런데 정신성적 분화에 대해서도 그것이 자연적인 것이냐 양육에 의한 것이냐에 대하여 의학계에도 오랜 논쟁이 있고 아직 결말을 내리지 못하고 있다[8]. 따라서 정신성적 분화의 이상에서 발행하는 성적 불일치감도 그 원인을 자연으로 보느냐 양육이라는 후천적인 것으로 보느냐에 따라서 그 치료 방법이 다를 수밖에 없다.

이렇게 해서 필자는 '동성애자', '성전환증 환자', 'Transgender'를 개념적으로 분류해 보았다. 그러면 성의 분화(sexual differentiation)와 그것의 이상 현상은 어떻게 해서 생기는가? 이하에서는 이 분야의 임상적 연구에 도움을 받기로 한다.

먼저 성의 분화(sexual differentiation)에 대해서 알아보기로 한다. 양세원, 문형로 두 교수에 의하면[9] 다음과 같다. 사람의 성(性)은 어떤 정자가 난자에 수정되었는가에 따라 성이 나뉜다. 어머니에게서는 성 결정 유전자 중 X만 나오고 아버지에게는 Y 혹은 X가 나온다. 아버지 쪽에서 Y 혹은 X가, 어머니 쪽의 X 성염색체와 결합하는 순간 성별은 결정된다. Y 염색체의 1차 기능은 특성이 없는 중성(中性)의 태아 생식선(gonad)을 고환으로 분화시킴으로써 남성으로 발달하게 한다. 포유류에서 생식선(gonad)과 생식

8) 양세원, 문형로, 앞의 논문, p.374 참조.

9) 양세원, 문형로, 앞의 논문, pp.367-374. 이 장에서 본 장의 논지와 관계된 부분만을 인용하였다.

기의 원기(原器, primordium)는 본래 여성으로 분화되도록 되어 있다고 한다. 여기에 남성화 현상이 능동적으로 참여되어야만 고환으로 분화된다. 그러다가 임신 26-30일경에는 월프관(Wolffian duct)이, 44-48일경에는 뮬러관(Műllerian duct)이 각각 형성된다. 뮐러관은 자궁, 나팔관과 질 상부의 원기(原器)로 작용하며, 월프관은 부고환, 정관, 정낭과 사정관으로 분화한다. 이렇게 하여 외부생식기가 분화되어 가는데 음경의 형성은 임신 12-14주 때에 완성된다고 한다. 그런데 이 시기에 여성 태아가 남성 호르몬에 노출되면 음순음낭 융합이 일어날 수 없다. 여성 태아는 임신 8주 때 생식결절은 음핵 등을 형성하며, 질 발달을 위한 공동화(空洞化, cavitation)는 임신 15주 때에 처음으로 관찰되어 18주 때에 완성된다고 한다.

이렇게 성이 분화되는 데, 모든 영아가 출생 시 정신성적 분화(psychosexual differentiation)는 중성(中性)이다. 그런데 생후 수년간 성적 자기 동일성이 사회 그리고 환경적 영향에 의하여 영구하게 고정된다는 양육설(Nurture)도 있고, 태생 후의 행동과 지적 기능은 태생 전 신경조직 분화의 결정적 시기에 성 호르몬에 의하여 조절된다는 자연설(Nature)도 있다.

이하에서는 성분화의 이상 현상을 알아보기로 한다. 양세원, 문형로 두 교수의 상기 논문에[10] 의하면, 성 분화 이상은 크게 (1)생식선 및 염색

10) 양세원, 문형로, 앞의 논문, pp.375-394. 이 논문에서 본 장의 논지와 관계된 부분만을 인용하였다

체 질환[11], (2)유전적인 남성에서 남성화 현상의 결핍[12], (3)유전적인 여성에서 남성화 현상[13]으로 나눌 수 있다고 한다.

이상은 모두 전문 의학적인 지식이 요구되는 것으로 철학이나 불교학의 영역을 넘어선다. 그래서 필자는 Transgender의 문제 중에서 윤리학적 내지는 형이상학적으로 해결해야 할 부분을 풀어가기 위해서는 믿을만한 의학 연구에[14] 의존해야 한다. 그 연구에 따르면, 성 분화의 이상을 치료하는 방법이 다양하게 제시되고 있다. 그런데 분명한 것은 성적 분화의 이상 현상은 대부분이 성염색체나 내분비물이라는 물리적 화학적 요소에 절대적인 영향을 받는다는 점이다. 그러나 인간은 의학적인 동물만은 아니다. 인간은 사회적 존재이기도 하고, 생각을 하는 존재이기도 하고, 역사적 존재이기도 하고, 종교적 존재이기도 하다. 물론 물질적 존재이기도 하다. 우

---

11) 첫째 성염색체의 異常으로 클라인펠터(Klinefelter)로 염색체가 전형적인 형태는 XXY인데 그밖에도 XX남성, 모자이크 형태, 다수의 X+Y 등이 있다고 한다. 그리고 난소와 고환 조직이 공존하는 진성 半陰陽, Y염색체 이상, X염색체 하나만 있는 터너 증후군 등이 있다고 한다. 둘째로 생식선의 이상으로는 XX 생식선 異形性, XY생식선 異形性, 그리고 고환 퇴행증후군 등을 들고 있다.

12) 이 경우는 생식선은 정상일 수 있으며 뮬러관 억제 인자를 생성하므로 자궁 및 나팔관은 없다. 이에 속하는 대부분의 질환이 고환에서의 남성 호르몬 생성 장애와 남성 호르몬에 대한 표적장기 반응의 손상으로 발생하며 다양한 형태의 월프관 미발달과 외부 생식기의 부적절한 남성화를 보인다.

13) 이 경우는 여성 태아가 높은 농도의 남성 호르몬에 노출될 경우 일어난다. 임신 중 언제 남성 호르몬에 노출되었는가에 따라 생식기의 애매함 정도가 달라진다.

14) 두 교수의 논문이 실린 『臨床內分泌學』(민헌기 편저, 서울: 도서출판 고려의학, 1990)은 국내의 몇몇 대학을 제외하고는 전국의 이 분야 관계 모든 학교의 교재로 쓰이고 있다. 그런 점에서 믿을만하다는 것이다.

리 철학하는 사람이 Transgender에 관심을 갖는 것도 인간의 이런 특정 때문이다.

그런데 이런 인간에게 성의 분화 과정에서 이상 현상이 나타나서 육체와 정신 간에 불일치감이 나타나면, 즉 자기동일성의 흔들림이 일어나게 되면, 거기에서 오는 고통이란 이루 말할 수 없다. 이런 사람들 중에는 더러 의학적 도움을 받기 힘든 상황에서 자신의 성징(性徵)을 바꾸려하다가 불법적 또는 비의학적인 방법을 쓰는 경우도 있다. 또는 스스로 반대 성의 성 호르몬을 투여하거나 비(非) 의료인에게 성기 제거 수술을 받아 부분적으로나마 반대성의 신체적 성질과 같아지려고 하는 경우도 있다.

이런 양상은 '성전환증 환자'와 'Transgender' 모두에게 나타난다. 이런 문제를 어떻게 해결해야 하는가? 이것은 고통을 겪는 당사자만의 문제를 넘어서서 이미 사회적 현실적 문제로 대두되었다. 그것은 우선 그 당사자에게는 행복권과 관련된 문제이기도 하고, 다시 더 나아가 그가 성전환 수술을 원할 경우 의사에게 부여되는 윤리적, 법률적 문제이도 하며, 동시에 그렇게 성전환 수술을 받은 사람들에 대해 주위 사람들은 어떻게 관계해야 하는가 하는 사회 관습적 문제이기도 하며, 마침내 그들이 법률적으로 호적의 정정을 요구할 경우 법정은 어느 법률에 의거해야 하는가 하는 문제이도 하다.

우선 '성전환증 환자'의 경우는 '집착'적 상태로 인해서 불일치가 야기된 것이므로, 그들의 경우는 집착을 '해소'시켜 일치감을 갖게 하는 방법이다. 또 논리적으로만 본다면 다른 하나의 방법으로는 비록 '집착'적 상태에서 감지되는 성별(gender)이라도 그것 역시 새로운 지식(혹은 인식)에 의해 대치되지 않는 한 여전히 효과를 발휘하고 있다. 따라서 '집착'에 의해 지각된 성별(gender)에 맞추어 육체적 성(sex)을 의술의 도움을 받아 전환하는 것도 가능하다. 사실 1970년대 이후에는 성(sex) 전환에 관련된 의술이 급성장하여 이런 방법이 많이 활용되고 있다. 그런데 여기에 문제가 없는 것은 아니다. 전환에 성공한 후에 다시 그 '집착'적 상태가 해소되면 어떻게 되는가? 다시 불일치감으로 고통을 받게 된다.

그러나 Transgender의 경우는 여러 면에서 '성전환증'과는 처방 방법이 다르다. Transgender의 경우는 그것이 양육을 포함한 여러 후천적인 복합적 요인에 의해 형성된 성별(gender)이기는 하지만, '자기 동일적'적 상태에서 즉자적으로 인지된 성적 자기 동일감이기 때문에, 존중되어져야 한다. 이들에게도 역시 '성전환증' 환자와 마찬가지로, 육체적 성을 변동시키는 성(sex) 전환 수술 내지는 약물적 치료를 통한 불일치감의 해소도 가능하고, 육체적 성(sex)은 그대로 두고 후천적으로 형성된 정신적 성별(gender)을 변환시키는 노력을 통해 일치감을 갖게 하는 방법 둘 다 모두 가능하다. 그런데 '성전환증'이 병리적 현상이라면, Transgender는 아주 경우가 드믄 생리적 현상이다. 때문에 드물다는 이유로 그들을 차별해야 할 이유는 어디에도 없다. 이것이 필자의 기본적인 견해이다.

이제부터 필자는, 위에서 거론한 다양한 형태의 성적 불일치감에 대하여 불교의 입장에서는 어떤 처방을 제시할 수 있는지, 법성교학의 입장에서 탐색해기로 한다.

Ⅲ. 성별(gender)의 전환(trans)에 관한 근거 모색

필자가 여기에서 사용하는 한자 불교 문화권이라는 용어는 지역적으로 지금의 중국과 한국과 일본을 포함하는 동북 아시아권을 지칭하고, 그 지역 내에서 전개되어 온 불교를 그 내용을 한다. 이 문화권에서는 한자를 매체로 불교를 믿었고 학문적 연구도 했었다. 그런데 이 문화권에서 Transgender 문제를 검토하는 과정에 우리가 꼭 상기해야 할 것이 있다. 그것은 이 지역은 기본적으로 '유교적 봉건사상'의 영향을 강하게 받는 곳이었고, 불교도 역시 이런 영향으로부터 자유로울 수 없었다는 점이다. 특히 성별(gender)의 문제는 육체적인 성(sex)을 포함하여 그 사회의 문화와 역사와 관습 등에 의하며 형성되기 때문에, 현재 우리가 속한 문화권에 대한 이해가 필요하다.

유교적 봉건사상에 대해서는 길게 말할 여유는 없다. 핵심적인 것만을 말해보면 중국 고대의 주대에 형성된 종법제도를 그 핵심으로 한다. 또 하나는 '천인상관'설에 의해 보장되는 군권제이다. 이 두 제도가 씨줄과 날줄이 되어 중화를 중심으로 하는 동북 아시의의 문화가 운영된 긴 역사가 있었다. 이런 문화권 속에서는 사회를 구성하는 최소 단위인 '가(家)'와, 또 한편으로는 '천자(天子)', '제후(諸侯)', '경대부(卿大夫)', '사인(士人)', '서인(庶

人)'으로 차별되는 신분제도가 엄연히 현실로서 실재했다. 이런 사회를 지탱시키기 위해서 이념적으로 활용한 윤리 중의 하나가 '효(孝)'이고, 이런 통치윤리를 담고 있는 경전이 『효경(孝經)』이다. 『효경』은 과거의 필수과목으로 그 어느 경서보다도 당시 지식인의 가치관에 영향을 많이 주었다. 『효경』의 '효(孝)'사상은 봉건사회 속에서는 모든 가치와 이념의 근저를 이룬다. 그러면 '효'란 무엇인가? 특히 본 장의 주제인 신체와 관련된 언급을 보자.

> 대저 효(孝)라는 것은 덕(德)의 근본이며 선왕의 가르치신 바도 효에서 비롯된다. 돌아와 앉아라. 내 너에게 말해주리라. "우리의 몸 털 피부는 모두 부모에게서 받은 것이다. 이를 상하게 하지 않는 것이 효의 시작이며, 몸을 조정에 세우고 후에 이름을 떨침으로써 부모를 빛나게 하는 것이 효의 마침이다."[15]

이상은 『효경』의 첫 장에 해당하는 「개종명의장(開宗明義章)」에서 인용한 것이다. 더 이상 설명이 필요 없다. 신체에 대한 이런 이념으로 인하여, 인도의 불교가 중국에 전래되는 과정에서 매우 곤란을 겪은 것은 불교사가 말해준다. 유교 측에서 불교를 비난할 때에 항상 나오는 것이 승려의

15) 박일봉 편역, 『孝經』, 서울: 육문사, 1992년, p.49, "子曰, 夫孝德止本, 敎之所繇生也. 復坐, 吾語女. 身體髮膚受于父母, 弗敢毁傷, 孝之始也. 立身行道, 揚名於後世, 以顯父母, 孝之終也."

삭발 문제였다.[16] 삭발도 문제가 되는데 만약 남자의 성기를 수술하여 여성의 성기로 만든다고 하면, 그에 따라는 반발은 안 보고도 짐작이 간다.

이에 대한 당시 불교도의 대안적 답변은 '대효론(大孝論)'이었다. 대개의 경우 중국의 불교는 당시의 유교적 봉건 윤리와 충돌할 경우 자신의 윤리를 양보하거나 변질시켰는데, 삭발, 육식 금지, 결혼 안 하기 등은 인도의 율법을 고수하였다. 비록 그렇기는 하더라도, 고대 봉건시대의 동북아시아 불교권에서는 Transgender에 관한 구체적 사례 보고는 물론 그에 대한 입장이 어떠했는지를 알 수는 없다. 물론 불교계가 어떤 반응을 보였을 것인지는 예측이 안 가는 것은 아니다.

동북아시아의 한자 불교권에서 가장 많이 읽혔던 경전 중의 하나로 『묘법연화경』을 꼽을 수 있다. 이 경전의 「안락행품(安樂行品)」에는 말세의 구법자로서의 행동과 교제하는 대상 또는 범위에 대한 이야기가 나온다. 그 중에서 소녀나 과부를 가까이 하지 말고, 또 '오종불남(五種不男)'과 가까이하는 것도 피해야 한다고 한다.[17] '오종불남'[18]이란 일반 사람들과는 다른 형태의 남근(男根)을 가진 자를 말하는데, 이들을 가까이 하지 말라고 한

---

16) 신규탁, 「중국 불교의 효사상 형성」, 『동양고전연구』 제8집, 동양고전학회, 1997년. ; 박찬영, 「『理惑論』에서의 모자의 불교 수용론에 대한 해석학적 성찰」, 『대동철학』 제35집, 대동철학회, 2006년.

17) 『妙法蓮華經』(대정장9, p.37b). "若入他家, 不與小女處女寡女等共語, 亦復不近五種不男之人, 以爲親厚."

18) 『四分律』(권35)(대정장22, p.812c)에 의하면, 五種不男이란, 날 때부터 성 불구인자[生], 한 달 중 반 달은 성 불구인 자[半], 남의 성 행위를 보고 성욕이 생기는 자[妬], 남근의 손상을 입은 자[犍], 성 행위를 할 때에 남근이 사라지는 자[變]이다.

다. 물론 그들에게는 출가하여 구족계도 받을 수 없게 되어 있다.[19] 뿐만 아니라 생식기 불구 여성인 '5종불녀(五種不女)'에 대해서도 같은 입장이다. 일반인과 다른 성기를 가진 자에 대하여 차별적인 태도를 보이고 있음을 알 수 있다.

동북아시아 불교권에서는 성의 정체성이 불분명한 '불남(不男)'에 대하여 아주 부정적인 견해를 갖고 있는데, 『묘법연화경』의 유포도 여기에 한 몫을 했다. 축도생(竺道生; ?-434)은 그의 『법화경의기(法華經義記)』(권7)에서 '오종불남'을 사유 능력이 없는 자로 규정하고 그들과 반연을 맺어서는 안 된다고 주석한다.[20] 이런 태도는 그 후 길장(吉藏; 549-623)에도 그대로 이어진다. 그는 『십송률(十誦律)』을 인용하여 천(天), 형(刑), 도(都), 변(變), 반(半) 등의 '오종불남'을 소개한다. 이 중에서 Transgender와 관련하여 우리의 주목을 끄는 것은 '변불남(變不男)'이다. '변불남'을 길장은 '여변위남(女變爲男)'이라고 설명한다.[21] 물론 '불남(不男)'에 대해서는 부정적인 입장을 보이기는 마찬가지이다. 이런 전통은 송대의 중국인들에게도 계속되어 문달(聞達)은 그의 『법화경구해(法華經句解)』(권5)에서 '변불남(變不男)'을 '어떤 때에는 변전(變轉)하여 남인지 여인지가 일정하지 않은 사람'[22]이라고 해석한다. 역시 부정적 입장이다. 문달(聞達)의 이 책은 현재 한국에서도 널리

19) 『四分律』(권35), 『摩訶僧祇律』(권23) 등.

20) 『法華經義記』(권7)(신찬속장27, p.114b). "第六, 明離無志之緣, 五種不男是也."

21) 『法華經義疏』(권10)(『신찬속장27, p.398b).

22) 『法華經句解』(권5)(신찬속장30, p.558a).

읽히고 있다[23]. 그러고 보면 한자 불교 문화권에서는 어느 경우를 보더라도 성(sex)의 정체성이 없는 사람을 매우 부정적으로 보고 있다.

그러나 여기에서는 보다 원론적인 측면에서, 동북아시아의 불교권에서 긴 세월 동안 그리고 넓은 범위에서 핵심적인 학파로서 자리 잡았던 법성종(法性宗)의 교리체계에 입각한다면, 이 교학체계에서는 Transgender 문제를 어떤 시각에서 접근할 수 있을까? 이런 물음에서 출발하여 Transgender에 대한 입장을 정리해보고자 한다.

중국의 화엄학자들은 당나라 당시에 유행하던 중국의 교학을 법상종(法相宗), 공종(空宗), 법성종(法性宗)의 나누었다. 법성종(法性宗)의 교학은 여래장사상에 입각한 불성사상을 근간으로 한다. 이런사상 형성에 직접적 영향을 준 문헌은 경장으로는『화엄경』「십지품」(또는『십지경』)이고, 논장으로는『대승기신론』이다. 특히『십지경』의 〈제6 현전지〉의 유명한 구절인 "삼계가 허망하니 단지 일심(一心)이 짓는 것이다. 여래께서 설한 12인연의 각 부분들이 모두 한마음에 의지한다."[24]라는 경문(經文)은 세친의 주석을 포함하여 고대 한어로 번역되면서, 동북아시아 불교의 심식설(心識說)에 큰 영향을 미친다.『십지경』의 이런 '일심(一心)'사상은『대승기신론』[25]의 아뢰

23) 『法華經句解』(聞達 著, 김석윤 간행, 三眞禪宗會, 부산: 1968년). 이 책과 더불어 한국에서 여러 차례 판을 거듭하여 간행되어 읽히는 송나라의 戒環 스님이 宣和 年間(1119-1125)에 간행한『妙法蓮華經要解』에서는『妙法蓮華經』「安樂行品」의 '五種不男'을 해석하면서 "五種猥媟, 不須辯析"이라 하여 부정적인 입장을 견지하고 있다. '猥媟'이란 '상스럽고 잡되다'는 뜻이다.

24) 이상하 번역,『십지경론』, 서울: 동국역경원, 1997년, pp.192-193.

25) 조선시대를 비롯하여 한국의 전통적인 講院에서는『대승기신론』이 大敎의 과

야식설과 더불어 화엄교학의 기초가 되기도 된다. 본 주제와 관련되는 부분을 인용해서 논의의 지평을 마련하기로 한다.

> 생주이멸하는 마음의 기능[心生滅相]은 여래장(如來藏)을 의지하기 때문에 생주이멸하는 마음이 있게 된다. 이른바 불생불멸하는 기능이 생주이멸하는 기능과 화합하지만 (이 둘은) 동일한 것도 아니고 다른 것도 아닌 데 이를 아리야식(阿黎耶識)이라고 한다.
>
> 이 식(識)에 두 가지 속성이 있어서 일체의 법을 포섭할 수 있으며 일체의 법을 생성시킨다. 두 가지란 무엇인가? 첫째는 '깨닫는 속성'이고, 둘째는 '깨닫지 못하는 속성'이다.[26)]

여기에 '깨닫는 속성'에 대한 설명은 바로 뒤에 이어서 이렇게 나온다.

> "'깨닫는 속성[覺義]'이란 소위 마음의 본바탕에 생주이멸 하는 마음을 떨쳐버리는 것이다. 생주이멸 하는 마음이 사라진 모습은 허공과 같아서 어디에고 퍼져 있어서 법계의 동일한 형상[法界一相]이다. 이것이 곧 여래의 평등한 법신이다. 이 법신에 의거하여 '근본적인 깨달음[本

목으로 편수되어 있고, 이 경우 賢首法藏의 『大乘起信論義記』를 教本으로 하고 있다. 때문에 『大乘起信論』을 인용함에 있어, 論의 본문 이해에 편의를 도모하기 위해 『大乘起信論義記』를 출전의 전거로 삼는다. 『大正藏』卷32를 인용하는 대신 『大正藏』卷44의 『大乘起信論義記』를 인용한다.

26) 『大乘起信論義記』(대정장44, p.254b). "心生滅者, 依如來藏故, 有生滅心, 謂不生不滅. 與生滅和合, 非一非異, 名爲阿梨耶識. 此識有二種義, 能攝一切法, 生一切法, 云何爲二, 一者覺義, 二者不覺義."

覺]'이라고 말하는 것이다."[27)]

필자가 이 구절을 인용한 의도는 아뢰야식 속의 '깨닫는 속성[覺義]'에 입각하여 '생명' 또는 '생명을 가진 존재'의 '자기동일성(self identity)'을 확보할 수 있다고 생각했기 때문이다.

'자기동일성(self identity)' 문제는 생명의 본질을 무엇으로 보는가와 관련된 문제로 여기에는 여러 철학적인 문제들이 얽혀 있다. 따라서 이 문제들에 대한 필자의 입장은 이 책의 「제6장. 규봉 종밀의 자아관」으로 대신하고, 여기에서는 성별(gender)과 관련하여 제한적으로 논의한다. 전통적으로 철학에서는 인간의 '자기동일성'과 관련하여 육체보다는 영혼을 우위에 놓았다.[28)] 그런데 최근에 들어서는 영혼, 마음 내지는 자아에 대한 이런 전통적인 심신론(心身論)은 현대 심리철학의 여러 가지 논증들에 의하여 재검토되어지고 있다[29)]. 더구나 뇌(腦)와 심(心)과의 관계에 관한 연구는[30)] 기

---

27) 『大乘起信論義記』(대정장44, p.256a). "所言覺義者, 謂心體離念, 離念相者, 等虛空界, 無所不遍, 法界一相. 卽是如來平等法身, 依此法身, 說名本覺. 何以故, 本覺義者, 對始覺義說, 以始覺者, 卽同本覺."

28) C.A 반 퍼슨, 「몸에 대한 영혼의 우위성: 플라톤」, 『몸 영혼 정신 : 철학적 인간학 입문』, 손봉호 강영안 번역, 서울: 서광사, 1985년.

29) 여러 문제가 제기되고 있지만, 그 대표적인 것 중의 하나가 '타인의 마음'에 대한 인식이다. 현대심리철학에 관한 이런 문제들에 대해서는 『물질과 인식: 현대심리철학 입문』(P.M. 처치랜드 저, 석봉래 옮김, 서광사, 1992년)에 많이 제기되어 있다.

30) 品川嘉也, 『意識と脳; 精神と物質の科學哲學』, 紀伊國屋書店, 東京: 1982년. ; Susan Greenfield ed., 『ここまでわかった脳と心』, 山下篤子 譯, 集英社, 東京: 1998年.

존의 전통적인 '마음 우위'적인 철학들을 전면적으로 흔들고 있다. 불교를 만약 마음 '우위'적 사상으로 분류한다면 이 역시 흔들림의 대상이다. 이 문제와 관련하여 불교사상을 어떻게 해석할 것인가는 중요한 문제이지만, 분명히 밝힐 수 있는 것은 인식(혹은 지식)의 문제가 뇌의 상태 이론 내지는 뇌의 물리 화학적 요소에 의해 해명되어가고 있다는 것이다.

그러나 현 단계에서 필자는 '마음 우위'적 입장에서 논의를 계속하기로 한다. '깨닫는 속성[覺義]'이야말로 생명 있는 개별적인 존재자들의 존재가 되는 본질적 기능이다. 이런 기능에 의지해서 각종 생명의 '다양한 현실적 양태'들이 실재할 수 있다. 본 장의 주제가 되고 있는 성별(gender)의 경우도 생명의 '다양한 현실적 양태'에 불과하다. 앞에서도 언급했듯이 성별(gender)은 생물학적, 후천적, 문화적 영향을 받아서 형성된다. '깨닫는 속성[覺義]'이란, 성별(gender)을 포함한 일체의 현실태로 구분화되기 이전의 더 근원적인 '그 무엇'이다. '그 무엇'을 법성교학에서는 '법계 일상', '여래의 평등 법신'이라 한 것이다. 그것이 근거가 되어 사유의 주체도 형성되고, 나아가서는 사유의 재료도 형성된다. 필자는 『대승기신론』에서 나오는 '법계일상', '여래의 평등법신'을 생명의 자기동일성이라는 말로 다시 해석해 본 것이다.

이런 생명의 자기동일성이 개별적인 '업(業)'을 수반(隨伴)하여 '개별적인 생명체'가 만들어진다. '깨닫는 속성[覺義]'이 '업'을 수반하여 '개별적 생명체'로 형성되어 세상을 살아가는 과정에서 성별(gender)이 형성되어 남 또는 여의 성별(gender)로 규정되어, 그리하여 생로병사의 세계 속에 순환

한다. 그러면 '개별적 생명체'의 차별성은 어떻게 설명할 수 있을까? 그것은 '깨닫지 못하는 기능[不覺義]'의 역할 때문에 나타나는 현상으로 해석할 수 있다. 위의 문장에 이어지는『대승기신론』의 본문을 보기로 한다.

> '깨닫지 못하는 기능[不覺義]'이란, 진여법이 하나임을 여실히 알지 못하기 때문에 저도 모르는 사이에 (본각의) 마음이 움직여서 생주이멸 하는 마음이 있게 된다. 그런데 허망한 마음도 자상(自相)이 없어서 본각을 떠나 존재하는 게 아니다. 마치 (낯선 지방에서) 방향을 잃은 사람이 (잘못된) 방향에 의지하기 때문에 헤매지만, 만약 (잘못된) 방향을 버리기만 하면 헤맴이 없어지는 것과 같다. 중생도 그와 같아서 깨닫는 기능이 있기 때문에 깨달음과 등진 사람을 헤매는 사람이라고 하지만, 만약 '깨달음의 본성'이 없다면 '깨닫지 못함'도 없다. '깨닫지 못함'이라는 망상이 있으므로 (그것을 설명하다보니) 명칭과 기능을 알게 되어, '깨닫지 못함'이 사라진 상태를 '참된 깨침'이라고 말한 것일 뿐이다. 그러나 만약 '깨닫지 못하는 마음'만 사라지면 '참된 깨침'도 역시 자상(自相)이 있다고 말 할 수 없다.[31)]

위에서 필자는 생명 있는 존재가 갖고 있는 자기동일성 개념을 끌어들이면서, 이것을 아뢰야식 속에 있는 한 기능인 '깨닫는 속성[覺義]'으로 재해석을 시도한 바 있다. 아래에서는 '깨닫지 못하는 기능[不覺義]'의 개념

31) 『大乘起信論義記』(대정장44, p.262a), "所言不覺義者, 謂不如實知眞如法一故, 不覺心起, 而有其念. 念無自相, 不離本覺. 猶如迷人, 依方故迷. 若離於方, 則無有迷. 衆生亦爾, 依覺故迷. 若離覺性, 則無不覺, 以有不覺妄想心故. 能知名義, 爲說眞覺. 若離不覺之心, 則無眞覺自相可說."

을 빌려와 생명체의 개별성을 설명해보려는 것이다. 위의 인용문은 '깨닫지 못하는 기능[不覺義]'의 의미와 그것이 생성되는 구조를 설명한 부분이다. 위의 인용문에 따르면, "진여법이 하나임을 여실히 알지 못하기 때문에 저도 모르는 사이에 (본각의) 마음이 움직여서 '생 · 주 · 이 · 멸' 하는 마음이 있게 된다."고 했다. 이렇게 만들어진 '생 · 주 · 이 · 멸' 하는 마음은, 그것이 비록 만들어진 것이라는 의미에서 허망하지만, 일정 기간 각종 다양한 생명 있는 존재의 개체적 자기동일성의 근거가 된다. 따라서 그것이 수행을 통해서 해체되지 않는 한, 현실의 세계에서 자아로서 유효한 작용을 한다. 그런 자아로서 드러난 하나의 양상 중의 하나가 바로 성별(gender)이다. 법성교학에 의하면, 이런 '무상한' 자기동일성이 완전히 해체될 때에 다시 말하면 '깨닫지 못하는 기능[不覺義]'이 정지된 상태에서 '깨닫는 속성[覺義]'이 드러난다고 한다.

그런데 이렇게 해서 '만들어진' 자기동일성으로서의 자아의 내용을 들여다보면, 현실적 개별 인간이 자기 자신에 대하여, '나는 인간이다', 또는 '나는 한국 사람이다', 또는 '나는 여자이다', 또는 '나는 남자이다', 또는 '나는 서울에 사는 남자이다'라는 등의 '자기 확인 작용'이 가능해 진다. 이렇게 하여 필자는 아뢰야식 속에 기능하는 '깨닫지 못하는 기능[不覺義]'을 근거로 개별적 현실 존재자들의 자기동일성이 확보된다고 논증해 본 것이다.

그러면 이러한 자아의 동일성은 어떻게 형성되는가? '개별적 현실 존재자들의 자기동일성'이 형성되어 가는 과정을 설명하기 위하여 필자는

『대승기신론』의 다음 구절을 인용하고자 한다.

> 다시 '깨닫지 못하는 기능'에 의지하기 때문에 세 가지 형상이 생기는데, 이것이 '깨닫지 못하는 기능'과 서로 호응하여 떨어지지 않는다. 세 가지란 무엇인가?
>
> 첫째는 무명업상(無明業相)이니, '깨닫지 못하는 기능'에 의지하기 때문에 '자성청정심'이 움직이는 것을 업(業)이라고 한다. (자성청정심을) 자각하기만 하면 움직이지 않지만, 움직이면 고통이 있게 된다. 결과와 원인은 떨어질 수 없기 때문이다.
>
> 둘째는 '주체가 되어 능히 보는 기능[能見相]'이니, 움직임에 의지하기 때문에 (경계와 마주하는 주체의) '보는 작용[見]'이 생긴다. 움직이지만 않으면 '보는 작용'이 없다.
>
> 셋째는 '보여지는 대상의 기능[境界相]'이니, '주체가 되어 보는 작용[能見]'에 의지하기 때문에 (보여지는 [所見]) '경계'가 허망하게 나타난다. 그러나 '보는 작용'이 사라지면 보여지는 대상인 '경계'도 없어진다.[32)]

이 인용문을 통하여 필자는 개별적 생명체의 자아의식과, 그 자아의식의 재료거리가 되어주는 감각 소여[對境]를 설명하고자 하는 것이다. 여기에서 간과해서는 안 되는 구절이 있는데, 그것은 위 인용문에서도 언급

32) 『大乘起信論義記』(대정장44, pp.262b-c), "復次依不覺故, 生三種相. 與彼不覺, 相應不離. 云何爲三, 一者無明業相. 以依不覺故, 心動, 說名爲業. 覺則不動, 動則有苦, 果不離因故. 二者能見相, 以依動故, 能見. 不動則無見. 三者境界相, 以依能見故, 境界妄現, 離見則無境界."

된 바와 같이, 3세(細)는 '깨닫지 못하는 기능'과 '호응'하여 나타나는 심리 작용이라는 것이다. 3세는 독립적으로 작용하는 심리 기능이 아니라, 3세의 기능이 작용하는 바로 그 자리에서 동시에 '깨닫지 못하는 기능'이 작용한다. 이렇게 '호응'해서 자아의식이 형성되어 가지만 이것은 '헤맴'이고 '허망함'이다. 그런데 이것이 비록 '헤맴'이고 '허망함'일지라도, 이 '헤맴'과 '허망함'이 '깨닫는 기능[覺義]'에 의해서 그것이 '헤맴'이고 '허망함'이라고 자각되어 그 기능 내지는 작용이 해체되지 않는 한 여전히 현실적으로 '유효'한 역할을 지속한다.

이제 다시 Transgender의 문제로 돌아가자. 필자는, 개별적 생명체가 자신의 성별(gender)에 대한 자기동일적 지각(知覺)을 갖게 되는 것은 위에서 본 '깨닫지 못하는 기능[不覺義]'의 산물로 설명했다. 이러한 자기동일성에 대한 지각은 성별(gender)에 국한하여 말하면 '남' 또는 '여'의 성별(gender)로 지각된다. 그런데 지금까지의 논증에 의하면 이런 지각은 '허망'한 것이다. 따라서 남성이라는 또는 여성이라는 지각은 '헤맴'이고 '허망함'이다. 그런데 문제는 성별(gender)에 대한 자각이 성(sex)과 관련해서 일관성 내지는 일치감을 갖느냐, 갖지 못하느냐이다.

'불일치감'이 현상적으로 들러나는 양상은 위에서 본대로 두 경우이다. 하나는 '성전환증'적인 양상이고, 다른 하나는 Transgender이다. 이 두 양상에서 '성전환증'의 경우는 의식의 자기동일성 혼란으로 인한 잘못된 '집착'에 원인이 있는 것이고, Transgender의 경우는 호르몬에 의한 성 분화의 이상에 원인이 있는 것이다. 그 이상이란 위의 예비적 고찰에서도 보았듯이, 남성 호르몬의 과다, 또는 환경 호르몬의 영향, 내지는 정신성적 분화(psychosexual differentiation)의 이상에 기인한다[33]. 성 분화의 분화 단계와 그것에 의해 드러나는 양상 등을 표로 분류하면 다음과 같다.

<표1>

<table>
<tr><th>경우</th><th>드러나는 양상</th><th>치료 방식</th><th colspan="2">불일치의 단계</th></tr>
<tr><td>1</td><td>Transgender</td><td>육체 또는 정신</td><td rowspan="2">養育說</td><td rowspan="3">精神性的 性</td></tr>
<tr><td>2</td><td>성전환증</td><td>육체 또는 정신</td></tr>
<tr><td>3</td><td>질병</td><td>육체적</td><td>自然說</td></tr>
<tr><td>4</td><td>질병</td><td>육체적</td><td colspan="2">表現型的 性</td></tr>
<tr><td>5</td><td>질병</td><td>육체적</td><td colspan="2">生殖的 性</td></tr>
<tr><td>6</td><td>질병</td><td>육체적</td><td colspan="2">遺傳的 性</td></tr>
</table>

(3)에 (6)까지의 경우는 질병이다. 이 경우는 오직 수술적 약물적 치료를 한다. 그렇기 때문에 이 경우에는 적어도 의사에게 부과되는 윤리적 갈등은 없다. 당연히 인공적인 노력을 가해서 생명 현상을 온전하게 해야 한다. 그런데 문제는 (1)과 (2)이다. 현상적으로는 (1)과 (2)의 경우 모두 성(性)의 불일치감이 나타난다는 점에서는 동일하다. 그런데 위에서 본 『대승기신론』의 논리대로라면 '육체'와 '정신'[34]은 모두 '깨닫는 기능[覺義]'의 작용에 의지해서 나타나는 '헤맴' 또는 '허망함'이다. 비록 그렇다고 하더

33) 양세원, 문형로 교수의 앞의 논문(pp. 368-374)에 의하면, 分化 단계를 7단계로 설명하고 있다. 그것 단계를 나열하면 다음과 같다. 1. 성염색체, 2. H-Y 항원, 3. 고환과 나소의 분화, 4. 생식관의 분화, 5. 요생식동과 외부 생식기의 분화, 6. 다하이드로테스토스테론, 7. 정신성적 분화이다.

34) 본 장에서는 '육체'와 '정신'을 법성종에서 말하는 각각 '6근'과 '심식'(또는 能見相)과 상응하는 개념으로 사용하는 것이다.

라도 문제는 '불일치감'의 해소에 있다. 즉 어떻게 해서, 그것이 비록 '헤맴'또는 '허망함'의 현상이라고 하더라도, 세속적인 삶에서 어떻게 일치감을 갖게 하는가이다.

이상의 논의에 따른다면, (1)의 경우는 수술과 약물 투여를 통해 육체적 성을 전환시켜 일치감을 갖게 하는 것도 논리적으로 가능하고, 다른 한편으로는 정신적인 성을 전환시켜 일치감을 갖게 할 수도 있다. 그리고 (2)의 경우는 '집착'적 상태를 해소시키는 치료를 해야 한다. 이 경우 수술적 또는 약물적 치료를 한다고 하더라고 만약 그 당사자가 이후의 삶 속에서 '집착'적 상태가 해소되어 성별(gender)에 대한 자기동일성을, 물론 그렇게 회복된 동일성도 허망하고 공하고 무상한 것이지만, 회복할 경우에 일생에 씻지 못할 후회와 고통이 따르게 된다. 이 경우는 당사자의 불행은 물론, 그 시술에 대한 의사의 책임 문제도 따른다. 그래서 (2)의 경우는 수술적 약물적 조작을 가해서는 안 될 것이다.

비록 이렇게 '불일치' 해소의 대안을 마련한다고 하더라도 여전히 남는 문제가 있다. 그것은 위에서도 언급했지만, 현상적으로는 (1)과 (2)가 동일한 양상으로 나타나고, 또 당사자 본인에게 실존적으로 주어지는 경험 역시 동일하기 때문에 (1)과 (2)를 어떻게 '구별'하는 가이다.

위의 〈표1〉에서 보듯이 성적 불일치감은 (1)와 (2)의 경우가 모두 동일하다. 그런데 이것을 구분하지 않고 현재의 의학계에서는 동일하게 의학적 치료를 하고 있다. 그래서 비록 의학적 시술이 성공을 한다고 해도, (2)의 경우는 '일시적'으로는 '불일치'를 해소할 수 있지만 그 '일시적'인 현상이 그 당사자의 일생에 어느 시기까지 유지될 수 있는가 하는 문제는 여전히 남아 있다. 그렇기 때문에 더욱 의학적 시술에 대해서 신중해야 한다. 물론 우연하게도 일생 동안 그 '집착'의 상태가 유질될 수도 있다.

보고에 의하면, 성 전환수술(여기서는 편의상 MTF[35]의 경우만 설명)에 성공을 하고도 성의 일치감을 갖지 못하는 경우가 있다. 이들에게 나타나는 현상 중의 하나는 '성적 쾌감의 방식'에 나타나는 현상이다. MTF가 성공했다고 하더라고, 육체적으로 타고난 성적 쾌감의 방식이 100% 바뀌는 것은 아니다. 육체적으로 남성으로 태어난 사람이 여성으로 성 전환을 했을 경우, 태어날 때부터 있었던 육체의 성인 남성으로서의 '사정의 쾌감' 이외에 수술 후 얻은 몸인 여성으로서의 육체에 '오르가즘'도 느낀다고 한다. 이 분야의 전문가 김석권 박사에 의하면, MTF인 Transgender는 남성 사정 30%, 여성 오르가즘 70%를 느낀다고 한다. 수술에 성공을 해도 역시 불일치감이 잔존한다는 임상 보고이다. 그러면 이 불일치감의 원인은 어디에서 온 것인가? 필자의 가설대로라면 논리적으로는 두 가지의 추측이 가능하다. 하나는 (2)의 경우를 의학적 시술을 통해 치료했기 때문이고, 다른 하나는 (1)의 경우에 해당하는 사람을 의학적 시술을 가해서 그것이 성공을 하기는 했지만 아직도 여전히 '남(男)'으로서의 성별(gender) '훈습(熏習)'이 남아 있기 때문이다. 후자의 경우라면 '훈습'의 정도에 따라 일치감의 정도도 달라질 것이다.

---

35) from Man to Female의 약자. 즉 남의 성(sex)에서 여의 성(sex)으로 전환.

Ⅳ. 법성교학에서 본 대안

이상에서 필자는 이론적으로, 그런데 비록 이론적이라고 하더라고 경험에 근거한 이론이 아니고 검증 불가능한 형이상학적인 이론으로, Transgender 문제에 접근해 보았다. 동북아시아의 불교사상 형성에 막대한 영향을 준 『대승기신론』의 입장에서 보면 성(sex)은 물론 성별(gender)을 포함한 인간의 모든 속성은 아뢰야식 속에 들어있는 '깨닫지 못하는 기능[不覺義]'으로 인해서 생성된 산물로서, 자기동일성이 없는 '헤맴' 또는 '허망함'한 것이다.

그런데 『대승기신론』의 사상에 영향을 받은 동북아시아 불교의 특히 법성종(法性宗)의 철학에 의하면, 이런 '헤맴' 또는 '허망함'을 해소하여 '깨닫는 기능[覺義]'이 현전(現前)하게 하라고 가르친다. 그러면서 그렇게 하기 위한 실천의 방법으로 『대승기신론』에서는 보시, 지계, 인욕, 정진, 지관의 다섯 가지 방법을 제시한다. 이것은 이것대로 유효한 방법이다. 그런데 이것은 가능성의 차원이지 현실적 차원은 아니다. 다시 말하면 많은 사람들은 '헤맴' 또는 '허망함'에서 살고 있다. 또 현실적으로 인간은 위와 같이 이념적 존재이기도 하지만, 법률적 존재이고, 사회적 존재이고, 역사적 존재이다. 그렇게 때문에 '지(止)'와 '관(觀)'의 방법으로 '헤맴' 또는 '허망함'

의 상태어서 벗어났다고 하더라도, 여전히 우리의 현실은 법률적으로는 남(男)이면 남(男), 여(女)면 여(女)로서의 성별(gender)에 속하게 되어있다. 그리고 사회가 우리를 그렇게 귀속시킨다.

바로 이 점이 Transgender에 대해 불교적 대안이 갖고 있는 한계이다. 위에서 본 『유마힐소설경』에서 그런 한계를 여실히 보여준다. 그들의 입장에서 보면 성(sex)은 물론 성별(gender)을 모두 '무상'하고 '공'한 것으로 집착해서는 안 되는 것이다. 이 말은 역으로 '무상'하고 '공'이므로 전환을 해도 되는 논리의 근거로 사용될 수 있기 때문이다. 이 입장에서 보면 양 쪽이 모두 논리적으로 가능하다. 물론, 당사자의 행복권 보장이라는 측면에서 성별(gender)의 전환을 허용하는 것이 인간답게 살 권리를 더 보장하는 것이 된다. 그러나 그것은 욕망의 충족에는 도움이 되더라도 불교적인 교설과는 거리가 멀다. 그렇다고 성별(gender)의 무상성 내지는 공성을 깨달아 그 얽매임으로부터 해탈하라는 불교의 논리만으로는 그들의 현실적 고통에 도움이 되지 못한다.

이 점이 기존의 동북아시아 불교권에서 축적해 온 교리만으로는 현 시대가 당면한 Transgender 문제를 풀기 어려운 한계이다. 이 문제 해결을 위해서는 보다 철학적인 물음을 바탕으로 이 시대에 맞는 새로운 원리를 모색해야 할 것이다. 다만 본 장에서는 '성전환증' 환자의 경우에 대해서는 그 '집착'적 상태의 해소를 위해서 『대승기신론』에서 분석한 인간 인식에 관한 제시가 유효할 수 있다고 본다.

그리고 '성전환증' 환자의 경우도 의학적인 치료 행위가 논리적으로는 가능하다. 그렇지만 그렇게 육체적 성(sex)을 전환시킨 뒤에 그 사람이 만약 자신의 '집착'적 상태가 해소되면 그의 정신적 성별(gender)은 바뀌어서 다시 '불일치감'을 경험하게 될 수 있다. 물론 '집착'적 상태로부터의 해소가 그가 일생을 마치기 이전에 올 수도 있고, 죽는 날까지 안 올 수도 있다. 문제는 생을 마치기 전에 왔을 때이다. 따라서 이 경우는 육체적 성(sex)의 전환보다는 '집착'의 해소 쪽으로 치료의 방향을 잡아야 할 것이다.

맺음말

미래를 향한 제안

제18장 생활 속의 법성교학

제18장 생활 속의 법성교학

Ⅰ. 이 땅의 법성교학

1. 수행자의 길

『대승기신론』은 대소승의 경전과 논서 약 100여 종을 섭렵하여 그 핵심을 추려 만든 것이다. 이 책의 「해석분」 끄트머리 부분에 보면, 중생을 '부정취(不定聚)'와 '정정취(正定聚)' 두 부류로 나누고 있다. 부정취(不定聚)와 정정취(正定聚)라는 용어는 『아함경』, 『구사론』, 『유가사지론』 등에도 보이는데, '정정취'란 '끝내는 부처가 될 수 있는 코스에 제대로 들어간 무리'라는 뜻이다. 여래종(如來種)에 들어간 자이다. 반면에 '부정취'란 아직 '3악도'의 무리로 들어갈지 아니면 그 반대일지 아직 결정되지 않은 무리이다.

'부정취' 중생들은 업과 과보를 믿고 10악(惡)을 참회하며 10선(善)을 닦고 불공드리고 그렇게 하기를 1만 겁이 지나면, 여러 인연에 따라 출가하여 '정정취'에 들어갈 수 있다고 한다. 그러고 보면 출가를 했더라도 '정정취'에 들어간다는 것이 얼마나 어려운지를 알 수 있을 것 같다. '정정취'에 들어가지 못한 불자는 재가이건 출가이건을 막론하고 현재의 형편에 맞게 10악을 참회하며 10선을 닦아야 한다. 특히 재가의 경우는 삼보에 공양하고, 끝내는 발심하여 '출가 불자' 대중에 들어가도록 해야 한다. 재가의 몸으로 정정취에 드는 일은 여간 어려운 일이 아니기 때문이다.

재가 불자는 형편에 맞도록 열심히 노력하여 언젠가는 '엄격한 의미의 출가' 대중 즉, '정정취'에 들도록 노력해야 한다. 그러나 모든 생명체는 기나긴 생명 현상 속에서 쌓아온 업(業)이 다르기 때문에, 모두가 동시에 일률적으로 '정정취'에 들 수는 없다. 저마다의 속도가 있고, 코스가 있고, 계기가 있다. 일생을 독신으로 살만한 업력(業力)을 닦지도 못한 사람이, 억지로 '엄격한 의미의 출가' 대중 속으로 들어가 봤자 딴 짓 하게 마련이다. 이렇게 자신을 속이고 남을 속이면 더 큰 죄악이다. 모든 중생들은 저마다의 업장을 녹여서 성불을 향해서 가고 또 갈 뿐이다. 거기에는 남과 비교해야 할 것도 없고, 설사 비교해도 소용이 없다.

수행을 시작하면, 처음에는 믿음이 쌓여서, 다음에는 진여(眞如)에 대한 이해와 실천이 쌓여서, 그리하여 마침내는 진여를 체험해야 한다. 소위 신(信) → 해(解) → 행(行) → 증(證)을 단계적으로 거쳐 깨달음으로 나아가는 것이다. 이렇게 하기에는 3아승기의 겁이라는 긴 세월이 걸린다고 하지만, 『화엄경』「입법계품」에서도 증명하듯이 선재동자는 단 한 번의 일생에 그 과정을 다 거쳐 성불한다. 경우에 따라서는 그보다 더 빠를 수도 있다. 문제는 '제대로 된 방법'을 사용하는가? 또, '꾸준한 정진'이 있느냐? 그것이 관건이다.

그렇다면 무엇이 '제대로 된 방법'인가? 『대승기신론』은 말한다. '바른 믿음'과 '바른 실천'이 그것이다. 그 책에 의하면 '바른 믿음'이란 진여

(眞如)를 믿고, 부처님을 믿고, 불경의 말씀을 믿고, 승단을 믿는 것이다. 중요한 것은 '진여'를 믿는 것이다. 그리고 '바른 실천'이란 보시, 지계, 인욕, 정진, 지관(止觀)을 실천하는 것이다.

'바른 믿음'이 없는 실천은 세속의 사회봉사와 다를 바 없다. 사회봉사와 대승불교의 보살행은 다른 점이 많다. 물론 불교가 아니라고 해서 가치가 없지는 않다. 불교 말고도 가치 있는 것이 세상에는 많다. 그리스도교도 그렇고 이슬람교도 그렇고 나아가 유네스코 정신에 입각한 인도적 차원의 봉사활동 등도 그런 류이다. 그러나 분명한 것은 그런 일 했다고 해서 '성불'하는 것은 아니다. 불교는 '성불'을 목표로 하는 가르침이다. 성불하기 위해서는 그에 상응하는 실천이 있어야 한다. 성불하겠다는 발심이 있어야한다. 이제 『대승기신론』에 입각하여 발심의 단계와 각 단계별 형태를 보기로 한다. 여기에는 세 단계가 있다.

첫째는 믿음이 쌓여서 나오는 발심이다.

이 단계는 아직 '정정취'에 들지 못한 사람들이 거쳐야 하는 단계이다. 이 단계에서는 업과 과보를 믿고 10선(善)을 일으키며, 생사의 고통을 싫어하며, 위없는 깨달음을 얻고자 발심하여, 여러 부처님을 만나 직접 받들어 공양하고 신심을 내어 수행한다. 소위 '재가 불자'가 되는 것이다. 이 단계에서 이렇게 하기를 1만 겁(劫) 동안 꾸준히 하면 마침내 출가하여 '출가 불자'가 되는데, 이를 두고 정정취(正定聚)에 들어간다. 혹은 여래종(如來種) 속에 들어간다고 한다.

그런데 이 경우에 만약 어떤 중생은 선근이 적어서 아득히 먼 옛날부터 번뇌가 매우 두터우면, 비록 부처님을 만나 공양하더라도 인천(人天)의 종자를 일으키고, 혹은 이승(二乘)의 종자를 일으킨다. 설사 대승을 구하는 사람이 있더라도 근기가 안정되지 못해서 어떤 경우는 잘 나아가고 어떤 경우는 물러난다.

물론 경우에 따라서는 여러 부처님께 공양하되 아직 1만 겁(劫)이 안 지났어도 그 중간에 인연을 만나 발심하기도 한다. 이를테면 부처님의 겉모습을 보고 발심하기도 하며, 혹은 여러 스님에게 공양하는 것을 계기로 발심하기도 하며, 혹은 2승(二乘)의 가르침에 의하여 발심을 하기도 하며, 혹은 다른 사람에게 배워서 발심하기도 한다. 이런 발심들은 모두 확고한 것이 아니어서 나쁜 인연을 만나면 경우에 따라서는 믿음이 물러나거나 사라져 이승(二乘)의 경지에 떨어지기도 한다.

이렇게 해서 제대로 발심하게 되면 세 가지 현상이 나타난다. 첫째는 곧은 마음[直心]이 드러나는데, 이는 진여법을 제대로 생각하기 때문이고, 둘째는 속 깊은 마음[深心]이 드러나는데, 이는 일체의 모든 선행하기를 좋아하기 때문이고, 셋째는 대비심(大悲心)이 드러나는데, 이는 모든 중생의 고통을 덜어주고자 노력하기 때문이다. 발심이 제대로 되었는가는 이 세 가지 점을 스스로 점검해 보면 알 수 있을 것이다.

둘째는 이해하고 실천을 통해서 나오는 발심이다.

이 단계는 '정정취'에 들어간 불자의 경우이다. 법성(法性)을 믿어서 법성의 본바탕에는 일체의 간탐(慳貪)이 없는 줄을 이해하기 때문에, 법성에 수순(隨順)하여 보시 바라밀을 실천하며, 법성의 본바탕은 물들어 더렵혀짐이 없어 오욕(五慾)의 허물을 여윈 줄 이해하기 때문에, 그에 수순하여 지계 바라밀을 실천하며, 법성의 본바탕은 고(苦)가 없어 성내고 괴로워함을 여윈 줄 이해하기 때문에, 그에 수순하여 인욕바라밀을 실천하며, 법성의 본바탕은 몸과 마음의 형상이 없어 게으름을 여윈 줄 이해하기 때문에, 그에 수순하여 정진바라밀을 실천하며, 법성의 본바탕은 항상 안정되어 그 본바탕에 어지러움이 없는 줄 이해하기 때문에, 그에 수순하여 선정바라밀을 실천하며, 법성의 본바탕은 밝아서 무명을 여윈 줄 이해하기 때문에, 그에 수순하여 반야바라밀을 실천한다.

셋째는 도를 체험해서 나오는 발심이다.

이때의 발심은 초지인 '정심지(淨心地)'로부터 보살 '구경지(究竟地)'에 이르기까지 각 단계별로 일어나며 그에 따르는 체험의 '경계'가 나타난다. 단도직입적으로 말하면 진여(眞如)를 체험한다. 그런데 전식(轉識)에 의지했기 때문에 '경계'라고 말했지만 이 단계를 체험한 자에게는 '경계'가 없고 오직 진여의 지혜뿐이므로 법신(法身) 그 자체가 된다고 표현하는 게 적절하다. 소위 부처가 되는 것이다. 이 과정에서 무수한 방편을 통해서 불가사의함을 보이지만, 실로 이 단계에 있는 '출가 불자' 즉 '출가 보살'은 종성(種性)과 근(根)이 동등하고 발심도 동등하며 증득한 것도 동일하다. 왜냐하면 모든 보살이 다 3아승기겁을 거쳐 수행했기 때문이다. 단지 중생이 사는 세계가 같지 않고 그들이 보고 듣는 것과, 저마다의 능력, 욕구, 성질 등이 달라서 수행의 내용도 차별이 있는 것 같이 '보이는' 것일 뿐이다.

이런 단계를 거친 수행자는 모든 공덕이 다 완성되어 색구경처(色究竟處)에서 모든 세간 중 가장 높고 큰 몸을 보여준다. 이른바 일념(一念)이 끊어지지 않는 지혜로써 무명이 단번에 없어지는 것을 일체종지(一切種智)라고 하는데, 이런 지혜를 터득한 수행자는 불가사의한 업이 있어 시방에 몸을 나타내어 중생을 이롭게 한다.

여기에서 두 가지 질문이 가능하다.

①첫째 질문은, 만약 무명이 단절된다면 심상(心想)도 없어질 텐데 무슨 식별작용[了別]이 있기에 일체종지(一切種智)라 하는가?

이에 대하여 이렇게 답할 수 있다. 일체의 모든 경계는 일심에서 만들어진 것으로 상념(想念)을 매개로 하지 않는다. 그런데도 번뇌가 남아있는 중생들은 '경계'를 허망하게 만들고, 또 그 '경계'를 대상으로 하는 '마음의 분제(分齊; 영역 또는 경계)'가 생긴다. 그리하여 '경계'와 '마음의 분제'가 한 쪽은 '대상 노릇'을 하고 다른 한 쪽은 '주관 노릇'을 하여 이 둘의 접촉에 의해 허망하게 상염(想念)을 일으켜 법성과 하나 되지 못한다.

그러나 깨달은 자가 되면 견상(見相)을 여의였기 때문에 제한이나 한계가 없다. 왜냐하면 마음이 진실하기 때문이며 이것이 바로 모든 법의 본성이기 때문이다.

이 법성의 본바탕에는 모든 허망한 법을 온전히 알 수 있는 위대한 지혜의 작용이 있어서, 셀 수 없는 방편으로 모든 중생들이 알아들을 만한 능력에 따라 갖가지 법(法; 본질)과 의(義; 속성)로 드러나 중생들 저마다에게 나타내[顯示]진다. 그래서 '일체종지'라고 하는 것이다.

②둘째 질문은, 이렇게 깨달은 이에게는 '자연업(自然業)'이 있어서 모든 곳에 나타나서 중생을 이롭게 한다고 하는데 왜 나에게는 안 나타나는가?

이런 질문에 대한 대답은 이렇다. 모든 깨달은 이는 법신이 평등하여, 그 법신이 모든 시간과 모든 공간 속에 항상 작용하고 있지만, 법신에는 인위적인 조작의 의도가 없기 때문에 '자연'이라고 한 것이다. 그 법신은 오직 중생의 마음에 의지하여 나타난다. 중생의 마음이란 마치 거울과 같아서, 거울에 만약 때가 있으면 색상(色像)이 나타나지 않는 것처럼, 이와 같이 중생의 마음에 때가 있으면 법신이 나타나지 못한다.

결론적으로 『대승기신론』에 따르면, 바른 믿음이란 '진여'를 믿는 것이고, 그 믿음을 바탕으로 3보를 믿는 것이다. 이런 믿음을 바탕으로 여섯 종의 바라밀을 닦는 것이 '바른 수행'이다. 이 향상의 과정에는 크게 '재가 불자'의 단계에서 '출가 불자'의 단계로 진행된다. 그리고 다시 '출가 불자'의 단계에 들어가서도 거기에도 점차적인 단계가 있는 것이다.

2. 신앙의 중심 잡기

불교에는 경전의 수도 매우 많고, 그 경전 속에서 전하는 이야기도 다양하다. 예를 들면, 극락세계는 서쪽으로 아주 멀리 한 참을 가면 있다고 말하는 경전도 있고, 그런가 하면 극락세계는 자기의 마음에 있다는 경전도 있다. 또 어떤 때는 인도의 사라쌍수 밑에서 부처님이 열반하셨다고 하고, 또 어떤 때는 지금도 부처님께서 영산회상에 항상 계시면서 설법을 하신다는 경전도 있다. 어느 말이 맞는지 도저히 갈피를 잡기 어려운 것들이 한 둘이 아니다.

이렇게 갈피를 잡기 어려운 상황은 불교를 전문으로 수행하거나, 또는 연구하는 학자들에게도 마찬가지이다. 그런데 눈을 돌려 주변 학문을 둘러보면, 학문의 근본이면서 바탕이라고 하는 '철학'에서도 갈피 잡기 어려운 내용들이 한 둘이 아니다. 예를 들면 인간들의 인식 또는 지식의 근원을 사람들의 감각이 외부 세계와의 접촉에서 생긴다는 영국의 '경험론'적 전통도 있고, 이와는 달리 이성의 자기의식에서 생긴다는 대륙의 '합리론'적 전통도 있다. 결국 갈피를 잡기 힘들기는 학문의 제왕이라는 철학에서도 마찬가지이다.

학문 내지는 인간 지성의 이런 특성들로 인하여, 어느 한 쪽으로 일관되게 학설이나 이론을 정리한다는 것이 어쩌면 근본적으로 불가능한 일인지도 모르겠다. 그래서 이런 상황을 감안할 때에, 스스로 각자가 중심을 잡아야 한다.

그러면 불교 신앙에서 어떻게 중심을 잡아야 하는가? 결국은 역사적인 전통을 고찰해보아야 한다. 불교는, 분류 방법이야 어찌했든, 남방불교와 북방불교로 나눌 수 있다. 북방불교에서 말하는 부처님은 법신(法身) 부처님이다. 법신 부처님이 중생과 세간의 상황에 맞게 몸을 나타내시는 것이 화신(化身) 부처님이고, 또 중생들이 수행을 깊이 함에 따라 그에 상응하여 체험되는 부처님은 보신(報身) 부처님이다.

대승에서는 석가모니 부처님을 말하더라도, 이 경우의 부처님은 법 · 보 · 화 3신을 한 몸에 지니신 분이다. 즉 북방불교도들이 믿는 부처님은 32상(相)과 80종호(種好)를 갖추신 신통한 분이시다. 반면 남방불교 소위 상좌부 불교에서 말하는 부처님은 인간으로 태어나셔서 6년간의 수행을 거쳐 마침내 깨달은 존재인 부처가 되신 분이다. 그러다보니 남방불교에서는 북방처럼 부처님에 대하여 신격화 된 요소가 비교적 적다. 그 결과 상좌부에서는 깨달은 후에 약 45년 보여주신 석가모니의 인간적이고 성숙한 윤리적 삶을 중시하게 된다. 어느 쪽이 옳다는 식의 배타적 평가는 적어도 신앙의 당사자에게는 의미가 없다. 서로가 인정하는 역사적 가치가 다를 뿐이다.

3. 한국불교의 전통 확인

이 지점에서 우리는 한국불교의 전통을 확인하고, 그 전통에 기초하여 목표를 설정해야 한다. 그리하여 자신이 믿는 부처님은 누구이고, 또 어느 부처님의 말씀에 의하여, 더 나가서는 어느 종단에 의지하여 믿음의 생활을 해야 할까를 선택하야 한다. 한국불교의 전통은 법성종(法性宗)이다.

이렇게 말할 수 있는 근거로 『석문의범』에 나오는 '향수해례' 또는 '5분향례' 등을 들 수 있다. 『석문의범』은 당시까지 전래되어 내려오던 수십 종의 전통적인 의례집을 간추려서 1931년 안진호(安震湖; 1880-1965) 강백께서 결집하신 것이다. 이 책에 나오는 예불의식을 기준으로 볼 때에 현재 한국불교는 법 · 보 · 화 3신불을 믿는 법성종(法性宗)이다. 재 공양의 '유치'와 '청사'를 보아도 그렇다.

여기서 말하는 법성종의 중심 개념은 두 말 할 것 없이 '법성'이다. 중생의 심신작용에는 불생불멸하며 본래적으로 존재하는 본바탕이 있는데 이 본바탕을 법성(法性, dharmatā)이라 한다. 중생의 본바탕인 법성에는 불가사의한 업의 기능[不可思議業相]과 청정한 지혜의 기능[智淨相]이 있다. 모든 연기 '현상'은 모두 공하고 무상하지만, 법성은 본바탕이므로 영원하다. 연기의 소산인 '현상'에 휘둘리지 말고, 본바탕을 저마다 몸소 체험하여, 그 본바탕에 갖추어진 불가사의한 능력을 한껏 누리면서 세상살이하자는 것이 법성종의 핵심 철학이다.

대승을 표방하는 한국의 승단은 역사적으로 법성사상에 뿌리 내리고 있다. 첫 새벽에 올리는 〈종성(鐘聲)〉을 보자.

願此鍾聲 遍法界 鐵圍幽暗 實開明
원차종성 변법계 철위유암 실개명

三途離苦 破刀山 一切衆生 成正覺
삼도이고 파도산 일체중생 성정각

南無毗盧敎主 華藏自尊 演寶偈之金文 布琅函之玉軸
나무비로교주 화장자존 연보게지금문 포낭함지옥축

塵塵混入 刹刹圓融 十兆九萬五千四十八字
진진혼입 찰찰원융 십조구만오천사십팔자

一乘圓教『大方廣佛華嚴經』
일승원교 대방광불화엄경

若人欲了知 三世一切佛 應觀法界性 一切唯心造
약인욕요지 삼세일체불 응관법계성 일체유심조

이상을 번역해 보면 다음과 같다.

"바라옵건대 이 종소리가 온 법계에 두루 퍼져서, 철위산 너머의 어두운 세상까지도 죄다 밝아지고, 3악도에 살고 있는 모든 중생들이 고통을 여의고, 칼산을 비롯한 각종 지옥이 다 무너지고, 그리하여 모든 중생들이 저마다 바른 깨달음을 얻기를 발원하나이다.

연화장 세계에 계시는 자비하신 비로자나 부처님께서는 보배로운 게송으로 금쪽같은 말씀을 연설하시고, 옥으로 만든 함 속에 간직된 귀한 경전을 설하셨는데, (그 진리는) 미세한 먼지 속에도 들어 있고 곳곳의 무수한 온 세계에 완전히 녹아들어 있습니다. (그 문자는) 10조 9만 5천 4십 8개의 구문으로 이루어졌고 (그 내용은) 일불승을 표방하는 완전한 가르침입니다. 저는 이제 그런 진리를 담고 있는 『대방광불화엄경』에 귀의합니다.

이 말씀에 귀의한 불자들이여! 과거 현재 미래의 모든 부처님의 가르침을 깨닫고자 한다면, 온 법계가 '한마음[一心]' 위에서 연기(緣起)하여 일어나고 있다는 사실을 관찰하시오."

첫 새벽에 내는 첫 소리이다. 위의 〈종성〉의 내용은 비로자나 교주께서 설하신 『화엄경』의 가르침에 귀의[南無]한다는 것이다. 『화엄경』의 핵심 사상을 게송으로 요약했는데, 그것은 '응관법계성(應觀法界性), 일체유심조(一切唯心造)'이다. '법계(法界)', '법계성(法界性)', '비로자나 부처님', '심(心)', '정각(正覺)', 이것이 법성교학의 기본 개념들이다.

4. 보현행으로 법성의 실현

본래 청정하건만 무상한 현상에 휘둘리는 원인은 '어리석음' 때문인데, 시간을 한정하지 말고 쉼 없이 저마다의 '어리석음'을 제거해야 한다. 설사 금생에 안 되면 내생에, 그렇게 하기를 세세생생 하는 것이다. 이런 면에서 법성종의 가르침은 철학을 넘어서는 종교이기도 하다.

그러면 어떻게 해야 '어리석음'이 제거되는가? 바로 이 지점에서 화엄과 남종선이 갈라진다. 남종선의 전통에 있는 당나라 선사들은 '반조(返照)하라' 하고, 송나라 선사들은 '화두(話頭)에 집중하여 일체의 사량분별을 쉬라'고 한다. 반면 화엄에서는 '관법(觀法)을 바탕으로 보살도를 실천하라'고 한다. 즉 법계성(法界性)을 깨치면서 더불어 6바라밀 내지는 10바라밀 더 나아가서는 『화엄경』에 펼쳐지는 보현의 보살행을 실천하라고 한다. 이것이 바로 화엄의 법성철학에서 말하는 "비로 법계를 깨치고, 보현의 행원을 실천하기[悟毘盧法界, 修普賢行]"이다.

법성철학에서는 '법성(法性)'을 의인화 하여 '비로자나(Vairocana) 부처님'이라고 한다. 그러나 이 부처님은 모양이나 색깔이나 음성으로 경험할 수 있는 존재는 아니다. 법(法, dharma)을 몸으로 하는 법신(法身)이기 때문이다. 인간의 역사 속에서 드러나는 부처는 모두 화신(化身)이다. 그 대표적인 부처님이 석가모니 부처님이다.

법신을 믿는 불제자에는 두 종류가 있다. 하나는 '재가 불자'이고, 또 하나는 '출가 불자'이다. 법신을 믿는 점에서는 두 불자는 모두 같지만, 절에 살면서 보살행을 하느냐, 가족과 함께 살면서 보살행을 하느냐는 차이가 있다. 그러나 이 차이는 사람들 저마다 갖고 있는 '생명 운동의 긴 역사' 속에 놓인 당사자 본인의 업력의 차이일 뿐이다. 차별은 아니다. 법성을 믿고 보살행을 하면, 사람마다 차이는 있지만 '생명 운동의 긴 역사' 즉 윤회 속에서 언젠가는 반드시 깨달음 그 자체 즉 '법성'과 하나가 된다. 이 일은 '서원'과 '실천' 즉 보현보살로 대표되는 실천과 원력[行願]에 의하지 않고는 불가능하다.

그렇다고 해서 현실적으로 바른 공동체에 먼저 입단한 '출가 불자'와 '재가 불자'가 동등할 수는 없다. '재가 불자'는 '출가 불자'의 지도를 받아야 한다. 지도를 받는 방법 중의 하나가 바로 재(齋; 법회)에 동참하여 정기적으로 대승계를 점검하는 일이다.

그러면 부처가 된다는 것이 도대체 무슨 의미가 있는가? 그 대답은 이렇다. 이제 까지 우리는 '생명 운동의 긴 역사'속에서 '업(業)'에 끌려서 수동적으로 인생을 살아왔다. 그런데 이제는 그런 '업'과 맞선다. 그리하여 수동적이고 자연적이었던 삶과 결별한다. 인생의 방향을 전회(轉回)한다.

이제는 '업'의 힘이 아닌, '서원'의 힘으로 능동적이고 주체적으로 세상을 살면서 그 '서원'을 실현한다. 그리하여 마침내 깨침을 완성한다. '축원문' 맨 끝의 "세세상행 보살도(世世常行 菩薩道) 구경원성 살바야(究竟圓成 薩婆若)"가 바로 그 정신을 분명하게 드러내는 구절이다. '살바야'는 범어 'sarva-jna'의 음사(音寫)인데, 일체지자(一切智者), 전지자(全知者), 부처님이라는 뜻이다.

자기 본질을 완성하는 과정의 부산물로 너와 내가 행복해진다. 그런데 법성철학의 궁극 목표는 이런 너와 나의 평화와 행복에 그치는 것은 아니다. 그것은 어디까지나 과정상에서 나오는 부산물이다. 궁극의 목표는 일체의 '업장(業障)'을 소멸시켜 윤회에서 완전히 벗어나는 것이다. 그러기 위해서는 본바탕인 법성을 '깨쳐야 하고', 그것도 완전하고 철저하게 깨쳐야 한다. 이런 깨침을 '돈오'라고 한다. 이렇게 '돈오'하기 위해서는 티 없는 '무공용(無功用)'의 무심한 보살행을 실천해야 한다. 무분별지가 발동되어야 하고 무심해야 한다.

법성철학의 대표적인 3장(藏)인 『화엄경』과 『범망경』과 『대승기신론』에 따르면, 무엇보다 법성을 체험하라고 가르친다. 반드시 법성 체험을 바탕으로, 이것을 바탕으로 (1)보시하고, (2)지계하고, (3)인욕하고, (4)정진하고, (5)지관 수행을 하라고 한다. 이것이 소위 대승의 실천 방법이다.

Ⅱ. 대승의 수행 공동체에 들어가기

여기에서는 '대한민국' 건국 이후의 현재 한국이라는 구체적인 현상을 염두에 두고 논의를 해보고자 한다. 교단의 구성원이 된다는 것은 불자가 된다는 것을 의미한다. 그런데 이 불자 중에는 '출가 불자'와 '재가 불자'가 있음은 위에서도 살펴본 바 있다. 그런데 출가나 재가를 막론하고 새롭게 불자로서의 신앙의 길을 가려고 하는 사람은, 수많은 불교 내의 종단 중에서 어느 종단의 불자가 될까, 또 같은 종단 속에서도 어느 절을 다닐까를 선택해야 한다.

이 경우 우선 해당 절이 속한 종단에서 채택한 '이념'과 '생활규범'을 잘 검토해서 결단해야 한다. 이와 더불어 각 종단에 속해있는 출가와 재가의 불자들이 특히 '출가 불자'들이 자신의 종단에서 제시한 '이념'과 '생활규범'을 제대로 실천하는지를 검토해야 한다. 안 좋은 교단이나 안 좋은 지도자를 만나면 위험한 나무 위에 둥지를 튼 새처럼 편안할 수 없다. 종교생활도 마찬가지이다. 여기서 말하는 '이념'은 '소의경전(所依經典)'이고, '생활규범'은 '계율(戒律)'을 의미한다. 그런데 우리가 인생을 살아보면 느끼듯이, 목표를 아무리 분명하게 설정하고 그 길로 가려고 노력하더라도 현실적으로 부족하게 마련이다. 그러기 때문에 목표의 설정만큼이나 정기적인 점검의 체계가 중요하다. 따라서 개인 불자이건 종단이건 '이념'과 '생활규범'을 '점검하는 체계'가 있어야 한다.

아래에서는, 어떤 종단 내지는 어떤 종단에 속한 절에 다녀야 할까를 고민할 경우, 이 문제를 해결하기 위해서는 꼭 살펴보아야 할 기준에 대해 논의해보기로 한다. 그런데 논의에 들어가기에 앞서 불교 교단의 구성에 대해서 총론적 내지는 일반적으로나마 알아 두고자 한다.

1. 불교 교단의 구성

여기에서 말하는 '교단'이란 역사적이며 현실적인 믿음의 공동체를 말한다. 이 '교단'을 구성한 집단들은 크게 '출가 불자'와 '재가 불자'로 나눌 수 있다. 그리고 '출가 불자'는 다시 수행의 정도에 따라 '성중(聖衆)'과, 그 '성중'을 스승 삼아 그들을 따라 다니면서 수행하는 '권속(眷屬)'으로 구성된다.

(1) 먼저, '성중(聖衆)'을 보자.

'성중'이란, 성문이나 연각이나 보살승의 교단에 속해 있는 소위 3승(乘)의 어디엔가 속해 있으면서, 수행을 통하여 수다원과(또는 향), 사다함과(또는 향), 아나함과(또는 향), 아라한과(또는 향), 해탈 등의 지위를 획득한 '출가 불자'를 뜻한다. 현재의 한국불교에서도 이런 '성중'님들에게 공양을 올

린다. 그 사례가 〈사시불공(巳時佛供)〉의 '다게(茶偈)' 속에 분명하게 나온다. 즉,

供養十方調御士 演揚淸淨微妙法 三乘四果解脫僧
공양시방조어사 연양청정미묘법 삼승사과해탈승

願垂哀納受 願垂哀納受 願垂慈悲哀納受
원수애납수 원수애납수 원수자비애납수

이것을 번역하면 다음과 같다.

"모든 시간과 공간 속에 상주하시는 부처님께 공양을 올리나이다. 또 그 부처님께서 말씀하신 청정한 가르침에 공양을 올리나이다.
또 과위를 증득한 스님께 공양을 올리나이다.
저희 재자(齋者)들을 어여삐 여겨주시고 공양을 받으소서. 다시 간청하오니 어여삐 여기사 공양을 받으소서. 재삼 간청하오니 자비심을 내리시고 어여삐 여기사 공양을 받으소서."

(2) 다음, '권속'을 보자.

'권속'이란 '성중'을 따라서 출가하여 수행하는 과정에는 들어 있으나 아직 과위를 증득하지 못한 수행자를 말한다.

삼보 중의 하나인 '승보'와 역사적 현실적인 믿음 공동체인 '승단'은 범주가 다른 분류지(分類支)이다. '승보'는 이념적 범주이고, '승단'은 현실적 범주이다. 대승불교에서의 불자들은 출가나 재가를 막론하고 불전(佛殿; 혹은 塔殿; stuūpa)에 모여 재(齋; upoṣadha)를 올린다. 한국불교의 경우 위에서

본 '다게(茶偈)'처럼 첫째 시방조어사(十方調御士)와, 둘째 연양청정미묘법(演揚淸淨微妙法)과, 셋째 삼승사과해탈승(三乘四果解脫僧)에게 공양을 올리고, 그 가피력을 청한다.

이 두 범주를 대비해 보면, ①'승단'의 범주에 들어가면서도 '승보'의 범주에 들어가지 못하는 경우도 있고, ②'승보'의 범주에 들어가면서도 '승단'의 범주에 안 들어가는 경우도 있고, ③'승단'에 들어가면서도 동시에 '승보'인 경우도 있다. 예를 들어 이해를 돕기로 한다.

첫째, '승단'의 범주에 들어가면서도 '승보'의 범주에 들어가지 못하는 경우를 먼저 보자. 역사적으로 현실적인 교단에 소속되어 있는 '출가승' 중에서 아직 일정한 수행의 경지인 수다원 사다함 아나함 아라한의 4과(果)와 4향(向), 그리고 해탈에 오르지는 못했지만, '수행의 과정상에 있는 승려들'도 있다. 즉, 출가 불자인 승단에는 '과위를 증득한 승려들인 성중(聖衆)'도 있고, 아직 그런 과위를 증득하지는 못했지만 '성중'을 따르면서 수행하는 '권속(眷屬; parivaāra)'들도 있다. 이 의미는 범어나 팔리어 불교문헌에서 '세속 승가(世俗 僧伽; sammutisamgha)'와 '성중(聖衆; āryasamgha)'을 구분해서 사용하는 것을 상기하면 더욱 분명히 알 수 있다.

둘째, '승보'의 범주에 들어가면서도 '승단'의 범주에 들어가지 않는 경우를 보자. '재가 불자'는 '출가 불자'인 '승단(즉 세속 승가)'에는 속하지 못한다. 물론 '교단'의 일원으로는 들어간다. 그런데 여기서 주목할 부분은 초기불교의 경우에도 '재가 불자' 중에서 4향, 4과에 성취한 사례들도 있고, 특히 보살승을 표방하는 대승에서는 '재가 불자' 중에서 해탈의 경지에 들어간 경우가, 적어도 경전의 문면상(文面上)으로는 적지 않다. 단순화시켜서 말하면, 과위를 증득한 사람이면 '승보'이다. 여기에는 '출가 불자'이냐 '재가 불자'이냐에 관계없다. 심지어는 불자냐 아니냐와도 무관하다. 연각승을 인정하는 법성교학에서는 그렇다. '일승(一乘)'과 '원교(圓敎)'을 표방하는 화엄에서는 '회삼귀일(會三歸一)'이라고 해서 성문, 연각, 보살을 '한 배'를 탄 것으로 간주한다. 필자가 위에서 '승보'는 이념의 범주에 속하고, '승단'은 현실적 범주에 속한다고 했던 것도 이것을 두고 한 말이다.

셋째, '승단'에 속하는 동시에 '승보'인 경우를 보자. 출가 집단인 '세속 승단'에 속해 있으면서 과위를 증득한 '출가 불자'가 이 경우에 속한다. 한국의 경우는 '과위 증득'이라는 말 대신 선불교의 영향이 큰 관계로 '깨달음'이라는 말을 많이 사용한다. 출가 불자인 세속 승단에 속해 있으면서 '깨달은 분'이 여기에 속한다. 이 경우, 대개는 한국의 각 종단에서 받드는 '종조님'이 여기에 속한다고 볼 수 있고, 각 산문의 방장 스님과 조실 스님들이 여기에 속한다고 볼 수 있겠고, 각 종단의 종정 스님이 여기에 속한다고 볼 수 있겠다. 또 '선원'의 법주(法主) 스님과, '강원'의 강주(講主) 스님과, '율원'의 율주(律主) 스님과, '염불당'의 어장(魚丈) 스님들이 이런 성중의 반열이라고 할 수 있겠다. 그런가하면 또 소위 '한 소식'했다고 자타가 공인하는 '출가 불자'들이 여기에 속한다고 볼 수 있겠다.

2. 출가 불자의 경우

현실적으로 한국에는 불교의 종단(宗團)이 많이 있다. '출가 불자'가 되기 위해서는 본인이 원하는 종단에 가서, 그 종단이 정한 법규와 절차에 따라 종단의 일원이 될 수 있다. 그런데 각 종단들은 '원칙적'으로 일정한 이념을 공유하고, 일정한 생활규범을 공유한다. 이것을 잘 살펴야 한다. 일정한 이념이란 '경'과 '논'을 통해서, 일정한 생활규범이란 '계'와 '율'을 통해서 표출된다.

예를 들어 '대한불교조계종'은 『금강경』과 '전등법어'를 공동의 이념으로 표방하고, '구족계' 등 각종 '율의'를 생활규범으로 한다. 한편 '한국불교태고종'은 『화엄경』과 『금강경』을 공동 이념으로 하고, '전통 계율을 수지한다'라고 모호하지만 나름대로 생활규범을 제시하고 있다. 그런데 이렇게 두 종단이 소의 경전과 계율을 달리하고 있는 것은 '한국 근현대 불교의 아픔' 속에서 궁여지책으로 만들어진 것이다. 기본적으로 양대 종단은 이념적 뿌리를 비롯하여 사자상승의 승려 계보를 같이한다.

즉, 두 종단 모두 고려 말의 태고보우 선사를 기세조(起世祖)로 하여 '태고 1세', '태고 2세', 더 내려와서는 '태고 ○○세'로 전법의 계보를 표시하고 있다. 또 이념적으로는 선(禪)과 교(敎)를 비롯한 고려 때 까지 내려오던 모든 종파를 포섭[諸宗包攝]하고 있다. 즉, 두 종단이 모두 계율로는 '구족계'와 '범망경보살계'를, 그리고 승보(僧譜)의 전승으로서는 선종의 계보를, 또 수행의 방법으로 간화선과 화엄교학의 간경(看經)과 미타정토의 염불을 공유하고 있다. 때문에 필자의 개인적 의견으로는 이 두 종단은 하나로 합쳐서 명실 공히 한국을 대표하는 대형 종단으로 거듭나기를 희망한다.

현실적으로 각 종단들이 어떤 이념을 공유하며, 또 어떤 계율을 기준으로 삼는가는 해당 종단에서 결정할 문제이다. 이 경우 물론 종단이 제시하는 '교상판석(教相判釋)'을 저마다의 철학적 입장에 서서 우열을 논할 수는 있지만, 그렇다고 객관적으로 각 종단 사이의 이념의 우열을 가를 수 있는 기준에 합의하기는 쉽지 않다. 구족계를 받느냐, 아니면 오계를 받느냐, 아니면 대승계를 받느냐 하는 계율의 경우도 마찬가지이다.

비록 그렇다고 하더라도, 이념을 공유하고 또 행동강령을 제대로 실천했는가를 점검하는 '점검 체계'가 있느냐 없느냐는 따져봐야 한다. 왜냐하면 그런 '점검 체계'를 통하여 서로를 격려하여 자기 종단이 추구하는 공동의 목표로 함께 나아갈 수 있기 때문이다.

실제적으로 '점검 체계'가 제대로 가동되는가 아닌가에 따라 '우등 종단'과 '열등 종단'을 평가할 수 있다. 그러면 '점검 체계'란 무엇인가? 그것은 한마디로 설법(說法; dharmmamạ̄roceti)과 재(齋 혹은 포살; upoṣadha)를 정기적으로 운영하는 체계이다. 출가 불자들이면서도 일정한 시기에 모여서 수행의 일정한 지위에 오른 소위 성중(聖衆)을 모시고 주기적으로 '설법'을 듣고 '재'를 지내는 '점검'에 동참하지 않는다면, 제대로 된 출가 불자라 할 수 없다. '제대로 된 출가 불자' 또는 '참된 불교 지도자'가 없으면 '우등 종단'의 축에 들어가기 어렵다.

이런 '점검 체계'의 정립 일환으로 조계종에서는 대중 결계와 포살을, 행정을 담당하는 사판승에 이르기까지 모든 승려에게 확산했다. 그러나 이런 제도가 있기 이전에도 태고와 조계 양대 종단에서는 삼동결재와 안거 등이 있었다. 또 '선방'에서는 방장의 주도하에 '상당법문(上堂法門)' 또는 '소참법문(小參法門)' 또는 '입실(入室)' 등이 있었고, '강원'에서는 강주(講主)의 주도하에 '상강(上講)'을 해왔다. 또 '염불당'에서는 앉은 차비를 비롯한 '상주권공(常住勸供)' 등 각종 범음 범패를 염송했다.

3. 재가 불자의 경우

'재가 불자'가 되는 방법은 '종단'에 '등록'된 '절'에 출석함으로 시작된다. '출가 불자'들이 모여 사는 곳을 '절'이라 하는데, '절'은 '종단'에 '사암 등록'을 하게 되어 있다. '출가 불자'들이 소속 교구 또는 본사가 있듯이, '재가 불자'도 소속 '절'이 있다. '재가 불자'는 대부분의 생활은 가정을 기반으로 생업에 종사하면서, 일정한 날짜에 소속한 '절'에서 열리는 '법회'와 '재'에 주기적으로 참석한다. 물론 그렇게 하기 위해서는 소속된 사암을 근거지로 하여 '종단'이 공인하는 '삼귀의 · 오계'를 수지하는 절차를 거쳐야 한다.

앞에서도 밝혔다시피, '재가 불자'는 '출가 불자'에게 신앙적 지도를 받아야 한다는 것이 필자의 기본 입장이다. 이것을 전제로 하면, '재가 불자'들이 제대로 된 종교생활을 하기 위해서는 훌륭한 '출가 불자'가 수행하는 절을 찾아야 한다는 결론을 유추할 수 있다. 그러면 훌륭한지 아닌지를 무엇으로 구별할 수 있을까? 그것은 위에서 본대로 종단 내에서 정기적으로 '점검 체계'를 운영하면서, 자신들의 종단에서 제시한 종지종풍(宗旨宗風)을 제대로 계승하는 '출가 불자'가 주석하는 절이 좋은 절이다. 그런 절을 골라서 재적 사찰로 삼아야 한다. 이것이 제일 중요하다.

다음으로 절을 선택할 때에 고려할 사항은, 이념과 생활규범을 점검하는 체계가 있는가를 보아야 한다. 현실적으로 '점검의 체계'가 제대로 가동이 되는가 아닌가에 따라 '좋은 절'과 '안 좋은 절'을 나눌 수 있다고 생각한다. 그러면 그 '체계'란 무엇인가? 그것은 출가 불자의 경우와 마찬가지로 '설법'과 '포살 (혹은 재)'을 운영하는 것이다. '설법'을 통해서 '이념'을 점검하고, '포살 (혹은 재)'을 통해서 '생활규범'을 점검한다.

'포살 (혹은 재)'에 대해서 우선 말해보면, '재가 불자'를 전통적인 '포살'에 참여시킨 역사적 사례는 없다. 그러나 현실적으로 거의 모든 절들이 재일(齋日)에 신도들과 함께 「보례진언」을 시작으로 『천수경』을 독경한다. 그 내용을 들여다보면 신 · 구 · 의 3업으로 지은 10악을 참회하고, 또 '사홍서원'과 '여래 10대 발원문'을 비롯한 각 종 발원을 한다. 그러고 나서는 「삼보통청」 의식에 따라, 불보살과 성중에게 공양을 올린다. 부처님을 청해 모시고, 공양을 권하고, 부처님의 공덕을 찬탄하고, 대중을 위해서 축원을 한다. 그리고 신중단을 향하여 또 권공과 축원을 한다. 경우에 따라서는 영단을 향하여 「법성게」를 봉독하기도 한다.

필자는 이것이 소위 '재가 불자'들이 불자로서의 '생활규범'을 스스로 점검하는 '점검 체계'라고 생각한다. 그런 의미에서 일종의 '포살'이라 할 수 있다. 이런 형태의 재일(齋日)을 현재 한국의 각종 절에서 거의 모두 하고 활용하고 있다.

'설법'에 대해서 그 내용을 언급해 보면, 여기에서는 불교적인 '이념'이 분명해야 한다. 불교의 경전은 너무나도 방대하기 때문에, 각 경전 사이에 모순적인 면이 대단히 많다. 우선 상좌부 불교와 대승불교 사이에 커다란 모순들이 있다. 불신(佛身)에 대한 관점에서 특히 그렇다. 『화엄경』의 경우는 '청정법신 비로자나불'이고 『법화경』의 경우는 '구원실성 석가모니불'이다. 이 분들은 마야 부인이 낳은 석가모니는 아니다. 대승의 경전을 설하는 부처님은 모두 법신(法身)이시다. 또 대승 중에도 반야부는 '법성(法性)'을 별로 말하지 않는다. 반면에 열반부 · 화엄부 · 법화부 경전에서는 '법성'의 영원성(永遠性)과 편만성(遍滿性)을 적극적으로 설명한다. 한편 선종에서는 경전을 상대적으로 낮게 평가한다. 이런 등등으로 볼 때에 불교의 교리에 대한 '이념'을 분명하게 하지 않으면, 재가이건 출간이건을 막론하고 헷갈리고 만다. 필자는 이런 현실들을 수 없이 보았다.

요즈음 '대한불교조계종' 또는 이 종단을 흉내 낸 군소 종단에서 조석으로 올리는 예불이 그런 헷갈린 사례 중의 하나이다. 불교 방송도 그렇다. "지심귀명례 삼계도사 사생자부 시아본사 석가모니불 …" 운운하면서 시작하는데, 이게 언제 그렇게 되었는가? 전에는 그렇게 안했다. 한국불교의 전통과 안 맞는다. 전에는 '오분향례'나 '향수해례'나 '사성례' 등을 했다. 왜냐하면 한국의 전통적인 불교는 대승이고, 대승의 본존은 법 · 보 · 화 3신불이기 때문이다. 〈사시불공〉의 '청사(請詞)'에서도 그렇게 한다. 『석문의범』에 나오는 '오분향례'는 "지심귀명례 법 · 보 · 화 삼신불"로 시작된다. 이게 왜 요즈음처럼 바뀌었는지 그 전거와 의도가 궁금하다. 불교 방송의 예불처럼 한다면 그때의 석가모니불의 불격(佛格)이 모호해진다. 분명하게 법 · 보 · 화 3신으로 믿어왔는데, 왜 그렇게 모호하게 얼버무려 놓았는지 모르겠다. 결국은 '이념'에 대한 반성이 없거나 흔들린 것이 아닌가? 기껏 강원 '상강례'나 '상주권공'의 '십념(十念)'에서 '청정법신 비로자나불, 원만보신 노사나불, 백억화신 석가모니불'이라고 배워놓고, 또 〈사시마지〉 '유치'와 '청사'에서는 법신의 근본이념을 선명하게 해놓고는, 왜 조석 예불에 와서는 전거도 없고 이념도 다른 "지심귀명례 삼계도사 사생자부 시아본사 석가모니불 …"이 들어가는가?

'소의경전'을 기준으로 한 '이념'에 관한 문제들은, 무엇보다 '법회'를 통해서 우선 '출가 불자' 대중이 공감해야 하고, 더 나아가 '재가 불자' 대중들에게 교육하고 해설하고 그리하여 실제 생활에 활용하게 해야 한다. 그리하여 자기가 속한 종단이 지향하는 '소의 경전'에 입각한 '이념'을 기준으로 해서, 자기 자신에게 또는 사회에서 일어나는 일체의 현상들에 대해 해석하고 평가하고 선택하고 결단하고 실천하는 삶을 살 수 있도록 하게 해야 한다.

이런 '점검 체계'가 잘 갖추어진 절이 좋은 절이다. '재가 불자'들은 될 수 있으면 이런 '점검 체계'가 잘 갖추어진 절을 다녀야 한다. 그런데 과연 현실적으로 그런 절이 얼마나 있느냐이다. 게다가 재일들이 모두 음력이기 때문에, 직장에 다니는 사람들이 참석하기는 거의 불가능하다. 종단 차원의 해결책이 나와야 한다. 그러기 위해서는 무엇 보다 각 종단이 '이념'을 분명히 해야 한다. 현실적으로 '소의경전'을 구호로만 떠들게 아니라, 교학적으로 철학적으로 종교적으로 단단하게 구축하게 해야 한다.

조선시대의 영 · 정조 이래 화엄교학의 전통이 이 땅에 분명하게 확립되었다. 이 전통은 전라도 구암사의 역대 강백들과 선암사의 역대 강백들에 의해서 오늘에도 그 강맥이 전해지고 있다. 이것을 계승 보급 확산하던지, 아니면 새로 만들던지, 아무튼 이제는 결단을 내려야한다. 아니면 선종으로 가려면 분명하게 선종의 '이념'을 세워야 할 것이다. '진각종'이나 '천태종', '불입종(佛入宗)', '법화종'의 경우를 제외하고는, 태고와 조계를 비롯하여 이 두 종단에서 분종(分宗)한 국내의 대부분의 모든 종단들이 지금과 같은 상태로 간다면 출가자에게나 재가자에게나 모두에게 혼란스럽다.

4. 제3의 경우

현실적으로 불교를 신행하는 사람들 중에서 교단에 적을 두지 않고 신행생활을 하는 경우도 있을 수 있다. 예를 들면 책을 보고 혼자 불도의 길을 가지만, 여러 가지 사정상 절에 (그 사정이 자기에게 있건 절에 있건, 1년에 한 번이든 또는 한 철에 한 번이든 그 회수와는 별개로 스스로의 규칙에 따라 정기적으로) 다니지 않거나 못하는 경우가 있다. 필자는 이를 잠정적으로 '제3의 길'이라고 부르기로 한다. 필자는 이 '제3의 길'을 통해서도 성불이 가능하다고 본다.

그런데 다만 '제3의 길'은, '해탈'에 도달하기 위해 '절'에 적을 두고 '성중(聖衆)'의 지도를 받으면서 동시에 '탁마상성'하는 도반 대중들과 함께 수행하는 것에 비교해, 그 성취도가 떨어지고, 또 '사도'로 빠질 위험이 크다고 생각한다. 그러나 불가능한 것은 아니다. 재가이건 출가이건 어느 경우에도 그렇듯이, 특히 '제3의 길'을 가는 경우에도 반드시 '시방에 상주하는 3보'를 말 그대로 '보배로 삼아' 스스로 자신의 수행을 점검해야 한다. 이 경우에는 자기 혼자 점검하기 때문에 잘못하면 자신에게 속기 쉽다. 그러나 불가능한 길은 아니다.

그리고 현실적인 불교의 종단이 타락했을 때에도 '제3의 길'을 통해 소위 '대안 불교'의 길을 개척하는 것도 가능할 수 있다. 그런데 필자 개인적으로는, 현재 한국에 있는 '종단' 즉 '주지 삼보(住持三寶)'가 완전히 100% 타락된 집단이라고 생각되지는 않는다. 그렇기 때문에, '제3의 길'은 오늘의 현실에서는 대단히 어려운 길이라고 생각한다. '제3의 길'은 북한처럼 불교가 정치적으로 인정되지 않거나, 또는 역사적으로 '주지 삼보(住持 三寶)'가 없었던 예컨대 미국과 같은 곳에서, 또는 '주지 삼보'가 회생불가능할 정도로 타락한 경우에는, 그것도 가능한 방법이라고 생각한다.

사실 이렇게 말을 하면서도 필자의 머릿속은 복잡하다. 왜냐하면, 상좌부 등의 부파불교에서 떨어져 나와 따로 대승교단이 출현했던 역사를 알고 있기 때문이다. 대승의 불자들은 상좌부 대중한테 가서 수계하지 않았다. 물론 '결계(結界)'도 함께 하지 않았다. 그러니 자연 상좌부의 스님에게 '설법'을 듣지도 또 함께 '포살'을 하지도 않았다. 그 반대의 경우도 마찬가지이다. 경이 달랐고, 논이 달랐고, 율이 달랐다. 3장이 달랐다. 전통이 달랐다.

아무튼 현재 한국의 불교 교단이, 상좌부와 결별을 하던 초기 대승운동의 상황이라면, '제3의 길'이 유효할지도 모르겠다. 또 대승불교의 본래 정신으로 복귀하기 위하여 종교개혁이 필요하다면, 역시 '제3의 길'이 유효할 지도 모르겠다. '진각종', '불입종', '법화종', '천태종', '원불교', '대각교(大覺敎)'를 창종한 각각의 '종조님'들은 창종 당시의 불교 상황을 스스로 그렇게 진단한 것은 아닌가? 대승불교의 '본래 정신'을 되살리자고 말이다. 그리하여 '새 불교' 또는 '대안 불교' 운동을 일으킨 것으로 볼 수는 없을까? 마치 대승운동이 일어났듯이 말이다. 이들 종단을 창종(創宗)하신 '종조(宗祖)'님들은 조선을 거쳐 일제 강점기를 거쳐 대한민국 건국 시기에 이르기 까지 '사자상승 해 온 역사적인 승보(僧譜)'와는 결별을 선언하고 있기 때문이다.

1764년 조선 영조 때에 사암 채영 스님이 지은 『서역 중화 해동 불조 원류』가 보여주다시피, 조선에 전승된 '승보'는 모두 태고 보우 선사를 중흥조로 하여 계대하고 있다. 태고 1세, 태고 2세 식으로 말이다. 조계종이 그렇고, 태고종이 그렇고, 또 이 두 종단으로부터 갈라져 나온 종단도 모두 그렇다. 그러나 위의 종단들은 그렇지 않다.

한편, '제3의 길'을 가는 불교 수행자와는 여러 면에서 다르지만, 현재의 한국에 있는 교단이 아닌 다른 나라에 있는 '교단'에 소속한 '재가 불자'와 '출가 불자'도 있다. 스리랑카의 교단이나 태국의 교단에서 수계를 하고 한국에서 불자로서 수행 정진하는 경우도 있으니 말이다. 물론 유럽이나 미국에서 수계한 경우도 있고, 또 일본에서 받은 경우도 있다. 이 경우도 역시 자신이 소속된 교단이나 사찰에 주기적으로 출석하여 '법회'와 '재(포살)'에 동참해야 할 것이다. 그러지 않고 '제3의 길'을 간다면, 이 역시 많은 어려움이 예상된다.

Ⅲ. 신행생활로 돌입하기

위에서는 출가이든 또는 재가이든 '불자'가 마땅히 해야 할 신행(信行) 생활에 대해서 살펴보았다. 즉, 설법(說法; dharmmamạ̄roceti)에 참여하여 자신이 제대로 수행을 하고 있는지, 또 어떻게 수행해야 하는지를 배우고 점검해야 한다고 말했다. 또 이와 동시에 대중 결계 및 재(齋 혹은 포살; upoṣatha)에 동참하여 계율을 점검하고 참회해야 한다고 말했다. 그리하여 이런 종교 활동을 통하여 각 종단마다 자신들이 내세운 종지(宗旨)와 종풍(宗風)에 상응하는 '이념'과 '생활규범'을 검점해야 한다고 했다.

아래에서는 '불자'의 신행 활동의 측면에서, 위에서 말한 '이념'과 '생활규범'을 점검하는 체계를 특히 '신행(信行)'에 초점을 맞추어 살펴보기로 한다. 먼저 '출자 불자'의 경우를 살펴보기로 한다.

1. 출가 불자의 신행

'출가 불자'의 신행 지도는 기본적으로 '성중(聖衆)'들에게서부터 나온다. 그러니 '성중'이 없이 그저 세속적인 이유만으로 종단을 '차렸을' 경우는 수행 방면에서는 말할 것도 없고 나아가 종단의 운영에서도 여러 모로 난관에 봉착할 수 있다. 눈 밝은 '성중'이 많아야 그분을 중심으로 한 결계(結界) 대중들의 수행이 높아지고, 또 이런 결계 대중이 많아야 '재가 불자' 들을 올바르게 지도할 수 있다.

이런 인식 하에 조계종에서는 2008년부터 대중결계와 포살을 모든 '출가 불자'들에게 확산했다. 물론 이런 제도가 있기 이전에도 태고와 조계 양대 종단에서는 전통적으로 분방(分榜)하여 삼동결재와 안거 등을 해왔다.

이럴 경우는 그 중심에는 반드시 지도자가 있다. 그리고 그 지도자는 인가나 전강 전수 등을 통하여 사자상승(師資相承)의 '맥(脈)'을 이어가고 있다. 이것은 수행 종단에 있어서 대단히 중요한 전통이다. 위에서 '승단'과 '승보'를 자세하게 나누어 설명한 것도 이런 이유 때문이다.

위와 같이 '맥'을 이어가는 지도자를 중심으로, 일정한 지역 내에 있는 '출가 불자'들은 소위 결계(結界) 대중이 되어 수행을 지속해 가고 있다. 그리고 '출가 불자'들은 자신의 수행의 여가를 활용하거나 때로는 자신의 수행을 양보해가면서 '재가 불자'들을 지도해왔다. 이리하여 하나의 '교단'을 형성해서 오늘에 이르고 있다.

2. 재가 불자의 신행

이상에서는 간단하게 '출가 불자'의 신행에 대해 살펴보았다. 자, 그러면 '재가 불자'는 세속에서 생활하면서 어떻게 신행생활을 해야 할 것인가? 필자는 이 문제에 대한 해답도 역시 한국불교의 전승에서 찾아야 한다고 생각한다. 그 전승의 이념은 '법성사상'이고, 형태는 재(齋)를 올리는 것이었다. 재래적으로 '재가 불자'들이 절에 가는 경우는 재(齋)를 올리러 간다. 음력 초하루와 보름, 지장재일, 관음재일, 약사재일, 산신재일, 그리고 장례와 천도를 비롯한 사자의례(死者儀禮) 등에 절에 간다. 생축(生祝)으로 절에 가는 경우도 있다. 이 재에 사용되는 각종 의식문(儀式文)을 자세하게 검토해보면, 그 내면에는 법성사상이 깔려 있다. 이 법성사상이 때로는 화엄의 옷을 입고, 때로는 미타 정토의 옷을 입고, 때로는 남종선의 옷을 입고 여러 모습으로 의식(儀式)에 표출된다. 많이 사용되는 「관음시식」의 일부를 통해 이를 되짚어보기로 한다.

먼저 '거불성(擧佛聲)'으로 아미타불과 관음세지 양대 보살과 인로왕보살을 청해 모신다. 그리고 해당하는 영가의 영혼과 법계의 영혼을 청혼(請魂)한다. 다음에는 이 영가들을 대상으로 착어성(著語聲)으로 "영원담적(靈源湛寂), 무고무금(無古無今), 묘체원명(妙體圓明), 하생하사(何生何死) …"라고 천천히 낮은 소리로 법문을 한다. 우리말로 풀이하면 "이 자리에 오신 영가시여! 당신의 본래면목은 맑고 고요하여, 오래 될 것도 없고 새로울 것도 없소이다. 그 오묘한 본바탕은 완전하게 밝은데 무슨 죽음이 있고 태어남이 있으오리까? …" 이렇게 선(禪) 법문을 한다. 이렇게 법문을 일러주었는데도 영가가 '한 소식' 못하면, '빡쎈' 신통력이 있는 '신묘장구대다라니'를 한 편 일러준다. 또 『화엄경』의 '엑기스' 게송도 읽어주고 각 종 진언(眞言)

도 일러준다. 그런데도 못 깨치면, 이때에는 영가들을 불러다가 차례로 자리에 앉혀놓고 풀어먹인다. 차 대접하는 장면을 보자.

百草林中一味新 趙州常勸幾千人
백초임중일미신 조주상권기천인

온갖 풀 중 제일 맛 나는 새 차를 내어
조주 선사는 수 없는 이에게 권했네.

烹將石鼎江心水 願使亡靈歇苦輪
팽장석정강심수 원사망령헐고륜

돌 틈에서 솟는 청정수로 차를 달여 영가에 올리니
부디 이것 드시고 고통의 윤회를 벗어나시오.

이런 다음에도 계속 의식이 진행된다. 장엄염불을 통해 미타정토를 발원하게 하고, 나중에는 3보 전에 예를 올리고 '법성게'의 목탁 소리에 맞추어 소대(燒臺)로 향한다. 그러고는 영가에게 마지막으로 일러 준다.

"여태까지 음식을 대접하고 독경을 했는데 허망한 인연을 잊었느냐? 허망한 생각만 떨어지면 그대는 자신의 본래 진여법성과 하나 되어 극락으로 갈 것이오. 그러나 아직도 망식을 여의지 못했거든 이 산승의 마지막

게송을 들으소서. '4대가 흩어지면 육체도 꿈결 같고, 6진의 그림자인 마음도 본래 공(空)하다. 그대가 만약 부처님과 조사님의 깨달은 자리를 알려거든, 해가 지면 달이 뜨는 소식을 아소서!'"

이렇게 계속 이어지면서 나중에는 위패와 전(錢) 다라니를 태우고, 마지막에는 "부디 잘 가시오!"라는 뜻으로 "복유진중(伏惟珍重)"이라고 작별 인사를 한다. 이렇게 해서 재가 모두 끝난다. "진중(珍重)"은 선어록에 많이 나오는 당송(唐宋)대의 구어(口語)이다.

여기에서 보다시피 불생불멸하는 진여법성사상, 미타정토사상, 남종선사상, 등등이 어우러져 영혼을 천도한다. 이와 더불어 영가 설법을 한다. 〈사시불공〉의 경우도 근본 철학은 이와 같다. 오히려 법보화 3신(身) 신앙과 보현의 행원사상이 더 분명하게 드러난다. '유치'와 '청사'의 내용에는 「보현행원품」에서 인용한 구절이 많이 나온다.

이상이 '재가 불자'들이 절에 가서 하는 '불공'의 근간이다. 그런데 이 의식문이 모두 한문이고, 게다가 범패 성으로 소리를 끌었다 밀었다 눌렀다 꺾었다, 태징 찍고 목탁 치고 요령 흔들어 대면 알아들을 수 있는 '재가 불자'는 거의 없다. 소위 '분위기적' 전달 효과는 있지만 '메시지' 전달은 부족하다. 물론 일구월심으로 간절하게 기도하면, 부처님의 자비와 신통력의 공덕이 영험하기 때문에 각종 전통적인 '재(齋)'나 '불공'을 통해서도 많은 중생들이 복전을 일구어 갈 수 있다.

그런데 세상이 많이 달라졌다. 불교계에 요구되는 것이 개인의 기도 성취와 수양을 넘어서서, 대(對) 사회적인 역할도 점차 늘어나게 되었다. 더구나 서양에서 들어온 천주교와 기독교 등의 이웃 종교들이 수입되어 소위 다(多) 종교 사회가 되었다. 이제는 불교계 자체가 원하던 원하지 않던 종교적 환경이 변화했다. 따라서 불교계도 스스로 변화하지 않을 수 없게 되었다.

Ⅳ. 법성교학의 법회 양식 모색

1. 독 불공 시대

우리나라 삼국시대에 불교가 들어온 이래 '재가 불자'들을 한 자리에 모아 놓고 하는 법회는 없었다. '재가 불자'들이 절에 가는 경우는 불공(佛供)을 드리러 가는 것이지만, 이 경우는 소위 '독(獨) 불공'이다.

예컨대 칠석날이면, 스님의 인도에 따라 대웅전 등 상단에 독 불공 올리고, 다시 칠성님이 모셔져 있는 전각으로 자리를 옮겨 칠성님께 독 불공을 올린다. 이렇게 하다보면 새벽부터 경우에 따라서는 날이 어둡도록 불공을 몇 십 집을 하는 수도 있다. 초파일의 경우도 마찬가지이다. 지금으로서는 상상도 못할 일이다. 오늘날도 그런 풍습이 남아서 음력 정월 기도를 따로 날을 받아 독 불공을 하기도 한다.

그러다보니 같은 절에 다니더라도 '재가 불자'들이 한 자리에 모이는 일은 거의 없었다. 만신 집에 점보러 갔다가 대기하는 동안에 잠깐 서로 얼굴을 스치는 그런 정도였다. 이런 상황에서 재가자들에게 부처님 말씀을 전한다는 것은 상상도 못했다. 조선 봉건시대에는 다 이랬다. 요즈음처럼 남녀노소 바라는 바 소원의 차이 여하를 불문하고 '재가 불자'들을 한 자리에 모아놓고, 공동으로 불교 행사를 하는 소위 '법회'는 근대 이전에는 없었다.

이런 양상에 변화가 일기 시작하는 것은 조선의 유교적 봉건 사회가 해체되면서 근대에로의 이행 과정에서 비롯된다. 거기에는 일본을 비롯한 서(西) 유럽에서 들어온 종교도 한 몫을 한다. 그리고 이 과정에서 서학(西學)의 반동으로 국내에 자생된 동학(東學)도 한몫을 한다. 서양에서 들어온 천주교와 기독교, 그리고 일본에서 들어온 불교가 주도하는 종교 대중 집회가 곳곳에서 생긴다. 이를 바라보던 불교의 안목 있는 스님들의 눈이 번쩍였다. 아주 일부가 말이다.

2. 달라지는 세상

천주교는 1784년(정조8년) 이승훈이 북경에서 영세를 받고 돌아와 이벽, 정약전과 함께 신앙 공동체를 만들면서 교회가 시작된다. 그 후 1801년(순조 1년)에 일어난 신유박해를 비롯하여 약 100년 사이에 10차례에 걸쳐 크고 작은 박해를 받는다. 그러다가 마침내 1886년의 프랑스와의 조약으로 선교의 자유가 보장되기 시작한다. 이로부터 신도들의 각종 예배가 늘어난다.

한편 기독교의 경우는 1884년 미국 북 장로파 선교사인 알렌과, 1885

년 북 장로파 언더우드, 그리고 미국 감리교의 아펜젤러 선교사들이 들어와서 의료 사업과 교육 사업을 통한 선교활동을 본격적으로 시작했다. 평양의 대부흥 운동과 연세대학교로 상징되는 그런 활동이 일어났다. 이와 더불어 교회당이 늘어난다.

이런 서양 종교의 전래와 더불어, 일본제국주의 침략이 본격화되던 을사늑약(1905년) 전후로 일본 불교의 전파도 두드러지게 나타난다. 1900년에는 일본의 정토종이 조선인의 포교를 위해 서울 명동에 '교회'를 설립하였다. 그로부터 6년 뒤인 1906년 4월에 『동양종교(東洋敎報)』라는 잡지를 조선어로 창간 발행하면서 더욱 확산되었다. 이들은 당시에 군(郡) 단위에까지 '정토종 교회'를 세우고 조직적으로 불교 포교를 했다.

이런 와중에서 근대적인 자각을 바탕으로 봉건적 불교를 탈피하여 새 불교 운동의 깃발을 세운 것이 백용성(1864-1940) 스님의 대각교(大覺敎) 운동이다. 조선 사람 손으로 일반 재가 대중 포교를 시작한 것은 이게 처음이다. 동국대 선학과 교수 한보광 스님이 발표한 「백용성 스님의 대중 포교 활동」(『대각사상』제6집, 2003년)이라는 연구 논문에 따르면, 용성 스님(당시 48세)은 1911년에 서울 가회동 민가에 포교당을 연다. 개원한지 불과 3개월 만에 신도 수가 수백 명에 달했다고 한다. 남자 거사들을 중심으로 법회를 열었던 것이다.

그 후 다시 1912년 5월 26일에는 경성(京城) 중부(中部) 사동(寺洞)에 범어사와 통도사가 연합하여 '조선 임제종 중앙 포교당'을 열었다. 포교당 개원식에는 학생들의 주악과 창가가 연주되었다. 법회의 식순을 소개하면 다음과 같다. '개회', '귀의삼보', '창가', '악기 연주', '취지 설명', '입정', '설교', '강연', '축사', '창가', '불교 만세', '폐회'.

한편, 용성 스님(53세)은 1916년 서울 종로구 봉익동에 대각사(大覺寺)를 세우고 대중 포교에 매진한다. 한글로 불경을 번역하고, 또 찬불가를 손수 지어 불렀다.

이렇게 하여 시작된 법회는 1920년대와 1930년대를 거치면서 일부 선각자들에 의해 주도되었다. 당시에 법회의 내용과 규모에 대해서는 다른 지면에서 보고하기로 하고 여기에서는 법회의 형식에 대해서만 간략하게 소개하기로 한다. 운악산 봉선사 홍법강원의 강백이셨던 안진호 스님께서 편집한 『석문의범』을 통하여 당시의 법회 식순을 알 수 있다. 이 책에는 당시의 재가 포교의 정황을 알 수 있는 자료들이 많이 실려 있다. 예를 들면 '입교의식', '설교의식', '포교방식', '강연의식', '강탄절, 성도절, 열반절 법요식' 등등이 그것이다.

'설교의식'의 구성과 순서를 보면 다음과 같다. (1)삼정례(三頂禮), (2)찬불게(혹은 찬불가), (3)송주(신묘장구대다라니), (4)참죄업장 12존불 창불(唱佛), (5)10악 참회, (6)개경게, (7)거량, (8)입정, (9)설교, (10)정근, (11)폐식. 대개의 경우는 명칭으로 짐작할 수 있다. 한 가지 설명을 보탠다면 거량(擧揚)인데, 교당에 모인 대중들의 이미 돌아가신 스승과 부모님들의 영가를 불러 법당에 모시는 내용이다. 이렇게 하는 이유는 그분들에게도 부처님 말씀을 전해드리기 위함이다. 이 구성을 보면, 확인할 길은 없지만, 이 식순을 만듦에 있어 「상주권공」을 준용하지 않았나 하는 생각이 든다.

〈3대 기념의식〉도 소개되는데, 그 중에서 '부처님오신날', 당시에는 '강탄절(降誕節)'이라 불렀는데, 기념 식순을 보면 매우 흥미롭다. (1)개식, (2)삼귀의, (3)『반야심경』 독경, (4)찬불가, (5)입정, (6)설교, (7)권공(勸供), (8)예참, (9)축원, (10)퇴공(退供), (11)폐식이다. 이외에도 '성도절'과 '열반절'도 소개되어 있는데 위와 대동소이하다.

〈강연의식〉의 순서는 다음과 같다. (1)귀의삼보, (2)『반야심경』, (3)찬불게(혹은 찬불가), (4)입정, (5)강화(講話), (6)사홍서원, (7)산회가. 이러고 보면 요즈음 절에서 하는 일요법회는 말이 '법회'이지, 사실상으로는 '강연회'이다. 아무튼 이와 더불어 당시에 부르던 찬불가의 가사들도 적잖이 소개되어 있다. 이와 더불어 포교의 방식에 대해서도 정연하게 분류하여 소개하고 있다. 예를 들면 잡지 간행과 번역 저서 및 서간문을 통한 포교, 불공을 비롯하여 장례식 결혼식 추도식 악기 연주 찬불가 등을 통한 포교, 개인 단위로는 가정 방문 신앙 상담을 비롯하여, 군중 상대로는 학교 공장 감옥 노방전도(路傍傳道)를 통한 포교, 각 가정에서 아동 감화(感化)를 비롯하여 불량 아동 감화와 환자 및 불구자 감화와 이재민과 빈민구제 그리고 영화와 연극을 통한 각종 감화포교, 불교부인회, 불교청년회, 불교소년회, 불교소녀회, 불교친목회 등을 통한 신앙단체 조직 등이 소개되어 있다. 심지어는 '입교원서'를 비롯하여 '신도명부' 및 '신도증' 양식까지 소개되어 있다.

3. 혼란의 세월

세상이 또 변했다. 식민지로 부터의 해방(1945년), 일본군 무장해제를 위한 38선 설정, 3년간의 미 군정(軍政), 대한민국 건국(1948년), 민족상잔(1950)과 휴전협정(1953), 1960년의 4 · 19, 이듬해의 5 · 16. 이렇게 정신없이 세월이 흘렀다.

조선 말기의 봉건 해체와 운명을 같이하던 불교계는 '봉건적 잔재'를 짊어지고, 한편으로는 일제 강점기의 각종 '파행적 변형'을 끌어안은 채, 게다가 '새 시대'를 준비할 차비도 못한 채, 그만 해방을 맞이한다. 여러 가지 측면에서 '모순'이 누적되었던 불교계는 1954년 5월 이승만 대통령이 대처승(帶妻僧)은 사찰에서 물러나라는 초법적(超法的) 특별 담화 발표를 계기로, 마침내 '폭발'한다. 소위 '결혼한 승려'도 승가 교단의 일원으로 인정하자는 쪽과 말자는 쪽으로 양분되어 '분쟁'이 법정 소송을 비롯하여 사회 표면에 노출된다. 그러다가 1962년 4월에 '결혼 안 한 승려'와 '신도' 두 그룹만을 인정하는 '대한불교조계종'이 발족한다. 그 후 8년이 지났다. '결혼 안 한 승려(수도승)', '결혼한 승려(교화승)', '신도', 이렇게 세 그룹을 인정하는 '한국불교태고종'이 발족된다. 때는 1970년이다. 이렇게 하여 표면적으로 '분쟁'은 종식되었지만, 두 종단 '사이'의 분규도 계속되었고, 다시 두 종단 '내부'에서도 각종 이합집산이 쉴 날이 없었다.

조계종에서는 1994년의 사건을 계기로 자기반성과 새로운 대안을 모색하고 있다. 포교원이 중심이 되어 『통일법요집』(1998년) 발간을 통한 법회 의식(儀式)을 정비하는가 하면, 교육원에서는 간화선을 중심으로 수행이론을 정비하고 있다. 이와 더불어 학림(學林)과 기초 선원을 비롯한 승가대학을 정비하여 양질의 승려 배출을 위해 박차를 가하고 있다. 한편 태고종에서도 합동 득도식을 비롯하여 각종 승가대학을 설립하고, 범음을 비롯한 작법과 장엄 등 불교 의식(儀式)을 전승 보급하고 있다.

그러나 정작 신도회의 조직과 '재가 불자'의 법회에 대해서는 아직 이렇다 할만한, 대책이 나와 있지 않다. 물론 조계종에서는 수년전부터 '신도증' 제도를 도입하여, '재적 사찰 갖기' 운동을 벌이지만 아직까지는 별 효과가 없다. 아직도 불교 신도들은 이절 저절 다닌다. 그나마 정기적으로 사찰에 출석하는 신도들은 매우 적은 편이다. 게다가 음력으로 법회를 하는 절이 대부분이기 때문에 참여하는 층은 더더욱 제한되어 있다.

법회의 내부를 들여다보자. 전통적으로 하는 음력 법회는 「보례진언」을 시작으로 『천수경』을 송주하고 거불을 시작으로 '불공'을 올리고 '축원'하고 '퇴공'하고 마친다. 의식의 내용은 100% 한문으로 되어 있어서, '재가 불자'들은 그 내용을 거의 알아듣지 못한다. 종교라 하면 이런 '의식' 행위도 중요하고, 이와 더불어 그 종교가 전하는 '교리이해'도 중요하다. 아무튼 '의식'에 동참은 하지만 그 의미도 잘 모르고, 게다가 '교리' 학습마저 없으니 불교가 가지는 대 사회적인 역할이나 개인의 삶에 미치는 영향은 상대적으로 줄어든다.

이런 단점을 해소하기 위하여, (1)일부의 절에서는 한글로 된 의식을 겸용하고, 또 '불공'이 끝나고 난 뒤에 간략하게 불교의 교리 내지는 '재가 불자'들의 신앙생활에 대하여 '법회'하는 시간을 갖기도 한다. (2)그런가 하면 요즈음은 각 단위 사찰에서도 '불교 교양대학'을 운영하여 '재가 불자'들의 소양을 높이는 프로그램을 운영한다. (3)또 적극적인 사찰에서는 '일요법회'를 도입하여 직장인이나 가족 단위나 또는 청소년이나 어린이를 위한 '법회'를 한다. 지난날에 비해서는 장족의 발전을 하고 있는 셈이다. 그런데 이쯤해서 우리가 생각해 보아야 할 문제들이 있다.

먼저 (1)의 경우를 보자. 위에서도 살짝 언급했지만 이 경우는 전래적인 '독 불공'의 방식을 단순하게 '합동 불공'으로 바꾸고, 그 끝자락에 '법회'을 덧붙인 것이다. '법회'는 대개 삼귀의 → 보현행원 노래 → 청법가 → 입정 → 설법 → 사홍서원 → 산회가 순으로 이루어진다. 전통적인 '불공' 의식과 현대식을 복합한 것이지만, '불공'에서 이미 '거불'해서 부처님께 예배하고 찬양하고 공양 올리고 발원해 놓고, 뒤에 다시 또 삼귀의를 하는 등, 내용에 중복이 있다. 게다가 시간이 약 2시간 정도 걸린다.

다음 (2)의 경우를 보자. 이 경우는 말 그대로 학습하는 행위이지 종교 행위는 아니다. 그리고 이 경우는 일정한 교육 연한과 교과 내용이 있기 때문에 정해진 수학 기간이 끝나면 졸업시켜야 한다. 고육지책으로 전문 과정을 만들어 붙들어 보지만, 결국은 끝이 있다.

끝으로 (3)의 경우를 보자. 이 경우 대개는, 삼귀의 → 보현행원 노래 → 청법가 → 입정 → 설법 → 사홍서원 → 산회가 순으로 이루어진다. 여기에서의 문제는 신앙이 없다는 것이다. 불교는 신(信) · 해(解) · 행(行) · 증(證)을 구비해야 한다. 그런데 이 경우에는 '해'만 개발될 뿐 나머지 특히

'신'의 개발이 소홀하다. 게다가 더욱 심각한 것은 이 경우에는 전통적인 사찰에서는 주지나 조실 스님은 아예 참여하지는 않는다. 절의 입장에서 보면 '재가 불자'의 법회는 여벌인 셈이다. 이래서는 제대로 된 포교가 될 리가 만무이다.

'불공'만을 떼어놓고 보더라도 문제는 심각하다. '불공' 부분은 기본적으로 화엄의 법 · 보 · 화 3신불(三身佛) 사상과, 보리 달마의 남종선사상과, 정토 염불사상과, 밀교적 요소들 복합적으로 이루어져 있다. 불교는 말이 '하나의' 불교이지, 그 내부를 들여다보면 '다양한' 불교이다. 이것은 역사가 증명한다. 고려에서 조선 전기에 걸친 불교 교파를 통틀어 '5교 양종'이라 한다. 즉 교종의 열반종, 남산종, 화엄종, 법상종, 법성종과 선종의 천태종, 조계종이 그것이다. 이렇게 갈라진 것이 절대로 우연한 또는 단지 정치적인 요인 때문만은 아니다. 거기에는 교리적인 그리고 역사적인 기반이 있다. 특히 '화엄종', '법상종', '조계종', '천태종' 사이에는 서로 양보할 수 없는 교리적인 장벽이 있다.

조선시대를 통하여 그리고 일제 강점기를 거치면서 불교가 축소되고 쇠퇴하는 과정에서 급기야 해방 전후에 여러 종파가 축소 통합된 '한국 조계종'이 만들어졌다. 이 '한국 조계종'이 비록 해방 이후에 '대한불교조계종'과 '한국불교태고종'으로 분열되었으나, 조계-태고는 종단의 뿌리가 같다. 다만 '결혼한 승려(전법사)'제도의 '허용-불허용'의 차이 정도이다. 이러고 보면 '다양한' 불교가 한 지붕 속에서 작은 규모로 방 한 칸씩을 얻어서 함께 사는 셈이다.

이런 양상은 선종을 표방하는 조계종, 이 종단에서 세운 동국대학의 불교 교수의 전공에서도 들어난다. 화엄, 유식, 북종선, 남종선, 계율, 정토, 천태, 인도 철학 등등 다양하다. 중앙승가대학의 불교학과에도 화엄, 선학, 정토, 밀교 등 다양한 교수가 있어 전문적인 연구와 교육을 하고 있다. 이런 전공들은 하나의 종파를 이룰 만큼 교학체계가 서로 다르고 수행 방법도 다르고 역사적인 전승들도 다르고 문헌들도 방대하다. 이 다양성을 하나로 통일할 수 있는 '그릇'은 없다. 그 '그릇'이 인물이 되었든, 사상이 되었든 말이다.

4. 이 시대를 위한 준비

그러면 어떻게 해야 하는가? 종단을 쪼개자는 말인가? 그것은 아니다. 현재 조계와 태고의 법통은 모두 태고 보우 스님을 기세조(起世祖)로 하고 있으며 간화선을 표방한다. 그러면서도 그 중에는 화엄교학을 하는 전통도 있고, 또 염불 정토의 전통도 있고, 진언 밀교적인 전통도 있다. 따라서 이 전통을 살려서 '재가 불자'는 물론 '출가 불자'들의 신행 방식을 정비하자는 것이다. 그러면서 동시에 태고 보우 스님을 기점으로 하여 '같은 문손(門孫)'이라는 통일의식, 그리고 더 나아가서는 '일불제자(一佛弟子)'라는 도반의식을 잘 살려가야 할 것이다.

우선 조계종에는 학림(學林) 제도가 생겼으니 화엄교학을 전승 보급해

가고, 또 선원에서는 간화선을 전승 보급해 가면 될 것이다. 다만 문제는 염불 정토인데, '염불원' 내지는 '만일염불회'가 폐지된 이래로 이 전통은 끊어졌다. 그렇지만 아직도 당시의 '염불원'에서 수행 생활을 했던 노장 스님들이 일부 생존해 계시고, 또 그분들 밑에서 전수한 스님들이 있으니, 이 분들을 중심으로 염불원을 복원하는 것이 급선무이라고 생각한다. 이 일에 있어서는 조계와 태고가 서로 힘을 합쳐야 할 것이다.

그리하여 그것이 남종 간화선이든, 화엄교학이든, 정토 염불이든, 밀교 진언이든 일단 신행의 중심을 세워놓고, 그런 다음에 그 중심을 기준으로 재가와 출가 불자의 신행에 필요한 각종 의례와 교안과 교사들을 양성해야 할 것이다. 하루라도 빨리 신앙의 자기 정체성을 정립해야 할 것이다. '통불교'라는 이름으로 전체를 모두 아우른다는 것은 '허울'이다.

이런 입장에서 볼 때에 '진각종'은 참으로 모범적이고 좋은 전례가 된다. 종지(宗旨)와 종풍(宗風)이 분명하다는 점에서 말이다. '천태종'의 경우도 자기정체성의 정립을 위해 많은 노력을 하고 또 성과를 내고 있다. '한국법화종', '대한법화종', '불입종'. 이 세 종단은 모두 『법화경』을 소의경전으로 하면서 『법화경』 내용을 중심적으로 신행을 하는 종단이다. 종지와 종풍이 선명한 좋은 종단이다. 다만 아쉬운 점은 뿌리와 배경과 그리고 소의경전이 같은데도 현실적인 요인 때문에 '연합' 내지는 '합종(合宗)'하지 못하는 점이다. 지금과 같은 상태로는 '군소 종단'이라는 서러움을 면치 못할 것이다. 진각종, 천태종 이 두 종단은 소위 이 종단 저 종단 넘나드는 '철새 불자'들은 거의 없다. 그 '철새'가 '재가 불자'이든 '출가 불자'이든 말이다.

이만큼 종단에는 이념적 구심력과 말법 시대의 시대적 사명의식과 애종심(愛宗心)이 있다. 단적으로 말해서 불전의식(佛前儀式)이 여타 종단과 다르다. 그러나 그 밖의 여타 종단들은 그렇지 못하다. 이합집산이 심하다.

이상과 같이 한국의 불교 교단이 안고 있는 태생적인 복합성과 어려움이 있기 때문에, '재가 불자'의 신행이나 포교에는 근본적 한계가 있다. 진각종과 천태종과 법화 계열 종단은 이미 이념적으로나 제도적으로 수준 이상의 경지에 올라있다. 부처님의 제자들로서 재가와 출가를 막론하고 단단히 한 몫을 하고 있다. 문제는 조계종과 태고종이다. 특히 두 종단이 차지하는 역사적 · 현실적 위상이 크다는 데에 문제의 심각성은 더 크다.

이 문제를 해결하기 위해서는 종단 차원의 연구와 결단이 우선해야 한다. 그것이 최선이겠지만 이것을 마냥 기다릴 수는 없다. 차선의 방법이기는 하지만, '조계-태고'에 속한 재가와 출가 불자들이 저마다의 인연에 적합한 방식을 찾아서, 신행의 중심을 분명하게 하여 '재가 법회'를 개설할 것을 제안한다.

남종의 간화선을 중심으로 하든, 화엄의 교학을 중심으로 하든, 정토의 염불을 중심으로 하든, 밀교의 진언을 중심으로 하든 말이다. 이렇게 교리적 중심을 분명하게 정립하고 그에 상응하는 의례와 수행 방법과 신행 지침을 제시하고 현대적 실정에 맞는 '법회'를 열어야 할 것이다. 그러면서 서로의 정보와 경험을 공유하는 세미나 개최도 생각할 필요가 있다.

이런 맥락에서 필자는 이 책의 「제13장. 화엄의 보현행원의례」 부분에서 대안을 제시했던 것이다.

부록

부록

부록 1 참고문헌

부록 2 색인

참고 문헌

1. [전집류]

(한글음 가나다 순)

전집류 생략 예시

* 신수대장경 → 대정장
* 신찬만자속장 → 신찬속장
* 한국불교전서 → 한불전

『開元釋敎錄』(대정장 55권).

『景德傳燈錄』(대정장 51권).

『高僧傳』(대정장 50권).

『廣弘明集』(대정장 52권).

『金剛般若波羅密經』(대정장 8권)

『答順宗心要法門』(신찬속장 58권).

『大方廣佛華嚴經金獅子章』(대정장 45권).

『大方廣佛華嚴經普賢行願品別行疏鈔重刊序』(신찬속장 5권).

『大方廣佛華嚴經疏演義鈔玄談』(신찬속장 5권)

『大方廣佛華嚴經隨疏演義鈔』(대정장 36권).

『大方廣佛華嚴經入不思議解脫境界普賢行願品疏鈔』(신찬속장 74권).

『大方廣佛華嚴經』(實叉難陀 譯)(대정장 10권).

『大宋僧史略』(대정장 54권).

『大乘起信論』(진제 역)(대정장 32권).

『大乘起信論義記』(대정장 44권).

『大乘起信論筆削記會編』(한불전 8권).

『忘盡還源觀補解』(신찬속장 58권).

『妙法蓮華經』(대정장 9권).

『妙法蓮華經要解』(신찬대속장 30권).

『梵網經』(대정장 24권).

『梵網經古跡記』(대정장 40권).

『梵網經盧舍那佛說菩薩心地戒品 』(대정장 24권).

『法華經句解』(신찬속장 30권).

『法華經疏』(신찬속장 27권).
『法華經義疏』(신찬속장 27권).
『法華三昧懺儀』(대정장 46권).
『菩薩瓔珞本業經』(대정장 24권).
『佛說父母恩難報經』(대정장 16권).
『佛說孝子經』(대정장 16권).
『佛祖統記』(대정장 49권).
『三論玄義』(대정장 45권).
『禪源諸詮集都序』(대정장 48권),
『宋高僧傳』(대정장 50권).
『修習止觀坐禪法要』(대정장 46권).
『修華嚴奧旨妄盡還源觀』(대정장 45권).
『阿毘達磨大毘婆沙論』 (대정장 27권)
『安般守意經』(대정장 15권).
『圓覺經大疏』(신찬속장 9권).
『圓覺經道場修證儀』(신찬속장 74권).
『圓覺經道場略本修證儀』(신찬속장 74권).
『原人論』(대정장 45권).
『原人論發微錄』(신찬속장 58권).
『陰持入經』(대정장 15권).
『二諦義』(대정장 45권).
『人本欲生經』(대정장15권).
『仁王護國般若經』(대정장 33권).
『臨濟錄』(대정장 47권).
『作法龜鑑』(한불전 10권).
『雜阿含經』(대정장 2권).
『宗鏡錄』(대정장 48권).
『注維摩經』(대정장 38권).
『注華嚴法界觀門』(대정장 45권).
『中觀論』(대정장 30권)

『中華傳心地禪門師資』(신찬속장 63권).
『集古今佛道論衡』(대정장 52권).
『出三藏記集』(대정장 55권).
『慧日永明寺智覺禪師自行錄』(신찬속장 63권).
『華嚴經行願品疏』(신찬속장 5권).
『華嚴法界玄鏡』(대정장 45권).
『華嚴普賢行願修證儀』(신찬속장 74권).
『華嚴一乘敎義分齊章』(대정장 45권).

『大明續道藏』「堪與完孝錄」(1089~1091冊, 封字).
『老子翼 莊子翼; 漢文大系9』, 東京: 富山房, 昭和49年.
『리그베다』.
『文選』.
『道藏』「元始洞眞慈善孝子報恩成道經」(洞眞部, 宿下).
『漢書』.
『後漢書』.

「家訓歸心篇」, 『광홍명집』(대정장 52권).
「內德論」, 『광홍명집』(대정장 52권).
「滅惑論」, 『홍명집』(대정장 52권).
「牟子理惑論」, 『홍명집』(대정장 52권).
「辯正論」, 『광홍명집』(대정장 52권)).
「辯惑篇」, 『광홍명집』(대정장 52권).
「沙門王者不敬論」, 『홍명집』(대정장 52권).
「析三破論」, 『홍명집』(대정장 52권).
「十喩九箴篇」, 『광홍명집』(대정장 52권).
「喩道論」, 『광홍명집』(대정장 52권).
「二教論」, 『광홍명집』(대정장 52권).

2. [단행본류]

(동양어권은 한글 음 가나다 순, 서양어권은 알파벳 순)

加藤觀澄 譯, 『梵網經』, 『國譯大藏經』律部12, 東京: 大東出版社, 昭和57.

鎌田茂雄, 『中國華嚴史上史の研究』, 東京: 東大出版會, 1965.

鎌田茂雄, 『中國華嚴思想の研究』, 東京: 東京大學出版部, 1978.

鎌田武雄 著, 한형조 譯, 『화엄의사상』, 서울: 고려원, 1987.

境野黃洋 譯, 『國譯梵網經』, 『國譯大藏經』 第3卷, 東京: 大東出版社, 大正7.

季芳桐 釋譯, 『佛說梵網經』, 臺灣: 佛光文化事業有限公司, 2000.

古天 慧能 엮음, 『梵網經菩薩戒本私記』, 대구: 영산율원, 1998.

古賀英彦(外) 譯, 『中國佛教思想論集』, 東京: 東方書店, 1980.

空緣 無得, 『賢首法藏 華嚴教學體系 - 華嚴五教章』, 서울: 우리출판사, 1983.

광덕 옮김, 박성배 강의, 『미국에서 강의한 화엄경 보현행원품』, 안성: 도피안사, 2008.

광덕, 『보현행원품』, 서울: 삼영출판사, 1968.

駒澤大學禪宗史硏究會編, 『慧能硏究』, 東京: 大修館書店, 昭和53.

圭峰 宗密 玄談, 辛奎卓 譯註, 『원각경 · 현담』, 서울: 정우서적, 2013.

金東華, 『俱舍學』, 서울: 文潮社, 1971.

김월운 번역, 『한글대장경 181』, 서울: 동국역경원, 1970.

김월운 역, 『원각경』, 서울: 동국역경원, 1974.

김월운 번역, 『華嚴經 抄譯』, 서울: 동국역경원, 1978.

金月雲, 『三化行道集』, 서울: 기원정사, 1980.

김월운 번역, 『한글대장경 183』, 서울: 동국역경원, 1981.

金月雲, 『日用儀式隨聞記』, 경기: 중앙승가대학 출판국, 1991.

김월운 강술, 『大乘起信論講話』, 서울: 불천, 1993.

金芿石, 『華嚴學槪論』, 서울: 동국대학교 출판부, 1960.

吉津宜英, 『華嚴と禪』, 東京: 大藏出版社, 昭和58.

김경탁, 『열자』, 서울: 한국자유교육협회, 1965.

김영희, 『보살계 계목』, 서울: 도서출판토방, 1993년 초판, 7쇄 2006.

김지견 편, 『六祖壇經의 世界』, 서울: 민족사, 1989.

김호성, 『불교해석학 연구- 자기 철학의 제기를 위한 방법론 모색』, 서울: 민족사, 2009.

大藏會編,『大藏經』, 東京: 百華苑, 昭和39.
대한불교 조계종 역경위원회 역,『범망경』(상권),『한글대장경 · 율부 12 (102책)』, 서울: 동국역경원, 1978.
대한불교 조계종 포교원,『통일법요집』, 서울: 조계종출판사, 1998.
동국역경원,『보현행원품 · 보문품 · 보안장』, 서울: 동국역경원, 1966.
동국역경원,『한글대장경 종경록2』 서울: 동국역경원, 1985.
鈴木大拙,『鈴木大拙全集』, 岩波書店, 1968.
望月信亨,『淨土教の起源及發達』, 東京: 共立社, 昭和5.
목정배 역,『梵網經述記 外』, 서울: 동국역경원, 1994.
木村清孝,『初期中國華嚴思想の研究』, 東京: 春秋社, 昭和52.
梶山雄一, 권오민,『인도불교철학』, 서울: 민족사, 1994.
梶山雄一,『佛教における存在と知識』, 東京: 紀伊國屋書店, 1984.
민영규,『四川講壇』, 서울: 도서출판 又半, 1994.
박일봉 편역,『孝經』, 서울: 육문사, 1992.
方漢巖,『修訂增補版 漢巖一鉢錄』, 漢巖門徒會刊, 서울: 민족사, 1996.
백련선서간행회,『臨濟錄 · 法眼錄』, 경남: 장경각, 1989.
백련선서간행회,『馬祖錄 · 百丈錄』, 경남: 장경각, 1988.
백련선서간행회,『禪林寶典』, 백련선서간행회, 경남: 장경각, 1988.
白龍城 先生 譯註解,『覺說梵網經上中下合編』, 京城府: 大覺教中央本部, 昭和8年.
백용성,『證訂佛說梵網經演義』, 京城府: 筆寫本, 佛紀2948.
백파 긍선 저, 신규탁 옮김,『선문수경』, 서울: 동국대학교출판부, 2012.
법성,『화엄경 보현행원품』, 서울: 도서출판 큰수레, 1992.
法然, 도실 번역,『정토 신앙의 지남』, 서울: 민족사, 1991.
사회과학출판부,『조선철학사개요』, 평양: 사회과학출판사, 1986.
사회과학출판부,『조선철학사상사연구』, 평양: 사회과학출판사, 1975.
山崎 宏,『隋唐佛教史の研究』, 京都: 法藏館, 昭和42.
三枝充悳,『佛典講座 27 三論玄義』, 東京: 大藏出版株式會社, 昭和46年.
常盤大定,『後漢より宋齊に至る譯經總錄』, 東京: 國書刊行會, 昭和13年.
석성우 강의,『梵網經菩薩心地品 講義鈔案』, 순천: 송광사불교전문강원, 초판, 1996년, 초판 3쇄, 1997.

石田瑞麿,『梵網經』, 東京: 大藏出版株式會社, 昭和46.
설봉 현토,『禪門拈誦』, 서울: 불서보급사, 1979.
성철 편역,『敦煌本六祖壇經』, 경남: 장경각, 1988.
신규탁,『선사들이 가려는 세상』, 경남: 장경각, 제2판, 1999.
신규탁,『화엄의 법성철학』, 경기: 도서출판 깃발, 2008.
신규탁 역,『원각경』, 경기: 도서출판 깃발, 재판, 2009.
신규탁,『불천강경법회요람』, 경기: 도서출판 깃발, 2009.
신규탁,『때 묻은 옷을 걸치면서』, 서울: 정우서적, 2009.
신규탁,『화엄과 선』, 서울: 정우서적, 2010.
신규탁,『한국 근현대 불교사상 탐구』, 서울: 새문사, 2012.
심재열 번역,『譯註 六祖壇經』, 경주: 불국선원, 1986.
심재열,『菩薩戒本梵網經』, 서울: 보성문화사, 재판, 1993.
安震湖 편,『釋門儀範』, 京城: 卍商會, 初版, 1934.
梁曾文,『神會和尙禪語錄』, 北京: 中華書局, 1996.
연세대학교 중앙도서관 편,『연세대학교 중앙도서관 고서목록』, 서울: 연세대학교 도서관, 1977.
王建光 注譯,『新譯梵網經』, 臺北: 三民書局印行, 2005.
王叔岷,『斠讎學』, 臺北: 聯國風出版社, 民國61.
姚名達,『目錄學發微』, 成都: 巴蜀出書社, 1991.
宇井伯壽,『禪宗史硏究』, 東京: 岩波書店, 1935.
원의범,『印度哲學思想』, 서울: 집문당, 1977.
이상하 번역,『十地經論』, 서울: 동국역경원, 1997.
이성운,『신행요집』 제10판, 서울: 정우서적, 2010.
이운허,『범망경 보살계본』, 경남 : 해인사 천화율원, 1957.
이운허 역,『한글대장경 40 · 화엄경』, 서울: 동국역경원, 1964.
이운허 역,『한글대장경 42 · 대방광불화엄경』, 서울: 동국역경원, 1966.
이운허 역,『한글대장경 42 · 화엄부 三』, 서울: 동국역경원, 1966.
이종린,『실천 보현행원품』, 서울: 불광출판사, 2003.
이철교 · 일지 · 신규탁,『禪學辭典』, 서울: 불지사, 1995.
일지,『범망경 · 지장경』, 서울: 민족사, 1994.

일타 스님, 『梵網經菩薩戒布薩朗誦本』, 경남: 해인총림율원, 1983.
일타 지음, 『범망경보살계(전5책)』, 서울: 다라니, 1992.
任繼愈, 『중국 불교사』(제1권), 중국사회과학출판사, 1981.
任繼愈, 『漢唐佛教思想論集』, 北京: 人民出版社, 1974.
임동희, 『보살계법문』, 서울: 도서출판 보련각, 2009.
임채우 역주, 『왕필의 노자주』, 서울: 한길사, 2005.
임채우 역주, 『왕필의 주역주』, 서울: 한길사, 2005.
張戒環, 『中國華嚴思想史硏究』, 서울: 불광출판부, 1996.
蔣伯潛, 『校讎目錄學纂要』, 北京: 北京大學出版社, 1990.
張相, 『詩詞曲語辭匯釋』, 北京: 中華書局, 1953.
載傳江 譯注, 『梵網經』, 北京: 中華書局, 2010.
정세근 엮음, 『위진 현학』, 서울: 예문서원, 2001.
佐藤玄達, 『中國佛教における戒律の硏究』, 東京: 木耳社, 昭和61.
中村 元 外編, 『岩波佛教辭典』, 東京: 岩波書店, 1989.
指空, 『西天佛祖宗派傳法指要』(연세대 도서관 소장본).
智顗 著, 李安 校釋, 『童蒙止觀校釋』, 北京: 中華書局, 4刷, 1996.
陳永裕(本覺), 『華嚴觀法の基礎的硏究』, 서울: 民昌文化社, 1995.
倉石武四郎, 『目錄學』, 東京: 汲古書院, 1979.
塚本善隆編, 『肇論硏究』, 京都: 法藏館, 昭和30.
湯用彤, 『漢魏兩晉南北朝佛教史』(上 · 下), 臺灣: 臺灣商務印書館, 民國27年.
퇴옹성철 편역, 『고경』, 경남: 장경각, 1993.
品川嘉也, 『意識と脳; 精神と物質の科學哲學』, 東京: 紀伊國屋書店, 1982.
馮友蘭, 박성규 옮김, 『완역판 중국철학사』(상 · 하), 서울: 까치, 제7쇄, 2005.
何文煥 編訂, 『歷代詩話』, 臺北: 藝文印書館, 民國63.
학담 연의, 『화엄법계와 보현행원- 화엄경 보현행원품』, 서울: 큰수레, 증보판1쇄, 2008.
학담 편역, 『華嚴宗觀行門』, 서울: 조계종출판사, 2001.
학담 편저, 『법화삼매의 길』, 서울: 큰수레, 2007.
韓龍雲 編纂, 『乾鳳寺及乾鳳寺末寺史籍』, 江原道 : 1928.
韓愈, 『韓昌黎全集』 제2책, 11권, 臺北: 新文豊出版公社, 民國66.
韓廷傑, 『三論玄義校釋』, 北京: 中華書局, 1987.

한정섭, 『보현행원품』, 경기도: 상락향수도원, 1997.
한태식, 『반주삼매경』, 서울: 도서출판 여래장, 1999.
한태식, 『신앙결사연구』, 서울: 도서출판 여래장, 2000.
한태식, 『정토삼부경』, 서울: 도서출판 여래장, 2000.
胡適, 『神會和尙遺集』, 臺北: 美亞書版公司, 民國59.
荒木見悟, 『佛教と儒教』, 京都: 平樂寺書店, 昭和47.
橫超慧日, 「釋經史考」, 『支那佛教史學』 1劵1, 京都: 支那佛教史學會, 昭和12.

C.A. 반 퍼슨, 손봉호 강영안 번역, 『몸 영혼 정신 : 철학적 인간학 입문』, 서울: 서광사, 1985.
Kajiyama, *Introduction to Buddhist Philosophy*, Memories of the Faculty of Letters, Kyoto Uni. No.10.
P.M. 처치랜드 저, 석봉래 옮김, 『물질과 인식: 현대심리철학 입문』, 서울: 서광사, 199년.
Peter N. Gregory, *Tsung-mi and the Sinification of Buddhism*, Princeton Uni. Press, 1991.
Susan Greenfield ed., 山下篤子 譯, 『ここまでわかった脳と心』, 東京: 集英社, 1998.
S. R. IYER, CHAUKHAMBHA, *Tarka-bhāṣā*, ORIENTALIA, 1979.

3. [논문류]

(한글 음 가나다 순)

加地哲定, 「宗密の原人論について」, 京都: 『密教文化』13號, 1950.
강명희, 「『雜阿含經』에 나타난 識에 관한 연구」, 『백련불교논집』 5 · 6합집, 경남: 장경각, 1996.
岡部和雄, 「中國佛教の硏究狀況と問題点」, 『駒澤大學佛教學部論集』(第20號), 東京: 駒澤大學, 平元.
袴谷憲昭, 「禪宗批判」, 『駒澤大學 禪硏究所年報』 創刊號, 東京: 駒澤大學禪硏究所, 1990.
高振農 著, 小川隆 譯, 「中國における佛教と中國文化の硏究現況」, 『月間中國圖書』, 東京: 內山書店, 1992.
丘山新, 「漢譯佛典の文體論と飜譯論」, 『東洋學術硏究』 22-2, 東京: 昭和58.
丘山新, 「漢譯佛典の再評價」, 『岩波講座 東洋思想 12, アジアの佛教』, 東京: 岩波書店,

1988.

權奇悰,「고려시대 선사의 정토관」,『한국정토사상연구』, 서울: 동국대학교 출판부, 1985.

吉川忠夫,「裴休傳-唐代の一士大夫と佛教-」,『東方學報』第64冊, 京都: 1992.

길희성,「한국불교사의 어제와 오늘」,『한국종교연구』 제1집, 1999.

김성철,「승랑의 생애에 대한 재검토Ⅱ」,『보조사상』 제23집, 서울: 보조사상연구원, 2005.

김영미,「고려시대 불교계 통제와 율령 -승려행동 규제를 중심으로-」,『사학연구』제67권, 과천: 한국사학회, 2002.

김영태,「삼국시대 미타신앙의 수용과 그 전개」,『한국정토사상연구』, 서울: 동국대출판부, 1985.

김영태,「한국불교사 연구의 회고와 전망」,『한국불교사의 재조명』

김정천(경성),「율장과 종헌 종법과의 비교 연구」,『불교학연구』제20호, 서울: 불교학연구회, 2008.

김호성,「보살계본지범요기의 성격론에 대한 재검토」,『원효학연구』제9호, 경주: 원효사상연구원, 2004.

나우권,「남북조 말기의 도불논쟁과 그 영향-『소도론(笑道論)』과『이교론(二教論)』을 중심으로-」,『철학연구』 제100집, 대한철학회, 2006.

나우권,「張融의 도불조화론-亦有亦無論-」『철학연구』 제32집, 서울: 고려대학교철학연구소, 2007.

藤野立然,「中國文學より眺めた漢譯經典の地位」,『佛教文化研究紀要』, 昭和41.

睦楨培,「新羅佛教와 梵網經」,『現代佛教의 向方』, 서울: 民族社, 1999.

木村清孝,「中國佛教研究の現狀と課題-華嚴思想を中心として-」,『中國-社會と文化-』(第3號), 東京: 東大中國學會, 1988.

박찬영,「『理惑論』에서 모자의 불교수용에 대한 해석학적 성찰」,『대동철학』 제35집, 부산: 대동철학회, 2006.

박해당,「중국 초기 불교의 공에 대한 이해」,『논쟁으로 보는 불교철학』, 이효걸 외, 서울: 예문서원, 1998.

박해당,「중국 초기 불교의 인간 이해」,『논쟁으로 보는 불교철학』, 이효걸 외, 서울: 예문서원, 1998.

方立天,「近十年來中國佛教研究概述」,『中國文化與中國哲學』, 三聯書局, 1987.

服部英淳,「永明延壽の淨土思想」,『印・佛・研』14-2, 東京: 昭和41.

森野繁夫,「六朝譯經の語法と語彙」,『東洋學術研究』22-2, 昭和58.

常盤大定,「入藏史の一般」,『支那佛教の硏究』, 京都: 名著出版社, 昭和43.

서윤길,「고려 천태와 밀교의 정토사상」,『한국정토사상연구』, 서울 : 동국대출판부, 1985.

石橋眞誠,「華嚴敎判の問題」,『印-佛-硏』, 30-2, 昭和57.

石井修道,「中國唐宋代の禪宗史の硏究狀況と問題点」,『駒澤大學佛敎學部論集』(第20號), 東京: 駒澤大學, 平元.

石井修道,「中國禪宗史の硏究動向」,『佛敎學硏究會報』(13號), 東京: 駒澤大學院, 昭54.

石井修道,「眞福寺文庫所藏の『裴休拾遺問』の飜刻」,『禪學硏究』第60號, 1981.

石津照璽,「敎判の問題 - その組織的意圖に沿つての解析」,『印佛硏』6-2, 昭和33.

蘇淵雷,「近代我國佛學硏究的主要傾向其成就」,『佛敎與傳統文化』, 湖南敎育出版社, 1988.

柴田 泰,「永明延壽の唯心淨土說」,『印・佛・硏』32-2, 東京: 昭和58.

辛奎卓,「중국선서를 번역하기 위한 문헌학적 접근(1); 공구서를 중심으로」,『백련불교논집』제1집, 경남: 백련불교문화재단, 1991.

辛奎卓,「중국선서를 번역하기 위한 문헌학적 접근(2); 어휘를 중심」,『백련불교논집』제2집, 경남: 백련불교문화재단, 1992.

辛奎卓,「圭峯宗密の'本覺眞心'思想硏究」, 東京: 東京大學 大學院 人文科學 硏究科 中國哲學專攻 博士學位 請求論文, 1994.

신규탁,「인간론에 대한 종밀의 이해;『原人論』을 중심으로」, 서울:『동양고전연구』, 1994.

辛奎卓,「선종의 심성론」,『동양철학』제6집, 서울: 한국동양철학회, 1995.

辛奎卓,「懶翁和尙의 禪思想」,『동양고전연구』제6집, 서울: 동양고전연구회, 1996.

辛奎卓,「중국 불교의 효사상 형성」,『동양고전연구』제8집, 서울: 동양고전학회, 1997.

신규탁,「불교의 중국화 -규봉 종밀의 자아 이해를 중심으로-」,『백련불교논집』제7집, 서울: 백련불교문화재단, 1997.

辛奎卓,「21세기 동아시아의 불교」,『전통과 현대』통권7호, 서울: 전통과 현대사, 1999.

신규탁,「불교의 생명관」,『진리와 자유』63호, 서울: 진리와 자유편집실, 2006.

신규탁,「韓國淨土信仰の現住所-在家佛子の齋供」,『第27會 佛敎文化交流大會』, 東京: 日韓佛敎交流協議會, 2006.

辛奎卓,「古代 韓中 交流의 一考察- 高麗의 義天과 浙江의 淨源」,『동양철학』 제27집, 서울: 한국동양철학회, 2007.

辛奎卓,「한국 조계종의 전통 부활을 위한 제안- '華嚴教學'을 중심으로-」,『사자산 법흥사 21세기의 지평과 전망』, 영월: 조계종 사자산 법흥사, 2007.

신규탁,「『法界觀門』의 '觀'의 機能에 관한 試論」,『보조사상연구』 제28집, 보조사상연구원, 2007.

신규탁,「『각해일륜』 분석-동북아시아 불교의 전통과 관련하여-」,『대각사상』제11집, 서울: 대각사상연구원, 2008.

신규탁,「南宗禪의 地平에서 본 方漢巖 禪師의 禪思想」,『한암사상』 제2집, 서울: 한암사상연구원, 2007.

신규탁,「대한불교 조계종 현행 '상단칠정례'고찰」,『정토학연구』 제16집, 2011.

신규탁,「불교 교단과 승려에 관한 규제 법령 소고-당률령 · 조선사찰령 · 불교재산관리법을 중심으로-」,『불교와 수행』, 법산스님정념퇴임기념논문간행위, 서울: 백산출판사, 2011.

신규탁,「의식과 교리 관계 논증 -『원각경수증의』를 중심으로 -」,『영산에서 핀 연꽃 - 일응 어장의 작법과 범패』, 서울: 정우서적, 2013.

新井慧譽,「敦煌本『父母恩重經』校異」,『二松學舍大學論集』, 昭和53

梁啓超,「佛家經錄在中國目錄學的位置」,『佛學研究十八編』, 臺灣: 中華書局, 民國25.

양세원, 문형로,「성분화 이상」,『臨床內分泌學』, 민헌기 편저, 서울: 도서출판 고려의학, 1990.

永井政之,「元明代の禪宗史の研究狀況と問題点」,『駒澤大學佛教學部論集』(第20號), 東京: 駒澤大學, 平元.

오상무,「왕필 저작의 '自然'과 '名教'의 관계에 대한 재고」,『철학』 제60집, 서울: 한국철학회, 1999.

오상무,「夷夏論爭 考」,『철학』 제77집, 서울: 한국철학회, 2003.

오상무,「『老子』의 有, 無, 道의 관계 재론」,『동서철학연구』 제36집, 서울: 한국동서철학회, 2005.

원정근,「郭象 天人調和觀의 研究」, 서울: 고려대 박사학위 논문, 1992.

원정근,「위진 현학에서 '자연'과 '명교'의 논쟁-자연질서와 도덕질서의 관계를 중심으로」,『철학』 제40집, 서울: 한국철학회, 1993.

원정근,「張湛의 우주관」,『동양철학』 제4집, 서울: 동양철학회, 1993.

원정근,「위진철학에서 ‘무無’와 ‘유有’의 논쟁」,『논쟁으로 보는 중국철학』, 중국철학연구회 지음, 서울: 예문서원, 초판7쇄, 2004.

鷹谷俊之,「佛教學の系譜」,『東西佛教學者傳』, 山口縣: 華林文庫, 1970.

李箕永,「元曉의 菩薩戒觀」,『韓國佛教研究』, 서울: 韓國佛教研究院出版部, 1982.

이봉춘,「한국불교사 연구의 현황과 과제」,『한국의 불교학 연구, 그 회고와 전망』, 1994.

이상엽,「『범망경』보살계와 유식학파 보살계 비교연구-인성에 대한 입장 차이를 중심으로」,『불교학연구』 제27호, 서울: 불교학연구회, 2011.

이수창(마성),「聲聞戒와 菩薩戒의 兩立 問題」,『불교학연구』 제20호, 서울: 불교학연구회, 2008.

이재창,「조선시대 선사의 염불관」,『한국정토사상연구』, 서울 : 동국대출판부, 1985.

이효걸,「남북조시대 불교의 유 · 도사상에 대한 대응」,『논쟁으로 보는 불교철학』, 이효걸 · 김형준 외, 서울: 예문서원, 1998.

임현진,「『梵網經』不婬戒의 실천방안에 관한 연구」,『大覺思想』 제6권, 서울: 大覺思想研究院, 2003.

張戒環,「杜順과 『法界觀門』에 대한 小考」,『보조사상』 제26집, 서울: 보조사상연구원, 2006.

張元圭,「圭峰의 教學思想과 二水 · 四家의 華嚴宗再興」,『佛教學報』, 제16집, 서울: 동국대학교 불교문화연구소, 1979.

장휘옥,「한국불교학 연구의 회고와 전망」,『한국의 불교학 연구, 그 회고와 전망』, 1994.

田中良昭,「敦煌禪宗資料分類目錄初稿2」,『駒澤大學佛教學部研究紀要』 제32호, 1974.

田中良昭,「敦煌禪籍の研究狀況とその問題点」,『駒澤大學佛教學部論集』(第9號), 東京: 駒澤大學, 平元.

정병조,「불교학 연구의 회고와 전망」,『철학』, 제39호, 1993.

조승미,「여성주의적 관점에서 본 불교수행론 연구: 한국 여성불자의 경험을 중심으로」, 동국대학교 대학원 불교학과 박사학위청구논문, 2004.

조윤호,「보현행원사상 연구를 위한 문헌학적 접근」,『불교학 연구』 제4호, 서울: 불교학연구회, 2002.

조은수,「『범망경』 異本을 통한 고려대장경과 돈황 유서 비교 연구」,『보조사상』제32집, 서울: 보조사상연구원, 2009.

池田魯參, 「趙宋天台學の背景; 延壽教學の再評價」, 『駒澤大學佛教學部論集』 14號, 昭和58.
池田魯參, 「天台教學の最近の研究動向と前望」, 『佛教學研究會報』(12號), 東京: 駒澤大學, 1978.
池田英淳, 「永明延壽の思想」, 『淨土學』 4-14, 東京: 昭和, 38.
陳永裕(本覺), 「華嚴家の止觀に対する解釋」, 『印度學佛教學研究』 53卷 第1号, 東京: 印度學佛教學研究會, 平成16.
陳永裕(本覺), 「華嚴觀法の實踐性」, 『宗教研究』 第4輯, 東京: 日本宗教學會, 1991.
陳永裕(本覺), 「華嚴觀法の研究」, 『韓國佛教學SRMINAR』 第5号, 東京: 山喜房佛書林, 1993.
陳永裕(本覺), 「智儼의 華嚴教學」, 『중앙승가대학교수논문집』 제2집, 김포: 중앙승가대학, 1993.
陳永裕(本覺), 「華嚴觀法에 있어서 空觀의 意義」, 『중앙승가대학교수논문집』 제3집, 김포: 중앙승가대학, 1994.
陳永裕(本覺), 「華嚴教學의 法界義 고찰」, 『중앙승가대학교수논문집』 제7집, 김포; 중앙승가대학, 1998.
陳永裕(本覺), 「宗密의 教禪觀法에 대한 考察」, 『중앙승가대학교수논문집』 제9집, 김포: 중앙승가대학, 2000-2001.
차차석, 「천태 찬 『법화삼매참의』의 정토적 특성 탐구」, 『보조사상』 제29집, 서울: 보조사상연구원, 2008.
蔡印幻, 「元曉의 戒律思想」, 『佛教學報』제32집, 서울: 東國大學校佛教文化研究院, 1995.
青木孝彰, 「六朝おける經疏分科法についての一考察」, 『印-佛-研』 21-2, 昭和48.
塚本善隆, 「淸末民國初期の廟産興學政策」, 『中國近世佛教史の問題』, 大同出版社, 昭和50.
최진석, 「현학을 넘어 중현학으로」, 『도교문화연구』 제11집, 서울: 한국도교문화학회, 1997.
퇴옹 성철, 「무심론 평석」, 『고경』, 경남: 장경각, 1993.
平井俊榮, 「吉藏と三論 -日本における研究の回顧と前望-」, 『中國般若思想史研究』, 東京: 春秋社, 1976.
한명숙, 「譯註 三論玄義(1) · (2)」, 『伽山學報』11 · 12호, 서울: 가산불교문화연구원, 2003.
한보광, 「白龍城스님과 한국불교의 계율문제」, 『大覺思想』제10집, 서울: 大覺思想研究院, 2007.

韓泰植(普光),「延壽門下の高麗修學僧について」,『印・佛・硏』32-1, 昭和58.
한태식,「정토교 수행방법론」,『정토학연구』제11집, 서울: 한국정토학회, 2008.
한태식,「정토교에서의 깨달음의 문제」,『정토학연구』제12집, 서울: 한국정토학회, 2009.
慧潤,「화엄법계관법의 구조와 특징」,『화엄사상론』, 釋元旭 편역, 서울: 문학생활사, 1988.
胡適,「중국선불교- 그 역사와 방법」,『多寶』제17호, 서울: 대한불교진흥원, 1996 봄호.
荒木見悟,「宋元時代の佛敎・道敎に關する硏究會顧」,『比較文化硏究所紀要』(第1輯), 九州: 久留米大學比較文化硏究所, 昭62.
橫超慧日,「釋經史考」,『支那佛敎史學』1券1, 京都: 支那佛敎史學會, 昭和12.

4. [기타]

이재형,「불교학, 불교학자」, 〈법보신문〉, 1998년 6월 9일-2000년 3월 1일.
인묵 스님 시연, 〈불교의식모음〉(CD 총18매), 서울: 대한불교 조계종 어산작법학교, 2003.

5. 이 책에 활용한 필자 논문 목록

제1장 :「21세기 동아시아의 불교」(『전통과 현대』 통권 7호, 전통과 현사상사, 1999, 봄호) ;「중국 불교 연구의 흐름과 반성」(『다보』 통권 16호, 대한불교진흥원, 1995).
제2장 :「대장경의 번역 · 해석 · 분류」(『서지학연구』 제15집, 서지학회, 1998).
제3장 :「중국 불교의 효사상 형성」(『동양고전연구』, 동양고전학회, 1997).
제4장 :「중국 불교의 도교 비판에 관한 고찰」(『동양철학』 제28집, 2007).
제5장 :「인간론에 대한 종밀의 이해」(『동양고전연구』 제3집, 동양고전학회, 1994).
제6장 :「불교의 중국화」(『백련불교논집』 제7집, 백련불교문화재단, 1997).
제7장 :「선종의 심성론」(『동양철학』 제6집, 한국동양철학회, 1995).
제8장 :「규봉 종밀의 수행 이론」(『보조사상』 제14집, 보조사상연구원, 2000).

제9장 : 「의식과 교리의 관계 논증」(『영산에 꽃피다』, 정우서적, 2013).

제10장 : 「규봉 종밀의 법성종 현양과 그 철학적 의의」(『한국선학』 제35호, 한국선학회, 2013)

제11장 : 「한국 조계종의 전통 부활을 위한 제안」(『사자산법흥사』, 법흥사, 2006).

제12장 : 「『법계관문』의 '관'의 기능에 관한 시론」(『보조사상』 제28집, 보조사상연구원, 2007).

제13장 : 「『보현행원품』에 입각한 의례 실행 방법 연구」(『대각사상』 제19집, 대각사상연구원, 2013).

제14장 : 「선과 정토」(『능인불교연구』, 창간호, 능인불교연구소, 1999).

제15장 : 「법성종의 입장에서 바라본 정토」(『정토학연구』 제13집, 한국정토학회, 2010).

제16장 : 「『범망경』상권과 하권의 관계에 대한 소고」(『한국선학』 제29호, 2011).

제17장 : 「동아시아 불교와 Transgendfr」(『한국불교학』 제48집, 한국불교학회, 2007).

제18장 : 「재가불자의 철학」(『불천강경법회요람』, 도서출판 깃발, 2009).

색인

ㄱ

가영 491, 510, 512
가욕(呵欲) 325, 328, 484
각섭(各攝) 377
간기(揀器) 325, 484
감회사상 311
강경의식 356, 516
『개원석교록』 73, 80, 81, 82, 84, 85
거불성 698
격의(格義) 103, 108, 123
경계상 379, 380, 381
『경덕전등록』 258, 277, 375, 528, 529, 530, 532, 548
경학 58, 64, 83, 84, 85, 86, 87, 365, 556, 580
계명자상 381
계청 326, 331, 332, 344, 484, 491, 493
계청성현 342, 344, 483, 484, 490, 512
공색무애관 447, 448, 459
공양 326, 332, 346, 358, 434, 480, 484, 491, 493, 494, 495, 505, 509, 510, 511, 512, 513, 517, 669, 670, 676, 682, 683, 684, 689, 709
공양관문 342, 346, 483, 484, 513
공적지심 264, 282
공종 83, 84, 141, 144, 164, 195, 226, 368, 374, 375, 376, 381, 412, 565, 566, 650
『관무량수경』 107, 569, 733
관상(觀想) 346, 427, 493, 498, 501, 509, 559
『관심론』 272, 273, 274, 285
관음시식 579, 698
관행(觀行) 297, 299, 300, 330, 396, 424, 425, 428, 433, 493, 496, 497, 512, 513, 591
관행공양 493, 496, 512, 513
『광홍명집』 76, 94, 95, 101, 110, 111, 719
교즉관(教卽觀) 432, 465, 470
교판이론 64, 125, 143, 144, 173, 174
9대돈점 294
구마라습 67, 68, 78, 134, 141, 151, 426, 468
『구사론』 215, 216, 667
구연(具緣) 325, 328, 329, 330, 484
구족계 623, 649, 686, 687
권속 556, 592, 682, 683, 684
권수(權修) 325, 327, 342, 484
권청 352, 484, 504, 512, 513
규봉 종밀 / 규봉 / 종밀 11, 125, 171, 216, 220, 221, 243, 325, 363, 408, 409, 440, 445, 474, 475, 482, 528, 529, 625
극락세계 576, 587, 588, 674
『금강경』 190, 225, 226, 366, 521, 580, 686
기개(棄蓋) 325, 328, 329, 484
기업상(起業相) 381

길장 125, 127, 134, 135, 146, 649

ㄴ

나옹 혜근 561
남악 회양 257, 258, 527, 528, 529, 543, 561
『남양화상돈교해탈선문직료성단어』 262, 526
남종 245, 249, 250, 253, 285, 292, 523, 525, 528, 531, 532, 533, 560, 561
노사나불 585, 586, 607, 610, 611, 612, 613, 614, 691
『노자』 123, 127, 129, 133, 134, 136, 137, 147, 148, 163, 182, 723
노장사상 125, 132, 146, 157, 159, 166
『논어』 36, 89, 90, 108, 182, 186
늑담 해회 544
『능가경』 259, 295, 369, 460
능견상 379, 380
『능엄경』 201, 355, 366, 420, 421, 580

ㄷ

단장(斷障) 312
대비심(大悲心) 298, 355, 670
『대승기신론』 152, 153, 154, 155, 156, 161, 166, 190, 193, 200, 201, 202, 224, 226, 227, 229, 256, 265, 288, 366, 377, 386, 406, 407, 416, 422, 428, 460, 461, 535, 539, 580, 581, 582, 583, 585, 586, 587, 589, 590, 610, 611, 616, 650, 653, 654, 656, 658, 661, 662, 667, 668, 669, 673, 680
『대승기신론필삭기』 581, 583, 585, 587, 589
대승돈교 412
『대승무방편문』 272
대승보살계 597, 600, 620, 621, 623
대승시교 84, 85, 322, 412
대승원교 412, 413
대승종교 85, 322, 412
대천세계(大千世界) 414, 585, 586, 587
대한불교정토종 571
대효론 99, 101, 648
덕이본 526, 527
도교 32, 47, 61, 96, 109, 115, 118, 122, 123, 126, 127, 133, 135, 139, 144, 146, 158, 163, 172, 173, 174, 175, 177, 178, 181, 191, 317, 569, 605, 669, 729, 730
도량법사 325, 326, 484
도솔천 568, 593, 613
도신(道信) 249, 250, 522, 523
도연명 537, 538
독자상 389
독화론 130, 131
돈오 235, 242, 277, 279, 291, 294, 295, 296, 297, 300, 301, 302, 303, 304, 306, 308, 311, 312, 313, 314, 315,

316, 317, 388, 397, 404, 406, 435, 524, 531, 532, 533, 535, 536, 560, 562, 563, 680
돈오점수 235, 242, 294, 295, 296, 297, 301, 302, 303, 304, 311, 315, 316, 317, 397
동교(同教) 421
동성애자 637, 641
동아시아론 25, 26, 27, 30, 31, 35, 36, 54, 59
두순 365, 395, 396, 408, 409, 419, 420, 428, 440, 441, 444, 445, 580

ㅁ

마조 도일 258, 277, 527, 528, 542, 543
마조서강 545
만랑성(萬郎聲) 490, 501, 502
만일염불회 575, 576, 577, 712
『망진환원관보해』 427
명공즉색관 447, 448, 459
『모자리혹론』 33, 56, 93, 94, 96, 97, 98, 100, 127, 605
목록학 64, 74, 75, 87
묘오사상 539
『무량수경』 107, 559, 569
『무심론』 268, 269, 270, 271, 285, 729
무용 수연 441
무인설(無因說) 129, 146, 148, 149
무장애법계관 398, 424, 425, 433, 469
무종산승 358
묵상 351, 352, 425, 426, 433, 497, 498, 501, 509
『문중자』 182
민절무기관 447, 448, 449, 455, 456, 459

ㅂ

『발보리심장』 440, 444
발원문 398, 424, 506, 689
방편통경 254, 256
배휴 243, 244, 245, 248, 256, 279, 428, 530, 531, 549, 551
백암 성총 436, 565
백용성 601, 602, 626, 628, 704, 721
백장청규 529
백장 회해 528, 529, 542, 544, 545
『범망경』 366, 507, 581, 585, 595, 597, 598, 599, 600, 601, 602, 603, 604, 605, 606, 607, 608, 609, 610, 611, 613, 614, 615, 616, 617, 618, 619, 620, 621, 622, 623, 624, 626, 627, 628, 629, 680, 686, 721, 722, 723, 728, 729, 731
범망경술기 601
범찬(梵讚) 333
법(法) 265, 274, 333, 373, 382, 386, 416, 426, 429, 445, 453, 618
법계 453, 454, 455, 457, 464, 467, 468,

469
법계관문 396, 419, 440, 441, 442, 443, 444, 445, 446, 448, 449, 454, 455, 456, 457, 458, 460, 461, 462, 464, 465, 468, 470, 731
『법계종오조약기』 409
법상종 190, 200, 201, 218, 220, 226, 233, 367, 368, 369, 370, 371, 372, 373, 374, 376, 377, 380, 381, 382, 384, 535, 566, 605, 650, 710
법성(法性) 85, 385, 432, 572, 603, 628, 670, 678, 690
법성교학 85, 156, 167, 201, 241, 272, 275, 361, 362, 366, 385, 402, 403, 408, 409, 411, 412, 413, 415, 417, 418, 439, 565, 566, 580, 581, 593, 602, 618, 619, 628, 630, 633, 636, 645, 653, 655, 661, 665, 666, 667, 678, 685, 702, 746
법성종 83, 84, 201, 202, 233, 365, 367, 368, 369, 370, 371, 372, 373, 374, 375, 376, 381, 382, 383, 384, 386, 387, 388, 394, 395, 397, 398, 399, 401, 432, 536, 566, 580, 582, 590, 591, 592, 627, 628, 650, 658, 661, 675, 676, 678, 710, 731
법장 84, 85, 143, 144, 153, 161, 174, 175, 227, 322, 365, 396, 412, 419, 427, 428, 440, 444, 461, 462, 463, 468, 539, 580, 603
『법집(法集)』 243, 244
『법해보벌』 273, 274, 275
『법화경』 71, 72, 82, 84, 256, 301, 342, 369, 558, 649, 690, 712
법회 357, 358, 400, 473, 517, 566, 598, 600, 612, 679, 688, 691, 695, 702, 703, 704, 705, 706, 707, 708, 709, 710, 713, 722, 731
『벽암록』 547, 552
변계소집성 371, 372
『변정론』 95, 99, 110
별교(別敎) 421, 602
보당종 245, 246, 252, 256
「보례진언」 434, 510, 512, 689, 708
『보리달마남종정시비론』 253, 262, 284, 525
『보살영락본업경』 620
보조 지눌 288, 561
보현보살의 행원 396, 398, 421, 422, 423, 424, 427, 431, 432, 433, 440, 473
보현행 396, 419, 420
『보현행원수증의』 355, 396, 420, 431, 475, 482, 484, 485, 486, 488, 489, 490, 494, 495, 496, 497, 502, 503, 504, 505, 506, 508, 512, 513, 514
『보현행원품』 355, 396, 398, 419, 424, 434, 436, 473, 474, 475, 476, 477, 478, 479, 480, 481, 482, 485, 486, 489, 493, 494, 496, 498, 501, 504,

507, 509, 700, 720, 721, 722, 723, 724, 731
『보현행원품소초』 477, 478
본각진심 153, 154, 159, 161, 165, 167, 181, 192, 193, 194, 195, 196, 197, 198, 199, 200, 201, 202, 228, 229, 230, 231, 232, 233, 234, 235, 252, 261, 265, 266, 267, 270, 288, 289, 303, 304, 309, 310, 311, 316, 317, 363, 415, 460, 533, 566, 590
본래무사 235, 250, 252
본원(本願) 411, 593
본유(本有) 382
『부모은중경』 111, 112, 113, 114, 118, 119
부정취 667
북종 241, 242, 245, 246, 249, 250, 252, 253, 254, 255, 256, 257, 261, 262, 266, 267, 272, 273, 274, 275, 276, 285, 292, 523, 526, 528, 531, 532, 533, 561, 711
불가사의업상(不可思議業相) 416
불변성 539, 549
『불조통기』 409
비량(比量) 145
비로법계 396, 397, 421, 422, 423, 427, 431, 582
비파샤나 407

ㅅ

『사가어록』 20, 277, 542, 562
사마타 297, 298, 300, 302, 340, 347, 407, 591
『사문왕자불경론』 100
『사분율』 623, 626
사사무애법계관 452, 455
사상동시(四相同時) 388
사성례 577, 578, 690
사시불공 433, 434, 435, 683, 691, 700
4신(信) 11, 582, 616
『사십이장경』 70
48경계 598, 604, 608, 609, 610, 616, 621, 626
사인설(邪因說) 146, 149
3관(觀) 328, 347, 449, 619
『삼국유사』 573
3대(大) 11, 581, 582
삼보통청 20, 332, 337, 347, 355, 356, 357, 434, 491, 509, 510, 511, 513, 514, 516, 517, 627, 689
삼불원융 356, 516
삼세실유론 217
3시설(三時說) 369
3신불(三身佛) 514, 710
삼현학(三玄學) 125
상단불공 357, 509, 510, 512, 513
상속상(相續相) 381, 387
『서상경(瑞相經)』 588, 589
서정주 537, 538
『석문의범』 509, 676, 691, 705

『선문염송』 287, 545, 547
선병(禪病) 252
선요염불 343, 353, 483, 485
『선원제전집도서』 235, 242, 294, 296, 309, 314, 317, 364, 368, 375
선정일치 557
설법 84, 85, 104, 113, 257, 286, 302, 357, 383, 398, 480, 497, 504, 505, 517, 555, 589, 612, 613, 674, 687, 689, 690, 694, 696, 700, 709
성기(性起) 232, 265
성덕자(聲德者) 490, 494
성삼품설 192
성전환증 638, 639, 640, 641, 644, 645, 657, 658, 662
성중(聖衆) 682, 684, 687, 693, 696
세속 승가 684
소승교 84, 180, 181, 188, 195, 216, 322, 364, 412
소의경전 56, 681, 691, 692, 712
송경의식 354, 507
『송고승전(宋高僧傳)』 57
수보현행해(修普賢行海) 396, 423
『수습지관좌선법요』 457, 483
수연성(隨緣性) 370, 374, 539, 549, 562
수연응용 261
수행오회 343, 350, 483, 500, 506
슈라드하 409
승불신력 592
신선술 569
신수(神秀) 253
실차난타 151, 416, 426, 468, 473
심생멸문 152, 378
심진여문 152, 378
10금강심 620
10대 행원 479, 480, 481, 482, 486, 487, 493, 494, 496, 498, 501, 504, 506, 509
10문(門) 447, 451, 461, 462
10발취심 620
10신(身) 374, 394
10장양심 620
10종(宗) 84, 144, 174, 412
10중(重) 317
10중대계 507, 604, 608, 609, 610, 616, 621
10지(地) 388, 612, 614, 620
「십지품」 151, 152, 161, 166, 406, 416, 426, 434, 435, 650

ㅇ

아뢰야식 155, 156, 194, 222, 223, 224, 226, 229, 231, 233, 234, 370, 376, 377, 380, 386, 460, 566, 650, 652, 654, 655, 661
『아미타경』 355, 588
『안반수의경』 70
안진호 509, 510, 577, 676, 705
『양고승전』 291

엄덕(嚴德) 344
엄정도량 342, 343, 483, 484, 489, 491, 512
업계고상 381
업상(業相) 163, 379
여래장 83, 155, 192, 193, 194, 195, 200, 201, 229, 265, 370, 376, 378, 380, 460, 461, 464, 466, 469, 543, 571, 616, 650, 651, 724
역경(譯經) 42, 65, 67, 68, 69
『역대법보기』 73, 291
연류(連類) 123
『열반경』 82, 84, 604, 607
『열자』 75, 150, 182, 186, 720
염불결사 569
염연기(染緣起) 194, 232, 255, 460
영명 연수 557, 558, 560
영지지심 264, 265, 266, 282
예경삼보 342, 348, 483, 484, 491, 498, 512
「예문지」 74, 75, 76
5교(敎) 84, 85, 174, 412
5분향례 676
오비로법계 396, 423, 582
5상(常) 109
5성(性) 369
5시(時) 8교(敎) 84, 174
오종불남(五種不男) 648
5행(行) 11, 109, 110, 582, 611
왕유 525
왕필 128, 129, 130, 131, 132, 137, 149, 150, 723, 727
외도 비판 126, 127, 143, 153, 161, 165
요간(料揀) 363, 364, 365, 369, 395
우두종 235, 242, 245, 246, 248, 249, 250, 251, 252, 253, 266, 267, 276, 277, 314, 531, 533
운허 151, 365, 426, 437, 450, 462, 480, 495, 497, 501, 566, 600, 610, 613, 614, 615, 618, 722
『원각경』 201, 208, 231, 232, 245, 252, 288, 297, 303, 309, 310, 325, 327, 328, 331, 334, 336, 340, 342, 343, 347, 354, 366, 367, 377, 379, 383, 386, 420, 475, 483, 516, 580, 591, 619, 720, 722
『원각경대소』 12, 182, 232, 244, 245, 246, 250, 294, 295, 297, 303, 304, 311, 368, 377, 381, 382, 529
『원각경수증의』 8, 475, 482, 483, 484, 486, 487, 488, 491, 727
『원각도량약본수증의』 475, 482, 483, 484, 485, 486
원각묘심 231, 232, 377, 460, 590
원기설 181, 185, 187, 197
원성실성 371, 372
『원인론』 143, 144, 154, 171, 172, 173, 174, 175, 176, 177, 178, 179, 182, 200, 221, 222, 223, 224, 226, 227, 228, 229, 230, 235, 243, 368, 375,

376
원행(願行) 422
월운 12, 15, 16, 319, 320, 322, 463, 510, 528, 539, 600, 720
위경(僞經) 111, 606
「위덕장」 297, 340, 347, 619
위산 영우 529
유우석 179, 198, 525
유종원 179, 198, 525
유향 64, 74, 75, 76
유흠 64, 76
『육조단경』 262, 308, 309, 521, 522, 523, 525, 526, 527, 528, 540, 559, 560
음양오행 109
음지입경 70
의(義) 109, 453
의천(義天) 441
의타기성 371, 372
『이구혜보살소문경』 332
2문(門) 11, 155, 161, 582
이사무애법계관 445, 455
이옹 524
이하론(夷夏論) 39
『인본욕생경』 70, 71
일승현성교 180, 181, 196, 201, 322, 364, 376, 460
일심(一心) 151, 162, 164, 265, 266, 376, 377, 378, 384, 385, 397, 415, 433, 434, 446, 468, 549, 550, 580, 581, 590, 611, 650
『일용의식수문기』 319, 510
일체종지 672, 673
임제 242, 277, 279, 285, 286, 287, 529, 533, 540, 542, 552, 553, 554, 555, 556, 561, 563, 704
「입법계품」 406, 434, 435, 436, 473, 668
입지(立志) 325, 330, 484

ㅈ

자선 365, 408, 580
자성본용(自性本用) 261
자성청정심 384, 385, 386, 618, 656
자성청정원명체 428, 430, 431
자성청정체 469
자연설 147, 181, 184, 197, 235, 642
자연업(自然業) 673
장원규 428
『장자』 123, 146, 147, 148, 182, 185, 186, 189
재(齋) 119, 698, 700
재가 대중 704
전법사 592, 710
『전심법요』 279, 280, 549
『절관론』 276
점수 235, 242, 294, 295, 296, 297, 300, 301, 302, 303, 304, 307, 308, 309, 310, 311, 314, 315, 316, 317, 397,

435, 524, 531, 532
정연기(淨緣起) 194, 232, 461
정원(靜源) 73, 154, 173, 177, 182, 263, 325, 342, 343, 365, 396, 397, 398, 408, 420, 421, 422, 423, 424, 425, 427, 428, 430, 431, 468, 475, 479, 482, 483, 484, 485, 486, 487, 488, 489, 491, 509, 516, 580, 582, 619
『정원신정석교록』 73
정정취(正定聚) 583, 584, 587, 667, 669
정중종 245, 246, 252, 256, 258, 528
정토 440, 488, 519, 557, 558, 559, 560, 561, 564, 565, 566, 567, 568, 569, 570, 571, 572, 573, 574, 575, 576, 578, 579, 580, 589, 590, 592, 593, 686, 698, 699, 700, 704, 710, 711, 712, 713, 721, 724, 725, 726, 727, 728, 729, 730, 731
제망무진관 398, 424, 433
『제위경』 109, 110
『조당집』 258, 277, 528, 529, 530, 532, 552
조통설 38, 57
『종경록』 558
『종리중경목록』 70, 73
종성(種性) 671
좌단사유 396, 420
좌선법 325, 326, 328, 329, 340, 341, 457, 482, 483, 484, 485
주변함용관 442, 445, 452, 453, 454, 455, 456, 457, 461, 462, 464, 466, 470
『주역』 123, 147, 149, 150, 175, 182, 183, 185
주옹 126, 133, 134, 140, 141, 152, 163
『주유마경』 67, 68
주지 삼보 693
『주화엄법계관문』 440, 441, 443, 455
『중경목록』 70, 73
『중관론』 224
『중화전심지선문사자승습도』 159, 243, 244, 529, 531
중화주의 33, 34, 36
즉섭(卽攝) 377
지각(知覺) 185, 212, 213, 214, 215, 219, 220, 272, 298, 299, 385, 388, 389, 390, 391, 392, 393, 394, 399, 558, 559, 639, 645, 657
지관(止觀) 300, 440, 582, 669
지송문(持誦門) 398, 424
지엄 365, 408, 409, 463, 468, 580
지적 제국주의 32, 35, 36
지정상(智淨相) 156, 416
지해종도(知解宗徒) 284, 530, 533
직찬(直讚) 333
진공관(眞空觀) 447, 448, 449, 465
진여 536, 539, 543, 581, 590
진여사상 535, 562
집취상 381

ㅊ

착어(着語) 627
착어성 698
찬탄 326, 332, 333, 484
참회 326, 337, 350
참회법문 326, 331, 484
천명설 181, 185, 186, 187, 195, 197
천진자연 258, 260
『천태사교의』 71
청량 징관 / 징관 71, 125, 172, 428, 440, 442, 445, 447, 454, 455, 457, 461, 474, 476, 565
청사(請辭) 356, 514
청정법신 433, 543, 586, 690, 691
청정본각 240, 241, 265, 266, 267, 270, 272, 285, 288, 289
『춘추』 35
출가대중 578
『출삼장기집』 57, 69, 73, 79, 106
취산설 187
『칠록』 76, 77
7조 253, 262, 263, 409
「칠지」 78
칭찬여래 342, 347, 432, 483, 484, 496, 512

ㅌ

태고 보우 561, 694, 711
태극 147, 149, 150, 151, 163, 526
태상노군 118, 119

ㅍ

파상종 367, 368, 369, 370, 371, 372, 373, 374, 376, 377, 381, 382, 384
포살 626

ㅎ

하택사 292, 524, 525, 526
하택종 242, 245, 246, 248, 261, 262, 263, 264, 266, 267, 282, 284, 531, 532, 533, 561
한국불교태고종 596, 628, 686, 707, 710
한마음 403, 407, 415, 416, 426
『한서』 75, 76, 137
한역불전 63
한유 95, 97, 177, 179
합동 불공 709
항포단혹설 306
『해심밀경』 369
향수전 263, 525
향수해례 577, 613, 627, 676, 690
향화청 331, 434, 491, 510, 512
현담 71, 125, 144, 209, 231, 232, 244, 245, 253, 294, 299, 310, 320, 325, 327, 328, 347, 367, 368, 377, 383, 478, 591, 720
현량(現量) 145

현학사상 132, 151
『형진신불멸론』 146, 152
혜능 253, 257, 262, 263, 291, 292, 422, 521, 522, 523, 524, 525, 526, 527, 528, 529, 532, 533, 560
혜원 100, 101, 123, 146, 152, 174, 175, 569, 573
『홍명집』 94, 96, 97, 98, 99, 100, 719
홍인 249, 250, 253, 262, 522, 523, 524, 525, 533
홍주종 235, 242, 245, 246, 252, 257, 258, 259, 260, 261, 266, 267, 277, 279, 281, 285, 286, 529, 531, 532, 533, 561
『화엄경』 72, 84, 85, 144, 151, 152, 153, 161, 166, 229, 256, 339, 355, 356, 365, 366, 377, 385, 396, 397, 403, 404, 406, 408, 411, 413, 414, 415, 416, 417, 419, 420, 421, 422, 426, 432, 434, 435, 436, 454, 459, 460, 462, 463, 464, 468, 469, 470, 473, 474, 475, 476, 477, 478, 479, 516, 558, 580, 584, 585, 591, 604, 607, 608, 609, 610, 611, 620, 650, 668, 678, 680, 686, 690, 698
『화엄경금사자장』 462
『화엄경수소연의초』 311, 313, 316
『화엄망진환원관』 427
『화엄망진환원관소초』 427
『화엄보현행원수증의』 355, 420, 431, 475, 482, 485, 487, 488, 489, 512
『화엄오교장』 463
화회(和會) 363
활쏘기 305
황벽 희운 529, 531, 542
회색귀공관 447, 448, 459
회통 154, 159, 317, 363, 364, 365, 367, 375, 377, 381, 382, 383, 384, 399, 447
회향문 505
효과성 389, 394, 395, 401, 639, 640
후한서 92
훈습(熏習) 382, 399, 566, 590, 660

신규탁(辛奎卓)은 1994년 일본 동경대학교 대학원 중국철학과에서 「圭峰宗密の '本覺眞心' 思想研究」로 문학박사 학위를 받았다. 현재 연세대학교 철학과 교수로 재직하며 화엄철학·선불교·중국철학사 등을 강의하고 있는 그는 연세대학교 '우수연구실적표창', '우수강의교수상', '공헌교수상', '불교평론학술상' 등을 수상했다.
저서로는 『선학사전』(공저), 『선사들이 가려는 세상』, 『화엄의 법성철학』, 『때 묻은 옷을 걸치며』, 『한국 근현대 불교사상 탐색』, 『선문답의 일지미』 등이 있고, 번역서로는 『벽암록』, 『선과 문학』, 『원각경』, 『화엄과 선』, 『선문수경』, 『원각경·현담』, 『선문답의 깨묵』 등이 있다.
E-mail: ananda@yonsei.ac.kr

규봉 종밀과 법성교학

초판 1쇄 펴낸날 | 2013년 9월 1일
3쇄 펴낸날 | 2016년 3월 1일

지은이 | 신규탁
펴낸이 | 오종욱

펴낸곳 | 올리브그린
주소 | 서울특별시 서초구 양재천로29길 3, 502호(양재동 원창빌딩)
전화 | 070 7574 8991
팩스 | 0505 116 8991
E-mail | olivegreen_p@naver.com

ISBN 978-89-98938-03-1 93220

값 32,000원

Printed in Korea.